Ouvrage réalisé sous la direction de
Laurence HANSEN-LØVE
Professeur agrégé de Philosophie
Florence KHODOSS
Professeur agrégé de Philosophie

PHILOSOPHIE

TERMINALES A et B – Tome 1

Élisabeth CLÉMENT
Professeur certifié de Philosophie
Chantal DEMONQUE
Professeur certifié de Philosophie

Avec la collaboration de
M.-N. Échelard, O. Hansen-Løve et A. Lagarde
Professeurs agrégés de Philosophie

HATIER

Le tableau de Giorgione, les Trois Philosophes *(vers 1508-1509), a donné lieu à de nombreuses interprétations : certains y ont vu tour à tour les trois âges du Savoir humain, les trois âges de l'Homme, les trois phases de l'Aristotélisme, le triple Hermès, etc. En fait, l'analyse d'une version antérieure du tableau semble ne laisser nul doute sur l'identification du sujet : Giorgione y mettait en scène les mages-astrologues découvrant – pour l'avoir recherchée à l'aide de leurs compas, équerres et livres – la lueur de l'étoile annonçant la naissance du Messie.*

Dans la seconde version du tableau, l'identification des mages est moins nette (par exemple, le mage « oriental » n'est plus noir). Il semble que Giorgione ait voulu par là donner à ces trois personnages bibliques une dimension plus humaine et en faire le symbole du genre humain « atteignant la connaissance du divin grâce à la science et à la philosophie ».

***D'après B. Settis, l'Invention d'un tableau, « la Tempête » de Giorgione,* Éd. de Minuit, Paris, 1987.**

Couverture : Giorgione, *Les trois philosophes*, détail.
Kunsthistorisches Museum, Vienne.
Photo © Kunsthistorisches Museum, Vienne.

TABLE DES ILLUSTRATIONS

Page 11, Press Print / © Marlo Broekmans - Diana Blok, Courtesy Studio 666, Paris ■ p. 7, 10, 12, 14, 16, 18, 20, 22, 24, 26, 28, 30, 32, 34, 36, 38, 40, (détail), Press Print / © Marlo Broekmans - Diana Blok, Courtesy Studio 666, Paris ■ p. 44, © Aubier 1980 ■ p. 47, Collection Cahiers du Cinéma ■ p. 7, 46, 48, 50, 52, 54, 56, 58, 60, 62, (détail), Collection Cahiers du Cinéma ■ p. 67, ph © Bulloz ■ p. 7, 66, 68, 70, 72, 74, 76, 78, 80, 84, (détail), ph © Bulloz ■ p. 87, ph © Grandadam/Explorer ■ p. 7, 86, 88, 90, 92, 94, 96, 98, (détail), ph © Grandadam/Explorer ■ p. 103, ph © Ralph Kleinhempel © Hamburger Kunsthalle Museum ■ p. 7, 102, 104, 106, 108, 110, 112, 114, 116, 118, 122, (détail), ph © Ralph Kleinhempel © Hamburger Kunsthalle Museum ■ p. 121, ph © C. Charillon, 1988 ■ p. 124-125, ph © René Burri/Magnum ■ p. 7, 124, 126, 128, 130, 132, (détail), ph © René Burri/Magnum ■ p. 137, ph © Courtesy Allan Stone Gallery, NYC ■ p. 7, 136, 138, 140, 142, 144, 146, 148, 150, (détail), ph © Courtesy Allan Stone Gallery, NYC ■ p. 152, Collections Maison de Victor Hugo, ph © Bulloz ■ p. 155, ph © Alain Fleischer/Galerie Claire Burrus ■ p. 7, 154, 156, 158, 160, 162, 164, 166, 168, 170, (détail), ph © Alain Fleischer/Galerie Claire Burrus ■ p. 173, Collection Christophe L. ■ p. 172, 174, 176, 178, 180, 182, 184, 186, 188, 190, Collection Christophe L. ■ p. 193, ph © Musée de Dole © by ADAGP, 1989 ■ p. 8, 192, 194, 196, 198, 200, 202, 204, 206, 208, 210, 212, (détail), ph © Musée de Dole © by ADAGP, 1989 ■ p. 214-215, ph © Jean Bernard ■ p. 8, 214, 216, 218, 220, 222, 224, 226, 228, 230, 234, (détail), ph © Jean Bernard, ■ p. 231, ph © Kipa ■ p. 237, ph © Roger Viollet ■ p. 8, 236, 238, 240, 242, 244, 246, 248, 250, 252, 254, 256, 258, 260, 262, 266, (détail), ph © Roger Viollet ■ p. 269, ph © Edimédia © by ADAGP, 1989 ■ p. 8, 268, 270, 272, 274, 276, 278, 280, 282, 284, 286, 288, 290, 294, (détail), ph © Edimédia © by ADAGP, 1989 ■ p. 292, ph © Mary Evans Picture Library/Explorer Archives ■ p. 297, Collection Christophe L. ■ p. 8, 296, 298, 300, 302, 304, 306, 308, 310, 312, 314, 318, (détail), Collection Christophe L. ■ p. 315, ph © Renn Productions ■ p. 317, ph © Henri Cartier Bresson/Magnum ■ p. 321, ph © Christian Weiss/REA © by SPADEM, 1989 ■ p. 8, 320, 322, 324, 326, 328, 330, 332, 334, 336, (détail), ph © Christian Weiss/REA © by SPADEM, 1989 ■ p. 338-339, ph © Salomon/Magnum ■ p. 8, 338, 340, 342, 344, 346, (détail), ph © Salomon/Magnum ■ p. 349, ph © Eric Lessing/Magnum ■ p. 9, 348, 350, 352, 354, 356, 358, 360, 362, 364, 366, 368, 370, (détail), ph © Erich Lessing/Magnum ■ p. 373, ph © Lauros-Giraudon © by ADAGP, 1989 ■ p. 9, 372, 374, 376, 378, 380, 382, 384, 386, 388, 390, 394, (détail), ph © Lauros-Giraudon © by ADAGP, 1989 ■ p. 392, Dessin E. Schmid, © Editions Gallimard ■ p. 393, © Editions Gallimard ■ p. 396-397, ph © Eve Arnold/Magnum ■ p. 9, 396, 398, 400, 402, 404, 406, 408, 410, 412, (détail), ph © Eve Arnold/Magnum ■ p. 417, ph © J.L. Beaudequin ■ p. 9, 416, 418, 420, 422, 424, 426, 428, 430, 432, (détail), ph © J.L. Beaudequin ■ p. 434-435, ph © Jean Gaumy/Magnum ■ p. 439, ph © Stadt Essen, Zentrale Museum, © Demart Pro Arte B.V., ADAGP, 1989 ■ p. 9, 438, 440, 442, 444, 446, 448, 450, 452, 454, 456, (détail), ph © Stadt Essen, Zentrale Museum, © Demart Pro Arte B.V., ADAGP, 1989 ■ p. 459, ph © Réunion des Musées Nationaux, Paris © by SPADEM, 1989 © Maya ■ p. 9, 458, 460, 462, 464, 466, 468, 470, 472, 474, 476, (détail), ph © Réunion des Musées Nationaux, Paris © by SPADEM, 1989 © Maya ■

AVANT-PROPOS

Une formule équilibrée

En matière d'ouvrages scolaires, les exigences très précises des professeurs de philosophie et la demande des élèves sont souvent contradictoires. Ce nouveau manuel de philosophie destiné aux classes de « Terminales » (sections A et B) se propose de répondre à cette double attente. Contrairement à la plupart des manuels traditionnels, il ne comporte pas un cours systématique dont la vocation inavouée serait de se substituer à la parole du maître. Il n'est pas non plus un simple recueil de textes choisis, une anthologie — puisqu'il comporte, pour chaque notion du programme, une approche globale : présentation des problèmes propres à cette notion, sous la forme d'une introduction générale aux textes et, en fin de chapitre, des documents, exercices, bibliographies, soigneusement conçus en fonction des besoins des élèves.

Un instrument de réflexion simple et fonctionnel

Chaque chapitre, dont le noyau est constitué par des extraits de textes, s'articule selon un plan simple :

— Une **introduction**, renvoyant aux textes et destinée à aider le lecteur à s'orienter dans la suite du chapitre.
La question du **vocabulaire philosophique** restant un point d'achoppement pour de nombreux élèves, nous avons pris le parti d'accompagner systématiquement, dès leur première apparition, les termes « techniques » de définitions simples. Nous n'avons pas voulu en effet bannir ces termes, car une pensée rigoureuse, qu'elle soit ou non scientifique, a besoin d'un vocabulaire spécifique : vouloir la philosophie sans termes qui s'écartent du langage courant reviendrait à vouloir les mathématiques sans formules. Un filet souligne les « termes clés » de la notion étudiée.

— Une **sélection de textes**, choisis pour leur valeur didactique, c'est-à-dire pour la place qu'ils peuvent prendre dans la découverte progressive d'une problématique. Nous fiant à notre expérience d'enseignants, nous avons écarté les textes trop subtils ou trop brillants. On s'étonnera peut-être de ce que certains philosophes contemporains — et non des moindres — soient peu cités ou même absents de nos anthologies : c'est que leur pensée ou leur style nous ont paru difficilement accessibles pour des élèves de terminale. En outre, comment déterminer, dans une œuvre en cours d'élaboration, les moments les plus significatifs, les idées les plus fécondes ? Nous avons préféré renvoyer à la lecture de ces auteurs et de leurs œuvres les plus notoires.

— Un ou plusieurs **documents** variés (philosophiques, littéraires, poétiques, juridiques...) choisis de manière à fournir matière à philosopher sans être à proprement parler des textes philosophiques « élaborés ».

— Des **exercices** qui constituent pour une bonne part l'originalité de cet ouvrage. Ils se proposent de « démultiplier » les difficultés qu'imposerait aux élèves, d'emblée, la dissertation proprement dite. Pouvant donner lieu à une réponse rédigée de quelques lignes, à un exposé oral, mais aussi à des recherches documentaires, ils devraient permettre aux élèves de se familiariser avec le travail philosophique et de se préparer à l'exercice de la dissertation.

— Des **bibliographies** comportant trois degrés de difficultés : premier degré pour l'élève de terminale en début d'année ; deuxième degré pour les élèves plus avancés ou plus motivés ; troisième degré, enfin, pour les plus exigeants, mais aussi pour nos collègues débutants.

— Des **corrélats** permettant de jeter des ponts entre les chapitres, afin que l'élève ne s'enferme pas dans un découpage de notions parfois trop contraignant, mais que nous avons tenu à respecter dans ses grandes lignes. Seules certaines notions ont été regroupées (la « conscience » et l'« inconscient » notamment), tandis qu'il nous est arrivé de dissocier ce que le programme rapproche explicitement. Le lecteur se reportera ci-dessous, pour prendre connaissance de ce programme en sections A et B.

— Des **index** des notions et des auteurs étudiés dans chaque volume, à la fin des deux ouvrages.

— Un **répertoire** rassemblant les **biographies des 34 auteurs** au programme.

— Un **tableau synoptique**, à la fin du second tome.

Ce manuel ne saurait en aucun cas, bien entendu, se substituer au cours du professeur, pas plus qu'il ne peut dispenser de l'étude des œuvres intégrales auxquelles nous souhaitons au contraire convier et conduire nos lecteurs.

L.H.-L. et F.K.

PROGRAMME

I. Notions

SÉRIE A

L'homme et le monde

La conscience.
L'inconscient.
Le désir. Les passions.
L'illusion.
Autrui.
L'espace. La perception.
La mémoire. Le temps.
L'existence. La mort.
Nature et culture.
L'histoire.

La connaissance et la raison

Le langage.
L'imagination.
Le jugement. L'idée.
La formation des concepts scientifiques (un exemple).
Théorie et expérience.
Logique et mathématique.
La connaissance du vivant.
Constitution d'une science de l'homme (un exemple).
L'irrationnel. Le sens. La vérité.

La pratique et les fins

Le travail. Les échanges.
La technique. L'art.
La religion.
La société. L'État.
Le pouvoir.
La violence.
Le droit. La justice.
Le devoir. La volonté. La personne.
Le bonheur.
La liberté.

Anthropologie. Métaphysique. Philosophie

SÉRIE B

L'homme et le monde

La conscience.
L'inconscient.
Les passions.
Autrui.

L'espace.
La mémoire. Le temps.
L'histoire.

La connaissance et la raison

Le langage.
Théorie et expérience.
Logique et mathématique.
La connaissance du vivant.
Constitution d'une science de l'homme (un exemple).
Le sens. La vérité.

La pratique et les fins

Le travail. Les échanges.
La technique. L'art.
La religion.
L'État.

La violence. Le droit. La justice.
La personne.
La liberté.

Anthropologie. Métaphysique. Philosophie

II. Questions au choix

I. — Étude analytique et critique d'un certain nombre de concepts et de thèmes métaphysiques (par exemple : l'être et le néant, l'essence et l'existence, l'absolu, Dieu...).

II. — Réflexion critique concernant quelques théories et quelques concepts fondamentaux d'ordre scientifique ou épistémologique étudiés en eux-mêmes et, le cas échéant, dans leur histoire (par exemple : le nombre, les ensembles, la matière, l'évolution, le comportement, la parenté, modèle, structure...).

III. — Réflexion critique concernant quelques concepts fondamentaux d'ordre esthétique (par exemple : imitation, création...).

IV. — Réflexion critique sur les problèmes fondamentaux de l'éducation (par exemple : les « modèles » éducatifs, école et société...).

V. — Étude d'œuvres non philosophiques de caractère religieux ou littéraire (par exemple : la Bible, les tragiques grecs...) ou scientifique (par exemple : textes de Galilée ou de Darwin, de Mauss ou de Lévi-Strauss...) pouvant intéresser la réflexion philosophique.

VI. — Étude d'une doctrine, d'un courant ou d'un moment de la pensée ayant joué un rôle majeur dans l'histoire de la culture (par exemple : le stoïcisme, le libéralisme, les lumières...).

VII. — Étude analytique et critique de notions et de thèmes ne figurant pas au programme, mais en liaison avec ce programme (par exemple : en liaison avec l'espace : le corps ; en liaison avec le travail : les loisirs ; en liaison avec la société : l'idéologie...).

VIII. — Étude de questions propres au monde contemporain dans leur rapport avec une problématique philosophique.

III. Auteurs

Il n'y a pas lieu d'établir une liste des œuvres dont l'analyse peut contribuer à l'étude des notions du programme. Le professeur choisit, dans ces œuvres, les textes qui répondent aux besoins philosophiques de son enseignement. Mais dans toutes les classes terminales on entreprendra l'étude suivie d'œuvres philosophiques choisies dans une liste limitative.

Cette liste est celle à laquelle se réfèrent les épreuves orales du baccalauréat[1]. Parmi les œuvres des auteurs dont le nom figure sur cette liste, le professeur choisit celles dont l'analyse peut être entreprise en même temps que l'étude des thèmes et en relation avec elle.

Telle œuvre sera étudiée dans son ensemble : le professeur délimite alors les passages qui seront expressément l'objet d'une explication de texte. Telle autre sera étudiée dans certaines de ses parties ; celles-ci auront une certaine ampleur, formeront un tout et présenteront un caractère de continuité.

Dans toutes les sections, au moins l'une des œuvres choisies sera de l'un des auteurs dont le nom est précédé d'un astérisque.

Dans chaque section, le nombre d'œuvres, proportionné à l'horaire, s'établit comme suit :

En section A :

Trois œuvres au minimum, choisies dans 2 périodes différentes (la liste des œuvres fait apparaître 3 périodes : l'Antiquité et le Moyen Age, la période moderne, la période contemporaine).

De ces trois œuvres, l'une au moins sera étudiée dans son ensemble. Si 2 œuvres sont choisies dans la même période, l'une au moins d'entre elles doit être d'un auteur dont le nom est précédé d'un astérisque.

En section B :

Deux œuvres au minimum, dont l'une au moins sera choisie dans l'Antiquité et le Moyen Age, ou dans la période moderne.

De ces deux œuvres, l'une au moins sera étudiée dans son ensemble.

*Platon — *Aristote — Épicure — *Lucrèce — *Épictète — Marc Aurèle — Saint Augustin — Saint Thomas.

Machiavel — Montaigne — Hobbes — *Descartes — Pascal — *Spinoza — Malebranche — Leibniz — Montesquieu — Hume — *Rousseau — *Kant.

*Hegel — *Comte — Cournot — Kierkegaard — Marx — Nietzsche — Freud — *Husserl — *Bergson — Alain — Bachelard — Merleau-Ponty — Sartre — Heidegger.

(Bulletin Officiel du ministère de l'Éducation nationale, n° 40, 1er novembre 1973)

1. Pour les terminales qui comportent un oral, une note indiquant les œuvres étudiées figurera sur le livret scolaire des candidats ou sera remise à l'examinateur pour les candidats sans livret.

SOMMAIRE

CH. 17 THÉORIE ET EXPÉRIENCE

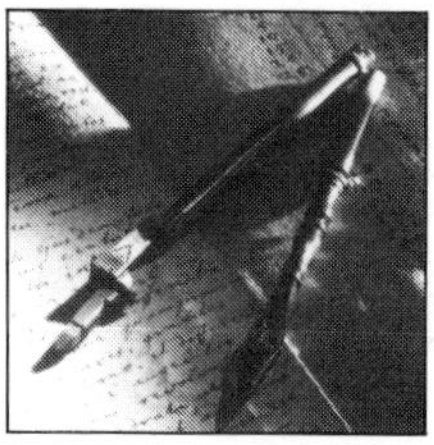

CH. 18 LOGIQUE ET MATHÉMATIQUES

CH. 19 LA CONNAISSANCE DU VIVANT

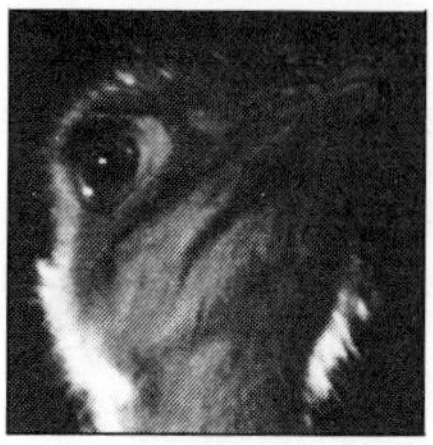

CH. 20 LA SOCIOLOGIE

CH. 21 LE SENS ET L'IRRATIONNEL

CH. 22 LA VÉRITÉ

1. LA CONSCIENCE

I. LA SPÉCIFICITÉ HUMAINE DE LA CONSCIENCE

II. CONSCIENCE ET PENSÉE

III. L'ÂME ET LE CORPS

IV. CONSCIENCE ET CONNAISSANCE : LE SUJET ET L'OBJET

V. CONSCIENCE ET SENS

VI. LES ILLUSIONS DE LA CONSCIENCE

2. L'INCONSCIENT

I. LA DÉPOSSESSION DE SOI

II. DÉFINITIONS DE L'INCONSCIENT

III. CARACTÉRISTIQUES DE L'INCONSCIENT

IV. L'INCONSCIENT : ANIMALITÉ OU HUMANITÉ ?

DOCUMENT

1

La conscience et l'inconscient

Invisibles forces, Diana Blok, Marlo Broekmans, 1979.

Introduction

La conscience

La conscience : une distance de l'homme au monde...

Le mot « conscience » vient du latin *cum scientia* qui signifie « accompagné de savoir ». Être conscient, c'est en effet agir, sentir ou penser et savoir qu'on agit, qu'on sent et qu'on pense. Le fait d'être conscient constitue donc pour l'homme un événement décisif qui l'installe au monde et lui commande d'y prendre position. Car l'homme, dans la mesure où il est conscient, n'est plus simplement dans le monde, chose parmi les choses, vivant parmi les vivants. Il est au contraire devant le monde et, dans ce vis-à-vis, le monde se constitue pour lui comme monde à connaître, à comprendre, à juger ou à transformer (texte 1). Le monde est ainsi mis à distance et tout l'effort de penser ou d'agir naît de cette expérience originelle de la séparation de l'homme et du monde, instaurée par la conscience.

... et à lui-même

Mais ce n'est pas seulement du monde que l'homme se trouve ainsi exilé. La proximité de l'homme à lui-même est tout aussi problématique. Car, d'une part, la conscience qu'il a de lui-même à travers ses actes, sentiments ou pensées, ne lui en livre pas pour autant nécessairement l'intelligibilité. D'autre part, l'expérience du remords, du regret ou de la souffrance en général met à jour les contradictions qui l'habitent, dont la moindre n'est pas d'avoir à admettre comme siens des actes, sentiments, ou pensées sans pourtant s'y reconnaître. Être soi, si cette expression peut avoir un sens, apparaît alors davantage comme une tâche à effectuer indéfiniment que comme la possession rassurante d'une identité.

Être conscient : grandeur ou misère de l'homme ?

Aussi la conscience est-elle marquée d'emblée par l'ambivalence. Parce qu'elle permet à l'homme de répondre de soi, elle l'« élève infiniment au-dessus de tous les autres êtres vivants sur la terre » (texte 2). Être conscient est en effet le propre de l'homme et constitue sa grandeur et sa dignité. Mais parce que la conscience l'arrache à l'innocence du monde naturel, l'homme connaît par elle sa misère (texte 3). C'est sans doute pourquoi d'ailleurs l'homme oscille souvent entre deux attitudes. Tantôt, par anthropomorphisme[1], il a tendance à prêter à tout être une conscience semblable à la sienne, restaurant ainsi magiquement familiarité et intimité avec le monde. Tantôt, par anthropocentrisme[2], il s'émerveille d'être le seul témoin de ce monde et considère que l'univers converge vers lui ou même n'existe que pour lui (texte 4). Pour naïves qu'elles soient, ces deux attitudes signalent néanmoins quelque chose d'essentiel : la conscience n'est pas simplement une qualité parmi d'autres qui pourrait servir à définir l'humain. Plus fondamentalement, elle est ce par quoi l'homme est tenu à l'obligation de se penser et de s'interroger, de penser le monde et de l'interroger. En effet, dans la distance que la conscience instaure entre soi et le monde ou entre soi et soi, un espace s'ouvre qui est celui de l'examen, du questionnement, du doute. En

1. Du grec *anthropos*, « homme » et *morphè*, « forme » : tendance à attribuer à tout être des réactions ou des sentiments humains.
2. Du grec *anthropos*, « homme » et « centre » : conception qui fait de l'homme le centre du monde ou le but de toutes choses.

un sens, on peut donc dire que la conscience, avant d'être une question pour la philosophie, est la condition qui rend possible l'exercice philosophique de la pensée elle-même. L'attitude de Socrate est, à cet égard, exemplaire. Attentif à l'injonction de l'oracle de Delphes « Connais-toi toi-même ! », il inaugure la mise à l'épreuve des savoirs et des certitudes. Et si, au terme de l'enquête, il ne sait qu'une chose, c'est qu'« il ne sait rien », du moins ce non-savoir est-il conscient et, à ce titre, déjà une forme de sagesse (textes 5).

« Je pense, donc je suis » : la première certitude

Toutefois, si la pensée peut ainsi, par un retour critique sur les certitudes qu'elle croyait posséder, préparer l'accès à un savoir véritable, elle n'est ici que la condition négative du savoir, non le savoir lui-même. C'est seulement avec Descartes que la conscience acquiert un véritable droit de cité philosophique et une signification positive, à la fois comme fondement et comme modèle de toute vérité. Le *Discours de la Méthode* et les *Méditations* contiennent le récit d'une entreprise radicale qui consiste « une fois dans sa vie » à se défaire de toutes les idées et de toutes les croyances reçues, y compris les plus assurées, pour les soumettre à l'épreuve du doute. Celui-ci n'est pas ici le simple effet du scepticisme ordinaire par lequel on croit pouvoir s'acquitter de l'obligation de réserve à l'égard de son jugement ou du témoignage de ses sens. Il est le résultat d'une décision, l'instrument qui doit permettre d'atteindre une vérité qui puisse servir de fondement ferme et inébranlable à toute autre. Or, l'unique certitude qui résiste au doute est celle que livre l'énoncé : *Cogito, ergo sum,* « Je pense, donc je suis » (texte 6).

Ainsi, dès que je pense et au moment où je pense, j'ai en même temps et nécessairement conscience d'exister. Toute pensée est par conséquent *cum scientia,* parce qu'elle s'accompagne toujours du savoir de celui qui pense, autrement dit de la certitude, pour le sujet, d'exister. Pensée et être, sujet et objet sont ici confondus et la formulation du *cogito* constitue, en un sens, le modèle de toute vérité. Quel qu'en soit le contenu et aussi loin de moi qu'elle semble me porter, toute pensée est toujours et en même temps pensée d'elle-même (texte 7).

Mais cette présence à soi que figure le *cogito* ne doit pas pour autant être confondue avec une pure transparence à soi. Et si la certitude qui s'en dégage est la plus assurée, elle est aussi la plus pauvre. D'une part, bien que la conscience que j'ai d'exister soit nécessaire — je ne peux pas penser sans penser en même temps que je suis — mon existence elle-même n'est nullement nécessaire. Que je n'existe pas n'implique aucune contradiction. Par conséquent, que j'existe, c'est là un simple fait qui, en lui-même, est tout à fait contingent : j'aurais pu ne pas être et je sais aussi que je ne serai pas toujours, même si la pensée « Je ne suis pas » est, à proprement parler, impensable (texte 8). D'autre part, que j'existe ne dit pas encore qui je suis. Ou encore, par le *cogito*, je sais que je suis mais pas encore ce que je suis. La certitude porte donc sur l'existence mais non pas sur l'essence du sujet pensant.

L'âme et le corps

La question reste par conséquent entière de savoir quelle est la nature de ce « Je » qui pense ou encore de connaître, comme l'écrit Descartes, « ce que je suis, moi qui suis certain que je suis ». Passer du « Je » au « Moi », c'est faire du sujet une substance, c'est en tout cas engager implicitement l'hypothèse de l'identité et de la permanence du sujet pensant à travers la diversité de ses représentations. Aussi variées que soient mes pensées, « il est de soi si évident que c'est

moi qui doute, qui entends et qui désire, qu'il n'est pas ici besoin de rien ajouter pour l'expliquer ». Que cette évidence puisse avoir lieu avant d'avoir atteint une certitude concernant les corps et le monde extérieur en général, dont l'existence reste une question toujours en suspens, conduit Descartes à faire du sujet une substance pensante séparée du corps (texte 9 A). C'est, du même coup, introduire un dualisme entre l'âme et le corps et, avec lui, la redoutable question de leur union (textes 9 B et 10).

Le sujet et l'objet

A l'encontre de Descartes qui pose l'identité du moi comme réelle et fait de la conscience une chose, Kant montrera que cette identité n'est elle-même que le résultat d'une activité, autrement dit que le « Je » est une fonction nécessaire de la pensée mais ne me livre pas pour autant la connaissance de moi-même comme substance. L'identité du moi suppose en effet un pouvoir préalable d'identification. Identifier, c'est établir une relation entre des objets saisis en des temps ou lieux différents et les poser néanmoins comme identiques, parce qu'ils sont saisis ensemble dans une conscience. Qu'il s'agisse de l'unité des représentations du monde extérieur ou de l'unité de mes représentations à l'intérieur d'une conscience, dans les deux cas il faut supposer l'unité plus originaire d'une conscience de soi, d'un « Je » qui accompagne toutes mes représentations et leur confère une unité. Sans cette unité originaire de la conscience de soi qui procure aux représentations leur cohérence, non seulement le monde serait pur chaos, mais au lieu d'une conscience une et identique, « j'aurais un moi aussi divers et d'autant de couleurs qu'il y a de représentations dont j'ai conscience » (texte 11 A). Le monde ou le « moi » ne sont par conséquent des objets de connaissance possible que sous la condition préalable du pouvoir de synthèse d'un sujet. Réciproquement d'ailleurs, si le sujet est un pur pouvoir de synthèse, il ne peut prendre conscience de lui-même qu'à travers son activité. La conscience de soi n'est pas et ne peut pas être connaissance de soi (texte 11 B).

Conscience directe et conscience réfléchie

L'impossibilité pour le sujet d'atteindre une connaissance de soi peut sembler paradoxale. Être conscient implique en effet la possibilité, pour le sujet, de prendre ses états de conscience comme objets de conscience, autrement dit de faire retour sur lui-même. Cette capacité d'un retournement de la conscience sur elle-même caractérise d'ailleurs la réflexion, et on est de ce fait amené à distinguer la conscience immédiate ou directe de la conscience réfléchie. La première forme de conscience est celle qui accompagne les actes du sujet. La seconde est celle dans laquelle le sujet se ressaisit lui-même comme conscience. Avoir conscience et être conscient d'avoir conscience sont par conséquent deux moments qu'il est possible de distinguer. C'est ce qu'indique l'expression « prendre conscience ».

Quoique distincts, ces deux moments sont cependant corrélatifs. Toute conscience est nécessairement conscience de quelque chose : ce n'est que dans le miroir de ses actes que le moi peut se ressaisir et, au sens propre, être « réfléchi » (texte 12). D'un autre côté, toute conscience de quelque chose est aussi en même temps conscience de soi. Car le sujet ne pourrait pas se reconnaître au travers de ses actes si, d'une certaine façon, il ne s'y savait pas déjà présent. La conscience de soi réfléchie suppose donc d'abord une conscience de soi non réfléchie. Et c'est parce qu'elle se précède en quelque sorte toujours elle-même que la conscience est impuissante à se ressaisir totalement dans une pure coïncidence avec soi (texte 13).

Toute conscience est relation à autre chose qu'elle-même

C'est cette nécessité pour la conscience d'exister comme conscience d'autre chose qu'elle-même qui donne tout son sens à la formule de Husserl : « Toute conscience est concience de quelque chose. » Même si, à l'instar de Descartes, je suspends le jugement naturel par lequel j'accorde spontanément l'existence au monde en dehors de moi, même en pratiquant une mise entre parenthèses du monde ou *épokhé*[1], la conscience ne peut être saisie ni comme « chose » ni comme intériorité. Tout *cogito* porte en lui son *cogitatum*[2] auquel il se rapporte et dont il se distingue (texte 14). Autrement dit toute conscience est relation à autre chose qu'elle-même. Se rapporter à quelque chose suppose donc une distance irréductible du sujet à l'objet qu'il vise (que cet objet soit le monde ou lui-même). Extérieure à elle-même, la conscience vise toujours autre chose qu'elle-même avec quoi elle ne peut par conséquent jamais se confondre quand bien même il s'agirait de ce que je crois posséder en propre. Mon passé, par exemple, auquel je me rapporte, est bien mon passé : il n'est pourtant pas moi, qui, au présent, m'y rapporte. Ce que je projette d'être est bien mon attente : ce n'est pourtant pas moi, encore.

Ceci n'implique nullement pour autant que le sujet soit mis en réserve ou à l'écart, absent en quelque sorte de ses souvenirs ou de ses projets. Il est au contraire tout entier orienté vers eux et par eux. Aussi la conscience est-elle d'abord projet, visée du monde, « intentionnalité »[3]. Avant toute réflexion ou tout retour sur soi, être conscient, c'est être présent au monde, désirant, œuvrant et s'anticipant ainsi soi-même. C'est cette anticipation par laquelle la conscience — toujours au-delà d'elle-même — se transporte vers un ailleurs ou un avenir qu'elle vise, qui donne au monde un sens et y introduit une orientation. C'est pourquoi, avant qu'il soit pour moi un objet à connaître ou un spectacle à contempler, le monde est d'abord et avant tout un sens à effectuer ou à réaliser (texte 15).

La conscience en question

Si la conscience est d'abord et avant tout donatrice de sens, elle ne peut plus être pensée simplement comme le modèle de toute vérité en quoi se trouverait réalisée l'adéquation du sujet à l'objet dans une pure transparence à soi. Parce qu'il est par essence anticipation, le désir dans son trajet dessine un parcours dont le sens m'échappe en partie et que la conscience échoue à ressaisir totalement. L'homme pour une part reste obscur à lui-même. C'est pourquoi, de Descartes à la philosophie contemporaine, le procès de la conscience n'a cessé de s'instruire. Retournant contre elle l'arme par laquelle la conscience croyait du moins pouvoir s'assurer d'elle-même, des penseurs modernes comme Marx, Nietzsche ou Freud ont porté le doute à l'intérieur de la conscience elle-même. Loin d'être l'instance de vérité par excellence, ils voient en elle la source d'illusions, dont la plus tenace est sans aucun doute celle d'une liberté ou d'une autonomie du sujet dont la conscience prétend justement témoigner. Malgré les apparences, la conscience ne détient pas sur elle-même la vérité du sens de ses pensées ou de ses actes. C'est ailleurs qu'il faut alors aller la chercher : dans le corps — comme Spinoza l'affirmait déjà —, dans les structures sociales, pour Marx, dans nos instincts les plus reculés, selon Nietzsche (textes 16, 17, 18).

1. Mot grec qui signifie « suspension du jugement ».
2. Chose, ou objet, qui est pensé.
3. Voir le texte de Sartre, chapitre « la Perception », p. 151.

L'inconscient

La dépossession de soi

Avec la découverte de l'inconscient, affirmée par Freud, s'accomplit de façon encore plus décisive et radicale la dépossession du sujet, à travers la mise en question de sa souveraineté (texte 1). La conscience de ses actes, de ses désirs, est en effet la condition requise d'un éventuel contrôle sur eux et c'est la conscience encore qui peut donner un sens à l'idée de responsabilité. Être responsable, c'est en effet pouvoir répondre de soi, et c'est de ce pouvoir que la conscience morale témoigne lorsqu'elle juge ou condamne, affirmant ainsi la possibilité d'une maîtrise de soi sur soi. Or, avec Freud, la psychanalyse pose, au contraire, qu'une majeure partie non seulement de nos actes, mais encore de nos pensées et de nos désirs, échappe à toute conscience effective et est, par conséquent, inconsciente. C'est du coup devoir renoncer à l'idée de la toute-puissance du sujet. C'est même en un certain sens, comme on a pu le faire remarquer, autoriser le triomphe du point de vue de l'autre — souvent plus clairvoyant — sur soi (texte 2).

Inconscient, préconscient, conscient

Pour comprendre la radicalité de la thèse de Freud sur l'inconscient, il faut prendre la mesure de son originalité et de sa spécificité. Que le psychisme ne soit pas toujours ni tout entier conscient, la philosophie classique en avait déjà émis l'hypothèse. Leibniz, par exemple, affirme qu'il existe des « petites perceptions » inconscientes, c'est-à-dire trop faibles pour être aperçues (texte 3). D'autre part, Bergson, analysant les mécanismes de la mémoire, montre comment l'oubli peut et même doit chasser de la conscience des événements qui y étaient auparavant présents, parce que leur souvenir n'est pas immédiatement utile à l'action (texte 4). Tout ne peut être toujours et continûment conscient. On peut alors définir l'inconscient comme ce qui n'est pas ou n'est plus conscient. Mais une telle définition est, selon Freud, insuffisante. L'inconscient, au sens freudien, n'est pas purement et simplement le non-conscient, le « négatif » en quelque sorte de la conscience. Il est, au contraire, une force psychique active, une pensée en acte, dont le fonctionnement obéit à des règles spécifiques, distinctes de celles auxquelles est soumise la pensée consciente (texte 5). C'est pourquoi Freud propose de comprendre le psychisme comme la coexistence de deux modes de fonctionnement, dont chacun forme un système indépendant : le système « inconscient » d'une part, et le système « préconscient-conscient » de l'autre.

Toute production psychique a un sens

Cette nouvelle configuration — ou topique[1] — du psychisme permet ainsi de souligner la spécificité d'un inconscient qui, selon Freud, désigne une réalité positive et dynamique. C'est d'ailleurs parce que l'inconscient produit des effets et se manifeste par des symptômes que Freud a été conduit à en construire l'hypothèse. Sans elle, « les données de la conscience sont extrêmement lacunaires » et demeureraient incompréhensibles (texte 6). Partant du postulat que tout acte psychique est d'abord sens en acte, Freud traite toute production du sujet — rêves, actes manqués, comportements névrotiques — comme des effets de sens. A travers eux une signification se manifeste qui est pourtant recouverte ou cachée pour le sujet lui-même. Le contenu manifeste d'un rêve, par exemple, renvoie à un contenu latent ou caché que seul le travail d'interprétation peut mettre à jour. Se montrer et se cacher en même temps, tel est par conséquent le mode contradictoire d'existence de l'inconscient.

1. Du grec *topos*, « lieu ».

Le Ça, le Moi et le Sur-Moi

Si l'inconscient se manifeste tout en se voilant, c'est qu'il est de nature conflictuelle et que le psychisme est un jeu de forces opposées. Le symptôme doit alors être compris comme un compromis entre tendances contradictoires. A travers sa pratique thérapeutique, Freud s'est en effet aperçu que les malades opposent une résistance à la compréhension de leur état. Il élabore alors une seconde topique, c'est-à-dire une nouvelle configuration des fonctions psychiques ayant chacune leur système propre. Tout en maintenant la première différenciation du psychisme en conscient, préconscient, inconscient, il propose de comprendre l'unité du sujet comme l'unité — d'ailleurs problématique — de trois termes : le Ça, le Moi et le Sur-Moi. Le Ça, inconscient, renvoie aux désirs inconscients et aux pulsions sexuelles et d'auto-conservation, ou pulsions du moi, dont les exigences peuvent d'ailleurs être opposées. Le Sur-Moi, inconscient lui aussi, se constitue par l'intériorisation des interdits sociaux et parentaux. Il est l'instance de la censure, du refoulement[1] des représentations inconscientes attachées aux pulsions, lorsqu'elles menacent la construction du sujet. Le Moi, enfin, appartient pour une part seulement au système préconscient-conscient et pour une autre au système inconscient, dans la mesure où il est le résultat d'une suite d'identifications inconscientes, en premier lieu à la Mère, puis au Père, enfin à l'Autre d'une façon plus générale. Le Moi est aussi le médiateur des intérêts conflictuels du Ça et du Sur-Moi. Son autonomie est par conséquent toute relative. Il met en jeu une série de mécanismes de défense inconscients, par lesquels il résiste à la levée du refoulement (texte 7).

L'inconscient est tout autant le propre de l'homme que la conscience

On le voit, Freud, dans sa seconde topique, déplace la frontière qui sépare la conscience de l'inconscient : le Moi lui-même est en majeure partie inconscient. Dès lors, il n'est guère possible de penser l'opposition conscience-inconscient comme recouvrant celle, plus traditionnelle, de l'âme et du corps (texte 8). Dire, avec Alain, que l'« inconscient est un animal redoutable », c'est tenter de maintenir un dualisme entre ce qui attache l'homme à son humanité et ce qui le lie à l'animalité (texte 9). Mais si l'inconscient est bien un autre Moi, ou si, pour reprendre la formule énigmatique de Rimbaud, « Je est un autre »[2], une telle mise à distance de l'inconscient n'est pas possible. Faut-il renoncer alors à penser la conscience comme ce qui fonde en l'homme son humanité, pour n'y voir qu'une illusion, ou même l'ultime ruse d'un inconscient trompeur ? Ce serait oublier que c'est dans et par le langage — faculté humaine par excellence — que se constituent le sens et l'inconscient (texte 10). On peut dire, dès lors, que l'inconscient est tout autant le propre de l'homme que la conscience. Si les pensées inconscientes ont un sens, elles réclament — pour venir à jour — un sujet qui les profère dans la parole et les dise dans la dimension humaine de ses souffrances, mais aussi de ses œuvres et de ses projets.

---

1. Processus par lequel une idée ou une tendance pénible ou dangereuse se trouve rejetée et maintenue dans l'inconscient.
2. A. Rimbaud, « Lettre à Paul Demeny », dite « du Voyant », 15 mai 1871.

Textes

1. LA CONSCIENCE

I. LA SPÉCIFICITÉ HUMAINE DE LA CONSCIENCE

Texte 1 HEGEL

« Parce qu'il est esprit, l'homme a une double existence »

Les choses de la nature n'existent qu'*immédiatement* et d'*une seule façon,* tandis que l'homme, parce qu'il est esprit, a une *double* existence ; il existe d'une part au même titre que les choses de la nature, mais d'autre part il existe aussi pour soi, il se contemple, se représente à lui-même, se pense et n'est esprit que par cette activité qui constitue un être pour soi. Cette conscience de soi, l'homme l'acquiert de deux manières : Primo, *théoriquement,* parce qu'il doit se pencher sur lui-même pour prendre conscience de tous les mouvements, replis et penchants du cœur humain et d'une façon générale se contempler, se représenter ce que la pensée peut lui assigner comme essence, enfin se reconnaître exclusivement aussi bien dans ce qu'il tire de son propre fond que dans les données qu'il reçoit de l'extérieur. Deuxièmement, l'homme se constitue pour soi par son activité *pratique*, parce qu'il est poussé à se trouver lui-même, à se reconnaître lui-même dans ce qui lui est donné immédiatement, dans ce qui s'offre à lui extérieurement. Il y parvient en changeant les choses extérieures, qu'il marque du sceau de son intériorité et dans lesquelles il ne retrouve que ses propres déterminations. L'homme agit ainsi, de par sa liberté de sujet, pour ôter au monde extérieur son caractère farouchement étranger et pour ne jouir des choses que parce qu'il y retrouve une forme extérieure de sa propre réalité. Ce besoin de modifier les choses extérieures est déjà inscrit dans les premiers penchants de l'enfant ; le petit garçon qui jette des pierres dans le torrent et admire les ronds qui se forment dans l'eau, admire en fait une œuvre où il bénéficie du spectacle de sa propre activité.

Hegel, *Esthétique* (1835), *Textes choisis,* traduction de S. Jankélévitch, Éd. P.U.F., 1953, pp. 21-22.

Texte 2 KANT

Le pouvoir de dire « je »

Posséder le Je dans sa représentation : ce pouvoir élève l'homme infiniment au-dessus de tous les autres êtres vivants sur la terre. Par là, il est une personne ; et grâce à l'unité de la conscience dans tous les changements qui peuvent lui survenir, il est une seule et même personne, c'est-à-dire un être entièrement différent, par le rang et la dignité, de *choses* comme le sont les animaux sans raison, dont on peut disposer à sa guise ; et ceci, même lorsqu'il ne peut pas encore dire le Je, car il l'a cependant dans sa pensée ; ainsi toutes les langues, lorsqu'elles parlent à la première personne, doivent penser ce Je, même si elles ne l'expriment pas par un mot particulier. Car cette faculté (de penser) est l'entendement.

Il faut remarquer que l'enfant, qui sait déjà parler assez correctement, ne commence qu'assez tard (peut-être un an après) à dire *Je* ; avant, il parle de soi à la troisième personne (Charles veut manger, marcher, etc.) ; et il semble que pour lui une lumière vienne de se lever quand il commence à dire *Je* ; à partir de ce jour, il ne revient jamais à l'autre manière de parler. Auparavant il ne faisait que se *sentir* ; maintenant il se *pense*.

Kant, *Anthropologie du point de vue pragmatique* (1798), traduction de M. Foucault, Éd. Vrin, 1984, p. 17.

Texte 3 PASCAL

Un roseau pensant

La grandeur de l'homme est grande en ce qu'il se connaît misérable. Un arbre ne se connaît pas misérable.
C'est donc être misérable que de se connaître misérable ; mais c'est être grand que de connaître qu'on est misérable.

Pensée fait la grandeur de l'homme.

Je puis bien concevoir un homme sans mains, pieds, tête (car ce n'est que l'expérience qui nous apprend que la tête est plus nécessaire que les pieds). Mais je ne puis concevoir l'homme sans pensée : ce serait une pierre ou une brute. [...]

L'homme n'est qu'un roseau, le plus faible de la nature ; mais c'est un roseau pensant. Il ne faut pas que l'univers entier s'arme pour l'écraser : une vapeur, une goutte d'eau, suffit pour le tuer. Mais, quand l'univers l'écraserait, l'homme serait encore plus noble que ce qui le tue, parce qu'il sait qu'il meurt, et l'avantage que l'univers a sur lui, l'univers n'en sait rien.

Toute notre dignité consiste donc en la pensée. C'est de là qu'il nous faut relever et non de l'espace et de la durée, que nous ne saurions remplir. Travaillons donc à bien penser : voilà le principe de la morale.

Pascal, *Pensées* (1660), 347-348 (Éd. Brunschvicg) ou Bibliothèque de la Pléiade, Éd. Gallimard, 1954, pp. 1156-1157.

Texte 4 LACAN

Une conception religieuse de la conscience...

Pour commencer seulement à poser la question de ce qu'est le moi, il faut se détacher de la conception que nous dirons religieuse de la conscience. Implicitement, l'homme moderne pense que tout ce qui s'est passé dans l'univers depuis l'origine est fait pour converger vers cette chose qui pense, création de la vie, être précieux, unique, sommet des créatures, qui est lui-même, dans lequel il y a ce point privilégié qui s'appelle la conscience.

Cette perspective conduit à un anthropomorphisme si délirant qu'il faut commencer à s'en dessiller les yeux, pour s'apercevoir de quelle espèce d'illusion on est victime. C'est nouveau dans l'humanité, cette niaiserie de l'athéisme scientiste. Comme on se défend à l'intérieur de la science contre tout ce qui peut rappeler un recours à l'Être suprême, pris de vertige on se précipite ailleurs — pour faire la même chose, se prosterner. Là, il n'y a plus rien à comprendre, tout est expliqué — il faut que la conscience apparaisse, le monde, l'histoire convergent vers cette merveille qu'est l'homme contemporain, vous, moi, qui courons à travers les rues.

L'athéisme purement sentimental, véritablement incohérent, de la pensée scientiste, la pousse par contrecoup à faire de la conscience le sommet des phénomènes.

J. Lacan[1] (1954), *le Séminaire*, Livre II, *le Moi dans la théorie de Freud et dans la technique de la psychanalyse,* Éd. du Seuil, 1978, pp. 63-64.

1. Psychiatre et psychanalyste français contemporain (1901-1981), fondateur de l'école freudienne de Paris.

II. CONSCIENCE ET PENSÉE

Texte 5 A PLATON

Être sage : savoir qu'on ne sait pas

Or, un jour qu'il[1] était allé à Delphes, il osa poser à l'oracle la question que voici — je vous en prie encore une fois, juges, n'allez pas vous récrier —, il demanda, dis-je, s'il y avait au monde un homme plus sage que moi. Or la pythie lui répondit qu'il n'y en avait aucun. Et cette réponse,

1. Il s'agit de Khairéphon dont Socrate rapporte ici les propos.

son frère, qui est ici, l'attestera devant vous, puisque Khairéphon est mort. Considérez maintenant pourquoi je vous en parle. C'est que j'ai à vous expliquer l'origine de la calomnie dont je suis victime. Lorsque j'eus appris cette réponse de l'oracle, je me mis à réfléchir en moi-même : « Que veut dire le dieu et quel sens recèlent ses paroles ? Car moi, j'ai conscience de n'être sage ni peu ni prou. Que veut-il donc dire, quand il affirme que je suis le plus sage ? car il ne ment certainement pas ; cela ne lui est pas permis. » Pendant longtemps je me demandai quelle était son idée ; enfin je me décidai, quoique à grand-peine, à m'en éclaircir de la façon suivante : je me rendis chez un de ceux qui passent pour être des sages, pensant que je ne pouvais, mieux que là, contrôler l'oracle et lui déclarer : « Cet homme-ci est plus sage que moi, et toi, tu m'as proclamé le plus sage. » J'examinai donc cet homme à fond ; je n'ai pas besoin de dire son nom, mais c'était un de nos hommes d'État, qui, à l'épreuve, me fit l'impression dont je vais vous parler. Il me parut en effet, en causant avec lui, que cet homme semblait sage à beaucoup d'autres et surtout à lui-même, mais qu'il ne l'était point. J'essayai alors de lui montrer qu'il n'avait pas la sagesse qu'il croyait avoir. Par là, je me fis des ennemis de lui et de plusieurs des assistants. Tout en m'en allant, je me disais en moi-même : « Je suis plus sage que cet homme-là. Il se peut qu'aucun de nous deux ne sache rien de beau ni de bon ; mais lui croit savoir quelque chose, alors qu'il ne sait rien, tandis que moi, si je ne sais pas, je ne crois pas non plus savoir. Il me semble donc que je suis un peu plus sage que lui par le fait même que ce que je ne sais pas, je ne pense pas non plus le savoir ».

Platon (vers 420-340 av. J.-C.), *Apologie de Socrate*, 20 d-22 b,
traduction de E. Chambry, Éd. Garnier-Flammarion, 1965, pp. 31-32.

Texte 5 B PLATON

« Connais-toi toi-même »

CRITIAS

J'aurais même presque envie de dire que se connaître soi-même, c'est cela la sagesse, et je suis d'accord avec l'auteur de l'inscription de Delphes [...] Voilà en quels termes, différents de ceux des hommes, le dieu s'adresse à ceux qui entrent dans son temple, si je comprends bien l'intention de l'auteur de l'inscription. A chaque visiteur, il ne dit rien d'autre, en vérité, que : « Sois sage ! » Certes, il s'exprime en termes un peu énigmatiques, en sa qualité de devin. Donc, selon l'inscription et selon moi, « connais-toi toi-même » et « sois sage », c'est la même chose ! [...]

SOCRATE

Dis-moi donc ce que tu penses de la sagesse.

CRITIAS

Je pense que, seule entre toutes les sciences, la sagesse est la science d'elle-même et des autres sciences.

SOCRATE

Donc elle serait aussi la science de l'ignorance, si elle l'est de la science ?

CRITIAS

Assurément.

SOCRATE

En ce cas, le sage seul se connaîtra lui-même et sera capable de discerner ce qu'il sait et ce qu'il ne sait pas ; et de même pour les autres, il aura le pouvoir d'examiner ce que chacun sait et a conscience à juste titre de savoir, mais aussi ce qu'il croit à tort savoir. De cela, aucun autre homme n'est capable. Finalement, l'attitude (*sôphronein* = être sage) et la vertu (*sôphrosunè*) de sagesse, de même que la connaissance de soi-même consistent à savoir ce qu'on sait et ce qu'on ne sait pas. Est-ce bien là ta pensée ?

Platon (vers 420-340 av. J.-C.), *Charmide*, 164 d-167 a,
traduction de C. Chrétien, Éd. Hatier, 1987, pp. 59-63.

Texte 6 DESCARTES

« Je pense, donc je suis »

Je ne sais si je dois vous entretenir des premières méditations que j'y ai faites car elles sont si métaphysiques et si peu communes qu'elles ne seront peut-être pas au goût de tout le monde. Et toutefois, afin qu'on puisse juger si les fondements que j'ai pris sont assez fermes, je me trouve en quelque façon contraint d'en parler. J'avais dès longtemps remarqué que, pour les mœurs, il est besoin quelquefois de suivre des opinions qu'on sait être fort incertaines, tout de même que si elles étaient indubitables, ainsi qu'il a été dit ci-dessus ; mais, parce qu'alors je désirais vaquer seulement à la recherche de la vérité, je pensai qu'il fallait que je fisse tout le contraire, et que je rejetasse, comme absolument faux tout ce en quoi je pourrais imaginer le moindre doute, afin de voir s'il ne resterait point, après cela, quelque chose en ma créance, qui fût entièrement indubitable. Ainsi, à cause que nos sens nous trompent quelquefois, je voulus supposer qu'il n'y avait aucune chose qui fût telle qu'ils nous la font imaginer. Et pource qu'il y a des hommes qui se méprennent en raisonnant, même touchant les plus simples matières de géométrie, et y font des paralogismes, jugeant que j'étais sujet à faillir, autant qu'aucun autre, je rejetai comme fausses toutes les raisons que j'avais prises auparavant pour démonstrations. Et enfin, considérant que toutes les mêmes pensées, que nous avons étant éveillés, nous peuvent aussi venir quand nous dormons, sans qu'il y en ait aucune, pour lors, qui soit vraie, je me résolus de feindre que toutes les choses qui m'étaient jamais entrées en l'esprit, n'étaient non plus vraies que les illusions de mes songes. Mais, aussitôt après, je pris garde que, pendant que je voulais ainsi penser que tout était faux, il fallait nécessairement que moi, qui le pensais, fusse quelque chose. Et remarquant que cette vérité : *je pense, donc je suis* était si ferme et si assurée que toutes les plus extravagantes suppositions des sceptiques n'étaient pas capables de l'ébranler, je jugeai que je pouvais la recevoir, sans scrupule, pour le premier principe de la philosophie que je cherchais.

Descartes, *Discours de la Méthode* (1637), IVe partie,
Bibliothèque de la Pléiade, Éd. Gallimard, 1966, pp. 147-148.

Texte 7 DESCARTES

La pensée est la conscience

Par le mot de penser, j'entends tout ce qui se fait en nous de telle sorte que nous l'apercevons immédiatement par nous-mêmes ; c'est pourquoi non seulement entendre, vouloir, imaginer, mais aussi sentir, est la même chose ici que penser. Car si je dis que je vois ou que je marche, et que j'infère de là que je suis ; si j'entends parler de l'action qui se fait avec mes yeux ou avec mes jambes, cette conclusion n'est pas tellement infaillible, que je n'aie quelque sujet d'en douter, à cause qu'il peut se faire que je pense voir ou marcher, encore que je n'ouvre pas les yeux et que je ne bouge pas de ma place ; car cela m'arrive quelquefois en dormant, et le même pourrait peut-être m'arriver encore que je n'eusse point de corps ; au lieu que si j'entends parler seulement de l'action de ma pensée ou du sentiment, c'est-à-dire de la connaissance qui est en moi, qui fait qu'il me semble que je vois ou que je marche, cette même conclusion est si absolument vraie que je n'en puis douter à cause qu'elle se rapporte à l'âme, qui seule a la faculté de sentir ou bien de penser en quelque autre façon que ce soit.

Descartes, *Principes de la philosophie* (1644), art. 9,
Bibliothèque de la Pléiade, Éd. Gallimard, 1953, p. 574.

Texte 8 KANT

« Je ne suis pas » : une pensée impensable

La peur de la mort qui est naturelle à tous les hommes, même aux plus malheureux, et fût-ce au plus sage, n'est pas un frémissement d'horreur devant le fait de périr, mais comme le dit justement Montaigne, devant la pensée d'*avoir péri* (d'être mort) ; cette pensée, le candidat au suicide s'imagine l'avoir encore après la mort, puisque le cadavre qui n'est plus lui, il le pense comme soi-même plongé dans l'obscurité de la tombe ou n'importe où ailleurs. L'illusion ici n'est pas à supprimer ; car elle réside dans la nature de la pensée, en tant que parole qu'on adresse à soi-même et sur soi-même.

La pensée que « je ne suis pas » ne peut absolument pas exister ; car si je ne suis pas, je ne peux pas non plus être conscient que je ne suis pas. Je peux bien dire : je ne suis pas en bonne santé, etc., en pensant des prédicats de moi-même qui ont valeur négative (comme cela arrive pour tous les *verba*[1]) mais, parlant à la première personne, nier le sujet lui-même (celui-ci en quelque sorte s'anéantit) est une contradiction.

Kant, *Anthropologie du point de vue pragmatique* (1798), traduction de M. Foucault, Éd. Vrin, 1984, pp. 46-47.

1. Attributs.

III. L'ÂME ET LE CORPS

Texte 9 A DESCARTES

L'âme est une substance

Puis, examinant avec attention ce que j'étais, et voyant que je pouvais feindre que je n'avais aucun corps, et qu'il n'y avait aucun monde, ni aucun lieu où je fusse ; mais que je ne pouvais pas feindre, pour cela que je n'étais point ; et qu'au contraire, de cela même que je pensais à douter de la vérité des autres choses, il suivait très évidemment et très certainement que j'étais ; au lieu que, si j'eusse seulement cessé de penser, encore que tout le reste de ce que j'avais jamais imaginé eût été vrai, je n'avais aucune raison de croire que j'eusse été : je connus de là que j'étais une substance dont toute l'essence ou la nature n'est que de penser, et qui, pour être, n'a besoin d'aucun lieu, ni ne dépend d'aucune chose matérielle. En sorte que ce moi, c'est-à-dire l'âme par laquelle je suis ce que je suis, est entièrement distincte du corps, et même qu'elle est plus aisée à connaître que lui, et qu'encore qu'il ne fût point, elle ne laisserait pas d'être tout ce qu'elle est.

Descartes, *Discours de la méthode* (1637), IVe partie, Bibliothèque de la Pléiade, Éd. Gallimard, 1953, p. 148.

Texte 9 B DESCARTES

L'union de l'âme et du corps

Et premièrement, il n'y a point de doute que tout ce que la nature m'enseigne contient quelque vérité. Car par la nature, considérée en général, je n'entends maintenant autre chose que Dieu même, ou bien l'ordre et la disposition que Dieu a établie dans les choses créées. Et par ma nature en particulier, je n'entends autre chose que la complexion ou l'assemblage de toutes les choses que Dieu m'a données.

Or il n'y a rien que cette nature m'enseigne plus expressément, ni plus sensiblement, sinon que j'ai un corps, qui est mal disposé quand je sens de la douleur, qui a besoin de manger ou de boire quand j'ai les sentiments de la faim ou de la soif, etc. Et partant, je ne dois aucunement douter qu'il n'y ait en cela quelque vérité.

La nature m'enseigne aussi, par ces sentiments de douleur, de faim, de soif, etc., que je ne suis pas seulement logé dans mon corps, ainsi qu'un pilote en son navire, mais, outre cela, que je lui suis conjoint très étroitement, et tellement confondu et mêlé que je compose comme un seul tout avec lui. Car, si cela n'était, lorsque mon corps est blessé, je ne sentirais pas pour cela de la douleur, moi qui ne suis qu'une chose qui pense, mais j'apercevrais cette blessure par le seul entendement, comme un pilote aperçoit par la vue si quelque chose se rompt dans son vaisseau ; et lorsque mon corps a besoin de boire ou de manger, je connaîtrais simplement cela même, sans en être averti par des sentiments confus de faim et de soif. Car en effet tous ces sentiments de faim, de soif, de douleur, etc., ne sont autre chose que de certaines façons confuses de penser, qui proviennent et dépendent de l'union et comme du mélange de l'esprit avec le corps.

Descartes, *Méditations métaphysiques* (1641), 6e Méditation,
Bibliothèque de la Pléiade, Éd. Gallimard, 1953, p. 326.

Texte 10 SPINOZA

Ce que peut le corps

Personne, en effet, n'a jusqu'ici déterminé ce que peut le corps, c'est-à-dire que l'expérience n'a jusqu'ici enseigné à personne ce que, grâce aux seules lois de la Nature, — en tant qu'elle est uniquement considérée comme corporelle, — le corps peut ou ne peut pas faire, à moins d'être déterminé par l'esprit. Car personne jusqu'ici n'a connu la structure du corps assez exactement pour en expliquer toutes les fonctions, et je ne veux rien dire ici de ce que l'on observe chez les bêtes et qui dépasse de loin la sagacité humaine, ni des nombreux actes que les somnambules accomplissent durant le sommeil et qu'ils n'oseraient pas faire éveillés ; ce qui prouve assez que le corps, par les seules lois de sa nature, peut beaucoup de choses dont son esprit reste étonné. En outre, personne ne sait de quelle manière ou par quels moyens l'esprit met le corps en mouvement, ni combien de degrés de mouvement il peut lui imprimer, et avec quelle vitesse il peut le mouvoir. D'où suit que les hommes, quand ils disent que telle ou telle action du corps a son origine dans l'esprit qui a de l'empire sur le corps, ne savent ce qu'ils disent et ne font qu'avouer ainsi en termes spécieux qu'ils ignorent la vraie cause de cette action et ne s'en étonnent pas.

Mais, dira-t-on, que l'on sache ou non par quels moyens l'esprit meut le corps, on sait cependant par expérience que, si l'esprit humain n'était pas capable de penser, le corps serait inerte. On sait aussi par expérience qu'il dépend du seul pouvoir de l'esprit de parler comme de se taire, et beaucoup d'autres choses que l'on croit donc dépendre du degré de l'esprit. [...] Je demande si l'expérience ne nous enseigne pas également que, si à l'inverse le corps est inerte, l'esprit est en même temps incapable de penser ? Car lorsque le corps est au repos pendant le sommeil, l'esprit est endormi en même temps que lui et n'a pas le pouvoir de penser de l'état de veille. Ensuite je crois que tous nous avons fait l'expérience que l'esprit n'est pas toujours également apte à penser au même objet, mais que plus le corps est apte à éveiller en lui l'image de tel ou tel objet, plus l'esprit est apte à considérer ces objets. [...]

Tout cela, je crois, montre clairement que le décret de l'esprit, aussi bien que l'appétit et la détermination du corps, vont ensemble par nature, ou plutôt sont une seule et même chose que nous appelons Décret quand elle est considérée sous l'attribut de la Pensée et s'explique par lui, et que nous nommons Détermination quand elle est considérée sous l'attribut de l'Étendue et se déduit des lois du mouvement et du repos ; ce qui deviendra encore plus évident par la suite.

Spinoza, *Éthique* (1675), Livre III, scolie de la proposition II, traduction de R. Caillois, M. Francès et R. Misrahi, Bibliothèque de la Pléiade, Éd. Gallimard, 1954, pp. 416-418.

IV. CONSCIENCE ET CONNAISSANCE : LE SUJET ET L'OBJET

Texte 11 A — KANT

L'unité de la conscience de soi

Le *je pense* doit *pouvoir* accompagner toutes mes représentations ; car autrement serait représenté en moi quelque chose qui ne pourrait pas du tout être pensé, ce qui revient à dire ou que la représentation serait impossible, ou que, du moins, elle ne serait rien pour moi. La représentation qui peut être donnée avant toute pensée s'appelle *intuition*. Par conséquent, tout le divers de l'intuition a un rapport nécessaire au *je pense* dans le même sujet où se rencontre ce divers. Mais cette représentation est un acte de la *spontanéité,* c'est-à-dire qu'on ne saurait la considérer comme appartenant à la sensibilité. Je la nomme *aperception pure* pour la distinguer de l'aperception *empirique,* ou encore *aperception originaire* parce qu'elle est cette conscience de soi qui, en produisant la représentation *je pense*, doit *pouvoir* accompagner toutes les autres, et qui est une et identique en toute conscience, ne peut être accompagnée d'aucune autre. [...]

Cette identité totale de l'aperception d'un divers donné dans l'intuition renferme une synthèse des représentations et n'est possible que par la conscience de cette synthèse. Car la conscience empirique, qui accompagne différentes représentations est, en soi, dispersée et sans relation avec l'identité du sujet. Cette relation ne s'opère donc pas encore par le fait que j'accompagne de conscience toute représentation, mais par le fait que *j'ajoute* une représentation à une autre et que j'ai conscience de leur synthèse. [...] Autrement dit, ce n'est que parce que je puis saisir en une seule conscience le divers de ces représentations que je les nomme, toutes, *mes* représentations ; car, sans cela, j'aurais un moi aussi divers et d'autant de couleurs qu'il y a de représentations dont j'ai conscience.

Kant, *Critique de la raison pure* (1781), I, 1re division, II, 1re section, § 16,
traduction de A. Tremesaygues et B. Pacaud,
Éd. P.U.F., 1944, p. 110.

Texte 11 B KANT

Conscience de soi et connaissance de soi

J'ai conscience de moi-même, — dans la synthèse transcendantale du divers des représentations en général, par conséquent dans l'unité synthétique originaire de l'aperception, — non pas tel que je m'apparais, ni tel que je suis en moi-même, mais seulement conscience que je suis[1]. Cette *représentation* est une *pensée*, et non une *intuition*. [...] Je n'ai donc aucune *connaissance* de moi *tel que je suis,* mais je me connais seulement tel que je *m'apparais* à moi-même. La conscience de soi-même n'est donc pas encore, il s'en faut, une connaissance de soi-même.

Kant, *Ibid.*, § 25, pp. 135-136.

1. J'ai conscience *que* je suis et non pas de *ce que* je suis ; cette conscience n'est pas une connaissance.

Texte 12 FEUERBACH

Conscience de l'objet et conscience du sujet

Sans objet, l'homme n'est *rien*. Les grands hommes exemplaires qui nous révèlent l'essence de l'homme, ont confirmé cette proposition par leur vie. Ils avaient seulement *une* passion fondamentale dominante : la réalisation du but qui était l'objet essentiel de leur activité. Mais l'objet avec lequel un sujet est dans un rapport *essentiel nécessaire* n'est rien d'autre que l'essence *propre* mais *objective* de ce sujet.

C'est par l'objet donc que l'homme devient conscient *de lui-même* : la conscience de l'objet est la *conscience de soi* de l'homme. A partir de l'objet tu connais l'homme ; en lui *t'apparaît* son essence : l'objet est son essence *manifeste*, son *Ego véritable, objectif*. Et ceci ne vaut pas seulement pour les objets spirituels, mais même aussi pour les objets *sensibles*. Même les objets les plus éloignés de l'homme, parce que et en tant qu'ils lui sont objets, sont des manifestations de l'essence humaine. Même la lune, le soleil, les étoiles crient à l'homme *gnôthi seauton*, « connais-toi toi-même ». Qu'il les voit et les voit ainsi qu'il les voit, témoigne de sa propre essence. L'animal n'est affecté que par le rayon lumineux nécessaire à la vie, l'homme au contraire l'est de plus par le rayon indifférent venu de l'étoile la plus éloignée. A l'homme seulement appartient la pureté, l'intellectualité, le désintéressement dans les joies et les émotions — seul l'homme célèbre la fête optique de la contemplation. L'œil qui regarde le ciel étoilé, qui voit cette lumière *inutile* et inoffensive sans communauté avec la terre et ses besoins, voit dans cette lumière sa propre essence, sa propre origine. L'œil est de nature céleste. C'est pourquoi l'homme ne s'élève au-dessus de la terre que par l'œil ; c'est pourquoi la *théorie* commence avec le regard dirigé vers le ciel. Les *premiers* philosophes étaient astronomes. Le ciel rappelle à l'homme sa destination : celle-ci n'est pas seulement l'action, mais aussi la contemplation.

Feuerbach, *l'Essence du Christianisme* (1841), traduction de J.-P. Osier, Éd. Maspero, 1973, pp. 120-121.

Texte 13 SARTRE

La conscience altère son objet

L'être de la conscience ne coïncide pas avec lui-même dans une adéquation plénière. Cette adéquation, qui est celle de l'en-soi, s'exprime par cette simple formule : l'être est ce qu'il est. Il n'est pas, dans l'en-soi, une parcelle d'être qui ne soit à elle-même sans distance. Il n'y a pas dans l'être ainsi conçu la plus petite ébauche de dualité. [...]

La caractéristique de la conscience, au contraire, c'est qu'elle est une décompression d'être. Il est impossible en effet de la définir comme coïncidence avec soi. De cette table, je puis dire qu'elle est purement et simplement *cette* table. Mais de ma croyance je ne puis me borner à dire qu'elle est croyance : ma croyance est conscience (de) croyance. On a souvent dit que le regard réflexif altère le fait de conscience sur lequel il se dirige. [...] Ainsi, du seul fait que ma croyance est saisie comme croyance, elle *n'est plus que croyance,* c'est-à-dire qu'elle n'est déjà plus croyance, elle est croyance troublée. Ainsi le jugement ontologique « la croyance est conscience (de) croyance » ne saurait en aucun cas être pris pour un jugement d'identité : le sujet et l'attribut sont radicalement différents et ceci, pourtant, dans l'unité indissoluble d'un même être.

J.-P. Sartre, *l'Être et le Néant,*
Éd. Gallimard, 1943, pp. 112-113.

V. CONSCIENCE ET SENS

Texte 14 **HUSSERL**

Toute conscience est conscience de quelque chose

La perception de cette table est, avant comme après, perception *de* cette table. Ainsi, tout état de conscience en général est, en lui-même, conscience *de* quelque chose, quoi qu'il en soit de l'existence réelle de cet objet et quelque abstention que je fasse, dans l'attitude transcendantale qui est mienne, de la position de cette existence et de tous les actes de l'attitude naturelle. Par conséquent, il faudra élargir le contenu de l'*ego cogito*[1] transcendantal, lui ajouter un élément nouveau et dire que tout *cogito* ou encore tout état de conscience « vise » quelque chose, et qu'il porte en lui-même, en tant que « visé » (en tant qu'objet d'une intention), son *cogitatum*[2] respectif.

1. Littéralement : « moi je pense ».
2. « La chose pensée ».

Chaque *cogito*, du reste, le fait à sa manière. La perception de la « maison » « vise » (se rapporte à) une maison — ou, plus exactement, telle maison individuelle — de la manière perceptive ; le souvenir de la maison « vise » la maison comme souvenir ; l'imagination, comme image ; un jugement prédicatif ayant pour objet la maison « placée là devant moi » la vise de la façon propre au jugement prédicatif ; un jugement de valeur surajouté la viserait encore à sa manière, et ainsi de suite.

Ces états de conscience sont aussi appelés états *intentionnels*. Le mot *intentionnalité* ne signifie rien d'autre que cette particularité foncière et générale qu'a la conscience d'être conscience *de* quelque chose, de porter, en sa qualité de *cogito*, son *cogitatum* en elle-même.

E. Husserl, *Méditations cartésiennes*,
Introduction à la phénoménologie (1929),
traduction de G. Pfeiffer et E. Lévinas,
Éd. Vrin, 1966, p. 28.

Texte 15 MERLEAU-PONTY

Sens et conscience

Nous n'avons pas d'autre manière de savoir ce que c'est qu'un tableau ou une chose que de les regarder et leur *signification* ne se révèle que si nous les regardons d'un certain point de vue, d'une certaine distance et dans un certain *sens*, en un mot si nous mettons au service du spectacle notre connivence avec le monde. Le sens d'un cours d'eau, ce mot ne veut rien dire si je ne suppose pas un sujet qui regarde d'un certain lieu vers un autre. Dans le monde en soi, toutes les directions comme tous les mouvements sont relatifs, ce qui revient à dire qu'il n'y en a pas. Il n'y aurait pas de mouvement effectif et je n'aurais pas la notion de mouvement si, dans la perception, je ne laissais la terre, comme « sol » de tous les repos et de tous les mouvements en deçà du mouvement et du repos, parce que je l'*habite*, et de même il n'y aurait pas de direction sans un être qui habite le monde et qui, par son regard, y trace la première direction-repère. Pareillement le sens d'une étoffe ne s'entend que pour un sujet qui peut aborder l'objet d'un côté ou de l'autre, et c'est par mon surgissement dans le monde que l'étoffe a un sens. De même encore, le sens d'une phrase, c'est son propos ou son intention, ce qui suppose encore un point de vue. De même, enfin, le sens de la vue, c'est une certaine préparation à la logique et au monde des couleurs. Sous toutes les acceptions du mot sens, nous retrouvons la même notion fondamentale d'un être orienté ou polarisé vers ce qu'il n'est pas, et nous sommes ainsi toujours amenés à une conception du sujet comme ek-stase[1] et à un rapport de transcendance active entre le sujet et le monde. Le monde est inséparable du sujet, mais d'un sujet qui n'est rien que projet du monde, et le sujet est inséparable du monde, mais d'un monde qu'il projette lui-même.

M. Merleau-Ponty, *Phénoménologie de la perception,*
Éd. Gallimard, 1945, 3e partie, p. 491.

1. De *extasis*, action d'être hors de soi.

VI. LES ILLUSIONS DE LA CONSCIENCE

Texte 16 SPINOZA

Les hommes se croient libres

J'en conviens, les affaires humaines iraient beaucoup mieux s'il était également au pouvoir de l'homme de se taire ou de parler. Mais l'expérience montre assez — et au-delà — que les hommes n'ont rien moins en leur pouvoir que leur langue, et qu'ils ne peuvent rien moins que de régler leurs désirs ; d'où vient que la plupart croient que nous n'agissons librement qu'à l'égard des choses que nous désirons modérément, parce que le désir de ces choses peut être facilement contrarié par le souvenir d'une autre chose dont nous nous souvenons souvent ; mais que nous ne sommes pas du tout libres à l'égard des choses que nous désirons vivement et qui ne peut être apaisé par le souvenir d'une autre chose. Mais, en vérité, s'ils ne savaient par expérience que nous accomplissons plus d'un acte dont nous nous repentons ensuite, et que souvent — par exemple quand nous sommes partagés entre des sentiments contraires — nous voyons le meilleur et suivons le pire, rien ne les empêcherait de croire que nous agissons toujours librement. C'est ainsi qu'un petit enfant croit désirer librement le lait, un jeune garçon en colère vouloir se venger, et un peureux s'enfuir. Un homme ivre aussi croit dire d'après un libre décret de l'esprit ce que, revenu à son état normal, il voudrait avoir tu ; de même le délirant, la bavarde, l'enfant et beaucoup de gens de même farine croient parler selon un libre décret de l'esprit, alors que pourtant ils ne peuvent contenir leur envie de parler.

L'expérience elle-même n'enseigne donc pas moins clairement que la Raison que les hommes se croient libres pour la seule raison qu'ils sont conscients de leurs actions et ignorants des causes par lesquelles ils sont déterminés ; elle montre en outre que les décrets de l'esprit ne sont rien en dehors des appétits mêmes, et sont par conséquent variables selon l'état variable du corps.

Spinoza, *Éthique* (1675), Livre III, scolie de la proposition II, traduction de R. Caillois, M. Francès et R. Misrahi, Bibliothèque de la Pléiade, Éd. Gallimard, 1954, pp. 417-418.

Texte 17 MARX

La conscience des hommes est déterminée par leur être social

Dans la production sociale de leur existence, les hommes nouent des rapports déterminés, nécessaires, indépendants de leur volonté ; ces rapports de production correspondent à un degré donné du développement de leurs forces productives matérielles. L'ensemble de ces rapports forme la structure économique de la société, la fondation réelle sur laquelle s'élève un édifice juridique et politique, et à quoi répondent des formes déterminées de la conscience sociale. Le mode de production de la vie matérielle domine en général le développement de la vie sociale, politique et intellectuelle. Ce n'est pas la conscience des hommes qui détermine leur existence, c'est au contraire leur existence sociale qui détermine leur conscience. A un certain degré de leur développement, les forces productives matérielles de la société entrent en collision avec les rapports de production existants, ou avec les rapports de propriété au sein desquels elles s'étaient mues jusqu'alors, et qui n'en sont que l'expression juridique. Hier encore formes de développement des forces productives, ces conditions se changent en de lourdes entraves. Alors commence une ère de révolution sociale. Le changement dans les fondations économiques s'accompagne d'un bouleversement plus ou moins rapide dans tout cet énorme édifice. Quand on considère ces bouleversements, il faut toujours distinguer deux ordres de choses. Il y a le bouleversement matériel des conditions de production économique. On doit le constater dans l'esprit de rigueur des sciences naturelles. Mais il y a aussi les formes juridiques, politiques, religieuses, artistiques, philosophiques, bref les formes idéologiques, dans lesquelles les hommes prennent conscience de ce conflit et le poussent jusqu'au bout. On ne juge pas une époque de révolution d'après la conscience qu'elle a d'elle-même.

Marx, *Avant-propos à la Critique de l'Économie politique* (1859), traduction de M. Rubel et L. Évrard, Bibliothèque de la Pléiade, tome I, Éd. Gallimard, 1965, pp. 272-273.

Texte 18 NIETZSCHE

La « voix de la conscience »

Combien de gens savent-ils observer ? Et, dans le petit nombre qui savent, combien s'observent-ils eux-mêmes ? « Nul n'est plus que soi-même étranger à soi-même »,... c'est ce que n'ignore, à son grand déplaisir, aucun sondeur de l'âme humaine ; la maxime « connais-toi toi-même » prend dans la bouche d'un dieu, et adressée aux hommes, l'accent d'une féroce plaisanterie. Rien ne prouve mieux la situation désespérée où se trouve l'introspection que la façon dont *tout le monde, ou presque,* parle de l'essence de l'action morale. Quelle promptitude chez ces gens ! Quel empressement, quelle conviction, quelle loquacité ! Et ce regard, ce sourire, ce zèle, cette complaisance ! Ils ont l'air de vous dire : « Mais, mon cher, c'est précisément *mon* affaire ! Tu tombes précisément sur celui qui peut te répondre : c'est la question que, par hasard, je connais le mieux. Voici donc : quand un homme décide « *ceci est bien* », quand il conclut : c'est « *pour cela qu'il faut que ce soit* », et qu'il *fait* ce qu'il a ainsi reconnu bien et désigné comme nécessaire, l'essence de son acte est *morale*. « Mais, cher ami, vous parlez là de trois actions et non d'une seule : votre jugement, — « ceci est bien », par exemple, — votre jugement est un acte aussi ! Et ce jugement ne pourrait-il, déjà, être ou moral ou immoral ? Pourquoi tenez-vous « ceci » pour bien plutôt qu'autre chose ? « Parce que ma conscience me le dit ; et la conscience ne dit jamais rien d'immoral, puisque c'est elle qui détermine ce qui est moral ! » Mais pourquoi écoutez-vous la voix de votre conscience ? Qu'est-ce qui vous donne le droit de croire que son jugement est infaillible ? Cette *croyance*, n'y a-t-il plus de conscience qui l'examine ? N'avez-vous jamais entendu parler d'une conscience intellectuelle ? D'une conscience qui se tienne derrière votre « conscience » ? Votre jugement « ceci est bien » a une genèse dans vos instincts, vos penchants et vos répugnances, vos expériences et vos inexpériences ; « comment ce jugement est-il né ? » c'est une question que vous devez vous poser, et, aussitôt après, celle-ci : « qu'est-ce exactement qui me pousse à obéir à ce jugement ? » Car vous pouvez suivre son ordre comme un brave soldat qui entend la voix de son chef. Ou comme une femme qui aime celui qui commande. Ou encore comme un flatteur, un lâche qui a peur de son maître. Ou comme un imbécile qui écoute parce qu'il n'a rien à objecter. En un mot vous pouvez écouter votre conscience de mille façons différentes.

Nietzsche, *le Gai Savoir* (1882), § 335, traduction d'A. Vialatte, collection Idées, Éd. Gallimard, 1950, pp. 270-271.

2. L'INCONSCIENT

I. LA DÉPOSSESSION DE SOI

Texte 1 FREUD

Le moi n'est pas maître dans sa propre maison

Dans certaines maladies et, de fait, justement dans les névroses, que nous étudions, il en est autrement. Le *moi* se sent mal à l'aise, il touche aux limites de sa puissance en sa propre maison, l'âme. Des pensées surgissent subitement dont on ne sait d'où elles viennent ; on n'est pas non plus capable de les chasser. Ces hôtes étrangers semblent même être plus forts que ceux qui sont soumis au *moi*.

[...] La psychanalyse entreprend d'élucider ces cas morbides inquiétants, elle organise de longues et minutieuses recherches, elle se forge des notions de secours et des constructions scientifiques, et, finalement, peut dire au *moi* : « Il n'y a rien d'étranger qui se soit introduit en toi, c'est une part de ta propre vie psychique qui s'est soustraite à ta connaissance et à la maîtrise de ton vouloir.

[...] Tu crois savoir tout ce qui se passe dans ton âme, dès que c'est suffisamment important, parce que ta conscience te l'apprendrait alors. Et quand tu restes sans nouvelles d'une chose qui est dans ton âme, tu admets, avec une parfaite assurance, que cela ne s'y trouve pas. Tu vas même jusqu'à tenir « psychique » pour identique à « conscient », c'est-à-dire connu de toi, et cela malgré les preuves les plus évidentes qu'il doit sans cesse se passer dans ta vie psychique bien plus de choses qu'il ne peut s'en révéler à ta conscience. Tu te comportes comme un monarque absolu qui se contente des informations que lui donnent les hauts dignitaires de la cour et qui ne descend pas vers le peuple pour entendre sa voix. Rentre en toi-même profondément et apprends d'abord à te connaître, alors tu comprendras pourquoi tu vas tomber malade, et peut-être éviteras-tu de le devenir. »

C'est de cette manière que la psychanalyse voudrait instruire le *moi*. Mais les deux clartés qu'elle nous apporte : savoir, que la vie instinctive de la sexualité ne saurait être complètement domptée en nous et que les processus psychiques sont en eux-mêmes inconscients, et ne deviennent accessibles et subordonnés au *moi* que par une perception incomplète et incertaine, équivalent à affirmer que *le moi n'est pas maître dans sa propre maison.*

S. Freud, *Essais de psychanalyse appliquée*, « Une difficulté de la psychanalyse » (1917), traduction de M. Bonaparte et E. Marty, collection Idées, Éd. Gallimard, 1933, pp. 144-146.

Texte 2 **KAUFMANN**

L'inconscient : comique et tragique

Avant de se prêter à une représentation théorique, l'opposition de la conscience et de l'inconscient s'inscrit dans la spontanéité de ces situations interpersonnelles dont le développement donne matière à la mise en scène comique ou tragique. Nous rions d'un mot qui « échappe » à autrui ou d'un comportement qui le « trahit » dans la mesure même où il nous apparaît comme « inconscient » de ses propres motifs. Cet « inconscient » ne désigne pas un principe d'interprétation ; il se donne comme l'objet propre de notre sentiment spontané du comique. N'avons-nous pas, de même, une expérience directe du tragique ? Et cette expérience n'est-elle pas immédiatement référée à « l'inconscient » d'autrui ? Tragique nous apparaît la condition du héros précipité dans une faute inexpiable par une initiative dont il a méconnu le sens. Si une telle situation, cependant, a pu être portée sur scène, c'est qu'elle y figure une visée déjà présente à notre expérience, celle de l'aveuglement de notre prochain qu'entraîne à sa perte le mouvement irréversible de sa propre existence. Qu'il en soit « inconscient », c'est là précisément ce qui nous représente sa condition comme déjà « tragique ».

P. Kaufmann, « Conscience et Inconscient », *in Philosopher*,
Éd. Fayard, 1980, p. 143.

II. DÉFINITIONS DE L'INCONSCIENT

Texte 3 **LEIBNIZ**

Les petites perceptions

Nous avons toujours des objets qui frappent nos yeux ou nos oreilles, et par conséquent l'âme en est touchée aussi sans que nous y prenions garde : parce que notre attention est bandée à d'autres objets, jusqu'à ce que l'objet devienne assez fort pour l'attirer à soi en redoublant son action ou par quelque autre raison ; c'était comme un sommeil particulier à l'égard de cet objet-là, et ce sommeil devient général lorsque notre attention cesse à l'égard de tous les objets ensemble. [...] Toutes les impressions ont leur effet, mais tous les effets ne sont pas toujours notables ; quand je me tourne d'un côté plutôt que d'un autre, c'est bien souvent par un enchaînement de petites impressions dont je ne m'aperçois pas, et qui rendent un mouvement un peu plus malaisé que l'autre. Toutes nos actions délibérées sont des résultats d'un concours de petites perceptions, et même nos coutumes et passions, qui ont tant d'influence dans nos délibérations, en viennent ;

car ces habitudes naissent peu à peu, et par conséquent, sans les petites perceptions, on ne viendrait pas à ces dispositions notables. [...] En un mot, c'est une grande source d'erreurs de croire qu'il n'y a aucune perception dans l'âme que celles dont on s'aperçoit.

Leibniz, *Nouveaux Essais sur l'entendement humain,* II, ch. 1 (1703), Éd. Garnier, 1966, pp. 96-97.

Texte 4 BERGSON

La nuit de l'inconscient

Derrière les souvenirs qui viennent se poser ainsi sur notre occupation présente et se révéler au moyen d'elle, il y en a d'autres, des milliers et des milliers d'autres, en bas, au-dessous de la scène illuminée par la conscience. Oui, je crois que notre vie passée est là, conservée jusque dans ses moindres détails, et que nous n'oublions rien, et que tout ce que nous avons perçu, pensé, voulu depuis le premier éveil de notre conscience, persiste indéfiniment. Mais les souvenirs que ma mémoire conserve ainsi dans ses plus obscures profondeurs y sont à l'état de fantômes invisibles. Ils aspirent peut-être à la lumière : ils n'essaient pourtant pas d'y remonter ; ils savent que c'est impossible, et que moi, être vivant et agissant, j'ai autre chose à faire que de m'occuper d'eux. Mais supposez qu'à un moment donné *je me désintéresse* de la situation présente, de l'action pressante. Supposez, en d'autres termes, que je m'endorme. Alors ces souvenirs immobiles, sentant que je viens d'écarter l'obstacle, de soulever la trappe qui les maintenait dans le sous-sol de la conscience, se mettent en mouvement. Ils se lèvent, ils s'agitent, ils exécutent, dans la nuit de l'inconscient, une immense danse macabre. Et, tous ensemble, ils courent à la porte qui vient de s'entrouvrir.

H. Bergson, *l'Énergie spirituelle,* « Essais et Conférences », Éd. Alcan, 1919, pp. 95-96.

III. CARACTÉRISTIQUES DE L'INCONSCIENT

Texte 5 FREUD

Les mécanismes de la pensée inconsciente

Il n'y a dans ce système ni négation, ni doute, ni degré dans la certitude. Tout cela n'est introduit que par le travail de la censure entre *Ics*[1] et *Pcs*[1]. La négation est un substitut de refoulement d'un niveau supérieur. Dans l'*Ics*, il n'y a que des contenus plus ou moins fortement investis.

1. *Ics* : inconscient — *Pcs* : préconscient.

Il y règne une plus grande mobilité des intensités d'investissement. Par le processus de *déplacement* une représentation peut transmettre tout son quantum d'investissement à une autre, par celui de la *condensation,* s'approprier tout l'investissement de plusieurs autres. J'ai proposé de considérer ces deux processus comme signes caractéristiques de ce que nous appelons le *processus* psychique *primaire*. Dans le système *Pcs* règne le *processus secondaire* ; dans le cas où un tel processus primaire peut se dérouler sur des éléments du système *Pcs,* il apparaît « comique » et provoque le rire.

Les processus du système *Ics* sont *intemporels*, c'est-à-dire qu'ils ne sont pas ordonnés dans le temps, ne sont pas modifiés par l'écoulement du temps, n'ont absolument aucune relation avec le temps. La relation au temps elle aussi est liée au travail du système *Cs*[2].

Pas davantage les processus *Ics* n'ont égard à la *réalité.* Ils sont soumis au principe de plaisir ; leur destin ne dépend que de leur force et de leur conformité ou non-conformité aux exigences de la régulation plaisir-déplaisir.

Résumons-nous : *absence de contradiction, processus primaire* (mobilité des investissements), *intemporalité* et *substitution* à la *réalité extérieure de la réalité psychique,* tels sont les caractères que nous devons nous attendre à trouver aux processus appartenant au système *Ics*.

Les processus inconscients ne nous sont connaissables que dans les conditions du rêve et des névroses, donc dans des circonstances où des processus du système supérieur, le système *Pcs*, ont été *rabaissés* (par régression) à un stade antérieur. En eux-mêmes ils sont inconnaissables et mêmes incapables d'exister parce que le système *Ics* a été recouvert très tôt par le système *Pcs*, qui s'est emparé de l'accès à la conscience et à la motilité[3]. La décharge du système *Ics* dans l'innervation somatique va donner le développement d'affect, mais ce moyen de décharge lui est contesté, comme nous l'avons vu, par le *Pcs.* A lui seul, le système *Ics* ne saurait mener à bien dans des conditions normales aucune action musculaire appropriée, à l'exception de celles qui sont déjà organisées sous forme de réflexes.

S. Freud, *Métapsychologie,* « l'Inconscient » (1915), traduction de J. Laplanche et J.-B. Pontalis, Éd. Gallimard, 1968, pp. 96-98.

---

2. *Cs* : conscient.
3. Capacité de se mouvoir.

Texte 6 **FREUD**

L'hypothèse de l'inconscient : un gain de sens

On nous conteste de tous côtés le droit d'admettre un psychisme inconscient et de travailler scientifiquement avec cette hypothèse. Nous pouvons répondre à cela que l'hypothèse de l'inconscient est *nécessaire* et *légitime*, et que nous possédons de multiples *preuves* de l'existence de

l'inconscient. Elle est nécessaire parce que les données de la conscience sont extrêmement lacunaires ; aussi bien chez l'homme sain que chez le malade, il se produit fréquemment des actes psychiques qui, pour être expliqués, présupposent d'autres actes qui, eux, ne bénéficient pas du témoignage de la conscience. Ces actes ne sont pas seulement les actes manqués et les rêves, chez l'homme sain, et tout ce qu'on appelle symptômes psychiques et phénomènes compulsionnels chez le malade ; notre expérience quotidienne la plus personnelle nous met en présence d'idées qui nous viennent sans que nous en connaissions l'origine, et de résultats de pensée dont l'élaboration nous est demeurée cachée. Tous ces actes conscients demeurent incohérents et incompréhensibles si nous nous obstinons à prétendre qu'il faut bien percevoir par la conscience tout ce qui se passe en nous en fait d'actes psychiques ; mais ils s'ordonnent dans un ensemble dont on peut montrer la cohérence, si nous interpolons les actes inconscients inférés. Or, nous trouvons dans ce gain de sens et de cohérence une raison, pleinement justifiée, d'aller au-delà de l'expérience immédiate. Et s'il s'avère de plus que nous pouvons fonder sur l'hypothèse de l'inconscient une pratique couronnée de succès, par laquelle nous influençons, conformément à un but donné, le cours des processus conscients, nous aurons acquis, avec ce succès, une preuve incontestable de l'existence de ce dont nous avons fait l'hypothèse.

Ibid., pp. 66-67.

Texte 7 FREUD

Le ça, le moi et le surmoi

Un adage nous déconseille de servir deux maîtres à la fois. Pour le pauvre moi la chose est bien pire, il a à servir trois maîtres sévères et s'efforce de mettre de l'harmonie dans leurs exigences. Celles-ci sont toujours contradictoires et il paraît souvent impossible de les concilier ; rien d'étonnant dès lors à ce que souvent le moi échoue dans sa mission. Les trois despotes sont le monde extérieur, le surmoi et le ça. Quand on observe les efforts que tente le moi pour se montrer équitable envers les trois à la fois, ou plutôt pour leur obéir, on ne regrette plus d'avoir personnifié le moi, de lui avoir donné une existence propre. Il se sent comprimé de trois côtés, menacé de trois périls différents auxquels il réagit, en cas de détresse, par la production d'angoisse. Tirant son origine des expériences de la perception, il est destiné à représenter les exigences du monde extérieur, mais il tient cependant à rester le fidèle serviteur du ça, à demeurer avec lui sur le pied d'une bonne entente, à être considéré par lui comme un objet et à s'attirer sa libido. En assurant le contact entre le ça et la réalité, il se voit souvent contraint de revêtir de rationalisations préconscientes les ordres inconscients donnés par le ça, d'apaiser les conflits du ça avec la réalité et, faisant preuve de fausseté diplomatique, de paraître tenir compte de la réalité, même quand le ça demeure inflexible et intraitable. D'autre part, le surmoi sévère ne le perd pas de vue et, indifférent aux difficultés opposées par le ça et le monde extérieur, lui impose les règles déterminées de son comportement. S'il vient à désobéir au surmoi, il en est puni par de pénibles sentiments d'infériorité et de culpabilité. Le moi ainsi pressé par le ça, opprimé par le surmoi, repoussé par la réalité, lutte pour accomplir sa tâche économique, rétablir l'harmonie entre les diverses forces et influences qui agissent en et sur lui : nous comprenons ainsi pourquoi nous sommes souvent forcés de nous écrier : « Ah, la vie n'est pas facile ! »

S. Freud, *Nouvelles Conférences de psychanalyse* (1932), traduction de A. Berman, 1936, Éd. Gallimard, pp. 104-105.

IV. L'INCONSCIENT : ANIMALITÉ OU HUMANITÉ ?

Texte 8 MERLEAU-PONTY

L'esprit et le corps

Notre siècle a effacé la ligne de partage du « corps » et de « l'esprit » et voit la vie humaine comme spirituelle et corporelle de part en part, toujours appuyée au corps, toujours intéressée, jusque dans ses modes les plus charnels, aux rapports des personnes. Pour beaucoup de penseurs, à la fin du XIXe siècle, le corps, c'était un morceau de matière, un faisceau de mécanismes. Le XXe siècle a restauré et approfondi la notion de la chair, c'est-à-dire du corps animé. [...]

Il n'est pas faux de dire que Freud a voulu appuyer tout le développement humain au développement instinctif, mais on irait plus loin en disant que son œuvre bouleverse, dès le début, la notion d'instinct et dissout les critères par lesquels jusqu'à lui on croyait pouvoir la circonscrire. Si le mot d'instinct veut dire quelque chose, c'est un dispositif intérieur à l'organisme, qui assure, avec un minimum d'exercice, certaines réponses adaptées à certaines situations caractéristiques de l'espèce. Or, le propre du freudisme est bien de montrer qu'il n'y a pas, en ce sens-là, d'instinct sexuel chez l'homme, que l'enfant « pervers polymorphe » n'établit, quand il le fait, une activité sexuelle dite normale qu'au terme d'une histoire individuelle difficile. [...] Le physiologique et l'instinct sont enveloppés dans une exigence centrale de possession absolue qui ne saurait être le fait d'un morceau de matière, qui est de l'ordre de ce qu'on appelle ordinairement la conscience.

Encore avons-nous tort de parler ici de conscience, puisque c'est ramener la dichotomie de l'âme et du corps, au moment où le freudisme est en train de la contester et de transformer ainsi notre idée du corps comme notre idée de l'esprit. « Les faits psychiques ont un sens », écrivait Freud dans un de ses plus anciens ouvrages. Cela voulait dire qu'aucune conduite n'est,

dans l'homme, le simple résultat de quelque mécanisme corporel, qu'il n'y a pas, dans le comportement, un centre spirituel et une périphérie d'automatisme, et que tous nos gestes participent à leur manière à cette unique activité d'explication et de signification qui est nous-mêmes. [...]

Au moins autant qu'il explique le psychologique par le corps, il montre la signification psychologique du corps, sa logique secrète ou latente. [...] Avec la psychanalyse, l'esprit passe dans le corps comme inversement le corps passe dans l'esprit.

M. Merleau-Ponty, *Signes*, Éd. Gallimard, 1960, pp. 287-290.

Texte 9 ALAIN

Un animal redoutable

Le *freudisme*, si fameux, est un art d'inventer en chaque homme un animal redoutable, d'après des signes tout à fait ordinaires ; les rêves sont de tels signes ; les hommes ont toujours interprété leurs rêves, d'où un symbolisme facile. Freud se plaisait à montrer que ce symbolisme facile nous trompe et que nos symboles sont tout ce qu'il y a d'indirect. Les choses du sexe échappent évidemment à la volonté et à la prévision ; ce sont des crimes de soi, auxquels on assiste. On devine par là que ce genre d'instinct offrait une riche interprétation. L'homme est obscur à lui-même ; cela est à savoir. Seulement il faut éviter ici plusieurs erreurs que fonde le terme d'*inconscient*. La plus grave de ces erreurs est de croire que l'inconscient est un autre Moi ; un Moi qui a ses préjugés, ses passions et ses ruses ; une sorte de mauvais ange, diabolique conseiller. Contre quoi il faut comprendre qu'il n'y a point de pensées en nous sinon par l'unique sujet, Je ; cette remarque est d'ordre moral. [...]

L'inconscient est une méprise sur le Moi, c'est une idolâtrie du corps. On a peur de son inconscient ; là se trouve logée la faute capitale. Un autre Moi me conduit qui me connaît et que je connais mal. L'hérédité est un fantôme du même genre. « Voilà mon père qui se réveille ; voilà celui qui me conduit. Je suis par lui possédé. » [...]

« Rien ne m'engage. » « Rien ne me force. » « Je pense donc je suis. » Cette démarche est un recommencement. Je veux ce que je pense, et rien de plus. La plus ancienne forme d'idolâtrie, nous la tenons ici ; c'est le culte de l'ancêtre, mais non purifié par l'amour. « Ce qu'il méritait d'être, moi je le serai. » Telle est la piété filiale.

En somme, il n'y a pas d'inconvénient à employer couramment le terme d'inconscient ; c'est un abrégé du mécanisme. Mais, si on le grossit, alors commence l'erreur ; et, bien pis, c'est une faute.

Alain, *Éléments de philosophie*, Livre II, ch. XVI, note 146,
Éd. Gallimard, 1941, pp. 155-156.

Texte 10 LACAN

L'inconscient et le langage

L'inconscient est cette partie du discours concret en tant que transindividuel, qui fait défaut à la disposition du sujet pour rétablir la continuité de son discours conscient.

Ainsi disparaît le paradoxe que présente la notion de l'inconscient, si on la rapporte à une réalité individuelle. Car la réduire à la tendance inconsciente n'est résoudre le paradoxe qu'en éludant l'expérience qui montre clairement que l'inconscient participe des fonctions de l'idée, voire de la pensée. Comme Freud y insiste en clair quand, ne pouvant éviter de la pensée inconsciente la conjonction de termes contrariés, il lui donne le viatique de cette invocation : *sit venia verba*[1]. Aussi bien lui obéissons-nous en rejetant en effet la faute sur le verbe, mais sur ce verbe réalisé dans le discours qui court comme le furet de bouche en bouche pour donner à l'acte du sujet qui en reçoit le message, le sens qui fait de cet acte un acte de son histoire et qui lui donne sa vérité.

Dès lors l'objection de contradiction *in terminis*[2] qu'élève contre la pensée inconsciente une psychologie mal fondée dans sa logique, tombe avec la distinction même du domaine psychanalytique en tant qu'il manifeste la réalité du discours dans son autonomie, et l'*eppur si muove*[3] ? du psychanalyste rejoint celui de Galilée dans son incidence, qui n'est pas celle de l'expérience du fait, mais celle de l'*experimentum mentis*[4].

L'inconscient est ce chapitre de mon histoire qui est marqué par un blanc ou occupé par un mensonge : c'est le chapitre censuré. Mais la vérité peut être retrouvée ; le plus souvent déjà elle est écrite ailleurs. A savoir :
- dans les monuments : et ceci est mon corps, c'est-à-dire le noyau hystérique de la névrose où le symptôme hystérique montre la structure d'un langage et se déchiffre comme une inscription qui, une fois recueillie, peut sans perte grave être détruite ;
- dans les documents d'archives aussi : et ce sont les souvenirs de mon enfance, impénétrables aussi bien qu'eux, quand je n'en connais pas la provenance ;
- dans l'évolution sémantique ; et ceci répond au stock et aux acceptions du vocabulaire qui m'est particulier, comme au style de ma vie et à mon caractère ;
- dans les traditions aussi, voire dans les légendes qui sous une forme héroïsée véhiculent mon histoire ;
- dans les traces, enfin, qu'en conservent inévitablement les distorsions, nécessitées par le raccord du chapitre adultéré dans les chapitres qui l'encadrent ; et dont mon exégèse rétablira le sens.

J. Lacan, *Écrits I*, Paris, Éd. du Seuil, 1966, pp. 136-137.

1. « Qu'on pardonne l'expression ».
2. « Dans les termes ».
3. « Et pourtant elle tourne ! »
4. « Expérience dans la pensée ».

DOCUMENT

Le rêve des épinards

L'analyse du rêve dit « des épinards », que Freud rapporte ci-dessous, est d'autant plus instructive que le rêve en lui-même apparaît absurde et insignifiant. On notera toutefois que la bienséance interdit à Freud de fournir, en fin de compte, la signification dernière de ce rêve.

En principe, le premier rêve venu se prêterait également à ma démonstration ; mais je préfère, pour différents motifs, choisir celui que j'ai fait la nuit dernière. Il est court, ce qui nous permet de l'utiliser, et ce que j'en ai retenu est absurde et confus à souhait. Voici le contenu de ce rêve que j'ai noté tout de suite après le réveil :

Une réunion à table — ou à table d'hôte. On sert des épinards. Mme E.L. est assise auprès de moi et toute tournée de mon côté. Elle me passe familièrement la main sur le genou. Je fais un geste pour écarter sa main. Alors elle me dit : « Vous avez toujours eu de si beaux yeux ! » Et je distingue confusément quelque chose qui ressemble à un dessin représentant deux yeux, ou bien aux verres d'une paire de lunettes.

Voilà le rêve, ou du moins, voilà ce que j'ai pu en noter. Je le trouve obscur, insignifiant et quelque peu surprenant. Mme E.L. est une personne avec qui j'ai eu de vagues relations d'amitié et n'en ai, que je sache, jamais désiré d'autres. Il y a longtemps que je ne l'ai plus vue, et je ne crois pas avoir entendu parler d'elle ces derniers temps. Je ne rencontre, dans le processus de ce rêve, aucune trace d'affectivité.

Plus j'y réfléchis, et moins il me semble intelligible. Je vais procéder maintenant à mon examen introspectif et noter, sans parti pris, comme sans critique, les idées qui me viendront. Mais je ne tarde pas à m'apercevoir que ce travail est notablement plus facile si je décompose d'abord le rêve et ses éléments et si je groupe, autour de ces fragments isolés, les idées qui s'y rattachent.

Réunion, Table ou Table d'hôte. Je me souviens tout d'abord de l'incident qui a clos la soirée d'hier. Comme je quittais une petite réunion en compagnie d'un ami, celui-ci offrit de prendre une voiture et de me déposer chez moi : « J'aime assez, ajouta-t-il, l'invention du taximètre. On le suit des yeux, on s'occupe, on se distrait... » Quand nous fûmes en voiture et que le cocher eut disposé la vitre de manière qu'on pût lire le chiffre : 60 heller, je repris la plaisanterie : « A peine avons-nous pris place, et nous voici endettés. Le taximètre en voiture, c'est comme la table d'hôte, on s'y sent devenir avare et égoïste à force de songer à la dette qui augmente. Elle grandit trop vite, on a peur de ne pas en avoir pour son argent. A table d'hôte aussi, j'ai toujours cette préoccupation un peu comique de ne pas laisser le compte s'établir à mon détriment. » Et je citai, sans grand à-propos, je l'avoue, deux vers de Goethe :

Vous nous donnez la vie,
Vous permettez que, pauvres, nous contractions une dette...

Une deuxième idée relative à la table d'hôte : Il y a quelques semaines, me trouvant à table dans une auberge du Tyrol, j'eus une discussion avec ma femme. Il me déplaisait que celle-ci fît des avances à certaines personnes dont je voulais à tout prix éviter le commerce. Je la priai de laisser là ces étrangers et de s'occuper de moi. Ici encore, il me semble que, d'une manière ou de l'autre, la table d'hôte m'ait frustré.

Ce qui me frappe maintenant aussi, c'est le contraste de l'attitude de ma femme à cette table avec celle que prend dans le rêve Mme E.L. qui est toute tournée vers moi.

Autre remarque : Ce détail de mon rêve est la reproduction d'une petite scène qui eut lieu entre ma femme et moi au temps où je lui faisais secrètement la cour. La caresse sous la table, elle me la fit en réponse à une lettre où je la demandais en mariage. Dans le rêve, c'est la personne étrangère, E.L., qui remplace ma femme.

Mme E.L. est la fille d'un homme à qui j'ai dû de l'argent autrefois. Ici, je découvre une relation insoupçonnée entre les détails de mon rêve et les idées qu'il éveille en moi. Si l'on suit la chaîne d'associations qui part de l'un des éléments du rêve, on se trouve ramené assez vite à un autre de ses éléments ; autrement dit, il existe entre les idées éveillées par le rêve des liens qui ne sont pas discernables dans le rêve lui-même.

Quand une personne a l'air de compter sur les services d'autrui sans se donner par elle-même le moindre mal, en quels termes a-t-on coutume de la réprimander ? On lui dit : « Croyez-vous que nous soyons ici pour vos beaux yeux ? » De sorte que les paroles prononcées dans mon rêve par Mme E.L. : « Vous avez toujours eu de si beaux yeux », ne signifient autre chose que : « Ce qu'on en fait, c'est pour l'amour de vous ; vous avez toujours eu gratuitement ce que vous désiriez. » Bien entendu, c'est le contraire qui est vrai ; mes amis m'ont toujours fait payer cher leurs bons procédés. C'est pourquoi la course gratuite en voiture, hier soir, avec mon ami, m'a frappé comme une circonstance exceptionnelle.

D'autre part, cet autre ami chez qui nous étions hier soir à dîner, j'ai souvent été son débiteur. J'ai laissé passer, l'autre jour encore, une occasion de m'acquitter envers lui. Je ne lui ai jamais fait qu'un seul cadeau, une coupe ancienne avec des yeux peints tout autour. Cela se nomme « Occhiale » et cela préserve du mauvais œil. L'ami dont je parle est oculiste. Hier soir aussi je lui ai demandé des nouvelles d'une malade que, pour une question de lunettes, j'avais envoyée à sa consultation.

Remarquons ici que presque tous les éléments de mon rêve se retrouvent dans les idées émises ci-dessus. Il reste à se demander ce que représentent les épinards servis à table d'hôte. Eh bien, les épinards évoquent une petite scène qui s'est passée l'autre jour chez moi, à table, parce qu'un enfant — celui-là même qui peut revendiquer les beaux yeux — refusait de manger des épinards. Moi aussi, dans mon enfance, j'avais horreur de ce légume, ce n'est que plus tard que mes goûts ont changé et que je l'ai apprécié. De sorte que la mention de ce mets rattache, à l'image de mon petit garçon, celle de ma propre enfance. — « Estime-toi heureux d'avoir des épinards, disait ma mère, qui désapprouvait ces manières, bien des enfants seraient trop contents d'être à ta place ! » Ceci me ramène aux devoirs des parents envers leurs enfants, et les paroles de Goethe :

> Vous nous donnez la vie,
> Vous permettez que, pauvres, nous contractions une dette...

rapprochées de ce qui précède, prennent un sens nouveau.

Arrêtons-nous et jetons un coup d'œil sur les résultats auxquels nous sommes arrivés jusqu'ici par l'analyse de ce rêve. J'ai commencé par en isoler tous les détails, rompant ainsi le lien qui les rattachait l'un à l'autre ; ensuite, partant de chacun de ces détails, j'ai suivi les associations d'idées qui s'offraient à moi. J'ai obtenu par ce moyen un ensemble de pensées et de réminiscences parmi lesquelles je reconnais bon nombre d'éléments essentiels à ma vie intime. Le matériel ainsi mis au jour par l'analyse du rêve se trouve en relations étroites avec le rêve lui-même ; mais un simple examen du contenu du rêve ne me l'aurait pas fait découvrir. Le rêve était incohérent, inintelligible et dépourvu de tout élément affectif. Dans les idées que je développe à son arrière-plan on sent au contraire une affectivité intense et bien motivée ; ces idées s'enchaînent avec une logique parfaite, et, dans ces associations, les images qui ont le plus d'importance se reproduisent plus fréquemment que les autres. Dans le contenu du rêve que nous avons proposé en exemple, certaines de ces idées essentielles ne sont pas représentées : l'opposition entre « intéressé » et « désintéressé », la notion de la « dette » et celle du « don gratuit ». Dans cet écheveau de pensées qui s'est révélé à moi par l'analyse, je pourrais, en serrant plus étroitement les fils, montrer qu'ils aboutissent tous à un nœud unique. Mais, à côté des intérêts de la science, il existe des intérêts privés qui m'interdisent formellement de publier un travail de ce genre. Il me faudrait pour cela découvrir quelques-uns de mes sentiments intimes qui m'ont été révélés par l'analyse, mais que je n'aime pas à m'avouer à moi-même. Mieux vaut se taire. Et si l'on demande pourquoi je n'ai pas choisi un rêve dont je puisse donner l'analyse sans restrictions, de manière que le lecteur pénètre mieux le sens et la liaison des idées offertes, la réponse est simple : tout autre rêve que je pourrais choisir se réduirait en fin de compte à ces mêmes éléments difficilement communicables, et m'obligerait à la même discrétion.

S. Freud, *le Rêve et son interprétation* (1925),
traduction de H. Legros, collection Idées, Éd. Gallimard, 1925, pp. 16-23.

Freud, Illustration de Ralph Steadman.

Exercices

1. Cherchez et analysez des exemples d'anthropomorphisme et d'anthropocentrisme.

2. Qu'est-ce qu'un examen de conscience ?

3. Que signifie l'expression : « en son âme et conscience » ?

4. Qu'est-ce qu'avoir bonne conscience et mauvaise conscience ? Comparez et illustrez ces deux attitudes. Sont-elles simplement inverses l'une de l'autre ?

5. Inconscient et inconscience : analysez l'usage de ces termes et les domaines auxquels ils renvoient.

Sujets de dissertation

1. Peut-on dire avec Descartes que « l'âme est plus aisée à connaître que le corps » ?
2. Suis-je ce que j'ai conscience d'être ?
3. La conscience est-elle source d'illusions ?
4. Dans quelle mesure est-il injurieux de qualifier un être humain d'inconscient ?

Corrélats

autrui - le temps - l'existence - la mémoire - le langage - le sens et l'irrationnel - la vérité - la liberté

POUR EN SAVOIR PLUS

Freud (S.), *Cinq leçons sur la psychanalyse*, Éd. Payot.
Platon, *Apologie de Socrate*, Éd. Garnier-Flammarion.

Bergson (H.), *la Conscience et la vie*, textes choisis, Éd. P.U.F.
Descartes (R.), *les Méditations*, coll. Idées, Éd. Gallimard et G.-F.
Freud (S.) , *Essais de psychanalyse*, Éd. Payot.
Sartre (J.-P.), *l'Être et le Néant*, introduction, Éd. Gallimard.

Freud (S.), *la Métapsychologie*, « l'Inconscient », coll. Idées, Éd. Gallimard.
Husserl (E.), *Méditations cartésiennes*, I et II, Éd. Vrin.
Kant (E.), *la Raison pure*, textes choisis, IV, B et C, Éd. P.U.F.
Leibniz (G.-W.), *l'Entendement humain*, textes choisis, Éd. P.U.F.
Ricœur (P.), *De l'interprétation*, Éd. du Seuil.

2

Le désir

Les ailes du désir, Wim Wenders, 1987 (Bruno Ganz).

Introduction

L'homme est un être de désir. Puissance de négation et de transformation, de rêve et d'action, le désir est ce par quoi l'homme est ouvert à la dimension du possible et de l'imaginaire. Traçant des lignes de faille dans la plénitude du réel, il y introduit l'absence. Tour à tour destructeur et entreprenant, le désir met le monde en chantier : l'histoire de l'humanité est inséparable de l'histoire de ses désirs. Pourtant, l'homme entretient avec lui des rapports difficiles et contradictoires. Toute une tradition religieuse et philosophique le stigmatise et le condamne. L'ascétisme, par exemple, figure l'idéal d'une humanité enfin délivrée du désir et nous rappelle que si l'homme est attaché à ses désirs comme à l'expression de sa vie même, il est tout aussi pressé de s'en débarrasser et peut être habité par le plus paradoxal d'entre eux : le désir de mort, c'est-à-dire la mort du désir.

Les contradictions du désir

D'où vient que le désir puisse engendrer de telles attitudes antagonistes ? Cela tient sans doute à sa nature, elle-même contradictoire. On peut dire, par exemple, si le désir est l'expression d'un manque ou d'une privation, qu'il est souffrance et qu'il recherche tout naturellement sa satisfaction. Pourtant il est tout aussi vrai de dire qu'il la refuse : le désir veut et ne veut pas être satisfait. Il y a là une ambiguïté foncière du désir par rapport à son objet : qu'est-ce que le désirable, s'il n'est plus désiré ? (texte 1). Loin d'être sa négation, l'interdit ou l'ascèse pourraient bien, au contraire, être sa condition.

Si le désir à la fois recherche et diffère sa satisfaction, c'est qu'il sent confusément qu'aucun objet ne lui convient. C'est pourquoi on peut tout aussi bien dire que le désir sait et qu'il ne sait pas ce qu'il veut. Rien qui n'appartienne plus à chacun que ses désirs, ou sur quoi on puisse moins le tromper. Mais qu'on vienne à demander : que veux-tu ? quel est ton désir ? et nous sommes tout à coup affolés et perplexes : que désirons-nous, en effet ? Présent, mais difficilement formulable, le désir nous échappe s'il s'agit de lui désigner un objet. C'est sans doute pourquoi, par défaut, on invoque le bonheur comme accomplissement de tous les désirs possibles. Mais une telle réponse est un leurre (texte 2). Sans cesse déplacé d'objet en objet, le désir semble coextensif à la vie même et répugne à se laisser enfermer dans les limites d'une définition singulière (texte 3). Débordant de toutes parts les bornes qu'on lui assigne, le désir semble illimité et c'est cette démesure qui, d'abord, le rend problématique.

La sobriété, ou du bon usage des désirs

Que faire, en effet, de nos désirs ? Nous désirons trop, ou nous désirons mal. C'est par le mauvais usage qu'il fait de son désir que l'homme produit son malheur. Mais le désir, en lui-même, n'est pas mauvais. Il suffirait d'en régler l'usage pour atteindre au bonheur. C'est du moins ce qu'enseignent ces deux écoles de la sagesse antique : le stoïcisme et l'épicurisme. Pour les stoïciens, dont Descartes reprend, jusqu'à un certain point, la tradition (texte 5), le désir, parce qu'il est représentation, dépend de nous[1], tandis que la fortune, les biens matériels ou la gloire ne dépendent pas de nous. Si le désir se convertit en tristesse et en impuissance, c'est qu'il se tourne vers des objets qui ne sont pas en notre pouvoir. Apprendre à vouloir ce que l'on peut, telle est la pédagogie du désir qui rend l'homme à lui-même et transforme ses désirs épars et affaiblis en une volonté unique et

1. Voir tome II, le chapitre « le Bonheur », texte d'Épictète, p. 298.

efficace, en puissance active. De son côté, Épicure recommande d'opérer une distinction entre les désirs naturels et les désirs vains ou non naturels (texte [4]). C'est la peur de la mort et le désir d'immortalité — désir vain par excellence — qui précipite l'homme dans la quête insensée de biens illusoires et le conduit finalement au désir de la mort ou au refus de la vie. Accepter la vie, jouir du présent, mais aussi savoir se contenter, tel est l'idéal d'une sagesse humaine à notre portée, la voie d'un bonheur possible fondé sur la paix intérieure et l'harmonie avec soi-même et la nature.

Désir et besoin

Toutefois, chercher à contenir le désir dans les bornes que la nature aurait posées, c'est le ramener au simple besoin. C'est cette confusion implicite qui rend inefficace ou en tout cas problématique toute morale du désir fondée sur l'impératif de sobriété. Le besoin qualifie l'état dans lequel se trouve l'organisme lorsqu'il est privé de ce qui assure son fonctionnement. On distingue couramment deux grands types de besoins ou de pulsions. La pulsion d'auto-conservation, qui concerne la vie de l'individu, dont la faim et la soif sont les expressions majeures, et la pulsion sexuelle, qui assure la survie de l'espèce. On peut déjà remarquer, avec Freud, qu'ils ne sont pas également soumis à l'urgence ou à la nécessité (texte [6 A]). En ce qui concerne la pulsion sexuelle ou « libido », la relative autonomie dans laquelle se trouve l'individu par rapport à elle permet de comprendre qu'elle puisse trouver des voies différentes de satisfaction et changer à la fois d'objet et de but (texte [6 B]). La pulsion n'a donc pas la rigidité et la fixité de l'instinct animal[1]. D'autre part, les « besoins » en général, ou ce qu'il est convenu d'appeler ainsi dans le vocabulaire économique, sont sans cesse produits dans une dynamique culturelle et sociale qui excède largement le besoin au sens physiologique. C'est pourquoi d'ailleurs toute tentative de distinguer les « vrais » des « faux » besoins est par avance vouée à l'échec. Derrière les objets du besoin se profile un désir qui les dépasse et ne saurait s'en satisfaire (texte [7]). Enfin, le besoin trouve son assouvissement dans un objet spécifique qui lui préexiste et le complète. C'est pourquoi on peut être — provisoirement, du moins — repu. Le désir au contraire n'a pas d'objet qui lui soit par avance assigné. Nous pouvons désirer tout et n'importe quoi. C'est d'ailleurs ce vide du désir qui peut expliquer que nous désirions si souvent ce que l'autre désire et que son désir, du coup, promeut comme désirable (texte [8]).

Le désir est-il manque...

On peut penser que si le désir excède le simple besoin et cherche indéfiniment son objet, c'est qu'il procède d'un manque radical. Parce que le désir témoigne de l'inscription de l'existence humaine dans la dimension du temps, on a pu y voir le signe de son inachèvement ou de son imperfection. Tout désir serait, en son fond, désir d'éternité, nostalgie du divin, comme du seul objet qui puisse en combler l'attente. C'est ainsi que, pour Platon, philosopher, c'est finalement apprendre à mourir. L'âme, prisonnière du corps, doit progressivement s'en détacher pour se tourner vers sa véritable patrie : le monde éternel et incorruptible des Idées et de la Vérité (texte [9]). Il s'agit alors de redresser le désir, de l'orienter vers ce qui, en soi, est éminemment désirable. La valeur du désir est donc ici subordonnée à la valeur de la chose désirée. Il y a aura de bons et de mauvais désirs.

1. Il est dès lors préférable de réserver le terme d'« instinct » pour qualifier les comportements et tendances naturellement déterminés chez l'animal, et d'employer le terme de « pulsion » pour désigner et regrouper l'ensemble des tendances fondamentales de l'homme.

... ou production ?

A l'encontre d'une telle conception négative du désir comme manque, Spinoza voit, au contraire, dans le désir une puissance positive d'affirmation de soi. Le désir est alors source de toute évaluation, la mise en relief du monde à partir des valeurs qu'il produit. Nous ne désirons pas une chose parce que nous jugeons qu'elle est bonne. C'est au contraire parce que nous la désirons que nous la jugeons bonne (texte 10). Deleuze, de son côté, souligne le caractère positif et producteur du désir. Le désir n'est pas manque, ni le réel toujours en défaut par rapport à lui. Il est, au contraire, ce qui produit laborieusement et activement du réel. Toute œuvre — celle de l'artiste ou celle du révolutionnaire — est l'œuvre du désir (texte 11). De telles analyses réconcilient l'homme avec son désir. Joie, appétit de vivre, le désir n'est pas à rejeter au nom d'une morale mortifère. Il est la force vive qui nous porte au monde et s'en empare.

Désir et désir de l'autre

Pourtant l'histoire — celle de l'humanité en général, ou simplement celle de chacun — atteste que le désir porte en lui une force qui peut être destructrice ou qui, du moins, s'affirme dans la négation. On pourra suivre ici l'analyse que fait Hegel du désir (texte 12). Ce que vise, en définitive, tout désir, c'est à restaurer l'unité du Moi avec lui-même. C'est pourquoi le désir, s'il porte d'abord sur des objets simplement vivants et sensibles — comme c'est le cas lorsqu'il se confond encore avec le besoin — ne peut s'en satisfaire, parce qu'ils lui sont fondamentalement étrangers. Ce n'est que lorsque le désir se porte sur un autre désir qu'il devient désir humain. Seul un désir humain — le désir de l'autre — peut confirmer mon existence comme existence humaine et lui conférer un sens ou une valeur. Mais désirer le désir de l'autre, c'est d'un même mouvement affirmer que je suis ce dont l'autre manque et me poser moi-même comme manquant. C'est pourquoi la dialectique du désir chez Hegel aboutit à la lutte pour la reconnaissance et à l'instauration d'une relation de maîtrise et de servitude[1]. On peut trouver dans la description que fait Sartre du désir sexuel une perspective comparable, en ce qu'elle tient d'une certaine façon l'amour en échec. Ce que vise le désir sexuel, au-delà de l'assouvissement d'un besoin, c'est la soumission de l'autre à son propre désir (texte 13). Mais la possession ne peut être que l'idéal impossible de l'amour, parce que l'autre existe, lui aussi, comme désir et liberté. On peut dire, en ce sens, qu'il n'y a pas d'amour heureux.

Le désir et l'inconscient

En lisant dans l'histoire du sujet et dans le récit de ses souffrances ou de ses rêves l'odyssée contrariée et incertaine du désir, la psychanalyse en a renouvelé la problématique. S'enracinant dans l'inconscient, le désir, interdit, refoulé, à travers les avatars de son histoire et les déguisements qu'il emprunte, se manifeste par des effets et des signes. Reconnaître le désir, admettre son existence, tel est, selon la psychanalyse, le seul impératif qui mérite d'être retenu.

Si une telle reconnaissance ne va pas de soi, c'est qu'elle s'accompagne aussi nécessairement de la reconnaissance de la Loi qui commande le désir : loi du manque et de la distance toujours maintenue de l'objet à jamais manquant du désir. Car si la jouissance est — selon Lacan — toujours en quelque façon refusée et l'objet du désir sans cesse déplacé, c'est que le désir prend naissance dans un manque originel, un « manque à être ». Parce que nous sommes nés, et en cela définitivement exilés d'une plénitude originaire désormais impossible, nous demandons à l'autre de nous donner ce qu'il n'a pas (texte 14). C'est cette demande exorbitante qui travestit le désir et en pervertit le sens. Passer de la demande au désir, c'est alors accéder à la vérité de notre condition : seuls et séparés, mais ensemble et semblables, nous adressant — à travers nos œuvres et nos amours — les signes du désir.

1. Voir également le chapitre « Autrui », p. 105.

Textes

I. DÉSIR ET IMAGINAIRE

Texte 1 ROUSSEAU

Désir et imagination

Malheur à qui n'a plus rien à désirer ! il perd pour ainsi dire tout ce qu'il possède. On jouit moins de ce qu'on obtient que de ce qu'on espère, et l'on n'est heureux qu'avant d'être heureux. En effet, l'homme avide et borné, fait pour tout vouloir et peu obtenir, a reçu du ciel une force consolante qui rapproche de lui tout ce qu'il désire, qui le soumet à son imagination, qui le lui rend présent et sensible, qui le lui livre en quelque sorte, et pour lui rendre cette imaginaire propriété plus douce, le modifie au gré de sa passion. Mais tout ce prestige disparaît devant l'objet même ; rien n'embellit plus cet objet aux yeux du possesseur ; on ne se figure point ce qu'on voit ; l'imagination ne pare plus rien de ce qu'on possède, l'illusion cesse où commence la jouissance. Le pays des chimères est en ce monde le seul digne d'être habité et tel est le néant des choses humaines, qu'hors l'Être existant par lui-même, il n'y a rien de beau que ce qui n'est pas.

Si cet effet n'a pas toujours lieu sur les objets particuliers de nos passions, il est infaillible dans le sentiment commun qui les comprend toutes. Vivre sans peine n'est pas un état d'homme ; vivre ainsi c'est être mort. Celui qui pourrait tout sans être Dieu, serait une misérable créature ; il serait privé du plaisir de désirer ; toute autre privation serait plus supportable.

Rousseau, *la Nouvelle Héloïse* (1761), Bibliothèque de la Pléiade, Éd. Gallimard, 1964, pp. 693-694.

Texte 2 SCHOPENHAUER

L'illusion du désir

Tout vouloir procède d'un besoin, c'est-à-dire d'*une privation,* c'est-à-dire d'*une souffrance.* La satisfaction y met fin ; mais pour un désir qui est satisfait, dix au moins sont contrariés ; de plus, le désir est long, et ses exigences tendent à l'infini ; la satisfaction est courte, et elle est parcimonieusement mesurée. Mais ce contentement suprême lui-même n'est qu'apparent : le désir satisfait fait place aussitôt à un nouveau désir ; le premier est une déception reconnue, le second est une déception non encore

reconnue. La satisfaction d'aucun souhait ne peut procurer de contentement durable et inaltérable. C'est comme l'aumône qu'on jette à un mendiant : elle lui sauve aujourd'hui la vie pour prolonger sa misère jusqu'à demain — *Tant que notre conscience est remplie par notre volonté, tant que nous sommes asservis à l'impulsion du désir, aux espérances et aux craintes continuelles qu'il fait naître, tant que nous sommes sujets du vouloir, il n'y a pour nous ni bonheur durable, ni repos.* Poursuivre ou fuir, craindre le malheur ou chercher la jouissance, c'est en réalité tout un : l'inquiétude d'une volonté toujours exigeante, sous quelque forme qu'elle se manifeste, emplit et trouble sans cesse la conscience ; or sans repos le véritable bonheur est impossible. Ainsi le sujet du vouloir *ressemble à Ixion*[1] *attaché sur une roue qui ne cesse de tourner, aux Danaïdes*[1] qui puisent toujours pour emplir leur tonneau, *à Tantale éternellement altéré.*

Schopenhauer, *le Monde comme volonté et comme représentation* (1818), Éd. P.U.F., 1956, p. 101.

1. Personnages légendaires condamnés pour leurs crimes à des supplices éternels. Ixion est lié à une roue enflammée ; Tantale affamé ne peut atteindre les mets qui s'écartent de lui ; les Danaïdes versent éternellement de l'eau dans un tonneau percé.

Texte 3 ROSSET

Le désir : par défaut ou par excès du réel ?

L'appétit est donc de nature réaliste, le désir d'ordre fantasmatique (comme le suggèrent si éloquemment, dans le roman de Cervantès, les fortunes respectives de Sancho et de Don Quichotte) : le premier vise à s'emparer de ce qui existe, le second à le délaisser dans l'attente de quelque chose de mieux, dont on ne tarde pas à s'apercevoir qu'il n'est considéré comme meilleur que pour autant qu'il est autre, c'est-à-dire interdit d'existence par le désir même qui porte vers lui.

Toutefois, cette opposition apparemment radicale entre l'appétit et le désir est moins profonde qu'il ne semble à première vue. Car le désir ne s'oppose pas à l'appétit : il en est plutôt une sorte de généralisation excessive. Loin de déprécier le réel, le désir l'apprécie au contraire à un point tel qu'il retarde l'instant de le consommer jusqu'au moment illusoire où il serait en état d'en jouir en entier, n'acceptant un plaisir que s'il s'accompagne d'un aperçu de l'ensemble des autres plaisirs possibles.

A le considérer ainsi, comme une affirmation généralisée de l'appétit, le désir ne traduit aucune défaillance du réel mais est au contraire l'indice de sa richesse inépuisable, de son caractère interminablement désirable. Le réel n'est pas ce qui ferait obstacle au désir et au fantasme : puisque c'est lui qui les anime, qui les alimente et les réalimente sans cesse. Il n'est pas question pour autant de nier le rôle du fantasme, de minimiser la place prépondérante qu'il occupe dans l'organisation de tout désir, mais bien de préciser la nature de sa fonction, de déterminer si celle-ci invite à s'évader du réel, ou au contraire à prétendre en visiter tous les lieux, à la recherche de réjouissances analogues à celle qu'une seule réalité a suffi à provoquer. Sans doute les deux effets se ressemblent-ils un peu, puisqu'ils aboutissent l'un et l'autre à délaisser, provisoirement ou à jamais, l'objet convoité ; mais ils diffèrent essentiellement par leur motivation : l'une procédant d'un manque, l'autre d'un excès. Ces deux éventualités ne figurent pas deux classes de désir mais désignent deux expériences radicalement différentes : d'une part l'expérience du *spleen*, soit d'un désir paradoxalement sans objet que la théorie moderne prétend assimiler au désir tout court ; d'autre part l'expérience du désir proprement dit, dont le seul et permanent objet est le réel.

C. Rosset, *l'Objet singulier*, Éd. de Minuit, 1979, pp. 48-50.

II. DÉSIR ET BONHEUR : LES MORALES DU DÉSIR

Texte 4 ÉPICURE

Désirs naturels et désirs vains

Maintenant il faut parvenir à penser que, parmi les désirs, certains sont fondés en nature, d'autres sont vains. Parmi les désirs naturels, certains sont nécessaires, d'autres ne sont que naturels. Parmi les désirs naturels, les uns sont nécessaires pour le bonheur, les autres pour le calme du corps, d'autres enfin simplement pour le fait de vivre. En effet, une juste vision de ces catégories permettra chaque fois de choisir et de refuser, relativement à la santé du corps et à la sérénité, puisque telle est la perfection même de la vie bienheureuse. Car c'est en vue de cela que nous voulons éviter la douleur et l'angoisse.

Lorsque cela s'accomplit en nous, les orages de l'âme se dispersent, le vivant ne chemine plus vers ce qui lui fait défaut et ne vise plus quelque supplément au bien de l'âme et du corps. En effet nous ne sommes en quête du plaisir que lorsque nous souffrons de son absence. Or maintenant nous ne sommes plus dans le manque de plaisir.

Et c'est pourquoi nous disons que le plaisir est le commencement et la fin de la vie bienheureuse. Car il est le premier des biens naturels. Il est au principe de nos choix et refus, il est le terme auquel nous atteignons chaque fois que nous décidons quelque chose, avec, comme critère du bien, notre sensibilité. Précisément parce qu'il est le bien premier, épousant notre nature, c'est toujours lui que nous recherchons. Mais il est des cas où nous

méprisons bien des plaisirs : lorsqu'ils doivent avoir pour suite des désagréments qui les surpassent ; et nous estimons bien des douleurs meilleures que les plaisirs : lorsque, après les avoir supportées longtemps, le plaisir qui les suit est plus grand pour nous. Tout plaisir est en tant que tel un bien et cependant il ne faut pas rechercher tout plaisir ; de même la douleur est toujours un mal, pourtant elle n'est pas toujours à rejeter. Il faut en juger à chaque fois, en examinant et comparant avantages et désavantages, car parfois nous traitons le bien comme un mal, parfois au contraire nous traitons le mal comme un bien.

C'est un grand bien, croyons-nous, que le contentement, non pas qu'il faille toujours vivre de peu en général, mais parce que si nous n'avons pas l'abondance, nous saurons être contents de peu, bien convaincus que ceux-là jouissent le mieux de l'opulence, qui en ont le moins besoin. Tout ce qui est fondé en nature s'acquiert aisément, malaisément ce qui ne l'est pas.

Épicure, *Lettre à Ménécée* (IV s. av. J.-C.), traduction de P. Pénisson, *in* Épicure, *Textes sur le plaisir*, Éd. Hatier, 1984, pp. 47-48.

Texte 5 DESCARTES

Changer ses désirs

Ma troisième maxime était de tâcher toujours plutôt à me vaincre que la fortune, et à changer mes désirs que l'ordre du monde ; et généralement de m'accoutumer à croire qu'il n'y a rien qui soit entièrement en notre pouvoir que nos pensées, en sorte qu'après que nous avons fait notre mieux touchant les choses qui nous sont extérieures, tout ce qui manque de nous réussir est au regard de nous absolument impossible. Et ceci seul me semblait être suffisant pour m'empêcher de rien désirer à l'avenir que je n'acquisse, et ainsi pour me rendre content : car notre volonté ne se portant naturellement à désirer que les choses que notre entendement lui représente en quelque façon comme possibles, il est certain que si nous considérons tous les biens qui sont hors de nous comme également éloignés de notre pouvoir, nous n'aurons pas plus de regret de manquer de ceux qui semblent être dus à notre naissance, lorsque nous en serons privés sans notre faute, que nous avons de ne posséder pas les royaumes de la Chine ou de Mexique ; et que faisant, comme on dit, de nécessité vertu, nous ne désirerons pas davantage d'être sains étant malades, ou d'être libres étant en prison, que nous faisons maintenant d'avoir des corps d'une matière aussi peu corruptible que les diamants, ou des ailes pour voler comme les oiseaux. Mais j'avoue qu'il est besoin d'un long exercice et d'une méditation souvent réitérée pour s'accoutumer à regarder de ce biais toutes les choses ; et je crois que c'est principalement en ceci que consistait le secret de ces philosophes, qui ont pu autrefois se soustraire à l'empire de la fortune, et, malgré les douleurs et la pauvreté, disputer de la félicité avec leurs dieux. Car, s'occupant sans cesse à considérer les bornes qui leur étaient prescrites par la nature, ils se persuadaient si parfaitement que rien n'était en leur pouvoir que leurs pensées, que cela seul était suffisant pour les empêcher d'avoir aucune affection pour d'autres choses ; et ils disposaient d'elles si absolument, qu'ils avaient en cela quelque raison de s'estimer plus riches, et plus puissants, et plus libres, et plus heureux qu'aucun des autres hommes, qui, n'ayant point cette philosophie, tant favorisés de la nature et de la fortune qu'ils puissent être, ne disposent jamais ainsi de tout ce qu'ils veulent.

Descartes, *Discours de la Méthode* (1637), IIIe partie,
Bibliothèque de la Pléiade, Éd. Gallimard, 1953, pp. 142-143.

III. DÉSIR ET BESOINS

Texte 6 A FREUD

Pulsions sexuelles, pulsions du moi

En ce qui concerne les tendances sexuelles, il est évident que du commencement à la fin de leur développement, elles sont un moyen d'acquisition de plaisir et elles remplissent cette fonction sans faiblir. Tel est également, au début, l'objectif des tendances du *moi*. Mais sous la pression de la grande éducation qu'est la nécessité, les tendances du *moi* ne tardent pas à remplacer le principe de plaisir[1] par une modification. La tâche d'écarter la peine s'impose à elles avec la même urgence que celle d'acquérir du plaisir ; le *moi* apprend qu'il est indispensable de renoncer à la satisfaction immédiate, de différer l'acquisition de plaisir, de supporter certaines peines et de renoncer en général à certaines sources de plaisir. Le *moi* ainsi éduqué est devenu « raisonnable », il ne se laisse plus dominer par le principe de plaisir, mais se conforme au *principe de réalité* qui, au fond, a également pour but le plaisir, mais un plaisir qui, s'il est différé et atténué, a l'avantage d'offrir la certitude que procurent le contact avec la réalité et la conformité à ses exigences. Le passage du principe de plaisir au principe de réalité constitue un des progrès les plus importants dans le développement du *moi*. Nous savons déjà que les tendances sexuelles ne franchissent que tardivement et comme forcées et contraintes cette phase de développement du *moi*, et nous verrons plus tard quelles conséquences peuvent découler pour l'homme de ces rapports plus lâches qui existent entre sa sexualité et la réalité extérieure.

S. Freud, *Introduction à la psychanalyse* (1916),
traduction de S. Jankélévitch, Éd. Payot, 1965, p. 336.

1. Principe selon lequel l'ensemble de l'activité psychique a pour but d'éviter le déplaisir et de procurer le plaisir.

Texte [6 B] FREUD

Les « déviations » de la pulsion sexuelle

Pour expliquer les besoins sexuels de l'homme et de l'animal, on se sert, en biologie, de l'hypothèse qu'il existe une « pulsion sexuelle » ; de même que pour expliquer la faim, on suppose la pulsion de nutrition. Toutefois, le langage populaire ne connaît pas de terme qui, pour le besoin sexuel, corresponde au mot faim ; le langage scientifique se sert du terme : *« libido »*.

L'opinion populaire se forme certaines idées arrêtées sur la nature et les caractères de la pulsion sexuelle. Ainsi, il est convenu de dire que cette pulsion manque à l'enfance, qu'elle se constitue au moment de la puberté, et en rapport étroit avec les processus qui mènent à la maturité, qu'elle se manifeste sous la forme d'une attraction irrésistible exercée par l'un des sexes sur l'autre, et que son but serait l'union sexuelle, ou du moins un ensemble d'actes qui tendent à ce but.

Nous avons toutes les raisons de croire que cette description ne rend que très imparfaitement la réalité. Si on l'analyse de près, on y découvre une foule d'erreurs, des inexactitudes et des jugements précipités.

Commençons par fixer deux termes. La personne qui exerce un attrait sexuel sera désignée comme *objet sexuel*, et l'acte auquel pousse la pulsion sera nommé *but sexuel*. L'expérience scientifique nous prouve qu'il existe de nombreuses déviations relatives tantôt à l'objet, tantôt au but sexuel, et il nous faudra chercher à approfondir les rapports qui existent entre ces déviations et ce qu'on estime être l'état de choses normal.

S. Freud, *Trois essais sur la sexualité* (1905), traduction de B. Reverchon-Jouve, Éd. Gallimard, 1962, pp. 17-18.

Texte [7] BAUDRILLARD

Il n'y a pas de limites à la consommation

Il n'y a pas de limites à la consommation. Si elle était ce pour quoi on la prend naïvement : une absorption, une dévoration, on devrait arriver à une saturation. Si elle était relative à l'ordre des besoins, on devrait s'acheminer vers une satisfaction. Or, nous savons qu'il n'en est rien : on veut consommer de plus de plus. Cette compulsion de consommation n'est pas due à quelque fatalité psychologique (qui a bu boira, etc.) ni à une simple contrainte de prestige. Si la consommation semble irrépressible, c'est justement qu'elle est une pratique idéaliste totale qui n'a plus rien à voir (au-delà d'un certain seuil) avec la satisfaction de besoins ni avec le principe de réalité. C'est qu'elle est dynamisée par le projet toujours déçu et sous-entendu dans l'objet. Le projet immédiatisé dans le signe transfère sa dynamique existentielle à la possession systématique et indéfinie d'objets / signes de consommation. Celle-ci ne peut dès lors que se dépasser, ou se réitérer continuellement pour rester ce qu'elle est : une raison de vivre. Le projet même de vivre, morcelé, déçu, signifié, se reprend et s'abolit dans les objets successifs. « Tempérer » la consommation ou vouloir établir une grille de besoins propre à la normaliser relève donc d'un moralisme naïf ou absurde.

C'est de l'exigence déçue de totalité qui est au fond du projet que surgit le processus systématique et indéfini de la consommation. Les objets / signes dans leur idéalité s'équivalent et peuvent se multiplier à l'infini : *ils le doivent* pour combler à tout instant une réalité absente. C'est finalement parce que la consommation se fonde sur un *manque* qu'elle est irrépressible.

J. Baudrillard, *le Système des objets*, collection Tel, Éd. Gallimard, 1968, pp. 282-283.

IV. LE DÉSIR : MANQUE OU PRODUCTION

Texte 8 GIRARD

Le désir mimétique

En nous montrant en l'homme un être qui sait parfaitement ce qu'il désire, ou qui, s'il paraît ne pas le savoir, a toujours un « inconscient » qui le sait pour lui, les théoriciens modernes ont peut-être manqué le domaine où l'incertitude humaine est la plus flagrante. Une fois que ses besoins primordiaux sont satisfaits, et parfois même avant, l'homme désire intensément, mais il ne sait pas exactement quoi, car c'est l'être qu'il désire, un être dont il se sent privé et dont quelqu'un d'autre lui paraît pourvu. Le sujet attend de cet *autre* qu'il lui dise ce qu'il faut désirer, pour acquérir cet être. Si le modèle, déjà doté, semble-t-il, d'un être supérieur désire quelque chose, il ne peut s'agir que d'un objet capable de conférer une plénitude d'être encore plus totale. Ce n'est pas par des paroles, c'est par son propre désir que le modèle désigne au sujet l'objet suprêmement désirable.

Nous revenons à une idée ancienne mais dont les implications sont peut-être méconnues ; le désir est essentiellement *mimétique*, il se calque sur un désir modèle ; il élit le même objet que ce modèle.

Le mimétisme du désir enfantin est universellement reconnu. Le désir adulte n'est en rien différent, à ceci près que l'adulte, en particulier dans notre contexte culturel, a honte, le plus souvent, de se modeler sur autrui ; il a peur de révéler son manque d'être. Il se déclare hautement satisfait de lui-même ; il se présente en modèle aux autres ; chacun va répétant : « Imitez-moi » afin de dissimuler sa propre imitation.

Deux désirs qui convergent sur le même objet se font mutuellement obstacle. Toute *mimesis* portant sur le désir débouche automatiquement sur le conflit. Les hommes sont toujours partiellement aveugles à cette cause de la rivalité. Le *même*, le *semblable*, dans les rapports humains, évoque une idée d'harmonie : nous avons les mêmes goûts, nous aimons les mêmes choses, nous sommes faits pour nous entendre. Que se passera-t-il si nous avons vraiment les *mêmes désirs ?*

R. Girard, *la Violence et le Sacré,*
Éd. Grasset, 1972. pp. 217-218.

Texte 9 PLATON

Le corps, obstacle au désir

Aussi longtemps que nous aurons notre corps et que notre âme sera pétrie avec cette chose mauvaise, jamais nous ne posséderons en suffisance l'objet de notre désir. Or cet objet, c'est disons-nous, la vérité. Et non seulement mille et mille tracas nous sont en effet suscités par le corps à l'occasion des nécessités de la vie ; mais, des maladies surviennent-elles, voilà pour nous de nouvelles entraves dans notre chasse au réel ! Amours, désirs, craintes, imaginations de toute sorte, innombrables sornettes, il nous en remplit si bien, que par lui (oui, c'est vraiment le mot connu) ne nous vient même, réellement, aucune pensée de bon sens ; non, pas une fois ! Voyez plutôt : les guerres, les dissensions, la bataille, il n'y a pour les susciter que le corps et ses convoitises ; la possession des biens, voilà en effet la cause originelle de toutes les guerres, et, si nous sommes poussés à nous procurer des biens, c'est à cause du corps, esclaves attachés à son service ! Par sa faute encore, nous mettons de la paresse à philosopher à cause de tout cela. Mais ce qui est le comble, c'est que, sommes-nous arrivés enfin à avoir de son côté quelque tranquillité, pour nous tourner alors vers un objet quelconque de réflexion, nos recherches sont à nouveau bousculées en tous sens par cet intrus qui nous assourdit, nous trouble et nous démonte, au point de nous rendre incapables de distinguer le vrai. Inversement, nous avons eu réellement la preuve que, si nous devons jamais savoir purement quelque chose, il nous faudra nous séparer de lui et regarder avec l'âme en elle-même les choses en elles-mêmes. C'est alors, à ce qu'il semble, que nous appartiendra ce dont nous nous déclarons amoureux : la pensée ; oui, alors que nous aurons trépassé, ainsi que le signifie l'argument, et non point durant notre vie !

Platon (vers 420-340 av. J.-C.), *le Phédon*, 66b-66e,
traduction de L. Robin,
Éd. les Belles Lettres, 1963, pp. 15-16.

Texte 10 SPINOZA

Le désir est l'essence de l'homme

Toute chose s'efforce — autant qu'il est en son pouvoir — de persévérer dans son être.

L'effort par lequel toute chose s'efforce de persévérer dans son être n'est rien d'autre que l'essence actuelle de cette chose.

Cet effort, en tant qu'il a rapport à l'âme seule, s'appelle : *Volonté*. Mais lorsqu'il a rapport en même temps à l'Âme et au Corps, il se nomme : *Appétit.* L'*appétit*, par conséquence, n'est pas autre chose que l'essence même de l'homme, de la nature de laquelle les choses qui servent à sa propre conservation résultent nécessairement ; et par conséquent, ces mêmes choses, l'homme est déterminé à les accomplir. En outre, entre l'*appétit* et le *désir* il n'existe aucune différence, sauf que le désir s'applique, la plupart du temps, aux hommes lorsqu'ils ont conscience de leur appétit et, par suite, le désir peut être ainsi défini : *« Le désir est un appétit dont on a conscience. »* Il est donc constant, en vertu des théorèmes qui précèdent, que nous ne nous efforçons pas de faire une chose, que nous ne voulons pas une chose, que nous n'avons non plus l'appétit ni le désir de quelque chose parce que nous jugeons que cette chose est bonne ; mais qu'au contraire nous jugeons qu'une chose est bonne parce que nous nous efforçons vers elle, que nous la voulons, que nous en avons l'appétit et le désir.

Spinoza, *Éthique* (1675), livre III, Théorèmes VI, VII et scolie du théorème IX, traduction de R. Lantzenberg, Éd. Flammarion, 1947, pp. 140-142.

Texte 11 DELEUZE et GUATTARI

Le désir ne manque de rien

Si le désir est manque de l'objet réel, sa réalité même est dans une « essence du manque » qui produit l'objet fantasmé. Le désir ainsi conçu comme production, mais production de fantasmes, a été parfaitement exposé par la psychanalyse.

[...] Mais même quand le fantasme est interprété dans toute son extension, non plus comme un objet, mais comme une machine spécifique qui met en scène le désir, cette machine est seulement théâtrale, et laisse subsister la complémentarité de ce qu'elle sépare : c'est alors le besoin qui est défini par le manque relatif et déterminé de son propre objet, tandis que le désir apparaît comme ce qui produit le fantasme et se produit lui-même en se détachant de l'objet, mais aussi bien en redoublant le manque, en le portant à l'absolu, en en faisant une « incurable insuffisance d'être », un « manque-à-être qu'est la vie ». D'où la présentation du désir comme *étayé* sur les besoins, la productivité du désir continuant à se faire sur fond des besoins, et de leur rapport de manque à l'objet (théorie de l'étayage). Bref, quand on réduit la production désirante à une production de fantasme,

on se contente de tirer toutes les conséquences du principe idéaliste qui définit le désir comme un manque, et non comme production, production « industrielle ». [...] Ce n'est pas le désir qui s'étaie sur les besoins, c'est le contraire, ce sont les besoins qui dérivent du désir ; ils sont contre-produits dans le réel que le désir produit. Le manque est un contre-effet du désir, il est déposé, aménagé, vacuolisé dans le réel naturel et social. Le désir se tient toujours proche des conditions d'existence objective, il les épouse et les suit, ne leur survit pas, se déplace avec elles, c'est pourquoi il est si facilement désir de mourir, tandis que le besoin mesure l'éloignement d'un sujet qui a perdu le désir. [...] Les révolutionnaires, les artistes et les voyants se contentent d'être objectifs, rien qu'objectifs : ils savent que le désir étreint la vie avec une puissance productrice, et la reproduit d'une façon d'autant plus intense qu'il a peu de besoin.

G. Deleuze et F. Guattari, *l'Anti-Œdipe,* Éd. de Minuit, 1972, pp. 33-35.

V. LE DÉSIR DE L'AUTRE

Texte 12 HEGEL

Le désir et l'Autre que soi

La conscience de soi est la réflexion sortant de l'être du monde sensible et du monde perçu ; la conscience de soi est essentiellement ce retour en soi-même à partir de l'*être-autre*. [...] Ainsi la conscience de soi est certaine de soi-même seulement par la suppression de cet Autre qui se présente à elle comme vie indépendante ; elle est *désir*. Certaine de la nullité de cet Autre, elle pose *pour soi* cette nullité comme vérité propre, anéantit l'objet indépendant et se donne par là la certitude de soi-même, comme *vraie* certitude qui est alors venue à l'être pour elle sous une *forme objective.*

Mais dans cette satisfaction, la conscience de soi fait l'expérience de l'indépendance de son objet. Le désir et la certitude de soi atteinte dans la satisfaction du désir sont conditionnés par l'objet ; en effet la satisfaction a lieu par la suppression de cet autre. Pour que cette suppression soit, cet autre aussi doit être. La conscience de soi ne peut donc pas supprimer l'objet par son rapport négatif à lui ; par là elle le reproduit plutôt comme elle reproduit le désir. C'est en fait un autre que la conscience de soi qui est l'essence du désir, et par cette expérience, cette vérité devient présente à la conscience de soi. Mais en même temps la conscience de soi est aussi bien absolument pour soi, et elle l'est seulement par la suppression de l'objet ; de lui doit lui venir sa satisfaction, parce qu'elle est la vérité. En vertu de l'indépendance de l'objet, la conscience de soi peut donc parvenir à la satisfaction, seulement quand cet objet lui-même accomplit en lui la négation ; et il doit accomplir en soi cette négation de soi-même, car il est *en soi* le négatif et doit être pour l'Autre ce qu'il est. Mais quand l'objet est en soi-même la négation, et quand en cela il est en même temps indépendant, alors il est conscience. [...] *La conscience de soi atteint sa satisfaction seulement dans une autre conscience de soi.*

Hegel, *la Phénoménologie de l'Esprit* (1807), traduction de J. Hyppolite, Éd. Aubier-Montaigne, 1947, tome I, pp. 146-153.

Texte 13 SARTRE

Le désir sexuel : une conduite d'envoûtement

On connaît cette formule trop célèbre : « Faire l'amour avec une jolie femme lorsqu'on en a envie, comme on boit un verre d'eau glacée lorsqu'on a soif » et l'on sait aussi tout ce qu'elle a d'insatisfaisant pour l'esprit et même de scandaleux. C'est qu'on ne désire pas une femme en se tenant tout entier hors du désir, le désir me *compromet* ; je suis complice de mon désir. Ou plutôt le désir est tout entier chute dans la complicité avec le corps. Il n'est pour chacun que de consulter son expérience : on sait que dans le désir sexuel la conscience est comme empâtée. Il semble qu'on se laisse envahir par la facticité[1], qu'on cesse de la fuir et qu'on glisse vers un consentement *passif* au désir. A d'autres moments, il semble que la facticité envahisse la conscience dans sa fuite même et la rende opaque à elle-même. C'est comme un soulèvement pâteux du *fait*. Aussi, les expressions qu'on emploie pour désigner le désir en marquent assez la spécificité. On dit qu'il *vous prend*, qu'il *vous submerge*, qu'il *vous transit*. Imagine-t-on les mêmes mots employés pour désigner la faim ? A-t-on idée d'une faim qui « submergerait » ? Cela n'aurait de sens à la rigueur que pour rendre compte des impressions de l'inanité. Mais, au contraire, le plus faible désir est déjà submergeant. On ne peut pas le tenir à distance, comme la faim, et « penser à autre chose » en conservant tout juste comme un signe du corps-fond une tonalité indifférenciée de *la conscience non thétique*[2] qui serait le désir. *Mais le désir est consentement au désir.* La conscience alourdie et pâmée glisse vers un alanguissement comparable au sommeil. [...]

Le désir est une conduite d'envoûtement. Il s'agit, puisque je ne puis saisir l'Autre que dans sa facticité objective, de faire engluer sa liberté dans cette facticité : il faut faire qu'elle y soit « prise » comme on dit d'une crème qu'elle est prise, de façon que le Pour-soi d'Autrui vienne affleurer à la surface de son corps, qu'il s'étende tout à travers de son corps et qu'en touchant ce corps, je touche enfin la libre subjectivité de l'autre. C'est là le vrai sens du mot de *possession*. Il est certain que je veux *posséder* le corps de

1. Ce qui relève du donné pur et simple. Mot formé à partir de « fait » et non de « factice ».
2. Celle qui ne sépare pas son objet d'elle-même.

l'Autre ; mais je veux le posséder en tant qu'il est lui-même un « possédé », c'est-à-dire en tant que la conscience de l'Autre s'y est identifiée. Tel est l'idéal impossible du désir : posséder la transcendance de l'autre comme pure transcendance et pourtant comme *corps.*

J.-P. Sartre, *l'Être et le Néant,* collection Tel, Éd. Gallimard, 1945, pp. 438-444.

Texte 14 JURANVILLLE

Besoin, demande et désir

Lacan part du *besoin* comme donnée biologique. Dans sa différence avec le désir : l'objet du besoin est à l'avance dévalorisé, vide de sens, en soi, sinon pour mais aussi par le sujet. De sorte qu'il ne met en aucun cas en cause le monde du sujet. Car dans le besoin on anticipe le moment où le besoin sera satisfait, et tout ce qui se déroule jusque-là n'est que « temps imaginaire ». Il s'agit de reconstituer une suffisance perdue. Le point de vue est donc toujours celui de la maîtrise. Car même si les besoins ne peuvent être satisfaits, le sujet ne perd aucunement la vraie maîtrise qui concerne positivement ce qu'il a à être, c'est-à-dire les fins. Le défaut des moyens ne crée aucune sujétion. Reste bien sûr qu'il y a manque. Ce manque, seul l'objet pris dans sa « réalité » peut le combler. [...] L'autre est tout-puissant, tout simplement parce dans ma demande je m'adresse à lui en tant qu'il a un monde. Mais on voit la conséquence : m'adressant à lui, exprimant ma demande dans une signification, j'ai moi aussi un monde, et je suis tout-puissant. D'où l'illusion fondamentale inscrite dans la demande. Elle ne détient pas le secret du manque qui l'anime. On verra que ce manque c'est le désir. Parce que demandant, je me pose comme tout-puissant. Et en même temps j'avoue un manque au sein même de cette toute-puissance. Par la demande je dénie donc la toute-puissance, en moi comme en l'autre. D'où la violence essentielle de toute relation de demande.

La demande en tout cas constitue l'une des dimensions essentielles des relations psychologiques où se déploie le conflit pour la reconnaissance. Il s'agit en elle de demander à l'autre, investi, en tant que sujet qui a son monde, de toute-puissance, de combler (et ce ne peut être qu'imaginaire) le vide que l'on éprouve en soi, par la reconnaissance ou l'amour. Ce que peut avoir de leurrant une telle relation à l'autre n'a cessé d'être dénoncé par les moralistes les plus classiques, et Lacan d'une certaine façon prolongera cette dénonciation : il faut passer de la demande au désir. Mais en le reconnaissant comme impliqué dans la demande même.

Apparaît donc le *désir*. Comme ce qui est soustrait à toute demande, et ne se demande pas. Même si c'est bien dans le cadre de la demande que prend place le désir. Le désir est en fait ce manque qui explique qu'on demande, et que la demande comme telle ne peut que dissimuler.

A. Juranville, *Lacan et la philosophie,* collection Philosophie aujourd'hui, Éd. P.U.F., 1984, pp. 91-94.

DOCUMENT

Naissance d'un amour

J'étais dans une de ces périodes de la jeunesse, dépourvues d'un amour particulier, vacantes, où partout – comme un amoureux, la femme dont il est épris – on désire, on cherche, on voit la Beauté. Qu'un seul trait réel – le peu qu'on distingue d'une femme vue de loin, ou de dos – nous permette de projeter la Beauté devant nous, nous nous figurons l'avoir reconnue, notre cœur bat, nous pressons le pas, et nous resterons toujours à demi persuadés que c'était elle, pourvu que la femme ait disparu : ce n'est que si nous pouvons la rattraper que nous comprenons notre erreur. [...]

Seul, je restai simplement devant le Grand-Hôtel à attendre le moment d'aller retrouver ma grand'mère, quand, presque encore à l'extrémité de la digue où elles faisaient mouvoir une tache singulière, je vis s'avancer cinq ou six fillettes, aussi différentes, par l'aspect et par les façons, de toutes les personnes auxquelles on était accoutumé à Balbec, qu'aurait pu l'être, débarquée on ne sait d'où, une bande de mouettes qui exécute à pas comptés sur la plage – les retardataires rattrapant les autres en voletant – une promenade dont le but semble aussi obscur aux baigneurs qu'elles ne paraissent pas voir, que clairement déterminé pour leur esprit d'oiseaux. [...]

Quoique chacune fût d'un type absolument différent des autres, elles avaient toutes de la beauté ; mais, à vrai dire, je les voyais depuis si peu d'instants et sans oser les regarder fixement que je n'avais encore individualisé aucune d'elles. Sauf une, que son nez droit, sa peau brune mettaient en contraste au milieu des autres comme, dans quelque tableau de la Renaissance, un roi Mage de type arabe, elles ne m'étaient connues, l'une que par une paire d'yeux durs, butés et rieurs ; une autre que par des joues où le rose avait cette teinte cuivrée qui évoque l'idée de géranium ; et même ces traits, je n'avais encore indissolublement attaché aucun d'entre eux à l'une des jeunes filles plutôt qu'à l'autre ; et quand (selon l'ordre dans lequel se déroulait cet ensemble, merveilleux parce qu'y voisinaient les aspects les plus différents, que toutes les gammes de couleurs y étaient rapprochées, mais qui était confus comme une musique où je n'aurais pas su isoler et reconnaître au moment de leur passage les phrases, distinguées mais oubliées aussitôt après) je voyais émerger un ovale blanc, des yeux noirs, des yeux verts, je ne savais pas si c'était les mêmes qui m'avaient déjà apporté du charme tout à l'heure, je ne pouvais pas les rapporter à telle jeune fille que j'eusse séparée des autres et reconnue. Et cette absence, dans ma vision, des démarcations que j'établirais bientôt entre elles, propageait à travers leur groupe un flottement harmonieux, la translation continue d'une beauté fluide, collective et mobile [...].

Un instant, tandis que je passais à côté de la brune aux grosses joues qui poussait une bicyclette, je croisai ses regards obliques et rieurs, dirigés du fond de ce monde inhumain qui enfermait la vie de cette petite tribu, inaccessible inconnu où l'idée de ce que j'étais ne pouvait certainement ni parvenir ni trouver place. Tout occupée à ce que disaient ses camarades, cette jeune fille coiffée d'un polo qui descendait très bas sur son front, m'avait-elle vu au moment où le rayon noir émané de ses yeux m'avait rencontré ? Du sein de quel univers me distinguait-elle ? Il m'eût été aussi difficile de le dire que, lorsque certaines particularités nous apparaissent grâce au téléscope, dans un astre voisin, il est malaisé de conclure d'elles que des humains y habitent, qu'ils nous voient, et quelles idées cette vue a pu éveiller en eux.

Si nous pensions que les yeux d'une telle fille ne sont qu'une brillante rondelle de mica, nous ne serions pas avides de connaître et d'unir à nous sa vie. Mais nous sentons que ce qui luit dans ce disque réfléchissant n'est pas dû uniquement à sa composition matérielle ; que ce sont, inconnues de nous, les noires ombres des idées que cet être se fait relativement aux gens et aux lieux qu'il connaît – pelouses des hippodromes, sable des chemins où, pédalant à travers champs et bois, m'eût entraîné cette petite péri[1]*, plus séduisante pour moi que celle du paradis persan –, les ombres aussi de la maison où elle va rentrer, des projets qu'elle forme ou qu'on a formés pour elle ; et surtout que c'est elle, avec ses désirs, ses sympathies, ses répulsions, son obscure et incessante volonté. Je savais que je ne posséderais pas cette jeune cycliste, si je ne possédais aussi ce qu'il y avait dans ses yeux. Et c'était par conséquent toute sa vie qui m'inspirait du désir ; désir douloureux, parce que je le sentais irréalisable, mais enivrant, parce que ce qui avait été jusque-là ma vie ayant brusquement cessé d'être ma vie totale, n'étant plus qu'une petite partie de l'espace étendu devant moi que je brûlais de couvrir, et qui était fait de la vie de ces jeunes filles, m'offrait ce prolongement, cette multiplication possible de soi-même, qui est le bonheur. Et, sans doute, qu'il n'y eût entre nous aucune habitude – comme aucune idée – communes, devrait me rendre plus difficile de me lier avec elles et de leur plaire. Mais peut-être aussi c'était grâce à ces différences, à la conscience qu'il n'entrait pas, dans la composition de la nature et des actions de ces filles, un seul élément que je connusse ou possédasse, que venait en moi de succéder à la satiété, la soif – pareille à celle dont brûle une terre altérée – d'une vie que mon âme, parce qu'elle n'en avait jamais reçu jusqu'ici une seule goutte, absorberait d'autant plus avidement, à longs traits, dans une plus parfaite imbibition. [...]*

Le bonheur de connaître ces jeunes filles était-il donc irréalisable ? Certes, ce n'eût pas été le premier de ce genre auquel j'eusse renoncé. Je n'avais qu'à me rappeler tant d'inconnues que, même à Balbec, la voiture s'éloignant à toute vitesse m'avait fait à jamais abandonner. Et même le plaisir que me donnait la petite bande, noble comme si elle était composée de vierges helléniques, venait de ce qu'elle avait quelque chose de la fuite des passantes sur la route. Cette fugacité des êtres qui ne sont pas connus de nous, qui nous forcent à démarrer de la vie habituelle où les femmes que nous fréquentons finissent par dévoiler leurs tares, nous met dans cet état de poursuite où rien n'arrête plus l'imagination. Or dépouiller d'elle nos plaisirs, c'est les réduire à eux-mêmes, à rien. Offertes chez une de ces entremetteuses que, par ailleurs, on a vu que je ne méprisais pas, retirées de l'élément qui leur donnait tant de nuances et de vague, ces jeunes filles m'eussent moins enchanté. Il faut que l'imagination, éveillée par l'incertitude de pouvoir atteindre son objet, crée un but qui nous cache l'autre et, en substituant au plaisir sensuel l'idée de pénétrer dans une vie, nous empêche de reconnaître ce plaisir, d'éprouver son goût véritable, de le restreindre à sa portée. Il faut qu'entre nous et le poisson qui, si nous le voyions pour la première fois servi sur une table, ne paraîtrait pas valoir les mille ruses et détours nécessaires pour nous emparer de lui, s'interpose, pendant les après-midi de pêche, le remous à la surface duquel viennent affleurer, sans que nous sachions bien ce que nous voulons en faire, le poli d'une chair, l'indécision d'une forme, dans la fluidité d'un transparent et mobile azur.

M. Proust, *À la recherche du temps perdu*,
Éd. Gallimard, 1954, Bibliothèque de la Pléiade, tome I, pp. 787 à 796.

1. Petite fée dans la mythologie arabo-persane.

Exercices

1. Trouvez des exemples de situations à propos desquelles la troisième maxime de Descartes (« tâcher plutôt à me vaincre que la fortune ») trouve tout son sens. Cherchez également des contre-exemples.

2. Pouvez-vous établir des distinctions entre les différentes notions suivantes : « contentement », « plaisir », « jouissance », « félicité » (textes 1 à 5) ?

3. Donnez des exemples qui montrent les aspects rituels et symboliques des différentes modalités — culturelles — de satisfaction de nos besoins élémentaires.

4. Le mot « libération » a-t-il le même sens dans les expressions suivantes : « libération sexuelle », « libération d'un prisonnier », « libération des prix » ?

5. Distinguez les concepts suivants : « fantaisie », « rêve », « illusion », « chimère ».

Sujets de dissertation

1. Peut-on distinguer de vrais et de faux besoins ?
2. Est-on fondé à distinguer entre de bons et de mauvais désirs ?
3. Y a-t-il des plaisirs contre nature ?

Corrélats

la conscience et l'inconscient - l'illusion - autrui - le bonheur - l'imagination - la liberté

POUR EN SAVOIR PLUS

Épicure, *Lettre à Ménécée*, Éd. Hatier.
Freud (S.), *Trois essais sur la sexualité*, collection Idées, Éd. Gallimard.
Platon, *le Banquet*, Éd. Garnier-Flammarion.

Descartes (R.), *Traité des Passions*, collection Idées, Éd. Gallimard.
Freud (S.), *Métapsychologie*, « Pulsions et destin des pulsions », Éd. Gallimard.
Sartre (J.-P.), *l'Être et le Néant*, IIIe partie, ch. III, Éd. Gallimard.

Hegel (G.W.F.) *la Phénoménologie de l'Esprit*, ch. IV, Éd. Aubier.
Lacan (J.), *le Séminaire*, Livre II, « Le désir, la vie, la mort », Éd. du Seuil.
Spinoza (B.), *l'Éthique*, Livres III et IV, Éd. Garnier-Flammarion.

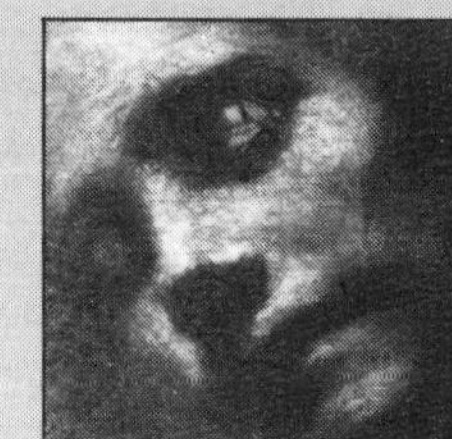

3

Les passions

La douleur, l'appassionata, Lévy-Dhurmer, vers 1906. Ville de Paris, Musée du Petit Palais, Paris.

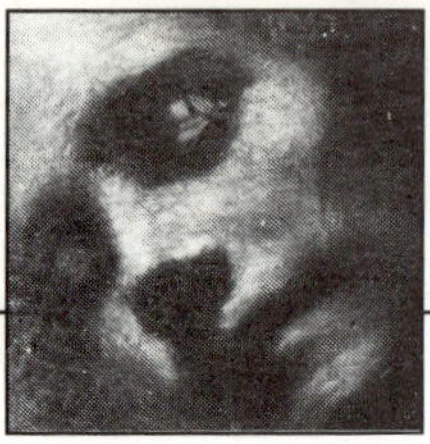

Introduction

Passion et action

L'état de passion apparaît d'emblée comme équivoque : le mot « passion » en effet (du latin *patior, pati :* supporter, souffrir) désigne en premier lieu tous les phénomènes passifs de l'âme. Les cartésiens nommaient « passions » tous les états affectifs (plaisirs, douleurs, émotions), pensant qu'ils étaient subis par l'âme du fait de son union avec le corps. D'un autre côté, la passion est une inclination si ardente qu'elle envahit l'individualité tout entière, balayant tout sur son chemin : en ce sens la passion est de l'ordre de l'activité, elle constitue une des forces vives du comportement humain. Cette ambiguïté fondamentale du concept de passion s'explique par les péripéties de son histoire. Dans son sens ancien, la passion est l'accident consistant à subir une action ; chez les stoïciens notamment, elle est une déformation accidentelle, une exagération de la tendance fondamentale qui veut que chaque être veille à se conserver. Les passions, on le sait, sont donc nocives à leurs yeux et le sage doit s'en garder s'il veut atteindre la sereine impassibilité qui constitue le bonheur[1].

La réhabilitation des passions commence avec Descartes pour qui « elles sont toujours bonnes de leur nature », étant donné qu'elles ont une fonction naturelle qui est de « disposer l'âme à vouloir les choses que la nature nous dicte utiles et à persister en cette volonté »[2]. Un véritable renversement n'intervient qu'avec les romantiques qui exaltent les passions, parce qu'elles élèvent et affermissent l'âme du vrai « sage », lequel, pas plus qu'un autre, n'est à l'abri de leur influence : « Il n'y a que des âmes de feu qui sachent combattre et vaincre, écrit Rousseau ; tous les grands efforts, toutes les actions sublimes sont leur ouvrage. »[3]

Les passions ou la passion ?

Le concept moderne de « passion » reste ambigu, et l'unité des passions problématique. Sans doute parlerait-on plus volontiers aujourd'hui de la passion que des passions : aussi longtemps que les passions étaient des phénomènes passifs liés aux vicissitudes de notre existence corporelle, elles étaient multiples et s'opposaient, en tant que telles, à la raison qui est unique et seule apte à les gouverner[4]. Par définition, aujourd'hui, seule une passion peut dominer la vie de l'esprit.

Il faut toutefois insister sur le caractère hétéroclite du tableau des affections humaines. De la cupidité de l'avare à l'égarement du joueur, des transports de l'amoureux à la détermination implacable du méchant, de la rage meurtrière du fanatique à l'amour sublime d'une mère pour son fils, peut-on considérer qu'une même passion est à l'œuvre ? Une unique dénomination est-elle ici bien justifiée ? Elle peut l'être, d'après Hegel, à condition toutefois de préciser que la passion ne peut se définir par un contenu, puisque précisément un tel contenu particulier est « tellement un avec la volonté de l'homme qu'il en constitue toute la détermination et en est inséparable »[5].

volonté

1. Voir le chapitre « la Volonté ».
2. *Traité des passions,* Article 52.
3. *La Nouvelle Héloïse,* p. 493 (texte 8).
4. Platon, *Phèdre,* 246 b.
5. Hegel, *la Raison dans l'histoire,* Éd. U.G.E., p. 108.

Passion et volonté

La passion est donc une forme : « Cette forme exprime seulement ceci qu'un sujet a placé tout l'intérêt vivant de son esprit, de son talent, de son caractère, de sa jouissance dans un seul contenu ».[1] Cependant, vidée ainsi de toute détermination particulière, la passion hégelienne, conçue comme tension spirituelle d'une conscience tout entière absorbée par sa fin, s'apparente de plus en plus à la « force d'âme ». N'y a-t-il pas, dès lors, un risque de confusion entre la passion et la vertu ? Volonté et passion impliquent l'une et l'autre une constance dans les desseins, une polarisation de la conscience sur un objet qui a été posé et valorisé librement (l'amour du savant pour la vérité, celui de l'homme d'action pour la liberté ne sont-ils pas des passions actives, volontaires ?). Cependant, tandis que le choix volontaire suppose un équilibre relatif de nos tendances, le choix passionnel traduit une rupture de cet équilibre. Même entretenue et favorisée comme un enfant chéri, la passion reste le signe de notre dépendance : quels que puissent être sa vigueur et ses effets, elle est toujours ignorance de soi-même, de son objet, de ses véritables fins. En d'autres termes, la passion, qui est une spécification du désir, se distingue de celui-ci tant par sa constance (le désir peut être intermittent) que par son ardeur (certains désirs sont tempérés). Aussi la passion se traduit-elle toujours par une sorte de délire, ou encore d'ensorcellement, dont saint Augustin nous fournit le plus vibrant des témoignages (texte 1).

Telle la colère ou la peur, la passion n'est-elle donc qu'une sorte d'exaltation ou d'émotion délibérément entretenue et prolongée ? Il semble pourtant qu'il y ait une différence fondamentale entre l'émotion et la passion. L'émotion est impétueuse mais passagère et capricieuse. La passion, au contraire, prend du temps pour s'enraciner ; de plus, elle réfléchit pour atteindre son but. C'est pourquoi les animaux en sont exempts (texte 2).

Une liberté illusoire

A mesure qu'une passion grandit, l'imagination y prend plus de place. Le sujet associe à la possession de l'objet, plus ou moins transfiguré par le fameux processus de la « cristallisation »[2], des satisfactions infinies, créant ainsi une finalité illusoire : le joueur, par exemple, cherche-t-il l'argent, le plaisir ? « J'avais risqué ma vie et j'avais gagné. De nouveau j'étais un homme », s'écrie le héros de Dostoïevski dans son délire[3]. Tout comme l'ivrogne ou l'amoureux, le joueur recherche éperdument l'exaltation, l'égarement propres à son état. Ce qui n'empêche pas le passionné de se croire libre dans la mesure où il poursuit de toutes ses forces et de toute son âme un objectif que nul ne lui a imposé, et qu'il conçoit confusément (textes 3 et 4). Mais cet objectif que le passionné poursuit avec tant d'ardeur, ne serait-ce pas finalement l'illusion en tant qu'elle constitue l'étoffe même de sa passion (texte 5) ?

Il peut y avoir néanmoins une vérité de la passion, une signification dont Schopenhauer propose une interprétation originale. Dans la passion amoureuse, l'élection de tel ou tel individu est, d'après lui, loin d'être accessoire. L'objet est aimé avant même d'être connu, ou encore connu avant d'être aimé : tel est le paradoxe

1. Hegel, *Précis de l'Encyclopédie des Sciences humaines*, 3e partie, 1re section, Éd. Vrin, p. 263.
2. Ce terme désigne, par analogie avec la formation de cristaux plongés dans une mine de sel, le fait que l'imagination substitue à un objet réel un objet idéalisé (Stendhal, *De l'amour*, Document 1).
3. *Le Joueur*, traduction J.-M. Lassienko, chapitre XVII.

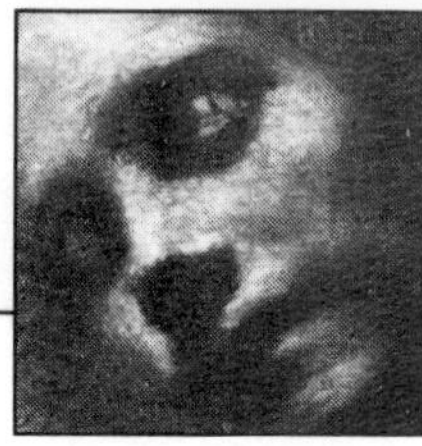

du coup de foudre. Pour comprendre un choix apparemment si obscur, il suffit de le rapporter à son but véritable, l'être à procréer, en qui « le type de l'espèce doit se perpétuer, aussi pur et authentique que possible ». La vérité prend ici la forme de l'illusion (texte 6) et curieusement celui qu'entraîne cette illusion a souvent horreur du but qui seul le mène (la procréation) et voudrait même faire obstacle à sa réalisation. La vérité de la passion, c'est donc la transcendance de sa fin : une fin inconnue et infinie. Ainsi pourraient s'expliquer aussi bien l'innocence que la grandeur tragique de ceux qu'elle anime.

Les passions sont-elles toujours mauvaises ?

Bien que sensiblement différent, le point de vue du moraliste sur les passions est également résolument critique. Sans doute faut-il admettre en premier lieu, en accord avec le sens commun, que certaines passions sont plutôt bonnes, tandis que d'autres (l'avarice, l'ivrognerie) sont plutôt mauvaises. Ou encore que certaines sont tantôt bonnes, tantôt mauvaises ; ainsi la haine est-elle pire, à certains égards, que l'amour (elle est toujours accompagnée de tristesse et de chagrin), tandis que l'amour est pire à d'autres égards. Descartes note, à juste titre, que l'amour d'un objet qui en est indigne peut être plus néfaste que la haine d'une personne aimable.[1] Autant dire que la passion n'est pas mauvaise en soi, et que les jugements de valeur trop tranchés sont ici mal venus. Sans doute les fautes et les crimes commis en son nom sont-ils présents à tous les esprits. Cependant, certaines mœurs, et l'imagination, ne sont-elles pas les vraies causes de tant de ravages attribués aux passions ? L'amour sous la forme culturelle, observe Rousseau, n'est qu'un sentiment artificiel : il serait plus juste d'imputer les crimes passionnels et la débauche aux règles trop répressives du mariage, ou de l'honneur, qu'à l'ardeur de nos passions spontanées[2]. Celles-ci, dans le meilleur des cas, peuvent être soit canalisées, soit tempérées par les passions altruistes, comme la générosité ou même la vertu (textes 7 et 8).

La sublimation

Grâce à la sublimation notamment, l'énergie vitale peut être détournée vers des buts idéaux, notamment esthétiques ou mystiques, car certaines pulsions ou sentiments « inférieurs » ont la capacité de changer de but sans perdre de leur intensité (textes 9 et 10). La passion amoureuse peut ainsi s'émanciper complètement de sa source charnelle et se transformer en sentiment. Pour le croyant, la seule « passion » qui n'est pas mauvaise est l'amour d'une réalité parfaite et infinie, car l'amour qui a pour objet Dieu est un amour qui n'a plus rien d'accidentel. Mais un tel amour, purement spirituel, libre et généreux, n'est-il pas une passion sans passion ? Et le vrai but de toute passion est-il de s'abolir en se sublimant ?

Le fanatisme

Tandis que dans la sublimation le vital peut s'élever jusqu'à la spiritualité, dans le fanatisme, inversement, le spirituel peut s'aveugler dans le vital. « Fanatique » s'est dit primitivement des prêtres de certaines divinités « qui entraient dans une sorte de délire sacré, pendant lequel ils se blessaient et faisaient couler leur sang[3] ». Le fanatique se plaît à haïr et à craindre et ses souffrances — car la haine

1. *Lettre à Chanut*, 1er février 1647.
2. *Discours sur l'origine de l'inégalité*, première partie, p. 201.
3. Lalande, *Vocabulaire philosophique*, article « Fanatisme ».

et la crainte sont violentes mais tristes — alimentent son délire. Il aime aussi, passionnément, le bien, la justice, la pureté, ou même la volonté de Dieu, mais son amour est inquisiteur et ténébreux : « Ceux qui marchent dans l'obscurité, se réjouissent à la vue de la lumière ; celui-ci ne peut la souffrir. Elle le blesse car elle résiste à sa passion. »[1] Dans sa passion, le fanatique s'abîme donc avec volupté. Les discours pondérés, les vœux pieux de la raison peuvent-ils lui être encore de quelque secours ?

Traditionnellement, la raison est supposée devoir réprimer ou régler la passion. Tant comme faculté de connaissance pure et désintéressée que comme pouvoir de poser des valeurs en toute sérénité, la raison s'oppose en effet, par nature, aux passions. Refrénant les unes, maintenant les autres en équilibre, elle doit pouvoir prévenir, chez les « esprits forts », tout débordement affectif.

Toutefois, cette opposition classique entre la raison et la passion, reprise et soulignée par Pascal, est récusée catégoriquement par Hume (textes [11] et [12]). La raison, précisément parce qu'elle est une faculté de connaissance, n'est pas susceptible de fonder des jugements de valeur. Ceux-ci relèvent d'un ordre et d'une échelle normative qui leur est propre ; entre les passions et la raison, la guerre ne saurait donc avoir lieu.

La passion dans l'histoire

Nous savions déjà que la passion pouvait « se conjuguer avec la réflexion la plus calme[2] » ; ou encore, en d'autres termes, que la raison pouvait servir la passion. Mais la réciproque est également vraie : la raison se nourrit des passions. En poursuivant leurs passions et leurs intérêts, les hommes, d'après Hegel, font leur histoire ; car ils sont, inconsciemment, les outils de quelque chose de plus grand, et qui les dépasse. Les passions produisent un ordre qui se retourne contre elles : de même que « l'on construit de hautes murailles » avec des pierres et des poutres que leur poids entraîne vers le bas, de même les passions sont utilisées à bon escient par l'Esprit universel qui gouverne le monde (texte [13]). Passions et raison sont le fil et la trame de l'histoire. Une histoire dont l'homme passionné, toutefois, ne connaît pas le fin mot.

Étant fini, l'homme ne peut échapper à toute passion. Mais l'espoir de connaître, ou même d'embrasser une fin infinie n'est-il pas l'illusion par excellence ? Et le désir d'éternité, qui peut expliquer l'illusion de la passion, n'explique-t-il pas, de façon tout aussi probante, l'aspiration à la béatitude ?

1. Malebranche, *la Recherche de la Vérité,* L. V, chapitre 12, p. 154.
2. Kant, *Anthropologie du point de vue pragmatique,* p. 119.

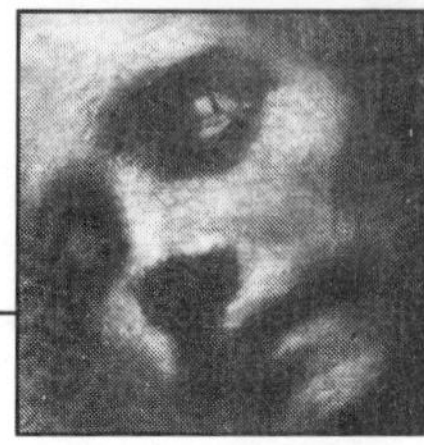

Textes

I. LA PASSION ET SES OBJETS

Texte 1 SAINT AUGUSTIN

« Je cherchais un objet à mon amour »

Je vins à Carthage et de tous côtés j'entendais bouillonner la chaudière des amours infâmes. Je n'aimais pas encore mais j'aimais l'amour et par une indigence secrète je m'en voulais de n'être pas assez indigent. Aimant l'amour, je cherchais un objet à mon amour ; je haïssais la sécurité, la voie sans pièges, parce qu'au fond de moi j'avais faim : je manquais de la nourriture intérieure, de toi-même, mon Dieu, mais ce n'est pas de cette faim-là que je me sentais affamé ; je n'avais pas d'appétit pour les aliments incorruptibles, non que j'en fusse rassasié : plus j'en manquais, plus j'en étais dégoûté. Et mon âme était malade ; rongée d'ulcères, elle se jetait hors d'elle-même, misérablement avide de se gratter contre le sensible. Mais le sensible, certes, on ne l'aimerait pas s'il était inanimé.

Aimer et être aimé m'était encore plus doux si je pouvais en outre jouir du corps de l'être aimé. Je souillais donc la source de l'amitié des ordures de la concupiscence et je voilais sa blancheur du nuage infernal de la convoitise. Et pourtant, dans l'excès de ma vanité, tout hideux et infâme que j'étais, je me piquais d'urbanité distinguée. Je me jetai ainsi dans l'amour où je désirais être pris. Mon Dieu, ô ma miséricorde, de quel fiel ta bonté a-t-elle assaisonné ce miel ! Je fus aimé. Je parvins en secret aux liens de la jouissance, je m'emmêlais avec joie dans un réseau d'angoisses pour être bientôt fouetté des verges brûlantes de la jalousie, des soupçons, des craintes, des colères et des querelles.

Saint Augustin, *les Confessions*, L. III, chap. 1, traduction de F. Khodoss.

Texte 2 KANT

Il n'y a pas de passion sans conscience

Les passions ne sont toujours que des désirs d'hommes à hommes et non pas d'hommes à choses : pour un champ fertile, pour une vache prolifique, on peut avoir une inclination, qui, à vrai dire, est recherche du profit : mais on ne peut avoir pour eux d'affection (celle-ci consiste en une tendance à former communauté avec d'autres), encore moins de passion. [...]

Chez les simples animaux, la tendance la plus violente (par exemple la tendance sexuelle) ne prend pas le nom de *passion* : c'est qu'ils ne possèdent pas la raison qui seule fonde le concept de liberté et qui s'oppose à ma passion : c'est donc chez l'homme seul qu'elle surgit. Il est vrai qu'on dit des hommes qu'ils aiment certaines choses *passionnément* (la boisson, le jeu, la chasse) ou qu'ils haïssent *passionnément* (le musc ou l'alcool de vin). Mais ces différentes répulsions, on ne les appelle pas pour autant passions — car ce ne sont qu'autant d'instincts différents.

Kant, *Anthropologie du point de vue pragmatique* (1797), traduction de M. Foucault, Éd. Vrin, 1979, pp. 121-122.

II. PASSION ET ILLUSION

Texte 3 DESCARTES

Une fille un peu « louche »

Lorsque j'étais enfant, j'aimais une fille de mon âge, qui était un peu louche[1] ; au moyen de quoi, l'impression qui se faisait par la vue en mon cerveau, quand je regardais ses yeux égarés, se joignait tellement à celle qui s'y faisait aussi pour émouvoir la passion de l'amour, que longtemps après, en voyant des personnes louches, je me sentais plus enclin à les aimer qu'à en aimer d'autres, pour cela seul qu'elles avaient ce défaut ; et je ne savais pas néanmoins que ce fût pour cela. Au contraire, depuis que j'y ai fait réflexion, et que j'ai reconnu que c'était un défaut, je n'en ai plus été ému. Ainsi, lorsque nous sommes portés à aimer quelqu'un, sans que nous en sachions la cause, nous pouvons croire que cela vient de ce qu'il y a quelque chose en lui de semblable à ce qui a été dans un autre objet que nous avons aimé auparavant, encore que nous ne sachions pas ce que c'est. Et bien que ce soit plus ordinairement une perfection qu'un défaut, qui nous attire ainsi à l'amour, toutefois, à cause que ce peut être quelquefois un défaut, comme en l'exemple que j'en ai apporté, un homme sage ne se doit pas laisser entièrement aller à cette passion, avant que d'avoir considéré le mérite de la personne pour laquelle nous nous sentons émus.

Descartes, *Lettre à Chanut* (6 juin 1647), Bibliothèque de la Pléiade, Éd. Gallimard, 1953, p. 1277.

1. C'est-à-dire qui louchait un peu.

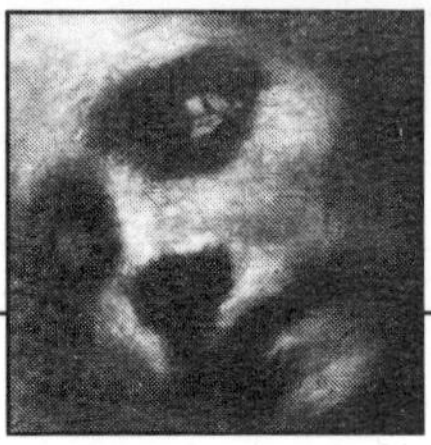

Texte 4 SPINOZA

L'âme pâtit en tant qu'elle a des idées inadéquates

Définitions

I. J'appelle cause adéquate celle dont on peut percevoir l'effet clairement et distinctement par elle-même ; j'appelle cause inadéquate ou partielle celle dont on ne peut connaître l'effet par elle seule.

II. Je dis que nous sommes actifs, quand, en nous ou hors de nous, quelque chose se fait dont nous sommes la cause adéquate, c'est-à-dire *(Déf. préc.)* quand, en nous ou hors de nous, il suit de notre nature quelque chose qui se peut par elle seule connaître clairement et distinctement. Au contraire, je dis que nous sommes passifs quand il se fait en nous quelque chose ou qu'il suit de notre nature quelque chose, dont nous ne sommes la cause que partiellement.

III. J'entends par Affections les affections du Corps par lesquelles la puissance d'agir de ce Corps est accrue ou diminuée, secondée ou réduite, et en même temps les idées de ces affections.

Quand nous pouvons être la cause adéquate de quelqu'une de ces affections, j'entends donc par affection une action ; dans les autres cas, une passion.

Spinoza, *Éthique III* (1677), traduction de C. Appuhn, collection Classiques, Éd. Garnier, 1953, pp. 244-245.

Texte 5 ALQUIÉ

L'amour passion est illusion d'amour

Peut-on dire [...] que la passion nous permette d'aimer un être autre que nous ? Il n'en est rien et, en aimant le passé[1], nous n'aimons que notre propre passé, seul objet de nos souvenirs. On ne saurait aimer le passé d'autrui ; par contre, l'amour peut se porter vers son avenir, et il le doit, car, aimer vraiment, c'est vouloir le bien de l'être qu'on aime, et l'on ne peut vouloir ce bien que dans le futur. Tout amour passion, tout amour du passé, est donc illusion d'amour et, en fait, amour de soi-même. Il est désir de se retrouver, et non de se perdre ; d'assimiler autrui, et non de se donner à lui ; il est infantile, possessif et cruel, analogue à l'amour éprouvé pour la nourriture que l'on dévore et que l'on détruit en l'incorporant à soi-même. L'amour action suppose au contraire l'oubli de soi, et de ce que l'on fut ; il implique l'effort pour améliorer l'avenir de celui que l'on aime. Et si souvent l'aveuglement, et l'on ne sait quelle complaisance pour nos caprices, nous font désirer d'être passionnément aimés, il n'en reste pas moins que celui qui est aimé ainsi sait confusément qu'il n'est pas l'objet véritable de l'amour

1. D'après l'auteur, le passionné préfère le présent au futur, le passé au présent : toute passion est refus du temps.

qu'on lui porte ; il devine qu'il n'est que l'occasion, pour celui qui l'aime, d'évoquer quelque souvenir, et donc de s'aimer lui-même. A cette tristesse chez l'aimé correspond chez l'aimant quelque désespoir, car le passionné sent bien que sa conscience ne peut parvenir à sortir de soi, à atteindre une extériorité, à s'attacher à une autre personne.

Ainsi s'explique que l'inconstance des passions coïncide souvent avec leur violence. La violence de la passion vient de ce que sa source est l'égoïsme, sentiment d'une grande force, et souffrant mal les obstacles. L'inconstance de la passion vient de ce que l'objet vers lequel elle se porte n'est jamais que symbolique et accidentel : en son essence, l'amour passion est un amour abstrait. Tiré du passé de l'amant, il peut convenir à tout ce qui, dans le présent, évoque ce passé, apparaît comme son image. Aussi le passionné aime-t-il, non l'être réel et présent qu'il dit aimer, mais ce qu'il symbolise. Dans les cas de demi-lucidité, il aime cette recherche même du passé dans le présent : il aime alors l'amour, ce qui n'est pas aimer.

F. Alquié, *le Désir d'éternité* (1943), Éd. P.U.F., 1987, pp. 62-63.

Texte 6 **SCHOPENHAUER**

Un mirage voluptueux

Manifestement le soin avec lequel un insecte recherche telle fleur, ou tel fruit, ou tel fumier, ou telle viande, ou, comme l'ichneumon, une larve étrangère pour y déposer ses œufs, et à cet effet ne redoute ni peine ni danger, est très analogue à celui avec lequel l'homme choisit pour la satisfaction de l'instinct sexuel une femme d'une nature déterminée, adaptée à la sienne, et qu'il recherche si ardemment que souvent pour atteindre son but, et au mépris de tout bon sens, il sacrifie le bonheur de sa vie par un mariage insensé, par des intrigues qui lui coûtent fortune, honneur et vie, même par des crimes comme l'adultère et le viol, — tout cela uniquement pour servir l'espèce de la manière la plus appropriée et conformément à la volonté partout souveraine de la nature, même si c'est au détriment de l'individu. Partout en effet l'instinct agit comme d'après le concept d'une fin, alors que ce concept n'est pas du tout donné. La nature l'implante là où l'individu qui agit serait incapable de comprendre son but ou répugnerait à le poursuivre ; aussi n'est-il, en règle générale, attribué qu'aux animaux, et cela surtout aux espèces inférieures, qui ont le moins de raison ; mais il n'est guère donné à l'homme que dans le cas examiné ici, car l'homme pourrait sans doute comprendre le but, mais ne le poursuivrait pas avec toute l'ardeur indispensable, c'est-à-dire même aux dépens de son bonheur personnel. Aussi, comme pour tout instinct, la vérité prend ici la forme de l'illusion, afin d'agir sur la volonté. C'est un mirage voluptueux qui leurre l'homme, en lui faisant croire qu'il trouvera dans les bras d'une femme dont

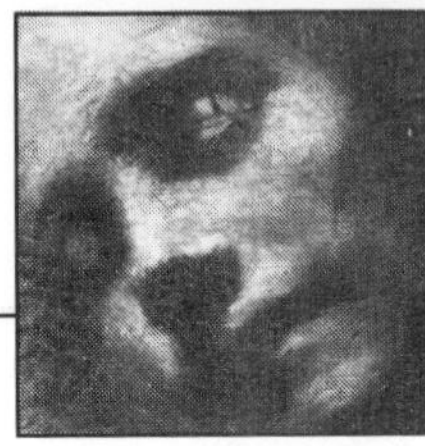

la beauté lui agrée, une jouissance plus grande que dans ceux d'une autre ; ou le convainc fermement que la possession d'un individu unique, auquel il aspire exclusivement, lui apportera le bonheur suprême. Il s'imagine alors qu'il consacre tous ses efforts et tous ses sacrifices à son plaisir personnel, alors que tout cela n'a lieu que pour conserver le type normal de l'espèce, ou même pour amener à l'existence une individualité tout à fait déterminée, qui ne peut naître que de ces parents-là.

Schopenhauer, *Métaphysique de l'Amour* (1818), traduction de M. Simon, collection 10-18, Éd. U.G.E., 1964, pp. 52-53.

III. PASSION, MORALITÉ ET HISTOIRE

Texte 7 DESCARTES

Du bon usage des passions

ART. 161. Comment la générosité[1] peut être acquise.

Et il faut remarquer que ce qu'on nomme communément des vertus sont des habitudes en l'âme qui la disposent à certaines pensées, en sorte qu'elles sont différentes de ces pensées, mais qu'elles les peuvent produire, et réciproquement être produites par elles. Il faut remarquer aussi que ces pensées peuvent être produites par l'âme seule, mais qu'il arrive souvent que quelques mouvements des esprits[2] les fortifient, et que pour lors elles sont des actions de vertu et ensemble des passions de l'âme : ainsi, encore qu'il n'y ait point de vertu à laquelle il semble que la bonne naissance contribue tant qu'à celle qui fait qu'on ne s'estime que selon sa juste valeur, et qu'il soit aisé à croire que toutes les âmes que Dieu met en nos corps ne sont pas également nobles et fortes (ce qui est cause que j'ai nommé cette vertu générosité, suivant l'usage de notre langue, plutôt que magnanimité, suivant l'usage de l'École[3], où elle n'est pas fort connue) ; il est certain néanmoins que la bonne institution sert beaucoup pour corriger les défauts de la naissance, et que si on s'occupe souvent à considérer ce que c'est que le libre arbitre, et combien sont grands les avantages qui viennent de ce qu'on a une ferme résolution d'en bien user, comme aussi, d'autre côté, combien

1. Sur la définition de la générosité, voir le chapitre « La volonté », texte 9.
2. Il s'agit des « esprits animaux », particules très subtiles qui circulent dans nos nerfs.
3. L'École, c'est-à-dire l'enseignement et la philosophie scolastique, étudiée au Moyen Age à l'université.

sont vains et inutiles tous les soins qui travaillent les ambitieux, on peut exciter en soi la passion et ensuite acquérir la vertu de générosité, laquelle étant comme la clef de toutes les autres vertus et un remède général contre tous les dérèglements des passions, il me semble que cette considération mérite bien d'être remarquée.

ART. 212. Que [des passions seules] dépend tout le bien et le mal de cette vie.

Au reste, l'âme peut avoir ses plaisirs à part ; mais pour ceux qui lui sont communs avec le corps, ils dépendent entièrement des passions : en sorte que les hommes qu'elles peuvent le plus émouvoir sont capables de goûter le plus de douceur en cette vie. Il est vrai qu'ils y peuvent aussi trouver le plus d'amertume lorsqu'ils ne les savent pas bien employer et que la fortune leur est contraire ; mais la sagesse est principalement utile en ce point, qu'elle enseigne à s'en rendre tellement maître et à les ménager avec tant d'adresse, que les maux qu'elles causent sont fort supportables, et même qu'on tire de la joie de tous.

Descartes, *Traité des passions* (1649),
Bibliothèque de la Pléiade, Éd. Gallimard, 1953, pp. 773 et 795.

Texte 8 ROUSSEAU

Le sage sait vaincre les passions par elles-mêmes

Comment réprimer la passion même la plus faible, quand elle est sans contrepoids ? Voilà l'inconvénient des caractères froids et tranquilles : tout va bien tant que leur froideur les garantit des tentations : mais s'il en survient une qui les atteigne, ils sont aussitôt vaincus qu'attaqués ; et la raison, qui gouverne tandis qu'elle est seule, n'a jamais de force pour résister au moindre effort. Je[1] n'ai été tenté qu'une fois, et j'ai succombé. Si l'ivresse de quelque autre passion m'eût fait vaciller encore, j'aurais fait autant de chutes que de faux pas.

Il n'y a que des âmes de feu qui sachent combattre et vaincre ; tous les grands efforts, toutes les actions sublimes sont leur ouvrage : la froide raison n'a jamais rien fait d'illustre, et l'on ne triomphe des passions qu'en les opposant l'une à l'autre. Quand celle de la vertu vient à s'élever, elle domine seule et tient tout en équilibre. Voilà comment se forme le vrai sage, qui n'est pas plus qu'un autre à l'abri des passions, mais qui seul sait les vaincre par elles-mêmes, comme un pilote fait route par les mauvais vents.

Rousseau, *la Nouvelle Héloïse* (1761),
Bibliothèque de la Pléiade, Éd. Gallimard, 1964, p. 493.

1. Le narrateur est Mr de Wolmar, mari de Julie dans le roman.

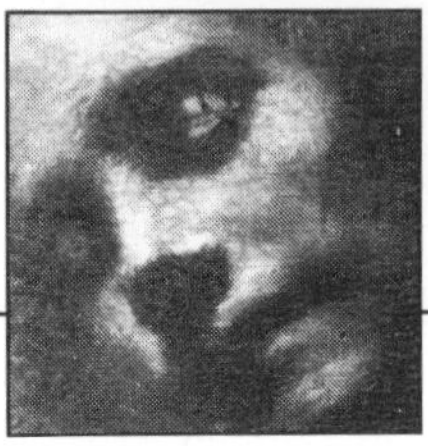

Texte 9 NIETZSCHE

La morale contre nature

Toutes les passions ont une période où elles sont seulement néfastes, où elles rabaissent leur victime de tout le poids de la bêtise, — et plus tard, une autre, beaucoup plus tardive, où elles se marient à l'esprit, se « spiritualisent ». Autrefois, à cause de la bêtise de la passion, on faisait la guerre à la passion elle-même : on jurait sa perte, — tous les monstres moraux anciens sont là-dessus d'accord : « *il faut tuer les passions* ». La plus fameuse maxime de ce genre se trouve dans le Nouveau Testament, dans ce Sermon sur la montagne où, soit dit entre parenthèses, *l'élévation* de la vue fait totalement défaut. C'est là qu'il est dit par exemple, avec application à la sexualité : « si ton œil entraîne ta chute, arrache-le[1] » ; par bonheur aucun chrétien ne suit ce précepte. *Anéantir* les passions et les désirs à seule fin de prévenir leur bêtise et les conséquences désagréables de leur bêtise, voilà qui ne nous paraît aujourd'hui qu'une forme aiguë de bêtise. Nous n'admirons plus les dentistes qui *arrachent* les dents pour qu'elles cessent de faire mal... Reconnaissons d'ailleurs en toute justice que l'idée de « *spiritualisation* de la passion » ne pouvait absolument pas être conçue sur le terrain qui a donné naissance au christianisme. Car l'Église primitive luttait, on le sait, *contre* les « intelligents » au bénéfice des « pauvres en esprit » : comment attendre d'elle une guerre intelligente contre la passion ? — L'Église combat la passion par l'excision : sa pratique, son « traitement », c'est le *castratisme*. Jamais elle ne demande : « comment spiritualiser, embellir, diviniser, un désir ? » — de tout temps elle a insisté, dans sa discipline, sur l'extirpation (de la sensualité, de l'orgueil, de la passion de dominer, de posséder et de se venger). Or attaquer les passions à la racine, c'est attaquer la vie à la racine : la pratique de l'Église est *hostile à la vie...*

Nietzsche, *Crépuscule des Idoles* (1888),
traduction de É. Blondel, Éd. Hatier, 1983, p. 71.

1. *Évangile* de Marc, 9 : 47. Littéralement : « est pour toi un obstacle qui te fait tomber ». Nietzsche cite la traduction de Luther, qui transpose : « si ton œil te cause de la gêne ». Il est erroné de traduire : « si ton œil te fait fauter ». [Note du traducteur.]

Texte 10 LAPLANCHE et PONTALIS

La théorie de la sublimation[1]

Définition

Processus postulé par Freud pour rendre compte d'activités humaines apparemment sans rapport avec la sexualité, mais qui trouveraient leur ressort dans la force de la pulsion sexuelle. Freud a décrit comme activités de sublimation principalement l'activité artistique et l'investigation intellectuelle.

La pulsion est dite sublimée dans la mesure où elle est dérivée vers un nouveau but non sexuel et où elle vise des objets socialement valorisés.

Le terme sublimation, introduit par Freud en psychanalyse, évoque à la fois le terme de sublime, employé notamment dans le domaine des beaux-arts pour désigner une production suggérant la grandeur, l'élévation, et le terme de sublimation utilisé en chimie pour désigner le procédé qui fait passer un corps directement de l'état solide à l'état gazeux.

Freud, tout au long de son œuvre, recourt à la notion de sublimation pour tenter de rendre compte, d'un point de vue économique et dynamique[2], de certains types d'activités soutenues par un désir qui ne vise pas, de façon manifeste, un but sexuel : par exemple, création artistique, investigation intellectuelle, et en général, activités auxquelles une société donnée accorde une grande valeur. C'est dans une transformation des pulsions sexuelles que Freud cherche le ressort dernier de ces comportements : « La pulsion sexuelle met à la disposition du travail culturel des quantités de force extraordinairement grandes et ceci par suite de cette particularité spécialement marquée chez elle, de pouvoir déplacer son but sans perdre, pour l'essentiel, de son intensité. On nomme cette capacité d'échanger le but sexuel originaire contre un autre but, qui n'est plus sexuel mais qui lui est psychiquement apparenté, capacité de sublimation. »

J. Laplanche et J.-B. Pontalis, *Vocabulaire de psychanalyse*, Éd. P.U.F., 1967.

---

1. On trouvera une illustration de cette théorie dans le texte de Freud, p. 83 (Document 2).
2. Le point de vue économique consiste à prendre en considération les investissements dans leur mobilité, leur opposition, etc. Le point de vue dynamique envisage les phénomènes psychiques comme résultant du conflit et de la composition des pulsions.

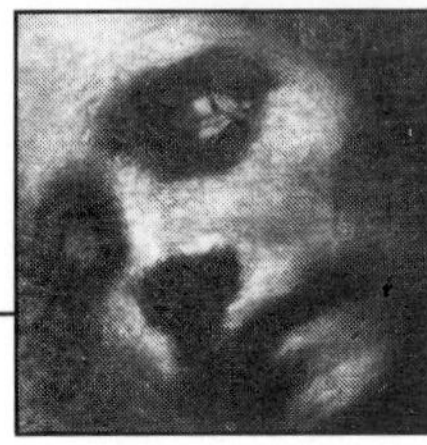

Texte 11 PASCAL

Raison et passion

Guerre intestine de l'homme entre la raison et les passions. S'il n'avait que la raison sans passions... S'il n'avait que les passions sans raison... Mais ayant l'un et l'autre, il ne peut être sans guerre, ne pouvant avoir la paix avec l'un qu'ayant guerre avec l'autre : ainsi il est toujours divisé, et contraire à lui-même.

— Cette guerre intérieure de la raison contre les passions a fait que ceux qui ont voulu la paix se sont partagés en deux sectes. Les uns ont voulu renoncer aux passions, et devenir dieux ; les autres ont voulu renoncer à la raison, et devenir bêtes brutes (Des Barreaux[1]). Mais ils ne l'ont pu, ni les uns ni les autres ; et la raison demeure toujours, qui accuse la bassesse et l'injustice des passions, et qui trouble le repos de ceux qui s'y abandonnent ; et les passions sont toujours vivantes dans ceux qui y veulent renoncer.

Pascal, *Pensées* (1670), 412-413 (Éd. Brunschvicg), Bibliothèque de la Pléiade, Éd. Gallimard, 1954, p. 1168.

1. Épicurien du XVIIe siècle. On raconte qu'à la fois débauché et athée, il revenait à la foi quand il se sentait malade.

Texte 12 HUME

La passion n'est pas déraisonnable en soi

Si une passion ne se fonde pas sur une fausse supposition et si elle ne choisit pas des moyens impropres à atteindre la fin, l'entendement ne peut ni la justifier ni la condamner. Il n'est pas contraire à la raison de préférer la destruction du monde entier à une égratignure de mon doigt. Il n'est pas contraire à la raison que je choisisse de me ruiner complètement pour prévenir le moindre malaise d'un Indien ou d'une personne complètement inconnue de moi. Il est aussi peu contraire à la raison de préférer à mon plus grand bien propre un bien reconnu moindre. Un bien banal peut, en raison de certaines circonstances, produire un désir supérieur à celui qui naît du plaisir le plus grand et le plus estimable ; et il n'y a là rien de plus extraordinaire que de voir, en mécanique, un poids d'une livre en soulever un autre de cent livres grâce à l'avantage de sa situation. Bref, une passion doit s'accompagner de quelque faux jugement pour être déraisonnable ; même alors ce n'est pas la passion qui est déraisonnable, c'est le jugement.

Hume, *Traité de la Nature humaine* (1737), traduction de A. Leroy, Éd. Garnier, 1963, tome II, pp. 525-526.

Texte 13 **HEGEL**

Rien de grand ne s'est accompli dans le monde sans passion

Dans l'histoire universelle nous avons affaire à l'Idée telle qu'elle se manifeste dans l'élément de la volonté et de la liberté humaines. Ici la volonté est la base abstraite de la liberté, mais le produit qui en résulte forme l'existence éthique du peuple. Le premier principe de l'Idée est l'Idée elle-même, dans son abstraction ; l'autre principe est constitué par les passions humaines. Les deux ensemble forment la trame et le fil de l'histoire universelle. L'Idée en tant que telle est la réalité ; les passions sont le bras avec lequel elle gouverne. [...]

Ici ou là, les hommes défendent leurs buts particuliers contre le droit général ; ils agissent librement. Mais ce qui constitue le fondement général, l'élément substantiel, le droit n'en est pas troublé. Il en va de même pour l'ordre du monde. Ses éléments sont d'une part les passions, de l'autre la Raison. Les passions constituent l'élément actif. Elles ne sont pas toujours opposées à l'ordre éthique ; bien au contraire, elles réalisent l'Universel. En ce qui concerne la morale des passions, il est évident qu'elles n'aspirent qu'à leur propre intérêt. De ce côté-ci, elles apparaissent comme égoïstes et mauvaises. Or ce qui est actif est toujours individuel : dans l'action je suis moi-même, c'est mon propre but que je cherche à accomplir. Mais ce but peut être bon, et même universel. L'intérêt peut être tout à fait particulier mais il ne s'ensuit pas qu'il soit opposé à l'Universel. L'Universel doit se réaliser par le particulier. [...]

Nous disons donc que rien ne s'est fait sans être soutenu par l'intérêt de ceux qui y ont collaboré. Cet intérêt, nous l'appelons passion lorsque, refoulant tous les autres intérêts ou buts, l'individualité tout entière se projette sur un objectif avec toutes les fibres intérieures de son vouloir et concentre dans ce but ses forces et tous ses besoins. En ce sens, nous devons dire que *rien de grand ne s'est accompli dans le monde sans passion.*

Hegel, *la Raison dans l'histoire* (1830), traduction de K. Papaioannou, collection 10-18, Éd. U.G.E., 1965, pp. 105-109.

DOCUMENTS

1. La cristallisation

Ce que Stendhal appelle la cristallisation, c'est-à-dire l'opération par laquelle la passion reconstruit et magnifie son objet, comporte deux moments distincts.

La première cristallisation commence.

On se plaît à orner de mille perfections une femme de l'amour de laquelle on est sûr, on se détaille tout son bonheur avec une complaisance infinie... Laissez travailler la tête d'un amant pendant vingt quatre heures, et voici ce que vous y trouverez :

Aux mines de sel de Salzbourg, on jette dans les profondeurs abandonnées de la mine un rameau d'arbre effeuillé par l'hiver ; deux ou trois mois après on le retire couvert de cristallisations brillantes : les plus petites branches, celles qui ne sont pas plus grosses que la patte d'une mésange, sont garnies d'une infinité de diamants mobiles et éblouissants ; on ne peut plus reconnaître le rameau primitif.

Ce que j'appelle cristallisation, c'est l'opération de l'esprit, qui tire de tout ce qui se présente la découverte que l'objet aimé a de nouvelles perfections.

Un voyageur parle de la fraîcheur des bois d'orangers à Gênes, sur le bord de la mer, durant les jours brûlants de l'été : quel plaisir de goûter cette fraîcheur avec elle !

Un de vos amis se casse le bras à la chasse ; quelle douceur de recevoir les soins d'une femme qu'on aime ! Être toujours avec elle et la voir sans cesse vous aimant ferait presque bénir la douleur ; et vous partez du bras cassé de votre ami, pour ne plus douter de l'angélique bonté de votre maîtresse. En un mot, il suffit de penser à une perfection pour la voir dans ce qu'on aime...

Le doute naît.

L'amant arrive à douter du bonheur qu'il se promettait ; il devient sévère sur les raisons d'espérer qu'il a cru voir...

Alors commence la seconde cristallisation produisant pour diamants des confirmations à cette idée :

Elle m'aime.

A chaque quart d'heure de la nuit qui suit la naissance des doutes, après un moment de malheur affreux, l'amant se dit : Oui, elle m'aime : et la cristallisation se tourne à découvrir de nouveaux charmes ; puis le doute à l'œil hagard s'empare de lui, et l'arrête en sursaut. La poitrine oublie de respirer ; il se dit : Mais est-ce qu'elle m'aime ? Au milieu de ces alternatives déchirantes et délicieuses, le pauvre amant sent vivement : Elle me donnerait des plaisirs qu'elle seule au monde peut me donner.

C'est l'évidence de cette vérité, qui donne tant de supériorité à la seconde cristallisation sur la première.

Stendhal, *De l'amour* (1822), Éd. Garnier Frères, 1959, Livre I, chapitre II, p. 8.

2. Le « cas » Léonard de Vinci

La vie et l'œuvre de Léonard de Vinci constituent, si l'on en croit Freud, un exemple de sublimation réussie, ou encore de triomphe sur l'inhibition.

Nous nous contenterons de constater ce fait désormais indubitable : le travail créateur d'un artiste est en même temps une dérivation de ses désirs sexuels. Et nous nous rappellerons ce que dit Vasari[1] des premiers essais d'art de Léonard : têtes de femmes souriantes et beaux petits garçons, c'est-à-dire représentations des premiers objets auxquels se fixa sa sexualité. Dans le premier éclat de la jeunesse, Léonard semble d'abord travailler sans entraves. En ce temps où, dans sa vie extérieure, il prend pour modèle son père, à Milan où la faveur du destin lui fait rencontrer en Ludovic le More[2] une image du père, Léonard connaît une époque de virile force créatrice et de productivité artistique. Mais bientôt se vérifie en lui le fait d'expérience qu'une répression presque totale de la vie sexuelle réelle ne crée pas les conditions les plus favorables à l'exercice des tendances sexuelles sublimées. La vie sexuelle réelle se manifeste une fois de plus comme le modèle de toutes les autres fonctions, l'activité et l'esprit de décision commencent à être frappés de paralysie, la tendance au ressassement et à l'indécision se fait déjà sentir dans la Cène[3], et scelle, par son influence désastreuse sur la technique, le destin de l'œuvre grandiose. Et peu à peu s'accomplit chez Léonard une évolution que l'on ne peut comparer qu'à la régression des névrosés. L'artiste qui s'était épanoui en lui, avec la puberté, est rattrapé, dépassé par l'investigateur de sa première enfance ; la seconde sublimation de ses instincts érotiques cède le pas à la primitive, préparée par le premier refoulement de sa vie. Il devient investigateur, d'abord au service de son art, ensuite indépendamment de lui et enfin en lui tournant le dos. Avec la perte de son Mécène, image du père, avec l'assombrissement progressif de sa vie, cette régression prend de plus en plus d'ampleur.

[...] Son passé infantile le domine. Et l'investigation, qui remplace pour lui maintenant la création artistique, présente quelques-uns des traits qui caractérisent la mise en œuvre de forces inconscientes : l'insatiabilité, l'opiniâtreté que rien n'arrête, l'impossibilité de s'adapter aux circonstances réelles.

Parvenu à l'apogée de sa vie, à la cinquantaine, à cet âge, où chez la femme, les caractères sexuels ont déjà subi une transformation régressive, où, chez l'homme, la libido tente souvent encore une poussée énergique, Léonard subit une nouvelle évolution. Des couches encore plus profondes de son âme se raniment ; mais cette régression nouvelle favorise son art, qui était en train de dépérir. Il rencontre la femme qui réveille en lui le souvenir du sourire heureux et sensuellement extasié de sa mère, et sous l'influence de ce souvenir il retrouve l'inspiration qui le guidait dans ses premiers essais artistiques, alors qu'il façonnait les têtes de femmes souriantes. Il peint la Joconde, la Sainte Anne[4] *et cette série de tableaux caractérisés par l'énigme de leur sourire. Grâce à ses plus anciens émois érotiques, il peut célébrer encore une fois le triomphe sur l'inhibition qui entravait son art.*

S. Freud, *Un souvenir d'enfance de Léonard de Vinci* (1927), collection Idées, Éd. Gallimard, 1977, pp. 143-146.

1. Peintre et écrivain italien (1511-1574). Auteur d'une *Vie de Léonard de Vinci*.
2. Ludovic Sforza, dit le More, duc de Milan (1451-1508), protecteur de Léonard.
3. Fresque du réfectoire de l'église de Sainte-Marie des Grâces à Milan (Léonard y travailla de 1495 à 1498).
4. *La Vierge, l'enfant Jésus et Sainte Anne*, Musée du Louvre.

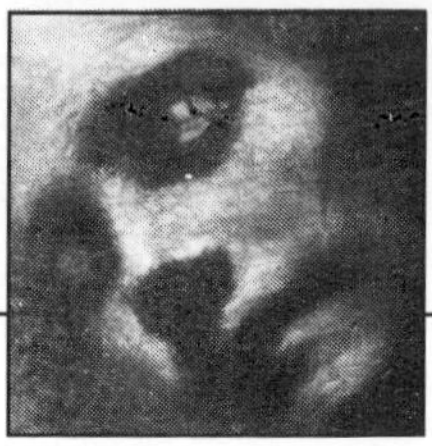

Exercices

1. Le passionné est souvent tenu pour esclave de lui-même. On peut, au contraire, être « maître de soi ». Analysez ces expressions et dites quels problèmes elles soulèvent.

2. Choisissez dans vos lectures la description d'une passion. Comment l'auteur imagine-t-il la conduite du passionné, son discours intérieur, sa manière de percevoir l'objet de la passion, autrui, la nature, etc. ?

3. Un objet inanimé peut-il susciter une passion ? Étayez votre réponse sur des exemples précis.

4. Hume dit que la passion n'est pas déraisonnable. Est-ce que cela signifie qu'elle est raisonnable ?

5. La haine du mal est-elle toujours bonne ?

6. En quel sens la générosité peut-elle être à la fois une vertu et une passion ? (texte de Descartes 7 et chapitre « la Volonté », T. II, p. 263).

7. Peut-on vraiment éprouver, comme Julie, l'héroïne de Rousseau dans *la Nouvelle Héloïse*, une passion pour la vertu ?
Sur quoi Rousseau se fonde-t-il pour admettre une passion de cet ordre ? (texte 8)

8. Comparez les analyses de l'illusion amoureuse dans les textes de Descartes (texte 3), Alquié (texte 5) et Schopenhauer (texte 6). Quelle est, selon vous, la plus éclairante ?

Sujets de dissertation

1. La passion est-elle, comme le dit Kant, « une maladie de l'âme » ?
2. Faut-il revendiquer un droit à la passion ?
3. Peut-on dire que les passions sont toutes bonnes ?
4. Où faut-il chercher l'origine de la passion ?
5. Doit-on toujours raison garder ?

Corrélats

le désir - l'illusion - l'histoire - l'imagination

POUR EN SAVOIR PLUS

Alain, *Éléments de philosophie*, L. V, collection Idées, Éd. Gallimard.
Alain, *Philosophie* (textes choisis), Éd. P.U.F.
Alquié (F.) *le Désir d'éternité*, collection Quadrige, Éd. P.U.F.
Épictète, *Manuel*, collection Profil, Éd. Hatier.
Platon, *Phèdre, le Banquet*, Éd. Garnier-Flammarion.

Descartes (R.), *Choix de lettres*, collection Profil, Éd. Hatier.
Kant (E.), *Anthropologie du point de vue pragmatique*, L. III, Éd. P.U.F.

Descartes (R.), *les Passions de l'Âme*, collection Idées, Éd. Gallimard.
Hegel (G.W.F.), *la Raison dans l'Histoire*, chap. III, collection 10-18, Éd. U.G.E.
Spinoza (B.), *Éthique*, L. III, Éd. Garnier-Flammarion.

I. ILLUSION ET VÉRITÉ

II. LES MÉCANISMES DE L'ILLUSION

DOCUMENT

4

L'illusion

Photo : Sylvain Grandadam.

Introduction

Le rapport spontané de l'homme au monde et à lui-même est un rapport de confiance. Nous prenons le monde pour ce qu'il se donne, nous croyons autrui, nous nous fions à nos sentiments ou nos impressions. C'est ce premier élan que vient contrarier l'expérience de l'illusion[1] : ayant été abusée, notre confiance naturelle se trouve ébranlée. Une telle déconvenue provoque une crise qui peut mener au repli sur soi et au découragement : que l'illusion soit possible semble invalider par avance toute prétention à atteindre le vrai ou à prendre appui sur quelque certitude que ce soit. Aussi le thème de l'illusion nourrit-il les doctrines sceptiques[2] dont la sagesse désabusée recommande comme seule attitude possible : la suspension du jugement, l'abstention (texte 1).

Croire et savoir

Mais affirmer qu'une croyance n'est jamais assurée et qu'il n'y a, par conséquent, pas de critère possible du vrai qui puisse prémunir contre l'illusion, c'est finalement établir une équivalence entre opinion et vérité, croyance et savoir. Or c'est cette équivalence que la philosophie n'a cessé de dénoncer. La recherche du vrai suppose une conversion radicale qui fasse passer du plan de l'opinion à celui d'un savoir fondé en vérité[3]. Vaincre l'illusion est possible, à condition de résister au premier mouvement qui nous porte à accepter ce qui s'impose à nous et comme malgré nous. L'illusion résulte en effet d'un abus de confiance : nous avons cru, à tort. Croire, c'est s'en remettre à quelque chose ou à quelqu'un d'autre que soi pour juger. Nous ne sommes par conséquent condamnés à l'illusion ou à l'erreur que pour autant que nous préférons croire que juger par nous-mêmes.

A cet égard, l'analyse que fait Descartes des illusions est exemplaire. Si l'illusion perceptive nous abuse, c'est que nous croyons le témoignage de nos sens et fondons sur lui nos jugements. Ne pas croire, en ce cas, signifie refuser de laisser nos sens nous induire en erreur et conduire notre jugement. Un bâton plongé dans l'eau paraît brisé, mais si nous jugeons qu'il l'est, nous ne sommes pas victimes d'une illusion, mais responsables de notre erreur (texte 2). En elles-mêmes d'ailleurs, les données des sens ne sont ni vraies ni fausses. Les illusions des sens obéissent à des lois d'organisation du champ perceptif tout aussi régulières que celles qui régissent notre perception dite « normale ».

Erreur et illusion

Pourtant, si l'erreur de jugement provoquée par l'illusion peut être corrigée, l'illusion, elle, persiste, et n'est pas dissipée. L'illusion n'est donc pas la même chose qu'une erreur. Il y a en elle quelque chose de positif, alors qu'on peut avec Spinoza définir l'erreur comme étant simplement une « privation de connaissance » (texte 3). Nous avons beau savoir que le soleil est extrêmement éloigné de nous, nous continuons à le voir beaucoup plus proche de nous qu'il ne l'est en réalité. De même, dans la célèbre illusion de Müller-Leyer, nous avons beau savoir que les deux segments de lignes sont égaux, nous continuons à les voir inégaux[4].

1. Le mot « illusion » vient du verbe latin *illudere* qui signifie « jouer, tromper, abuser ».
2. Du verbe grec *skepsesthai* qui signifie « observer, examiner ».
3. C'est de cette difficile conversion dont Platon nous fait le récit dans la fameuse « allégorie de la Caverne » (voir chapitre « la Vérité », p. 465).
4. Voir p. 90.

Science et perception

Il n'y a d'ailleurs pas, on le voit sur ces exemples, de différence de nature entre les illusions des sens et la perception en général. On peut dès lors penser que toute perception est en quelque façon illusoire, parce qu'elle ne nous renseigne pas sur la nature réelle de l'objet. Les illusions des sens ne seraient, au fond, que des illusions au deuxième degré (texte 4). Mais on peut aussi considérer que la science, en rompant avec notre monde familier, ne l'invalide pas pour autant. Il y a une vérité dans la perception, mais provisoire et inachevée, comme en témoignent justement les illusions (texte 5). La perception constitue donc un premier niveau ou premier genre de connaissance, qui peut être compris et expliqué à partir de la science, mais non dépassé. Mais alors que la science oblige à un décentrement, à l'abandon du point de vue nécessairement subjectif que nous occupons sur le monde, la connaissance que j'ai du monde à travers la perception est centrée sur le sujet qui s'y trouve forcément engagé. Autrement dit, la perception nous renseigne davantage sur le sujet qui perçoit que sur l'objet perçu.

C'est justement la confusion de ces deux plans — celui du sujet, d'une part, celui de l'objet, d'autre part — qui caractérise l'illusion en général. Ce qu'il y a de réel dans l'illusion, c'est la positivité de notre corps et de ses besoins, c'est-à-dire de nos désirs en général à travers quoi nous appréhendons nécessairement le monde. Ce qu'il y a en elle de négatif, c'est l'erreur qu'elle engendre lorsque le partage ne se fait pas entre le plan de la subjectivité et le plan de l'objectivité, c'est-à-dire lorsque nous attribuons à l'objet ce qui, en fait, revient au sujet, bref lorsque nous « prenons nos désirs pour la réalité ». C'est ce mécanisme que Spinoza met à jour lorsqu'il analyse l'illusion du finalisme qu'il dénonce comme préjugé (texte 6).

Désir et illusion

La part du désir dans la plupart de nos croyances les constitue comme illusions. C'est pourquoi Freud qualifie la religion d'illusion. Pourtant la croyance religieuse porte sur un domaine qui, par définition, échappe à toute affirmation comme à toute infirmation possible. Celui qui croit n'est pas et ne peut pas être, par conséquent, dans l'erreur à proprement parler. Il est néanmoins dans l'illusion, selon Freud, parce que c'est le désir qui tranche ici et induit la croyance. En réalité, c'est le désir archaïque d'un Père tout-puissant, juste et protecteur qui produirait la croyance en Dieu (texte 7).

Mais en qualifiant la croyance religieuse d'illusion, ce n'est pas seulement le procès de la religion qui se trouve instruit. Car si la vérité de la croyance religieuse n'est pas à chercher dans la foi du croyant et dans ce qu'il en témoigne à lui-même et aux autres, c'est la prétention du sujet à la connaissance de soi-même qui se trouve, dans une certaine mesure, mise en cause. Pourtant, s'il est clair que je peux me tromper sur le monde extérieur et prendre l'apparence pour la réalité, il est plus difficile d'admettre que ce que je ressens ou ce que j'éprouve peut être aussi de l'ordre de l'illusion. Dans la conscience, certitude et vérité, croyance et savoir semblent devoir être confondus (texte 8). En affirmant l'existence de désirs inconscients, Freud déplace la ligne de démarcation entre l'illusoire et le réel, qui ne passe plus seulement ici entre le sujet et l'objet, mais traverse le sujet lui-même.

Les illusions de la conscience

De leur côté, Marx et Engels dénoncent les illusions de la conscience dans l'analyse qu'ils font de l'idéologie. Celle-ci peut en effet être définie comme un système de représentations imaginaires du rapport des hommes au monde réel, représentations fondées dans leurs intérêts cachés. Ainsi, par exemple, la théorie moderne de l'État comme expression de l'intérêt général sert, en fait, les intérêts d'une classe sociale — la bourgeoisie — et non ceux de la société tout entière. La façon dont les individus ressentent leur position dans les rapports sociaux est donc illusoire ; la conscience qu'ils en ont est une « fausse conscience », une conscience mystifiée (texte 9)[1].

En qualifiant d'illusions les productions de la conscience, des penseurs comme Spinoza, Marx ou Freud font peser sur elle le soupçon qui n'était éveillé jusqu'ici qu'à l'occasion de notre rapport au monde. C'est la confiance en nos sentiments ou nos croyances qui se trouve ainsi mise en cause. Mais une telle critique n'est pas seulement négative : elle engage à l'examen, à la mise à l'épreuve de nos certitudes ou — ce qui revient souvent au même — de nos préjugés. Elle invite ainsi à ne pas nous contenter de nos croyances et montre qu'il est encore nécessaire d'en chercher l'origine ou d'en produire, s'il se peut, une explication. Une telle recherche témoigne alors du souci, toujours plus exigeant, de lucidité et de vérité.

1. Voir également le texte de Marx 14, dans le chapitre « Le pouvoir, l'État », Tome 2, p. 173.

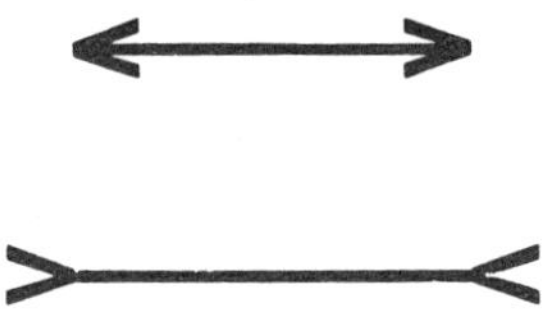

L'illusion dite de « Müller-Leyer ».

Textes

I. ILLUSION ET VÉRITÉ

Texte 1 DIOGÈNE LAËRCE

Où trouver la vérité ?

Quant aux raisons de douter des sensations, ou des idées, ils[1] les classaient en dix sortes :

La première concerne les différentes façons qu'ont les êtres vivants de considérer le plaisir et la douleur, le bien et le mal. Il en résulte en effet que les êtres n'ont pas la même façon de se représenter les choses, et que ces contradictions entraînent nécessairement le doute. [...]

La seconde sorte concerne les formes de la nature humaine et la diversité des tempéraments. [...] L'un trouve son plaisir dans la médecine, l'autre dans l'agriculture, un troisième dans le commerce. Ce qui nuit aux uns sert aux autres. Il faut donc douter.

La troisième sorte concerne la différence des sensations. Ainsi la pomme est pâle à la vue, douce au goût, mais d'un parfum très vif pour l'odorat. Une même chose est vue de façon différente selon qu'on la regarde en différents miroirs. Il en résulte qu'elle n'a pas plutôt telle forme que telle autre.

La quatrième sorte concerne le perpétuel changement des affections, exemples : la santé, la maladie, la veille, la joie, la tristesse, la jeunesse, la vieillesse, le courage, la peur, le besoin, la richesse, la haine, l'amitié, le chaud, le froid, la respiration, l'expiration. Les choses nous paraissent en effet différentes selon que nous sommes dans des dispositions différentes quand nous les percevons. [...]

La cinquième sorte concerne les institutions, les lois, les fables, les traités et les dogmes. On y fait entrer les discussions sur le beau et le laid, le vrai et le faux, le bien et le mal, les dieux, la naissance et la mort de tous les phénomènes. Car ce qui paraît juste aux uns paraît laid aux autres, ce qui paraît bien aux uns paraît mal aux autres. [...]

La sixième sorte concerne le mélange et le trouble où sont les choses, qui fait qu'on ne perçoit rien très distinctement, mais que tout nous apparaît

1. Il s'agit des disciples de Pyrrhon d'Elis (vers 365-275 av. J.-C.), philosophe grec, fondateur de l'école sceptique.

mêlé à l'air, à la lumière, à l'eau, à la terre, au chaud, au froid, à du mouvement, à de l'évaporation ou à d'autres forces. Ainsi la pourpre n'a pas la même teinte au soleil, à la lune, à la lampe. [...]

La septième sorte concerne les distances, les positions, les lieux. Le soleil parce qu'il est loin paraît petit, les montagnes vues de loin paraissent légères et transparentes comme de l'air. [...]

La huitième sorte concerne les différences de qualité et de quantité des choses, du degré de chaleur ou de froid, de vitesse ou de lenteur, de pâleur ou de couleur. Ainsi le vin pris avec mesure fortifie, pris en excès affaiblit. De même pour la nourriture, etc.

La neuvième sorte concerne le continu, l'étrange ou rare. Ainsi les tremblements de terre n'étonnent pas ceux chez qui ils se produisent continuellement, pas plus que nous ne nous étonnons de voir le soleil parce que nous le voyons chaque jour. [...]

La dixième sorte concerne les comparaisons entre les choses, exemple : le léger et le lourd, le fort et le faible, le grand et le petit. [...] De même, père et frère se pensent par rapport à quelqu'un. [...] On ignore donc ce qu'est en soi une chose parce qu'on ne la connaît que par rapport à quelque chose...

Diogène Laërce, (≈ IIIe siècle), *Vie, doctrines et sentences des philosophes illustres*, tome 2, traduction de R. Genaille, Éd. Garnier-Flammarion, 1965, pp. 198-201.

Texte 2 DESCARTES

L'apparence trompeuse est corrigée par l'entendement

Nous attribuons à l'entendement les jugements nouveaux et non accoutumés que nous faisons touchant toutes les choses qui se présentent, et nous attribuons aux sens ceux que nous avons été accoutumés de faire dès notre enfance touchant les choses sensibles, à l'occasion des impressions qu'elles font dans les organes de nos sens ; dont la raison est que la coutume nous fait raisonner et juger si promptement de ces choses-là (ou plutôt nous fait ressouvenir des jugements que nous en avons faits autrefois), que nous ne distinguons point cette façon de juger d'avec la simple appréhension ou perception de nos sens. D'où il est manifeste que, lorsque nous disons que la certitude de l'entendement est plus grande que celle des sens, nos paroles ne signifient autre chose, sinon que les jugements que nous faisons dans un âge plus avancé, à cause de quelques nouvelles observations, sont plus certains que ceux que nous avons formés dès notre enfance, sans y avoir fait de réflexion. [...]

Quand donc on dit *qu'un bâton paraît rompu dans l'eau, à cause de la réfraction,* c'est de même que si l'on disait qu'il nous paraît d'une telle façon qu'un enfant jugerait de là qu'il est rompu, et qui fait aussi que, selon les préjugés auxquels nous sommes accoutumés dès notre enfance, nous jugeons la même chose. Mais je ne puis demeurer d'accord de ce que l'on ajoute ensuite, à savoir *que cette erreur n'est point corrigée par l'entendement, mais par le sens de l'attouchement* ; car bien que ce sens nous fasse juger qu'un bâton est droit, et cela par cette façon de juger à laquelle nous sommes accoutumés dès notre enfance, et qui par conséquent peut être appelée *sentiment*, néanmoins cela ne suffit pas pour corriger l'erreur de la vue, mais outre cela il est besoin que nous ayons quelque raison, qui nous enseigne que nous devons en cette rencontre nous fier plutôt au jugement que nous faisons en suite de l'attouchement, qu'à celui où semble nous porter le sens de la vue ; laquelle raison n'ayant point été en nous dès notre enfance, ne peut être attribuée au sens, mais au seul entendement ; et partant, dans cet exemple même, c'est l'entendement seul qui corrige l'erreur du sens.

Descartes, *Sixièmes réponses aux objections adressées aux Méditations* (1641), Bibliothèque de la Pléiade, Éd. Gallimard, 1979, pp. 540-541.

Texte 3 SPINOZA

La connaissance vraie ne supprime pas l'apparence

L'erreur consiste en une privation de connaissance ; mais, pour en donner une plus ample explication, voici un exemple.

Les hommes, donc, se trompent en ce qu'ils pensent être libres ; et cette opinion consiste uniquement pour eux à être conscients de leurs actions, et ignorants des causes par lesquelles ils sont déterminés. L'idée de leur liberté c'est donc qu'ils ne connaissent aucune cause à leurs actions. Car ils disent que les actions humaines dépendent de la volonté, mais ce sont des mots, qui ne correspondent à aucune idée. Ce qu'est, en effet, la volonté, et comment elle meut le corps, tous l'ignorent ; et ceux qui se vantent de le savoir et se représentent[1] un siège et une demeure de l'âme excitent d'ordinaire le rire ou le dégoût.

De même, lorsque nous regardons le soleil, nous imaginons qu'il est éloigné de nous de 200 pieds environ ; cette erreur ne consiste d'ailleurs pas dans cette seule imagination, mais dans le fait que, en imaginant ainsi le soleil, nous ignorons sa vraie distance et la cause de cette imagination. Car, plus tard, encore que nous sachions que le soleil est éloigné de nous de plus de six cents fois le diamètre de la terre, nous n'imaginerons pas moins qu'il est près de nous ; nous n'imaginons pas, en effet, le soleil si proche parce que nous ignorons sa vraie distance, mais parce que l'affection de notre corps enveloppe l'essence du soleil, en tant que le corps lui-même en est affecté.

Spinoza, *Éthique* (1675), Livre II, scolie de la proposition XXXV, traduction de R. Caillois, Bibliothèque de la Pléiade, Éd. Gallimard, 1954, pp. 389-390.

1. « Se représenter » signifie ici « se figurer, croire » et non imaginer. L'imagination est inhérente à la perception.

Texte 4 LAGNEAU

Toute perception est-elle une illusion ?

ERREUR ET ILLUSION — N'étant pas une connaissance, la perception ne peut pas être dite vraie ou fausse, et il n'y a pas à proprement parler d'erreurs des sens. [...]

Aussi y a-t-il des illusions des sens, et non des erreurs des sens. Les illusions des sens sont des manières de percevoir qui sont fausses seulement en ce sens qu'elles nous représentent l'objet de notre perception d'une manière qui n'est pas conforme à la manière normale de percevoir. Ce n'est pas que cette manière normale de percevoir soit nécessairement vraie, ou même puisse jamais être vraie. La perception, dans son ensemble, n'est qu'une manière subjective de voir les choses et les idées. C'est une illusion que de croire qu'il y a une manière idéale de percevoir dans laquelle s'accorderaient tous les esprits. Mais, si nous ne concevons pas une manière parfaite de percevoir, nous concevons cependant qu'il en existe qui sont meilleures que d'autres. C'est ce qui permet de distinguer les illusions des sens de l'erreur proprement dite. Une erreur c'est un jugement objectivement faux par lequel nous affirmons que quelque chose existe avec telle nature déterminée, alors que l'objet n'existe pas ou ne possède pas cette nature. Il n'y a véritablement erreur que dans la connaissance abstraite proprement dite. L'erreur ne vient que du raisonnement. Le propre de l'erreur est de pouvoir être réfutée par l'expérience et le raisonnement. Les illusions des sens ne peuvent pas être réfutées ainsi ; ce sont seulement des manières de percevoir qui ne sont pas normales. D'ailleurs même les manières normales de percevoir sont des illusions ; toute perception est en somme une illusion. Il ne saurait donc, ici, être question de vérité. Une erreur, une fois réfutée, peut disparaître de l'esprit, mais une simple démonstration ne suffit pas à faire disparaître une illusion des sens.

J. Lagneau, *Célèbres Leçons et Fragments* (1880), Éd. P.U.F., 1950, pp. 180-181.

Texte 5 MERLEAU-PONTY

L'illusion est une perception inachevée

Entre l'illusion et la perception, la différence est intrinsèque et la vérité de la perception ne peut se lire qu'en elle-même. Si, dans un chemin creux, je crois voir au loin une large pierre plate sur le sol, qui est en réalité une tache de soleil, je ne peux pas dire que je voie jamais la pierre plate au sens où je verrai en approchant la tache de soleil. La pierre plate n'apparaît, comme tous les lointains, que dans un champ à structure confuse où les connexions ne sont pas encore nettement articulées. En ce sens, l'illusion comme l'image n'est pas observable, c'est-à-dire que mon corps n'est pas en prise sur elle et que je ne peux pas la déployer devant moi par des mouvements d'exploration. Et pourtant je suis capable d'omettre cette distinction, je suis capable d'illusion. [...]

C'est que la vision correcte et la vision illusoire ne se distinguent pas comme la pensée adéquate et la pensée inadéquate ; c'est-à-dire comme une pensée absolument pleine et une pensée lacunaire. Je dis que je perçois correctement quand mon corps a sur le spectacle une prise précise, mais cela ne veut pas dire que ma prise soit jamais totale ; elle ne le serait que si j'avais pu réduire à l'état de perception articulée tous les horizons intérieurs et extérieurs de l'objet, ce qui est par principe impossible. Dans l'expérience d'une vérité perceptive, je présume que la concordance éprouvée jusqu'ici se maintiendrait pour une observation plus détaillée : je fais confiance au monde. Percevoir, c'est engager d'un seul coup tout un avenir d'expériences dans un présent qui ne le garantit jamais à la rigueur, c'est croire à un monde. C'est cette ouverture à un monde qui rend possible la vérité perceptive, la réalisation effective d'un *Wahr-Nehmung*[1], et nous permet de « barrer » l'illusion précédente, de la tenir pour nulle et non avenue.

M. Merleau-Ponty, *Phénoménologie de la perception*, Éd. Gallimard, 1945, pp. 343-344.

1. Le mot *Wahr-Nehmung* se traduit en français par « perception ». Mais il signifie aussi littéralement le fait de « prendre pour vrai ». Il se compose en effet de l'adjectif *wahr* qui signifie « vrai » et de *Nehmung*, substantif du verbe *nehmen* qui signifie « prendre ».

II. LES MÉCANISMES DE L'ILLUSION

Texte 6 SPINOZA

L'illusion du finalisme

Tous les préjugés que j'entreprends de signaler ici dépendent d'un seul : les hommes supposent communément que toutes les choses naturelles agissent, comme eux-mêmes, en vue d'une fin, et bien plus, ils considèrent comme certain que Dieu lui-même dispose tout en vue d'une certaine fin, car *ils disent que Dieu a fait toutes choses en vue de l'homme,* mais il a fait l'homme pour en recevoir un culte. [...]

Il me suffira ici de poser en principe ce qui doit être reconnu par tous : tous les hommes naissent ignorants des causes des choses, et tous ont envie de rechercher ce qui leur est utile, ce dont ils ont conscience.

D'où il suit, *en premier lieu,* que les hommes se croient libres parce qu'ils ont conscience de leurs volitions et de leur appétit, et qu'ils ne pensent pas, même en rêve, aux causes qui les disposent à désirer et à vouloir, parce qu'ils les ignorent.

Il suit, *en second lieu,* que les hommes agissent toujours en vue d'une fin, c'est-à-dire en vue de l'utile qu'ils désirent ; d'où il résulte qu'ils ne cherchent jamais à savoir que les causes finales des choses une fois achevées, et que, dès qu'ils en ont connaissance, ils trouvent le repos, car alors ils n'ont plus aucune raison de douter. S'ils ne peuvent avoir connaissance de ces causes par autrui, il ne leur reste qu'à se retourner vers eux-mêmes et à réfléchir aux fins qui les déterminent d'habitude à des actions semblables, et à juger ainsi nécessairement, d'après leur naturel propre, celui d'autrui. En outre, ils trouvent en eux-mêmes et hors d'eux-mêmes un grand nombre de moyens qui leur servent excellemment à se procurer ce qui leur est utile, comme, par exemple, les yeux pour voir, les dents pour mâcher, les herbes et les animaux pour s'alimenter, le soleil pour s'éclairer, la mer pour nourrir les poissons, etc. ; ils finissent donc par considérer toutes les choses naturelles comme des moyens pour leur utilité propre. Et comme ils savent que ces moyens, ils les ont trouvés, mais ne les ont pas agencés eux-mêmes, ils y ont vu une raison de croire qu'il y a quelqu'un d'autre qui a agencé ces moyens à leur usage. Car, ayant considéré les choses comme des moyens, ils ne pouvaient pas croire qu'elles se fussent faites elles-mêmes ; mais, pensant aux moyens qu'ils ont l'habitude d'agencer pour eux-mêmes, ils ont dû conclure qu'il y a un ou plusieurs maîtres de la Nature, doués de la liberté humaine, qui ont pris soin de tout pour eux et qui ont tout fait pour leur convenance. [...]

Mais en voulant montrer que la Nature ne fait rien en vain (c'est-à-dire qui ne soit à l'usage des hommes), ils semblent avoir uniquement montré que la Nature et les Dieux délirent aussi bien que les hommes. Voyez, je vous prie, où cela conduit ! Parmi tant d'avantages qu'offre la Nature, ils ont dû trouver un nombre non négligeable d'inconvénients, comme les tempêtes, les tremblements de terre, les maladies, etc., et ils ont admis que ces événements avaient pour origine l'irritation des Dieux devant les offenses que leur avaient faites les hommes ou les fautes commises dans leur culte ; et quoique l'expérience s'inscrivît chaque jour en faux contre cette croyance et montrât par d'infinis exemples que les avantages et les inconvénients échoient indistinctement aux pieux et aux impies, ils n'ont pas cependant renoncé à ce préjugé invétéré : il leur a été, en effet, plus facile de classer ce fait au rayon des choses inconnues, dont ils ignoraient l'usage, et de garder ainsi leur état actuel et inné d'ignorance, que de ruiner toute cette construction et d'en inventer une nouvelle.

Spinoza, *Éthique* (1675), Appendice, Livre I, traduction de R. Caillois, Bibliothèque de la Pléiade, Éd. Gallimard, 1954, pp. 347-348.

Texte 7 **FREUD**

L'illusion religieuse, produit du désir humain

Ces idées[1], qui professent d'être des dogmes, ne sont pas le résidu de l'expérience ou le résultat final de la réflexion : elles sont des illusions, la réalisation des désirs les plus anciens, les plus forts, les plus pressants de l'humanité ; le secret de leur force est la force de ces désirs. Nous le savons déjà : l'impression terrifiante de la détresse infantile avait éveillé le besoin d'être protégé — protégé en étant aimé — besoin auquel le père a satisfait ; la reconnaissance du fait que cette détresse dure toute la vie a fait que l'homme s'est cramponné à un père, à un père cette fois plus puissant. [...] Une illusion n'est pas la même chose qu'une erreur, une illusion n'est pas non plus nécessairement une erreur. L'opinion d'Aristote, d'après laquelle la vermine serait engendrée par l'ordure — opinion qui est encore celle du peuple ignorant —, était une erreur ; de même l'opinion qu'avait une génération antérieure de médecins, et d'après laquelle le tabès[2] aurait été la conséquence d'excès sexuels. Il serait impropre d'appeler ces erreurs des illusions, alors que c'était une illusion de la part de Christophe Colomb, quand il croyait avoir trouvé une nouvelle route maritime des Indes. La part de désir que comportait cette erreur est manifeste. On peut qualifier d'illusion l'assertion de certains nationalistes, assertion d'après laquelle les races indo-germaniques seraient les seules races humaines susceptibles de culture, ou bien encore la croyance d'après laquelle l'enfant serait un être dénué de sexualité, croyance détruite pour la première fois par la psychanalyse. Ce qui caractérise l'illusion, c'est d'être dérivée des désirs humains ; elle se rapproche par là de l'idée délirante en psychiatrie, mais se sépare aussi de celle-ci, même si l'on ne tient pas compte de la structure compliquée de l'idée délirante.

L'idée délirante est essentiellement — nous soulignons ce caractère — en contradiction avec la réalité ; l'illusion n'est pas nécessairement fausse, c'est-à-dire irréalisable ou en contradiction avec la réalité. Une jeune fille de condition modeste peut par exemple se créer l'illusion qu'un prince va venir la chercher pour l'épouser. Or ceci est possible ; quelques cas de ce genre se sont réellement présentés. Que le Messie vienne et fonde un âge d'or, voilà qui est beaucoup moins vraisemblable : suivant l'attitude personnelle de celui qui est appelé à juger de cette croyance, il la classera parmi les illusions ou parmi les équivalents d'une idée délirante. Des exemples d'illusions authentiques ne sont pas, d'ordinaire, faciles à découvrir ; mais l'illusion des alchimistes de pouvoir transmuter tous les métaux en or est peut-être l'une d'elles. Ainsi nous appelons illusion une croyance quand, dans la motivation de celle-ci, la réalisation d'un désir est prévalente, et nous ne tenons pas compte, ce faisant, des rapports de cette croyance à la réalité, tout comme l'illusion elle-même renonce à être confirmée par le réel.

S. Freud, *l'Avenir d'une illusion* (1927), traduction de M. Bonaparte, Éd. P.U.F., 1971, pp. 43-45.

---

1. Les croyances religieuses. 2. Maladie d'origine syphilitique.

Texte 8 MERLEAU-PONTY

L'illusion suppose, dans la conscience même, une coupure entre apparence et réalité

Si le mythe, le rêve, l'illusion doivent pouvoir être possibles, l'apparent et le réel doivent demeurer ambigus dans le sujet comme dans l'objet. On a souvent dit que par définition la conscience n'admet pas la séparation de l'apparence et de la réalité, et on l'entendait en ce sens que, dans la connaissance de nous-même, l'apparence serait réalité : si je pense voir ou sentir, je vois ou sens à n'en pas douter, quoi qu'il en soit de l'objet extérieur. Ici la réalité apparaît tout entière, être réel et apparaître ne font qu'un, il n'y a pas d'autre réalité que l'apparition. [...]

La transparence de la conscience entraîne l'immanence et l'absolue certitude de l'objet. Cependant c'est bien le propre de l'illusion de ne pas se donner comme illusion, et il faut ici que je puisse, sinon percevoir un objet irréel, du moins perdre de vue son irréalité ; il faut qu'il y ait au moins inconscience de l'imperception, que l'illusion ne soit pas ce qu'elle paraît être et que pour une fois la réalité d'un acte de conscience soit au-delà de son apparence. Allons-nous dans le sujet couper l'apparence de la réalité ? Mais la rupture une fois faite est irréparable : la plus claire apparence peut désormais être trompeuse et c'est cette fois le phénomène de la vérité qui devient impossible.

M. Merleau-Ponty, *Phénoménologie de la perception* (1945), Éd. Gallimard, pp. 340-341.

Texte 9 ENGELS

L'idéologie comme « conscience fausse »[1]

L'idéologie est un processus que le soi-disant penseur accomplit sans doute consciemment, mais avec une conscience fausse. Les forces motrices véritables qui le mettent en mouvement lui restent inconnues, sinon ce ne serait point un processus idéologique. Aussi s'imagine-t-il des forces motrices fausses ou apparentes. Du fait que c'est un processus intellectuel, il en déduit et le contenu et la forme de la pensée pure, que ce soit de sa propre pensée, ou de celle de ses prédécesseurs. Il a exclusivement affaire aux matériaux intellectuels ; sans y regarder de plus près, il considère que ces matériaux proviennent de la pensée et ne s'occupe pas de rechercher s'ils ont quelque autre origine plus lointaine et indépendante de la pensée. Cette façon de procéder est pour lui l'évidence même, car tout acte humain se réalisant *par l'intermédiaire de la pensée* lui apparaît en dernière instance fondé également dans la pensée.

Engels, *Lettre à Franz Mehring* (14 juillet 1893), Études philosophiques, traduction de P. Lafargue, Éd. Sociales, 1974, p. 249.

1. Voir également le texte de Marx, tome II, p. 173.

DOCUMENT

La flatterie, ou l'illusion au service de la ruse

A partir d'une analyse sémantique de la fable « Le corbeau et le renard[1] », le philosophe J. Starobinski met à jour les ressorts sensuels, rhétoriques et psychologiques de la flatterie.

Le sens premier et propre de flatter *est « caresser avec le plat de la main », « passer le plat de la main ». Le verbe dit primitivement le contact caressant avec un corps, le frottement léger exercé par la main (contact dont la version plus entièrement animale était exprimée dans cette formule synthétique de la louange réciproque :* asinus asinum fricat[2]*). Le flatteur sera donc celui qui déplace dans les pouvoirs du discours l'aptitude de la main à découvrir un corps, à le révéler agréablement à lui-même. Mais, passant de la littéralité de l'action directe sur le corps au sens* figuré*, la flatterie transporte le plaisir au niveau de l'*image *que la parole offre à son destinataire, pour qu'il s'y reconnaisse : tant il est vrai que le « moi » n'en a jamais fini de s'identifier, et qu'il lui est nécessaire de chercher tout ou partie de son identité dans la parole de l'autre. Le destinataire de la flatterie prendra donc possession de son image comme il a pris possession de son corps, — à travers la caresse qui les lui fait découvrir. Le peintre qui « flatte » un portrait ne fait que transposer dans le visible une valeur sémantique dont nous venons d'observer l'extension de l'ordre tactile à l'ordre verbal. Si la flatterie-caresse révèle au corps qu'il peut être à lui-même son propre « objet », la flatterie-discours déplace l'objet dans la gloire d'un nom (dans un renom), avant que l'image n'achève de s'objectiver dans le faux miroir d'un portrait ou d'un buste. Il s'opère ainsi un glissement du plaisir élémentaire à la tromperie, — glissement parfaitement marqué dans les diverses acceptions de* flatter *et* flatteur *: « flatter les sens », ce n'est pas les tromper, c'est simplement leur être agréable, les charmer. La tromperie, l'illusion s'insinuent à mesure que se perd l'immédiateté de la caresse, et que la conscience flattée cherche à se rencontrer, à se voir elle-même, sous les espèces d'une image avec laquelle elle aspire à se confondre. Métaphoriquement, cette image, ainsi proposée à l'identification illusoire, sera exprimée par l'appât, le leurre, le piège, les rets sur lesquels se jette l'animal, sous l'impulsion d'un désir instinctif d'absorption : le flatté « se repaît » de l'image qu'on lui propose, et devient ainsi la « proie » du flatteur. Le parcours sémantique, où les associations nous ont entraînés, va de la superficialité épidermique du contact agréable à la capture de la bête trompée, qui ne voit pas l'embûche dans la nourriture sur laquelle elle se précipite. [...]*

---

1. En voici le texte :
Maître corbeau, sur un arbre perché,
Tenait en son bec un fromage.
Maître renard, par l'odeur alléché,
Lui tint à peu près ce langage :
« Hé ! bonjour, Monsieur du Corbeau.
Que vous êtes joli ! que vous me semblez beau !
Sans mentir, si votre ramage
Se rapporte à votre plumage,
Vous êtes le phénix des hôtes de ces bois. »
A ces mots, le corbeau ne se sent pas de joie ;
Et pour montrer sa belle voix,
Il ouvre un large bec, laisse tomber sa proie.
Le renard s'en saisit, et dit : « Mon bon monsieur,
Apprenez que tout flatteur
Vit aux dépens de celui qui l'écoute.
Cette leçon vaut bien un fromage sans doute. »
Le corbeau, honteux et confus,
Jura, mais un peu tard, qu'on ne l'y prendrait plus.

2. Mot à mot : « L'âne frotte l'âne. », c'est-à-dire le flatte.

Et l'on ne s'étonnera pas non plus que le discours type de la flatterie soit tenu par le renard et adressé au corbeau. Poète des rapports entre forces adverses (poète politique à peine déguisé), La Fontaine trouve dans la fable son instrument parfait, car l'animalité est le symbole d'un monde dominé par l'appétit et par les ruses à travers lesquelles le désir de chaque individu cherche à prévaloir. Tout est d'une rare justesse dans cette fable : qu'il s'agisse de la hauteur où se trouve perché le corbeau, du nom même de l'oiseau, destiné à une rime riche avec beau (rime pour l'oreille, oxymoron[1] au niveau du sens) ; qu'il s'agisse, dans le discours du renard, de la progression calculée — de joli à beau, de la familiarité de l'apostrophe (« Hé ! bonjour ») à la préciosité hyperbolique de la « pointe » (« le phénix des hôtes de ces bois ») : tout est merveilleusement articulé. Qu'on prête un peu d'attention aux rimes en age. Une première paire apparaît dans l'exorde narratif : nous sommes dans ce que le poète nous propose comme le « réel », et le réel, c'est la correspondance fromage-langage : l'on voit s'opposer — la distance étant figurée par le vers interposé — la haute proie matérielle, et le pouvoir verbal qui d'en bas s'en rendra maître. La seconde paire, ramage-plumage, intervient à l'intérieur du discours flatteur : rimes ne s'opposant pas, en miroir, se regardant plutôt l'une l'autre, et qui enrichissent le flatté d'une perfection (votre « ramage ») et d'une harmonie (« se rapporte ») supplémentaires. L'illusion se construit par le redoublement hypothétique des attributs corporels, culminant dans l'affirmation positive d'une singularité supérieure : l'image « flattée » s'est développée, il ne reste plus, pour le destinataire de la flatterie, qu'à l'habiter réellement. Cette métamorphose, cette mue imaginative suppose un instant de vertige de la conscience de soi, la perte momentanée de la perception interne de l'identité corporelle : c'est ce que La Fontaine, me semble-t-il, indique à merveille dans le vers qui reprend la narration :

A ces mots, le corbeau ne se sent pas de joie

La conviction illusoire de la « belle voix » est née : elle ne demande plus qu'à se donner force de réalité, — qu'à faire coïncider l'être avec l'image suscitée par la parole flatteuse. « Ouvrir un large bec » n'est pas chanter, c'est l'acte animal où s'agrandit l'orifice oral. Visant l'impossible sublimation du chant (du « ramage »), le corps se révèle dans sa laide littéralité corporelle. A la fin de la série des quatre rimes en ois et oie, le mot proie fait entendre phoniquement le cri « réel » du corbeau, et, sémantiquement, l'enjeu « réel » de la transaction, qui tombe à la merci du flatteur. La moralité fameuse :

Apprenez que tout flatteur
Vit aux dépens de celui qui l'écoute

ne se borne pas à révéler l'intérêt économique (alimentaire) dissimulé sous la forme d'une approbation tout esthétique. Elle ne se contente pas d'énoncer l' « infrastructure » matérielle qui a suscité la ruse éloquente du compliment. Elle ne se borne pas non plus à rétablir narquoisement l'équité de la transaction, en substituant à la louange mensongère la leçon véridique et profitable, laquelle « vaut bien un fromage ». Constatons qu'en avouant le caractère agressif de la flatterie, le renard triomphant ne fait que pousser plus loin l'agression : il désabuse celui qu'il avait abusé, et, ce faisant, il augmente l'humiliation.

Jean Starobinski[2], *Effets et formes de l'illusion*, « Sur la flatterie »,
Nouvelle revue de psychanalyse, n° 4, automne 1971, Éd. Gallimard, pp. 140-144.

1. Figure de rhétorique qui consiste à allier deux mots de sens incompatible, pour leur donner plus de force expressive.
2. Critique contemporain, spécialiste de la lecture structurale et psychanalytique des textes.

Exercices

1. Qu'est-ce qu'un « mirage » ? En connaissez-vous l'explication scientifique ?

2. Quelle différence peut-on faire entre une fiction, une chimère, une hallucination et une illusion ?

3. Comment est-il possible de « se faire des illusions » ?

4. La perspective, le trompe-l'œil, les « effets spéciaux »... sont certaines des formes que prend l'illusion dans l'art. En connaissez-vous d'autres ?

5. Qu'est-ce que le charlatanisme ? Opposez le charlatanisme et l'illusionnisme du prestidigitateur.

6. Comparez la notion d'illusion perceptive et celle d'illusion morale. Qu'est-ce qui les rapproche ? Qu'est-ce qui les distingue ?

Sujets de dissertation

1. L'illusion vous paraît-elle réductible à l'erreur ?
2. Est-il toujours illusoire de prendre ses désirs pour la réalité ?
3. Y a-t-il une vérité des apparences ?
4. Y a-t-il une fonction de l'illusion ?

Corrélats

l'inconscient - le désir - la perception - l'imagination - la vérité

POUR EN SAVOIR PLUS

Alain, *Éléments de philosophie*, collection Idées, Éd. Gallimard.

Descartes (R.), *Méditations* (I et II), collection 10-18, Éd. U.G.E. ou Éd. Garnier-Flammarion.

Freud (S.), *l'Avenir d'une illusion*, Éd. Payot.

Marx (K.), *l'Idéologie allemande*, première partie, Éd. Sociales.

Platon, *la République*, livre VII, Éd. Garnier-Flammarion.

Spinoza (B), *Éthique*, appendice du livre I et livre IV, Éd. Garnier-Flammarion.

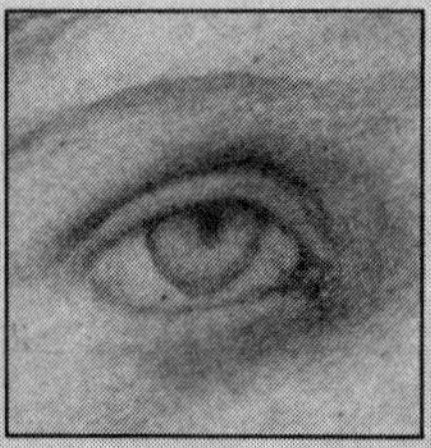

5

Autrui

Deux têtes, crayon 1874, B. Jones, Hamburger Kunsthalle Museum.

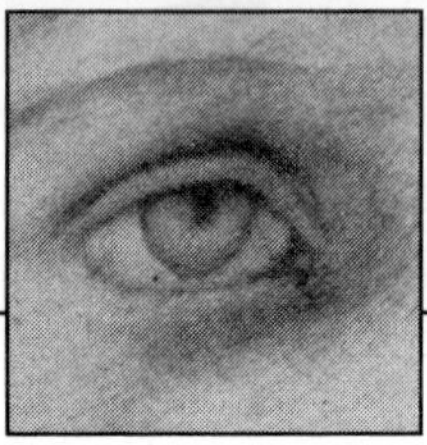

Introduction

Autrui est à la fois le même et l'autre

L'homme n'est pas fait pour vivre seul. Il a besoin des autres, non seulement dans l'entraide et la coopération, mais au moins aussi sûrement pour partager le sentiment d'exister. Son jugement, ses découvertes, ses émotions n'ont de signification et de valeur que si d'autres peuvent aussi les éprouver ou les confirmer, si d'autres peuvent en être les témoins ou les garants. Aussi la communication avec autrui apparaît-elle comme le premier besoin et sans doute le plus impérieux de tous. Qu'elle soit possible suppose qu'il existe entre les hommes quelque communauté et qu'autrui ait été reconnu comme mon semblable. Pourtant les situations ne manquent pas dans lesquelles c'est l'étrangeté de son comportement qui s'impose d'abord, dans lesquelles dominent l'hostilité et la violence. Car si autrui est toujours en quelque façon mon semblable, il est aussi différent.

Autrui est en effet le même et l'autre ; et c'est cette double structure qui le caractérise. Il y a par conséquent deux façons de méconnaître autrui : on peut nier qu'il soit différent, ou nier qu'il soit semblable, ce qui, au fond, revient au même. Mais autrui n'est ni autre que moi, ni identique à moi. Il est *alter ego,* c'est-à-dire à la fois un autre moi et autre que moi. Proximité et distance, familiarité et étrangeté qualifient mon rapport à l'autre. Autrui apparaît comme une figure contradictoire et énigmatique, qui fascine autant qu'elle inquiète.

La connaissance d'autrui

Il est du coup tout naturel de penser que notre premier devoir envers autrui est de s'efforcer de le connaître : les malentendus et les conflits qui surgissent entre les hommes ne résulteraient que de l'ignorance mutuelle de ce qui les rassemble et les unit (texte [1]). Mais la connaissance d'autrui est problématique. Est-elle même possible ? Comment puis-je accéder à l'intériorité d'une conscience qui occupe sur elle-même et sur le monde un point de vue unique à partir duquel se déploient des significations qui lui sont propres ? Tout au plus peut-on tenter de connaître autrui sur le mode indirect de l'analogie. Puisque tel comportement a pour moi tel sens, ou puisque telle cause a pour moi tel effet, je suppose que le même comportement ou la même cause a même sens ou produit même effet. Mais c'est là simple supposition et la connaissance d'autrui est forcément incertaine (texte [2]). On pourrait objecter à une conception si pessimiste que la similitude d'autrui n'est pas pure hypothèse et qu'elle s'éprouve immédiatement, qu'il est possible de sentir directement ce que sent autrui. C'est ce dont témoigneraient la sympathie, la pitié ou la compassion. Mais, si elle est véritable, la sympathie peut tout au plus me permettre de sentir avec autrui, non de sentir comme lui, sauf à nier sa différence, c'est-à-dire son altérité, précisément (texte [3]). Enfin, si autrui se dérobe au savoir que je crois posséder sur lui, ce n'est pas seulement parce qu'il diffère de moi, mais aussi et plus essentiellement encore parce qu'il diffère de lui-même. Il est, par suite, imprévisible aux autres et à lui-même. Connaître, c'est pourtant prévoir. Si autrui surprend et change, c'est qu'il n'est pas un objet — inscrit dans un réseau de régularités repérables —, mais un sujet, dont l'identité n'est pas donnée une fois pour toutes, mais au contraire sans cesse construite et assumée librement.

La reconnaissance d'autrui

La connaissance d'autrui rencontre par conséquent non seulement une limite de fait — autrui vit dans un monde différent du mien, je ne connais pas son histoire, il peut me mentir, etc. — mais encore une limite de droit. Car prétendre connaître autrui, c'est ou bien nier qu'il soit différent de moi, ou bien nier qu'il me soit semblable, c'est-à-dire qu'il soit, comme moi, un sujet libre des projets qu'il forme et du sens qu'il donne à ses actes. Autrement dit, poser le problème de la relation à autrui en terme de connaissance, c'est s'enfermer dans une alternative qui condamne à ne jamais atteindre l'autre dans sa spécificité. Bien plus, une telle prétention est toujours en quelque façon suspecte. Elle se fonde bien souvent sur le refus d'admettre ce qui, dans mon rapport à l'autre, constitue véritablement un problème. Car c'est finalement moins en ce qu'il diffère qu'en ce qu'il me ressemble qu'autrui fait figure de menace ou de limite à ma propre liberté. Autrement dit, le problème de ma relation à autrui se pose moins en terme de connaissance que de reconnaissance. Reconnaître autrui, c'est admettre que je ne suis pas le seul sujet et qu'il existe une pluralité de consciences.

Maître ou Serviteur...

Certes, nous savons bien que les autres existent et le solipsisme est une position philosophique intenable[1]. Mais s'en tenir à cette évidence interdit de comprendre pourquoi la reconnaissance de soi par l'autre et de l'autre par soi est à la fois nécessaire et conflictuelle. Hegel présente le premier moment de cette reconnaissance comme celui de la lutte rivale de deux consciences qui s'affirment d'abord dans leur négation réciproque. Chacune en effet veut être reconnue par l'autre, parce qu'enfermée dans la simple certitude subjective d'elle-même, elle est encore privée de vérité objective. La vérité implique en effet une relation à un objet et la conscience ne peut être objet que pour un sujet, c'est-à-dire pour une autre conscience. Autrement dit, seule la reconnaissance de son existence comme conscience de soi par une autre conscience de soi peut transformer la certitude subjective en vérité (texte 4). Mais aucune des deux consciences ne peut atteindre l'autre dans son essence. L'autre, en effet, ne peut que m'apparaître, c'est-à-dire se présenter à moi comme objet, dans l'extériorité de son existence concrète et sensible. Inversement, j'apparais à l'autre comme objet, non comme sujet. C'est pourquoi chacune des deux consciences cherche à se faire reconnaître indépendamment de son apparence et ne pourra le faire qu'en s'en montrant indépendante, dans le risque de sa propre vie. La liberté ou la mort, telle est l'alternative qu'impose la nécessité d'une reconnaissance. A l'issue de ce duel, l'une — parce qu'elle a tenu jusqu'au bout le risque de la mort — prend la figure du Maître, tandis que l'autre — qui a préféré la vie — est la figure du Serviteur.

1. Le solipsisme, du latin *solus* et *ipse*, serait la doctrine selon laquelle le sujet est seul au monde. Selon les adversaires de Descartes, ce serait la conséquence de sa philosophie. En faisant du *cogito* — « Je pense, donc je suis » — la seule certitude qui résiste au doute, Descartes semble en effet enfermer le sujet dans une solitude radicale. Mais c'est oublier le caractère à la fois méthodique et provisoire du doute. Pour Descartes, Dieu qui garantit la véracité de mes représentations, garantit en même temps l'existence extérieure des objets qui leur correspondent. L'existence d'autrui est donc indubitable et ce dès la *Troisième Méditation*. Voir aussi le texte 6.

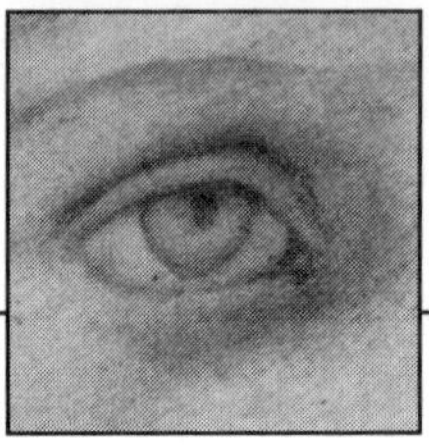

L'épreuve du regard

Pour Hegel, le conflit est un moment, qui, comme tel, est appelé à être dépassé. Sartre y verra au contraire le fondement constitutif de toute relation à autrui. « L'enfer, c'est les autres », conclut-il dans *Huis clos*. Par le regard qu'autrui pose sur moi, je suis destitué de ma liberté originelle et transformé en objet (texte 5). C'est pourquoi affronter le regard de l'autre est toujours angoissant. Mais si autrui est en quelque façon une menace, il est aussi l'intermédiaire indispensable par lequel j'existe sur le mode objectif et me connais. C'est à travers autrui que je peux atteindre un savoir sur moi-même. La formule de Sartre : « Autrui est le médiateur indispensable entre moi et moi-même » indique suffisamment qu'autrui n'est pas seulement celui qui me fige et m'aliène, mais aussi celui qui me libère en m'arrachant au repli frileux où croit pouvoir trouver refuge la conscience solitaire. Le retrait ou le refus de communiquer sont d'ailleurs illusoires. Même absent, autrui habite ma solitude, parce qu'il est ce par quoi se constitue indéfiniment mon rapport à moi-même et au monde (texte 6 et Document).

La notion d'intersubjectivité

C'est pourquoi la philosophie contemporaine — avec des penseurs comme Husserl, Sartre ou Merleau-Ponty — place autrui au centre de sa réflexion. Elle rompt ainsi avec la tradition inaugurée par Descartes qui faisait du seul sujet — à travers le *cogito* — le fondement originel de la vérité. Car, en premier lieu, l'idée même d'une vérité ou d'une objectivité suppose le rapport à autrui, ne serait-ce qu'à titre d'exigence idéale. C'est l'accord possible ou exigé sur un monde commun — ou encore l'« intersubjectivité » — qui garantit la possibilité d'une vérité qui dépasse la sphère privée de ma croyance (texte 7). Sans autrui, le monde serait réduit au point de vue que j'en ai : il serait simple représentation. La présence d'autrui, comme extériorité radicale, est aussi le signe de l'extériorité du monde et de sa présence. En second lieu, c'est l'existence d'autrui qui donne au monde épaisseur et relief. Elle l'enrichit d'autres points de vue possibles, de perspectives différentes, dans l'espace et dans le temps (texte 8). Enfin, à travers le langage et la communication, non seulement j'accède à un autre univers de sens, mais encore c'est mon propre univers qui se transforme et se modifie (texte 9).

Le respect

Mais autrui n'est pas seulement celui qui donne sens et richesse au monde. Il est aussi celui qui m'oblige au respect. Au-delà de la sympathie et du partage, comme au-delà de toute lutte pour la reconnaissance, il est à distance, parce qu'autre que moi. Respecter autrui, c'est alors le poser comme limite à mon droit naturel d'user de toutes choses et des autres à mon profit. Autrui me destitue de mon amour-propre et de l'égocentrisme inhérent à la conquête de soi. Mais la limite qu'il impose n'est pas une limite négative et simplement subie, comme pourrait le laisser entendre la formule : « Ma liberté s'arrête où commence celle des autres. » Marque du respect, elle ne vaut et n'a de sens que comme limite de droit, librement consentie. Dans la mesure où le respect que je dois à autrui pose la limite qui m'en sépare, il transcende aussi bien l'amour, comme désir de fusion, caractéristique du « Nous », que l'indifférence, comme mise à distance des autres, caractéristique du « On », où se dissout toute différence, dans une équivalence abstraite (textes 10 et 11). L'autre, pour moi, ce n'est pas « les autres », mais cet être unique, en face de moi. C'est le « Tu » qui me requiert et exige que je lui réponde et dont, par conséquent, la responsabilité m'incombe, ou encore qui m'oblige (texte 12).

Une même humanité, des cultures différentes

Cette subordination de l'amour de soi au respect d'autrui ne signifie pas pour autant un effacement de soi, dans un altruisme mal fondé. Au contraire, respecter autrui, c'est respecter l'autre en moi-même, c'est-à-dire l'humanité en ma personne. C'est pourquoi le précepte chrétien : « Tu aimeras ton prochain comme toi-même » doit être entendu comme essentiellement réversible. En donnant à la loi morale sa formulation : « Agis de telle sorte que la maxime de ta volonté puisse toujours valoir en même temps comme principe d'une législation universelle », Kant fait passer le devoir envers autrui du domaine du sentiment ou de la foi à celui de la morale qui m'enjoint au double respect de soi et des autres. Mais le respect de l'humanité, s'il constitue un devoir et doit guider toute relation aux autres, est une tâche difficile. D'autant plus sans doute que l'humanité trouve son expression dans des cultures différentes, parfois même hétérogènes. Autrui prend alors une signification nouvelle. Il n'est pas seulement le prochain, issu d'un même peuple et partageant les mêmes valeurs, mais aussi l'étranger ou le lointain, celui qui vit dans un autre univers de sens, celui-là même qui ne croit pas à l'idée d'une humanité universelle (texte 13). Il n'y a pourtant pas d'autre devoir ni d'autre voie que de respecter le semblable et le dissemblable. Trop proche ou trop lointain, autrui est celui qui me commande le respect de la distance et de la proximité. Et si, dans cette tâche, le respect de l'humanité doit servir de fil conducteur, il ne saurait suffire. Il y faut encore davantage, sans doute : un amour difficile.

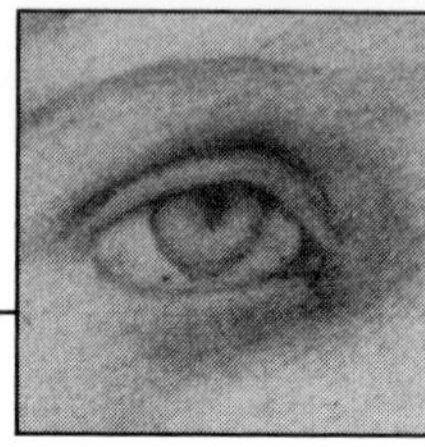

Textes

I. LA CONNAISSANCE D'AUTRUI

Texte 1 ROUSSEAU

Seul au milieu du genre humain

Les affections sociales ne se développent en nous qu'avec nos lumières. La pitié, bien que naturelle au cœur de l'homme, resterait éternellement inactive sans l'imagination qui la met en jeu. Comment nous laissons-nous émouvoir à la pitié ? En nous transportant hors de nous-mêmes ; en nous identifiant avec l'être souffrant. Nous ne souffrons qu'autant que nous jugeons qu'il souffre ; ce n'est pas dans nous, c'est dans lui que nous souffrons. Qu'on songe combien ce transport suppose de connaissances acquises ! Comment imaginerais-je des maux dont je n'ai nulle idée ? Comment souffrirais-je en voyant souffrir un autre si je ne sais pas même qu'il souffre, si j'ignore ce qu'il y a de commun entre lui et moi ? Celui qui n'a jamais réfléchi ne peut être ni clément ni juste ni pitoyable : il ne peut pas non plus être méchant et vindicatif. Celui qui n'imagine rien ne sent que lui-même ; il est seul au milieu du genre humain.

La réflexion naît des idées comparées, et c'est la pluralité des idées qui porte à les comparer. Celui qui ne voit qu'un seul objet n'a point de comparaison à faire. Celui qui n'en voit qu'un petit nombre et toujours les mêmes depuis son enfance ne les compare point encore, parce que l'habitude de les voir lui ôte l'attention nécessaire pour les examiner. Mais à mesure qu'un objet nouveau nous frappe, nous voulons le connaître ; dans ceux qui nous sont connus, nous lui cherchons des rapports. C'est ainsi que nous apprenons à considérer ce qui est sous nos yeux, et que ce qui nous est étranger nous porte à l'examen de ce qui nous touche.

Appliquez ces idées aux premiers hommes, vous verrez la raison de leur barbarie. N'ayant jamais rien vu que ce qui était autour d'eux, cela même ils ne le connaissaient pas ; ils ne se connaissaient pas eux-mêmes. Ils avaient l'idée d'un père, d'un fils, d'un frère, et non pas d'un homme. Leur cabane contenait tous leurs semblables. Un étranger, une bête, un monstre étaient pour eux la même chose : hors eux et leur famille, l'univers entier ne leur était rien.

De là les contradictions apparentes qu'on voit entre les pères des nations : tant de naturel et tant d'inhumanité, des mœurs si féroces et des cœurs si tendres, tant d'amour pour leur famille et d'aversion pour leur espèce. Tous leurs sentiments concentrés entre leurs proches en avaient plus d'énergie. Tout ce qu'ils connaissaient leur était cher. Ennemis du reste du monde, qu'ils ne voyaient point et qu'ils ignoraient, ils ne haïssaient que ce qu'ils ne pouvaient connaître.

J.-J. Rousseau, *Essai sur l'origine des langues* (1781), Éd. Hatier, 1983, pp. 64-65.

Texte 2 MALEBRANCHE

La connaissance d'autrui : simple conjecture

De tous les objets de notre connaissance, il ne nous reste[1] plus à examiner que les âmes des autres hommes, et que les pures intelligences : et il est manifeste que nous ne les connaissons que par conjecture. Nous ne les connaissons présentement ni en elles-mêmes, ni par leurs idées, et comme elles sont différentes de nous, il n'est pas possible que nous les connaissions par conscience. Nous conjecturons que les âmes des autres hommes sont de même espèce que la nôtre. Ce que nous sentons en nous-mêmes, nous prétendons qu'ils le sentent. [...]

Je sais que deux fois deux font quatre, qu'il vaut mieux être juste que d'être riche, et je ne me trompe point de croire que les autres connaissent ces vérités aussi bien que moi. J'aime le bien et le plaisir, je hais le mal et la douleur, je veux être heureux, et je ne me trompe point de croire, que les hommes [...] ont ces inclinations. [...]

Mais, lorsque le corps a quelque part à ce qui se passe en moi, je me trompe presque toujours, si je juge des autres par moi-même. Je sens de la chaleur ; je vois une telle grandeur, une telle couleur, je goûte une telle ou telle saveur à l'approche de certains corps : je me trompe si je juge des autres par moi-même. Je suis sujet à certaines passions, j'ai de l'amitié ou de l'aversion pour telles ou telles choses ; et je juge que les autres me ressemblent : ma conjecture est souvent fausse. Ainsi la connaissance que nous avons des autres hommes est fort sujette à l'erreur si nous n'en jugeons que par les sentiments que nous avons de nous-mêmes.

Malebranche, *De la Recherche de la Vérité* (1674),
Éd. Vrin, 1965, T. 1, p. 259.

1. Malebranche vient d'examiner de quelle manière nous connaissons les différentes réalités (Dieu, les corps étendus, notre propre âme).

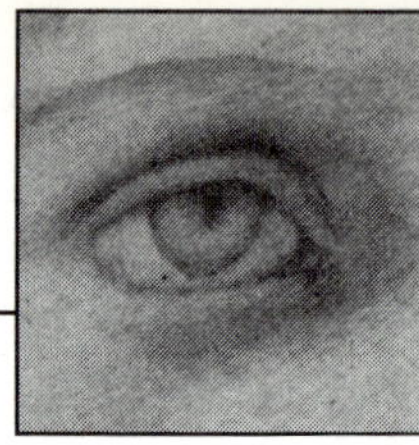

Texte 3 MERLEAU-PONTY

Le comportement d'autrui n'est pas autrui

Je perçois autrui comme comportement ; par exemple je perçois le deuil ou la colère d'autrui dans sa conduite, sur son visage et sur ses mains, sans aucun emprunt à une expérience « interne » de la souffrance ou de la colère et parce que deuil et colère sont des variations de l'être au monde, indivises entre le corps et la conscience, et qui se posent aussi bien sur la conduite d'autrui, visible dans son corps phénoménal, que sur ma propre conduite telle qu'elle s'offre à moi. Mais enfin le comportement d'autrui et même les paroles d'autrui ne sont pas autrui. Le deuil d'autrui et sa colère n'ont jamais exactement le même sens pour lui et pour moi. Pour lui, ce sont des situations vécues, pour moi ce sont des situations apprésentées. Ou si je peux, par un mouvement d'amitié, participer à ce deuil et à cette colère, ils restent le deuil et la colère de mon ami Paul : Paul souffre parce qu'il a perdu sa femme ou il est en colère parce qu'on lui a volé sa montre, je souffre parce que Paul a de la peine, je suis en colère parce qu'il est en colère, les situations ne sont pas superposables. Et si enfin nous faisons quelque projet en commun, ce projet commun n'est pas un seul projet, et il ne s'offre pas sous les mêmes aspects pour moi et pour Paul, nous n'y tenons pas autant l'un que l'autre, ni en tout cas de la même façon, du seul fait que Paul est Paul et que je suis moi. Nos consciences ont beau, à travers nos situations propres, construire une situation commune dans laquelle elles communiquent, c'est du fond de sa subjectivité que chacun projette ce monde « unique ».

M. Merleau-Ponty, *la Phénoménologie de la perception* (1945),
Éd. Gallimard, p. 409.

II. LA RECONNAISSANCE OU LE CONFLIT

Texte 4 HEGEL

Maître et Serviteur

Pour se faire valoir et être reconnue comme *libre*, il faut que la conscience de soi se *représente* pour une autre comme *libérée de la réalité naturelle présente.* Ce moment n'est pas moins nécessaire que celui qui correspond à la liberté de la conscience de soi en elle-même. L'égalité absolue du Je par rapport à lui-même n'est pas une égalité essentiellement immédiate, mais une égalité qui se constitue en supprimant l'immédiateté sensible et qui, de la sorte, s'impose aussi à un autre Je comme libre et indépendante du sensible. Ainsi la conscience de soi se révèle conforme à son concept et, puisqu'elle donne réalité au Je, il est impossible qu'elle ne soit pas reconnue.

Mais l'*autonomie* est moins la liberté qui *sort* de la présence sensible immédiate et qui *se détache* d'elle que, bien plutôt, la liberté au sein de cette présence. Ce moment est aussi nécessaire que l'autre, mais ils ne sont pas d'égale valeur. Par suite de l'*inégalité* qui tient à ce que, pour l'une des deux consciences de soi, la liberté a plus de valeur que la réalité sensible présente, tandis que, pour l'autre, cette présence assume, au regard de la liberté, valeur de réalité essentielle, c'est alors que s'établit entre elles, avec l'obligation réciproque d'être reconnues dans la réalité effective et déterminée, la relation maîtrise-servitude, ou, absolument parlant, *servitude-obéissance* dans la mesure où cette différence d'autonomie est donnée par le rapport naturel immédiat.

Puisqu'il est nécessaire que chacune des deux consciences de soi, qui s'opposent l'une à l'autre, s'efforce de se manifester et de s'affirmer, devant l'autre et pour l'autre, comme un être-pour-soi absolu, par là même celle qui a *préféré la vie à la liberté,* et qui se révèle impuissante à faire, par elle-même et pour assurer son indépendance, abstraction de sa réalité sensible présente, entre ainsi dans le rapport de *servitude.*

Hegel, *Propédeutique philosophique* (1808), traduction de M. de Gandillac, Deuxième cours : « Phénoménologie de l'Esprit », I, 2e degré B, § 31 à 34, Éd. Denoël-Gonthier, 1963, pp. 79-80.

Texte 5 SARTRE

L'épreuve du regard

Autrui, en figeant mes possibilités, me révèle l'impossibilité où je suis d'être objet, sinon pour une autre liberté. Je ne puis être objet pour moi-même car je suis ce que je suis ; livré à ses seules ressources, l'effort réflexif vers le dédoublement aboutit à l'échec, je suis toujours ressaisi par moi. Et lorsque je pose naïvement qu'il est possible que je sois, sans m'en rendre compte, un être objectif, je suppose implicitement par là même l'existence d'autrui, car comment serais-je objet si ce n'est pour un sujet ? Ainsi autrui est d'abord pour moi l'être pour qui je suis objet, c'est-à-dire l'être *par qui* je gagne mon objectité[1]. Si je dois seulement pouvoir concevoir une de mes propriétés sur le mode objectif, autrui est déjà donné. Et il est donné non comme être de mon univers, mais comme sujet pur. Ainsi ce sujet pur que je ne puis, par définition, *connaître,* c'est-à-dire poser comme objet, il est toujours *là*, hors de portée et sans distance lorsque j'essaie de me saisir comme objet. Et dans l'épreuve du regard, en m'éprouvant comme objectité non révélée, j'éprouve directement et avec mon être l'insaisissable subjectivité d'autrui.

1. C'est-à-dire le statut d'objet, par opposition à celui de sujet.

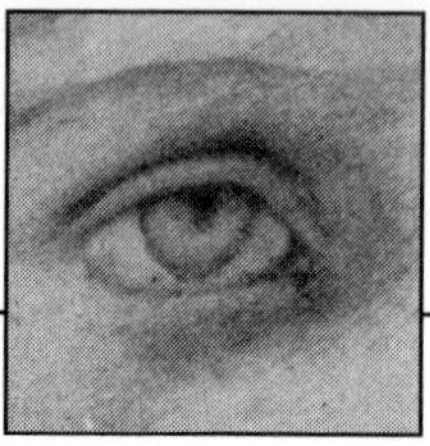

Du même coup, j'éprouve son infinie liberté. Car c'est pour et par une liberté et seulement pour et par elle que mes possibles peuvent être limités et figés. Un obstacle matériel ne saurait figer mes possibilités, il est seulement l'occasion pour moi de me projeter vers d'autres possibles, il ne saurait leur conférer un *dehors.* Ce n'est pas la même chose de rester chez soi parce qu'il pleut ou parce qu'on vous a défendu de sortir. Dans le premier cas, je me détermine moi-même à demeurer, par la considération des conséquences de mes actes ; je dépasse l'obstacle « pluie » vers moi-même et j'en fais un instrument. Dans le second cas, ce sont mes possibilités mêmes de sortir ou de demeurer qui me sont présentées comme dépassées et figées, et qu'une liberté prévoit et prévient à la fois. Ce n'est pas caprice si, souvent, nous faisons tout naturellement et sans mécontentement ce qui nous irriterait si un autre nous le commandait. C'est que l'ordre et la défense exigent que nous fassions l'épreuve de la liberté d'autrui à travers notre propre esclavage. Ainsi, dans le regard, la mort de mes possibilités me fait éprouver la liberté d'autrui ; elle ne se réalise qu'au sein de cette liberté et je suis moi, pour moi-même inaccessible et pourtant moi-même, jeté, délaissé au sein de la liberté d'autrui...

J.-P. Sartre, *l'Être et le Néant,*
collection Tel, Éd. Gallimard, 1943, pp. 316-317.

III. L'INTERSUBJECTIVITÉ OU LE PARTAGE

Texte 6 **MERLEAU-PONTY**

Autrui n'est jamais absent

Autrui me transforme en objet et me nie, je transforme autrui en objet et le nie, dit-on. En réalité, le regard d'autrui ne me transforme en objet, et mon regard ne le transforme en objet, que si l'un et l'autre nous nous retirons dans le fond de notre nature pensante, si nous nous faisons l'un et l'autre regard inhumain, si chacun sent ses actions, non pas reprises et comprises, mais observées comme celles d'un insecte. C'est par exemple ce qui arrive quand je subis le regard d'un inconnu. Mais, même alors, l'objectivation de chacun par le regard de l'autre n'est ressentie comme pénible que parce qu'elle prend la place d'une communication possible. Le regard d'un chien sur moi ne me gêne guère. Le refus de communiquer est encore un mode de communication. La liberté protéiforme, la nature pensante, le fond inaliénable, l'existence non qualifiée, qui en moi et en autrui marque les limites de toute sympathie, suspend bien la communication, mais ne l'anéantit pas. Si j'ai affaire à un inconnu qui n'a pas encore dit un seul mot, je peux croire qu'il vit dans un autre monde où mes actions et mes pensées ne sont pas dignes de figurer. Mais qu'il dise un mot, ou seulement qu'il ait un geste d'impatience, et déjà il cesse de me transcender : c'est donc là sa voix, ce sont là ses pensées, voilà donc le domaine que je croyais inaccessible. Chaque existence ne transcende définitivement les autres que quand elle reste oisive et assise sur sa différence naturelle. Même la méditation universelle qui retranche le philosophe de sa nation, de ses amitiés, de ses partis pris, de son être empirique, en un mot du monde, et qui semble le laisser absolument seul, est en réalité acte, parole, et par conséquent dialogue. Le solipsisme ne serait rigoureusement vrai que de quelqu'un qui réussirait à constater tacitement son existence sans être rien et sans rien faire, ce qui est bien impossible, puisque exister c'est être au monde. Dans sa retraite réflexive, le philosophe ne peut manquer d'entraîner les autres, parce que, dans l'obscurité du monde, il a appris pour toujours à les traiter comme *consortes*[1] et que toute sa science est bâtie sur cette donnée de l'opinion. La subjectivité transcendantale est une subjectivité révélée, savoir à elle-même et à autrui, et à ce titre elle est une intersubjectivité.

M. Merleau-Ponty, *la Phénoménologie de la perception* (1945), Éd. Gallimard, pp. 414-415.

1. Qui partagent le même sort.

Texte 7 HUSSERL

Un seul et même monde[1]

Ce qui est vrai de moi vaut aussi, je le sais bien, pour tous les autres hommes que je trouve présents dans mon environnement. Par expérience que j'ai d'eux en tant qu'hommes, je les comprends et je les accueille comme des sujets personnels au même titre que moi-même, et rapportés à leur environnement naturel. En ce sens toutefois que je conçois leur environnement et le mien comme formant objectivement un seul et même monde qui accède seulement de façon différente à toutes nos consciences. Chacun a son poste d'où il voit les choses présentes, et en fonction duquel chacun reçoit des choses des apparences différentes. De même le champ actuel de la perception et du souvenir différencie chaque sujet, sans compter que même ce qui en est connu en commun, à titre intersubjectif, accède à la conscience de façon différente, sous des modes différents d'appréhension à des degrés différents de clarté, etc. En dépit de tout cela nous arrivons à nous comprendre avec nos voisins et posons en commun une réalité objective d'ordre spatio-temporel qui forme ainsi pour nous tous l'environnement des existants, bien qu'en même temps, nous en fassions nous-mêmes partie.

E. Husserl, *Idées directrices pour une phénoménologie* (1913), traduction de P. Ricœur, Éd. Gallimard, 1950, p. 93.

1. Dans ce texte, Husserl décrit l'attitude naturelle de la conscience avant toute recherche théorique, doute ou suspension de la croyance.

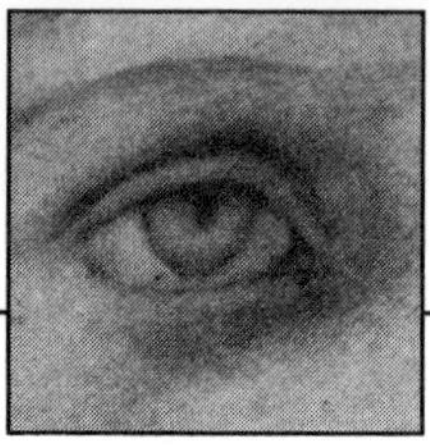

Texte 8 DELEUZE

Autrui comme structure du champ perceptif

En comparant les premiers effets de sa présence et ceux de son absence, nous pouvons dire ce qu'est autrui. Le tort des théories philosophiques, c'est de le réduire tantôt à un objet particulier, tantôt à un autre sujet (et même une conception comme celle de Sartre se contentait, dans *l'Être et le Néant*, de réunir les deux déterminations, faisant d'autrui un objet sous mon regard, quitte à ce qu'il me regarde à son tour et me transforme en objet). Mais autrui n'est ni un objet dans le champ de ma perception, ni un sujet qui me perçoit : c'est d'abord une structure du champ perceptif, sans laquelle ce champ dans son ensemble ne fonctionnerait pas comme il le fait. Que cette structure soit effectuée par des personnages réels, par des sujets variables, moi pour vous, et vous pour moi, n'empêche pas qu'elle préexiste, comme condition d'organisation en général, aux termes qui l'actualisent dans chaque champ perceptif organisé — le vôtre, le mien. Ainsi *Autrui-a-priori* comme structure absolue fonde la relativité des autruis comme termes effectuant la structure dans chaque champ. Mais quelle est cette structure ? C'est celle du possible. Un visage effrayé, c'est l'expression d'un monde possible effrayant, ou de quelque chose d'effrayant dans le monde, que je ne vois pas encore. Comprenons que le possible n'est pas ici une catégorie abstraite désignant quelque chose qui n'existe pas : le monde possible exprimé existe parfaitement, mais il n'existe pas (actuellement) hors de ce qui l'exprime. Le visage terrifié ne ressemble pas à la chose terrifiante, il l'implique, il l'enveloppe comme quelque chose d'autre, dans une sorte de torsion qui met l'exprimé dans l'exprimant. Quand je saisis à mon tour et pour mon compte la réalité de ce qu'autrui exprimait, je ne fais rien qu'expliquer autrui, développer et réaliser le monde possible correspondant. Il est vrai qu'autrui donne déjà une certaine réalité aux possibles qu'il enveloppe : en parlant, précisément. Autrui, c'est l'existence du possible enveloppé. Le langage, c'est la réalité du possible en tant que tel. Le moi, c'est le développement, l'explication des possibles, leur processus de réalisation dans l'actuel. D'Albertine aperçue, Proust dit qu'elle enveloppe ou exprime la plage et le déferlement des flots : « Si elle m'avait vu, qu'avais-je pu lui représenter ? Du sein de quel univers me distinguait-elle ? » L'amour, la jalousie seront la tentative de développer, de déplier ce monde possible nommé Albertine. Bref, autrui comme structure, c'est *l'expression d'un monde possible,* c'est l'exprimé saisi comme n'existant pas encore hors de ce qui l'exprime.

G. Deleuze, *la Logique de Sens*, « Michel Tournier et le monde sans autrui »[1], Éd. de Minuit, 1969, pp. 354-355.

---

1. Allusion au roman de M. Tournier, *Vendredi ou les limbes du Pacifique.* Voir p. 121.

Texte 9 MERLEAU-PONTY

L'expérience du dialogue

Dans l'expérience du dialogue, il se constitue entre autrui et moi un terrain commun, ma pensée et la sienne ne font qu'un seul tissu, mes propos et ceux de l'interlocuteur sont appelés par l'état de la discussion, ils s'insèrent dans une opération commune dont aucun de nous n'est le créateur. Il y a là un être à deux, et autrui n'est plus ici pour moi un simple comportement dans mon champ transcendantal[1], ni d'ailleurs moi dans le sien, nous sommes l'un pour l'autre collaborateurs dans une réciprocité parfaite, nos perspectives glissent l'une dans l'autre, nous coexistons à travers un même monde. Dans le dialogue présent, je suis libéré de moi-même, les pensées d'autrui sont bien des pensées siennes, ce n'est pas moi qui les forme, bien que je les saisisse aussitôt nées ou que je les devance, et même, l'objection que me fait l'interlocuteur m'arrache des pensées que je ne savais pas posséder, de sorte que si je lui prête des pensées, il me fait penser en retour. C'est seulement après coup, quand je me suis retiré du dialogue et m'en ressouviens, que je puis le réintégrer à ma vie, en faire un épisode de mon histoire privée, et qu'autrui rentre dans son absence, ou, dans la mesure où il me reste présent, est senti comme une menace pour moi.

M. Merleau-Ponty, *la Phénoménologie de la perception* (1945), Éd. Gallimard, p. 407.

1. C'est-à-dire dans mon champ d'expérience possible.

IV. LE RESPECT OU LA DISTANCE

Texte 10 KANT

L'amitié comme synthèse de l'amour et du respect

L'*amitié* (considérée dans sa perfection) est l'union de deux personnes liées par un amour et un respect égaux et réciproques. — On voit facilement qu'elle est l'Idéal de la sympathie et de la communication en ce qui concerne le bien de chacun de ceux qui sont unis par une volonté moralement bonne, et que si elle ne produit pas tout le bonheur de la vie, l'acceptation de cet Idéal et des deux sentiments qui le composent enveloppe la dignité d'être heureux, de telle sorte que rechercher l'amitié entre les hommes est un devoir. — Mais il est facile de voir que bien que tendre vers l'amitié comme vers un maximum de bonnes intentions des hommes les

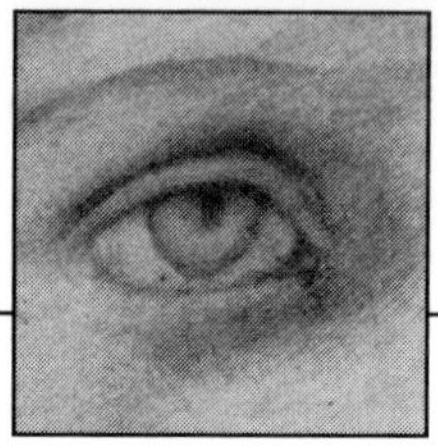

uns à l'égard des autres soit un devoir, sinon commun, du moins méritoire, une amitié parfaite est une simple Idée, quoique pratiquement nécessaire[1], qu'il est impossible de réaliser en quelque pratique que ce soit. En effet, comment est-il possible pour l'homme dans le rapport avec son prochain de s'assurer de l'*égalité* de chacun des deux éléments d'un même devoir (par exemple de l'élément constitué par la bienveillance réciproque) en l'un comme en l'autre, ou, ce qui est encore plus important, comment est-il possible de découvrir quel est dans la même personne le rapport d'un sentiment constitutif du devoir à l'autre (par exemple le rapport du sentiment procédant de la bienveillance à celui provenant du respect) et si, lorsqu'une personne témoigne trop d'ardeur dans l'*amour*, elle ne perd pas, ce faisant, quelque chose du *respect* de l'autre ? Comment s'attendre donc à ce que des deux côtés l'amour et le respect s'équilibrent exactement, ce qui est toutefois nécessaire à l'amitié ? — On peut, en effet, regarder l'amour comme la force d'attraction, et le respect comme celle de répulsion, de telle sorte que le principe du premier sentiment commande que l'on se rapproche, tandis que le second exige qu'on se maintienne l'un à l'égard de l'autre à une distance convenable. [...]

L'amitié est cependant quelque chose de si tendre dans la douceur de la sensation d'une possession réciproque qui s'approche de la fusion en une personne que si on la laisse reposer sur des *sentiments* et que si l'on ne soumet pas cette communication réciproque et cet abandon à des principes ou à des *règles* rigides qui gardent de la familiarité et qui limitent l'amour réciproque par les exigences du respect, elle sera à tout instant menacée d'*interruption*.

Kant, *Métaphysique des Mœurs* (1797), « la Doctrine de la Vertu »,
traduction de A. Philonenko, Éd. Vrin, 1985, pp. 147-149.

1. « Pratiquement nécessaire », c'est-à-dire « moralement obligatoire » et non pas « nécessaire du point de vue de la réussite d'une action ».

Texte 11 HEIDEGGER

Le « On » est indifférence

Le distancement caractéristique de l'être-avec-autrui implique que l'être-là se trouve dans son être-en-commun quotidien sous l'*emprise* d'autrui. Il n'*est* pas lui-même, les autres l'ont déchargé de son être. Les possibilités d'être quotidiennes de l'être-là sont à la discrétion d'autrui. Autrui, en ce cas, n'est pas quelqu'un de *déterminé*. N'importe qui, au contraire, peut le représenter. Seule importe cette domination subreptice d'autrui, à laquelle l'être-là, dans son être-avec-autrui, s'est déjà soumis. Soi-même, on appartient à autrui et l'on renforce son empire. « Les autres », que l'on nomme ainsi pour dissimuler le fait que l'on est essentiellement l'un d'eux, sont ceux qui, dans l'existence commune quotidienne, se trouvent *« être là »* de prime abord et le plus souvent. [...]

En usant des transports en commun ou des services d'information (des journaux par exemple), chacun est semblable à tout autre. Cet être-en-commun dissout complètement l'être-là qui est mien dans le mode d'être d'« autrui », en telle sorte que les autres n'en disparaissent que davantage en ce qu'ils ont de distinct et d'expressément particulier. Cette situation d'indifférence et d'indistinction permet au « On » de développer sa dictature caractéristique. Nous nous amusons, nous nous distrayons, comme *on* s'amuse ; nous lisons, nous voyons, nous jugeons de la littérature et de l'art, comme *on* voit et comme *on* juge ; et même nous nous écartons des « grandes foules » comme *on* s'en écarte ; nous trouvons « scandaleux » ce que l'*on* trouve scandaleux. Le « On » qui n'est personne de déterminé et qui est tout le monde, bien qu'il ne soit pas la somme de tous, prescrit à la réalité quotidienne son mode d'être. [...]

Le « On » se mêle de tout, mais en réussissant toujours à se dérober si l'être-là est acculé à quelque décision. Cependant, comme il suggère en toute occasion le jugement à énoncer et la décision à prendre, il retire à l'être-là toute responsabilité concrète. Le « On » ne court aucun risque à permettre qu'en toute circonstance *on* ait recours à lui. Il peut aisément porter n'importe quelle responsabilité, puisque à travers lui personne jamais ne peut être interpellé. On peut toujours dire : *on* l'a voulu, mais on dira aussi bien que « personne » n'a rien voulu.

M. Heidegger, *l'Être et le Temps* (1927),
traduction de R. Boehm et A. de Waelhens, collection Bibliothèque de Philosophie,
Éd. Gallimard, 1964, pp. 158-160.

Texte 12 LÉVINAS

La relation à autrui est asymétrie

La relation sociale n'est pas initialement une relation avec ce qui dépasse l'individu, avec quelque chose de plus que la somme des individus et supérieure à l'individu, au sens durkheimien[1]. La catégorie de la quantité, ni même celle de la qualité ne décrit pas l'altérité de l'autre qui n'est pas simplement d'une autre qualité que moi, mais qui porte, si l'on peut dire, l'altérité comme qualité. Encore moins le social consiste-t-il dans l'imitation du semblable. Dans ces deux conceptions la sociabilité est cherchée comme un idéal de fusion. On pense que ma relation avec l'autre tend à m'identifier à lui en m'abîmant dans la représentation collective, dans un

1. Allusion à Durkheim (1858-1917), sociologue français. Selon lui, les faits sociaux sont irréductibles à la somme des volontés individuelles. Ils forment une réalité qui dépasse les individus et s'impose à eux.

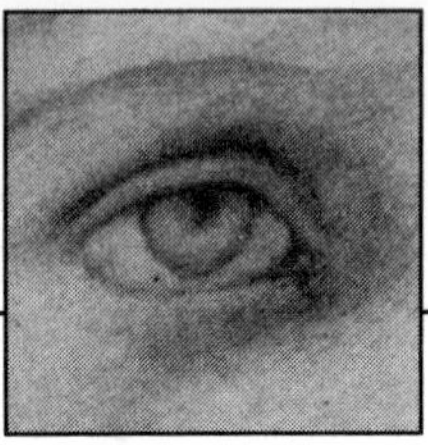

idéal commun ou dans un geste commun. C’est la collectivité qui dit « nous », qui sent l’autre à côté de soi et non pas en face de soi. C’est aussi la collectivité qui s’établit nécessairement autour d’un troisième terme qui sert d’intermédiaire, qui fournit le commun de la communion. [...]

A cette collectivité de camarades, nous opposons la collectivité du moi-toi qui la précède. Elle n’est pas une participation à un troisième terme — personne intermédiaire, vérité, dogme, œuvre, profession, intérêt, habitation, repas — c’est-à-dire elle n’est pas une communion. Elle est le face à face redoutable d’une relation sans intermédiaire, sans médiation. Dès lors l’interpersonnel n’est pas la relation en soi indifférente et réciproque de deux termes interchangeables. Autrui, en tant qu’autrui, n’est pas seulement un alter ego. Il est ce que moi je ne suis pas : il est le faible alors que moi je suis le fort ; il est le pauvre, il est « la veuve et l’orphelin ». Il n’y a pas de plus grande hypocrisie que celle qui a inventé la charité bien ordonnée. Ou bien il est l’étranger, l’ennemi, le puissant. L’essentiel, c’est qu’il a ces qualités de par son altérité même. L’espace intersubjectif est initialement asymétrique. L’extériorité d’autrui n’est pas simplement l’effet de l’espace qui maintient séparé ce qui, par le concept, est identique, ni une différence quelconque selon le concept qui se manifesterait par une extériorité spatiale. C’est précisément en tant qu’irréductible à ces deux notions d’extériorité que l’extériorité sociale est originale et nous fait sortir des catégories d’unité et de multiplicité qui valent pour les choses, c’est-à-dire valent dans le monde d’un sujet isolé, d’un esprit seul. L’intersubjectivité n’est pas simplement l’application de la catégorie de la multiplicité au domaine de l’esprit. Elle nous est fournie par l’Éros, où, dans la proximité d’autrui, est intégralement maintenue la distance dont le pathétique est fait, à la fois, de cette proximité et de cette dualité des êtres. Ce qu’on présente comme l’échec de la communication dans l’amour, constitue précisément la positivité de la relation : cette absence de l’autre est précisément sa présence comme autre. L’autre, c’est le prochain — mais la proximité n’est pas une dégradation ou une étape de la fusion.

E. Lévinas, *De l’existence à l’existant* (1947),
Éd. Vrin, 1986, pp. 161-163.

Texte 13 LÉVI-STRAUSS

Humanité et barbarie

L’attitude la plus ancienne, et qui repose sans doute sur des fondements psychologiques solides puisqu’elle tend à réapparaître chez chacun de nous quand nous sommes placés dans une situation inattendue, consiste à répudier purement et simplement les formes culturelles : morales, religieuses, sociales, esthétiques, qui sont les plus éloignées de celles auxquelles nous nous identifions. « Habitudes de sauvages », « cela n’est pas de chez nous », « on ne devrait pas permettre cela », etc., autant de réactions grossières qui traduisent ce même frisson, cette même répulsion en présence de manières de vivre, de croire ou de penser qui nous sont étrangères. Ainsi l'Antiquité confondait-elle tout ce qui ne participait pas de la culture grecque (puis gréco-romaine) sous le même nom de barbare ; la civilisation occidentale a ensuite utilisé le terme de sauvage dans le même sens. Or, derrière ces épithètes se dissimule un même jugement : il est probable que le mot barbare se réfère étymologiquement à la confusion et à l'inarticulation du chant des oiseaux, opposées à la valeur signifiante du langage humain ; et sauvage, qui veut dire « de la forêt », évoque aussi un genre de vie animal par opposition à la culture humaine. [...]

Cette attitude de pensée, au nom de laquelle on rejette les « sauvages » (ou tous ceux qu'on choisit de considérer comme tels) hors de l'humanité, est justement l'attitude la plus marquante et la plus instinctive de ces sauvages mêmes. [...]

L'humanité cesse aux frontières de la tribu, du groupe linguistique, parfois même du village ; à tel point qu'un grand nombre de populations dites primitives se désignent elles-mêmes d'un nom qui signifie les « hommes » (ou parfois — dirons-nous avec plus de discrétion ? — les « bons », les « excellents », les « complets »), impliquant ainsi que les autres tribus, groupes ou villages ne participent pas des vertus ou même de la nature humaine, mais qu'ils sont tout au plus composés de « mauvais », de « méchants », de « singes de terre » ou « d'œufs de pou ». On va souvent jusqu'à priver l'étranger de ce dernier degré de réalité en en faisant un « fantôme » ou une « apparition ». Ainsi se réalisent de curieuses situations où deux interlocuteurs se donnent cruellement la réplique. Dans les grandes Antilles, quelques années après la découverte de l'Amérique, pendant que les Espagnols envoyaient des commissions d'enquête pour rechercher si les indigènes avaient ou non une âme, ces derniers s'employaient à immerger des blancs prisonniers, afin de vérifier, par une surveillance prolongée, si leur cadavre était ou non sujet à la putréfaction. [...]

En refusant l'humanité à ceux qui apparaissent comme les plus « sauvages » ou « barbares » de ses représentants, on ne fait que leur emprunter une de leurs attitudes typiques. Le barbare, c'est d'abord l'homme qui croit à la barbarie.

C. Lévi-Strauss *Race et Histoire*,
collection Médiations, Éd. Denoël-Gonthier, 1968, pp. 19-22.

DOCUMENT

La solitude : une nuit insondable

La solitude constitue-t-elle un processus irréversible de déshumanisation ? Livré à lui-même depuis plusieurs semaines, Robinson Crusoé, dans *Vendredi ou les limbes du Pacifique*, perd peu à peu l'espoir de résister aux ténèbres qui l'environnent.

La solitude n'est pas une situation immuable où je me trouverais plongé depuis le naufrage de la Virginie. *C'est un milieu corrosif qui agit sur moi lentement, mais sans relâche et dans un sens purement destructif. Le premier jour, je transitais entre deux sociétés humaines également imaginaires : l'équipage disparu et les habitants de l'île, car je la croyais peuplée. J'étais encore tout chaud de mes contacts avec mes compagnons de bord. Je poursuivais imaginairement le dialogue interrompu par la catastrophe. Et puis l'île s'est révélée déserte. J'avançai dans un paysage sans âme qui vive. Derrière moi, le groupe de mes malheureux compagnons s'enfonçait dans la nuit. Leurs voix s'étaient tues depuis longtemps, quand la mienne commençait seulement à se fatiguer de son soliloque. Dès lors je suis avec une horrible fascination le processus de* déshumanisation *dont je sens en moi l'inexorable travail.*

Je sais maintenant que chaque homme porte en lui — et comme au-dessus de lui — un fragile et complexe échafaudage d'habitudes, réponses, réflexes, mécanismes, préoccupations, rêves et implications qui s'est formé et continue à se transformer par les attouchements perpétuels de ses semblables. Privée de sève, cette délicate efflorescence s'étiole et se désagrège. Autrui, pièce maîtresse de mon univers... Je mesure chaque jour ce que je lui devais en enregistrant de nouvelles fissures dans mon édifice personnel. Je sais ce que je risquerais en perdant l'usage de la parole, et je combats de toute l'ardeur de mon angoisse cette suprême déchéance. Mais mes relations avec les choses se trouvent elles-mêmes dénaturées par ma solitude. Lorsqu'un peintre ou un graveur introduit des personnages dans un paysage ou à proximité d'un monument, ce n'est pas par goût de l'accessoire. Les personnages donnent l'échelle *et, ce qui importe davantage encore, ils constituent des* points de vue possibles, *qui ajoutent au point de vue réel de l'observateur d'indispensables virtualités.*

A Speranza, il n'y a qu'un point de vue, le mien, dépouillé de toute virtualité. Et ce dépouillement ne s'est pas fait en un jour. Au début, par un automatisme inconscient, je projetais des observateurs possibles — des paramètres — au sommet des collines, derrière tel rocher ou dans les branches de tel arbre. L'île se trouvait ainsi quadrillée par un réseau d'interpolations et d'extrapolations qui la différenciait et la douait d'intelligibilité. Ainsi fait tout homme normal dans une situation normale. Je n'ai pris conscience de cette fonction — comme de bien d'autres — qu'à mesure qu'elle se dégradait en moi. Aujourd'hui, c'est chose faite. Ma vision de l'île est réduite à elle-même. Ce que je n'en vois pas est un inconnu absolu.. *Partout où je ne suis pas actuellement règne une nuit insondable. Je constate d'ailleurs en écrivant ces lignes que l'expérience qu'elles tentent de restituer non seulement est sans précédent, mais contrarie dans leur essence même les mots que j'emploie. Le langage relève en effet d'une façon fondamentale de cet univers* peuplé *où les autres sont comme autant de phares créant autour d'eux un îlot lumineux à l'intérieur duquel tout est — sinon connu — du moins connaissable. Les phares ont disparu de mon champ. Nourrie par ma fantaisie, leur lumière est encore longtemps parvenue jusqu'à moi. Maintenant, c'en est fait, les ténèbres m'environnent.*

Et ma solitude n'attaque pas que l'intelligibilité des choses. Elle mine jusqu'au fondement même de leur existence. De plus en plus, je suis assailli de doutes sur la véracité du témoignage de mes sens. Je sais maintenant que la terre sur laquelle mes deux pieds appuient aurait besoin pour ne pas vaciller que d'autres que moi la foulent. Contre l'illusion d'optique, le mirage, l'hallucination, le rêve éveillé, le fantasme, le délire, le trouble de l'audition... le rempart le plus sûr, c'est notre frère, notre voisin, notre ami ou notre ennemi, mais quelqu'un, grands dieux, quelqu'un !

M. Tournier, *Vendredi ou les limbes du Pacifique* (1969),
collection Folio, Éd. Gallimard, 1972, pp. 53-55.

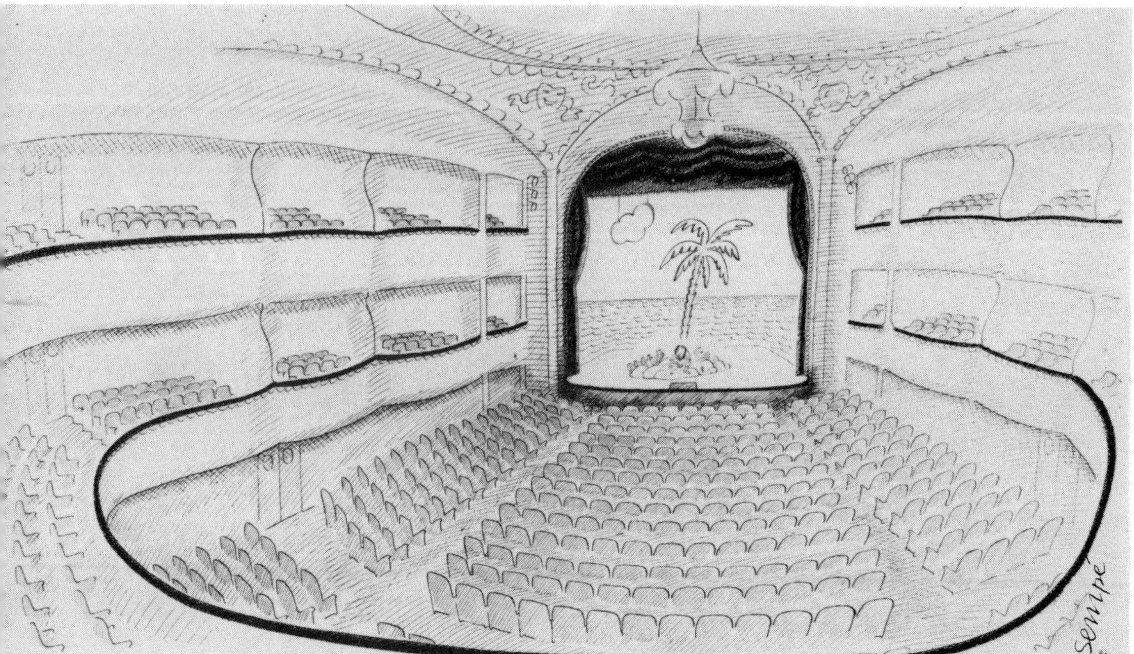

Dessin de Sempé.

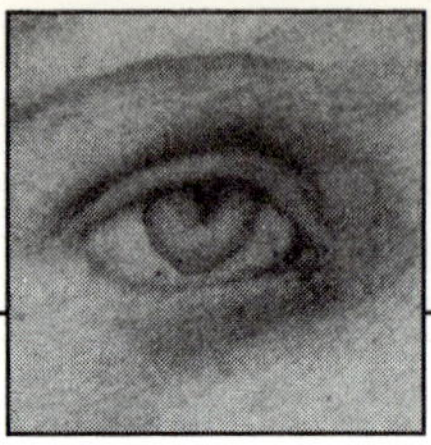

Exercices

1. On parle parfois de solitude à deux, à plusieurs. Ces expressions ont-elles un sens ? Si, oui, lequel ?

2. Comparez la solitude à la ville et la solitude à la campagne. Laquelle vous paraît être la plus radicale ? Demandez-vous dans quelle mesure la nature peut constituer une compagnie.

3. L'amitié et l'amour : ces deux types de relations entre les hommes sont-ils foncièrement opposés ? Si oui, en quoi, et pourquoi ?

4. « Tu aimeras ton prochain comme toi-même. » Quelles sont les différentes interprétations possibles de ce précepte chrétien ? (Se reporter également au chapitre « la violence », T. II.)

5. Quel est, pour Sartre, le sens de l'expression : « L'enfer, c'est les autres » ?

6. Quelles sont les conditions de possibilité d'un authentique dialogue ? (On pensera notamment aux dialogues entre les Nations.)
On s'efforcera d'opposer le dialogue aux autres formes d'échanges d'idées (la discussion, le débat, l'échange d'opinions, etc.)

Sujets de dissertation

1. Est-il juste d'affirmer que, pour bien connaître autrui, il faut tenter de se mettre à sa place ?

2. Peut-on se porter garant d'autrui ?

3. Qu'est-ce qui justifie le respect d'autrui ?

4. Qu'est-ce que je sous-entends lorsque je parle d'autrui comme de mon « semblable » ?

Corrélats

l'inconscient - le désir - la perception - l'imagination - la vérité - l'anthropologie

POUR EN SAVOIR PLUS

Tournier (M.), *Vendredi ou les limbes du Pacifique*, Éd. Gallimard.

Deleuze (G.), *Logique du sens*, Appendices, IV : « Michel Tournier et le monde sans autrui », Éd. de Minuit.

Lévinas (É.), *Éthique et infini*, collection Biblio essais.

Merleau-Ponty (M.), *la Phénoménologie de la perception*, IIe partie, ch. IV : « Autrui et le monde humain », Éd. Gallimard.

Sartre (J.-P.), *l'Être et le Néant*, IIIe partie, chap. 1 : « l'Existence d'autrui », Éd. Gallimard.

Hegel (G.W.F.), *la Phénoménologie de l'esprit*, ch. « la Conscience de soi », IV-A, « Domination et Servitude », Éd. Aubier-Montaigne.

Husserl (E.), *les Méditations cartésiennes*, Ve méditation, collection Idées, Éd. Gallimard.

Lévinas (É.), *l'Humanisme d'un autre homme*, Éd. Bruno Roy - Fata Morgana.

6

L'espace

Sao Paulo, 1960, Burri.

Introduction

Un terme aux sens multiples

Le terme d'espace, compris de tous, comporte cependant une ambiguïté.

1. En un sens non philosophique, il est à peu près synonyme de lieu ou d'emplacement, voire d'interstice ou d'intervalle, c'est-à-dire de quelque chose de déterminé et de limité, soit matériellement, par des murs, soit mentalement, par des repères. Mais de l'autre côté du mur, au-delà du repère, il y a d'autres espaces et encore d'autres.

2. En un deuxième sens, opposé au premier, l'espace désigne ce qui est au-delà, non un au-delà métaphysique ou fantastique, mais un au-delà de l'atmosphère terrestre ou, mieux, là où un projectile peut être arraché à la gravitation terrestre. Cet espace vide est pourtant peuplé d'objets lointains, traversé de rayonnements et de particules. Mais le propre des objets est d'avoir une place et d'en changer.

3. C'est le système de toutes les places possibles que l'on appelle l'espace en un troisième sens, et que nous désignerons comme l'espace de la géométrie.

L'espace n'est pas un objet

Quand on veut évoquer l'espace en imagination, l'on évoque d'abord les objets qui en délimitent des portions. Gaston Bachelard, dans la *Poétique de l'espace*[1], évoque ainsi méthodiquement la maison et le tiroir, les coffres et armoires, nids et coquilles. Quand il en vient à l'immensité, c'est le désert, la plaine, le ciel nocturne... mais « l'immensité n'est pas un objet »[2]. En l'absence de tout repère, il n'y a plus de perception possible, c'est ce qui produit le vertige qui saisit parfois le plongeur en eau profonde.

L'espace en lui-même n'est donc pas une chose, mais si nous disons que les choses sont dans l'espace, il ne faut pas l'entendre comme si l'espace était un récipient tel qu'une boîte ou un vase, mais plutôt comme l'ensemble des conditions qui permettent aux choses d'avoir des positions, des distances, des figures. Lorsque nous manions des objets et coordonnons nos propres gestes, ces actions sont soumises à des nécessités qui sont de deux sortes. Certaines tiennent aux propriétés physiques de la matière, par exemple, la pesanteur. D'autres seulement à des relations démontrables dans l'espace[3]. Les propriétés de la sphère se retrouvent sur la bulle de savon comme sur la boule de pétanque, mais si ces objets présentent des irrégularités, nous ne dirons pas que la sphère a été modifiée mais qu'ils ne sont pas parfaitement sphériques. Tel est l'aplatissement du globe terrestre aux pôles. « La droite tracée est livrée à l'encre et au papier, au tableau et à la craie ; mais la droite pensée, qui donc la pourrait gauchir ? » dit à peu près Alain[4]. Ces exemples font saisir la différence entre les lois physiques et les propriétés de l'espace, ou plutôt les propriétés spatiales des objets. Ces dernières s'énoncent en théorèmes, qui s'enchaînent les uns aux autres à partir

1. Éd. P.U.F., 1957, p. 169.
2. *Ibid.*, p. 169.
3. Voir le chapitre « Logique et mathématiques », p. 372.
4. *Entretiens au bord de la mer*, Éd. Gallimard, 1931, p. 47 (nous avons simplifié la citation pour la séparer de son contexte).

d'axiomes. La description cohérente de l'espace dans lequel nous percevons et imaginons les formes et les mouvements constitue la géométrie euclidienne. Que l'on puisse concevoir d'autres systèmes d'axiomes, et quel sens ils ont, cette question est traitée ailleurs[1].

Nous pouvons maintenant essayer de comprendre la formule par laquelle on résume la pensée de Kant (textes 1 et 2) : l'espace est la forme *a priori* de la sensibilité.

L'espace est forme

Que l'espace soit forme résulte assez directement de ce qui précède et revient à le dissocier de la matière. A l'opposé, Descartes identifie totalement étendue et matière (texte 3). Descartes a bien connu et accepté les expériences qui imposent la réalité physique du vide, mais il juge nécessaire de supposer une matière subtile remplissant tout espace qui semble vide. La matière subtile de Descartes sera remplacée au XIXᵉ siècle par l'éther, dont on s'aperçut bientôt qu'il fallait lui attribuer des propriétés contradictoires[2]. On n'était pas parvenu à donner un sens physique acceptable à ce qui correspondait à une exigence métaphysique. Cette exigence disparaît si l'on reconnaît dans l'espace non une substance mais une forme de notre aperception des phénomènes.

L'espace est sensible

Leibniz, insistant sur les difficultés du cartésianisme, fait de l'espace un ordre, « l'ordre des simultanés ». On en viendrait à réduire entièrement les propriétés spatiales à un système de relations logiques. C'est à quoi tendent les formulations axiomatiques[3]. Mais cette construction déductive semble appauvrie par rapport à cette étendue dans laquelle nous allons, venons, disposons les objets, et dont nous devinons intuitivement certaines propriétés avant toute démonstration.

Il faut entendre par « sensibilité », dans la formule de Kant, la fonction par laquelle des objets nous sont présents. Tous les objets d'expérience nous sont donnés sous cette condition.

Est-il « a priori » ?

L'espace est donc bien la forme de la sensibilité. Si nous avons réservé l'expression *a priori*, c'est que ce point nous paraît prêter à discussion. Par *a priori* Kant entend ce qui nécessairement s'applique à toute expérience et ne dérive d'aucune expérience. Et il est bien vrai que les propriétés géométriques des objets ne se constatent pas à la manière de leurs propriétés physiques. Nous avons plus haut insisté sur ce point : les propriétés des figures dans l'espace sont liées les unes aux autres à partir des axiomes. Mais plusieurs systèmes sont logiquement possibles. L'un d'entre eux nous est intuitivement imposé. Que deux droites puissent enclore un espace, que la somme des angles d'un triangle soit variable, ces propositions n'ont rien d'absurde, nous pouvons concevoir un système où elles prendraient place, mais nous ne pouvons pas « intuitionner » l'objet correspondant.

1. Voir chapitre « Logique et mathématiques », p. 372.
2. S. Bachelard, *la Conscience de rationalité*, Éd. P.U.F., 1958, pp. 46-48.
3. Voir le chapitre « Logique et mathématiques », p. 372.

Un espace progressivement construit

Cependant, l'histoire de la pensée scientifique et l'étude de la représentation chez l'enfant imposent des vues génétiques, c'est-à-dire qui s'attachent à la formation de la pensée depuis le plus jeune âge ainsi qu'aux transformations des concepts au cours de l'histoire des sciences.

Or l'espace euclidien est le résultat d'une purification par rapport à l'étendue concrète dans laquelle nous vivons. Par exemple, le haut et le bas sont d'abord des qualités de tout lieu étendu, mais nous les renvoyons à la présence d'un champ de pesanteur qui est dans l'espace mais ne se confond pas avec lui. L'espace infini, homogène[1], isotrope[2], neutre à l'égard des figures que l'on peut y dessiner, est le résultat d'un grand effort d'abstraction, qui est aussi un travail de construction. Ce travail s'accomplit au cours des premières années de la vie, à mesure que l'enfant apprend à maîtriser ses propres gestes et à mettre en ordre les objets. Cela ne revient pas à identifier les propriétés de l'espace avec ces qualités empiriques que l'on constate et que l'on ne peut construire (couleur, odeur[3]). La géométrie a bien des racines dans l'expérience mais elles ne sont pas à chercher dans des perceptions d'objets : ce sont des règles d'action et de coordination d'actions. Au départ, un monde confus, sans formes fixes mais où dominent des relations de voisinage, indépendantes de toute mesure (texte 4). Les étapes ultérieures se suivent selon un ordre lié non aux propriétés des objets mais au développement du sujet.

Si donc on entend par *a priori* l'idée que l'espace euclidien, avec toutes ses déterminations, serait entier et complet en toute perception ou imagination humaine, les vues génétiques conduisent à rejeter cette idée. Mais elles ne conduisent pas en revanche à faire de l'intuition spatiale une réception passive des propriétés de l'objet, encore moins à l'identifier aux sensations. L'initiative du sujet, son aptitude à agir sur la matière (texte 5), à anticiper ses actions, gouvernent cette construction[4].

Une composante sociale

Il faut ajouter que ce travail de construction n'est pas solitaire. Les échanges entre les hommes, la coordination des actions entre plusieurs sujets, la représentation mythologique du monde entrent en interaction avec le travail mental de chaque sujet.

Les valeurs sociales, leur hiérarchie, les règles d'orientation dans le monde commandent autant de façons de structurer l'espace ou du moins les choses qui se situent en lui (texte 6). Le travail des artistes, et surtout des peintres qui représentent des objets de l'espace sur une surface plane, tantôt de façon symbolique, tantôt en recherchant l'illusion, achèvent ce travail (Documents). La peinture de la Renaissance vient confirmer l'espace euclidien ; les ruptures de l'art contemporain le relativisent.

---

1. Dont les lois sont les mêmes en tout lieu.
2. Ayant les mêmes propriétés dans toutes les directions.
3. Pour plus de détails, voir J. Piaget et B. Inhelder, *la Représentation de l'espace chez l'enfant*, Éd. P.U.F., 1947.
4. C'est pourquoi Piaget encore qu'avec des réserves, conserve parfois le terme d'*a priori* : « C'est l'*a priori* de Kant, mais au terme et pas au départ. La nécessité finale et non pas préalable » (J.-C. Bringuier, *Conversations libres avec Jean Piaget*, Éd. R. Laffont, 1977, p. 56).

Textes

Texte 1 KANT

L'espace n'est pas un concept

1. L'espace n'est pas un concept empirique qui ait été tiré d'expériences externes. En effet, pour que certaines sensations puissent être rapportées à quelque chose d'extérieur à moi (c'est-à-dire à quelque chose situé dans un autre lieu de l'espace que celui dans lequel je me trouve), et de même, pour que je puisse me représenter les choses comme en dehors et à côté les unes des autres, — par conséquent comme n'étant pas seulement distinctes, mais placées dans des lieux différents — il faut que la représentation de l'espace soit posée déjà comme fondement. Par suite la représentation de l'espace ne peut pas être tirée par l'expérience des rapports des phénomènes extérieurs, mais l'expérience extérieure n'est elle-même possible avant tout qu'au moyen de cette représentation.

2. L'espace est une représentation nécessaire *a priori* qui sert de fondement à toutes les intuitions extérieures. On ne peut jamais se représenter qu'il n'y ait pas d'espace, quoique l'on puisse bien penser qu'il n'y ait pas d'objets dans l'espace. Il est considéré comme la condition de la possibilité des phénomènes, et non pas comme une détermination qui en dépende, et il est une représentation *a priori* qui sert de fondement, d'une manière nécessaire, aux phénomènes extérieurs.

3. Sur cette nécessité *a priori* se fonde la certitude apodictique[1] de tous les principes géométriques. [...]

4. L'espace n'est pas un concept discursif, ou, comme on dit, un concept universel de rapport des choses en général, mais une pure intuition. En effet, on ne peut d'abord se représenter qu'un espace unique, et, quand on parle de plusieurs espaces, on n'entend par là que les parties d'un seul et même espace. Ces parties ne sauraient, non plus, être antérieures à cet espace unique qui comprend tout, comme si elles en étaient les éléments (capables de le constituer par leur assemblage), mais elles ne peuvent, au contraire, être pensées qu'en lui. Il est essentiellement un ; le divers qui est *en lui* et, par conséquent, aussi le concept universel d'espace en général, repose en dernière analyse sur des limitations. Il suit de là que, par rapport à l'espace, une intuition *a priori* (qui n'est pas empirique) est à la base de tous les concepts que nous en formons. C'est ainsi que tous les principes géométriques — par exemple, que dans un triangle, la somme de deux côtés est plus grande que le troisième — ne sont jamais déduits des concepts généraux de la ligne et du triangle, mais de l'intuition, et cela *a priori* et avec une certitude apodictique.

Kant, *Critique de la raison pure* (1781),
traduction de A. Tremesaygues et B. Pacaud, Éd. P.U.F., 1968, pp. 55-56.

1. Qui est caractérisée par la nécessité.

Texte 2 KANT

L'espace, forme de tous les phénomènes

a. L'espace ne représente ni une propriété des choses en soi, ni ces choses dans leurs rapports entre elles, c'est-à-dire aucune détermination des choses qui soit inhérente aux objets mêmes et qui subsiste si on fait abstraction de toutes les conditions subjectives de l'intuition. En effet, il n'y a pas de déterminations, soit absolues, soit relatives, qui puissent être intuitionnées avant l'existence des choses auxquelles elles appartiennent et, par conséquent, *a priori*.

b. L'espace n'est rien autre chose que la forme de tous les phénomènes des sens extérieurs, c'est-à-dire la condition subjective de la sensibilité sous laquelle seule nous est possible une intuition extérieure. Or, comme la réceptivité en vertu de laquelle le sujet peut être affecté par des objets précède, d'une manière nécessaire, toutes les intuitions de ces objets, on comprend facilement comment la forme de tous les phénomènes peut être donnée dans l'esprit, antérieurement à toute perception réelle — par conséquent *a priori* — et comment, avant toute expérience, elle peut comme une intuition pure, dans laquelle tous les objets doivent être déterminés, contenir les principes de leurs relations.

Kant, *Ibid,* p. 58.

Texte 3 DESCARTES

Si l'espace est une chose...

Si vous voulez concevoir que Dieu ôte tout l'air qui est dans une chambre, sans remettre aucun autre corps en sa place, il faut par même moyen que vous conceviez que les murailles de cette chambre se viennent joindre, ou bien il y aura de la contradiction en votre pensée. Car, tout de même qu'on ne saurait imaginer qu'il aplanisse toutes les montagnes de la terre, et que, nonobstant cela, il y laisse toutes les vallées, ainsi ne peut-on penser qu'il ôte toute sorte de corps, et que, nonobstant, il laisse de l'espace, à cause que l'idée que nous avons du corps, ou de la matière en général, est comprise en celle que nous avons de l'espace, à savoir que c'est une chose qui est longue, large et profonde, ainsi que l'idée d'une montagne est comprise en celle d'une vallée.

Descartes, *Lettre à Mersenne* (9 janvier 1639),
Bibliothèque de la Pléiade, Éd. Gallimard, 1953, p. 1042.

Texte 4 PIAGET et INHELDER

Une action intériorisée

On comprend alors en quoi la représentation spatiale est une action intériorisée et non pas simplement l'imagination d'un donné extérieur quelconque, fût-il le résultat d'une action. La représentation spatiale ne parvient, effectivement, à prévoir ce résultat, et même à reconstituer celui d'une action antérieure, qu'en devenant elle-même active, c'est-à-dire en opérant sur les objets symbolisés comme l'action opère sur les objets réels, au lieu de se borner à les évoquer. A cet égard, ordonner en pensée n'est pas seulement imaginer une suite d'objets déjà ordonnés, ni même simplement se représenter en image l'action de les ordonner : c'est ordonner cette suite aussi réellement et activement que s'il s'agissait d'une action matérielle, mais en exécutant intérieurement cette action au moyen d'objets symbolisés. C'est pourquoi il est plus facile à un jeune enfant de ranger des jetons sur la table ou de sectionner un cylindre d'argile avec un couteau, que d'imaginer l'ordre de ces jetons ou la surface circulaire de la section, tandis qu'il lui est moins difficile de se représenter fictivement qu'il bat un camarade que de le battre réellement : la raison en est précisément que la représentation spatiale est une action intériorisée (comme d'ailleurs toute représentation rationnelle) tandis que la représentation ludique est un substitut de l'action.

J. Piaget[1] et B. Inhelder, *la Représentation de l'espace chez l'enfant,* Éd. P.U.F., 1947, p. 530.

1. Psychologue suisse (1896-1980), qui a axé ses travaux sur la psychologie de l'enfant et l'épistémologie (réflexion philosophique sur la science).

Texte 5 BERGSON

Le schéma de toute action possible

L'ensemble de la matière devra donc apparaître à notre pensée comme une immense étoffe où nous pouvons tailler ce que nous voudrons, pour le recoudre comme il nous plaira. Notons-le en passant : c'est ce pouvoir que nous affirmons quand nous disons qu'il y a un *espace,* c'est-à-dire un milieu homogène et vide, infini et infiniment divisible, se prêtant indifféremment à n'importe quel mode de décomposition. Un milieu de ce genre n'est jamais perçu ; il n'est que conçu. Ce qui est perçu, c'est l'étendue colorée, résistante, divisée selon les lignes que dessinent les contours des corps réels ou de leurs parties réelles élémentaires. Mais quand nous nous représentons notre pouvoir sur cette matière, c'est-à-dire notre faculté de la décomposer et de la recomposer comme il nous plaira, nous projetons, en bloc, toutes ces décompositions et recompositions possibles der-

rière l'étendue réelle, sous forme d'un espace homogène, vide et indifférent, qui la sous-tendrait. Cet espace est donc, avant tout, le schéma de notre action possible sur les choses, encore que les choses aient une tendance naturelle, comme nous l'expliquerons plus loin, à entrer dans un schéma de ce genre : c'est une vue de l'esprit. L'animal n'en a probablement aucune idée, même quand il perçoit comme nous les choses étendues. C'est une représentation qui symbolise la tendance fabricatrice de l'intelligence humaine. Mais ce point ne nous arrêtera pas pour le moment. Qu'il nous suffise de dire que l'*intelligence est caractérisée par la puissance indéfinie de décomposer selon n'importe quelle loi et de recomposer en n'importe quel système.*

H. Bergson, *l'Évolution créatrice* (1907),
Éd. P.U.F., pp. 157-158.

Texte 6 DURKHEIM

L'espace, image de la société

L'espace n'est pas ce milieu vague et indéterminé qu'avait imaginé Kant : purement et absolument homogène, il ne servirait à rien et n'offrirait même pas de prise à la pensée. La représentation spatiale consiste essentiellement dans une première coordination introduite entre les données de l'expérience sensible. Mais cette coordination serait impossible si les parties de l'espace s'équivalaient qualitativement, si elles étaient réellement substituables les unes aux autres. Pour pouvoir disposer spatialement les choses, il faut pouvoir les situer différemment : mettre les unes à droite, les autres à gauche, celles-ci en haut, celles-là en bas, au nord ou au sud, à l'est ou à l'ouest, etc., etc., de même que, pour pouvoir disposer temporellement les états de la conscience, il faut pouvoir les localiser à des dates déterminées. C'est dire que l'espace ne saurait être lui-même si, tout comme le temps, il n'était divisé et différencié. Mais ces divisions, qui lui sont essentielles, d'où lui viennent-elles ? Par lui-même, il n'a ni droite ni gauche, ni haut ni bas, ni nord ni sud, etc. Toutes ces distinctions viennent évidemment de ce que des valeurs affectives différentes ont été attribuées aux régions. Et comme tous les hommes d'une même civilisation se représentent l'espace de la même manière, il faut évidemment que ces valeurs affectives et les distinctions qui en dépendent leur soient également communes ; ce qui implique presque nécessairement qu'elles sont d'origine sociale.

Il y a, d'ailleurs, des cas où ce caractère social est rendu manifeste. Il existe des sociétés en Australie et dans l'Amérique du Nord où l'espace est conçu sous la forme d'un cercle immense, parce que le camp a lui-même une forme circulaire, et le cercle spatial est exactement divisé comme le cercle tribal et à l'image de ce dernier. Il y a autant de régions distinguées qu'il y a de clans dans la tribu et c'est la place occupée par les clans à l'intérieur du campement qui détermine l'orientation des régions. Chaque région se définit par le totem du clan auquel elle est assignée. Chez les Zuni, par exemple, le pueblo comprend sept quartiers : chacun de ces quartiers est un groupe de clans qui a eu son unité : selon toute probabilité, c'était primitivement un clan unique qui s'est ensuite subdivisé. Or l'espace comprend également sept régions et chacun de ces sept quartiers du monde est en relations intimes avec un quartier du pueblo, c'est-à-dire avec un groupe de clans. « Ainsi, dit Cushing, une division est censée être en rapport avec le nord ; une autre représente l'ouest, une autre le sud, etc. » Chaque quartier du pueblo a sa couleur caractéristique qui le symbolise ; chaque région a la sienne qui est exactement celle du quartier correspondant. Au cours de l'histoire, le nombre des clans fondamentaux a varié ; le nombre des régions de l'espace a varié de la même manière. Ainsi, l'organisation sociale a été le modèle de l'organisation spatiale qui est comme un décalque de la première.

É. Durkheim[1], *les Formes élémentaires de la vie religieuse* (1912), Éd. P.U.F., 1960, p. 15.

1. Fondateur de la sociologie scientifique moderne, il lia les faits moraux aux faits sociaux (1858-1917).

DOCUMENT

Le théâtre du monde

L'espace de la Renaissance, que l'homme avait conçu dans le cadre mythique et euclidien qui était le sien, pourra-t-il nous convenir encore longtemps ?

A la base de la notion d'espace de la Renaissance, il y a la conception de l'homme, acteur efficace sur la scène du monde. Pendant cinq siècles, l'homme ayant pris conscience de son autonomie, fier de sa capacité de distinction et se sentant un personnage nécessaire au développement harmonieux de la vie sur la planète, va se mouvoir avec aisance dans le nouvel espace, y ajoutant ou en retranchant seulement, suivant les époques et les milieux, tel ou tel fragment de son univers philosophique ou littéraire, tel ou tel aspect pittoresque des représentations euclidiennes de ce qu'il ne cessera jamais d'appeler le « théâtre du monde ».

Viendra le jour où il cessera de croire à cette place privilégiée de l'homme sur la terre ; où les nouvelles couches sociales appelées à une demi-culture cesseront de connaître les anciennes légendes ; où le jeu des valeurs humaines sera changé, où les hommes auront simultanément de nouveaux moyens pour modifier la nature ou la plier à de nouveaux desseins ; où le rythme de la vie courante, l'estimation pratique des grandeurs et des distances, de l'éternel et du contingent seront bouleversés ; où l'on pourra traduire mécaniquement, sans savoir théorique ni habileté de main, les apparences fugitives et les détails de la matière au lieu d'embrasser des ensembles plus ou moins stables. Ce jour-là, les hommes se sentiront à l'étroit dans l'espace où les sociétés modernes s'étaient déplacées et où, encouragées par la constatation de quelques relations précises, elles avaient cru trouver la loi et l'image exacte de l'univers. A ce moment éclatera un conflit — non pas à deux mais à trois — entre les artistes — devenus les techniciens d'une civilisation morte — le public et les novateurs. Le XIXe siècle finissant sortira positivement du cadre euclidien et mythique que lui avait légué la Renaissance. A un monde nouveau, attaché à de nouvelles échelles d'appréciations et de valeurs, il faudra un nouvel espace.

P. Francastel[1], *Naissance d'un espace,* Recueil d'études de sociologie de l'art, collection Médiations, Éd. Denoël-Gonthier, 1970, p. 188.

1. Écrivain d'art français, spécialiste de la sociologie de l'art (1900-1970).

Exercices

1. Nous avons ci-dessus défini plusieurs acceptions du mots « espace » ; repérez-les dans les différents textes.

2. Relevez les coïncidences et les oppositions entre les textes [4] et [5].

3. Le texte [6] s'oppose à la conception kantienne de l'espace ; cherchez s'il s'applique bien aux textes [1] et [2]. Ces textes parlent-ils de la même chose ?

4. « Les choses sont *dans* l'espace », dit-on couramment ; l'espace peut-il être considéré comme un récipient (ou un réceptacle) ?

5. Le temps a souvent été personnifié, voire divinisé. L'espace pourrait-il l'être ?

Sujets de dissertation

1. « On ne trouve pas l'espace, il faut toujours le construire. » Que pensez-vous de cette affirmation de Bachelard ?
2. L'espace est-il un corps imaginaire ?
3. « L'espace marque de ma puissance, le temps de mon impuissance. » Expliquez et discutez cette formule de Lagneau.

Corrélats

la perception - le temps - théorie et expérience - logique et mathématiques

POUR EN SAVOIR PLUS

Bachelard (G.), *la Poétique de l'espace*, Éd. P.U.F.

Francastel (P.), *Peinture et société*, Éd Gallimard.

Kant (E.), *Critique de la Raison pure*, « Esthétique transcendantale », Éd. P.U.F.

Koyré (A.), *Du monde clos à l'univers infini*, Éd. P.U.F.

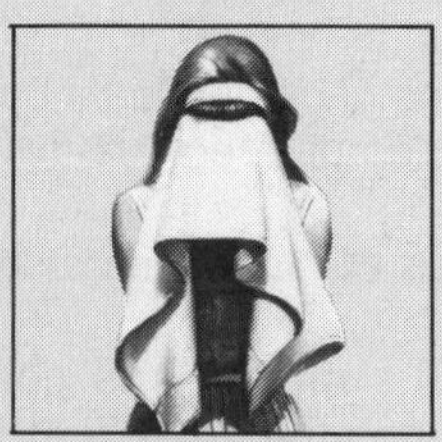

7

La perception

"Towelling off",
Wayne Thiebaud.
Collection privée.
Courtesy : Allan Stone Gallery.
$30^{5/8} \times 24^{5/8}$.

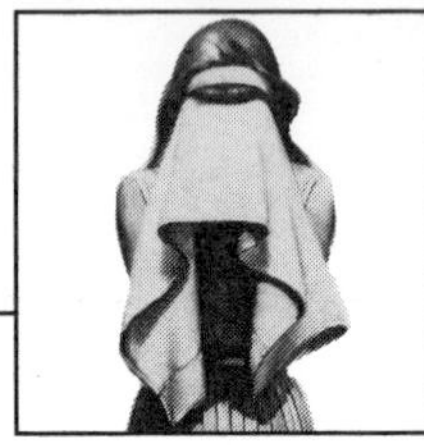

Introduction

A la rencontre du monde

La perception est notre rencontre avec les objets qui nous entourent : c'est donc à la fois l'évidence de leur présence et une somme de renseignements sur eux. Le monde est là, quoi que je puisse en penser (textes 1 et 2). Nous disons alors que nous voyons, entendons, touchons... telle et telle chose. Le mot percevoir convient quel que soit le moyen sensoriel par lequel se fait cette rencontre. Il arrive qu'en étudiant la perception l'on s'en tienne à la vue ; il faut se garder d'oublier les autres sens qui accompagnent, complètent et parfois suppléent la vue. Les différents sens sont coordonnés. Platon rappelait que les sens ne sont pas comparables à autant de guetteurs distincts logés en nous comme les guerriers dans le cheval de bois de la légende[1].

A partir de ce tout originaire qu'est la perception, l'attention peut s'orienter de plusieurs façons. Elle peut privilégier l'objet, sa vérité objective, c'est-à-dire ceux de ses aspects qui sont susceptibles de donner lieu à des représentations concordantes chez tous les observateurs. Elle peut, au contraire, opérer un retour réflexif sur le sujet, sur les événements qui se produisent en lui, conscients ou susceptibles d'affleurer à la conscience, bref, sur la subjectivité.

L'objectif et le subjectif

Dans le premier cas, c'est-à-dire selon la voie de l'objectivité, la perception est confrontée à la science. Est-elle un premier pas vers elle ou une impasse dont il faut sortir violemment ? Alain et Bachelard apportent à cette question des réponses différentes, mais également nuancées. Dans la première hypothèse, la perception est considérée comme une forme authentique de savoir : « bien percevoir, c'est déjà bien penser ». Dans le second cas, c'est-à-dire selon la voie subjective, la tâche de la réflexion est d'amener à l'expression la vie de la conscience, non déformée par les préjugés du langage. C'est ce que fait Merleau-Ponty, suivant la voie ouverte par Husserl dans une perspective dite « phénoménologique »[2]. La fameuse analyse du morceau de cire de Descartes[3] illustre la première orientation. Merleau-Ponty — qui représente ici le second point de vue — reproche à Descartes de perdre de vue la cire perçue pour définir la cire du physicien (textes 3 à 7).

1. *Théétète*, 184, d.
2. Selon cette perspective, on s'attache à décrire les phénomènes préalablement à toute tentative de conceptualisation ou d'explication.
3. Voir le chapitre « Théorie et expérience », texte 1, p. 355.

Le corps médiateur entre moi et le monde

Toutefois cette trop simple dichotomie doit être remise en cause puisqu'elle ne prend pas en considération l'instance primordiale de la perception qui n'est autre que le corps. Quand, par exemple, je dis que j'ai vu « de mes propres yeux » un événement quelconque, je fais intervenir quelque chose qui n'est ni l'objet perçu, ni la conscience (le sujet) : mon propre corps, qui est tel que tantôt je m'identifie à lui, tantôt je m'en distingue. Pour qui observe mon corps, la perception est une conduite signifiante et adaptative. Son étude ressortit à la psychologie scientifique plus qu'à la philosophie. Nous n'en retiendrons donc que le trait principal[1] : l'information dans les voies nerveuses est traitée, codée, décodée, recodée. Ce traitement intègre des données d'origine variée (souvenirs), comble les lacunes. Il sélectionne le plus intéressant, est lié à l'action par des effets en retour.

Deux modèles du phénomène perceptif

L'emploi du langage de l'informatique et de la cybernétique[2] pour analyser et décrire le phénomène perceptif n'est pas une simple métaphore, bien qu'il y ait transport de vocabulaire du champ des objets techniques à celui du corps humain. Ces objets, en effet, simulent certaines des propriétés du vivant. Ils fournissent en retour à la science un modèle permettant de penser ces mêmes propriétés. A l'époque des automates de Vaucanson, l'on interprétait les gestes des vivants par leviers et ressorts. L'on trouvera chez Descartes[3] une comparaison entre la perception visuelle (par l'intermédiaire de la lumière) et tactile (par l'intermédiaire d'un bâton). Mais cette analogie traduit un modèle quelque peu désuet, et scientifiquement caduc, de la perception visuelle. Il est clair aujourd'hui que la connaissance scientifique de l'objet d'une part, l'analyse des conduites adaptatives d'autre part, la description de la conscience percevante enfin, sont des démarches distinctes dont chacune a son style propre. De même, il nous apparaît naïf d'admettre que les détails ponctuels de l'objet ont leurs correspondants dans la perception de cet objet, autrement dit que la perception comporte des éléments premiers qui seraient les sensations.

A la recherche de l'élément

Cédant au préjugé suivant lequel l'immédiat serait nécessairement le simple, calquant la science de l'esprit sur celle de la matière, une analyse qui fut longtemps classique[4] posait d'abord la sensation, véritable atome psychologique ; puis on cherchait comment les sensations se combinent pour faire une perception : était-ce par association quasi mécanique ou par acte de jugement ? Un texte de Lagneau (texte 9) nous le montre se débattant dans cette problématique. Ayant compris — sans doute le premier — que la sensation est une abstraction et non pas une donnée concrète immédiate, il montre que ce qui conduit à l'idée de sensation, c'est une analyse des conditions de la perception, non la décomposition d'un tout dont les éléments seraient réels.

1. Ici, nous empruntons les données principales de notre analyse à Maurice Reuchlin, *Psychologie*, Éd. P.U.F., 1977.
2. Science constituée par l'ensemble des théories relatives aux communications et à la régulation dans l'être vivant et dans la machine.
3. *Dioptrique* (1644), Bibliothèque de la Pléiade, Éd. Gallimard, pp. 181-182.
4. Ce fut notamment celle de Condillac et de la la psychologie scientifique du XIXe siècle.

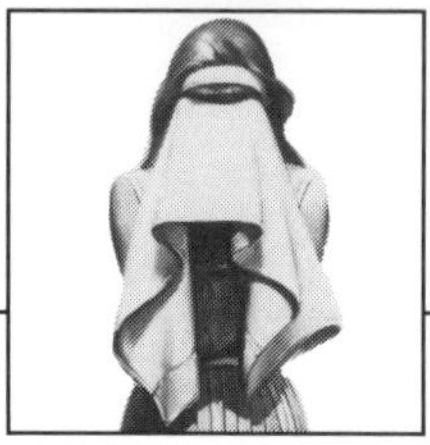

La forme, tout qui précède ses parties

Cette rectification de la notion de sensation est accomplie par d'autres méthodes dans la « Théorie de la Forme ». L'école de la Forme[1] met en lumière le primat de l'ensemble sur les éléments dans toutes les fonctions de la pensée (texte 10) mais s'attache particulièrement à l'étude de la perception (textes 9 et 10). Le meilleur exemple de forme est la mélodie musicale, dont l'unité, comme un fil invisible et signifiant, précède et commande l'agencement des éléments.

Pas plus que les sensations, la perception ne se peut expliquer isolément. La plupart des perceptions sont accompagnées de prévisions concernant d'autres perceptions du même objet ainsi que les résultats de notre action éventuelle. Or il y a des cas où cette attente est déçue, déception qui s'exprime en disant que les sens nous trompent, ce qui peut étayer de vastes méditations morales, métaphysiques et même religieuses. Mais il s'agit moins ici d'erreurs que d'illusions[2].

Les sens nous trompent-ils ?

L'erreur de perception — notamment dans ce qu'on appelle « l'illusion » perceptive (par exemple, celle du bâton brisé[3]) — est en fait une anticipation (« le bâton est effectivement brisé ») qui sera contredite par une expérience ultérieure. Elle s'explique par la défaillance des mécanismes de coordination, d'adaptation et de prévision qui constituent l'activité perceptive. Ces mécanismes, qui échappent ordinairement à l'attention, deviennent apparents précisément parce qu'ils échouent. De même, certains dessins ou figures ambigus[4] montrent l'équivocité possible des perceptions et par là même nous font pressentir l'importance des facteurs intellectuels, culturels ou affectifs que la perception met en jeu. Les sens, en eux-mêmes, ne trompent pas[5].

Le monde sensible en question

Lorsque l'on étudie la perception seulement pour elle-même, on a peine à comprendre que la réalité du monde dans son ensemble ait pu faire problème. Que je me trompe sur tel objet, il n'empêche que le monde est là. Husserl montre bien (texte 1) que même lorsque la méditation ramène tout au sujet pensant, ce pensant a un vis-à-vis, un opposé complémentaire, aussi immédiat que son propre être : l'existence du monde sensible dans son ensemble ne peut être véritablement mise en doute[6]. En vérité, les sources de cette interrogation — le monde perçu existe-t-il ? — sont métaphysiques et religieuses. A diverses époques, dans diverses cultures, s'expriment des aspirations que le monde sensible ne peut satisfaire et cette angoisse (si je me trompe parfois, peut-être que je me trompe toujours...) engendre un doute généralisé, qui, du rationnel, s'étend au sensible.

La perception est inachevée par nature

Il nous semble plus juste et éclairant de nous demander non pas si ces objets de la perception existent mais quel est leur genre d'existence ; et de souligner, tout d'abord, que toute existence est relative, et que la perception est inachevée par nature. « Relative » ne signifie pas médiocre ou fausse mais constituée par des relations : l'une de ces relations est l'apparaître lui-même, ce que Kant a

1. Illustrée en Allemagne par Koffka, Köhler et Wertheimer sous le nom de *Gestalt-psychologie* (*Gestalt* signifie forme en allemand).
2. Sur la différence entre l'erreur et l'illusion, voir le chapitre « l'Illusion », p. 87.
3. Un bâton plongé dans l'eau paraît brisé.
4. Notamment certaines gravures de M.-C. Escher qui suggèrent un objet impossible.
5. Il n'y a pas d'erreur des sens. Voir à ce sujet le texte de Lagneau, p. 94.
6. Descartes s'en explique clairement dans l'« *Abrégé* » en tête des *Méditations*. Le doute « hyperbolique » était méthodique et voué à être dépassé.

nommé phénomène en le distinguant soigneusement de l'apparence (les phénomènes sont réellement donnés, tandis que l'apparence est problématique) (textes 11 et 12). Mais le monde se réduit-il à ces phénomènes qui sont tous liés les uns aux autres ? Et lorsque l'on parle de monde, qu'entend-on par là ? Husserl répond : « la somme des objets d'une expérience possible »[1] ; mais cette somme n'est pas, et ne peut pas, être effectuée. L'expérience réelle est toujours à la fois finie et incomplète elle est une portion de cette expérience possible. D'une part, parce que toute perception d'une certaine chose (cette chaise, cet arbre) possède un arrière-plan, d'abord flou. Une investigation méthodique ferait surgir dans cet arrière-plan, des choses précises, mais ce serait une autre perception exigeant que l'on abandonne la précédente. D'autre part, une chose ne peut être donnée que sous une face (un cube, par exemple, ou bien la lune), précisément perçue et figurable, qui n'est pas le tout de l'objet. L'autre face des choses est présente virtuellement, disponible à l'exploration, mais cette exploration ne peut aboutir à une perception totale et absolue. Enfin, et c'est la relation fondamentale, la conscience est « entrelacée avec le monde »[2], mais cela ne signifie pas que les choses du monde soient inhérentes à la conscience, elles lui font face (textes 2 et 13).

Une conscience entrelacée avec le monde

Cependant je suis dans ce monde, je m'y situe par mon corps dont la place définit le point de vue à partir duquel je perçois toutes choses. Je peux croire un instant que je suis au centre du monde. C'est du moins une illusion que l'on peut prêter à un esprit enfantin (Document). Mais il n'y a pas de centre absolu ; le centre de toutes mes perspectives se déplace avec moi. Chacun le sait ; cependant l'humanité a mis longtemps à comprendre que son support naturel n'était pas au centre d'un monde fini.

Si l'on peut douter de la réalité du monde perçu, c'est donc parce que l'on cherche en lui ce qu'aucune perception ne peut donner. Si l'on oublie ces sources mystiques, le problème peut sembler fort artificiel et ne pas s'imposer à tout esprit. C'est ce qu'a ressenti un esprit fort perspicace en même temps que poète : « Je n'aurais jamais inventé de discuter de la réalité du monde sensible, car je n'eusse non plus inventé de donner au mot réalité autre sens qu'un sens fini et observable, qui ne donnât lieu à aucune hypostase[3] »..

1. *Idées directrices pour une phénoménologie*, p. 125.
2. Husserl, *Idées directrices*, p. 125.
3. Une hypostase est une abstraction que l'on transforme en une substance ou en une personne (Note citée dans Valéry, *Œuvres*, tome II, Bibliothèque de la Pléiade, Éd. Gallimard, p. 1257).

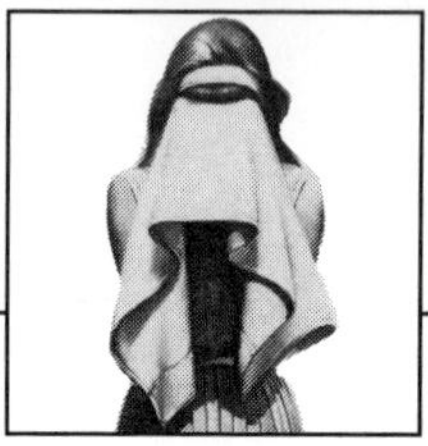

Textes

I. PRÉSENCE DU MONDE

Texte 1 HUSSERL

Un monde inépuisable est là

Pour moi des objets réels sont là, porteurs de déterminations, plus ou moins connus, faisant corps avec les objets perçus effectivement, sans être eux-mêmes perçus, ni même présents de façon intuitive. Je puis déplacer mon attention, la détacher de ce bureau que je viens de voir et d'observer attentivement, la porter, à travers la partie de la pièce que je ne voyais pas, derrière mon dos, vers la véranda, dans le jardin, vers les enfants sous la tonnelle, etc., vers tous les objets dont je « sais » justement qu'ils sont à telle ou telle place dans l'environnement immédiatement co-présent à ma conscience ; ce savoir d'ailleurs n'a rien de la pensée conceptuelle et il suffit de tourner l'attention vers ces objets, ne serait-ce que d'une façon partielle et le plus souvent très imparfaite, pour convertir ce savoir en une intuition claire.

Mais l'ensemble de ces objets *co-présents* à l'intuition de façon claire ou obscure, distincte ou confuse, et cernant constamment le champ actuel de la perception, n'épuise même pas le monde qui pour moi est « là » de façon consciente à chaque instant où je suis vigilant. Au contraire, il s'étend sans limite selon un ordre fixe d'êtres. Ce qui est actuellement perçu et plus ou moins clairement co-présent et déterminé (ou du moins déterminé par quelque côté) est pour une part traversé, pour une part environné par un *horizon obscurément conscient de réalité indéterminée.* Je peux, avec un succès variable, projeter sur lui, comme un rayon, le regard de l'attention qui soudain l'éclaire : toute une suite de présentifications chargées de déterminations, d'abord obscures, puis prenant progressivement vie, m'aident à faire surgir quelque chose ; ces souvenirs forment une chaîne, le cercle du déterminé ne cesse de s'élargir, au point que parfois la liaison s'établit avec le champ actuel de perceptions, c'est-à-dire avec l'environnement *central.* En général, le résultat est tout autre : c'est d'abord une brume stérile où tout est obscur et indéterminé ; puis elle se peuple de possibilités ou de conjonctures intuitives, et seule est tracée la « forme » du monde précisément en tant que « monde ». L'environnement indéterminé s'étend d'ailleurs à l'infini. Cet horizon brumeux, incapable à jamais d'une totale détermination, est nécessairement là.

E. Husserl, *Idées directrices pour une phénoménologie* (1913), traduction de P. Ricœur, Éd. Gallimard, 1985, p. 89.

Texte 2 HUSSERL

Le changeant et le permanent

Partons d'un exemple. Je vois continuellement cette table ; j'en fais le tour et change comme toujours ma position dans l'espace : j'ai sans cesse conscience de l'existence corporelle d'une seule et même table, de la même table qui en soi demeure inchangée. Or la perception de la table ne cesse de varier ; c'est une série continue de perceptions changeantes. Je ferme les yeux. Par mes autres sens je n'ai pas de rapport à la table. Je n'ai plus d'elle aucune perception. J'ouvre les yeux et la perception reparaît de nouveau. *La* perception ? Soyons plus exacts. En reparaissant elle n'est à aucun égard individuellement identique. Seule la table est la même : [...] elle peut être sans changer. Quant à la perception elle-même, elle est ce qu'elle est, entraînée dans le flux incessant de la conscience et elle-même sans cesse fluante[1] : le maintenant de la perception ne cesse de se convertir en une nouvelle conscience qui s'enchaîne à la précédente, la conscience du vient-*justement*-de-passer ; en même temps s'allume un nouveau maintenant. Non seulement la chose perçue en général, mais toute partie, toute phase, tout moment survenant à la chose, sont, pour des raisons chaque fois identiques, nécessairement transcendants à la perception, qu'il s'agisse de qualité première ou seconde. La couleur de la chose vue ne peut par principe être un moment réel de la conscience de couleur ; elle apparaît ; mais tandis qu'elle apparaît, il est possible et *nécessaire* qu'au long de l'expérience qui la légitime l'apparence ne cesse de changer. La *même* couleur apparaît « dans » un divers ininterrompu *d'esquisses* de couleurs *(Abschattungen)*[2]. La même analyse vaut pour chaque qualité sensible et pour chaque forme spatiale. Une seule et même forme (donnée corporellement *comme* identique) m'apparaît sans cesse à nouveau « d'une autre manière », dans des esquisses de formes toujours autres. Cette situation porte la marque de la nécessité ; de plus elle a manifestement une portée plus générale. Car c'est uniquement pour une raison de simplicité que nous avons pris pour exemple le cas d'une chose qui apparaît sans changement dans la perception. Il est aisé d'étendre la description à toute espèce de changements.

E. Husserl, *Ibid.*, p. 132.

---

1. Qui coule.
2. Nous avons traduit *Abschattung* par « esquisse », qui rend grossièrement l'idée d'une révélation fragmentaire et progressive de la chose. Profil, aspect, perspective, touche, etc., conviendraient également mais ne donnent pas de verbe pour traduire *sich abschatten*, « s'esquisser ». (Note du traducteur.)

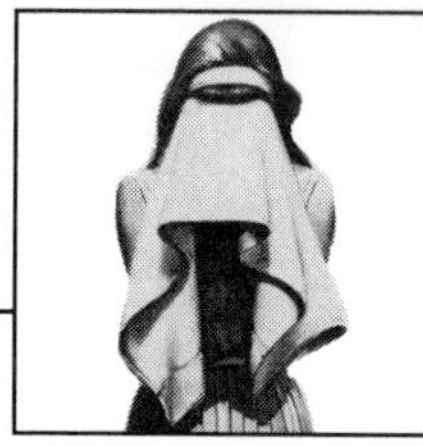

II. DE LA PERCEPTION À LA SCIENCE

Texte 3 DESCARTES

Voir ou juger ?

Nous disons que[1] nous voyons la même cire si on nous la présente, et non pas que nous jugeons que c'est la même, de ce qu'elle a même couleur et même figure ; d'où je voudrais presque conclure, que l'on connaît la cire par la vision des yeux, et non par la seule inspection de l'esprit, si par hasard je ne regardais d'une fenêtre des hommes qui passent dans la rue, à la vue desquels je ne manque pas de dire que je vois des hommes, tout de même que je dis que je vois de la cire, et cependant que vois-je de cette fenêtre sinon des chapeaux et des manteaux, qui peuvent couvrir des spectres ou des hommes feints qui ne se remuent que par ressorts, mais je juge que ce sont de vrais hommes ; et ainsi je comprends par la seule puissance de juger qui réside en mon esprit, ce que je croyais voir de mes yeux.

Descartes, *Méditations métaphysiques*, II (1641),
Bibliothèque de la Pléiade, Éd. Gallimard, 1953, p. 281.

1. Descartes vient d'analyser ce qu'il pense en percevant un morceau de cire. Voir le chapitre 17, « Théorie et expérience », texte 1 .

Texte 4 MERLEAU-PONTY

L'expérience première

Tout ce que je sais du monde, même par science, je le sais à partir d'une vue mienne ou d'une expérience du monde sans laquelle les symbole de la science ne voudraient rien dire. Tout l'univers de la science est construit sur le monde vécu et si nous voulons penser la science elle-même avec rigueur, en apprécier exactement le sens et la portée, il nous faut réveiller d'abord cette expérience du monde dont elle est l'expression seconde. La science n'a pas et n'aura jamais le même sens d'être que le monde perçu pour la simple raison qu'elle en est une détermination ou une explication. Je suis non pas un « être vivant », ou même un « homme » ou même une « conscience », avec tous les caractères que la zoologie, l'anatomie sociale ou la psychologie inductive reconnaissent à ces produits de la nature ou de l'histoire, — je suis la source absolue, mon existence ne vient pas de mes antécédents, de mon entourage physique et social, elle va vers eux et les soutient, car c'est moi qui fais être pour moi (et donc être au seul sens que le mot puisse avoir pour moi) cette tradition que je choisis de reprendre ou cet horizon dont la distance à moi s'effondrerait, puisqu'elle ne lui appartient pas comme une propriété, si je n'étais là pour la parcourir du regard. Les vues scientifiques selon lesquelles je suis un moment du monde sont toujours naïves et hypocrites, parce qu'elles sous-entendent, sans la mentionner, cette autre vue, celle de la conscience, par laquelle d'abord un monde se dispose autour de moi et commence à exister pour moi. Revenir aux choses mêmes, c'est revenir à ce monde avant la connaissance dont la connaissance parle toujours.

M. Merleau-Ponty, *Phénoménologie de la perception,* Avant-propos (1945), Éd. Gallimard, 1971, p. II-III.

Texte 5 ALAIN

La perception comme savoir concret

On vous dira : le réel est ce qu'il est ; vous n'y changerez rien ; le mieux est de l'accepter, sans tant de peine. Qu'est-ce à dire ? Vos rêves ne sont-ils pas le réel pour vous, au moment où vous rêvez ? Qu'est-ce donc que rêver, si ce n'est percevoir mal ? Et qu'est-ce que bien percevoir si ce n'est bien penser ? Cet homme, qui agite sa godille dans l'eau, il n'est pas facile à percevoir, car je vois bien qu'il se penche à droite et à gauche, et je vois bien aussi que le bateau avance par secousses, la proue tantôt ici, tantôt là. Mais, ce que je ne vois pas tout de suite, c'est que c'est cette godille, mue transversalement, qui pousse le bateau. Il faut que je voie d'abord que la godille est inclinée, par rapport aux mouvements que j'observe ; il faut ensuite que je voie en quel sens on peut dire qu'elle se meut normalement à sa surface ; et que je voie aussi comment, en un sens, elle se meut dans une direction opposée à celle du bateau ; comment l'eau est repoussée, comment le bateau s'appuie sur sa quille et glisse sur elle. Et cela, il faut que je le voie, non pas au tableau ni sur le papier une fois pour toutes, mais dans l'eau, à tel moment. Voir tout cela, c'est percevoir le bateau, et l'homme. Ne pas voir tout cela, c'est rêver qu'un bateau s'avance et qu'un homme, en même temps, fait des mouvements inutiles.

Alain, *Vigiles de l'esprit* (1942), « les Marchands de sommeil »[1], Éd. Gallimard, 1947.

1. Initialement, discours de distribution des prix, lycée Condorcet, 1904, repris en tête du recueil *Vigiles de l'esprit,* Éd. Gallimard, 1942.

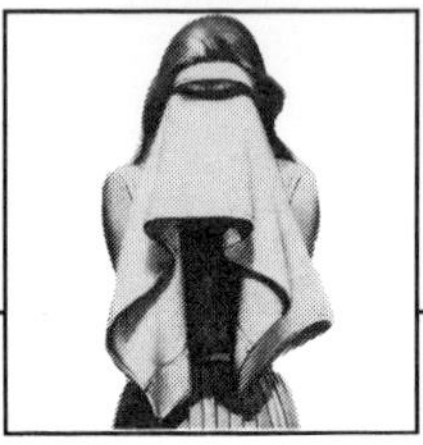

Texte 6 **ALAIN**

La science, c'est la perception droite

Si quelqu'un me demandait où il faut se placer pour s'apercevoir que le système de Copernic est vrai, je lui dirais : « Ici où vous êtes, et n'importe où. » Le système de Copernic n'est qu'une manière de penser les apparences de ces belles nuits hivernales. On dit quelquefois que Copernic a vu les choses du soleil, abandonnant par la pensée cette petite terre où l'observation est trompeuse. C'est parler trop vite. Un spectateur placé sur le soleil verrait d'autres apparences, mais ce seraient toujours des apparences ; personne ne peut jamais voir autre chose que la perspective du système de Copernic, et cette perspective dépend du point que l'on choisit ; il faut toujours remonter de l'apparence à la chose ; il n'y a point au monde de lunette ni d'observatoire d'où l'on voie autre chose que des apparences. La perception droite, ou, si l'on veut, la science, consiste à se faire une idée exacte de la chose, d'après laquelle idée on pourra expliquer toutes les apparences. Par exemple, on peut penser le soleil à deux cents pas en l'air[1] ; on expliquera ainsi qu'il passe au-dessus des arbres et de la colline ; mais on n'expliquera pas bien que les ombres soient toutes parallèles ; on expliquera encore moins que le soleil se couche au-delà des objets les plus lointains ; on n'expliquera nullement comment deux visées vers le centre du soleil, aux deux extrémités d'une base de cent mètres, soient comme parallèles. Et, en suivant cette idée, on arrive peu à peu à reculer le soleil, d'abord au-delà de la lune, et ensuite bien loin au-delà de la lune, d'où l'on conclura que le soleil est fort gros. Je ne vois point que le soleil est bien plus gros que la terre ; mais je pense qu'il est ainsi. Il n'y a point d'instrument qui me fera voir cette pensée comme vraie.

Cette remarque assez simple mettrait sans doute un peu d'ordre dans ces discussions que l'on peut lire partout sur la valeur des hypothèses scientifiques. Car ceux qui se sont instruits trop vite et qui n'ont jamais réfléchi sur des exemples simples, voudraient qu'on leur montre la vérité comme on voit la lune grossie dans une lunette. Mais, si grossie que soit la lune, elle n'est toujours qu'une apparence sur laquelle il faut raisonner. [...] Mais enfin, si je ne raisonne point, je resterai en présence d'apparences qui par elles-mêmes ne me diront rien. Je voudrais croire qu'avec une lunette plus grosse je serais bien plus savant ; toutefois ce n'est pas si simple ; à mesure qu'un instrument est plus puissant, il faut penser davantage pour en tirer quelque chose. Le microscope étourdit l'ignorant, il ne l'instruit point.

Alain, *Propos* (1942), Bibliothèque de la Pléiade, Éd. Gallimard, 1947, tome 1, p. 361.

1. Ceci est une allusion à un exemple classique d'illusion. Voir p. 90.

Texte 7 **BACHELARD**

La science exige une rupture avec le sensible

A notre avis, il faut accepter, pour l'épistémologie, le postulat suivant : l'objet ne saurait être désigné comme un « objectif » immédiat ; autrement dit, une marche vers l'objet n'est pas initialement objective. Il faut donc accepter une véritable rupture entre la connaissance sensible et la connaissance scientifique. Nous croyons en effet avoir montré, au cours de nos critiques, que les tendances normales de la connaissance sensible, tout animées qu'elles sont de pragmatisme et de réalisme immédiats, ne déterminaient qu'un faux départ, qu'une fausse direction. En particulier, l'adhésion immédiate à un objet concret, saisi comme un bien, utilisé comme une valeur, engage trop fortement l'être sensible ; c'est la *satisfaction intime* ; ce n'est pas *l'évidence rationnelle*. [...] Ce besoin de sentir l'objet, cet appétit des objets, cette curiosité indéterminée ne correspondent encore — à aucun titre — à un état d'esprit scientifique. Si un paysage est un état d'âme romantique, un morceau d'or est un état d'âme avare, une lumière un état d'âme extatique.

G. Bachelard, *la Formation de l'esprit scientifique,* Éd. Vrin, 1938, pp. 239-240.

III. L'IMMÉDIAT N'EST PAS L'ÉLÉMENTAIRE

Texte 8 **LAGNEAU**

La sensation est une abstraction

Se représenter quelque chose, c'est se l'opposer, s'en distinguer, et par conséquent se mettre en dehors de ce qu'on se représente. Cela suppose que l'être qui se représente fait de lui-même deux parts, distingue deux choses en lui, ce qu'il est en lui-même, et ce qu'il n'est qu'accidentellement, par autre chose. La condition de la représentation, c'est donc la sensation, car c'est elle qui est précisément cet élément accidentel que l'esprit reconnaît en lui-même et qu'il distingue de lui, qu'il rejette au-dehors, qu'il s'oppose comme ne lui appartenant pas. L'acte par lequel je me représente une chose, par lequel je la distingue de moi, suppose en lui-même comme sa condition celui de sentir. La sensation est cette condition de la représentation qui consiste en un changement qui se produit en nous sans nous, et qui est pour nous l'occasion de nous représenter quelque chose d'indépen-

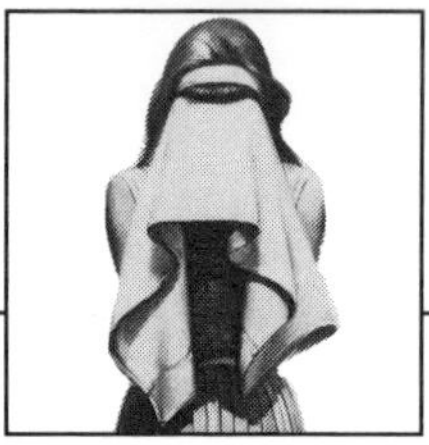

dant de nous. La sensation est comme au seuil de la connaissance, qui débute avec elle ; mais elle n'est pas encore une connaissance ; elle est une première impression intellectuelle dont il s'agira ensuite de tirer des conséquences sur la nature de l'objet qui en est la cause. Réduite à elle-même, la sensation ne fait pas atteindre l'objet extérieur ; si on ne l'interprétait pas, elle ne se rapporterait à rien. Toutefois la sensation ainsi considérée n'est réellement qu'une abstraction ; le pur sentir ne se présente jamais ; le premier objet auquel la sensation est naturellement rapportée, c'est cet objet proche et toujours présent, notre propre corps. Sentir quelque chose, c'est l'éprouver dans son propre corps.

J. Lagneau[1], *Célèbres leçons et fragments,* Éd. P.U.F., 1964.

1. Philosophe français (1851-1894).

Texte 9 GUILLAUME

Qu'est-ce qu'une forme ?

Les faits psychiques sont des *formes,* c'est-à-dire des *unités organiques qui s'individualisent et se limitent dans le champ* spatial et temporel de perception ou de représentation. Les formes dépendent, dans le cas de la perception, d'un ensemble de facteurs objectifs, d'une constellation d'excitants ; mais elles sont *transposables,* c'est-à-dire que certaines de leurs propriétés se conservent dans des changements qui affectent, d'une certaine manière, tous ces facteurs. Les formes *peuvent* présenter une *articulation intérieure,* des parties ou membres naturels possédant dans le tout des fonctions déterminées et constituant à son intérieur des unités ou formes de second ordre. La perception des différentes sortes d'éléments et des différentes sortes de rapports correspond à différents *modes d'organisation* d'un tout, qui dépendent à la fois de conditions objectives et subjectives. La correspondance qu'on peut établir entre les membres naturels d'un tout articulé et certains éléments objectifs ne se maintient pas, en général, quand ces mêmes éléments appartiennent à un autre ensemble objectif. *Une partie dans un tout est autre chose que cette partie isolée ou dans un autre tout,* à cause des propriétés qu'elle tient de sa place et de sa fonction dans chacun d'eux. Le changement d'une condition objective peut tantôt produire un changement *local* dans la forme perçue, tantôt se traduire par un changement *dans les propriétés de la forme totale.*

P. Guillaume[1], *la Psychologie de la forme,* Éd. Flammarion, 1937, p. 21.

1. Psychologue français contemporain qui fit connaître en France la théorie de la forme.

Texte 10 GUILLAUME

La distinction de la figure et du fond

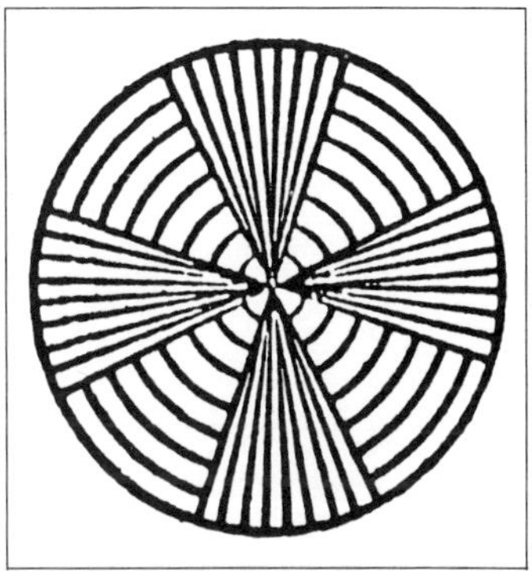

Pour la rendre plus saisissante, il n'est pas de meilleurs exemples que ceux où deux parties du champ, qui objectivement ne changent pas, peuvent être vues alternativement dans les rôles de figure et de fond. Dans le modèle ci-contre, on peut voir une croix formée par les secteurs contenant des diamètres ; elle se détache sur un fond constitué par les secteurs à cercles concentriques. On a l'impression d'un pseudo-relief de la figure qui semble faire saillie sur le fond ; cette impression s'affirme dès que la figure est appréhendée dans son unité naturelle. Une autre impression plus paradoxale encore est que le fond se continue, invisible, sous la figure ; on sent la continuité des arcs de cercles, bien qu'on n'en voie, littéralement, qu'une partie, tandis que les secteurs à diamètre paraissent limités à ce qu'on voit réellement. Il ne s'agit pas ici d'un savoir (car, à vrai dire, on ne sait rien d'une constitution cachée de ce modèle inconnu) ; il ne faut pas dire non plus qu'on « imagine » le fond sous la figure, car dans la perception spontanée de ce modèle on ne réalise pas effectivement d'image de ces parties cachées. Or, si l'on considère ce modèle pendant quelque temps, il peut s'y produire brusquement un changement. Une nouvelle figure apparaît, inattendue, surprenante : une autre croix formée par les arcs concentriques. C'est elle qui maintenant semble en relief ; l'autre a disparu, le champ correspondant fait maintenant partie du fond et ce sont les diamètres qui donnent l'impression paradoxale de s'étendre uniformément sous la figure.

Certains diamètres servent de limites aux bras de la croix ; ils *appartiennent* à la figure, ils sont *ses* contours. Le fond, lui, n'a pas là de contours propres. Lors de l'inversion des rôles, ces mêmes lignes passent à la nouvelle figure ; ils sont les contours tantôt de l'une des croix, tantôt de l'autre. La figure a une forme ; le fond n'en a pas. On ne peut guère voir simultanément les deux croix ; dès qu'on voit l'une, l'autre disparaît. [...]

Figure et fond ont tous deux leur unité, mais il y a deux types d'unités ou de totalités : celle de la figure, qui possède forme, contour, organisation, et celle du fond, qui est une continuité amorphe, indéfinie, inorganique.

P. Guillaume, *Ibid.*, p. 59.

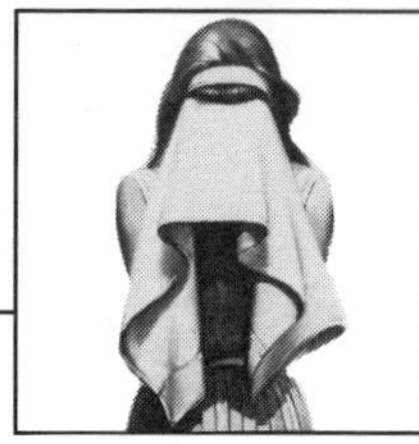

IV. LA RÉALITÉ DU SENSIBLE

Texte 11 **KANT**

L'intuition sensible

De quelque manière et par quelque moyen qu'une connaissance puisse se rapporter à des objets, le mode par lequel elle se rapporte immédiatement aux objets et auquel tend toute pensée comme au but en vue duquel elle est le moyen, est *l'intuition*. Mais cette intuition n'a lieu qu'autant que l'objet nous est donné ; ce qui n'est possible à son tour, du moins pour nous autres hommes, qu'à la condition que l'objet affecte d'une certaine manière notre esprit. La capacité de recevoir *(réceptivité)* des représentations grâce à la manière dont nous sommes affectés par les objets se nomme *sensibilité*. Ainsi, c'est au moyen de la sensibilité que des objets nous sont *donnés*, seule elle nous fournit des *intuitions ;* mais c'est l'entendement qui *pense* ces objets et c'est de lui que naissent les *concepts*. Et il faut que toute pensée, soit en ligne droite *(directe)*, soit par détours *(indirecte)*, se *rapporte finalement* à des intuitions, par conséquent, chez nous, à la sensibilité, parce que nul objet ne peut nous être donné d'une autre façon.

L'impression d'un objet sur la faculté représentative, en tant que nous en sommes affectés, est la *sensation*, et l'intuition qui se rapporte à l'objet au moyen de la sensation s'appelle *empirique*.

Kant, *Critique de la raison pure* (1781), traduction de A. Tremesaygues et B. Pacaud, Éd. P.U.F., 1980, p. 53.

Texte 12 **KANT**

Phénomène et apparence

Quand je dis que, dans l'espace et dans le temps, aussi bien l'intuition des objets extérieurs que l'intuition de l'esprit par lui-même représentent chacune leur objet comme il affecte nos sens, c'est-à-dire comme il nous apparaît, je ne veux pas dire que ces objets soient une simple *apparence*. En effet, dans le phénomène, les objets et les manières d'être que nous leur attribuons sont toujours considérés comme quelque chose de réellement donné ; seulement, en tant que cette manière d'être ne dépend que du mode d'intuition du sujet, dans son rapport à l'objet donné, cet objet est distinct comme *phénomène* de ce qu'il est comme objet *en soi*. Aussi, je ne dis pas que les corps *paraissent* simplement exister hors de moi, ou que mon âme *paraît* seulement être donnée dans la conscience que j'ai de moi-même, lorsque j'affirme que la qualité de l'espace et du temps, que je prends comme condition de leur existence et conformément à laquelle je me les représente, ne réside que dans mon mode d'intuition et non dans ces objets en eux-mêmes. Ce serait ma propre faute si je ne voyais qu'une simple apparence dans ce que je devrais regarder comme un phénomène.

Kant, *Ibid.*, pp. 73-74.

Texte 13 SARTRE

La conscience dans le monde

Husserl ne se lasse pas d'affirmer qu'on ne peut pas dissoudre les choses dans la conscience. Vous voyez cet arbre-ci, soit. Mais vous le voyez à l'endroit même où il est : au bord de la route, au milieu de la poussière ; seul et tordu sous la chaleur, à vingt lieues de la côte méditerranéenne. Il ne saurait entrer dans votre conscience, car il n'est pas de même nature qu'elle. [...] Mais Husserl n'est point réaliste : cet arbre sur son bout de terre craquelé, il n'en fait pas un absolu qui entrerait, par après, en communication avec nous. La conscience et le monde sont donnés d'un même coup : extérieur par essence à la conscience, le monde est, par essence, relatif à elle. C'est que Husserl voit dans la conscience un fait irréductible qu'aucune image physique ne peut rendre. Sauf, peut-être, l'image rapide et obscure de l'éclatement. Connaître, c'est « s'éclater vers », s'arracher à la moite intimité gastrique pour filer, là-bas, par-delà soi, vers ce qui n'est pas soi, là-bas, près de l'arbre et cependant hors de lui, car il m'échappe et me repousse et je ne peux pas plus me perdre en lui qu'il ne se peut diluer en moi : hors de lui, hors de moi. Est-ce que vous ne reconnaissez pas dans cette description vos exigences et vos pressentiments ? Vous saviez bien que l'arbre n'était pas vous, que vous ne pouviez pas le faire entrer dans vos estomacs sombres et que la connaissance ne pouvait pas, sans malhonnêteté, se comparer à la possession. Du même coup, la conscience s'est purifiée, elle est claire comme un grand vent, il n'y a plus rien en elle, sauf un mouvement pour se fuir, un glissement hors de soi. [...] Si, par impossible, vous entriez « dans » une conscience, vous seriez saisi par un tourbillon et rejeté au-dehors, près de l'arbre, en pleine poussière, car la conscience n'a pas de « dedans » ; elle n'est rien que le dehors d'elle-même et c'est cette fuite absolue, ce refus d'être substance qui la constituent comme une conscience. Imaginez à présent une suite liée d'éclatements qui nous arrachent à nous-mêmes, qui ne laissent même pas à un « nous-mêmes » le loisir de se former derrière eux, mais qui nous jettent au contraire au-delà d'eux, dans la poussière sèche du monde, sur la terre rude, parmi les choses ; imaginez que nous sommes ainsi rejetés, délaissés par notre nature même dans un monde indifférent, hostile et rétif ; vous aurez saisi le sens profond de la découverte que Husserl exprime dans cette fameuse phrase : « Toute conscience est conscience *de* quelque chose. »

J.-P. Sartre, *Situations* I (1947), Éd. Gallimard, 1969, p. 32.

DOCUMENT

Le centre du monde

Dans un Moyen Age de fantaisie, deux enfants élevés ensemble font une escapade jusqu'au donjon du château qu'ils habitent.

A peu de temps de là, Abeille et Georges montèrent un jour, sans qu'on les vît, l'escalier du donjon qui s'élevait au milieu du château des Clarides. Parvenus sur la plate-forme, ils poussèrent de grands cris et battirent des mains.

Leur vue s'étendait sur des coteaux coupés en petits carrés bruns ou verts de champs cultivés. Des bois et des montagnes bleuissaient à l'horizon lointain.

« Petite sœur, s'écria Georges, petite sœur, regarde la terre entière !

— Elle est bien grande, dit Abeille.

— Mes professeurs, dit Georges, m'avaient enseigné qu'elle était grande ; mais comme dit Gertrude, notre gouvernante, il faut le voir pour le croire. »

Ils firent le tour de la plate-forme.

« Vois une chose merveilleuse, petit frère, s'écria Abeille. Le château est situé au milieu de la terre et nous, qui sommes sur le donjon qui est au milieu du château, nous nous trouvons au milieu du monde. Ha ! ha ! ha ! »

En effet, l'horizon formait autour des enfants un cercle dont le donjon était le centre.

« Nous sommes au milieu du monde, ha ! ha ! ha ! » répéta Georges.

Puis tous deux se mirent à songer.

« Quel malheur que le monde soit si grand ! dit Abeille : on peut s'y perdre et y être séparé de ses amis. »

Georges haussa les épaules :

« Quel bonheur que le monde soit si grand ! on peut y chercher des aventures. Abeille, je veux, quand je serai grand, conquérir ces montagnes qui sont tout au bout de la terre. C'est là que se lève la lune ; je la saisirai au passage et je te la donnerai, mon Abeille.

— C'est cela ! dit Abeille ; tu me la donneras et je la mettrai dans mes cheveux. »

A. France, *Abeille, Œuvres* (1882), Bibliothèque de la Pléiade, Éd. Gallimard, tome 1, 1984, p. 658.

Vue générale d'une ville au bord de la mer. Collection Maison de V. Hugo. Musée Victor Hugo.

Exercices

1. Cherchez dans les dictionnaires usuels (Littré, Robert, Larousse...) les différentes acceptions du mot « forme ». Comparez avec le sens du mot dans les textes [8] et [9].

2. Vous trouvez dans le texte [9] une définition de la notion de forme. Montrez comment elle peut s'appliquer à une mélodie musicale.

3. « Phénomène, phantasme (ou fantasme), fantastique, fantasmagorie, apparence, apparition » : cherchez ces mots dans un dictionnaire, précisez les nuances, les oppositions.

4. Quel est le mode de réalité de la musique dans un disque (ou une cassette) quand on ne le joue pas ? dans un appareil (phono, radio) qui émet en l'absence de tout auditeur ? dans une partition ?

5. « Le microscope étourdit l'ignorant, il ne l'instruit point. » Que signifie exactement cette formule d'Alain (texte [6]) ?

Sujets de dissertation

1. Le réel se réduit-il à ce que l'on perçoit ?
2. La vision peut-elle être le modèle de toute connaissance ?
3. Quand nous percevons, comment savons-nous que nous ne rêvons pas ?

Corrélats

l'illusion - l'espace - théorie et expérience - la vérité

POUR EN SAVOIR PLUS

Alain, *Propos* I et II, Bibliothèque de la Pléiade, Éd. Gallimard.
Guillaume (P.), *la Psychologie de la forme*, Éd. Flammarion.
Lagneau (J.), *Célèbres leçons et fragments*, Éd. P.U.F.

Descartes (R.), *Méditations* I et II, Éd. Garnier-Flammarion ou 10-18.
Guillaume (P.), *la Psychologie animale*, Éd. A. Colin.
Piaget (J.), *la Psychologie de l'intelligence*, Éd. A. Colin.

Husserl (E.), *Idées directrices pour une phénoménologie*, Éd. Gallimard.
Kant (E.), *Critique de la raison pure*, Éd. P.U.F.
Merleau-Ponty ((M.), *la Phénoménologie de la perception*, Éd. P.U.F.

8

La mémoire

Dans le cadre miroir n° 2, A. Fleischer, 1986.

Introduction

Deux confusions à éviter

Dépasser l'instant, tenir tout un laps de temps dans l'unité d'un acte d'attention est une propriété fondamentale de la pensée, sans laquelle il n'y a pas de conscience. Mais là n'est pas la mémoire. Cette rétention du passé immédiat a sans doute des conditions neurologiques et, de ce point de vue, pourrait être considérée comme une mémoire à très court terme, mais la fonction de la mémoire proprement dite suppose une intermittence de l'attention, une disponibilité de ce qui n'est pas actuellement objet de pensée. Ne ressortissent pas non plus à la mémoire les traces du passé dans les choses, les objets qui soutiennent le souvenir (reliques, pense-bêtes, mémentos). Tant qu'il s'agit d'objets, ce qui demeure du passé, c'est du présent. Il appartient au spectateur de déchiffrer ce présent comme signifiant le passé (texte 1).

C'est pourtant la permanence d'un passé devenu présent qui sert de métaphore pour décrire la mémoire, « vaste palais » selon saint Augustin[1], « trésor », « magasin ». D'autres diront « empreinte », « pli » (comme d'un papier plié et déplié), « trace », « cicatrice », « inscription », enfin « codage ». Toutes ces formules ne sont pas équivalentes : en affinant la métaphore, l'on passe de l'image sommaire (la mémoire-récipient) à des modèles analogiques qui, en simulant une fonction, aident à la connaître. La mémoire de l'ordinateur fournit des symboles et des hypothèses pour penser la mémoire de l'informaticien, qui n'est pas une copie de la chose, mais un codage qui la signifie.

Plusieurs fonctions sous un seul nom

A décrire la mémoire humaine tantôt comme le montage d'un automate, tantôt comme le dressage d'un animal, on obtient des résultats précis et sûrs, souvent utiles, mais qui laissent de côté le souvenir lui-même, entendons par là une forme de la conscience qui a pour objet le passé. C'est qu'en réalité plusieurs fonctions sont réunies sous le nom de mémoire (texte 2).

Bergson a décrit deux sortes de présence du passé dans la pensée actuelle (texte 3) pour lesquelles il propose les termes d'habitude et de souvenir pur. La première s'explique par des mécanismes cérébraux ; le second se conserverait de lui-même intégralement et serait seulement masqué par les exigences de l'action présente.

Que la mémoire ne soit pas une faculté, mais une architecture complexe de fonctions, les amnésies le montrent dans leur diversité. C'est ainsi que Jean Delay décrit une architecture à trois niveaux (texte 4) : un automatisme mécanique, une conservation intime et spontanée (mémoire « autistique[2] »), enfin une synthèse mentale supérieure : la conduite du récit (voir ci-dessous).

1. *Confessions*, Livre X, 12.
2. De « autisme » : détachement de la réalité, accompagné d'une prédominance de la vie intérieure ; d'où la rupture du lien avec autrui et avec le monde réel.

Apprentissage et dressage

Considérée de façon objective, en tant que comportement, la mémoire se présente d'abord comme un apprentissage — et cela aussi bien chez l'animal que chez l'homme. La conduite actuelle d'un organisme devant une certaine situation dépend de ses expériences antérieures. L'on peut appeler mémoire l'ensemble des mécanismes par lesquels un apprentissage reste disponible pendant un certain temps. Ces mécanismes permettent le dressage : les réponses qui sont suivies d'un état satisfaisant pour l'organisme sont renforcées, les autres sont affaiblies. Les conduites entraînant une réussite tendent à se reproduire[1]. Mais la mémoire comme conscience, c'est-à-dire le souvenir, n'entre pas en compte dans cette description — et les études ont pu porter sur des rats, des mollusques, des vers de vase aussi bien que sur des êtres humains.

Même dans les organismes les plus simples, l'apprentissage se montre différent des traces purement passives qui peuvent marquer la matière inerte. L'apprentissage est une réponse du vivant aux défis de son milieu. A plus forte raison, la différence se marque lorsque la mémorisation porte sur des tâches complexes, chez un sujet capable de langage ; chez lui, le souvenir est une pensée. Un matériel significatif se retient mieux et autrement qu'un amas dépourvu de sens. Un homme peut être instruit par une épreuve unique, s'il l'énonce en paroles et y réfléchit, s'il y découvre une unité logique. Les apprentissages mécaniques eux-mêmes peuvent prendre un sens différent s'ils sont voulus par le sujet même qui les subit (texte 6).

La « conduite du récit »

Sous le nom de conduite du récit, Jean Delay, continuant une piste ouverte par Pierre Janet[2], montre en quoi la mémoire est une fonction sociale. Il ne s'agit pas seulement de ces cadres sociaux de la mémoire[3] par lesquels nous datons les souvenirs en les plaçant dans une architecture d'histoire collective (C'était l'année de tel conflit politique, puisque la rue était coupée par une manifestation où l'on entendait tel slogan, etc.). C'est de plus une forme de relation avec autrui, engageant la responsabilité sociale du sujet : le souvenir est alors témoignage, avertissement, information. Le but peut être pratique (coordonner les actions) ; il peut aussi renforcer le sentiment de communauté que donne le partage des confidences. Le récit, en premier lieu, vise la vérité de l'information. Mais en même temps, il est construit selon l'idée de ce qui a dû arriver, de ce que les auditeurs attendent, de ce qu'ils peuvent comprendre et ont intérêt à savoir. Intervient aussi l'idée que je me fais de moi-même et ce que je veux en communiquer. Acte d'un individu, mais dans une fonction sociale, la conduite du récit est à la fois mémoire individuelle et mémoire collective. Ainsi naissent légendes et rumeurs. Ce concept de conduite du récit éclaire même le souvenir intime. Si « penser, c'est parler à soi », l'on peut dire que se souvenir, c'est se raconter à soi. Mais le souvenir s'aide souvent d'un interlocuteur fictif ou projeté dans l'avenir, ou présent à une intuition intime. Tel se raconte pour la postérité, tel autre pour un ami absent. Ainsi la connaissance de soi passe par un rapport à autrui : écoute du psychanalyste ou présence du Dieu intérieur devant qui Augustin se raconte[4].

---

1. Voir les travaux de Skinner, psychologue américain. On en trouvera un résumé dans M. Reuchlin, *Psychologie*, Éd. P.U.F., 1984.
2. Philosophe et psychiatre français (1859-1947).
3. Maurice Halbwachs, *les Cadres sociaux de la mémoire*, Éd. P.U.F., 1925.
4. Saint Augustin, *Confessions*, Livre I.

L'oubli

L'oubli est pris communément de façon purement négative comme une défaillance ou limitation de la mémoire. C'est bien ce qu'il est souvent, et de façon manifeste dans les diverses amnésies (texte 5). Il est pourtant facile de concevoir qu'une mémoire totale, sans choix et sans tri, ne serait nullement une mémoire parfaite (Document). Elle serait une paralysie de la connaissance et de l'action. La mémoire choisit soit selon les exigences de l'attention au réel (texte 7), soit selon les besoins et désirs de l'affectivité. Il faut rappeler que la mémoire n'est pas un récipient mais une architecture fonctionnelle, « l'oubli est le gardien de la mémoire » (Delay). C'est ainsi que l'on a pu reconnaître dans certaines hypermnésies (mémoire excessive, « mémoire autistique » de Delay, texte 4) une défaillance de la fonction et non pas son exagération. Parfois un choix moral de l'oubli, un refus du souvenir, est un moyen de se tourner vers la vie (texte 8).

Le souvenir, pouvoir de l'imaginaire

Il n'appartient qu'à la conscience de pouvoir viser un objet absent. Qu'il soit tout à fait inexistant, présent ailleurs ou existant en d'autres temps, toujours est-il qu'il est absent. Le souvenir est un cas particulier de ce pouvoir de l'imaginaire. Le souvenir est présent, non pas comme une chose, mais comme une pensée. L'objet du souvenir est dans le passé, c'est-à-dire qu'il n'est pas, car dans le passé, il fut. Loin d'être la résurrection d'un état de conscience ancien, le souvenir est incompatible avec cette reviviscence. La malade que Pierre Janet[1] appelle Irène n'a su se souvenir du drame qui l'avait abattue qu'en cessant de le revivre en état de somnambulisme. Cette relation entre souvenir et oubli est d'une grande importance dans l'œuvre de Freud[2]. Le symptôme, expression d'un passé toujours présent, disparaît lorsque le patient parvient à l'exprimer comme passé révolu. Une certaine remémoration, consciente et construite, accompagne une autre sorte d'oubli — non l'amnésie[3] mais le pouvoir de se tourner vers le présent et l'avenir. La coutume de la confession et du repentir semble avoir reconnu et utilisé ce processus.

On comprend dès lors que si les descriptions du souvenir en termes de provisions dans un entrepôt relèvent d'une imagerie très sommaire, c'est qu'elles font d'une pensée une chose — image en réduction de l'objet autrefois perçu. Erreur que Sartre dans *l'Imaginaire* dénonce sous le nom d'illusion d'immanence, c'est-à-dire illusion d'avoir « dans l'esprit » une réplique de l'objet absent. Si le souvenir était comparable à une chose (image, portrait, trace), il serait du présent. Or le passé (comme l'avenir) ne peut avoir d'existence que par l'esprit qui seul a ce pouvoir de synthèse qui unit les diverses phases du temps.

---

1. « L'évolution de la mémoire et la notion de temps », cours du Collège de France, Éd. Chaline, 1928.
2. Voir la malade désignée comme « Anna O » dans les *Études sur l'hystérie* de Freud et de Breuer (1895), Éd. P.U.F., 1971.
3. Perte totale ou partielle de la mémoire, survenant souvent à la suite d'un choc physique ou psychique.

Une fabulation sincère

Si, comme forme de conscience, le souvenir est une variante de l'imaginaire, il ne faut pas oublier qu'à la différence des libres fantaisies, il vise la vérité. Vérité partageable grâce à la conduite du récit. Mais celui qui raconte n'use pas des méthodes critiques d'un historien. Il croit ce qu'il dit, mais construit son récit, d'autant plus qu'il est plus intimement intéressé au souvenir ; « ce que l'on dit de soi est poésie » (Renan). On a pu montrer la fragilité des témoignages les plus sincères qui n'en sont pas moins arrangés et ornés suivant des croyances préalables. Le récit est porteur de sens, ou plutôt de plusieurs sens superposés. L'intention de dire vrai est recoupée et altérée par l'intention de plaire... ou de déplaire, de montrer ou de cacher ses sentiments, d'agir sur autrui, de sauvegarder des convenances. Rousseau, au moment même où il proclame son intention de sincérité, avoue quelques « ornements » qu'il prétend indifférents. On soupçonne qu'ils ont plus de sens qu'il ne veut bien l'admettre.

Le passé comme projet

Décider ce qui, du passé, sera tenu pour significatif et important, c'est faire de ma biographie inachevée un tout. Il dépend de ma liberté actuelle de constituer, d'accepter ou d'altérer ce tout, car selon le mot de Sartre : « La seule force du passé lui vient du futur » (texte 9). Et même s'il y a dans le passé des éléments immuables, des « faits bruts », c'est moi — librement — qui en choisis le sens, donnant ainsi à ma mémoire sa fonction et sa portée véritable.

Textes

Texte 1 LÉVI-STRAUSS

Le passé déchiffré dans le présent

Je range encore parmi mes plus chers souvenirs, moins telle équipée dans une zone inconnue du Brésil central que la poursuite au flanc d'un causse languedocien de la ligne de contact entre deux couches géologiques. Il s'agit là de bien autre chose que d'une promenade ou d'une simple exploration de l'espace : cette quête incohérente pour un observateur non prévenu offre à mes yeux l'image même de la connaissance, des difficultés qu'elle oppose, des joies qu'on peut en espérer.

Tout paysage se présente d'abord comme un immense désordre qui laisse libre de choisir le sens qu'on préfère lui donner. Mais, au-delà des spéculations agricoles, des accidents géographiques, des avatars de l'histoire et de la préhistoire, le sens auguste entre tous n'est-il pas celui qui précède, commande et, dans une large mesure, explique les autres ? Cette ligne pâle et brouillée, cette différence souvent imperceptible dans la forme et la consistance des débris rocheux témoignent que là où je vois aujourd'hui un terroir aride, deux océans se sont jadis succédé. Suivant à la trace les preuves de leur stagnation millénaire et franchissant tous les obstacles — parois abruptes, éboulements, broussailles, cultures — indifférent aux sentiers comme aux barrières, on paraît agir à contresens. Or, cette insubordination a pour seul but de recouvrer un maître sens, obscur sans doute, mais dont chacun des autres est la transposition partielle ou déformée.

Que le miracle se produise, comme il arrive parfois ; que, de part et d'autre de la secrète fêlure, surgissent côte à côte deux vertes plantes d'espèces différentes, dont chacune a choisi le sol le plus propice ; et qu'au même moment se devinent dans la roche deux ammonites aux involutions inégalement compliquées, attestant à leur manière un écart de quelques dizaines de millénaires : soudain l'espace et le temps se confondent ; la diversité vivante de l'instant juxtapose et perpétue les âges. La pensée et la sensibilité accèdent à une dimension nouvelle où chaque goutte de sueur, chaque flexion musculaire, chaque halètement deviennent autant de symboles d'une histoire dont mon corps reproduit le mouvement propre, en même temps que ma pensée en embrasse la signification. Je me sens baigné par une intelligibilité plus dense, au sein de laquelle les siècles et les lieux se répondent et parlent des langages enfin réconciliés.

C. Lévi-Strauss, *Tristes Tropiques* (1955),
Éd. Plon, Presses Pocket, 1984, p. 58.

Texte 2 A DESCARTES

Deux mémoires ?

J'admets un double pouvoir de la mémoire ; dans l'âme de l'enfant, je suis persuadé qu'il n'y a jamais eu d'intellection pure, mais seulement des sensations confuses ; et bien que ces sensations confuses laissent dans le cerveau certaines de leurs traces qui y demeurent toute la vie, ces traces ne suffisent cependant pas pour nous faire reconnaître que les sensations qui nous surviennent étant adultes sont semblables à celles que nous avons eues dans le ventre de notre mère, et pour que nous en ayons ainsi le souvenir ; parce que cela dépend d'une certaine réflexion de l'entendement ou de la mémoire intellectuelle dont il n'y a pas eu d'exercice dans le ventre de la mère. Mais il semble nécessaire que l'âme pense toujours actuellement parce que la pensée constitue son essence, ainsi que l'extension constitue la nature du corps ; et la pensée n'est pas conçue comme un attribut qui peut être présent ou absent, ainsi que l'on conçoit dans le corps la division des parties ou le mouvement.

Descartes, *Lettre à Arnauld* (4 juin 1648),
Bibliothèque de la Pléiade, Éd. Gallimard, 1953, p. 1303.

Texte 2 B DESCARTES

Une mémoire accompagnée de réflexion

Il ne suffit pas pour nous souvenir d'une chose que cette chose se soit offerte auparavant à notre esprit et qu'elle ait laissé dans le cerveau quelques traces à l'occasion desquelles cette même chose se présente de nouveau à notre pensée ; mais il est requis en sus[1] que nous reconnaissions, lorsqu'elle se présente pour la deuxième fois, que cela se fait parce qu'elle a été aperçue auparavant par nous. Souvent ainsi se présentent à l'esprit des poètes des vers qu'ils ne se sont pas rappelés avoir jamais lus chez d'autres, qui cependant ne se présenteraient pas tels à leur esprit s'ils ne les avaient pas lus ailleurs.

D'où il suit évidemment que l'exercice de la mémoire ne s'accommode pas de toutes les traces qui ont été laissées dans le cerveau par les pensées précédentes, mais de celles-là seulement qui sont telles que l'esprit reconnaisse qu'elles n'ont pas toujours été en nous, mais qu'elles sont un jour nouvellement survenues. Or, pour que l'esprit puisse reconnaître cela,

1. En plus.

j'estime qu'il a dû lors de la première impression se servir de l'intellection pure, pour remarquer que la chose qui s'offrait alors à notre esprit était nouvelle, c'est-à-dire qu'elle n'avait jamais été aperçue auparavant ; car il ne peut y avoir aucune trace corporelle de cette nouveauté. C'est ainsi que si j'ai écrit quelque part que les pensées des enfants[1] ne laissent aucunes traces dans leur cerveau, j'ai entendu parler de ces traces qui sont propres à l'exercice de la mémoire, c'est-à-dire de celles que lors de leur impression nous reconnaissons comme nouvelles par l'intellection pure. En même façon, nous disons qu'il n'y a point de traces d'homme sur le sable où nous ne voyons aucune empreinte d'un pied humain, encore qu'il puisse s'y trouver bien des inégalités faites par des pieds humains, qui par conséquent peuvent en un autre sens être appelées des traces d'hommes. Enfin, de même que nous distinguons entre la vision directe et la vision réfléchie, parce que celle-là résulte de la première rencontre des rayons, celle-ci de la seconde ; de même, j'appelle les premières et simples pensées des enfants (par exemple quand ils sentent de la douleur du fait qu'un vent gonfle leurs intestins, ou de la volupté du fait qu'ils sont nourris d'un sang frais), je les appelle dis-je des pensées *directes* et non réfléchies ; mais lorsqu'un adulte sent quelque chose et qu'il ne l'a pas senti auparavant, cette seconde perception, je l'appelle *réflexion* et je la rapporte à l'entendement seul, bien qu'elle soit tellement jointe à la sensation qu'elles ont lieu ensemble et ne semblent pas se distinguer l'une de l'autre.

Descartes, *Lettre à Arnauld* (29 juillet 1648),
Ibid., pp. 1306-1307.

1. Il s'agit de l'enfant « dans le ventre de sa mère ».

Texte 3 BERGSON

L'habitude et la mémoire pure

Il y a, disions-nous, deux mémoires profondément distinctes : l'une, fixée dans l'organisme, n'est point autre chose que l'ensemble des mécanismes intelligemment montés qui assurent une réplique convenable aux diverses interpellations possibles. Elle fait que nous nous adaptons à la situation présente, et que les actions subies par nous se prolongent d'elles-mêmes en réactions tantôt accomplies tantôt simplement naissantes, mais toujours plus ou moins appropriées. Habitude plutôt que mémoire, elle joue notre expérience passée, mais n'en évoque pas l'image. L'autre est la mémoire vraie. Coextensive à la conscience, elle retient et aligne à la suite les uns des autres tous nos états au fur et à mesure qu'ils se produisent, laissant à chaque fait sa place et par conséquent lui marquant sa date, se mouvant bien réellement dans le passé définitif, et non pas, comme la première, dans un présent qui recommence sans cesse. [...]

D'un côté, en effet, la mémoire du passé présente aux mécanismes sensori-moteurs tous les souvenirs capables de les guider dans leur tâche et de diriger la réaction motrice dans le sens suggéré par les leçons de l'expérience : en cela consistent précisément les associations par contiguïté et par similitude. Mais, d'autre part, les appareils sensorimoteurs fournissent aux souvenirs impuissants, c'est-à-dire inconscients, le moyen de prendre un corps, de se matérialiser, enfin de devenir présents. Il faut en effet, pour qu'un souvenir reparaisse à la conscience, qu'il descende des hauteurs de la mémoire pure jusqu'au point précis où s'accomplit l'*action*. En d'autres termes, c'est du présent que part l'appel auquel le souvenir répond, et c'est aux éléments sensorimoteurs de l'action présente que le souvenir emprunte la chaleur qui donne la vie.

H. Bergson, *Matière et mémoire* (1896),
édition du Centenaire, Éd. P.U.F., 1959, p. 292.

Texte 4 DELAY

Trois fonctions réunies

Ainsi, nous avons été amenés par l'observation clinique à distinguer et même à opposer *trois mémoires* : la mémoire sensorimotrice, la mémoire sociale, la mémoire autistique. Si nous cherchons quel est le trait commun à ces trois mémoires, nous voyons qu'il n'en existe qu'un : *le retour du passé.* La *fonction mnésique* ne peut se définir que par le retour du passé dont le mode varie selon que le passé est simplement *agi* sous forme d'automatismes sensorimoteurs, *revécu sans être reconnu,* ou *reconnu comme tel*, selon que le souvenir se rattache avec le sentiment d'appartenance qui lui est propre au plan des habitudes, à celui des images ou à celui des savoirs.

La fonction mnésique est faite de l'union hiérarchisée de ces trois mémoires qui s'étagent du plan de la synthèse mentale à celui de l'automatisme sur trois niveaux qui constitueront les trois niveaux de dissolution. Au sommet de la hiérarchie, il y a la *mémoire sociale,* synthèse mentale impliquant le jugement d'antériorité, inséparable d'un ordre logique régi par les lois rationnelles. Très au-dessous d'elle il y a la *mémoire autistique* qui n'apparaît que lorsqu'il y a désocialisation de la pensée ; elle appartient déjà au plan de l'automatisme mental mais à l'automatisme de la spontanéité et non à celui de la mécanicité ; elle témoigne d'une certaine finalité et d'une reconstruction des souvenirs non sur le mode logique et rationnel mais sur le mode pathologique et affectif régi par la loi du dynamisme inconscient. Au bas de l'échelle il y a la *mémoire sensorimotrice* dont l'automatisme est purement mécanique, régi par la loi de rédintégration[1], c'est-à-dire par la

1. Phénomène mental par lequel un état de conscience passé se reproduit quand son élément central est rappelé.

loi pure et simple de l'habitude. La pathologie clive[1] ces plans normalement superposés, faisant apparaître les différents niveaux de la fonction mnésique, mais cette désintégration se fait dans un ordre déterminé, *cette* désintégration est une dissolution.

J. Delay[2], *les Dissolutions de la mémoire*, Éd. P.U.F., 1943, p. 37.

---

1. dissocie.
2. Écrivain et psychiatre français (1907-1987).

Texte 5 DELAY

Observations cliniques

1. *Modeste*[1] est une jeune fille de 23 ans, qui à la suite d'un traumatisme cérébral (balle de revolver dans la région pariétale droite) ne sait plus reconnaître (re-connaître), les yeux fermés, les objets usuels placés dans sa main gauche. Pourtant ses sensations tactiles les plus fines sont conservées. [...] Modeste analyse à la perfection les différences de formes et de matières, mais elle *les différencie sans reconnaître* le caractère générique de l'objet, c'est-à-dire le genre auquel il appartient. Ayant à reconnaître un crayon placé dans sa main gauche, elle répond : « C'est dur, lisse, allongé, cylindrique, c'est plat à un bout, à l'autre bout il y a une pointe. » [...] Tous les malades du type de Modeste lui ressemblent en ce qu'ils ont perdu une mémoire sensorielle ou motrice isolée. Chaque sens a sa mémoire, mais les principales mémoires sont visuelles, auditives et tactiles. Leur déficit constitue les *amnésies sensorielles* ou *agnosies*. L'agnosique perçoit (ce qui le distingue d'un aveugle, d'un sourd ou d'un anesthésique) mais ne reconnaît pas ce qu'il perçoit. [...]

Je vois un second caractère commun à ces malades. Chez eux *la conduite du récit est intacte.* Modeste fait un récit du passé adapté, ordonné, objectif et elle constitue au fur et à mesure le récit du présent. Un examen un peu poussé du fonds mental la froisse, comme si elle ne se sentait atteinte que dans sa personne physique et avait seulement perdu un instrument, une technique. Le trouble psychosensoriel ou psychomoteur n'affecte pas davantage la personnalité sociale de ces malades, l'essence et la continuité de leur devenir psychique, que ne l'affecterait une perte du sens ou celle du mouvement. [...]

2. *Noémi*[2], âgée de 64 ans, est amenée à l'asile par son frère parce que depuis quelques années elle a perdu « la » mémoire.

---

1. L'observation intégrale est dans les « *Astéréo-gnosies* », Éd. Masson, 1935, pp. 405-411.
2. L'observation complète a été publiée dans *les Annales médico-psychologiques,* 1941.

N... n'a presque plus d'état civil. Elle dit son nom, son prénom, mais ne se souvient ni de son âge, ni de son adresse. Elle ne sait plus qu'elle a eu une profession, bien qu'elle ait exercé la médecine pendant vingt-cinq années et dirigé avec compétence une importante consultation hospitalière. Elle ne fixe plus aucun souvenir et oublie d'une minute à l'autre le journal qu'elle vient de lire, la réponse qu'elle vient de faire, la visite qu'elle vient de recevoir. Elle croit voir chaque jour pour la première fois les personnes avec qui elle est en contact quotidien depuis le début de sa maladie. Elle ne peut évoquer aucun souvenir relatif à son passé et aux différents groupes sociaux (familial, professionnel, etc.) auxquels elle a appartenu. Contrastant avec cette apparente abolition du passé vécu, on constate une conservation relative des connaissances didactiques apprises par cœur : les prières, les cantiques latins et français, les fables, les chansons, la table de multiplication, etc., alors qu'elle a oublié toutes les connaissances intellectuelles et en particulier les plus élémentaires de médecine. [...]

Par moments le comportement de N... devient étrange et intrigue jusqu'à ses compagnes. Elle minaude comme une petite fille et parle sur un ton puéril. Elle a grondé son « cher petit frère » qui n'a pas bien pris sa « leçon de solfège », ses « chers parents » ne vont pas être contents. On sera privé d'un « bon goûter avec cousine Élisabeth ». Puis on se promène avec « frérot » dans le parc de Versailles. Il est ensuite question d'une grotte où l'on récite des prières que N... répète en latin impeccablement, du *Pater Noster* au *Confiteor*. Son frère qui parfois assiste à ces scènes me confirme que « Versailles », « cousine Élisabeth », comme un « pèlerinage à Lourdes avec leurs parents », se rapportent à leur enfance. Si je demande à N... son âge : « Je suis une petite fille, j'ai huit ans. ».

J. Delay, *les Dissolutions de la mémoire,*
Éd. P.U.F., 1943, pp. 19-21.

Texte 6 DESCARTES

Du dressage à l'éducation

Il est utile aussi de savoir qu'encore que les mouvements, tant de la glande[1] que des esprits[2] du cerveau, qui représentent à l'âme certains objets, soient naturellement joints avec ceux qui excitent en elle certaines passions, ils peuvent toutefois par habitude en être séparés et joints à d'autres fort différents, et même que cette habitude peut être acquise par une seule action, et ne requiert point un long usage. Ainsi, lorsqu'on rencontre inopinément quelque chose de fort sale en une viande qu'on mange

1. Petite glande située en avant du cervelet, appelée également épiphyse. Descartes lui attribue un rôle décisif dans le fonctionnement du système nerveux.
2. Les esprits animaux sont la partie la plus subtile du sang, distillée dans les nerfs et le cerveau : « Ce que je nomme ici les esprits ne sont que des corps [...] très petits et qui se remuent très vite » (*les Passions de l'âme,* article 10).

avec appétit, la surprise de cette rencontre peut tellement changer la disposition du cerveau qu'on ne pourra plus voir par après de telle viande qu'avec horreur, au lieu qu'on la mangeait auparavant avec plaisir. Et on peut remarquer la même chose dans les bêtes ; car encore qu'elles n'aient point de raison ni peut-être aucune pensée, tous les mouvements des esprits et de la glande qui excitent en nous les passions ne laissent pas d'être en elles, et d'y servir à entretenir et fortifier, non pas comme en nous les passions, mais les mouvements des nerfs et des muscles qui ont coutume de les accompagner. Ainsi, lorsqu'un chien voit une perdrix, il est naturellement porté à courir vers elle ; et lorsqu'il oit[1] tirer un fusil, ce bruit l'incite naturellement à s'enfuir ; mais néanmoins, on dresse ordinairement les chiens couchants en telle sorte que la vue d'une perdrix fait qu'ils s'arrêtent, et que le bruit qu'ils oient après, lorsqu'on tire sur elle, fait qu'ils y accourent.

Or ces choses sont utiles à savoir pour donner le courage à chacun d'étudier à regarder ses passions ; car, puisqu'on peut avec un peu d'industrie changer les mouvements du *cerveau* dans les animaux dépourvus de raison, il est évident qu'on le peut encore mieux dans les hommes, et que ceux même qui ont les plus faibles âmes, pourraient acquérir un empire très absolu sur toutes leurs passions, si on employait assez d'industrie à les dresser et à les conduire.

Descartes, *les Passions de l'âme* (1646),
article 50, Bibliothèque de la Pléiade, Éd. Gallimard, 1953, pp. 721-722.

1. Du verbe *ouïr*, entendre.

Texte 7 BERGSON

Le bon usage du souvenir

Ce qui caractérise l'homme d'action, c'est la promptitude avec laquelle il appelle au secours d'une situation donnée tous les souvenirs qui s'y rapportent ; mais c'est aussi la barrière insurmontable que rencontrent chez lui, en se présentant au seuil de la conscience, les souvenirs inutiles ou indifférents. Vivre dans le présent tout pur, répondre à une excitation par une réaction immédiate qui la prolonge, est le propre d'un animal inférieur : l'homme qui procède ainsi est un *impulsif*. Mais celui-là n'est guère mieux adapté à l'action qui vit dans le passé pour le plaisir d'y vivre, et chez qui les souvenirs émergent à la lumière de la conscience sans profit pour la situation actuelle : ce n'est plus un impulsif, mais un rêveur. Entre ces deux extrêmes se place l'heureuse disposition d'une mémoire assez docile pour suivre avec précision les contours de la situation présente, mais assez énergique pour résister à tout autre appel. Le bon sens, ou sens pratique, n'est vraisemblablement pas autre chose.

H. Bergson, *Matière et mémoire* (1896), édition du Centenaire, Éd. P.U.F., 1959, p. 294.

Texte 8 NIETZSCHE

L'oubli, fonction vitale

Dans le plus petit comme dans le plus grand bonheur, il y a toujours quelque chose qui fait que le bonheur est un bonheur : la possibilité d'oublier, ou pour le dire en termes plus savants, la faculté de se sentir pour un temps *en dehors de l'histoire*. L'homme qui est incapable de s'asseoir au seuil de l'instant en oubliant tous les événements passés, celui qui ne peut pas, sans vertige et sans peur, se dresser un instant tout debout, comme une victoire, ne saura jamais ce qu'est un bonheur, et, ce qui est pire, il ne fera jamais rien pour donner du bonheur aux autres. Imaginez l'exemple extrême : un homme qui serait incapable de rien oublier et qui serait condamné à ne voir partout qu'un devenir ; celui-là ne croirait pas à son propre être, il ne croirait plus en soi, il verrait tout se dissoudre en une infinité de points mouvants et finirait par se perdre dans ce torrent du devenir. Finalement, en vrai disciple d'Héraclite[1], il n'oserait même plus bouger un doigt. Tout acte exige l'oubli, comme la vie des êtres organiques exige non seulement la lumière mais aussi l'obscurité. Un homme qui ne voudrait rien voir qu'historiquement serait pareil à celui qu'on forcerait à s'abstenir de sommeil ou à l'animal qui ne devrait vivre que de ruminer et de ruminer sans fin. Donc, il est possible de vivre presque sans souvenir et de vivre heureux, comme le démontre l'animal, mais il est impossible de vivre sans oublier. Ou plus simplement encore, *il y a un degré d'insomnie, de rumination, de sens historique qui nuit au vivant et qui finit par le détruire, qu'il s'agisse d'un homme, d'une nation ou d'une civilisation.*

Nietzsche, *Considérations inactuelles*[2] (1873), traduction de G. Bianquis,
Éd. Aubier-Montaigne, 1970, p. 205.

1. Héraclite d'Éphèse : penseur grec ionien du VIe siècle av. J.-C. (v. 570-v. 480) qui a introduit la notion de « devenir » et influencé Platon et Aristote.
2. Ce titre est parfois traduit par *Considérations intempestives*.

Texte 9 SARTRE

Le passé comme projet

Or la signification du passé est étroitement dépendante de mon projet présent. Cela ne signifie nullement que je puis faire varier au gré de mes caprices le sens de mes actes antérieurs ; mais, bien au contraire, que le projet fondamental que je suis décide absolument de la signification que peut avoir pour moi et pour les autres le passé que j'ai à être. Moi seul en effet peut décider à chaque moment de la *portée* du passé : non pas en discutant, en délibérant et en appréciant en chaque cas l'importance de tel

ou tel événement antérieur, mais en me pro-jetant vers mes buts, je sauve le passé avec moi et je *décide* par l'action de sa signification. Cette crise mystique de ma quinzième année, qui décidera si elle « a été » pur accident de puberté ou au contraire premier signe d'une conversion future ? Moi, selon que je déciderai — à vingt ans, à trente ans — de me convertir. Le projet de conversion confère d'un seul coup à une crise d'adolescence la valeur d'une prémonition que je n'avais pas prise au sérieux. Qui décidera si le séjour en prison que j'ai fait, après un vol, a été fructueux ou déplorable ? Moi, selon que je renonce à voler ou que je m'endurcis. Qui peut décider de la valeur d'enseignement d'un voyage, de la sincérité d'un serment d'amour, de la pureté d'une intention passée, etc. ? C'est moi, toujours moi, selon les fins par lesquelles je les éclaire.

Ainsi tout mon passé est là, pressant, urgent, impérieux, mais je choisis son sens et les ordres qu'il me donne par le projet même de ma fin. [...]

C'est le futur qui décide si le passé est vivant ou mort. Le passé, en effet, est originellement projet, comme le surgissement actuel de mon être. Et, dans la mesure même où il est projet, il est anticipation ; son sens lui vient de l'avenir qu'il préesquisse. Lorsque le passé glisse tout entier au passé, sa valeur absolue dépend de la confirmation ou de l'infirmation des anticipations qu'il était. Mais c'est précisément de ma liberté actuelle qu'il dépend de confirmer le sens de ces anticipations en les reprenant à son compte, c'est-à-dire en anticipant, à leur suite, l'avenir qu'elles anticipaient ou de les infirmer en anticipant simplement un autre avenir. En ce cas, le passé retombe comme attente désarmée et dupée ; il est « sans forces ». C'est que la seule force du passé lui vient du futur : de quelque manière que je vive ou que j'apprécie mon passé, je ne puis le faire qu'à la lumière d'un pro-jet de moi sur le futur.

J.-P. Sartre, *l'Être et le Néant*,
collection Tel, Éd. Gallimard, 1943, pp. 555-556.

DOCUMENT

Une mémoire intégrale

Dans cette nouvelle de Jorge Luis Borgès, l'auteur décrit un personnage nommé Irénée Funes qui perçoit tous les détails des objets et n'en oublie aucun.

D'un coup d'œil, nous percevons trois verres sur une table : Funes, lui, percevait tous les rejets[1]*, les grappes et les fruits qui composent une treille. Il connaissait les formes des nuages astraux de l'aube du trente avril mil huit cent quatre-vingt deux et pouvait les comparer au souvenir des marbrures d'un livre en papier espagnol qu'il n'avait regardé qu'une fois et aux lignes de l'écume soulevée par une rame sur le Rio Negro la veille du combat du Quebracho. Ces souvenirs n'étaient pas simples : chaque image visuelle était liée à des sensations musculaires, thermiques, etc. Il pouvait reconstituer tous les rêves, tous les demi-rêves. Deux ou trois fois il avait reconstitué un jour entier : il n'avait jamais hésité, mais chaque reconstitution avait demandé un jour entier. Il me dit :* J'ai à moi seul plus de souvenirs que n'en peuvent avoir eu tous les hommes depuis que le monde est monde, *et aussi :* Mes rêves sont comme votre veille. *Et aussi, vers l'aube :* Ma mémoire, monsieur, est comme un tas d'ordures. *Une circonférence sur un tableau, un triangle rectangle, un losange, sont des formes que nous pouvons percevoir pleinement ; de même Irénée percevait les crins embroussaillés d'un poulain, quelques têtes de bétail sur un coteau, le feu changeant et la cendre innombrable, les multiples visages d'un mort au cours d'une longue veillée. Je ne sais combien d'étoiles il voyait dans le ciel. [...] Non seulement Funes se rappelait chaque feuille de chaque arbre de chaque bois, mais chacune des fois qu'il l'avait vue ou imaginée. Il décida de réduire chacune de ses journées passées à quelque soixante-dix mille souvenirs, qu'il définirait ensuite par des chiffres. Il en fut dissuadé par deux considérations : la conscience que la besogne était interminable, la conscience qu'elle était inutile. Il pensa qu'à l'heure de sa mort il n'aurait pas fini de classer tous ses souvenirs d'enfance.*

J.-L. Borgès[2], *Funes ou la Mémoire,* in *Fictions,*
traduction de P. Verdevaye et Ibarra, Éd. Gallimard, 1967, p. 141.

1. **Nouvelles pousses d'une plante.**
2. **Écrivain argentin (1899-1986), auteur de poèmes *(Cahiers de San Martin),* de nouvelles *(Fictions, l'Aleph)* et essais.**

Exercices

1. La distinction de deux mémoires de nature différente se trouve chez Descartes (texte [2]) et chez Bergson (texte [3]). En quoi les deux manières de faire la distinction coïncident-elles ? En quoi diffèrent-elles ?

2. La « mémoire autistique » selon J. Delay (texte [4]) est-elle le souvenir pur selon Bergson (texte [3]) ?

3. Cherchez par un exemple à illustrer ce qui est dit des cadres sociaux de la mémoire.

4. Pouvez-vous donner un sens précis à la formule, souvent citée et banalisée : « La culture est ce qui reste quand on a tout oublié » ? (Formule généralement attribuée à Édouard Herriot.)

5. Comparez la classification des mémoires à la description littéraire de l'amnésique et à l'usage qui en est fait dans la fiction. (Voir Giraudoux, *Siegfried et le Limousin,* Éd. Grasset, 1982. Anouilh, *Le voyageur sans bagages,* Éd. La Table ronde, 1978. William Irish, *Retour à Tillary Street,* 1941, Éd. Détective Club-Ditis, 1954, ou J'ai lu, Policier, 1964).

Sujets de dissertation

1. Peut-on se libérer du passé ?
2. L'oubli est-il une déficience de la mémoire ?
3. Le passé est-il encore réel ?
4. Que recherche l'homme dans son passé ?

Corrélats

autrui - le temps - l'histoire - l'imagination

POUR EN SAVOIR PLUS

Bergson (H.), *Nature et Mémoire*, Éd. P.U.F.
Freud (S.) et Breuer (J.), *Études sur l'hystérie*, Éd. P.U.F.

Delay (J.), *les Maladies de la mémoire*, Éd. P.U.F.
Delay (J.), *les Dissolutions de la mémoire*, Éd. P.U.F.
Descartes (R.),*Traité des Passions*, Art. 42 à 44, Bibliothèque de la Pléiade, Éd. Gallimard.
Halbwachs (M.), *les Cadres sociaux de la mémoire* Éd. P.U.F.
Nietzsche (F.), *la Généalogie de la Morale*, 2e dissertation, collection Folio, Éd. Gallimard.

Sartre (J.-P.), *l'Être et le Néant*, quatrième partie, « Avoir, faire et être », collection Tel, Éd. Gallimard.

9

Le temps

Back to the future, S. Spielberg, 1985 (Christopher Lloyd).

Introduction

Une intuition première

Le temps, intimement lié au sentiment de notre existence, échappe presque à la définition. Pascal le prend comme exemple de ces termes premiers « qu'il est impossible et inutile de définir. [...] Et pourquoi l'entreprendre puisque tous les hommes conçoivent ce qu'on veut dire en parlant de temps, sans qu'on le désigne davantage ? [...] en sorte qu'à cette expression, *temps*, tous portent la pensée vers le même objet »[1]. L'on vérifiera facilement que toutes les tentatives de définition comportent un terme qui signifie le temps lui-même : « ordre des successifs », « ordre du devenir selon l'avant et l'après », « durée marquée par la succession des événements », etc. Mais, au même endroit, Pascal ajoute : « Cependant il y a bien différentes opinions touchant l'existence du temps. » Intuition immédiate et continue, mais qu'il est difficile de penser, tel est le temps.

Un ordre irréversible

Si l'on cherche non plus à définir le temps mais à énoncer son principal caractère, c'est son ordre qui s'impose à l'attention, et plus précisément, l'irréversibilité[2] de cet ordre (textes 1 à 3). Quand le temps n'est pas en jeu, tout ce qui a un sens peut être renversé. Mettre les choses « la tête en bas », mettre « la charrue avant les bœufs », ce peut être difficile, dangereux ou scandaleux ; ce n'est pas impossible. Mais on aura beau rebrousser chemin, rien ne défera l'aller, fut-il suivi de retour (texte 2). Dans l'irrévocable, le revenir n'est pas un sens interdit, mais un non-sens. Cette irréversibilité importe au plus haut point à la vie morale. Tournée vers cette « bordure du présent »[3] qu'est le proche avenir, la volonté est ressentie comme libre. Mais aussitôt après, elle ne peut plus ne pas avoir voulu. L'acte, tombé dans le passé, est impossible à corriger. Dans le remords nous combattons une ombre, un insaisissable néant.

Le passé, de façon paradoxale, est définitivement tout ce qu'il a été, justement parce qu'il a perdu toute existence et n'est plus que par l'ombre vaine du souvenir. Par le premier trait il est irrévocable, objet d'une éthique du remords, par le second il est irréversible, thème d'une poésie du regret. Certes, si nous ne pouvons pas effacer l'acte passé, nous pouvons faire autre chose, et cet « autre chose » se combinera avec l'acte passé de façon à composer une histoire dont le sens global reste à achever. Ainsi la tradition des moralistes et des confesseurs tente de convertir le remords en repentir, entendant par là un retour vers un avenir à bien employer.

L'exploration imaginaire

Des mythes et des fictions ont tenté de jouer avec le temps et de déjouer sa nécessité. Mythes de résurrection, de réincarnation, de renouveau total, d'éternel retour, de vie dans un tout autre monde. Fictions, à vêtement plus ou moins scientifique, de voyage dans le temps (Document), de devenir arrêté, accéléré ou renversé. A la limite, imaginons que le temps s'arrête... Pendant combien de temps s'est-il arrêté ? De telles fictions nous permettent de distinguer le difficile,

---

1. *De l'Esprit géométrique* (cet opuscule est parfois intitulé *l'Esprit de la géométrie*, 1657), *Œuvres complètes*, Éd. du Seuil, p. 360.
2. Ici, et dans la suite, nous empruntons beaucoup à Vladimir Jankélévitch, *l'Irréversible et la Nostalgie* (1974), collection Champs, Éd. Flammarion, 1983.
3. Alain, *Propos*, Éd. Gallimard, p. 529.

l'impossible et le non-sens, de saisir la différence entre ce qui nous est impossible par manque de force et ce qui est impossible en vertu d'une structure fondamentale de toute expérience. Ces mises à l'épreuve du possible par l'imaginaire constituent les thèmes les plus riches de la littérature de fiction.

L'ordre irréversible du temps est ressenti selon les trois modalités[1] du passé, du présent, de l'avenir. Mais c'est au sein du présent que se dessinent sans cesse ces trois mouvements de conscience : l'attention à l'existence actuelle, le retour en pensée vers ce qui fut et n'est plus, la projection vers ce qui va se produire. Ce qui amène saint Augustin à définir le temps (ou plutôt à le décrire) comme une tension de l'esprit d'attente en souvenir (textes 4 et 8).

Penser le temps à partir du présent

Mais le présent lui-même peut être vécu et interprété de plusieurs façons. Toute fraction de devenir que l'on considère, comporte un commencement qui est déjà passé et un aboutissement qui n'est pas encore advenu. Quant au présent, il est le passage même du « n'être pas encore » au « n'être déjà plus ». Le présent que nous disions seul réel, serait donc le passage évanescent d'un non-être à l'autre. Tel est le résultat inévitable de l'analyse, ce à quoi aboutit tout effort pour penser le temps (textes 5 et 8). Il est non moins clair qu'une conscience qui adhérerait strictement au présent ainsi conçu s'évanouirait avec lui et que la conscience de la durée transcende l'instant.

Le moment présent

En effet, si nous tentons de décrire le présent vécu, nous trouvons un tout autre résultat. Pensons aux actes familiers de la vie quotidienne (fermer une porte, allumer une lampe) ou bien à l'acte d'énoncer ou de comprendre une parole, d'écouter une phrase musicale, de renvoyer une balle dans un jeu... Dans tous les cas de ce genre, le « maintenant » est un fragment de durée rassemblé en un seul acte d'attention (texte 6). Ainsi le moment présent, à la différence de l'instant, comporte une rétention du passé immédiat, tout à fait différente du souvenir et une anticipation du futur immédiat, qui n'est pas une prévision. Sans cette continuité, le présent ne serait que rupture perpétuelle. Cela est vrai tout autant de l'action que de la rêverie.

Temps et durée

Ainsi, le temps est à la fois continu et hétérogène. Bergson a insisté sur la continuité, évidente « quand notre moi se laisse vivre ». Il réserve le nom de durée à cette continuité hétérogène et considère que le temps, tel qu'il est conçu d'ordinaire, est une représentation symbolique tirée de l'étendue (texte 6). C'est cette représentation symbolique — et non pas la durée vécue — qui peut être traitée comme une « quatrième dimension » de l'ensemble espace-temps. Cette transposition est utile et même nécessaire pour la représentation mathématique des phénomènes physiques. Mais elle s'écarte des intuitions immédiates de la conscience. Cet écart s'accroît à mesure que se développent les théories mathématiques susceptibles de rendre compte des résultats de la physique moderne. Ce temps mathématisé est seul, à proprement parler, mesurable. Or la théorie de la relativité conduit à admettre que ce temps mesurable varie avec les mouvements de chaque système. On ne peut donc donner de traduction en termes scientifiques au sentiment, inhérent à la conscience intime, que l'instant présent est le présent simultané de l'univers entier.

1. En dépit d'un usage assez fréquent (chez Sartre notamment), il nous paraît peu souhaitable de les appeler « trois dimensions du temps ». Car ce sont les trois ensembles qui constituent une unique dimension lors de la symbolisation mathématique du temps.

Une forme *a priori* de la sensibilité

Mais on peut aussi interpréter le temps, ainsi que l'a fait Kant, comme une forme a priori de la sensibilité[1]. Ce sera une autre manière de dire que le temps n'est pas une substance, une chose, mais un ordre, un système de relations, ce qu'on exprime par le mot forme. Cet ordre s'impose à toute expérience, quel que soit son contenu : deux événements distincts sont successifs ou simultanés, et s'ils sont successifs, leur ordre ne peut être changé. Cette nécessité est la marque de l'a priori. Le temps ainsi pensé est forme de toute expérience, même intérieure, même imaginaire, car il est forme de notre vie intime, c'est-à-dire de l'intuition que nous avons de notre propre existence. Dans cette vue, le temps est aussi forme des phénomènes extérieurs en tant qu'ils doivent prendre place dans notre expérience. Un tel ordre ne se réduit pas à des rapports conceptuels, il est connu par intuition immmédiate : c'est ce que signifie le mot sensibilité. Pour qu'un objet, quel qu'il soit, puisse être donné, il faut qu'il se produise en un instant déterminé du temps, avant, pendant, après de tels autres (texte 9). Mais tout cela ne concerne que notre expérience, les phénomènes, non les choses en elles-mêmes. Il ne faut pas conclure que le temps est illusoire, ou qu'il pourrait être maîtrisé par la technique ou par la magie. Car le monde des phénomènes est bien réel et notre vie intime elle-même ne prend consistance qu'en s'insérant dans le monde. Cependant, bien des philosophes ont essayé de penser l'existence en dépassant la durée finie de la vie humaine : « Si les roses qui ne durent qu'un jour faisaient des histoires [...] elles diraient : « Nous avons toujours vu le même jardinier ; de mémoire de rose on n'a vu que lui [...] assurément il ne meurt point comme nous. [...] Serait-ce à dire que ce qui aurait duré cent mille fois plus que nous dût toujours durer ? On n'est pas si aisément éternel »[2]. Mais durer toujours, est-ce être éternel ?

L'éternité ?

Par la durée, toute présence dans le monde se manifeste comme un mixte d'être et de néant : ni le passé ni l'avenir ne sont, les choses présentes passent (texte 11)[3]. L'on se demandera dès lors si l'être dans sa plénitude ne se situe pas hors du temps. Ce serait l'éternité, « la profonde Éternité »[4]. Mais ces termes mêmes d'éternel et éternité ont été pris en plusieurs sens par les philosophes. Le point commun en est le refus de l'irréversible — irrémédiable, le refus de la mort. Mais l'immortalité a été recherchée soit dans ce qui dure toujours, soit dans ce qui ne dure pas. Comment cela se fait-il ?

Une durée indéfiniment prolongée

Notre pensée du temps ne peut concevoir de limite sans demander ce qu'il y a de l'autre côté — et ce ne peut être que temporel, c'est-à-dire déterminé selon l'avant et l'après. Les anciens (notamment les stoïciens) concevaient bien une fin du monde, mais ensuite ? ensuite tout devait recommencer (palingénésie). La même exigence porte sur notre vie subjective — que nous imaginons se continuer après la mort sous une autre forme. L'éternité prise en ce sens peut être appelée perpétuité — ou pérennité. Les textes religieux indiquent clairement cette équivalence : « *Requiem aeternam donna eis Domine et lux perpetua luceat eis.* »[5]

1. Tout comme l'espace, voir le chapitre correspondant, p. 127.
2. Fontenelle, *Entretiens sur la pluralité des Mondes* (1686), Éd. J. Viateley, 1970, p. 108.
3. Voir aussi J.-P. Sartre, *l'Être et le Néant*, Éd. Aubier-Montaigne, 1969, pp. 160-196.
4. Nietzsche, *Ainsi parlait Zarathoustra*, Éd. Gallimard, 1947.
5. « Seigneur, donne-leur le repos éternel et que la lumière perpétuelle luise pour eux. » Texte latin de la messe des morts ou messe de *Requiem*. Ce texte a été souvent mis en musique.

Une telle durée indéfiniment continuée peut être conçue comme encore peuplée d'événements qui surgissent et disparaissent. L'on s'éloigne un peu plus de la temporalité en concevant des êtres immuables qui durent sans changer, c'est-à-dire sans qu'aucun événement ne se produise en eux. La pensée moderne a renoncé à en chercher des exemples dans la nature. Le plus dur rocher finit par s'effondrer — mais si l'on cherche l'éternel dans un autre ordre, l'on se trouve renvoyé à ce qui n'a aucun rapport avec la durée. En effet, c'est en toute rigueur la seule façon d'échapper à la constante destruction inhérente au fait de durer. Mais que peut être une réalité « qui ne s'explique pas par la durée » ?

L'intemporalité

La vérité en est l'exemple : qu'une vérité soit découverte par des démarches qui prennent du temps, n'empêche pas qu'elle est découverte comme ayant été vraie auparavant. Quand nous disons : Ceci fut vrai en un temps mais ne l'est plus aujourd'hui, nous entendons que l'objet a changé, non que le vrai, en tant que tel, puisse devenir faux. « Le vrai est, d'une chose particulière, à tel moment, l'universel de nul moment. »[1] La garantie de l'éternité, c'est la nécessité. Mais les seuls exemples clairs que l'on puisse donner de cette intemporalité portent sur des vérités abstraites, sur des essences, non sur des existences. Spinoza a conçu l'existence fondamentale, celle de Dieu mais aussi celle de notre âme, comme ayant cette indépendance à l'égard de la durée, que nous reconnaissons moins difficilement aux vérités. Une pensée qui se produit dans la durée ne peut se situer hors de la durée que par l'intermédiaire de mythes ou de symboles (textes 10 à 12). Spinoza, refusant ces figurations mythiques, conçoit qu'une part de notre âme, celle qui connaît les choses dans la nécessité de leur essence, possède elle aussi cette intemporalité du vrai[2].

Cette éternité n'est pas située après la vie (ni avant) puisque, ne s'expliquant pas par la durée, elle ne comporte aucun rapport à l'avant et à l'après. A qui dirait que nous n'avons aucune connaissance d'une telle manière d'être, l'on peut répondre en suivant Spinoza que nous l'éprouvons toutes les fois que nous pensons selon le nécessaire et l'universel[3]. Mais l'extrême difficulté de cette pensée nous autorise peut-être à recourir aux expressions mythiques pour chercher dans la durée « l'image mobile » de notre exigence d'éternité (textes 10 et 11). Car ce qui en nous refuse la mort, ce n'est pas seulement l'instinct de survie. C'est aussi l'attachement à des valeurs qui nous dépassent : art, culture, connaissance, amour. Ces valeurs ne peuvent s'accomplir et se manifester qu'en des objets qui durent, et parfois vivent, dans le temps. Ils vivent et périssent, mais les causes qui leur ôtent l'existence sont tout à fait étrangères à ce qui fait leur valeur. Les œuvres d'art, les énoncés des vérités, les actions généreuses, nous semblent donner à l'humanité une sorte de droit qui transcende la fragilité du corps vivant. Mais rien dans la vie temporelle ne vient conforter cette aspiration qui reste vague tant qu'elle ne se traduit pas en images mythiques[4].

1. Alain, *Vigiles de l'esprit,* « les Marchands de sommeil » (1904), Éd. Gallimard, 1942.
2. *Éthique,* Livre V, à partir de la proposition 21.
3. *Éthique,* Livre V, Scolie de la proposition 23.
4. Voir le chapitre « le Fait religieux ».

Textes

Texte 1 LAVELLE

L'irréversible

L'irréversibilité constitue pourtant le caractère le plus essentiel du temps, le plus émouvant, et celui qui donne à notre vie tant de gravité et ce fond tragique dont la découverte fait naître en nous une angoisse que l'on considère comme révélatrice de l'existence elle-même, dès que le temps lui-même est élevé jusqu'à l'absolu. Car le propre du temps, c'est de nous devenir sensible moins par le don nouveau que chaque instant nous apporte que par la privation de ce que nous pensions posséder et que chaque instant nous retire : l'avenir lui-même est un indéterminé dont la seule pensée, même quand elle éveille notre espérance, trouble notre sécurité. Nous confondons volontiers l'existence avec ses modes et, quand ce sont ces modes qui changent, il nous semble que l'existence elle-même s'anéantit.

Le terme seul d'irréversibilité montre assez clairement, par son *caractère négatif*, que le temps nous découvre une impossibilité et contredit un désir qui est au fond de nous-même : car ce qui s'est confondu un moment avec notre existence n'est plus rien, et pourtant nous ne pouvons faire qu'il n'ait point été : de toute manière il échappe à nos prises. [...] Or c'est justement cette substitution incessante à un objet qui pouvait être perçu d'un objet qui ne peut plus être que remémoré qui constitue pour nous l'irréversibilité du temps. C'est elle qui *provoque la plainte de tous les poètes*, qui fait retentir l'accent funèbre du « Jamais plus », et qui donne aux choses qu'on ne verra jamais deux fois cette extrême acuité de volupté et de douleur, où l'absolu de l'être et l'absolu du néant semblent se rapprocher jusqu'à se confondre. *L'irréversibilité témoigne donc d'une vie qui vaut une fois pour toutes,* qui ne peut jamais être recommencée et qui est telle qu'en avançant toujours, elle rejette sans cesse hors de nous-même, dans une zone désormais inaccessible, cela même qui n'a fait que passer et à quoi nous pensions être attaché pour toujours.

L. Lavelle, *Du Temps et de l'éternité* (1945),
Éd. Aubier-Montaigne, p. 126.

Texte 2 JANKÉLÉVITCH

Illusoire retour

Le voyageur revient à son point de départ, mais il a vieilli entre-temps ! [...] S'il était agi d'un simple voyage dans l'espace, Ulysse[1] n'aurait pas été déçu ; l'irrémédiable, ce n'est pas que l'exilé ait quitté la terre natale : l'irrémédiable, c'est que l'exilé ait quitté cette terre natale il y a vingt ans. L'exilé voudrait retrouver non seulement le lieu natal, mais le jeune homme qu'il était lui-même autrefois quand il l'habitait. [...] Ulysse est maintenant un autre Ulysse, qui retrouve une autre Pénélope... Et Ithaque aussi est une autre île, à la même place, mais non pas à la même date ; c'est une patrie d'un autre temps. L'exilé courait à la recherche de lui-même, à la poursuite de sa propre image et de sa propre jeunesse, et il ne se retrouve pas. Et l'exilé courait aussi à la recherche de sa patrie, et maintenant qu'elle est retrouvée il ne la reconnaît plus. Ulysse, Pénélope, Ithaque : chaque être, à chaque instant, devient par altération un autre que lui-même, et un autre que cet autre. Infinie est l'altérité de tout être, universel le flux insaisissable de la temporalité. C'est cette ouverture temporelle dans la clôture spatiale qui passionne et pathétise l'inquiétude nostalgique. Car le retour, de par sa durée même, a toujours quelque chose d'inachevé : si le Revenir renverse l'aller, le « dédevenir », lui, est une manière de devenir ; ou mieux : le retour neutralise l'aller dans l'espace, et le prolonge dans le temps ; et quant au circuit fermé, il prend rang à la suite des expériences antérieures dans une futurition[2] ouverte qui jamais ne s'interrompt : Ulysse, comme le Fils prodigue[3], revient à la maison transformé par les aventures, mûri par les épreuves et enrichi par l'expérience d'un long voyage. [...] Mais à un autre point de vue le voyageur revient appauvri, ayant laissé sur son chemin ce que nulle force au monde ne peut lui rendre : la jeunesse, les années perdues, les printemps perdus, les rencontres sans lendemain et toutes les premières-dernières fois perdues dont notre route est semée.

V. Jankélévitch, *l'Irréversible et la Nostalgie*,
Éd. Flammarion, 1983, p. 300.

1. L'auteur suppose qu'Ulysse, de retour à Ithaque, sa patrie, est déçu, car il ne retrouve pas l'Ithaque de sa jeunesse.
2. Qualité d'une chose en tant que future.
3. Le fils prodigue, dans l'Évangile (Marc, 15, 11), après avoir couru les aventures, revient chez son père.

Texte 3 JANKÉLÉVITCH

L'attrait de l'avoir-été et du devoir-être[1]

Au premier abord on peut croire que l'irrévocable et l'irréversible se contredisent : selon qu'on insiste davantage sur la pérennité fidèle d'une durée conservatrice ou sur la fluidité insaisissable du devenir, on accentuera plutôt l'irrévocable ou plutôt l'irréversible ; l'irréversible, on l'a vu, exprime que l'homme ne peut revenir sur ses pas, marcher dans les traces d'hier, revivre ou répéter sous sa forme primitive une expérience ancienne, faire renaître enfin le passé ; et l'irrévocable, à l'inverse, exprime que le passé ne peut être nihilisé. Résumons ici nos distinctions antérieures. L'avoir-eu-lieu irréversible, étant surtout un *avoir-été (fuisse)*, est un passé fugace ; par contre le passé n'est que trop tenace quand il est « irrévocable » : dans ce cas l'avoir-eu-lieu est en général un *avoir-fait (fecisse)* et un avoir-voulu dont l'initiative appartient à la liberté humaine. [...]. Selon que la présence du passé n'est pas assez présente ou qu'elle est, au contraire, trop présente, l'homme souffre de l'irréversible ou de l'irrévocable. Notre présent louvoie ainsi entre deux impossibilités inverses : retrouver le passé perdu, se débarrasser d'un passé importun ; présentifier un passé trop passé, ou passéiser un passé trop présent. Plus généralement ces deux impossibilités elles-mêmes se rattachent aux deux tropismes[2] fondamentaux qui caractérisent notre finitude, aux deux désirs inverses qui habitent l'homme de désir. D'une part l'être fini dit au destin : *rendez-moi ce que vous m'avez pris* ; ou bien : donnez-moi ce qui me manque ; et l'autre désir [...] demande en sens inverse : *enlevez-moi ce fardeau dont vous m'avez chargé*. Ainsi le veut la polarité élémentaire de l'attrait et de l'aversion.

V. Jankélévitch, *Ibid.*, p. 212.

1. Ce titre est de l'auteur.
2. Mouvement qui porte une plante ou un animal à se rapprocher d'un excitant (par exemple, la lumière) ou à le fuir.

Texte 4 SAINT AUGUSTIN

Le présent seul existe, mais sous trois formes

Qu'est-ce donc que le temps ? Si personne ne me le demande, je le sais ; mais que je veuille l'expliquer à la demande, je ne le sais pas ! Et pourtant — je le dis en toute confiance — je sais que si rien ne se passait, il n'y aurait pas de temps passé, et si rien n'advenait, il n'y aurait pas d'avenir, et si rien n'existait, il n'y aurait pas de temps présent.

Mais ces deux temps, passé et avenir, quel est leur mode d'être alors que le passé n'est plus et que l'avenir n'est pas encore ? Quant au présent, s'il était toujours présent sans passer au passé, il ne serait plus le temps mais l'éternité. Si donc le présent, pour être du temps, ne devient tel qu'en passant au passé, quel mode d'être lui reconnaître, puisque sa raison d'être est de cesser d'être, si bien que nous pouvons dire que le temps a l'être seulement parce qu'il tend au néant. [...] Enfin, si l'avenir et le passé sont, je veux savoir où ils sont. Si je ne le puis, je sais du moins que, où qu'ils soient, ils n'y sont pas en tant que choses futures ou passées, mais sont choses présentes. Car s'ils y sont, futur il n'y est pas encore, passé il n'y est plus. Où donc qu'ils soient, quels qu'ils soient, ils n'y sont que présents. Quand nous racontons véridiquement le passé, ce qui sort de la mémoire, ce n'est pas la réalité même, la réalité passée, mais des mots, conçus d'après ces images qu'elle a fixées comme des traces dans notre esprit en passant par les sens. Mon enfance par exemple, qui n'est plus, est dans un passé qui n'est plus, mais quand je me la rappelle et la raconte, c'est son image que je vois dans le présent, image présente en ma mémoire.

En va-t-il de même quand on prédit l'avenir ? Les choses qui ne sont pas encore sont-elles pressenties grâce à des images présentes ? Je confesse, mon Dieu, que je ne le sais pas. Mais je sais bien en tout cas que d'ordinaire nous préméditons nos actions futures et que cette préméditation est présente, alors que l'action préméditée n'est pas encore puisqu'elle est à venir. Quand nous l'aurons entreprise, quand nous commencerons d'exécuter notre projet, alors l'action existera mais ne sera plus à venir, mais présente. [...]

Il est dès lors évident et clair que ni l'avenir ni le passé ne sont et qu'il est impropre de dire : il y a trois temps, le passé, le présent, l'avenir, mais qu'il serait exact de dire : il y a trois temps, un présent au sujet du passé, un présent au sujet du présent, un présent au sujet de l'avenir. Il y a en effet dans l'âme ces trois instances, et je ne les vois pas ailleurs : un présent relatif au passé, la mémoire, un présent relatif au présent, la perception, un présent relatif à l'avenir, l'attente. Si l'on me permet ces expressions, ce sont bien trois temps que je vois et je conviens qu'il y en a trois.

Saint Augustin, *Confessions* (vers 400),
traduction de F. Khodoss, Livre XI, § XIV, XVIII et XX.

Texte 5 BERGSON

Présent conçu et présent vécu

On chercherait vainement, en effet, à caractériser le souvenir d'un état passé si l'on ne commençait par définir la marque concrète, acceptée par la conscience, de la réalité présente. Qu'est-ce, pour moi, que le moment présent ? Le propre du temps est de s'écouler ; le temps déjà écoulé est le passé, et nous appelons présent l'instant où il s'écoule. Mais il ne peut être question ici d'un instant mathématique. Sans doute il y a un présent idéal, purement conçu, limite indivisible qui séparerait le passé de l'avenir. Mais le présent réel, concret, vécu, celui dont je parle quand je parle de ma perception présente, celui-là occupe nécessairement une durée. Où est donc située cette durée ? Est-ce en deçà, est-ce au-delà du point mathématique que je détermine idéalement quand je pense à l'instant présent ? Il est trop évident qu'elle est en deçà et au-delà tout à la fois, et que ce que j'appelle « mon présent » empiète tout à la fois sur mon passé et sur mon avenir. Sur mon passé d'abord, car « le moment où je parle est déjà loin de moi » ; sur mon avenir ensuite, car c'est sur l'avenir que ce moment est penché, c'est à l'avenir que je tends, et si je pouvais fixer cet indivisible présent, cet élément infinitésimal de la courbe du temps, c'est la direction de l'avenir qu'il montrerait. Il faut donc que l'état psychologique que j'appelle « mon présent » soit tout à la fois une perception du passé immédiat et une détermination de l'avenir immédiat. Or le passé immédiat, en tant que perçu, est, comme nous verrons, sensation, puisque toute sensation traduit une très longue succession d'ébranlements élémentaires ; et l'avenir immédiat, en tant que se déterminant, est action ou mouvement. Mon présent est donc à la fois sensation et mouvement ; et puisque mon présent forme un tout indivisé, ce mouvement doit tenir à cette sensation, la prolonger en action. D'où je conclus que mon présent consiste dans un système combiné de sensations et de mouvements. Mon présent est, par essence, sensori-moteur.

H. Bergson, *Matière et mémoire* (1896), Éd. du Centenaire, Éd. P.U.F., 1959, p. 280.

Texte [6] BERGSON

Temps et durée

C'est justement cette continuité indivisible de changement qui constitue la durée vraie. Je ne puis entrer ici dans l'examen approfondi d'une question que j'ai traitée ailleurs[1]. Je me bornerai donc à dire, pour répondre à ceux qui voient dans cette durée « réelle » je ne sais quoi d'ineffable et de mystérieux, qu'elle est la chose la plus claire du monde : la *durée réelle* est ce que l'on a toujours appelé le *temps*, mais le temps perçu comme indivisible. Que le temps implique la succession, je n'en disconviens pas. Mais que la succession se présente d'abord à notre conscience comme la distinction d'un « avant » et d'un « après » juxtaposés, c'est ce que je ne saurais accorder. Quand nous écoutons une mélodie, nous avons la plus pure impression de succession que nous puissions avoir — une impression aussi éloignée que possible de celle de la simultanéité — et pourtant c'est la continuité même de la mélodie et l'impossibilité de la décomposer qui font sur nous cette impression. Si nous la découpons en notes distinctes, en autant d'« avant », et d'« après » qu'il nous plaît, c'est que nous y mêlons des images spatiales et que nous imprégnons la succession de simultanéité : dans l'espace, et dans l'espace seulement, il y a distinction nette de parties extérieures les unes aux autres. Je reconnais d'ailleurs que c'est dans le temps spatialisé que nous nous plaçons d'ordinaire. Nous n'avons aucun intérêt à écouter le bourdonnement ininterrompu de la vie profonde. Et pourtant la durée réelle est là. C'est grâce à elle que prennent place dans un seul et même temps les changements plus ou moins longs auxquels nous assistons en nous et dans le monde extérieur.

Ainsi, qu'il s'agisse du dedans ou du dehors, de nous ou des choses, la réalité est la mobilité même. C'est ce que j'exprimais en disant qu'il y a du changement, mais qu'il n'y a pas de choses qui changent.

Devant le spectacle de cette mobilité universelle, quelques-uns d'entre nous seront pris de vertige. Ils sont habitués à la terre ferme ; ils ne peuvent se faire au roulis et au tangage. Il leur faut des points « fixes » auxquels attacher la pensée et l'existence. Ils estiment que si tout passe, rien n'existe ; et que si la réalité est mobilité, elle n'est déjà plus au moment où on la pense, elle échappe à la pensée. Le monde matériel, disent-ils, va se dissoudre, et l'esprit se noyer dans le flux torrentueux des choses — Qu'ils se rassurent ! Le changement, s'ils consentent à le regarder directement, sans voile interposé, leur apparaîtra bien vite comme ce qu'il peut y avoir au monde de plus substantiel et de plus durable. Sa solidité est infiniment supérieure à celle d'une fixité qui n'est qu'un arrangement éphémère entre des mobilités.

H. Bergson, *la Perception du changement* (1911),
repris dans *la Pensée et le Mouvant* (1934), Éd. P.U.F., 1959, p. 166.

---

1. Dans *Matière et Mémoire* ; voir ci-dessus le texte [5].

Texte 7 ALAIN

Deux fausses idées de l'avenir

Tout ce qui a rapport au temps est déformé dans nos discours par ces métaphores trop faciles qui sont prises de nos voyages. « Demain je serai à Marseille. » Marseille attend ; le voyageur s'en approche, la découvre, la visite, et la fait ainsi passer de l'avenir au présent et aussitôt au passé. Toutefois la ville n'a point changé beaucoup. Elle existait avant d'être sous mes yeux et devant mes pieds. D'où vient cette idée sommaire que nous ne changeons point l'avenir, mais que nous le découvrons. Remarquez que, même en un tel exemple, l'idée est fausse à mieux regarder ; car, pendant que je m'approche de la ville, elle s'écroule un peu, elle se bâtit un peu, les habitants y font mille tours et vieillissent en même temps que la ville. Et moi de même, sans compter les changements de mon humeur et de mes idées ; enfin, quand j'y suis, elle est autre puisque j'y suis. Si la ville s'appelait Yokohama, si la terre tremblait dans le moment, ou si le visiteur était Attila avec son armée[1], les changements seraient plus sensibles.

Les choses qui vont régulièrement, et que nous avons coutume d'attendre, nous donnent une idée de l'avenir qui est du même genre, et qui est incomplète et sommaire aussi. J'attends le soleil ; il ne manque point de se lever selon l'almanach ; je sais qu'il ne naît point de la mer, mais qu'il se lève déjà pour d'autres lieux, et qu'il se couche pour d'autres ; j'attends ces rayons à marche connue qui balayent la terre. J'attends un train ; je l'entends au pont métallique ; la sonnerie, la fumée, le sifflet me le signalent. D'où cette autre idée que l'avenir vient vers moi quand je ne vais pas vers lui. [...]

La première idée est vraie autant que les choses restent à leur place. La deuxième est vraie autant que les choses s'approchent de nous par leur mouvement. Mais le temps marche tout à fait autrement qu'un train.

Alain, *Propos* (1923), repris dans *Propos* I,
Bibliothèque de la Pléiade, Éd. Gallimard, 1956, p. 528.

1. Allusion au tremblement de terre qui, en 1923, détruisit la ville japonaise de Yokohama, et aux ravages du conquérant hun, Attila (Vᵉ siècle).

Texte 8 SAINT AUGUSTIN

D'attente en souvenir...

Nous mesurons tout intervalle d'un commencement donné à une fin donnée. C'est pourquoi un son qui dure encore peut être mesuré ; on ne peut le dire long ou bref et, par rapport à un autre, égal, simple, double ou autre chose. Mais quand il sera achevé, il ne sera plus rien. Quel moyen alors de le mesurer ? Et nous mesurons néanmoins des temps, non pas ceux qui n'existent pas encore ni ceux qui ne sont plus, ni ceux qui ne s'étendent sur aucune durée, ni ceux qui ne sont pas limités. Ni l'avenir, ni le passé, ni le présent, ni le passage, nous ne les mesurons, et cependant nous mesurons des temps ! C'est en toi, mon esprit, que je mesure les temps. Pas de tracas, c'est ainsi. Ne me tracasse pas avec le tumulte de tes impressions. C'est en toi, dis-je, que je mesure les temps. L'impression qu'en passant les choses font en toi, et qui demeure quand elles sont passées, voilà ce que je mesure — elle est présente — et non pas les choses qui l'on produite en passant. C'est elle que je mesure, quand je mesure les temps. Donc ou bien c'est cela les temps ou bien je ne mesure pas de temps. [...]

Mais comment l'avenir diminue-t-il ? Comment s'épuise-t-il, lui qui n'est pas encore ? et comment le passé s'accroît-il, lui qui n'est plus, si ce n'est parce que dans l'esprit qui opère ainsi, il y a ces trois actions : l'attente, l'attention, le souvenir. Le contenu de l'attente passe par l'attention et devient souvenir. L'avenir n'est pas encore, qui le nie ? Mais il y a déjà dans l'esprit l'attente de l'avenir. Et le passé n'est plus rien, qui le nie ? Mais il y a encore dans l'esprit le souvenir du passé. Et le présent, privé d'étendue, n'est qu'un point fugitif, qui le nie ? Mais elle dure pourtant, l'attention à travers laquelle ce qui advient s'achemine à sa disparition. Ce n'est donc pas l'avenir qui est long, lui qui n'existe pas, mais un long avenir, c'est une longue attente de l'avenir, et il n'y a pas plus de long passé ; un long passé, c'est un long souvenir du passé.

Je vais chanter un air que je sais ; avant de commencer, mon attente se tend vers l'ensemble ; dès que je l'ai commencé, tout ce que j'en détache et qui tombe au passé vient tendre ma mémoire ; ma vie, mon activité, est distendue entre le souvenir de ce que j'ai dit et l'attente de ce que je vais dire ; et cependant mon attention demeure présente par laquelle ce qui était à venir transite vers le passé. A mesure que l'action se prolonge, la mémoire s'augmente de ce qui diminue l'attente, jusqu'à ce que l'attente soit entièrement épuisée et que l'action achevée passe tout entière dans la mémoire. Ainsi en est-il pour le morceau entier, ainsi pour chaque partie, chaque syllabe, mais aussi pour une action plus étendue dont ce chanter n'est peut-être qu'une petite partie, ainsi pour la vie entière de l'homme dont les actions sont des parties, ainsi enfin pour la suite entière des générations humaines dont les parties sont les vies individuelles.

Saint Augustin, *Confessions*, (vers 400) traduction de F. Khodoss,
Livre XI, § XXVII et XXVIII.

Texte 9 **KANT**

Le temps, forme *a priori* de la sensibilité

a) Le temps n'est pas quelque chose qui existe en soi, ou qui soit inhérent aux choses comme une détermination objective, et qui, par conséquent, subsiste, si l'on fait abstraction de toutes les conditions subjectives de leur intuition ; dans le premier cas, en effet, il faudrait qu'il fût quelque chose qui existât réellement sans objet réel. Mais dans le second cas, en qualité de détermination ou d'ordre inhérent aux choses elles-mêmes, il ne pourrait être donné avant les objets comme leur condition, ni être connu et intuitionné *a priori* par des propositions synthétiques ; ce qui devient facile, au contraire, si le temps n'est que la condition subjective sous laquelle peuvent trouver place en nous toutes les intuitions. Alors, en effet, cette forme de l'intuition intérieure peut être représentée avant les objets et, par suite, *a priori*.

b) Le temps n'est autre chose que la forme du sens interne, c'est-à-dire de l'intuition de nous-mêmes et de notre état intérieur. En effet, le temps ne peut pas être une détermination des phénomènes extérieurs, il n'appartient ni à une figure, ni à une position, etc. ; au contraire, il détermine le rapport des représentations dans notre état interne. Et, précisément parce que cette intuition intérieure ne fournit aucune figure, nous cherchons à suppléer à ce défaut par des analogies et nous représentons la suite du temps par une ligne qui se prolonge à l'infini et dont les diverses parties constituent une série qui n'a qu'une dimension, et nous concluons des propriétés de cette ligne à toutes les propriétés du temps, avec cette seule exception que les parties de la première sont simultanées, tandis que celles du second sont toujours successives. Il ressort clairement de là que la représentation du temps lui-même est une intuition, puisque tous ses rapports peuvent être exprimés par une intuition extérieure.

c) Le temps est la condition formelle *a priori* de tous les phénomènes en général. L'espace, en tant que forme pure de l'intuition extérieure, est limité, comme condition *a priori*, simplement aux phénomènes externes. Au contraire, comme toutes les représentations, qu'elles puissent avoir ou non pour objets des choses extérieures, appartiennent, pourtant, en elles-mêmes, en qualité de déterminations de l'esprit, à l'état interne, et, comme cet état interne est toujours soumis à la condition formelle de l'intuition intérieure et que, par suite, il appartient au temps, le temps est une condition *a priori* de tous les phénomènes intérieurs (de notre âme), et, par là même, la condition médiate des phénomènes extérieurs.

Kant, *Critique de la Raison pure* (1781),
traduction de A. Tremesaygues et B. Pacaud, Éd. P.U.F., 1971, p. 63.

Texte 10 NIETZSCHE

L'éternel retour

Le poids le plus lourd. — Et si, un jour ou une nuit, un démon venait se glisser dans ta suprême solitude et te disait : « Cette existence, telle que tu la mènes, et l'as menée jusqu'ici, il te faudra la recommencer et la recommencer sans cesse ; sans rien de nouveau ; tout au contraire ! La moindre douleur, le moindre plaisir, la moindre pensée, le moindre soupir, tout de ta vie reviendra encore, tout ce qu'il y a en elle d'indiciblement grand et d'indiciblement petit, tout reviendra, et reviendra dans le même ordre, suivant la même impitoyable succession,... cette araignée reviendra aussi, ce clair de lune entre les arbres, et cet instant, et moi aussi ! L'éternel sablier de la vie sera retourné sans répit, et toi avec, poussière infime des poussières ! »... Ne te jetterais-tu pas à terre, grinçant des dents et maudissant ce démon ? A moins que tu n'aies déjà vécu un instant prodigieux où tu lui répondrais : « Tu es un dieu ; je n'ai jamais ouï nulle parole aussi divine ! »

Si cette pensée prenait barre sur toi, elle te transformerait peut-être, et peut-être t'anéantirait ; tu te demanderais à propos de tout : « Veux-tu cela ? le reveux-tu ? une fois ? toujours ? à l'infini ? » et cette question pèserait sur toi d'un poids décisif et terrible ! Ou alors, ah ! comme il faudrait que tu t'aimes toi-même et que tu aimes la vie pour ne *plus désirer autre chose* que cette suprême et éternelle confirmation !

Nietzsche, *le Gai Savoir* (1881-1887),
traduction d'A. Vialatte, collection Idées, Éd. Gallimard, 1968, § 341, pp. 281-282.

Texte 11 PLATON

Une imitation mobile de l'éternité

Or, quand le Père[1] qui l'avait engendré comprit qu'il se mouvait et vivait, ce Monde, image née des Dieux éternels, il se réjouit et, dans sa joie, il réfléchit aux moyens de le rendre plus semblable encore à son modèle. Et de même que ce modèle se trouve être un Vivant éternel, il s'efforça, dans la mesure de son pouvoir, de rendre éternel ce tout lui-même également. Or, c'est la substance du Vivant-modèle qui se trouvait être éternelle, nous l'avons vu, et cette éternité, l'adapter entièrement à un Monde engendré, c'était impossible. C'est pourquoi son auteur s'est préoccupé de fabriquer une certaine imitation mobile de l'éternité et, tout en organisant le Ciel, il a fait, de l'éternité immobile et une, cette image éternelle qui progresse suivant la loi des Nombres, cette chose que nous appelons

1. Le monde n'est pas créé absolument mais fabriqué par le Démiurge (c'est-à-dire l'ouvrier) qui copie un modèle divin et donne forme à une matière préexistante.

le Temps. En effet, les jours et les nuits, les mois et les saisons n'existaient point avant la naissance du Ciel, mais leur naissance a été ménagée, en même temps que le Ciel a été construit. Car tout cela, ce sont des divisions du Temps : le passé et le futur sont des espèces engendrées du Temps, et lorsque nous les appliquons hors de propos à la substance éternelle, c'est que nous en ignorons la nature. Car nous disons de cette substance qu'elle était, qu'elle est et qu'elle sera. Or, en vérité, l'expression *est* ne s'applique qu'à la substance éternelle. Au contraire, *était*, *sera* sont des termes qu'il convient de réserver à ce qui naît et progresse dans le Temps. Car ce ne sont que des changements. Mais ce qui est toujours immuable et inchangé, cela ne devient ni plus vieux, ni plus jeune, avec le temps, et oncques[1] cela ne fut, ni ne devient actuellement, ni ne sera dans le futur. Bien au contraire, une telle réalité ne comporte aucun des accidents[2] que le devenir implique pour les termes qui se meuvent dans l'ordre sensible, mais ces accidents sont des variétés du Temps, lequel imite l'éternité et se déroule en cercle suivant le Nombre.

Platon (vers 360 av. J.-C.), *Timée,* traduction de Rivaud, Collection les Belles Lettres, G. Budé, 1925, 37 d-38 a.

1. Jamais.
2. Quelqu'une des propriétés ; ici, « les variétés du Temps ».

Texte 12 PLOTIN

Le temps et l'éternité

L'éternité et le temps sont deux choses différentes ; l'éternité est dans la nature qui dure toujours, et le temps, dans ce qui naît et dans l'univers sensible. En parlant ainsi, nous croyons que, spontanément et d'un coup par une sorte d'intuition de la pensée, nous avons de nous-mêmes dans nos âmes une impression claire de ces deux objets ; et nous en parlons toujours et à propos de tout. En revanche, quand nous tentons d'en faire un examen attentif et d'aborder le sujet de plus près, nous sommes embarrassés par nos réflexions ; alors nous prenons les opinions des anciens sur ce sujet. [...] Il faut d'abord chercher ce qu'est l'éternité, selon l'opinion de ceux qui affirment qu'elle diffère du temps ; car, l'éternité immobile du modèle une fois connue, nous aurons peut-être une idée plus claire de son image, puisqu'on dit que le temps est une image de l'éternité[1]. Mais si l'on imagine ce qu'est le temps avant d'avoir contemplé l'éternité, on peut [...] remonter du sensible à l'intelligible pour se représenter l'être auquel ressemble le temps, s'il est vrai que le temps ressemble à l'éternité.

Plotin[2], *Ennéades* III, VII (vers 260 ap. J.-C.), traduction d'É. Bréhier, Collection G. Budé, Éd. les Belles Lettres, 1924, III, VII, p. 128.

1. Allusion au *Timée* de Platon.
2. Philosophe néo-platonicien, né en Égypte (204-270). Dans *les Ennéades*, il expose sa philosophie, synthèse des systèmes philosophiques du monde antique teintée d'influences chrétiennes.

DOCUMENT

La machine à explorer le temps

Dans son célèbre roman *la Machine à explorer le temps,* Wells suppose un inventeur qui va explorer une civilisation future.

Cette fiction part d'une idée d'algèbre pure, d'après laquelle le temps est une autre dimension, de même genre que la longueur, la largeur et la profondeur. Une telle idée ne peut être jugée que si on l'applique aux perceptions et c'est ce que Wells a voulu faire. Premièrement nous ne percevons pas le temps comme dimension, mais seulement parce que nous ne savons pas le parcourir ; nous sommes à l'égard du temps comme sont les poissons à l'égard de l'étendue aérienne. Il faudrait aux poissons une machine pour s'élever au-dessus de l'eau. Eh bien, dit l'inventeur, j'ai fabriqué une machine qui est capable de bondir dans le temps, et d'y emporter son homme. Ici tout reste mystérieux ; mais voici sur ce meuble un modèle réduit de la machine ; l'inventeur la fait partir pour les temps futurs, en appuyant sur un levier. Elle part. Entendez bien qu'elle ne change pas de place, car cette machine ne roule sur aucune des dimensions usuelles ; mais elle voyage dans le temps ; elle quitte ce maintenant où nous restons ; elle entre dans l'ordre des choses qui ne sont pas encore, et qui seront ; c'est-à-dire qu'elle s'évanouit sur place. Remarquez cette espèce de logique, qui porte l'attention justement où il faut.

Il ne manque pas de machines à parcourir le temps. Cette maison en est une ; car, selon la vraisemblance, elle durera plus que moi ; ainsi elle arrivera à des temps que je ne verrai point ; non pas intacte ; [...] elle vieillira en même temps que toutes les choses autour. [...] La machine, au contraire, doit passer au temps futur tout entière et sans changement, et l'observateur qui la suit, de même ; ils ne doivent vieillir ni l'un ni l'autre. Cette machine est donc isolante, par rapport au changement universel. Bref elle passe d'un temps à l'autre sans changer du tout. Étant entière dans le temps qui suit, elle ne doit rien laisser d'elle dans le temps précédent ; c'est pourquoi elle s'évanouit sans laisser de traces. Quant à l'observateur, Wells n'en parle point ; mais il est clair, par la suite du récit, qu'il reste soumis à la loi du temps commun, tandis qu'il est soustrait à la loi de ce temps qu'il parcourt à grande vitesse. Ainsi il s'en va jusqu'à des milliers d'années en avant ; il revient de ce voyage une heure après ; il a vieilli d'une heure comme les camarades. S'il avait vieilli seulement de mille ans, qu'aurait-il vu ?

Il y a donc deux fictions en une. La première est celle de la Belle au bois dormant. Je reste cent ans ou mille ans sans vieillir ; alors, me réveillant, je vois l'avenir. Mais je ne puis revenir pour le raconter à ceux d'il y a mille ans qui sont restés sous la loi commune. La seconde fiction est que l'observateur qui a conduit la machine revient au temps d'où il est parti, retrouve ses amis, et retrouve l'univers comme l'univers était au départ. Toutefois, comme il a vu, dans l'intervalle, le monde plus vieux de mille ans, de dix mille ans, de trente mille ans, il faut donc qu'il existe en même temps des états de l'univers en des temps différents, ce qui ne va plus du tout. Je ne réfute pas ce roman, qui est beau, mais je tire un peu au clair, il me semble, cette condition du temps, qui est que toutes les choses le parcourent ensemble et du même pas.

Alain, *Propos* (1923), repris dans *Vigiles de l'esprit,* Éd. Gallimard, 1947, pp. 245-246.

Exercices

1. « Le flux insaisissable de la temporalité » est un sujet de choix pour les poètes. Cherchez comment ils l'ont exprimé (Ronsard, Lamartine, Hugo, Apollinaire... et autres).

2. Le « temps qu'il fait » et le « temps qui passe » ont bien une étymologie commune. L'idée de saison permet le passage d'une acception à l'autre. Explicitez cette relation. (Consultez divers dictionnaires.)

3. Dans les fictions de voyage temporel remarquez les procédés qui escamotent — ou au contraire soulignent — les impossibilités. Notez aussi les différences entre voyage dans le passé et voyage dans le futur.

4. Le Document est une analyse critique d'un roman de Wells. Lisez une autre fiction de voyage temporel (voir la bibliographie ci-dessous) et donnez-en une analyse semblable.

5. Informez-vous des divers calendriers religieux (chrétien, israélite, islamique, bouddhiste...). Comparez-les au calendrier civil européen, à l'année solaire. (Enquête orale ou consultation d'encyclopédies.)

6. Relevez dans des journaux ou magazines, dans des études historiques ou de critique littéraire, les usages des mots : *aujourd'hui, de nos jours, à présent, moderne, contemporain, en ce moment.* Déterminez par le contexte à quel laps de temps se rapportent chaque fois ces expressions.

7. Qu'est-ce qu'être « en avance sur son temps » ? Peut-on vraiment l'être ? Cherchez des exemples.

8. Quelles nuances voyez-vous dans l'usage des mots *éternel*, *immortel*, *immuable*, *perpétuel* ? Cherchez des exemples dans des dictionnaires.

Sujets de dissertation

1. L'homme est-il prisonnier du temps ?

2. Faut-il dire que la conscience est dans le temps ou que le temps est dans la conscience ?

3. A quelles conditions et dans quelle mesure la connaissance du futur est-elle possible ?

4. Qu'est-ce que le présent ?

5. Comment le passé peut-il demeurer présent ?

Corrélats

l'espace - la mémoire - l'existence, la mort - l'histoire - l'art

POUR EN SAVOIR PLUS

I. OUVRAGES DE FICTION

Histoires de voyages dans le temps (Nouvelles rassemblées par J. Goimard), Éd. Livre de Poche.

Anderson (P.), *la Patrouille du temps,* traduction de B. Martin, Éd. Opta.

Asimov (I.), *Fondation,* traduction de J. Rosenthal, Éd. Denoël.

Ballard (S.-G.), *Billenium,* « Chronopolis », traduction de L. Massun, Éd. Marabout.

Barjavel (R.), *le Voyageur imprudent,* Éd. Denoël.

Borges (J.-L.), *l'Aleph,* « l'Immortel », traduction de R. Caillois, Éd. Gallimard.

Carpentier (A.), *Guerres du temps,* « Retour aux sources », traduction de R.L.F. Durand, Éd. Gallimard.

Wells (H.-G.), *la Machine à explorer le temps,* collection Folio, Éd. Gallimard.

Wilde (O.), *le Portrait de Dorian Gray,* Éd. Presses-Pocket.

Woolf (V.), *Orlando,* traduction de C. Mauron, Éd. Stock.

Bergson (H.), Textes choisis par G. Deleuze, *Mémoire et vie,* collection Les Grands Textes, Éd. P.U.F.

Couderc (P.), *le Calendrier,* collection Que sais-je ? Éd. P.U.F.

Hawking (S.), *Une brève histoire du temps*, Éd. Flammarion.

Junger (E.), *le Traité du Sablier*, traduction de H. Plard, Éd. Christian Bourgois.

Pucelle (J.), *le Temps,* Éd. P.U.F.

Alquié (F.), *le Désir d'éternité,* Éd. P.U.F.

Bergson (H.), *Essai sur les données immédiates de la conscience,* Éd. P.U.F.

Bergson (H.), *la Pensée et le Mouvant*, Éd. P.U.F.

Jankélévitch (V.), *l'Irréversible et la Nostalgie* (1974), collection Champs, Éd. Flammarion.

Pomian (K.), *l'Ordre du Temps,* Éd. Gallimard.

Aristote, *Physique* 218a-223, Éd. Vrin.

Heidegger (M.), *l'Être et le temps,* Éd. Gallimard.

Platon, *Timée,* Éd. Garnier-Flammarion.

Plotin, *Ennéades,* tomes III, VII, traduction d'É. Bréhier, Éd. Les Belles Lettres.

10

L'existence, la mort

Le Mariage, H. Cueco, 1978. Mine de plomb sur acrylique. Collection de l'artiste.

Introduction

Qu'est-ce qu'exister ?

Pourquoi existons-nous ? Quel est le sens ou le but de l'existence ? De telles questions que personne ne peut éviter montrent bien qu'exister, pour l'homme, ne se réduit jamais entièrement au simple fait d'être, ou à l'urgence immédiate de vivre. Contrairement aux choses de la nature qui simplement sont là, l'homme non seulement existe, mais a conscience de son existence. Exister, c'est donc être, si l'on veut, mais en un sens qui n'est pas le même que pour les choses. C'est être pour un sujet, c'est-à-dire pour quelqu'un capable de s'interroger et de réclamer pour ce qui existe une justification (texte 1).

Pourtant l'existence, prise en son sens le plus général, sans qu'il soit encore question de savoir « qui » ou « comment », est d'abord une donnée toute brute et, comme telle, indépassable, rebelle en tout cas à toute mise en question. Demander, comme le fait Leibniz (texte 2), « Pourquoi il y a plutôt quelque chose plutôt que rien », c'est sans doute exprimer l'étonnement le plus radical qui puisse être, mais c'est aussi poser une question condamnée à rester sans réponse. L'existence, comme telle, ne se justifie pas. Dire que l'existence est supérieure à la non-existence, qu'exister est une « perfection » et vaut plus que ne pas exister, c'est répondre par ce qui, justement, est en question, c'est faire une pétition de principe[1]. D'ailleurs, cette interrogation que formule Leibniz se comprend surtout à l'intérieur d'une problématique chrétienne de la création, où la pensée est confrontée à l'énigme d'un commencement absolu et par conséquent aussi à l'idée d'un néant qui précéderait l'existence du monde.

Essence et existence

L'existence étant toujours posée ou supposée, une autre interrogation peut cependant s'ouvrir : non plus la question de l'existence, mais la ou les questions sur l'essence. Dire d'une chose qu'elle existe, c'est simplement dire qu'elle est et affirmer sa réalité. Dire ce qu'elle est, c'est dire son essence[2]. Ce n'est qu'à travers la recherche de l'essence que ce qui existe peut être compris, pensé et, du coup, devenir l'objet d'un discours possible, d'une analyse ou d'une définition. Car dire de l'homme qu'il est, c'est tenir un discours vide ou redondant, à quoi semble condamné tout discours sur l'existence. Mais dire que l'homme est un animal politique, selon la définition d'Aristote, c'est tenir le discours de l'essence et proposer un mode de compréhension du réel.

Il semble alors légitime que la recherche de l'essence prenne le pas sur la question de l'existence et que la philosophie privilégie la question de l'essence sur celle de l'existence. Chercher l'essence ou la définition d'un être, c'est chercher ce qui en constitue la nature permanente et universelle c'est-à-dire l'essentiel, par opposition à ce qui lui advient et n'est, à ce titre, qu'accidentel. Que Socrate soit assis ou debout, beau ou laid, jeune ou vieux, n'altère pas en lui l'humanité comme constituant son essence. Que ce triangle soit dessiné à la craie ou sur le sable ne change pas sa définition.

1. Faute logique qui consiste à tenir pour admise, sous une forme un peu différente, la proposition même qu'on se propose de démontrer.
2. Du verbe latin *esse* qui signifie « être ».

Mais ce ne sont pas seulement tels ou tels caractères qui, au regard de l'essence, relèvent de l'accidentel. L'existence elle-même peut être considérée comme un accident, comme ce qui surgit et advient à l'essence sans l'affecter. Que j'efface ce triangle ne modifie pas la définition du triangle, que Socrate meure ne compromet pas l'essence de l'humanité. Ainsi Platon concevait-il un monde intelligible, monde des pures essences, éternellement vraies et identiques à elles-mêmes, opposé au monde visible, monde des existences sensibles, livrées au changement et au devenir[1].

Le possible et le réel

Pourtant cette supériorité de l'essence ne va pas de soi si l'on remarque que la distance qui sépare l'essence de l'existence est aussi celle qui sépare le possible du réel. Qu'une chose soit possible et même logiquement nécessaire ne prouve pas encore qu'elle existe. Que la somme des angles d'un triangle soit nécessairement égale à deux droits n'indique en rien la nécessité que tel ou tel triangle existe, ni même qu'aucun triangle existe. De la logique à l'existence, il n'y a pas de passage que la pensée puisse emprunter. C'est pourtant cet abîme que l'argument ontologique prétend franchir en posant le concept d'un Être nécessaire ou Dieu, dont l'essence envelopperait nécessairement l'existence (texte 4). Mais aucune définition, aussi parfaite ou complète soit-elle, fusse celle de Dieu, ne permet de passer à l'existence. Que Dieu soit possible, que son essence n'enferme aucune contradiction ne prouve pas qu'il existe (texte 5). L'existence ne peut pas se déduire comme peuvent se déduire les propriétés d'un triangle à partir de sa définition. Autrement dit, l'existence ne se prouve pas, elle s'éprouve. La pensée échoue par conséquent à en fonder la nécessité. L'existence apparaît alors comme une limite au pouvoir de penser lui-même et comme ce qui, au sens propre, est impensable.

La mort

C'est ce constat qui place l'existence au centre de la réflexion philosophique contemporaine. Si en effet l'existence ne résulte d'aucune nécessité, si l'espoir d'en fonder l'intelligibilité dans un autre monde ou en un Dieu logiquement nécessaire est ruiné, rien ne peut la sauver d'une contingence radicale. Est contingent ce qui peut être ou ne pas être. Dire que ce qui existe est contingent, c'est donc dire que ce qui existe aurait pu ne pas être, a pu au moins ne pas être et peut dans tous les cas ne plus être. La contingence de l'existence renvoie à la gratuité, au pur don, mais aussi, on le voit, à la précarité. Toute existence est menacée, parce qu'elle s'inscrit dans le devenir et la temporalité et livrée au temps, l'existence rencontre la mort comme son horizon. C'est parce que la mort est cet horizon que l'existence devient pour l'homme un problème (texte 6).

Demander « Pourquoi il y a quelque chose plutôt que rien » ne peut mettre l'existence en question, parce que l'existence, ici, se précède toujours elle-même. Mais la figure singulière de mon existence est, elle, inséparable de l'idée de ma mort. Et si la mort, comme terme, est une expérience que personne ne peut faire (texte 7), la mort comme destin habite l'existence elle-même et y inscrit la contingence. Alors « Être ou ne pas être » est en effet la question[2]. Exister, c'est

1. Voir Allégorie de la Caverne, p. 465.
2. *Hamlet de Shakespeare.* Voir Document 1.

donc faire l'épreuve d'une absence au sein même de toute présence. C'est en ce sens qu'on peut dire que l'homme seul existe et non les choses. Seul l'homme est capable de ce retour réflexif sur l'existence, de cet arrachement à la plénitude du simple fait d'être. Réfléchir sur l'existence, c'est donc faire l'expérience d'un manque : exister ne suffit pas.

L'existence a-t-elle un sens ?

L'exigence d'un sens témoigne de la nullité, pour l'homme, d'une existence tout entière rabattue sur la tâche animale de vivre. Chercher ou donner un sens à sa vie suppose que l'homme soit capable de se rapporter à des fins, proches ou lointaines, et par conséquent qu'il soit ouvert à la dimension temporelle de l'avenir. On peut penser, avec Pascal, que la mort, en mettant un terme à tout projet, en invalide du même coup la signification (texte 8). La croyance en une autre existence semble en tout cas un besoin fondamental pour l'homme (texte 9). Mais on peut tout aussi bien faire remarquer que la mort, comme événement toujours à venir, dont je ne peux jamais être contemporain, est justement ce par rapport à quoi s'oriente toute existence. La mort constitue alors la condition de possibilité de l'idée même d'un sens.

Être un sujet, c'est penser sa vie et sa mort

La mort est donc bien davantage qu'un simple événement biologique. Tout homme est mortel, certes, ou encore « on » meurt : c'est là une donnée objective de l'expérience sans cesse confirmée (texte 10). Mais déjà la mort d'autrui annonce ce que chacun pressent pour soi : le caractère propre et unique de toute existence. Pourtant, aussi dure que soit l'épreuve, la mort d'autrui appartient encore au domaine de l'objectivité : elle est constatée, éprouvée. Il en va tout autrement de ma propre mort. Ma mort ne peut jamais constituer pour moi un événement dont je sois le témoin. Et pourtant nul n'en peut faire l'expérience à ma place (texte 11). C'est cette impossibilité absolue d'occuper sur mon existence un autre point de vue que le mien qui me constitue en sujet et fait de la subjectivité la catégorie même de l'existence. Exister, c'est d'abord être un sujet. C'est par conséquent à chacun qu'il incombe la tâche de penser son existence, même s'il s'agit d'une tâche difficile pour autant que penser consiste à se situer au point de vue de l'universel, c'est-à-dire à dépasser et à abandonner le point de vue particulier et limité que j'occupe, ici et maintenant. Exister et se rapporter à son existence comme individu pensant, c'est pourtant ce dont nul ne peut se dispenser s'il doit pouvoir répondre de son existence. C'est pourquoi aucun système philosophique ou religieux ne peut m'éviter d'avoir à assumer la responsabilité de mon existence (texte 12).

L'existentialisme, une philosophie de l'engagement...

C'est sur cette responsabilité que l'existentialisme met l'accent. On peut le comprendre à partir de cette formule de Sartre : « L'existence précède l'essence » (texte 13). Dire que l'existence précède l'essence, c'est dire que l'homme existe d'abord et se définit ensuite. Ou encore que son essence, sa définition, n'est que le résultat de son existence comme projet. Parce qu'il est temporalité, l'homme peut se rapporter à ce qui n'est pas, c'est-à-dire à ce qui n'est plus, comme passé, ou à ce qui n'est pas encore, comme avenir. Il est l'être par qui le néant arrive dans le monde : l'homme transcende, c'est-à-dire dépasse le simple donné pour viser au-delà de lui ce qui n'est pas encore. Existant toujours en avant de lui-même, on ne peut dire de lui simplement qu'il est, mais qu'il ex-siste[1].

1. De *ex* : dehors, et *sistere* : se tenir.

Ainsi est-il, avant tout, ce qu'il se fait. Nul ne peut se démettre de cette liberté fondamentale : laisser agir à sa place les circonstances ou les autres est aussi un choix. On le voit, l'existentialisme conduit à une morale de l'engagement (texte 14).

... et un humanisme[1]

S'engager, c'est risquer ou s'exposer. Selon l'existentialisme, chaque être humain, à travers ses actes ou ses choix, propose des valeurs. Par là, il engage une définition de l'humanité dans son ensemble, s'il est vrai qu'au-delà des déterminations biologiques ou même sociales, l'homme n'a d'autre définition que celle qu'il se donne. En ce sens, il s'agit bien d'un humanisme. L'humanisme est une conception de l'homme qui pose ce dernier comme valeur fondamentale. Par là, il en fait du même coup le fondement de toute valeur, sans autre référence telle que Dieu ou la Nature. Ainsi avec l'existentialisme l'homme est celui par qui et pour qui s'ouvre la question de l'existence, mais aussi celui sur qui et avec qui elle se ferme.

De la question de l'existence à celle de l'Être

Une autre perspective est néanmoins possible. Heidegger invite au contraire au maintien de la question de l'existence, à son approfondissement. Car si l'homme seul existe, cela ne signifie pas seulement que l'homme est cet être qui doit assumer son existence, mais aussi et même essentiellement qu'il est celui qui interroge sur l'existence en général, autrement dit sur l'Être. Commentant la question de Leibniz : « Pourquoi il y a quelque chose plutôt que rien », Heidegger interroge la signification de ce « rien », ou encore du néant[2].

L'évidence du « il y a » risque en effet de masquer le fait que c'est pourtant ce « rien » ou le néant qui constitue la condition de possibilité d'un « il y a ». Sans ce « rien », sans ce néant préalable, aucun « quelque chose » ne pourrait surgir comme « quelque chose ». Ainsi, contrairement à ce que pourrait faire croire l'évidence du « il y a », ce n'est pas l'existence ou le fait d'être qui est premier. C'est à ce mystère de l'Être qui se révèle à nous sur fond de néant qu'Heidegger nous convie à être attentifs. La plus haute dignité de l'homme serait alors non pas le fait qu'il doive assumer son existence, mais que lui soit confiée la tâche de penser et de poser la question : « Qu'est-ce que l'Être ? » (texte 3).

1. *L'existentialisme est un humanisme* est le titre d'une conférence de Sartre, Éd. Nagel, Paris 1970.
2. Dans « Qu'est-ce que la métaphysique ? », *Questions I*, Éd. Gallimard, 1974.

Textes

I. POURQUOI Y A-T-IL QUELQUE CHOSE PLUTÔT QUE RIEN ?

Texte 1 SARTRE

La contingence de l'existence

J'étais tout à l'heure au Jardin public. La racine du marronnier s'enfonçait dans la terre, juste au-dessous de mon banc. Je ne me rappelais plus que c'était une racine. Les mots s'étaient évanouis et, avec eux, la signification des choses, leurs modes d'emploi, les faibles repères que les hommes ont tracés à leur surface. J'étais assis, un peu voûté, la tête basse, seul en face de cette masse noire et noueuse, entièrement brute et qui me faisait peur. Et puis j'ai eu cette illumination.

Ça m'a coupé le souffle. Jamais, avant ces derniers jours, je n'avais pressenti ce que voulait dire « exister ». J'étais comme les autres, comme ceux qui se promènent au bord de la mer dans leurs habits de printemps. Je disais comme eux « la mer *est* verte ; ce point blanc, là-haut, *c'est* une mouette », mais je ne sentais pas que ça existait, que la mouette était une « mouette-existante » ; à l'ordinaire l'existence se cache. [...]

Et puis voilà : tout d'un coup, c'était là, c'était clair comme le jour : l'existence s'était soudain dévoilée. Elle avait perdu son allure inoffensive de catégorie abstraite : c'était la pâte même des choses, cette racine était pétrie dans de l'existence. Ou plutôt la racine, les grilles du jardin, le banc, le gazon rare de la pelouse, tout ça s'était évanoui : la diversité des choses, leur individualité n'était qu'une apparence, un vernis. Ce vernis avait fondu, il restait des masses monstrueuses et molles, en désordre — nues, d'une effrayante et obscène nudité. [...]

J'étais là, immobile et glacé, plongé dans une extase horrible. Mais, au sein même de cette extase quelque chose de neuf venait d'apparaître ; je comprenais la Nausée, je la possédais. A vrai dire je ne me formulais pas mes découvertes. Mais je crois qu'à présent, il me serait facile de les mettre en mots. L'essentiel c'est la contingence. Je veux dire que, par définition, l'existence n'est pas la nécessité. Exister, c'est *être là*, simplement ; les existants apparaissent, se laissent *rencontrer*, mais on ne peut jamais les *déduire*. Il y a des gens, je crois, qui ont compris ça. Seulement ils ont essayé de surmonter cette contingence en inventant un être nécessaire et cause de soi. Or, aucun être nécessaire ne peut expliquer l'existence : la contingence n'est pas un faux-semblant, une apparence qu'on peut dissiper ; c'est l'absolu, par conséquent la gratuité parfaite. Tout est gratuit, ce jardin, cette ville et moi-même. Quand il arrive qu'on s'en rende compte, ça vous tourne le cœur et tout se met à flotter.

J.-P. Sartre, *la Nausée*, (1938) collection Folio, Éd. Gallimard, 1978, pp. 178-185.

Texte [2] LEIBNIZ

Il faut une raison suffisante

Jusqu'ici nous n'avons parlé qu'en simples Physiciens ; maintenant il faut s'élever à la Métaphysique, en nous servant du Grand principe peu employé communément, qui porte, QUE RIEN NE SE FAIT SANS RAISON SUFFISANTE[1], c'est-à-dire, que rien n'arrive sans qu'il seroit possible à celui qui connaîtroit assez les choses, de rendre une Raison qui suffise pour déterminer pourquoi il en est ainsi, et non pas autrement. Ce principe posé : la première question qu'on a droit de faire, sera, POURQUOI IL Y A PLUTÔT QUELQUE CHOSE QUE RIEN. Car le rien est plus simple et plus facile, que quelque chose. De plus supposé, que des choses doivent exister, il faut qu'on puisse rendre raison, POURQUOI ELLES DOIVENT EXISTER AINSI, et non autrement.

Or, cette Raison suffisante de l'Existence de l'univers ne se saurait trouver dans la suite des choses contingentes.

Ainsi, il faut que la Raison Suffisante, qui n'ait plus besoin d'une autre Raison, soit hors de cette suite des choses contingentes, et se trouve dans une substance, qui en soit la cause, et qui soit un Être nécessaire, portant la Raison de son existence avec soi. Autrement on n'aurait pas encore une raison suffisante, où l'on puisse finir. Et cette dernière raison des choses est appelée Dieu.

Leibniz, *Principes de la Nature et de la Grâce* (1714), Éd. P.U.F., 1954, p. 45.

1. Souligné par l'auteur.

Texte [3] HEIDEGGER

L'essence de l'homme est l'« ek-sistence »

L'ek-sistence[1] ne peut se dire que de l'essence de l'homme, c'est-à-dire de la manière humaine d'« être » ; car l'homme seul est, pour autant que nous en ayons l'expérience, engagé dans le destin de l'ek-sistence. C'est aussi pourquoi l'ek-sistence ne peut jamais être pensée comme un mode spécifique parmi d'autres modes propres aux vivants, à supposer qu'il soit destiné à l'homme de penser l'essence de son être, et non pas seulement de dresser des rapports sur sa constitution et son activité, du point de vue des sciences naturelles ou de l'histoire. [...]

Ce que l'homme est, c'est-à-dire, dans la langue traditionnelle de la métaphysique, l'« essence » de l'homme, repose dans son ek-sistence. Mais l'ek-sistence ainsi pensée n'est pas identique au concept traditionnel d'*existentia*, qui désigne la réalité en opposition à l'*essentia* conçue comme possibilité. [...]

1. *Ek-sistence :* néologisme formé pour signifier la transcendance, se *situer (stare)* hors de *(ek)*.

L'ek-sistence, pensée de façon extatique, ne coïncide, ni dans son contenu, ni dans sa forme, avec l'*existentia*. Dans son contenu, ek-sistence signifie *ex-stase* en vue de la vérité de l'Être. *Existentia (existence)* veut dire par contre *actualitas*, réalité, par opposition à la pure possibilité conçue comme idée. Ek-sistence désigne la détermination de ce qu'est l'homme dans le destin de la vérité. *Existentia* reste le nom qu'on donne à la réalisation de ce qu'une chose est, lorsqu'elle apparaît dans son idée. La proposition : « l'homme ek-siste » n'est pas une réponse à la question de savoir si l'homme est réel ou non ; elle est une réponse à la question portant sur l'« essence » de l'homme.

M. Heidegger, *Questions III*, « Lettre sur l'humanisme » (1946), traduction de R. Munier, Éd. Gallimard, 1966, pp. 90-96.

II. LOGIQUE ET EXISTENCE

Texte 4 DESCARTES

La preuve ontologique de l'existence de Dieu

Car, ayant accoutumé dans toutes les autres choses de faire distinction entre l'existence et l'essence, je me persuade aisément que l'existence peut être séparée de l'essence de Dieu, et qu'ainsi on peut concevoir Dieu comme n'étant pas actuellement. Mais néanmoins, lorsque j'y pense avec plus d'attention, je trouve manifestement que l'existence ne peut non plus être séparée de l'essence de Dieu, que de l'essence d'un triangle rectiligne la grandeur de ses trois angles égaux à deux droits, ou bien de l'idée d'une montagne l'idée d'une vallée ; en sorte qu'il n'y a pas moins de répugnance de concevoir un Dieu (c'est-à-dire un être souverainement parfait) auquel manque l'existence (c'est-à-dire auquel manque quelque perfection), que de concevoir une montagne qui n'ait point de vallée.

Mais encore qu'en effet je ne puisse pas concevoir un Dieu sans existence, non plus qu'une montagne sans vallée, toutefois, comme de cela seul que je conçois une montagne avec une vallée, il ne s'ensuit pas qu'il y ait aucune montagne dans le monde, de même aussi, quoique je conçoive Dieu avec l'existence, il semble qu'il ne s'ensuit pas pour cela qu'il y en ait aucun qui existe : car ma pensée n'impose aucune nécessité aux choses ; et comme il ne tient qu'à moi d'imaginer un cheval ailé, encore qu'il n'y en ait aucun qui ait des ailes, ainsi je pourrais peut-être attribuer l'existence à Dieu, encore qu'il n'y eût aucun Dieu qui existât. Tant s'en faut, c'est ici qu'il y a un sophisme[1] caché sous l'apparence de cette objection : car de ce que

1. Raisonnement incorrect ayant l'apparence de la vérité.

je ne puis concevoir une montagne sans vallée, il ne s'ensuit pas qu'il y ait au monde aucune montagne, ni aucune vallée, mais seulement que la montagne et la vallée, soit qu'il y en ait, soit qu'il n'y en ait point, ne se peuvent en aucune façon séparer l'une d'avec l'autre ; au lieu que, de cela seul que je ne puis concevoir Dieu sans existence, il s'ensuit que l'existence est inséparable de lui, et partant qu'il existe véritablement : non pas que ma pensée puisse faire que cela soit de la sorte, et qu'elle impose aux choses aucune nécessité ; mais, au contraire, parce que la nécessité de la chose même, à savoir de l'existence de Dieu, détermine ma pensée à le concevoir de cette façon. Car il n'est pas en ma liberté de concevoir un Dieu sans existence (c'est-à-dire un être souverainement parfait sans une souveraine perfection), comme il m'est libre d'imaginer un cheval sans ailes ou avec des ailes.

Descartes, *Méditations* (1641), Bibliothèque de la Pléiade,
Éd. Gallimard, 1953, pp. 312-314.

Texte 5 KANT

Le réel ne contient rien de plus que le simple possible

Être n'est évidemment pas un prédicat[1] réel, c'est-à-dire un concept de quelque chose qui puisse s'ajouter au concept d'une chose. C'est simplement la position d'une chose ou de certaines déterminations en soi. Dans l'usage logique, ce n'est que la copule[2] d'un jugement. Cette proposition : *Dieu est tout-puissant,* renferme deux concepts qui ont leurs objets : Dieu et toute-puissance ; le petit mot *est* n'est pas du tout encore par lui-même un prédicat, c'est seulement ce qui met le prédicat *en relation* avec le sujet. Or, si je prends le sujet (Dieu) avec tous ses prédicats (dont la toute-puissance fait aussi partie) et que je dise : *Dieu est,* ou il est un Dieu, je n'ajoute aucun nouveau prédicat au concept de Dieu, mais je ne fais que poser le sujet en lui-même avec tous ses prédicats, et en même temps, il est vrai, l'*objet* qui correspond à mon *concept.* Tous deux doivent exactement renfermer la même chose et, par conséquent, rien de plus ne peut s'ajouter au concept qui exprime simplement la possibilité, par le simple fait que je conçois (par l'expression : il est) l'objet de ce concept comme donné absolument. Et ainsi, le réel ne contient rien de plus que le simple possible. Cent thalers[3] réels ne contiennent rien de plus que cent thalers possibles. Car, comme les thalers possibles expriment le concept et les thalers réels, l'objet et sa position en lui-même, au cas où celui-ci contiendrait plus que celui-là, mon concept n'exprimerait pas l'objet tout entier et, par conséquent, il n'en serait pas, non plus, le concept adéquat. Mais je suis

1. Terme qui énonce une détermination du sujet.
2. Terme logique qui joint le sujet au prédicat.
3. Ancienne monnaie d'argent en usage dans les pays germaniques.

plus riche avec cent thalers réels qu'avec leur simple concept (c'est-à-dire qu'avec leur possibilité). Dans la réalité, en effet, l'objet n'est pas simplement contenu analytiquement[1] dans mon concept, mais il s'ajoute synthétiquement[2] à mon concept (qui est une détermination de mon état), sans que, par cette existence en dehors de mon concept, ces cent thalers conçus soient le moins du monde augmentés. [...]

Quelles que soient donc la nature et l'étendue de notre concept d'un objet, il nous faut cependant sortir de ce concept pour attribuer à l'objet son existence. Pour les objets des sens, cela a lieu au moyen de leur enchaînement avec quelqu'une de mes perceptions suivant des lois empiriques ; mais pour des objets de la pensée pure, il n'y a absolument aucun moyen de connaître leur existence, parce qu'elle devrait être connue entièrement *a priori,* alors que notre conscience de toute existence (qu'elle vienne soit immédiatement de la perception, soit de raisonnements qui lient quelque chose à la perception) appartient entièrement et absolument à l'unité de l'expérience, et que si une existence hors de ce champ ne peut pas, à la vérité, être absolument déclarée impossible, elle est pourtant une supposition que nous ne pouvons justifier par rien. [...]

Par conséquent, la preuve ontologique[3] (CARTÉSIENNE) si célèbre qui veut démontrer par concepts l'existence d'un Être suprême, fait dépenser en vain toute la peine qu'on se donne et tout le travail que l'on y consacre ; nul homme ne saurait, par de simples idées, devenir plus riche de connaissances, pas plus qu'un marchand ne le deviendrait en argent, si, pour augmenter sa fortune, il ajoutait quelques zéros à l'état de sa caisse.

Kant, *Critique de la Raison pure* (1781), traduction de A. Tremesaygues et B. Pacaud, Éd. P.U.F., 1968, pp. 429 - 431.

---

1. C'est-à-dire par un jugement qui explicite ce qui était déjà compris dans le sujet sans rien ajouter à son concept.
2. En ajoutant au concept des déterminations qui n'y étaient pas comprises.
3. La preuve ontologique tente de démontrer l'existence de Dieu à partir de sa seule définition ; voir texte [4]).

III. LA MORT ET LA QUESTION DU SENS DE L'EXISTENCE

Texte [6] SCHOPENHAUER

Mort et sens de l'existence

Excepté l'homme, aucun être ne s'étonne de sa propre existence ; c'est pour tous une chose si naturelle, qu'ils ne la remarquent même pas. La sagesse de la nature parle encore par le calme regard de l'animal ; car, chez lui, l'intellect et la volonté ne divergent pas encore assez, pour qu'à leur rencontre, ils soient l'un à l'autre un sujet d'étonnement. Ici, le phénomène tout entier est encore étroitement uni, comme la branche au tronc, à la Nature, d'où il sort ; il participe, sans le savoir plus qu'elle-même, à l'omniscience de la Mère Universelle. — C'est seulement après que *l'essence intime de la nature (le vouloir-vivre* dans son objectivation) s'est développée, avec toute sa force et toute sa joie, à travers les deux règnes de l'existence inconsciente, puis à travers la série si longue et si étendue des animaux ; c'est alors enfin, avec l'apparition de la raison, c'est-à-dire chez l'homme, qu'elle s'éveille pour la première fois à la réflexion ; *elle s'étonne de ses propres œuvres et se demande à elle-même ce qu'elle est.* Son étonnement est d'autant plus sérieux que, pour la première fois, elle s'approche de *la mort* avec une pleine conscience, et qu'avec la limitation de toute existence, l'inutilité de tout effort devient pour elle plus ou moins évidente. De cette réflexion et de cet étonnement naît le besoin métaphysique qui est propre à l'homme seul. L'homme est un animal métaphysique. [...] car, sans aucun doute, c'est la connaissance des choses de la mort et la considération de la douleur et de la misère de la vie, qui donnent la plus forte impulsion à la pensée philosophique et à l'explication métaphysique du monde. Si notre vie était infinie et sans douleur, il n'arriverait à personne de se demander pourquoi le monde existe, et pourquoi il a précisément telle nature particulière ; mais toutes choses se comprendraient d'elles-mêmes.

Schopenhauer, *le Monde comme Volonté et comme Représentation,* (1818)
traduction de A. Burdeau, Éd. P.U.F., 1966, pp. 851-852.

Texte 7 ÉPICURE

La mort n'est rien pour nous

Maintenant habitue-toi à la pensée que la mort n'est rien pour nous, puisqu'il n'y a de bien et de mal que dans la sensation et la mort est absence de sensation. Par conséquent, si l'on considère avec justesse que la mort n'est rien pour nous, l'on pourra jouir de sa vie mortelle. On cessera de l'augmenter d'un temps infini et l'on supprimera le regret de n'être pas éternel. Car il ne reste plus rien d'affreux dans la vie quand on a parfaitement compris qu'il n'y a pas d'affres après cette vie. Il faut donc être sot pour dire avoir peur de la mort, non pas parce qu'elle serait un événement pénible, mais parce qu'on tremble en l'attendant. De fait, cette douleur, qui n'existe pas quand on meurt, est crainte lors de cette inutile attente !

Ainsi le mal qui effraie le plus, la mort, n'est rien pour nous, puisque lorsque nous existons la mort n'est pas là et lorsque la mort est là nous n'existons pas. Donc la mort n'est rien pour ceux qui sont en vie, puisqu'elle n'a pas d'existence pour eux, et elle n'est rien pour les morts, puisqu'ils n'existent plus.

Mais la plupart des gens tantôt fuient la mort comme le pire des maux et tantôt l'appellent comme la fin des maux.
Le philosophe ne craint pas l'inexistence, car l'existence n'a rien à voir avec l'inexistence, et puis l'inexistence n'est pas un méfait.

Épicure, *Textes sur le plaisir,* Lettre à Ménécée,
traduction de P. Pénisson, Éd. Hatier, 1984, pp. 46-47.

Texte 8 PASCAL

Le discours de l'athée

Il ne faut pas avoir l'âme fort élevée pour comprendre qu'il n'y a point ici de satisfaction véritable et solide, que tous nos plaisirs ne sont que vanité, que nos maux sont infinis, et qu'enfin la mort, qui nous menace à chaque instant, doit infailliblement nous mettre dans peu d'années dans l'horrible nécessité d'être éternellement ou anéanti ou malheureux. [...]
C'est donc assurément un grand mal que d'être dans ce doute ; mais c'est au moins un devoir indispensable de chercher, quand on est dans ce doute ; et ainsi celui qui doute et qui ne cherche pas est tout ensemble et bien malheureux et bien injuste. [...]
Quel sujet de vanité de se voir dans des obscurités impénétrables, et comment se peut-il faire que ce raisonnement se passe dans un homme raisonnable ?
« Je ne sais qui m'a mis au monde, ni ce que c'est que le monde, ni que moi-même ; je suis dans une ignorance terrible de toutes choses ; je ne sais ce que c'est que mon corps, que mes sens, que mon âme et cette partie même de moi qui pense ce que je dis, qui fait réflexion sur tout et sur elle-même, et ne se connaît non plus que le reste. Je vois ces effroyables espaces de l'univers qui m'enferment, et je me trouve attaché à un coin de cette vaste étendue, sans que je sache pourquoi je suis plutôt placé en ce lieu qu'en un autre, ni pourquoi ce peu de temps qui m'est donné à vivre m'est assigné à ce point plutôt qu'à un autre de toute l'éternité qui m'a précédé et de toute celle qui me suit. Je ne vois que des infinités de toutes parts, qui m'enferment comme un atome et comme une ombre qui ne dure qu'un instant sans retour. Tout ce que je connais est que je dois bientôt mourir, mais ce que j'ignore le plus est cette mort même que je ne saurais éviter. Comme je ne sais d'où je viens, aussi je ne sais où je vais ; et je sais seulement qu'en sortant de ce monde je tombe pour jamais ou dans le néant, ou dans les mains d'un Dieu irrité, sans savoir à laquelle de ces deux conditions je dois être éternellement en partage. Voilà mon état, plein de faiblesse et d'incertitude. Et de tout cela, je conclus que je dois donc passer tous les jours de ma vie sans songer à chercher ce qui doit m'arriver.
[...] Je veux aller, sans prévoyance et sans crainte, tenter un si grand événement, et me laisser mollement conduire à la mort, dans l'incertitude de l'éternité de ma condition future. »

Qui souhaiterait d'avoir pour ami un homme qui discourt de cette manière ? qui le choisirait entre les autres pour lui communiquer ses affaires ? qui aurait recours à lui dans ses afflictions ? Et enfin à quel usage de la vie on le pourrait destiner ?

Pascal, *Pensées* (1660), 194 (Éd. Brunschvig), Bibliothèque de la Pléiade, Éd. Gallimard, 1976, pp. 1174-1176.

Texte 9 NIETZSCHE

Courte tragédie, éternelle comédie

L'instinct de la conservation, cet instinct qui règne également chez les hommes supérieurs et chez les plus grossiers, perce de temps en temps sous couleur de raison ou de passion *intellectuelle* ; il traîne alors à ses côtés toute une escorte de raisons étincelantes et cherche à faire oublier à tout prix qu'il n'est pas au fond qu'instinct, penchant, folie et absence de raisons ! Il *faut* aimer la vie, *car...* ! L'homme doit travailler à sa vie et à celle de ses semblables, *car...* ! et autres « on doit », et autres « il faut », et autres « car » d'hier, d'aujourd'hui ou demain ! C'est pour que ce qui arrive toujours nécessairement, ce qui arrive par soi-même et sans aucune espèce de but apparaisse désormais comme tendant à une fin et semble à l'homme raison et loi suprême, c'est pour cela que le maître de morale monte dans sa chaire de professeur de *« but de la vie »* ; c'est pour cela qu'il invente une autre vie, une seconde vie, et qu'au moyen de sa nouvelle mécanique il fait sortir de ses vieux gonds si vulgaires notre vieille existence si vulgaire. Il ne veut pas du tout que nous *riions* de l'existence, ni de nous, mais non ! ni de lui ! [...] On ne peut nier *qu'à la longue*, le rire, la nature et le bon sens n'aient eu raison de ces grands professeurs de but ; la courte tragédie a toujours fini par revenir à l'éternelle comédie de l'existence, et — pour parler avec Eschyle[1] — « la mer au sourire innombrable » finira fatalement par recouvrir aussi le plus grand de tous ces tragiques. Mais, malgré ce rire correcteur, la nature humaine, somme toute, a été modifiée par l'incessant retour de ces professeurs du but de l'existence ; *elle a maintenant un besoin de plus*, et c'est précisément le besoin de voir revenir incessamment ces professeurs et leurs leçons. L'homme est devenu petit à petit un animal chimérique dont l'existence est soumise à une condition de plus que celle des autres animaux : il *faut* qu'il se figure savoir de temps en temps *pourquoi* il existe ; son espèce ne peut prospérer sans une confiance périodique dans la vie ! Sans croire à la raison dans la vie ! Et l'espèce humaine ne cessera de décréter de temps à autre : « Il y a quelque chose dont on n'a absolument plus le droit de rire. »

Nietzsche, *le Gai Savoir* (1882), traduction d'A. Vialatte, collection Idées, Éd. Gallimard, 1972, p. 37.

1. Dans sa tragédie *Prométhée enchaîné* (Ve siècle avant J.-C.).

IV. PENSER ET EXISTER : LA DIFFICULTÉ D'ÊTRE UN SUJET

Texte 10 **HEIDEGGER**

Analyse du « on » meurt

La vie publique où prend place l'être-en-compagnie quotidien « connaît » la mort comme une rencontre qui se produit constamment, comme « cas de mort ». Un tel, qu'il soit proche ou lointain, « meurt ». Des inconnus « meurent » chaque jour et à chaque heure. « La mort » se rencontre comme un événement bien connu qui se produit dans le monde. En tant que telle, elle se maintient dans l'insurprenance qui caractérise ce qui se rencontre quotidiennement. Le on s'est déjà assuré aussi pour cet événement d'une explication. Les propos tenus à son sujet, qu'ils soient clairement exprimés ou le plus souvent restreints à de « fugitives » allusions, reviennent à dire : on finit bien un jour par mourir mais pour le moment nous-on demeure à l'abri.

L'analyse du « on meurt » révèle sans équivoque le genre d'être de l'être quotidien vers la mort. Celle-ci est entendue dans des propos de ce genre comme quelque chose de vague qui doit avant tout débarquer de quelque part mais dans l'immédiat n'est *pas encore là-devant* pour un individu donné et n'a donc rien de menaçant. Le « on meurt » répand l'opinion que la mort frappe, si l'on peut dire, le on. L'explication publique du Dasein[1] dit : « on meurt » parce que tout un chacun et nous-on peut s'en convaincre : ce n'est chaque fois justement pas moi ; car ce on n'est *Personne.* Le « trépas » est ramené au niveau d'un événement qui frappe sans doute le Dasein mais ne concerne spécialement personne. S'il est un cas où l'équivoque est consubstantielle au on-dit, c'est bien dans cette façon de parler de la mort. Le trépas qui, sans délégation possible, est essentiellement à moi, est reconverti en un événement se produisant publiquement qui rencontre le on. La façon d'en parler qui a ce caractère parle de la mort comme d'un « cas » se produisant constamment. Elle la fait passer pour quelque chose de toujours déjà « réel » et en voile le caractère de possibilité ; elle voile donc par là même les moments qui en font partie et la rendent sans relation et indépassable. Grâce à ce genre d'équivoque, le Dasein s'expose à se perdre dans le on par rapport à un pouvoir-être insigne appartenant au soi-même le plus propre. Le on donne le droit de se dissimuler l'être vers la mort en ce qu'il a de plus propre ; et il augmente la *tentation* de se le dissimuler.

M. Heidegger, *Être et temps* (1927),
traduction de F. Vézin, d'après J. Lauxerrois et C. Roëls,
Éd. Gallimard, 1986, § 51, pp. 307-308.

1. Le *Dasein,* ou selon d'autres traductions « la réalité humaine ». Voir *Être et temps,* p. 31.

Texte 11 JANKÉLÉVITCH

Ma mort, objectivité subjective

Ce qui vaut pour tous les hommes, paraît-il, vaut pour l'un d'eux. Mais lorsque ce « l'un d'eux » est moi-même, une soudaine conversion s'impose ; un abîme doit être franchi. [...]

Il y a donc une expérience privilégiée dans laquelle la loi universelle de mortalité est vécue comme un malheur privé et une tragédie personnelle ; et inversement cette malédiction personnelle, confidentielle et quasi inavouable de la mort propre n'en reste pas moins, pour celui qui en réalise l'effectivité et l'imminence, une nécessité d'ordre général. Qu'est-ce à dire, sinon que la mort représente une sorte d'objectivité subjective ? Du point de vue de la première personne, c'est un événement dépareillé et un absolu ; du point de vue de la troisième, c'est un phénomène relatif. [...] Pour ce qui est de la mort en troisième personne, on peut discourir à discrétion sur le décès de X ou de Y, disserter à volonté sur la mort de l'indifférent : avant cette mort, pendant cette mort, après cette mort, tout loisir est laissé à notre réflexion ; celui qui, à volonté, précède l'événement, ou survit à l'événement, ou se fait de l'événement le témoin et le contemporain, celui-là englobe l'événement comme un objet immuable ; mais c'est qu'en fait la banale troisième personne est personne intemporelle autant qu'impersonnelle. [...]

En première personne, au contraire, c'est le futur qui est le temps privilégié : je suis toujours en effet, et par définition même, *avant* ma propre mort ; le pendant, et *a fortiori* l'après, me sont obstinément refusés. [...]

Ainsi la mort joue à cache-cache avec la conscience : où je suis, la mort n'est pas ; et quand la mort est là, c'est moi qui n'y suis plus. Tant que je suis, la mort est à venir ; et quand la mort advient, ici et maintenant, il n'y a plus personne.

V. Jankélévitch, *la Mort,* collection Champs, Éd. Flammarion, 1966, pp. 22-34.

Texte 12 KIERKEGAARD

Il est plus facile de penser abstraitement que d'exister

L'insuffisance de l'abstraction éclate justement dans toutes les questions qui concernent l'existence ; elle commence par écarter la difficulté en l'omettant, puis elle se vante de tout expliquer. Elle explique l'immortalité en général et tout va à merveille, car l'immortalité devient identique à l'éternité, celle qui est essentiellement le *medium*, le milieu de la pensée. Mais quant à savoir si un existant particulier est immortel, ce qui est bien la difficulté, l'abstraction n'en a cure. Elle est désintéressée, mais la

difficulté de l'existence est ce qui intéresse l'existant, infiniment intéressé à exister. La pensée abstraite m'aide ainsi, touchant mon immortalité, en me tuant comme individu ayant une existence particulière pour me rendre alors immortel ; elle me secourt à peu près à la façon du médecin de Holberg[1], dans *la Chambre de l'accouchée,* dont la drogue tua le malade, mais chassa aussi la fièvre. [...]

Tout exercice logique de la pensée est en langage abstrait et *sub specie aeterni*[2]. Penser ainsi l'existence, c'est omettre la difficulté qui consiste à penser l'éternel dans le devenir[3], comme on y est bien obligé, puisque le sujet pensant est lui-même dans le devenir. Aussi est-il plus facile de penser abstraitement que d'exister, à condition de ne pas prendre ce dernier terme au sens banal où l'on existe sans plus, comme l'on est un sujet, sans plus. Ici encore, nous avons un exemple montrant que la tâche la plus simple est la plus difficile. Exister, croit-on, ce n'est rien du tout, et bien moins encore une difficulté ; n'existons-nous pas tous ? Mais penser abstraitement, voilà qui compte. Mais exister vraiment, c'est-à-dire imprégner de conscience son existence que l'on domine pour ainsi dire de la distance de l'éternité, tout en étant précisément en elle et encore dans le devenir : en vérité la tâche est ardue.

Kierkegaard, *Post-scriptum non scientifique et définitif aux Miettes philosophiques* (1846), traduction de P. Petit, Éd. Gallimard, 1941, IIe partie, 2e section, ch. III, § 1, pp. 208 - 212.

1. Écrivain danois, surtout auteur de comédies (1684-1754).
2. Du point de vue de l'éternel.
3. Voir chapitre « le temps », p. 172.

V. EXISTER ET AGIR : L'EXISTENTIALISME

Texte 13 SARTRE

L'existence précède l'essence

Que faut-il au juste entendre par là ? Lorsqu'on considère un objet fabriqué, comme par exemple un livre ou un coupe-papier, cet objet a été fabriqué par un artisan qui s'est inspiré d'un concept : il s'est référé au concept de coupe-papier, et également à une technique de production préalable qui fait partie du concept, et qui est au fond une recette. Ainsi, le coupe-papier est à la fois un objet qui se produit d'une certaine manière et qui, d'autre part, a une utilité définie ; et on ne peut pas supposer un homme qui produirait un coupe-papier sans savoir à quoi l'objet va servir. Nous dirons donc que, pour le coupe-papier, l'essence — c'est-à-dire l'ensemble des recettes et des qualités qui permettent de le produire et de le définir — précède l'existence, et ainsi la présence, en face de moi, de tel coupe-papier ou de tel livre est déterminée. Nous avons donc là une vision technique du monde, dans laquelle on peut dire que la production précède l'existence.

Lorsque nous concevons un Dieu créateur, ce Dieu est assimilé la plupart du temps à un artisan supérieur, et quelle que soit la doctrine que nous considérions, qu'il s'agisse d'une doctrine comme celle de Descartes ou de la doctrine de Leibniz, nous admettons toujours que la volonté suit plus ou moins l'entendement, ou tout au moins l'accompagne, et que Dieu, lorsqu'il crée, sait précisément ce qu'il crée. Ainsi, le concept d'homme, dans l'esprit de Dieu, est assimilable au concept de coupe-papier dans l'esprit de l'industriel.

L'homme individuel réalise un certain concept qui est dans l'entendement divin. Au XVIIIe siècle, dans l'athéisme des philosophes, la notion de Dieu est supprimée, mais non pour autant l'idée que l'essence précède l'existence. Cette idée, nous la retrouvons un peu partout : nous la retrouvons chez Diderot, chez Voltaire, et même chez Kant. L'homme est possesseur d'une nature humaine ; cette nature humaine qui est le concept humain, se retrouve chez tous les hommes, ce qui signifie que chaque homme est un exemple particulier d'un concept universel, l'homme ; chez Kant, il résulte de cette universalité que l'homme des bois, l'homme de la nature, comme le bourgeois sont astreints à la même définition et possèdent les mêmes qualités de base. Ainsi, là encore, l'essence d'homme précède cette existence historique que nous rencontrons dans la nature.

L'existentialisme athée, que je représente, est plus cohérent. Il déclare que si Dieu n'existe pas, il y a au moins un être chez qui l'existence précède l'essence, un être qui existe avant de pouvoir être défini par aucun concept et que cet être c'est l'homme ou, comme dit Heidegger, la réalité humaine. Qu'est-ce que signifie ici que l'existence précède l'essence ? Cela signifie que l'homme existe d'abord, se rencontre, surgit dans le monde, et qu'il se définit après. L'homme, tel que le conçoit l'existentialiste, s'il n'est pas définissable, c'est qu'il n'est d'abord rien. Il ne sera qu'ensuite, et il sera tel qu'il se sera fait. Ainsi, il n'y a pas de nature humaine, puisqu'il n'y a pas de Dieu pour la concevoir. L'homme est seulement, non seulement tel qu'il se conçoit, mais tel qu'il se veut, et comme il se conçoit après l'existence, comme il se veut après cet élan vers l'existence ; l'homme n'est rien d'autre que ce qu'il se fait.

L'homme est d'abord un projet qui se vit subjectivement, au lieu d'être une mousse, une pourriture ou un chou-fleur ; rien n'existe préalablement à ce projet ; rien n'est au ciel intelligible[1], et l'homme sera d'abord ce qu'il aura projeté d'être. Non pas ce qu'il voudra être. Car ce que nous entendons ordinairement par vouloir, c'est une décision consciente, et qui est pour la plupart d'entre nous postérieure à ce qu'il s'est fait lui-même. Je peux

1. Allusion à la philosophie de Platon. Les idées (intelligibles) sont les modèles qu'imitent les objets sensibles.

vouloir adhérer à un parti, écrire un livre, me marier, tout cela n'est qu'une manifestation d'un choix plus originel, plus spontané que ce qu'on appelle volonté. Mais si vraiment l'existence précède l'essence, l'homme est responsable de ce qu'il est.

J.-P. Sartre, *l'Existentialisme est un humanisme* (1946), Éd. Nagel, 1970, pp. 17-24.

Texte 14 MERLEAU-PONTY

Exister, c'est s'engager

Il y a là-dessus[1] deux vues classiques. L'une consiste à traiter l'homme comme le résultat des influences physiques, physiologiques et sociologiques qui le détermineraient du dehors et feraient de lui une chose entre les choses. L'autre consiste à reconnaître dans l'homme, en tant qu'il est esprit et construit la représentation des causes mêmes qui sont censées agir sur lui, une liberté acosmique[2]. D'un côté l'homme est une partie du monde, de l'autre il est conscience constituante du monde. Aucune de ces deux vues n'est satisfaisante. A la première on opposera toujours après Descartes que, si l'homme était une chose entre les choses, il ne saurait en connaître aucune, puisqu'il serait, comme cette chaise ou cette table, enfermé dans ses limites, *présent* en un certain lieu de l'espace et donc incapable de se les *représenter* tous. Il faut lui reconnaître une manière d'être très particulière, l'être intentionnel, qui consiste à viser toutes choses et à ne demeurer en aucune. Mais si l'on voulait conclure de là que, par notre fond, nous sommes esprit absolu, on rendrait incompréhensibles nos attaches corporelles et sociales, notre insertion dans le monde, on renoncerait à penser la condition humaine. Le mérite de la philosophie nouvelle est justement de chercher dans la notion d'existence le moyen de la penser. L'existence au sens moderne, c'est le mouvement par lequel l'homme est au monde, s'engage dans une situation physique et sociale qui devient son point de vue sur le monde. Tout engagement est ambigu, puisqu'il est à la fois l'affirmation et la restriction d'une liberté : je m'engage à rendre ce service, cela veut dire à la fois que je pourrais ne pas le rendre et que je décide d'exclure cette possibilité. De même mon engagement dans la nature et dans l'histoire est à la fois une limitation de mes vues sur le monde et ma seule manière d'y accéder, de connaître et de faire quelque chose. Le rapport du sujet à l'objet n'est plus ce *rapport de connaissance* dont parlait l'idéalisme classique et dans lequel l'objet apparaît toujours comme construit par le sujet, mais un *rapport d'être* selon lequel paradoxalement le sujet est son corps, son monde et sa situation.

M. Merleau-Ponty, *Sens et Non-Sens*, Éd. Nagel, 1945, pp. 142-144.

1. Sur la question du rapport entre l'homme et son entourage naturel ou social.
2. Acosmique, de *a* privatif et *cosmos*, le monde : « qui est étranger au monde ».

DOCUMENTS

1. Au-delà de la tragédie

Etre, ou ne pas être, c'est là la question. Y a-t-il plus de noblesse d'âme à subir la fronde et les flèches de la fortune outrageante, ou bien à s'armer contre une mer de douleurs et à l'arrêter par une révolte ? Mourir, dormir, rien de plus ;... et dire que par ce sommeil nous mettons fin aux maux du cœur et aux mille tortures naturelles qui sont le legs de la chair ; c'est là un dénouement qu'on doit souhaiter avec ferveur. Mourir,... dormir, dormir ! peut-être rêver ! Oui, là est l'embarras. Car quels rêves peut-il nous venir dans ce sommeil de la mort, quand nous sommes débarrassés de l'étreinte de cette vie ? Voilà qui doit nous arrêter. C'est cette réflexion-là qui nous vaut la calamité d'une si longue existence. Qui, en effet, voudrait supporter les flagellations et les dédains du monde, l'injure de l'oppresseur, l'humiliation de la pauvreté, les angoisses de l'amour méprisé, les lenteurs de la loi, l'insolence du pouvoir, et les rebuffades que le mérite résigné reçoit d'hommes indignes, s'il pouvait en être quitte avec un simple poinçon ? Qui voudrait porter ces fardeaux, grogner et suer sous une vie accablante, si la crainte de quelque chose après la mort, de cette région inexplorée, d'où nul voyageur ne revient, ne troublait la volonté, et ne nous faisait supporter les maux que nous avons par peur de nous lancer dans ceux que nous ne connaissons pas ? Ainsi la conscience fait de nous tous des lâches ; ainsi les couleurs natives de la résolution blêmissent sous les pâles reflets de la pensée ; ainsi les entreprises les plus énergiques, et les plus importantes, se détournent de leur cours, à cette idée, et perdent le nom d'action...

Shakespeare, *Hamlet* (1600-1601), traduction de François-Victor Hugo, Éd. Garnier-Flammarion, 1979, pp. 304-305.

2. Une absurdité irrémédiable

Et cette impossibilité de néant enlève [...] au suicide qui est la dernière maîtrise qu'on puisse avoir sur l'être, sa fonction de maîtrise. On n'est plus maître de rien, c'est-à-dire on est dans l'absurde. Le suicide apparaissait comme le dernier recours contre l'absurde. Suicide au sens large du terme comprenant aussi la lutte désespérée mais lucide d'un Macbeth qui combat même quand il a reconnu l'inutilité du combat. Cette maîtrise — cette possibilité de trouver un sens à l'existence par la possibilité du suicide est un fait constant de la tragédie ; ce cri de Juliette au troisième acte de Roméo et Juliette *: « Je garde le pouvoir de mourir » — est encore un triomphe sur la fatalité. On peut dire que la tragédie, en général, n'est pas simplement la victoire du destin sur la liberté, car par la mort assumée au moment de la prétendue victoire du destin, l'individu échappe au destin. Mais c'est pour cela que Hamlet est au-delà de la tragédie ou la tragédie de la tragédie. Il comprend que le « ne pas être » est peut-être impossible et il ne peut plus maîtriser l'absurde, même par le suicide. La notion de l'être irrémissible et sans issue, constitue l'absurdité foncière de l'être. L'être est le mal, non pas parce que fini, mais parce que sans limites.*

E. Lévinas, *le Temps et l'Autre* (1947), Éd. Quadrige, 1985, pp. 28-29.

Exercices

1. « L'homme libre ne pense à rien moins qu'à la mort, et sa sagesse est une méditation non de la mort, mais de la vie. » Comment comprenez-vous cette pensée de Spinoza *(Éthique*, IV, Proposition LXVII) ?

2. Demandez-vous quels sont les philosophes pour lesquels la philosophie est effectivement la préparation à la mort (voir à ce sujet : *Phédon* de Platon et *Crépuscule des idoles* de Nietzsche « le Problème de Socrate »).

3. Le *néant*, le *rien*, le *vide* : comparez ces termes. Ont-ils le même sens ?

4. Le monde a existé avant votre naissance, il existera probablement après votre mort. Ces deux perspectives vous inspirent-elles le même sentiment ? A quoi tient la différence ?

5. Examinez dans une religion de votre choix les rites qui accompagnent la mort et le deuil. Quel est leur sens ?

6. Analysez les différentes attitudes culturelles à l'égard de la mort (pensez aussi à l'euthanasie, à la médicalisation de la mort).

7. « L'humanité est faite de plus de morts que de vivants » : Comment comprenez-vous cette formule d'Auguste Comte ?

8. « La mort parle d'une voix profonde pour ne rien dire », dit Valéry. Est-ce également votre avis ?

9. Avons-nous des devoirs envers les morts ? Si oui, pourquoi ?

Sujets de dissertation

1. Le seul problème philosophique vraiment sérieux est-il le suicide ?
2. La mort abolit-elle le sens de notre existence ?
3. En quel sens peut-on dire : « Je veux, donc je suis » ?
4. La réalité : qu'entendons-nous par là ?
5. Exister, est-ce simplement vivre ?
6. Être et exister.
7. Suis-je responsable de mon existence ?

Corrélats

la conscience - le temps - le sens et l'irrationnel - le fait religieux - la liberté - la métaphysique

POUR EN SAVOIR PLUS

Jankélévitch (V.), *la Mort,* collection Champs, Éd. Flammarion.

Nietzsche (F.), *la Généalogie de la morale,* 3e dissertation, collection Idées, Éd. Gallimard.

Sartre (J.-P.), *la Nausée,* collection Folio, Éd. Gallimard.

Sartre (J.-P.), *l'Existentialisme est un humanisme,* Éd. Nagel.

Descartes (R.), *les Méditations métaphysiques,* Ire, IIe et IIIe, Éd. Gallimard.

Kierkegaard (S.), *l'Existence,* textes choisis, Éd. P.U.F.

Lévinas (E.), *De l'existence à l'existant,* Éd. Vrin.

Schopenhauer (A.), *le Vouloir vivre,* textes choisis, Éd. P.U.F.

Heidegger (M.), *Questions* III, « la lettre sur l'humanisme », Éd. Gallimard.

Leibniz (W.G.), *De la production originelle des choses prises à sa racine,* Opuscules philosophiques choisis, Éd. Vrin.

Photo : Jean Bernard.

11

Nature et culture

Introduction

La nature précède-t-elle la culture ?

L'antériorité de la nature sur la culture semble requise par le simple bon sens : comment en effet définir la culture sinon comme une transformation de la nature, et peut-être même comme une « seconde nature » ? La nature, c'est d'abord tout ce qui entoure l'homme et qui n'est pas son œuvre, du brin d'herbe à l'étoile. Mais c'est aussi « l'essence », l'être profond de tout sujet ou de tout phénomène sensible ; on parle couramment de la « nature » de la lumière, ou de la « nature » de l'homme. La communauté de ces deux aspects est suggérée par l'étymologie (*nasci* en latin signifie croître, pousser, comme *phuein* en grec) : la nature comprend tout ce qui subsiste par sa propre force, tout ce qui est vivant et originaire. Néanmoins, l'impossibilité de saisir la nature « en elle-même » indépendamment de cette culture qu'elle semblait précéder et conditionner apparaît rapidement : c'est toujours par l'intermédiaire d'une langue et d'une culture que s'effectue la prise de conscience de la nature.

La culture se présente dès l'Antiquité romaine sous un double visage : elle est culture de la terre (agriculture) et culture de l'esprit (éducation). Elle est donc un acte de transformation, un travail. Par la suite, elle comprend aussi le résultat de ce travail : d'abord, au XVIe siècle, les œuvres littéraires (les « humanités ») puis, vers le XIXe siècle, l'ensemble du savoir et des modes de pensée et de vie d'une société. Le terme de « culture » est employé aujourd'hui encore en deux sens distincts (même s'ils sont souvent confondus par l'usage) : il désigne d'abord les œuvres de l'esprit, un certain savoir susceptible d'orienter l'action (on parle d'un homme « cultivé ») puis, par extension, la civilisation dans son ensemble.

On s'est toutefois efforcé de distinguer ces deux notions, mais le terme « civilisation » reste porteur des mêmes équivoques que le terme « culture ». Il a un caractère nettement appréciatif, ayant d'abord désigné les modes d'organisation sociale supposés les plus élaborés et les plus raffinés. Il désigne maintenant un ensemble de traits communs à toutes les composantes d'une société.

L'idée de nature est culturelle

Interrogeant la nature comme état originaire de l'humanité, c'est sa propre culture que l'homme remet en question, s'efforçant à la fois de porter un jugement sur cette culture et de découvrir ce qu'était sa « nature » première. Parallèlement, dans l'étude de la nature (comprise cette fois comme univers), il cherche à déterminer sa « place » et ainsi sa vocation essentielle. Ce qui est en cause ici, c'est donc la quête de l'homme par lui-même, et de son *unité* par-delà la multiplicité des civilisations et des différences individuelles engendrées par l'éducation. L'homme comme être de culture est-il un homme « perfectionné » ou au contraire « déformé », puisqu'il est « dénaturé » ? Nostalgique d'une nature dont il s'est arraché par la réflexion et les civilisations, *qui* est-il donc, a-t-il même une nature et celle-ci est-elle unique ?

Des mythes à la réalité

Le rapport de l'homme à la nature, le rapport de la Nature à la culture ne sont pas les mêmes aux différentes époques des sociétés et des hommes. L'homme se sentit longtemps « enfant » de la Nature (Mère bienveillante ou hostile). Ainsi la « nature magique » pouvait-elle entendre prières et sacrifices humains ; les Grecs eux-mêmes percevaient l'homme comme un « petit univers » (microcosme) dans le grand qui en était le « modèle ». C'est seulement vers la fin du XVIe s. qu'en Occident elle devint un objet de connaissance et de maîtrise technique, une fois surmonté le désarroi causé par la révolution copernicienne[1]. Cependant, à chaque fois que l'homme s'interroge sur la valeur de cette civilisation dont il est le démiurge[2], et sur lui-même, il se tourne à nouveau vers la nature.

Cette démarche est particulièrement nette chez Rousseau pour qui la « nature actuelle » de l'homme doit être soigneusement distinguée d'une « nature originaire » : la première est artificielle puisque l'homme « actuel », fort éloigné de sa constitution originelle, est un homme « devenu », ou encore ce que Rousseau appelle « l'homme de l'homme » par opposition à l'homme de la nature. Il lui est donc très difficile de s'imaginer « tel que l'a formé la nature », c'est-à-dire à l'état brut ou sauvage. Rappelons que cet état de nature est une supposition de la part de Rousseau, un concept théorique ou encore opératoire. Il est en effet nécessaire, dit-il à plusieurs reprises, de se « former des notions justes » de cet état qui pourtant « n'existe plus, qui n'a peut-être point existé, qui probablement n'existera jamais » (textes 1 et 2).

Un degré zéro de société

Dans son effort pour construire l'homme à partir d'un degré zéro de société, Rousseau se démarque radicalement de ses prédécesseurs, c'est-à-dire d'une longue tradition qui d'Aristote (texte 5) à Hobbes faisait de l'homme un être naturellement social en même temps qu'originairement doué de raison. Sans doute Hobbes, moins optimiste à cet égard qu'Aristote ou Locke, concevait-il la nature comme un état d'hostilité virtuelle qui devait fatalement dégénérer en guerre de tous contre tous. Mais les uns comme les autres commettaient l'erreur de présupposer ce qu'il fallait expliquer, c'est-à-dire les relations sociales sans lesquelles ni la paix, ni la raison ne se peuvent concevoir. C'est donc par ses seules forces, si l'on en croit Rousseau, que l'homme accède à l'état social et cette rupture est à la fois contingente (l'état originaire pouvait durer indéfiniment), nécessaire (par rapport aux circonstances qui l'ont suscitée) et irréversible.

Une rupture irréversible

C'est la « perfectibilité », qualité première et spécifique de l'homme par laquelle il se distingue des animaux, qui lui fit rompre l'harmonie primitive avec la Nature. Cette particularité constitue en un sens nouveau la vraie « nature » de l'homme : mais cette nature est une « non-nature » qui ouvre à l'humanité une quasi-infinité de possibles et porte donc en elle la liberté (textes 3 à 7). Dans ces conditions, tout espoir de retrouver chez l'homme, en deçà des attributs culturels, une souche naturelle, ou encore un fond d'animalité, est donc illusoire. C'est ce que viennent confirmer aujourd'hui aussi bien les études sur ce que l'on appelle les « enfants sauvages »[3], c'est-à-dire des enfants exclus de la société — que les nombreuses enquêtes ethnologiques et anthropologiques[4].

---

1. Voir à ce propos le chapitre « Théorie et expérience », p. 349.
2. Terme platonicien désignant un « Dieu-artisan » responsable de l'agencement du monde.
3. Document 1, p. 231.
4. Voir chapitre « L'anthropologie », tome 2, p. 333.

L'homme s'est domestiqué lui-même

Les enfants sauvages, comme le souligne Lévi-Strauss, ne sont que « des monstruosités culturelles », en aucun cas, les « témoins fidèles d'un état antérieur ». Un animal domestique, en effet, s'il se trouve abandonné dans la nature, peut retourner à un comportement instinctif — c'est-à-dire immuable et stéréotypé — caractéristique de son espèce. Rien de tel ne peut se produire chez l'homme qui ne saurait retrouver, par régression, un état antérieur resté en lui à l'état latent : « Si l'homme est un animal domestique, il est le seul à s'être domestiqué lui-même. »[1]

Aucune observation réelle ne permet donc de distinguer des facteurs naturels et des facteurs culturels (« l'inné » et « l'acquis ») chez l'homme, et c'est donc d'une « analyse idéale » que Lévi-Strauss se réclame pour établir une ligne de partage entre les processus naturels et l'ordre culturel constitué par un ensemble de normes variables et propres à chaque groupe social. L'une de ces règles, la prohibition de l'inceste — c'est-à-dire l'interdiction des relations sexuelles à l'intérieur d'un certain champ de parenté — est, selon Lévi-Strauss, le point d'articulation entre nature et culture (texte 8). C'est l'obligation d'établir des liens de réciprocité[2] ou, plus généralement, l'échange, selon ses trois modalités (parenté, langage et économie), qui constitue le point d'émergence de l'humanité : à partir de ces invariants de toute vie sociale, chaque culture élabore sa configuration particulière.

Éducation et instruction

La plasticité de l'être humain établie en premier lieu par la philosophie, confirmée par l'anthropologie, la perméabilité de l'esprit à toutes les influences les plus contradictoires, ou même les plus pernicieuses, ouvrent un champ de réflexion dont on mesure difficilement l'étendue. L'éducation qui, selon Kant, soumet l'homme aux normes de l'humanité et « l'arrache à ses penchants brutaux », engage l'avenir de l'individu et des nations. Kant la considère tout d'abord sous sa forme négative : c'est la discipline qui règle le comportement humain, en empêchant l'enfant de se détourner de sa vraie destination, c'est-à-dire la culture. L'instruction, conçue au contraire de façon positive, pourrait permettre de développer favorablement, et indéfiniment, la nature humaine. La malléabilité de nos facultés permet en effet de concevoir un perfectionnement de l'humanité, pourvu seulement que plusieurs générations reçoivent une éducation dirigée vers un but constant (textes 9 et 14).

L'intelligence est-elle naturelle ou culturelle ?

Le rôle primordial de l'instruction dans ce processus d'édification de l'humanité par elle-même (ce qu'on appelle l'« humanisation ») amène également à considérer avec attention la question des rôles respectifs des facteurs innés et des facteurs acquis dans l'éducation, en particulier dans le développement des facultés intellectuelles. Sans doute les analyses des philosophes et des sociologues sur ce point — de Rousseau à Bourdieu et Passeron — sont-elles largement justifiées. Bien des qualités ou aptitudes que nous donnons trop promptement pour naturelles peuvent s'expliquer également, et peut-être tout aussi bien, par l'éducation, ainsi que par un ensemble de déterminations socio-économiques (ce que les auteurs

1. J.-F. Blumenbach, naturaliste allemand (1752-1840), cité par Lévi-Strauss, *Structures élémentaires de la parenté*, Éd. Mouton, p. 6.
2. L'exogamie, c'est-à-dire l'obligation de donner une femme à un autre clan, et le droit d'en recevoir, est l'envers positif de la prohibition de l'inceste.

du texte 11 appellent « l'héritage culturel »). Il fallut bien admettre, puis expliquer, que l'éducation stimule et nourrit l'intelligence de façon déterminante ; et Rousseau, l'un des premiers, fit cette démonstration avec force. Mais, actuellement, les études les plus sérieuses nous renvoient à la double action de la nature et de la culture, ou encore des gènes et du milieu. N'était-il pas illogique, se demande A. Jacquard, de dissocier, pour ensuite les apprécier respectivement, des termes — l'inné et l'acquis — qui n'ont aucune réalité concevable pris isolément ? Chacun comprendra aujourd'hui que la culture, ou encore l'instruction, permet seule l'épanouissement de certaines dispositions qui ne se peuvent concevoir à l'état pur (textes 10, 11 et 12). Affirmer comme F. Jacob l'interaction du biologique et du culturel (texte 13), c'est instituer l'unité de l'homme comme réalité « biosociologique » et la diversité des hommes, des milieux, des mœurs et des époques.

Toutes les cultures se valent-elles ?

Reconnaître cette diversité, en faire valoir la fécondité et la nécessité, ou en d'autres termes, « respecter les différences », pour employer une formule consacrée, n'interdit pourtant pas de s'interroger sur les orientations et les normes propres à chaque culture[1]. Étant dénué de toute nature, l'homme peut en effet poser valeurs et principes qui lui permettent de juger sa culture — et même de l'infléchir, ou de tenter de le faire — dans un sens défini (texte 4). Son imagination peut ici déployer son activité créatrice : l'homme n'est-il pas en effet un « animal symbolique », c'est-à-dire qui prête un sens aux choses et aux êtres parce qu'il est capable de dépasser le présent ?

1. Voir à ce propos le document 2.

Textes

I. LE MODÈLE NATUREL

Texte 1 LÉVI-STRAUSS

L'homme coupé de la nature

On[1] a commencé par couper l'homme de la nature, et par le constituer en règne souverain ; on a cru ainsi effacer son caractère le plus irrécusable, à savoir qu'il est d'abord un être vivant. Et, en restant aveugle à cette propriété commune, on a donné champ libre à tous les abus. Jamais mieux qu'au terme des quatre derniers siècles de son histoire, l'homme occidental ne put-il comprendre qu'en s'arrogeant le droit de séparer radicalement l'humanité de l'animalité, en accordant à l'une tout ce qu'il retirait à l'autre, il ouvrait un cycle maudit, et que la même frontière, constamment reculée, servirait à écarter des hommes d'autres hommes, et à revendiquer, au profit de minorités toujours plus restreintes, le privilège d'un humanisme, corrompu aussitôt né pour avoir emprunté à l'amour-propre son principe et sa notion.

C. Lévi-Strauss, *Jean-Jacques Rousseau, fondateur des sciences de l'homme* (1962), repris dans *Anthropologie structurale II*, Éd. Plon, 1973, p. 53.

1. L'auteur fait ici allusion aux mythes, notamment à celui de la Genèse ainsi qu'au mythe de Prométhée chez Platon. Ces mythes conféraient une dignité exclusive à la nature humaine.

Texte 2 ROUSSEAU

« Un état qui n'a peut-être point existé »

Et comment l'homme viendra-t-il à bout de se voir tel que l'a formé la Nature, à travers tous les changements que la succession des temps et des choses a dû produire dans sa constitution originelle, et de démêler ce qu'il tient de son propre fond d'avec ce que les circonstances et ses progrès ont ajouté ou changé à son état primitif ? Semblable à la statue de Glaucus[1] que le temps, la mer et les orages avaient tellement défigurée,

1. Allusion à un passage de Platon (*République*, 611 e-d). La statue de Glaucus, dieu marin, défigurée par l'usure des vagues et les dépôts d'algues, figure l'âme humaine, chose immortelle mais abîmée par son association avec le corps.

qu'elle ressemblait moins à un Dieu qu'à une bête féroce, l'âme humaine altérée au sein de la société par mille causes sans cesse renaissantes, par l'acquisition d'une multitude de connaissances et d'erreurs, par les changements arrivés à la constitution des corps, et par le choc continuel des passions, a, pour ainsi dire, changé d'apparence au point d'être presque méconnaissable ; et l'on n'y retrouve plus, au lieu d'un être agissant toujours par des principes certains et invariables, au lieu de cette céleste et majestueuse simplicité dont son auteur l'avait empreinte, que le difforme contraste de la passion qui croit raisonner et de l'entendement en délire. [...]

Il est aisé de voir que c'est dans ces changements successifs de la constitution humaine qu'il faut chercher la première origine des différences qui distinguent les hommes, lesquels d'un commun aveu sont naturellement aussi égaux entre eux que l'étaient les animaux de chaque espèce, avant que diverses causes physiques eussent introduit dans quelques-unes les variétés que nous y remarquons. En effet, il n'est pas concevable que ces premiers changements, par quelque moyen qu'ils soient arrivés, aient altéré tout à la fois et de la même manière tous les individus de l'espèce ; mais les uns s'étant perfectionnés ou détériorés, et ayant acquis diverses qualités bonnes ou mauvaises qui n'étaient point inhérentes à leur nature, les autres restèrent plus longtemps dans leur état originel ; et telle fut parmi les hommes la première source de l'inégalité, qu'il est plus aisé de démontrer ainsi en général, que d'en assigner avec précision les véritables causes.

Que mes lecteurs ne s'imaginent donc pas que j'ose me flatter d'avoir vu ce qui me paraît si difficile à voir. J'ai commencé quelques raisonnements. J'ai hasardé quelques conjectures, moins dans l'espoir de résoudre la question que dans l'intention de l'éclaircir et de la réduire à son véritable état. D'autres pourront aisément aller plus loin dans la même route, sans qu'il soit facile à personne d'arriver au terme. Car ce n'est pas une légère entreprise de démêler ce qu'il y a d'originaire et d'artificiel dans la nature actuelle de l'homme, et de bien connaître un état qui n'existe plus, qui n'a peut-être point existé, qui probablement n'existera jamais, et dont il est pourtant nécessaire d'avoir des notions justes pour bien juger de notre état présent.

J.-J. Rousseau, *Discours sur l'origine et les fondements de l'inégalité parmi les hommes* (1754), Éd. Garnier-Flammarion, 1971, pp. 145-151.

Texte 3 HEGEL

Démystifier l'état de nature

C'est une opinion fausse de penser que l'homme vivrait libre par rapport au besoin dans l'état de nature où il n'éprouverait que des besoins naturels soi-disant simples et où il n'utiliserait pour les satisfaire que les moyens qu'une nature contingente lui procure. Elle est fausse, même si l'on ne considère pas l'élément de libération qui est dans le travail dont on

parlera plus loin[1]. En effet, le besoin naturel en tant que tel et sa satisfaction immédiate ne seraient que l'état de la spiritualité enfoncée dans la nature et, par conséquent, l'état de sauvagerie et de non-liberté, tandis que la liberté n'existe que dans la réflexion du spirituel en lui-même, dans sa distinction d'avec la nature et dans son action réfléchie sur elle.

Hegel, *Principes de la Philosophie du Droit* (1821), traduction d'A. Kaan, collection Idées, Éd. Gallimard, 1972, Remarque du § 194, p. 226.

1. Voir le chapitre « le Travail », tome II, p. 11.

Texte 4 LÉVINAS

Avant la culture[1]

Nous dirons, pour conclure, qu'avant la Culture et l'Esthétique, la signification se situe dans l'Éthique, présupposé de toute Culture et de toute signification. La morale n'appartient pas à la Culture : elle permet de la juger, elle découvre la dimension de la hauteur. La hauteur ordonne l'être. La hauteur introduit un sens dans l'être. [...]

Il est extrêmement important d'insister sur *l'antériorité du sens par rapport aux signes culturels.* Rattacher toute signification à la culture, ne pas distinguer entre signification et expression culturelle, entre la signification et l'art qui prolonge l'expression culturelle, c'est reconnaître que toutes les personnalités culturelles réalisent au même titre l'Esprit. Désormais aucune signification ne saurait se détacher de ces innombrables cultures, pour permettre de porter un jugement sur ces cultures. [...] Il fallait que la philosophie dénonçât l'équivoque, montre les significations pointant à l'horizon des cultures et l'excellence même de la culture occidentale, comme culturellement et historiquement conditionnée. Il fallait que la philosophie rejoignît ainsi l'ethnologie contemporaine. [...]

La sarabande des cultures innombrables et équivalentes, chacune se justifiant dans son propre contexte, crée un monde, certes, dés-occidentalisé, mais aussi un monde désorienté. Apercevoir à la signification une situation qui précède la culture, apercevoir le langage à partir de la révélation de l'Autre, — qui est en même temps la naissance de la morale — dans le regard de l'homme visant un homme précisément comme homme abstrait, dégagé de toute culture, dans la nudité de son visage — c'est revenir d'une façon nouvelle au platonisme. C'est aussi permettre de *juger les civilisations à partir de l'éthique*. La signification — l'intelligible — consiste pour l'être à se montrer dans sa simplicité non historique, dans sa nudité absolument inqualifiable et irréductible, à exister « avant » l'histoire et « avant » la culture.

E. Lévinas, *Humanisme de l'autre homme*, Éd. Fata Morgana, 1972, pp. 54-56.

1. Ce titre est de l'auteur.

II. DE L'ÉTAT DE NATURE À L'ÉTAT SOCIAL

Texte 5 ARISTOTE

La cité comme fait de nature

La cité est au nombre des réalités qui existent naturellement, et [...] l'homme est par nature un animal politique. Et celui qui est sans cité, naturellement et non par suite des circonstances, est ou un être dégradé ou au-dessus de l'humanité. Il est comparable à l'homme traité ignominieusement par Homère de :

Sans famille, sans loi, sans foyer,

car, en même temps que naturellement apatride, il est aussi un brandon de discorde, et on peut le comparer à une pièce isolée au jeu de trictrac.

Mais que l'homme soit un animal politique à un plus haut degré qu'une abeille quelconque ou tout autre animal vivant à l'état grégaire, cela est évident. La nature, en effet, selon nous, ne fait rien en vain ; et l'homme, seul de tous les animaux, possède la parole. Or, tandis que la voix ne sert qu'à indiquer la joie et la peine, et appartient pour ce motif aux autres animaux également (car leur nature va jusqu'à éprouver les sensations de plaisir et de douleur, et à se les signifier les uns aux autres), le discours sert à exprimer l'utile et le nuisible, et, par suite aussi, le juste et l'injuste : car c'est le caractère propre de l'homme par rapport aux autres animaux, d'être le seul à avoir le sentiment du bien et du mal, du juste et de l'injuste, et des autres notions morales, et c'est la communauté de ces sentiments qui engendre famille et cité.

Aristote, *la Politique* (330 av. J.-C.), traduction de J. Tricot, Éd. Vrin, 1970, pp. 28-29.

Texte 6 SCHELLING

La réflexion arrache l'homme à la nature

C'est à la philosophie que nous sommes redevables de la question de la possibilité d'une nature et d'une expérience ou, plutôt, c'est *avec* cette question qu'était née la philosophie. Jusqu'alors, l'homme a vécu, au point de vue philosophique, à l'état naturel. L'homme vivait encore en accord avec lui-même et avec le monde environnant, ne faisait qu'un avec l'un et avec l'autre. Cet état subsiste encore à l'état d'obscur souvenir, même chez les penseurs qui s'en croient le plus éloignés. Beaucoup ne

l'ont jamais abandonné et s'estimeraient très heureux, sans les fâcheux exemples qui les troublent ; car la nature ne renonce jamais volontiers à la tutelle qu'elle exerce, et personne *ne naît* fils de la liberté[1]. Et l'on ne comprendrait pas comment l'homme a pu abandonner cet état, si l'on ne savait que son esprit, dont la liberté est l'élément, cherche à se rendre libre et à s'évader des chaînes de la nature et de sa sollicitude, pour s'abandonner au sort incertain de ses propres forces et retourner un jour comme vainqueur et grâce à ses propres mérites à cet état où, inconscient de lui-même, il a passé l'enfance de sa raison.

Schelling, *Idées pour une Philosophie de la nature* (1797), *Essais,* traduction de S. Jankélévitch, Éd. Aubier-Montaigne, 1946, pp. 46-47.

1. Les plus grands philosophes ont toujours été les premiers à y revenir, et Socrate, après avoir été plongé toute la nuit (d'après le récit de Platon) dans des spéculations, salua le jour naissant par une prière au soleil levant. (Note de l'auteur.)

Texte 7 ROUSSEAU

La perfectibilité

Mais, quand les difficultés qui environnent toutes ces questions, laisseraient quelque lieu de disputer sur cette différence de l'homme et de l'animal, il y a une autre qualité très spécifique qui les distingue, et sur laquelle il ne peut y avoir de contestation, c'est la faculté de se perfectionner ; faculté qui, à l'aide des circonstances développe successivement toutes les autres, et réside parmi nous tant dans l'espèce que dans l'individu, au lieu qu'un animal est, au bout de quelques mois, ce qu'il sera toute sa vie, et son espèce, au bout de mille ans, ce qu'elle était la première année de ces mille ans. Pourquoi l'homme seul est il sujet à devenir imbécile ? N'est-ce point qu'il retourne ainsi dans son état primitif, et que, tandis que la bête, qui n'a rien acquis et qui n'a rien non plus à perdre, reste toujours avec son instinct, l'homme, reperdant par la vieillesse ou d'autres accidents, tout ce que sa *perfectibilité* lui avait fait acquérir, retombe ainsi plus bas que la bête même ? Il serait triste pour nous d'être forcés de convenir que cette faculté distinctive, et presque illimitée, est la source de tous les malheurs de l'homme ; que c'est elle qui le tire, à force de temps, de cette condition originaire, dans laquelle il coulerait des jours tranquilles, et innocents ; que c'est elle, qui faisant éclore avec les siècles ses lumières et ses erreurs, ses vices et ses vertus, le rend à la longue le tyran de lui-même, et de la Nature. [...]

L'homme sauvage, livré par la Nature au seul instinct ou plutôt dédommagé de celui qui lui manque peut-être par des facultés capables d'y suppléer d'abord et de l'élever ensuite fort au-dessus de celle-là, commencera donc par les fonctions purement animales : [...] apercevoir et sentir sera son premier état, qui lui sera commun avec tous les animaux. Vouloir et ne pas vouloir, désirer et craindre, seront les premières, et presque les seules opérations de son âme, jusqu'à ce que de nouvelles circonstances y causent de nouveaux développements.

J.-J. Rousseau, *Discours sur l'origine et les fondements de l'Inégalité parmi les hommes* (1754), Éd. Garnier-Flammarion, 1971, p. 171-177.

Texte 8 LÉVI-STRAUSS

Le naturel et le culturel

Posons donc que tout ce qui est universel, chez l'homme, relève de l'ordre de la nature et se caractérise par la spontanéité, que tout ce qui est astreint à une norme appartient à la culture et présente les attributs du relatif et du particulier. Nous nous trouvons alors confrontés avec un fait, ou plutôt un ensemble de faits, qui n'est pas loin, à la lumière des définitions précédentes, d'apparaître comme un scandale : nous voulons dire cet ensemble complexe de croyances, de coutumes, de stipulations et d'institutions que l'on désigne sommairement sous le nom de prohibition de l'inceste. Car la prohibition de l'inceste présente, sans la moindre équivoque, et indissolublement réunis, les deux caractères où nous avons reconnu les attributs contradictoires de deux ordres exclusifs : elle constitue une règle, mais une règle qui, seule entre toutes les règles sociales, possède en même temps un caractère d'universalité. Que la prohibition de l'inceste constitue une règle n'a guère besoin d'être démontré ; il suffira de rappeler que l'interdiction du mariage entre proches parents peut avoir un champ d'application variable selon la façon dont chaque groupe définit ce qu'il entend par proche parent ; mais que cette interdiction, sanctionnée par des pénalités sans doute variables, et pouvant aller de l'exécution immédiate des coupables à la réprobation diffuse, parfois seulement à la moquerie, est toujours présente dans n'importe quel groupe social.

C. Lévi-Strauss, *les Structures élémentaires de la parenté* (1947), Éd. Mouton, 1971, p. 10.

III. CULTURE ET ÉDUCATION

Texte 9 KANT

L'espèce humaine se constitue par l'éducation

La discipline nous fait passer de l'état animal à celui d'homme. Un animal est par son instinct même tout ce qu'il peut être ; une raison étrangère a pris d'avance pour lui tous les soins indispensables. Mais l'homme a besoin de sa propre raison. Il n'a pas d'instinct, et il faut qu'il se fasse à lui-même son plan de conduite. Mais, comme il n'en est pas immédiatement capable, et qu'il arrive dans le monde à l'état sauvage, il a besoin du secours des autres. L'espèce humaine est obligée de tirer peu à peu d'elle-même par ses propres efforts toutes les qualités naturelles qui appartiennent à l'humanité. Une génération fait l'éducation de l'autre. On ne peut chercher le premier commencement dans un état brut ou dans un état parfait de civilisation ; mais, dans ce second cas, il faut encore admettre que l'homme est retombé ensuite à l'état sauvage et dans la barbarie.

La discipline empêche l'homme de se laisser détourner de sa destination, de l'humanité, par ses penchants brutaux. Il faut, par exemple, qu'elle le modère, afin qu'il ne se jette pas dans le danger comme un être indompté ou un étourdi. Mais la discipline est purement négative, car elle se borne à dépouiller l'homme de sa sauvagerie ; l'instruction au contraire est la partie positive de l'éducation.

La sauvagerie est l'indépendance à l'égard de toutes les lois. La discipline soumet l'homme aux lois de l'humanité, et commence à lui faire sentir la contrainte des lois. Mais cela doit avoir lieu de bonne heure. [...]

Il n'y a personne qui, ayant été négligé dans sa jeunesse, ne soit capable d'apercevoir dans l'âge mûr en quoi il a été négligé, soit dans la discipline, soit dans la culture (car on peut nommer ainsi l'instruction). Celui qui n'est point cultivé est brut ; celui qui n'est pas discipliné est sauvage. Le manque de discipline est un mal pire que le défaut de culture, car celui-ci peut encore se réparer plus tard, tandis qu'on ne peut plus chasser la sauvagerie et corriger un défaut de discipline. Peut-être l'éducation deviendra-t-elle toujours meilleure, et chacune des générations qui se succéderont fera-t-elle un pas de plus vers le perfectionnement de l'humanité ; car c'est dans le problème de l'éducation que gît le grand secret de la perfection de la nature humaine. On peut marcher désormais dans cette voie. Car on commence aujourd'hui à juger exactement et à apercevoir clairement ce qui constitue proprement une bonne éducation. Il est doux de penser que la nature humaine sera toujours mieux développée par l'éducation et que l'on peut arriver à lui donner la forme qui lui convient par excellence. Cela nous découvre la perspective du bonheur futur de l'espèce humaine.

Kant, *Traité de pédagogie* (1776-1787), traduction de J. Barni et J.-P. About, Éd. Hachette, 1981, pp. 35-38.

Texte 10 ROUSSEAU

La diversité des esprits est un effet de l'éducation

Vous[1] supposez toujours que cette diversité d'esprits et de génies qui distinguent les individus est l'ouvrage de la nature ; et cela n'est rien moins qu'évident. Car enfin, si les esprits sont différents ils sont inégaux, et si la nature les a rendus inégaux, c'est en douant les uns préférablement aux autres d'un peu plus de finesse de sens, d'étendue de mémoire, ou de capacité d'attention. Or quant aux sens et à la mémoire, il est prouvé par l'expérience que leurs divers degrés d'étendue et de perfection ne sont point la mesure de l'esprit des hommes ; et quant à la capacité d'attention, elle dépend uniquement de la force des passions qui nous animent, et il est encore prouvé que tous les hommes sont par leur nature susceptibles de passions assez fortes pour les douer du degré d'attention auquel est attachée la supériorité de l'esprit.

Que si la diversité des esprits, au lieu de venir de la nature, était un effet de l'éducation, c'est-à-dire, des diverses idées, des divers sentiments qu'excitent en nous dès l'enfance les objets qui nous frappent, les circonstances où nous nous trouvons, et toutes les impressions que nous recevons ; bien loin d'attendre pour élever les enfants qu'on connût le caractère de leur esprit, il faudrait au contraire se hâter de déterminer convenablement ce caractère par une éducation propre à celui qu'on veut leur donner.

Rousseau, *la Nouvelle Héloïse* (1761), Bibliothèque de la Pléiade,
Éd. Gallimard, 1964, tome II, pp. 564-565.

1. Saint-Preux, le héros de *la Nouvelle Héloïse*, répond ici à Julie.

Texte 11 BOURDIEU ET PASSERON

Inégalités naturelles et inégalités culturelles

La cécité aux inégalités sociales condamne et autorise à expliquer toutes les inégalités, particulièrement en matière de réussite scolaire, comme inégalités naturelles, inégalités de dons[1]. Pareille attitude est dans la logique d'un système qui, reposant sur le postulat de l'égalité formelle de tous les enseignés, condition de son fonctionnement, ne peut reconnaître d'autres inégalités que celles qui tiennent aux dons individuels. Qu'il s'agisse de l'enseignement proprement dit ou de la sélection, le professeur ne connaît que des enseignés égaux en droits et en devoirs : si, au cours de l'année scolaire, il lui arrive d'adapter son enseignement à certains, c'est aux « moins doués » qu'il s'adresse et non aux plus défavorisés par leur origine sociale ;

de même si, le jour de l'examen, il prend en compte la situation sociale de tel candidat, ce n'est pas qu'il le perçoive comme membre d'une catégorie sociale défavorisée, c'est au contraire qu'il lui accorde l'intérêt d'exception que mérite un cas social.

P. Bourdieu et J.-C. Passeron[2], *les Héritiers*, Éd. de Minuit, 1969, p. 103.

---

1. Il n'est pas dans notre intention en soulignant la *fonction idéologique* que remplit dans certaines conditions le recours à l'idée de l'inégalité des dons, de contester l'inégalité naturelle des aptitudes humaines, étant entendu qu'on ne voit pas de raison pour que les hasards de la génétique ne distribuent pas également ces dons inégaux entre les différentes classes sociales. Mais cette évidence est abstraite et la recherche sociologique se doit de suspecter et de déceler méthodiquement l'inégalité culturelle socialement conditionnée sous les inégalités naturelles apparentes puisqu'elle ne doit conclure à la « nature » qu'en désespoir de cause. Il n'y a donc jamais lieu d'être certain du caractère naturel des inégalités que l'on constate entre les hommes dans une situation sociale donnée et, en la matière, tant qu'on n'a pas exploré toutes les voies par où agissent les facteurs sociaux d'inégalité et qu'on n'a pas épuisé tous les moyens pédagogiques d'en surmonter l'efficacité, il vaut mieux douter trop que trop peu. (Note des auteurs.)
2. P. Bourdieu et J.-C. Passeron, sociologues français contemporains.

Texte 12 JACQUARD

L'inné et l'acquis sont indissociables

Tout ce qui se manifeste en moi, mon groupe sanguin B, la couleur de ma peau, mon tour de tête, la rougeole que j'ai eue enfant, ou tel trait de mon « intelligence », tout cela résulte de mécanismes biologiques qui dépendent à la fois :

– des informations apportées par le patrimoine génétique fourni moitié par mon père, moitié par ma mère ; ce qui en moi est « inné » ;

– et des apports du milieu en matériaux, énergie, lectures, affection... ; ce qui en moi est « acquis ».

Il est tentant de s'interroger sur les influences respectives de ces deux ensembles et de poser la question : quelle a été la part de chacun ? Il semble clair, par exemple, que mon groupe sanguin a été déterminé par des éléments innés, tandis que la rougeole a été provoquée par des facteurs acquis. Il se trouve cependant que, le plus souvent, cette question ne peut avoir de sens ; chercher à y répondre ne peut que conduire à des absurdités. [...]

En fait, ce qui crée problème dans l'expression « inné et acquis » n'est ni l'inné ni l'acquis (ils peuvent être facilement définis), mais ce petit mot de deux lettres qui constitue un des pires pièges de notre langue « et ». Explorer ce piège va nous amener, de façon peut-être inattendue pour certains, à nous méfier d'un outil pourtant bien utile dans la vie de tous les jours : l'addition.

L'erreur logique consiste ici, une fois de plus, à étudier un phénomène qui résulte d'interactions complexes, en isolant artificiellement et arbitrairement un des facteurs. Notre esprit est mal entraîné à penser en termes d'interactions et s'efforce de remplacer la réalité par des modèles où les diverses causes agissent indépendamment. Toutes les questions concernant « l'inné et l'acquis » sont typiques de cette démarche ; elles ne méritent aucune réponse puisqu'elles nient la réalité qu'elles prétendent étudier.

Malheureusement, le caractère absurde de ces démarches est souvent occulté par l'utilisation de mots savants ou par le recours à des formulations mathématiques complexes. Face à une pseudo-science, qui n'est que cuistrerie, l'on risque de se laisser berner par des raisonnements dont l'ineptie sauterait aux yeux s'ils étaient formulés en termes ordinaires.

A. Jacquard[1], *Moi et les autres*, Éd. du Seuil, 1983, pp. 33-46.

1. Biologiste français contemporain.

Texte 13 JACOB

Diversité biologique, égalité morale

La diversité des individus qu'engendre la reproduction sexuelle dans les populations humaines est rarement prise pour ce qu'elle est : l'un des principaux moteurs de l'évolution, un phénomène naturel sans lequel nous ne serions pas de ce monde. [...] Par une singulière équivoque, on cherche à confondre deux notions pourtant bien distinctes : l'identité et l'égalité. L'une se réfère aux qualités physiques ou mentales des individus ; l'autre à leurs droits sociaux et juridiques. La première relève de la biologie et de l'éducation ; la seconde de la morale et de la politique. L'égalité n'est pas un concept biologique. On ne dit pas que deux molécules ou deux cellules sont égales. Ni même deux animaux, comme l'a rappelé George Orwell[1]. C'est bien sûr l'aspect social et politique qui est l'enjeu de ce débat, soit qu'on veuille fonder l'égalité sur l'identité, soit que, préférant l'inégalité, on veuille la justifier par la diversité. Comme si l'égalité n'avait pas été inventée précisément *parce que* les êtres humains ne sont pas identiques. S'ils étaient tous aussi semblables que des jumeaux univitellins[2], la notion d'égalité n'aurait aucun intérêt. Ce qui lui donne sa valeur et son importance, c'est la diversité des individus ; ce sont leurs différences dans les domaines les plus variés. La diversité est l'une des grandes règles du jeu biologique. Au fil des générations, ces gènes qui forment le patrimoine de l'espèce s'unissent et se séparent pour produire ces combinaisons chaque fois éphémères et chaque fois différentes que sont les individus. Et cette diversité, cette combinaison infinie qui rend unique chacun de nous, on ne peut la surestimer. C'est elle qui fait la richesse de l'espèce et lui donne ses potentialités. [...]

1. Essayiste et romancier anglais (1903-1950). Dans *la République des animaux*, allégorie inspirée de Swift, il s'en prend au régime de dictature prolétarienne, où « tous les animaux sont égaux, mais certains sont plus égaux que d'autres ».
2. Jumeaux nés du même œuf.

Chez les êtres humains, la diversité naturelle est encore renforcée par la diversité culturelle qui permet à l'humanité de mieux s'adapter à des conditions de vie variées et à mieux utiliser les ressources de ce monde. Mais dans ce domaine pèse la menace de la monotonie, de l'uniformité et de l'ennui. Chaque jour s'amenuise cette extraordinaire variété qu'ont mise les hommes dans leurs croyances, leurs coutumes, leurs institutions.

F. Jacob[1], *le Jeu des possibles,* Éd. Fayard, 1981, pp. 127-129.

1. Biologiste et philosophe français contemporain. Prix Nobel.

Texte 14 CONDORCET

Un perfectionnement indéfini ?

Il n'est pas aussi chimérique qu'il le paraît au premier coup d'œil de croire que la culture peut améliorer des générations elles-mêmes, et que le perfectionnement dans les facultés des individus est transmissible à leurs descendants. L'expérience semble même l'avoir prouvé. Les peuples qui ont échappé à la civilisation, quoique entourés de nations éclairées, ne parviennent point à s'élever à leur niveau au moment même où des moyens égaux d'instruction leur sont offerts... Il est donc assez simple de penser que si plusieurs générations ont reçu une éducation dirigée vers un but constant, si chacun de ceux qui les forment a cultivé son esprit par l'étude, les générations suivantes naîtront avec une facilité plus grande à recevoir l'instruction et plus d'aptitude à en profiter. Quelques opinions que l'on ait sur la nature de l'âme ou à quelque scepticisme que l'on en soit resté, il serait difficile de nier l'existence d'organes intellectuels intermédiaires, nécessaires même pour les pensées qui semblent s'éloigner le plus des choses sensibles... Leur degré de force ou de flexibilité, quoiqu'il ne soit pas indépendant du reste du corps, n'est cependant proportionné ni à la santé, ni à la vigueur, soit du corps, soit des sens. Ainsi l'intensité de nos facultés est attachée au moins en partie à la perfection des organes intellectuels, et il est naturel de croire que cette perfection n'est pas indépendante de l'état où ils se trouvent dans les personnes qui nous transmettent l'existence... Si ce perfectionnement indéfini de notre espèce est, comme je le crois, une loi générale de la nature, l'homme ne doit point se regarder comme un être borné d'une existence passagère et isolée, destinée à s'évanouir après une alternative de bonheur et de malheur pour lui-même, de bien et de mal pour ceux que le hasard a placés auprès de lui. Il devient une partie active du grand tout et le coopérateur d'un ouvrage éternel. Dans une existence d'un moment, sur un point de l'espace, il peut, par ses travaux, embrasser tous les lieux, se lier à tous les siècles et agir encore assez longtemps après que sa mémoire ait disparu de la terre.

Condorcet[1], *Premier Mémoire sur l'Instruction publique* (1792)
in Œuvres, Éditions Arago, 1847, I, VII, pp. 182-183.

1. Philosophe, mathématicien et homme politique français (1743-1794). Auteur d'un projet de réforme de l'Instruction publique (1798).

DOCUMENTS

1. Victor de l'Aveyron, l'enfant sauvage, ou ce que l'homme doit à la société

Au début de l'hiver 1799, un enfant entièrement nu est trouvé dans les bois du canton de Saint-Sernin (Aveyron). Quelques mois plus tard, il est remis à Paris entre les mains de Jean Itard, jeune médecin-chef de l'Institution des sourds-muets. Dans un mémoire qu'il publie deux ans plus tard, Jean Itard rend compte des progrès de la rééducation qu'il a entreprise du jeune « sauvage ». Il nous explique ici pourquoi l'enfant qui n'a reçu aucune éducation est inculte et non pas irrémédiablement idiot.

Jeté sur ce globe sans forces physiques et sans idées innées, hors d'état d'obéir par lui-même aux lois constitutionnelles de son organisation, qui l'appellent au premier rang du système des êtres, l'homme ne peut trouver qu'au sein de la société la place éminente qui lui fut marquée dans la nature, et serait, sans la civilisation, un des plus faibles et des moins intelligents des animaux : vérité, sans doute, bien rebattue, mais qu'on n'a point encore rigoureusement démontrée... Les philosophes qui l'ont émise les premiers, ceux qui l'ont ensuite soutenue et propagée, en ont donné pour preuve l'état physique et moral de quelques peuplades errantes, qu'ils ont regardées comme non civilisées parce qu'elles ne l'étaient point à notre manière, et chez lesquelles ils ont été puiser les traits de l'homme dans le pur état de nature. Non, quoi qu'on en dise, ce n'est point là encore qu'il faut le chercher et l'étudier. Dans la horde sauvage la plus vagabonde comme dans la nation d'Europe la plus civilisée, l'homme n'est que ce qu'on le fait être ; nécessairement élevé par ses semblables, il en a contracté les habitudes et les besoins ; ses idées ne sont plus à lui ; il a joui de la plus belle prérogative de son espèce, la susceptibilité de développer son entendement par la force de l'imitation et l'influence de la société. [...]

L'enfant sans éducation, découvert à l'état sauvage, nous éclaire-t-il sur l'homme naturel ?

Procédant d'abord par l'exposition des fonctions sensoriales du jeune sauvage, le citoyen Pinel[1] *nous présenta ses sens réduits à un tel état d'inertie que cet infortuné se trouvait, sous ce rapport, bien inférieur à quelques-uns de nos animaux domestiques ;* [...] *enfin dépourvu de tout moyen de communication, n'attachant ni expression ni intention aux gestes et aux*

1. Médecin français (1745-1826).

mouvements de son corps, passant avec rapidité et sans aucun motif présumable d'une tristesse apathique aux éclats de rire les plus immodérés ; insensible à tout espèce d'affections morales : [...] toute son existence en un mot [était] vie purement animale. [...]

Rapportant ensuite plusieurs histoires, recueillies à Bicêtre[1]*, d'enfants irrévocablement atteints d'idiotisme, le citoyen Pinel établit entre l'état de ces malheureux et celui que présentait l'enfant qui nous occupe, les rapprochements les plus rigoureux, qui donnaient nécessairement pour résultat une identité complète et parfaite entre ces jeunes idiots et le* Sauvage *de* l'Aveyron. *Cette identité menait nécessairement à conclure qu'atteint d'une maladie jusqu'à présent regardée comme incurable, il n'était susceptible d'aucune espèce de sociabilité et d'instruction. [...]*

Je ne partageai point cette opinion défavorable ; et malgré la vérité du tableau et la justesse des rapprochements, j'osai concevoir quelques espérances. Je les fondai moi-même sur la double considération de la cause et de la curabilité de cet idiotisme apparent.

Si l'on donnait à résoudre ce problème de métaphysique : déterminer quels seraient le degré d'intelligence et la nature des idées d'un adolescent qui, privé dès son enfance de toute éducation, aurait vécu entièrement séparé des individus de son espèce, je me trompe grossièrement, ou la solution du problème se réduirait à ne donner à cet individu qu'une intelligence relative au petit nombre de ses besoins et dépouillée, par abstraction, de toutes les idées simples et complexes que nous recevons par l'éducation, et qui se combinent dans notre esprit de tant de manières, par le seul moyen de la connaissance des signes. Eh bien ! le tableau moral de cet adolescent serait celui du Sauvage *de* l'Aveyron *et la solution du problème donnerait la mesure et la cause de l'état intellectuel de celui-ci. [...]*

Voilà quelle me parut être la cause de son état actuel. On voit pourquoi j'en augurai favorablement pour le succès de mes soins. En effet, sous le rapport du peu de temps qu'il était parmi les hommes, le Sauvage *de* l'Aveyron *était bien moins un adolescent imbécile qu'un enfant de dix ou douze mois, et un enfant qui aurait contre lui ces habitudes antisociales, une opiniâtre inattention, des organes peu flexibles, et une sensibilité accidentellement émoussée. Sous ce dernier point de vue, sa situation devenait un cas purement médical.*

J. Itard, *Mémoire sur les premiers développements de Victor de l'Aveyron* (1801), repris par Lucien Malson, *les Enfants sauvages*[2], collection 10-18, Éd. UGE, 1964, pp. 125-137.

---

1. Hôpital où étaient recueillis les « idiots » incurables, c'est-à-dire les handicapés profonds.
2. Ce texte a servi de thème au film de François Truffaut, *l'Enfant sauvage.*

2. Des barbares très policés

Les usages de certains Indiens des plaines d'Amérique du Nord — par ailleurs anthropophages — peuvent apparaître à bien des égards plus judicieux que les nôtres.

Des sociétés qui nous paraissent féroces à certains égards, savent être humaines et bienveillantes quand on les envisage sous un autre aspect. Considérons les Indiens des plaines de l'Amérique du Nord qui sont ici doublement significatifs, parce qu'ils ont pratiqué certaines formes modérées d'anthropophagie, et qu'ils offrent un des rares exemples de peuple primitif doté d'une police organisée. Cette police (qui était aussi un corps de justice) n'aurait jamais conçu que le châtiment du coupable dût se traduire par une rupture des liens sociaux. Si un indigène avait contrevenu aux lois de la tribu, il était puni par la destruction de tous ses biens : tente et chevaux. Mais du même coup, la police contractait une dette à son égard ; il lui incombait d'organiser la réparation collective du dommage dont le coupable avait été, pour son châtiment, la victime. Cette réparation faisait de ce dernier l'obligé du groupe, auquel il devait marquer sa reconnaissance par des cadeaux que la collectivité entière — et la police elle-même — l'aidait à rassembler, ce qui inversait de nouveau les rapports ; et ainsi de suite, jusqu'à ce que, au terme de toute une série de cadeaux et de contre-cadeaux, le désordre antérieur fût progressivement amorti et que l'ordre initial eût été restauré. Non seulement de tels usages sont plus humains que les nôtres, mais ils sont aussi plus cohérents, même en formulant le problème dans les termes de notre moderne psychologie : en bonne logique, l'« infantilisation » du coupable impliquée par la notion de punition exige qu'on lui reconnaisse un droit corrélatif à une gratification, sans laquelle la démarche première perd son efficacité, si même elle n'entraîne pas des résultats inverses de ceux qu'on espérait. Le comble de l'absurdité étant, à notre manière, de traiter simultanément le coupable comme un enfant pour nous autoriser à le punir, et comme un adulte afin de lui refuser la consolation ; et de croire que nous avons accompli un grand progrès spirituel parce que, plutôt que de consommer quelques-uns de nos semblables, nous préférons les mutiler physiquement et moralement.

De telles analyses, conduites sincèrement et méthodiquement, aboutissent à deux résultats : elles instillent un élément de mesure et de bonne foi dans l'appréciation des coutumes et des genres de vie les plus éloignés des nôtres, sans pour autant leur conférer les vertus absolues qu'aucune société ne détient. Et elles dépouillent nos usages de cette évidence que le fait de n'en point connaître d'autres — ou d'en avoir une connaissance partielle et tendancieuse — suffit à leur prêter.

C. Lévi-Strauss, *Tristes Tropiques* (1955), collection Terre Humaine, Éd. Plon, p. 448.

Exercices

1. De la guerre ou de la paix, lequel de ces deux états est le plus naturel à l'homme ? En quoi consiste la difficulté d'une telle question ? En quoi cette difficulté éclaire-t-elle les usages du concept de « nature humaine » ?

2. Quel sens et quelle valeur faut-il accorder à l'expression « c'est dans la nature des choses » ? Appuyez votre réponse sur des exemples.

3. « C'est normal », « c'est naturel » : cherchez des cas où ces expressions peuvent être substituées l'une à l'autre, puis des cas où elles ne le peuvent pas.

4. Comparez l'idée de perfectionnement indéfini (texte 14 de Condorcet) et l'idée de « perfectionnement continu des structures » (texte 2 B de J. Monod, chapitre « Le langage », p. 276)

5. Qu'est-ce que la « culture générale » ?

6. Cherchez les différents sens du mot « humanisme ». Y a-t-il incompatibilité entre une philosophie « humaniste » et une philosophie « existentialiste » ? (Voir à ce sujet *l'Existentialisme est un humanisme,* J.-P. Sartre, Éd. Nagel et chapitre 10.)

7. « L'homme est un animal symbolique. » Expliquez cette idée en vous référant également au texte de Benvéniste, p. 287.

Sujets de dissertation

1. Peut-on dire qu'une civilisation est supérieure à une autre ?
2. En quel sens la société dénature-t-elle l'homme ?
3. Pourquoi dit-on de l'homme qu'il est « un être inachevé » ?
4. L'égalité est-elle un fait culturel ou naturel ?
5. Toute culture est-elle nécessairement répressive ?
6. La nature est-elle un modèle ?
7. L'acte de se nourrir relève-t-il de la nature ou de la culture ?
8. Y a-t-il des secrets de la nature ?

Corrélats

l'histoire - le travail - les échanges - la technique - l'art - l'anthropologie

POUR EN SAVOIR PLUS

Jacquard (A.), *Moi et les autres,* collection Points, Éd. du Seuil.

Kant (E.), *Traité de pédagogie,* Éd. Hachette.

Lévi-Strauss (C.), *Race et histoire,* entretiens avec Charbonnier, Éd. Denoël-Gonthier.

Malson (L.), *les Enfants sauvages,* collection 10-18, Éd. U.G.E.

Rousseau (J.-J.), *Discours sur l'Origine et les Fondements de l'Inégalité parmi les hommes,* Éd. Garnier-Flammarion.

Jacob (F.), *le Jeu des possibles,* collection Livre de Poche, Éd. Hachette.

Lévi-Strauss (C.), *Structures élémentaires de la parenté,* Éd. Mouton.

Morin (E.), *le Paradigme perdu de la nature humaine,* collection Points, Éd. du Seuil.

Rognon (F.), *les Primitifs, nos contemporains,* Éd. Hatier.

Dufrenne (M.), *la Personnalité de base, un concept sociologique,* Éd. P.U.F.

Leroi-Gourhan (E.), *le Geste et la parole,* Éd. Albin Michel.

12

L'histoire

Si Versailles m'était conté, Sacha Guitry, 1954.

Introduction

Récit et événements

Le terme « d'histoire » comporte en français deux significations distinctes : il désigne d'une part le récit des événements passés (« histoire » du Moyen Âge, de la Renaissance) et d'autre part l'ensemble de ces événements eux-mêmes (on parle facilement du « cours » de l'histoire ou de son « accélération »). Dès lors deux problèmes à première vue fort différents se posent. Comment, tout d'abord, faut-il écrire l'histoire, à quelles conditions celle-ci peut-elle être une science du passé ? Il s'agit d'un problème épistémologique[1]. Mais ce « cours » de l'histoire, quel est-il, l'histoire de l'humanité a-t-elle un ordre, une orientation ? Il s'agit cette fois d'un problème philosophique car il concerne le statut même du passé, et il engage la destination de l'humanité. Ces deux problèmes sont en réalité étroitement liés, car le passé humain n'a d'« existence », de « réalité », que dans et par l'histoire des historiens.

Hérodote et Thucydide

Celle-ci comporte, à son tour, une histoire, c'est-à-dire une origine précise et des auteurs incontestés, contrairement aux mythes et légendes qui sont des discours sans auteurs, et sans dimension critique. Chez l'historien grec Hérodote (vers 485-420 av. J.-C.), le mot « histoire » est encore synonyme d'information, d'enquête. Surnommé le « père de l'histoire », ce conteur de grand talent a laissé une œuvre considérable qui a pour sujet principal les guerres Médiques et qui comporte une masse d'informations très précieuses sur les mœurs, la vie quotidienne, les institutions mais aussi les légendes de cette époque[2]. Mais c'est Thucydide (470-401 av. J.-C.) qui réalise, quelques années plus tard, avec l'*Histoire de la guerre du Péloponnèse,* un véritable modèle du genre : par son effort pour dégager un principe d'intelligibilité, ainsi que par son souci d'exactitude et de documentation approfondie, il dépasse Hérodote et introduit cette approche critique sans laquelle une histoire authentique — c'est-à-dire comportant le souci de l'objectivité — ne pouvait commencer.

L'objectivité en question

La question centrale pour l'historien réfléchissant sur son activité et faisant œuvre ainsi d'épistémologue est en effet celle de l'objectivité de la connaissance qu'il donne du passé : il faut entendre par là non seulement l'impartialité du récit historique, mais sa conformité aux événements eux-mêmes. Mais l'histoire a affaire à des hommes et donc à des comportements porteurs de sens, d'intentions souvent obscures et cachées qu'il convient de déchiffrer. Aussi son objectivité ne doit-elle pas, contrairement à ce que l'on pensait au XIXe siècle, avoir pour modèle celle des sciences physiques, mais elle inclut au contraire aujourd'hui la subjectivité[3] de l'historien comme méthode d'approche de son objet. Il ne s'agit pas de n'importe quelle subjectivité, mais de celle qui est oubli volontaire de soi et ouverture à l'autre : la sympathie, cette « affinité prévenante pour l'autre », selon la définition de Max Scheler[4]. L'histoire apparaît alors comme dialogue du présent et du passé (textes 1, 2, 3).

1. Étude critique d'une science dans ses méthodes, ses fondements et ses résultats.
2. Ce sont les *Histoires* d'Hérodote.
3. Par « subjectivité », il faut entendre tout ce qui est intérieur, individuel, propre à un « sujet » déterminé.
4. Max Scheler, *Nature et Formes de la sympathie,* 1913.

Mais ce passé, quel est-il ? Quel est l'objet propre de l'histoire ? « Celui d'une réalité qui a cessé d'être » (R. Aron). Cette réalité a de multiples visages ; loin de collectionner avidement des « faits », l'historien les sélectionne et édifie de grandes « séries » (économiques, politiques, religieuses, par exemple). Le fait historique est donc — comme tout fait scientifique — élaboré par l'historien, et ne doit pas être assimilé à l'événement (texte 4). Celui-ci n'est sans doute, pour reprendre l'expression de G. Duby[1], que « l'écume de l'histoire » ; il est soutenu par des rapports lents et profonds sur lesquels à son tour il retentit, et qui lui donnent un « sens ».

Causes et raisons

Ainsi se trouve posé le problème de la causalité en histoire, c'est-à-dire de la légitimité et de la valeur contraignante de cet ordre instauré par l'historien. Tout d'abord, au sein d'un ensemble historique, il apparaît délicat de distinguer les différentes causes d'un « événement » et leur importance respective : faut-il accorder la priorité aux événements apparemment fortuits (un rhume de cerveau du chef de l'État) qui sont l'antécédent immédiat d'une suite d'événements importante, ou aux « raisons »[2] profondes qui l'ont déterminée ? En second lieu, on peut se demander si les « séries » ne sont pas arbitrairement « isolées », et si leur détermination n'est pas réciproque. Enfin, plus radicalement, l'introduction même de la causalité dans la sphère de l'humain peut apparaître choquante : admettre la force déterminante des grands ensembles historiques régis par des lois aussi rigoureuses que celles de la nature, c'est d'une certaine façon exclure l'invention et la liberté des individus et des peuples, les concevoir comme illusoires (texte 5).

Ainsi la réflexion épistémologique s'ouvre-t-elle à la philosophie de l'histoire : « qui » finalement fait l'histoire, et celle-ci a-t-elle une orientation, une signification, bref un sens ? La philosophie de l'histoire serait donc une « reprise » de l'histoire des historiens, une prise de conscience de leur tentative d'élaborer le devenir de l'humanité et l'indication d'un « fil conducteur » pour l'histoire qu'ils écriront : comment expliquer en effet le désordre apparent des événements répondant à une multiplicité d'intentions individuelles et l'ordre qui semble se dégager pourtant de l'ensemble ?

Destin et Providence

Il est rare que les individus et même les peuples se sentent les « auteurs » de leur histoire ; ils s'en perçoivent davantage comme les « acteurs » (instruments ou victimes). C'est peut-être une des sources de la croyance en un Destin ou une Providence divine. Le destin serait une force impersonnelle ayant déterminé à l'avance le cours général des événements et contre laquelle toute intervention humaine reste impuissante. Ainsi, dans la Grèce antique, l'histoire est-elle un grand théâtre où les hommes, comme de simples pantins, se livrent indéfiniment (idée d'un « éternel retour » de l'histoire) des combats dont la signification leur échappe. La Providence divine[3] dans la tradition judéo-chrétienne est, à l'inverse, une puissance personnelle et bienveillante qui oriente l'histoire humaine de façon ascendante (idée de progrès) et lui donne une signification réconfortante, celle du salut (texte 6).

---

1. G. Duby, né en 1919, historien du Moyen Age notamment.
2. A. Cournot distinguait les *causes* d'un événement — antécédents immédiats, chronologiques — de ses *raisons* — origines profondes *(Traité de l'Enchaînement des Idées fondamentales)*. Le texte 5 de Tocqueville, p. 248, le rejoint.
3. Leibniz définissait la Providence divine comme la faculté que Dieu a de *prévoir* le cours des choses, et de *pourvoir* les hommes des moyens nécessaires à la réalisation de son dessein.

Néanmoins le progrès si cher au siècle des Lumières reste sans aucun doute lent et pénible, et cette haute idée de la Providence grandit démesurément l'homme et aplanit les obstacles[1]. Le spectacle de l'histoire superficielle est désolant : c'est celui de la folie des hommes poursuivant leur intérêt propre, et grande pourrait être la tentation devant tant de vanité aveugle et meurtrière de désespérer de l'humanité.

La raison à l'œuvre dans l'histoire

C'est pourtant parce qu'ils portaient — précisément — un jugement désenchanté sur la nature des hommes que des philosophes tels que Kant, puis, dans une tout autre perspective, Hegel, ont cherché à comprendre le sens d'une histoire dont l'absurdité saute aux yeux : mais contrairement à Kant, Hegel ne juge pas l'histoire d'un point de vue moral, et c'est parce qu'il réussit à écarter toute appréciation subjective ou éthique qu'il peut affirmer que tant de sacrifices, tant de déchirements sanglants ne sont pas vains, qu'ils concourent au progrès de la Raison. Les peuples sont les instruments inconscients de l'Esprit du monde, et il en est de même des grands hommes qui ont su concrétiser, représenter, l'esprit d'un peuple, les aspirations des individus. La Raison à l'œuvre dans l'histoire se sert des passions individuelles pour triompher, et en cela elle est bien « rusée » (textes 7 et 8).

Le marxisme et l'histoire

Mais qu'est-ce que cette idée de la Raison en marche dans l'histoire ? Ne dépossède-t-elle pas, comme le reprocheront Marx et Engels à Hegel, les hommes de leur liberté (texte 9 A) ? « L'Histoire ne se sert pas de l'homme comme d'un moyen pour réaliser (comme si elle était un personnage particulier) ses propres buts, elle n'est que l'activité de l'homme qui poursuit ses objectifs »[2]. En d'autres termes, les hommes font leur histoire sur la base de conditions économiques, ou encore « matérielles » déterminées, c'est-à-dire qu'ils n'ont pas choisies, et dont ils ne peuvent en aucun cas faire abstraction ; cependant cette histoire, nullement fatale, est incontestablement leur œuvre. Tandis que Sartre (texte 9 B) souligne la fécondité du marxisme sous un angle théorique, H.-I. Marrou lui rend un hommage plus mesuré et montre quelles sont les nouvelles orientations de la recherche historique qui — selon lui — ne doivent rien au marxisme (texte 11).

La « Nouvelle Histoire »

Dans les années 30, en France, apparaissait un courant d'historiens qui tendaient à négliger l'événement — c'est-à-dire le fait, en tant qu'il présente un certain relief — et qui mettaient l'accent sur les activités économiques, l'organisation sociale et les mentalités plutôt que sur la vie politique. La Nouvelle Histoire — une histoire « poussée en profondeur » — s'impose après la Seconde Guerre mondiale en s'appuyant sur une revue : *Les Annales E.S.C.*[3]. Tandis que L. Febvre, le premier, instruit le procès de l'« histoire historisante » c'est-à-dire axée

1. C'est le sens de la critique que Kant fit en 1785 des *Idées sur la Philosophie de l'Histoire et de l'Humanité* de Herder (in *la Philosophie de l'Histoire*, Éd. Aubier, pp. 95-126).
2. *la Sainte famille*, Éd. Sociales, p. 116.
3. Economies, Sociétés, Civilisations. D'où le nom d'« Ecole des Annales » qui regroupe les historiens de ce courant.

exclusivement sur l'« événementiel » et les activités politiques, Marc Bloch s'oriente tout d'abord vers l'analyse de la réalité économique, puis s'intéresse aux autres dimensions cachées de l'histoire. Ainsi, par exemple dans *les Caractères originaux de l'Histoire rurale française du XIe au XVIIIe siècle* (1931), il décrit minutieusement les formes d'occupation du sol, les techniques de production, les modes de peuplement, etc. Son manuscrit *Apologie pour l'histoire ou Métier d'historien* fait aujourd'hui figure de manifeste de l'« École des Annales ». Il s'ouvre sur la question d'un enfant : « Explique-moi à quoi sert l'histoire ? » à laquelle M. Bloch répond en ces termes : « Un mot, pour tout dire, domine et illumine nos études : comprendre » (texte 2 A).

Histoire et temporalité

Comprendre, mais en un sens inédit, qui exclut tout finalisme, et qui amène les historiens à reconsidérer la question de la causalité et de la temporalité historique. Dans une analyse devenue célèbre, F. Braudel s'attache à décomposer l'histoire en plans étagés (texte 12), en se fondant sur une étude des différents types de rythmes historiques : il conviendra d'opposer au temps « géographique » un temps « social » et un temps « individuel ». On s'orientera, dès lors, vers « une histoire de longue durée » par opposition à l'histoire traditionnelle qui nous avait habitués à son « récit précipité, dramatique » mais de « souffle court »[1]. Tournant lui aussi le dos à « l'histoire historisante », F. Braudel se rattache donc à la nouvelle école. Toutefois, cette « histoire totale », qu'il contribue à bâtir, et qu'il appelle de ses vœux, reste encore à faire, d'autant que nous assistons aujourd'hui à un regain inattendu d'intérêt en faveur de l'événement.

Le présent : une histoire sans historien ?

« C'est aux mass media que commençait à revenir le monopole de l'histoire, il lui appartient désormais »[2] : du fait de l'extension, de la « mondialisation » et de l'impact des nouveaux moyens d'information directe, l'histoire contemporaine se vit de plus en plus au présent. Mais l'avènement rapide de cette actualité historique débouche sur une « inflation événementielle » qui ne laisse que peu de place à la réflexion. Et l'on peut se demander si ces images fragmentées de l'histoire contemporaine ne conduisent pas inévitablement à l'émiettement d'un présent dépourvu de toute épaisseur (textes 13).

Faut-il pour autant — abandonnant l'histoire contemporaine aux journalistes — renoncer à chercher la trame secrète du tissu événementiel ? Les théories totalisantes et finalistes de l'histoire, contestées par les historiens, mises à mal par les faits, sont-elles décidément caduques ? Ne serait-il pas plus juste de reconnaître — comme R. Aron, par exemple — que les idées de Hegel ou de Kant fournissent des principes d'intelligibilité qui ne sont pas périmés ? Et que ces tentatives de rationalisation historique méritent encore toute notre attention, même si la plus grande réserve est aujourd'hui de rigueur à l'égard de tous ceux qui prétendent détenir par avance le sens ultime du devenir et, par là même, les « voies du salut » (textes 10) ?

1. F. Braudel, *Écrits sur l'histoire*, p. 44.
2. P. Nora, *Faire de l'histoire*, « Le retour de l'événement », tome 1, p. 287.

L'histoire justifie ce que l'on veut

Au rationalisme triomphant de Hegel, on ne manquera pas d'opposer le jugement démystificateur de Valéry : une histoire qui peut « justifier tout ce que l'on veut » ne justifie rien du tout (textes 14 et 15). L'homme qui cherche à tout prix des enseignements dans le passé risque fort de se tromper, et la lecture d'un livre d'histoire, comme celle d'un document, peut donner lieu à des interprétations également édifiantes mais nullement concordantes (voir à ce sujet le Document). Chacun cherche en effet naturellement à infléchir l'histoire — à la lire comme à l'élaborer — dans un sens qui soit conforme à ses aspirations. Observons à cet égard que les philosophes qui pensent que l'histoire a un sens paraissent généralement disposés à agir dans ce sens, tandis que ceux qui admettent qu'elle n'en a aucun, craignent sans doute qu'elle n'en ait un qui leur déplaise... Quoi qu'il en soit, tous s'accorderaient sans doute pour penser que la connaissance du passé doit être utile à la vie, à l'action présente, et ne pas être une fuite maladive du présent dans l'activité maniaque du collectionneur d'anecdotes. De ce point de vue, un « excès d'histoire » est envisageable, ce que Nietzsche appelle l'historisme auquel il convient, selon lui, d'opposer de vigoureux contre-poisons (texte 16).

« Faire de l'histoire »

Écrire l'histoire, c'est assurément concourir à l'histoire présente ; dans le croisement instable du passé et du présent, l'historien s'emploie à déceler les choix fondamentaux, les orientations et les valeurs de son présent ; il s'agit proprement pour lui de « faire de l'histoire »[1]. Plus qu'une interrogation angoissée sur le temps qui passe et la multiplication des tragédies, l'histoire constitue donc « une riposte à notre décourageante historicité »[2] ; elle est, comme le suggérait le terme grec d'*historia* (« recherche »), recherche d'authenticité et de vérité ; elle est le mouvement par lequel l'homme prend conscience de lui-même (textes 17).

1. C'est le titre d'un recueil d'articles d'historiens sur ce problème (voir bibliographie).
2. P. Ricœur, *Histoire et Vérité*, Éd. du Seuil, 1955, p. 31.

Textes

I. SUBJECTIVITÉ ET OBJECTIVITÉ

Texte 1 RICŒUR

Une certaine qualité de subjectivité

Nous attendons de l'histoire une certaine objectivité, l'objectivité qui lui convient : c'est de là que nous devons partir et non de l'autre terme. Or qu'attendons-nous sous ce titre ? L'objectivité ici doit être prise en son sens épistémologique strict : est objectif ce que la pensée méthodique a élaboré, mis en ordre, compris et ce qu'elle peut ainsi faire comprendre. Cela est vrai des sciences physiques, des sciences biologiques ; cela est vrai aussi de l'histoire. Nous attendons par conséquent de l'histoire qu'elle fasse accéder le passé des sociétés humaines à cette dignité de l'objectivité. Cela ne veut pas dire que cette objectivité soit celle de la physique ou de la biologie : il y a autant de niveaux d'objectivité qu'il y a de comportements méthodiques. Nous attendons donc que l'histoire ajoute une nouvelle province à l'empire varié de l'objectivité.

Cette attente en implique une autre : nous attendons de *l'historien* une certaine qualité de *subjectivité,* non pas une subjectivité quelconque, mais une subjectivité qui soit précisément appropriée à l'objectivité qui convient à l'histoire. Il s'agit donc d'une subjectivité *impliquée,* impliquée par l'objectivité attendue. Nous pressentons par conséquent qu'il y a une bonne et une mauvaise subjectivité, et nous attendons un départage de la bonne et de la mauvaise subjectivité, par l'exercice même du métier d'historien.

Ce n'est pas tout : sous le titre de subjectivité nous attendons quelque chose de plus grave que la bonne subjectivité de l'historien ; nous attendons que l'histoire soit une histoire des hommes et que cette histoire des hommes aide le lecteur, instruit par l'histoire des historiens, à édifier une subjectivité de haut rang, la subjectivité non seulement de moi-même, mais de l'homme. Mais cet intérêt, cette attente d'un passage — par l'histoire — de moi à l'homme, n'est plus exactement épistémologique, mais proprement philosophique : car c'est bien une *subjectivité de réflexion* que nous attendons de la lecture et de la méditation des œuvres d'historien ; cet intérêt ne concerne déjà plus l'historien qui écrit l'histoire, mais le lecteur — singulièrement le lecteur philosophique —, le lecteur en qui s'achève tout livre, toute œuvre, à ses risques et périls.

Tel sera notre parcours : de l'objectivité de l'histoire à la subjectivité de l'historien ; de l'une et de l'autre à la subjectivité philosophique (pour employer un terme neutre qui ne préjuge pas de l'analyse ultérieure).

P. Ricœur, *Histoire et Vérité*, Éd. du Seuil, 1955, pp. 23-24.

Texte 2 A **BLOCH**

Comprendre

Un mot, pour tout dire, domine et illumine nos études : « comprendre ». Ne disons pas que le bon historien est étranger aux passions ; il a du moins celle-là. Mot, ne nous le dissimulons pas, lourd de difficultés ; mais aussi d'espoirs. Mot surtout chargé d'amitié. Jusque dans l'action, nous jugeons beaucoup trop. Il est si commode de crier « au poteau » ! Nous ne comprenons jamais assez. Qui diffère de nous — étranger, adversaire politique — passe, presque nécessairement, pour un méchant. Même pour conduire les inévitables luttes, un peu plus d'intelligence des âmes serait nécessaire ; à plus forte raison pour les éviter, quand il en est temps encore. L'histoire, à condition de renoncer elle-même à ses faux airs d'archange, doit nous aider à guérir ce travers. Elle est une vaste expérience des variétés humaines, une longue rencontre des hommes. La vie, comme la science, a tout à gagner à ce que cette rencontre soit fraternelle. [...]

Comprendre, cependant n'a rien d'une attitude de passivité. Pour faire une science, il faudra toujours deux choses : une matière, mais aussi un homme. La réalité humaine, comme celles du monde physique, est énorme et bigarrée. Une simple photographie, à supposer même que l'idée de cette reproduction mécaniquement intégrale eût un sens, serait illisible. Dira-t-on qu'entre le passé et nous les documents interposent déjà un premier filtre ? Sans doute, ils éliminent souvent à tort et à travers. Presque jamais, par contre, ils n'organisent conformément aux besoins d'un entendement qui veut connaître. Comme tout savant, comme tout cerveau qui simplement perçoit, l'historien choisit et trie. En un mot, il analyse. Et d'abord, il découvre, pour les rapprocher, les semblables.

M. Bloch[1], *Apologie pour l'histoire ou Métier d'historien*,
Éd. A. Colin, 1967, p. 72.

1. Historien français (1886-1944). Résistant, il fut fusillé par les Allemands en juin 1944.

Texte 2 B **MARROU**

La sympathie, source et condition de la compréhension

Parvenus en ce point, il nous faut réfléchir sur les conditions subjectives qui rendent possible — et limitent — cette compréhension. L'historien nous est apparu comme l'homme qui par l'*epokhè*[1] sait sortir de soi pour s'avancer à la rencontre d'autrui. On peut donner un nom à cette vertu :

1. En grec, « suspension du jugement, doute ». Il s'agit dans la phénoménologie de Husserl de « la mise entre parenthèses » du monde et de la science, qui permet au sujet méditant de se saisir comme « moi pur », sujet connaissant (et non individualité psychologique, avec des sentiments, des passions...).

elle s'appelle la sympathie. [...] Le terme de sympathie est même insuffisant ici : entre l'historien et son objet, c'est une amitié qui doit se nouer, si l'historien veut comprendre, car, selon la belle formule de saint Augustin, « on ne peut connaître personne sinon par l'amitié ». [...]

Non certes qu'une telle conception élimine l'esprit critique : cette tendance à la sympathie qui s'actualise en amitié se développe à l'intérieur de la catégorie fondamentale qui nous a fait définir l'histoire comme connaissance, comme conquête de la connaissance authentique, de la vérité sur le passé. Je veux connaître, je veux comprendre le passé, et d'abord ses documents, dans leur être réel : je veux aimer cet ami qui est un Autre existant, et non pas, sous son nom, un être de raison, un fantôme complaisamment nourri par mon imagination. [...]

Si l'esprit critique et la sympathie ne sont pas, de soi, contradictoires, il s'en faut que ces deux vertus soient toujours faciles à concilier, qu'elles soient également représentées dans l'esprit de chaque savant. Mais l'élaboration de l'histoire est le fruit d'un effort collectif et les excès des uns viennent corriger les déficiences des autres. Il est utile au progrès de notre science qu'une critique exigeante, voire injuste, vienne réveiller une sympathie somnolente, en train de glisser à la complaisance et à la facilité.

Mais lorsqu'on examine de près l'apport réel de ces diverses phases de la recherche, il semble bien que ce soit toujours la sympathie, source et condition de la compréhension, qui représente la phase constructive : la critique démolit l'édifice provisoire d'une connaissance imparfaite, pose des exigences utiles à la reconstruction ultérieure, mais, par elle-même, apporte peu.

H.-I. Marrou[1], *De la connaissance historique* (1954), collection Points, Éd. du Seuil, 1975, pp. 92-94.

1. Historien et philosophe français (1904-1977), spécialiste de l'histoire des religions.

Texte 3 A FEBVRE

Le fait historique est construit

Ces livres, ces guides de débutants parlent de *faits* à longueur de page. Établir des *faits* ; mettre les *faits* établis en œuvre : mais qu'entendent-ils par *faits* ? Comment conçoivent-ils le fait historique ? On s'aperçoit bien vite que, pour la plupart d'entre eux, il demeure un donné. Brut. Qu'il soit construit en réalité par eux-mêmes sans qu'ils veuillent s'en rendre compte, ils refusent de le penser. Ils gardent, en 1949, une sorte de respect superstitieux pour le fait, une sorte de fétichisme du fait qui est bien la chose la plus singulière qui soit, et la plus anachronique. Le savant « qui met son œil à l'oculaire du microscope » et à qui tout aussitôt des faits sautent aux yeux, bien nets, bien lavés si j'ose dire, probants à souhait — cette métaphore, chère à tant de nos maîtres d'autrefois, avait beau me réjouir il y a déjà cinquante ans [...] — ce « savant » de la fameuse métaphore, s'il

fait encore recette quelque part, c'est, je le crains bien, chez nous autres historiens. Oh ! sans doute, tous protestent : « Nous n'en sommes plus à croire que… » Mais c'est bien sous l'empire, et sous l'empire seul de ce sentiment compliqué que l'Église nomme le respect humain. Car entendez-les dire : « C'est un fait ! » Et regardez-les brandir leurs faits entre deux doigts, comme le bijoutier marron qui fait admirer au client une pierre fausse : vous serez édifiés. […]

On peut modifier le schéma des manuels, codifiant la façon de procéder de l'historien. On peut le rectifier, le compliquer, le transposer. Ajouter aux opérations décrites des opérations nouvelles. On peut. Mais ce n'est pas tout. Ce n'est pas ce qui importe le plus pour l'instant. Se promener à l'aveugle, non point comme Magendie[1] dans le dédale du corps humain, mais dans l'amas formidable de notions et de faits qui composent l'histoire au deuxième sens du mot — voilà le genre d'exercice à quoi l'historien doit renoncer. Il y a urgence.

L. Febvre[2], *Vers une autre histoire, Revue de métaphysique et de morale,* Éd. A. Colin, 1949, pp. 237-240.

1. Physiologiste français (1783-1855).
2. Historien français (1878-1956) qui a fait de l'Histoire une science totale, prenant en compte aussi bien les faits politiques, sociaux, économiques, religieux et culturels.

Texte 3 B ARON

L'histoire n'est pas une collection de faits

Ce que l'on veut connaître n'est plus. Notre curiosité vise ce qui a été en tant qu'il n'est plus. L'objet de l'histoire est une réalité qui a cessé d'être.

Cette réalité est humaine. Les gestes des combattants étaient significatifs et la bataille n'est pas un fait matériel, elle est un ensemble non entièrement incohérent, composé par les conduites des acteurs, conduites suffisamment coordonnées par la discipline des armées et les intentions des chefs pour que leur unité soit intelligible. La bataille est-elle réelle en tant qu'unité ? La réalité appartient-elle exclusivement aux éléments ou les ensembles sont-ils également réels ?

Qu'il nous suffise de quelques remarques, volontairement simples et incontestables, sur ce thème métaphysiquement équivoque. Dès lors qu'il s'agit d'une réalité humaine, il n'est pas plus aisé de saisir l'atome que le tout. Si seul l'atome est réel, quel est le geste, l'acte, l'événement qui passera pour le plus petit fragment de réalité historique ? Dira-t-on que la connaissance historique porte sur le devenir des sociétés, que les sociétés sont composées d'individus et qu'enfin, seuls ces derniers sont réels ? Effectivement la conscience est le privilège des individus et les collectivités ne sont ni des êtres vivants ni des êtres pensants. Mais les individus, en tant qu'êtres humains et sociaux, sont ce qu'ils sont parce qu'ils ont été formés dans un groupe, qu'ils y ont puisé l'acquis technique et culturel transmis par les siècles.

Aucune conscience, en tant qu'humaine, n'est close sur elle-même. Seules les consciences pensent, mais aucune conscience ne pense seule, enfermée dans la solitude. Les batailles ne sont pas réelles au même sens et selon la même modalité que les individus physiques. Les cultures ne sont pas réelles au même sens que les consciences individuelles, mais les conduites des individus ne sont pas intelligibles isolément, pas plus que les consciences séparées du milieu historico-social. La connaissance historique n'a pas pour objet une collection, arbitrairement composée, des faits seuls réels, mais des ensembles articulés, intelligibles.

R. Aron[1], *Dimensions de la Conscience historique,* Éd. Plon, 1964, pp. 100-101.

1. Philosophe et sociologue français (1905-1983), l'un des principaux critiques du marxisme par ses analyses économiques, sociales et politiques.

Texte 4 VEYNE

L'histoire est-elle un roman ?

L'histoire est anecdotique, elle intéresse en racontant, comme le roman. Seulement elle se distingue du roman sur un point essentiel. Supposons qu'on me raconte une émeute et que je sache qu'on entend par là me raconter de l'histoire et que cette émeute est vraiment arrivée ; je la viserai comme étant arrivée à un moment déterminé, chez un certain peuple ; je prendrai pour héroïne cette antique nation qui m'était inconnue une minute plus tôt et elle deviendra pour moi le centre du récit ou plutôt son support indispensable. Ainsi fait aussi tout lecteur de roman. Seulement, ici, le roman est vrai, ce qui le dispense d'être captivant : l'histoire de l'émeute peut se permettre d'être ennuyeuse sans en être dévalorisée. C'est probablement pour cela que, par contrecoup, l'histoire imaginaire n'a jamais pu prendre comme genre littéraire [...] non plus que le fait divers imaginaire (sauf pour les esthètes qui lisent Félix Fénéon[1]) : une histoire qui se veut captivante sent par trop le faux et ne peut dépasser le pastiche. On connaît les paradoxes de l'individualité et de l'authenticité ; pour un fanatique de Proust, il faut que cette relique soit proprement le stylo avec lequel a été écrit *le Temps perdu*, et non un autre stylo exactement identique, puisque fabriqué en grande série. La « pièce de musée » est une notion complexe qui réunit beauté, authenticité et rareté ; ni un esthète, ni un archéologue, ni un collectionneur ne feront, à l'état pur, un bon conservateur. Quand même un des faux peints par van Meegeren[2] serait aussi beau qu'un Vermeer authentique (enfin, qu'un Vermeer de jeunesse, qu'un Vermeer avant Vermeer), il ne serait pas un Vermeer. Mais l'historien, lui, n'est ni un collectionneur, ni un esthète ; la beauté ne l'intéresse pas, la rareté non plus. Rien que la vérité.

P. Veyne[3], *Comment on écrit l'histoire,* Éd. du Seuil, 1971, pp. 18-19.

1. Critique d'art (1861-1947).
2. Faussaire bien connu.
3. Historien français contemporain.

Texte 5 TOCQUEVILLE

Des causes générales fécondées par des accidents

J'ai vécu avec des gens de lettres, qui ont écrit l'histoire sans se mêler aux affaires, et avec des hommes politiques, qui ne se sont jamais occupés qu'à produire les événements sans songer à les décrire. J'ai toujours remarqué que les premiers voyaient partout des causes générales, tandis que les autres, vivant au milieu du décousu des faits journaliers, se figuraient volontiers que tout devait être attribué à des incidents particuliers, et que les petits ressorts qu'ils faisaient sans cesse jouer dans leurs mains étaient les mêmes que ceux qui font remuer le monde. Il est à croire que les uns et les autres se trompent.

Je hais, pour ma part, ces systèmes absolus, qui font dépendre tous les événements de l'histoire de grandes causes premières se liant les unes aux autres par une chaîne fatale, et qui suppriment, pour ainsi dire, les hommes de l'histoire du genre humain. Je les trouve étroits dans leur prétendue grandeur, et faux sous leur air de vérité mathématique. Je crois, n'en déplaise aux écrivains qui ont inventé ces sublimes théories pour nourrir leur vanité et faciliter leur travail, que beaucoup de faits historiques importants ne sauraient être expliqués que par des circonstances accidentelles et que beaucoup d'autres restent inexplicables ; qu'enfin le hasard ou plutôt cet enchevêtrement de causes secondes, que nous appelons ainsi faute de savoir les démêler, entre pour beaucoup dans tout ce que nous voyons sur le théâtre du monde ; mais je crois fermement que le hasard n'y fait rien, qui ne soit préparé à l'avance. Les faits antérieurs, la nature des institutions, le tour des esprits, l'état des mœurs, sont les matériaux avec lesquels il compose ces impromptus qui nous étonnent et nous effraient.

La révolution de Février[1], comme tous les autres grands événements de ce genre, naquit de causes générales fécondées, si l'on peut ainsi parler, par des accidents ; et il serait aussi superficiel de les faire découler nécessairement des premières, que de l'attribuer uniquement aux seconds.

A. de Tocqueville, *Souvenirs* (1893),
Éd. Gallimard, 1942, pp. 71-73.

1. Février 1848.

II. L'HISTOIRE A-T-ELLE UN SENS ?

Texte 6 HERDER

Un effort orienté, une progression continue

Ne doit-il pas y avoir une progression continue et un développement qui soient manifestes, mais dans un sens plus élevé que celui que l'on a cru ? Vois-tu ce fleuve s'écouler : jailli d'une petite source, il croît, détache ici de la terre qu'il dépose là, serpente toujours et creuse plus loin et plus profond — mais demeure toujours de l'eau ! un fleuve ! une goutte d'eau ! rien qu'une goutte d'eau jusqu'à ce qu'il se jette dans la mer — n'en serait-il pas de même du genre humain ? Ou bien vois-tu cet arbre qui croît ! cet homme en train de grandir ! il lui faut traverser différents âges au cours de sa vie ! tous manifestement en progression continue ! effort prolongé de façon continue ! Entre chacun d'eux, il y a des moments de repos apparents, des révolutions ! des modifications ! et cependant chacun d'eux porte en lui-même son centre de félicité ! Le jeune homme n'est pas plus heureux que l'enfant innocent et content : et pas davantage le calme vieillard n'est plus malheureux que l'homme aux violents efforts : le pendule bat toujours avec la même force, soit que son amplitude maxima lui donne une plus grande vitesse, soit que lors de son oscillation la plus lente il se rapproche du repos. Pourtant il y a éternellement un effort orienté ! Personne n'est seul, quel que soit son âge, nous bâtissons toujours sur ce qui nous a précédés, et ce que nous faisons ne sera que la base de l'avenir, ne prétend être rien d'autre que cela — voilà ce que dit l'analogie de la nature, le modèle parlant de Dieu dans toutes ses œuvres ! et il en est manifestement de même dans le genre humain ! L'Égyptien ne pouvait exister sans l'Oriental, le Grec bâtit sur l'un et sur l'autre, le Romain s'éleva sur les épaules du monde entier — il y a véritablement progression continue, développement suivi, dût l'individu ne pas y gagner ! Le monde se dirige vers quelque chose de grand ! devient ce dont l'histoire superficielle se vante si orgueilleusement et ce qu'elle montre si peu — le théâtre d'une intention directrice sur terre ! même si nous ne devions pas voir l'intention dernière, théâtre de la Divinité, même aperçue seulement à travers les ouvertures et les ruines de quelques scènes isolées.

Herder, *Une autre Philosophie de l'histoire* (1774), traduction de M. Rouché, 1re section, Éd. Aubier-Montaigne, 1964, pp. 189-191.

Texte 7 HEGEL

La Raison à l'œuvre dans l'histoire[1]

Le côté négatif de ce spectacle[2] du changement provoque notre tristesse. Il est déprimant de savoir que tant de splendeur, tant de belle vitalité a dû périr et que nous marchons au milieu des ruines. Le plus noble et le plus beau nous fut arraché par l'histoire : les passions humaines l'ont ruiné. Tout semble voué à la disparition, rien ne demeure. [...]

Après ces troublantes considérations, on se demande quelle est la fin de toutes ces réalités individuelles. Elles ne s'épuisent pas dans leurs buts particuliers. Tout doit contribuer à *une* œuvre. A la base de cet immense sacrifice de l'Esprit doit se trouver une fin ultime. La question est de savoir si, sous le tumulte qui règne à la surface, ne s'accomplit pas une œuvre silencieuse et secrète dans laquelle sera conservée toute la force des phénomènes. Ce qui nous gêne, c'est la grande variété, le contraste de ce contenu. Nous voyons des choses opposées être vénérées comme sacrées et prétendre représenter l'intérêt de l'époque et des peuples. Ainsi naît le besoin de trouver dans l'Idée la justification d'un tel déclin. Cette considération nous conduit à la troisième catégorie, à la recherche d'une fin en soi et pour soi ultime. C'est la catégorie de la *Raison* elle-même, elle existe dans la conscience comme foi en la toute-puissance de la Raison sur le monde. La preuve sera fournie par l'étude de l'histoire elle-même. Car celle-ci n'est que l'image et l'acte de la Raison.

Hegel, *la Raison dans l'histoire* (1830), « L'histoire philosophique », traduction de K. Papaioannou, collection 10-18, Éd. Plon, 1965, pp. 54-56.

1. Voir également chapitre « les Passions », p. 81.
2. Il s'agit du spectacle de la décadence des civilisations.

Texte 8 HEGEL

Qu'est-ce qu'un « grand homme » ?

Les individus historiques sont ceux qui ont dit les premiers ce que les hommes veulent. Il est difficile de savoir ce qu'on veut. On peut certes vouloir ceci ou cela, mais on reste dans le négatif et le mécontentement : la conscience de l'affirmatif peut fort bien faire défaut. Mais les grands hommes savent aussi que ce qu'ils veulent est l'affirmatif. C'est leur propre satisfaction qu'ils cherchent : ils n'agissent pas pour satisfaire les autres. [...] Car l'œuvre du grand homme exerce en eux et sur eux un pouvoir auquel ils ne peuvent pas résister, même s'ils le considèrent comme un pouvoir extérieur et étranger, même s'il va à l'encontre de ce qu'ils croient être leur volonté. Car l'Esprit en marche vers une nouvelle forme est l'âme interne de tous les individus ; il est leur intériorité inconsciente, que les grands hommes porteront à la conscience. Leur œuvre est donc ce que visait la véritable volonté des autres ; c'est pourquoi elle exerce sur eux un pouvoir qu'ils acceptent malgré les réticences de leur volonté consciente : s'ils suivent ces conducteurs d'âmes, c'est parce qu'ils y sentent la puissance irrésistible de leur propre esprit intérieur venant à leur rencontre.

Si, allant plus loin, nous jetons un regard sur la destinée de ces individus historiques, nous voyons qu'ils ont eu le bonheur d'être les agents d'un but qui constitue une étape dans la marche progressive de l'Esprit universel. Mais en tant que sujets distincts de leur substance, ils n'ont pas été ce qu'on appelle communément heureux. Ils n'ont pas voulu trouver le bonheur, mais atteindre leur but, et ce but, ils l'ont atteint par un labeur pénible. Ils ont su trouver la satisfaction, réaliser leur but, le but universel. Placés devant un but aussi grand, ils se sont audacieusement proposé de le servir contre toute l'opinion des hommes. Ce n'est pas le bonheur qu'ils ont choisi, mais la peine, le combat et le travail pour leur but. Leur but une fois atteint, ils n'en sont pas venus à une paisible jouissance, ils n'ont pas été heureux. Leur être a été leur action, leur passion a déterminé toute leur nature, tout leur caractère. Leur but atteint, ils sont tombés comme des douilles vides. Ils ont eu peut-être du mal à aller jusqu'au bout de leur chemin ; et à l'instant où ils y sont arrivés, ils sont morts — jeunes comme Alexandre, assassinés comme César, déportés comme Napoléon. Qu'ont-ils gagné ? peut-on se demander. Ce qu'ils ont gagné, c'est leur concept, leur but, ce qu'ils ont accompli. Ils n'ont rien gagné d'autre ; ils n'ont pas connu la jouissance paisible.

Ibid., pp. 123-124.

Texte 9 A

MARX-ENGELS

Le matérialisme historique

Cette conception de l'histoire a donc pour base le développement du procès réel de la production, et cela en partant de la production matérielle de la vie immédiate ; elle conçoit la forme des relations humaines liée à ce mode de production et engendrée par elle, je veux dire la société civile[1] à ses différents stades, comme étant le fondement de toute l'histoire, ce qui consiste à la représenter dans son action en tant qu'État aussi bien qu'à expliquer par elle l'ensemble des diverses productions théoriques et des formes de la conscience, religion, philosophie, morale, etc., et à suivre sa genèse à partir de ces productions, ce qui permet alors naturellement de représenter la chose dans sa totalité (et d'examiner aussi l'action réciproque de ses différents aspects). Elle n'est pas obligée, comme la conception idéaliste de l'histoire, de chercher une catégorie dans chaque période, mais elle demeure constamment sur le sol réel de l'histoire ; elle n'explique pas

1. Marx entend par là — en se recommandant de Hegel — l'ensemble des « conditions d'existence matérielles » d'un peuple, « l'anatomie » de la société civile devant être cherchée dans l'économie politique (*Ibid.*, préface, p. 4).

la pratique d'après l'idée, elle explique la formation des idées d'après la pratique matérielle. [...]

Ce sont également ces conditions de vie, que trouvent prêtes les diverses générations, qui déterminent si la secousse révolutionnaire, qui se reproduit périodiquement dans l'histoire, sera assez forte pour renverser les bases de tout ce qui existe ; les éléments matériels d'un bouleversement total sont, d'une part, les forces productives existantes et, d'autre part, la formation d'une masse révolutionnaire qui fasse la révolution, non seulement contre des conditions particulières de la société passée, mais contre la « production de la vie » antérieure elle-même, contre l'« ensemble de l'activité » qui en est le fondement ; si ces conditions n'existent pas, il est tout à fait indifférent, pour le développement pratique, que l'*Idée* de ce bouleversement ait déjà été exprimée mille fois... comme le prouve l'histoire du communisme.

Jusqu'ici, toute conception historique a, ou bien laissé complètement de côté cette base réelle de l'histoire, ou l'a considérée comme une chose accessoire, n'ayant aucun lien avec la marche de l'histoire. De ce fait, l'histoire doit toujours être écrite d'après une norme située en dehors d'elle. La production réelle de la vie apparaît à l'origine de l'histoire, tandis que ce qui est proprement historique apparaît comme séparé de la vie ordinaire, comme extra et supra-terrestre. Les rapports entre les hommes et la nature sont de ce fait exclus de l'histoire, ce qui engendre l'opposition entre la nature et l'histoire. Par conséquent, cette conception n'a pu voir dans l'histoire que les grands événements historiques et politiques, des luttes religieuses et somme toute théoriques, et elle a dû, en particulier, *partager* pour chaque époque historique, l'*illusion de cette époque*. Mettons qu'une époque s'imagine être déterminée par des motifs purement « politiques » ou « religieux », bien que « politique » et « religion » ne soient que des formes de ses moteurs réels : son historien accepte alors cette opinion. L'« imagination », la « représentation » que ces hommes déterminés se font de leur pratique réelle, se transforme en la seule puissance déterminante et active qui domine et détermine la pratique de ces hommes.

Marx-Engels, *l'Idéologie allemande* (1846), traduction de J. Badia. Éd. Sociales, 1975, pp. 69-71.

Texte 9 B SARTRE

C'est l'homme qui fait l'histoire

Si l'on veut donner toute sa complexité à la pensée marxiste, il faudrait dire que l'homme, en période d'exploitation, est *à la fois* le produit de son propre produit et un agent historique qui ne peut en aucun cas passer pour un produit. Cette contradiction n'est pas figée, il faut la saisir dans le mouvement même de la *praxis*[1] ; alors, elle éclairera la phrase d'Engels :

1. Mot grec qui siginfie *l'action*. Relation dialectique entre l'homme et la nature, par laquelle l'homme, en transformant la nature par son travail, se transforme lui-même.

les hommes font leur histoire sur la base de conditions réelles antérieures (au nombre desquelles il faut compter les caractères acquis, les déformations imposées par le mode de travail et de vie, l'aliénation, etc.) mais ce sont *eux* qui la font et non les conditions antérieures : autrement ils seraient les simples véhicules de forces inhumaines qui régiraient à travers eux le monde social. Certes, ces conditions existent et ce sont elles, elles seules, qui peuvent fournir une direction et une réalité matérielle aux changements qui se préparent ; mais le mouvement de la *praxis* humaine les dépasse en les conservant.

Et certainement les hommes ne mesurent pas la portée réelle de ce qu'ils font — ou du moins cette portée doit leur échapper tant que le prolétariat, sujet de l'Histoire, n'aura pas dans un même mouvement réalisé son unité et pris conscience de son rôle historique. Mais si l'Histoire m'échappe, cela ne vient pas de ce que je ne la fais pas : cela vient de ce que l'autre la fait aussi. [...] Ainsi l'homme fait l'Histoire ; cela veut dire qu'il s'y objective et s'y aliène ; en ce sens l'Histoire, qui est l'œuvre propre de *toute* l'activité de *tous* les hommes, leur apparaît comme une force étrangère dans la mesure exacte où ils ne reconnaissent pas le sens de leur entreprise (même localement réussie) dans le résultat total et objectif [...]. Le marxisme, au XIXe siècle, est une tentative gigantesque non seulement pour faire l'Histoire mais pour s'emparer d'elle, pratiquement et théoriquement, en unifiant le mouvement ouvrier et en éclairant l'action du prolétariat par la connaissance du processus capitaliste et de la réalité objective des travailleurs. Au terme de cet effort, par l'unification des exploités et par la réduction progressive du nombre des classes en lutte, l'Histoire doit avoir enfin un sens pour l'homme. En prenant conscience de lui-même, le prolétariat devient sujet de l'Histoire, c'est-à-dire qu'il doit se reconnaître en elle. Même dans le combat quotidien, la classe ouvrière doit obtenir des résultats conformes à l'objectif visé ou dont les conséquences, au moins, ne se retourneront pas contre elle.

J.-P. Sartre, *Critique de la raison dialectique*,
Éd. Gallimard, 1960, tome I, pp. 61-63.

Texte 10 A — KANT

Le progrès : un dessein d'ordre moral

Cette espérance en des temps meilleurs, sans laquelle un désir sérieux de faire quelque chose d'utile au bien général n'aurait jamais échauffé le cœur humain, a même eu de tout temps une influence sur l'activité des esprits droits et l'excellent Mendelssohn[1] lui-même a bien dû compter là-dessus quand il a déployé tant de zèle en faveur du progrès des lumières

1. Philosophe allemand (1729-1786), auteur de *Jérusalem* ou *Du pouvoir religieux et du judaïsme* (1783), ouvrage dans lequel il défend la liberté de conscience et la religion.

et la prospérité de la nation à laquelle il appartient. Car y travailler pour sa part et pour son seul compte, sans que d'autres après lui continuent à s'engager plus avant dans la même voie, il ne pouvait raisonnablement l'espérer. Au triste spectacle, non pas tant du mal que les causes naturelles infligent au genre humain, que de celui plutôt que les hommes se font eux-mêmes mutuellement, l'esprit se trouve pourtant rasséréné par la perspective d'un avenir qui pourrait être meilleur, et à vrai dire avec une bienveillance désintéressée, puisqu'il y a beau temps que nous serons au tombeau, et que nous ne récolterons pas les fruits que pour une part nous aurons nous-mêmes semés. Les raisons empiriques invoquées à l'encontre du succès de ces résolutions inspirées par l'espoir sont ici inopérantes. Car prétendre que ce qui n'a pas encore réussi jusqu'à présent ne réussira jamais, voilà qui n'autorise même pas à renoncer à un dessein d'ordre pragmatique[1] ou technique (par exemple le voyage aérien en aérostats), encore bien moins à un dessein d'ordre moral, qui devient un devoir dès lors que l'impossibilité de sa réalisation n'est pas démonstrativement établie. Au surplus il ne manque pas de preuves du fait que le genre humain dans son ensemble a, de notre temps par comparaison à celui qui précède, effectivement progressé de façon notable au point de vue moral (de brèves interruptions ne peuvent rien prouver là-contre), et que le bruit qu'on fait à propos de l'irrésistible abâtardissement croissant de notre temps provient précisément de ce que, monté à un degré plus élevé de moralité, il a devant lui un horizon plus étendu et que son jugement sur ce qu'on est, en comparaison de ce qu'on devrait être, partant, le blâme que nous nous adressons à nous-mêmes, ne cessent de devenir plus sévères, à mesure que nous avons déjà gravi davantage de degrés de la moralité dans l'ensemble du cours du monde venu à notre connaissance.

Kant, *Sur l'expression courante : il se peut que ce soit juste en théorie, mais en pratique cela ne vaut rien* (1793), traduction de L. Guillermit, Éd. Vrin, 1980, pp. 54-55.

1. Relatif à l'utilité.

Texte 10 B ARON

La fin de l'histoire, une idée de la raison

Pour employer un langage kantien, il est un usage régulatif des idées de la raison. Qu'il s'agisse du déterminisme ou de la fin de l'histoire, ces deux notions ne sont pas, en tant que telles, condamnées par la critique de la raison historique. Il est, effectivement, à chaque époque, des forces auxquelles il faut s'adapter parce qu'on ne peut les vaincre, il est des mouvements qu'il faut canaliser et orienter parce qu'on tenterait vainement de les arrêter. Certes, ces sortes de raisonnements sont dangereux, parce qu'ils servent souvent d'alibi à la lâcheté ou de justification à l'acceptation de la défaite. Ce n'est pas au philosophe mais à l'historien de dire quand l'argument est bien fondé. Le philosophe peut et doit marquer l'erreur de principe commise quand on applique l'argument à l'histoire totale, alors qu'il est tout au plus acceptable en des domaines limités.

De même, autant il est erroné de se donner par la pensée un état social où toutes les aspirations seraient simultanément comblées, autant il est légitime de construire une idée de la raison, la représentation d'une collectivité ordonnée et équitable, qui semblerait rétrospectivement la raison d'être du long chemin, douloureux et sanglant, de l'humanité.

Cette société, où le sage serait satisfait, où les hommes vivraient selon la raison, on n'en peut abandonner l'espérance, puisque l'homme, l'homme d'Occident en tout cas, est celui qui n'a jamais consenti à consacrer l'injustice en la mettant au compte de Dieu ou du cosmos. Mais confondre cette idée de la Raison avec l'action d'un parti, avec un statut de propriété, une technique d'organisation économique, c'est se livrer aux délires du fanatisme. Vouloir que l'Histoire ait un sens, c'est inviter l'homme à maîtriser sa nature et à rendre conforme à la raison l'ordre de la vie en commun. Prétendre connaître à l'avance le sens ultime et les voies du salut, c'est substituer des mythologies historiques au progrès ingrat du savoir et de l'action.

L'homme aliène son humanité et s'il renonce à chercher et s'il s'imagine avoir dit le dernier mot.

R. Aron, *Dimensions de la conscience historique,*
Éd. Plon, 1964, pp. 44-45.

III. NOUVELLES APPROCHES

Texte 11 MARROU

L'épaisseur de l'histoire

Poussée en profondeur, l'histoire ne s'est plus contentée d'un simple récit au niveau de l'événement, vaguement irradié de quelques harmoniques d'ordre psychologique : à la recherche d'un principe d'explication plus solide, elle a peu à peu découvert l'épaisseur des structures humaines qui se dissimulaient sous la pellicule, d'abord seule visible, des actions, des gestes et des paroles. [...]
L'orientation de l'enquête historique en direction de cette infrastructure de l'événement a souvent été mise en rapport avec le développement de l'influence marxiste, et certes à bon droit : avant de se scléroser en doctrine d'État, la pensée de Marx a joué un rôle véritablement fécond en attirant l'attention des historiens sur l'importance des phénomènes économiques et sociaux, si longtemps négligés. Mais le marxisme et l'économie ne sont pas

seuls en cause : si la substance historique nous paraît aujourd'hui avoir pris en quelque sorte une épaisseur nouvelle, c'est à l'ensemble du développement des sciences humaines que ce progrès doit être rapporté : connaissance du passé humain, l'histoire a profité directement de tout l'apport par lequel ces disciplines nouvelles ont renouvelé et enrichi notre compréhension de la réalité même de l'homme : grâce à tout ce que nous révèlent de lui l'économie politique, la sociologie à ses différents niveaux, la psychologie sociale et personnelle (il n'est pas nécessaire de tout énumérer), nous nous faisons aujourd'hui une image de l'homme infiniment plus complexe que celle que les historiens d'autrefois avaient reçue de l'expérience vulgaire ; chacune de ces sciences invite l'historien à rechercher dans l'humanité passée les aspects particuliers de sa réalité, qu'elles mettent en lumière. Partout des voies nouvelles, ouvrant des perspectives indéfinies, se sont ainsi offertes à notre enquête : pour nous en tenir à la vieille et banale explication psychologique du comportement de l'individu, qui ne mesure ce que peuvent lui suggérer d'interprétations nouvelles la connaissance de la psychologie des profondeurs et la psychanalyse ?

En même temps, l'histoire s'est d'autre part élargie : en se développant, en se précisant, l'histoire de la civilisation s'est peu à peu différenciée et a donné naissance à toute une série d'histoires spéciales, consacrées chacune à l'exploration d'un secteur particulier de l'activité humaine : pour l'historien d'aujourd'hui, l'homme n'est plus seulement un animal politique[1].

H.-I. Marrou, *l'Histoire et ses méthodes,* Bibliothèque de la Pléiade, Éd. Gallimard, 1961, pp. 1472-1474.

1. Allusion à la formule d'Aristote. Voir le chapitre « Nature et culture », texte [5], p. 223.

Texte [12] BRAUDEL

L'histoire décomposée en plans étagés

Ce livre se divise en trois parties, chacune étant en soi un essai d'explication d'ensemble.

La première met en cause une histoire quasi immobile, celle de l'homme dans ses rapports avec le milieu qui l'entoure ; une histoire lente à couler, à se transformer, faite souvent de retours insistants, de cycles sans cesse recommencés. Je n'ai pas voulu négliger cette histoire-là, presque hors du temps, au contact des choses inanimées, ni me contenter, à son sujet, de ces traditionnelles introductions géographiques à l'histoire, inutilement placées au seuil de tant de livres, avec leurs paysages minéraux, leurs labours et leurs fleurs qu'on montre rapidement et dont ensuite il n'est plus jamais question, comme si les fleurs ne revenaient pas avec chaque printemps, comme si les troupeaux s'arrêtaient dans leurs déplacements, comme si les navires n'avaient pas à voguer sur une mer réelle, qui change avec les saisons.

Au-dessus de cette histoire immobile se distingue une histoire lentement rythmée : on dirait volontiers, si l'expression n'avait été détournée de son sens plein, une histoire *sociale*, celle des groupes et des groupements. Comment ces vagues de fond soulèvent-elles l'ensemble de la vie méditerranéenne, voilà ce que je me suis demandé dans la seconde partie de mon livre, en étudiant successivement les économies, les États, les sociétés, les civilisations, en essayant enfin, pour mieux éclairer ma conception de l'histoire, de montrer comment toutes ces forces de profondeur sont à l'œuvre dans le domaine complexe de la guerre. Car la guerre, nous le savons, n'est pas un pur domaine de responsabilités individuelles.

Troisième partie enfin, celle de l'histoire traditionnelle, si l'on veut de l'histoire à la dimension non de l'homme, mais de l'individu, l'histoire événementielle de Paul Lacombe et de François Simiand[1] : une agitation de surface, les vagues que les marées soulèvent sur leur puissant mouvement. Une histoire à oscillations brèves, rapides, nerveuses. Ultra-sensible par définition, le moindre pas met en alerte tous ses instruments de mesure. Mais telle quelle, de toutes c'est la plus passionnante, la plus riche en humanité, la plus dangereuse aussi. Méfions-nous de cette histoire brûlante encore, telle que les contemporains l'ont sentie, décrite, vécue, au rythme de leur vie, brève comme la nôtre. Elle a la dimension de leurs colères, de leurs rêves et de leurs illusions. Au XVIe siècle, après la vraie Renaissance, viendra la Renaissance des pauvres, des humbles, acharnés à écrire, à se raconter, à parler des autres. [...]

Ainsi sommes-nous arrivés à une décomposition de l'histoire en plans étagés. Ou, si l'on veut, à la distinction, dans le temps de l'histoire, d'un temps géographique, d'un temps social, d'un temps individuel. Ou si l'on préfère encore, à la décomposition de l'homme en un cortège de personnages.

F. Braudel[2], *la Méditerranée et le Monde méditerranéen à l'époque de Philippe II*, préface de la 1re édition (mai 1946), Éd. A. Colin, 1979, pp. 16-17.

1. Historiens français contemporains qui furent les premiers à employer l'expression « histoire événementielle ».
2. Historien français (1902-1987) qui a enrichi l'histoire par des contacts avec les sciences voisines et s'est dressé notamment contre l'histoire événementielle.

Texte 13 A NORA

L'histoire vécue au présent

L'histoire contemporaine pourrait symboliquement débuter avec le mot de Goethe à Valmy[1] : « Et vous pourrez dire : J'y étais ! »... Le propre de l'événement moderne est de se dérouler sur une scène immédiatement publique, de n'être jamais sans reporter-spectateur ni spectateur-reporter, d'être vu se faisant et ce « voyeurisme » donne à l'actualité à la fois sa spécificité par rapport à l'histoire et son parfum déjà historique. D'où cette impression de jeu plus vrai que la réalité, de divertissement dramatique, de fête que la société se donne à elle-même à travers le grand événement. Tout le monde y a part et personne, car tous font la masse à laquelle nul n'appartient. Cet événement sans historien est fait de la participation affective des masses, le seul et unique moyen qu'elles ont de participer à la vie publique : participation exigeante et aliénée, vorace et frustrée, multiple et distante, impuissante et pourtant souveraine, autonome et téléguidée comme cette impalpable réalité de la vie contemporaine qu'on appelle l'opinion. [...]

Il n'y a pas d'événements heureux, ce sont toujours des catastrophes. Mais pour exorciser le nouveau, il y a deux moyens : soit le conjurer par un système d'information sans informations, soit l'intégrer au système de l'information. Des pans entiers de l'univers vivent ainsi à l'Est sous le régime de la nouvelle sans nouveauté. Lisez la presse, rien d'imprévisible : vie interne du parti, anniversaires et commémorations attendus, performances de production, nouvelles de l'Occident récupérées par la déformation initiale qui les frappe de vanité, ronronnement de la propagande, tout est fait pour vider l'information de ce qui risquerait de mettre en cause l'institution qui l'émet. Les hagiographes du Moyen Age ne donnaient ainsi que le jour ou le mois de l'événement de la vie d'un saint, jamais l'année, pour inscrire cet événement dans une éternité sans mémoire et donc sans efficacité temporelle. Le second moyen de conjurer le nouveau consiste à en faire, jusqu'aux limites de la redondance, l'essentiel du message narratif, au risque de donner au système d'information la vocation de se détruire lui-même : c'est le nôtre.

Cet état de sur-information perpétuelle et de sous-information chronique caractérise nos sociétés contemporaines. L'événement exhibé ne permet plus de faire la part de l'exhibitionnisme événementiel. Confusion inévitable, mais favorable à toutes les incertitudes, aux angoisses et aux paniques sociales.

P. Nora[2], « Le retour de l'événement », *in Faire de l'histoire*, ouvrage publié sous la direction de J. Le Goff et P. Nora, Éd. Gallimard, 1974, tome I, pp. 295-300.

1. Bataille remportée par l'armée française sur l'armée prussienne en septembre 1792.
2. Historien français contemporain.

Texte 13 B FERRO

Le film comme témoignage

D'un côté le film semble susciter, au niveau de l'image, l'événementiel, de l'autre il se présente, dans tous les sens du terme, comme une manipulation. [...] Il ne suffit pas de constater que le cinéma fascine, qu'il inquiète : les pouvoirs publics, la puissance privée pressentent qu'il peut avoir un effet corrosif ; ils s'aperçoivent que, même surveillé, un film témoigne. Il aboutit à déstructurer ce que plusieurs générations d'hommes d'État, de penseurs, de juristes, de dirigeants ou de professeurs avaient réussi à ordonner en un bel édifice. Il détruit l'image du double que chaque institution, chaque individu s'était constituée devant la société. La caméra révèle le fonctionnement réel de ceux-là, elle dit plus sur chacun qu'il n'en voudrait montrer. Elle dévoile le secret, elle joue les sorciers, jette bas les masques, elle montre l'envers d'une société, ses *lapsus*. C'est plus qu'il n'en faut pour qu'après l'heure du mépris, vienne celle de la suspicion, de la crainte. L'image, les images sonores, ce produit de la nature, ne sauraient avoir, comme le sauvage, ni langue ni langage. L'idée qu'un geste pourrait être une phrase, ce regard, un long discours, est tout à fait insupportable : cela signifierait-il que l'image, les images, ces passants, cette rue, ce sanglot, ce juge distrait, cette masure délabrée, cette fillette apeurée, constituent la matière d'une autre histoire que l'Histoire, une contre-analyse de la société ?

Partir de l'image, des images. Ne pas chercher seulement en elles illustration, confirmation, ou démenti à un autre savoir, celui de la tradition écrite. Considérer les images telles quelles, quitte à faire appel à d'autres savoirs pour les mieux saisir. Ainsi, une démarche qui rappellerait celle de Febvre, de Francastel, de Goldmann, de ces historiens de la Nouvelle Histoire dont on a défini la vocation. Déjà, ils ont remis à leur place légitime les sources d'origine populaire, écrites d'abord, puis non écrites : folklore, arts et traditions populaires, etc. Il reste à étudier le film, à l'associer au monde qui le produit. L'hypothèse ? Que le film, image ou non de la réalité, document ou fiction, intrigue authentique ou pure invention, est Histoire ; le postulat ? Que ce qui n'a pas eu lieu, les croyances, les intentions, l'imaginaire de l'homme, c'est autant l'Histoire que l'Histoire.

M. Ferro[1], « Le film : une contre-analyse de la société », *Ibid.*, p. 320.

1. Historien français contemporain.

IV. POURQUOI ÉCRIRE L'HISTOIRE ?

Texte 14

HEGEL

« L'histoire du monde est le tribunal du monde »

Dans leurs relations entre eux, les États se comportent en tant que particuliers. Par suite, c'est le jeu le plus mobile de la particularité intérieure, des passions, des intérêts, des buts, des talents, des vertus, de la violence, de l'injustice et du vice, de la contingence extérieure à la plus haute puissance que puisse prendre ce phénomène. C'est un jeu où l'organisme moral lui-même, l'indépendance de l'État, est exposée au hasard. Les principes de l'esprit de chaque peuple sont essentiellement limités à cause de la particularité dans laquelle ils ont leur réalité objective et leur conscience de soi en tant qu'individus existants. Aussi leurs destinées, leurs actions dans leurs relations réciproques sont la manifestation phénoménale de la dialectique de ces esprits en tant que finis[1], dans cette dialectique se produit l'esprit universel, l'esprit du monde, en tant qu'illimité, et en même temps c'est lui qui exerce sur eux son droit (et c'est le droit suprême), dans l'histoire du monde comme tribunal du monde.

Hegel, *Principes de la Philosophie du Droit* (1821),
traduction de A. Kaan, collection Idées,
Éd. Gallimard, 1972, § 340, p. 364.

1. « La dialectique de la finitude » est le conflit insoluble des intérêts menacés ou violés, et les contradictions fatales qui en résultent. Le véritable vainqueur de ces conflits et de ces guerres ne peut être que le principe universel de la liberté qui est le but absolu et final de l'histoire mondiale.

Texte 15

VALÉRY

L'histoire justifie ce que l'on veut

L'Histoire est le produit le plus dangereux que la chimie de l'intellect ait élaboré. Ses propriétés sont bien connues. Il fait rêver, il enivre les peuples, leur engendre de faux souvenirs, exagère leurs réflexes, entretient leurs vieilles plaies, les tourmente dans leur repos, les conduit au délire des grandeurs ou à celui de la persécution, et rend les nations amères, superbes, insupportables et vaines.

L'Histoire justifie ce que l'on veut. Elle n'enseigne rigoureusement rien, car elle contient tout et donne des exemples de tout.

Que de livres furent écrits qui se nommaient : « La Leçon de ceci, les Enseignements de cela !... » Rien de plus ridicule à lire après les événements qui ont suivi les événements que ces livres interprétaient dans le sens de l'avenir.

Dans l'état actuel du monde, le danger de se laisser séduire à l'Histoire est plus grand que jamais il ne fut.

Les phénomènes politiques de notre époque s'accompagnent et se compliquent d'un *changement d'échelle* sans exemple, ou plutôt d'un *changement* d'ordre des choses. Le monde auquel nous commençons d'appartenir, hommes et nations, n'est qu'une *figure semblable* du monde qui nous était familier. Le système des causes qui commande le sort de chacun de nous, s'étendant désormais à la totalité du globe, le fait résonner tout entier à chaque ébranlement ; il n'y a plus de questions finies pour être finies sur un point.

P. Valéry, *Regards sur le monde actuel* (1931), Bibliothèque de la Pléiade, Éd. Gallimard, 1960, tome II, p. 935.

Texte 16 NIETZSCHE

Misère de l'historisme

Que la vie ait besoin d'être servie par l'histoire, c'est un fait dont il faut prendre conscience, tout autant que du principe que nous aurons à défendre plus tard, à savoir qu'un excès d'histoire nuit au vivant. L'histoire appartient au vivant pour trois raisons : parce qu'il est actif et ambitieux — parce qu'il a le goût de conserver et de vénérer — parce qu'il souffre et a besoin de délivrance. A cette triple relation correspond la triple forme de l'histoire, dans la mesure où il est permis de les distinguer : histoire *monumentale*, histoire *traditionaliste*, histoire *critique*. [...]

Mais elle est malade, cette vie déchaînée, et il faut la guérir. Elle souffre de maux nombreux et pas uniquement du souvenir de ses chaînes, elle souffre, et ceci nous concerne au premier chef, de la *maladie historique.* L'excès d'histoire a attaqué la faculté plastique de la vie, elle ne sait plus tirer du passé sa forte nourriture. Le mal est effroyable, et malgré tout, si la jeunesse n'avait pas la clairvoyance innée à la nature, personne ne saurait que c'est un mal et qu'un paradis de santé a été perdu. Mais avec l'instinct salutaire de cette même nature, la jeunesse devine comment elle pourra regagner ce paradis, elle connaît les sucs magiques et les baumes qui remédieront à la maladie historique, à l'abus de l'histoire. Quels en sont les noms ? Qu'on ne s'étonne pas si ce sont des noms de poisons. Les contre-poisons de l'historisme sont le *non-historisme* et le *super-historisme*. Ces noms nous ramènent au début de nos réflexions et à leur atmosphère de sérénité.

Je désigne du nom de non-historisme l'art et le pouvoir d'*oublier* et de s'enfermer dans un *horizon* limité. J'appelle superhistoriques les forces qui détournent le regard du devenir vers ce qui donne au devenir un caractère d'éternité et de même signification que l'*art* et la *religion*. La *science* — car c'est elle qui parlerait de poisons — voit dans ces forces, dans ces puissances, des forces et des puissances hostiles, car elle ne tient pour vrai et juste que l'étude du réel, c'est-à-dire l'étude scientifique qui voit partout un devenir, un état historique, et nulle par un *étant*, un éternel ; elle vit dans un état d'hostilité secrète contre les puissances immortalisantes de l'art et de la religion, de même qu'elle hait l'oubli, la mort du savoir, et qu'elle tente d'effacer les limites de l'horizon et de précipiter l'homme dans une mer infinie et illimitée d'ondes lumineuses, la mer du devenir tel qu'elle croit le connaître.

Nietzsche, *Considérations inactuelles,* (1873),
traduction de G. Bianquis,
Éd. Aubier-Montaigne, 1964, II, § 2, p. 223 et § 10, pp. 379-381.

Texte 17 A BLOCH

« Explique-moi donc à quoi sert l'histoire »

« Papa, explique-moi donc à quoi sert l'histoire. » Ainsi un jeune garçon qui me touche de près interrogeait, il y a peu d'années, un père historien. Du livre qu'on va lire, j'aimerais pouvoir dire qu'il est ma réponse. Car je n'imagine pas, pour un écrivain, de plus belle louange que de savoir parler, du même ton, aux doctes et aux écoliers. Mais une simplicité si haute est le privilège de quelques rares élus. Du moins cette question d'un enfant — dont, sur le moment, je n'ai peut-être pas trop bien réussi à satisfaire la soif de savoir — volontiers je la retiendrai ici comme épigraphe. D'aucuns en jugeront, sans doute, la formule naïve. Elle me semble au contraire parfaitement pertinente. Le problème qu'elle pose, avec l'embarrassante droiture de cet âge implacable, n'est rien de moins que celui de la légitimité de l'histoire.

M. Bloch, *Apologie pour l'histoire ou Métier d'historien* (1949),
Éd. A. Colin, 1967, p. IX.

Texte 17 B

BLOCH

Un contact perpétuel avec l'aujourd'hui

L'incompréhension du présent naît fatalement de l'ignorance du passé. Mais il n'est peut-être pas moins vain de s'épuiser à comprendre le passé, si l'on ne sait rien du présent. J'ai déjà ailleurs rappelé l'anecdote : j'accompagnais, à Stockholm, Henri Pirenne[1] ; à peine arrivés, il me dit : « Qu'allons-nous voir d'abord ? Il paraît qu'il y a un Hôtel de Ville tout neuf. Commençons par lui. » Puis, comme s'il voulait prévenir un étonnement, il ajouta : « Si j'étais un antiquaire, je n'aurais d'yeux que pour les vieilles choses. Mais je suis un historien. C'est pourquoi j'aime la vie. » Cette faculté d'appréhension du vivant, voilà bien, en effet, la qualité maîtresse de l'historien. Ne nous laissons pas tromper par certaines froideurs de style, les plus grands parmi nous l'ont tous possédée. [...] Et peut-être est-elle, en son principe, un don des fées, que nul ne saurait prétendre acquérir s'il ne l'a trouvé en son berceau. Elle n'en a pas moins besoin d'être constamment exercée et développée. Comment ? sinon ainsi que Pirenne lui-même en donnait l'exemple, par un contact perpétuel avec l'aujourd'hui ?

Car le frémissement de vie humaine, qu'il faudra tout un dur effort d'imagination pour restituer aux vieux textes, est ici directement perceptible à nos sens. J'avais lu bien des fois, j'avais souvent raconté des récits de guerre et de batailles. Connaissais-je vraiment, au sens plein du verbe connaître, connaissais-je par le dedans avant d'en avoir éprouvé moi-même l'atroce nausée, ce que sont pour une armée l'encerclement, pour un peuple la défaite[2] ? Avant d'avoir moi-même, durant l'été et l'automne 1918, respiré l'allégresse de la victoire — (en attendant, je l'espère bien, d'en regonfler une seconde fois mes poumons : mais le parfum, hélas ! ne sera plus tout à fait le même) — savais-je vraiment ce qu'enferme ce beau mot ? A la vérité, consciemment ou non, c'est toujours à nos expériences quotidiennes que, pour les nuancer, là où il se doit, de teintes nouvelles, nous empruntons en dernière analyse les éléments qui nous servent à reconstituer le passé : les noms mêmes dont nous usons afin de caractériser les états d'âmes disparus, les formes sociales évanouies, quel sens auraient-ils pour nous si nous n'avions d'abord vu vivre des hommes ? A cette imprégnation instinctive, mieux vaut cent fois substituer une observation volontaire et contrôlée. Un grand mathématicien ne sera pas moins grand, je suppose, pour avoir traversé les yeux clos le monde où il vit. Mais l'érudit qui n'a le goût de regarder autour de lui ni les hommes, ni les choses, ni les événements, méritera peut-être, comme disait Pirenne, le nom d'un utile antiquaire. Il fera sagement de renoncer à celui d'historien.

Ibid., pp. 13-14.

1. Historien belge (1862-1935).
2. Écrit pendant la Seconde Guerre mondiale.

DOCUMENT

Penser la Révolution française[1]

En tant que récit officiel, l'histoire a une fonction sociale. F. Furet[2] montre que la fonction de l'histoire de la Révolution française est de fournir la date de naissance légitime de l'histoire contemporaine.

L'historien qui étudie les rois mérovingiens ou la guerre de Cent Ans n'est pas tenu de présenter, à tout moment, son permis de recherches. La société et la profession lui consentent, pour peu qu'il en ait fait l'apprentissage technique, les vertus de patience et d'objectivité. La discussion des résultats ne mobilise que les érudits et l'érudition.

L'historien de la Révolution française doit, lui, produire d'autres titres que sa compétence. Il doit annoncer ses couleurs. Il faut d'abord qu'il dise d'où il parle, ce qu'il pense, ce qu'il cherche ; et ce qu'il écrit sur la Révolution a un sens préalable à son travail même : c'est son opinion, cette forme de jugement qui n'est pas requise sur les Mérovingiens, mais qui est indispensable sur 1789 ou 1793. Qu'il la donne, cette opinion, et tout est dit, le voici royaliste, libéral ou jacobin. Voici que par ce mot de passe, son histoire a une signification, une place, un titre de légitimité.

Ce qui est surprenant, ce n'est pas que cette histoire particulière, comme toute histoire, comporte des présupposés intellectuels. Il n'y a pas d'interprétation historique innocente, et l'histoire qui s'écrit, est encore dans l'histoire, de l'histoire, produit d'un rapport par définition instable entre le présent et le passé, croisement entre les particularités d'un esprit et l'immense champ de ses enracinements possibles dans le passé. Mais si toute histoire implique un choix, une préférence, dans l'ordre de la curiosité, il ne s'ensuit pas qu'elle suppose une opinion sur le sujet traité. Pour que tel soit le cas, il faut que ce sujet mobilise chez l'historien et dans son public une capacité d'identification politique ou religieuse qui ait survécu au temps qui passe.

Or, c'est cette identification que le temps passé peut effacer, ou au contraire conserver, même renforcer, selon que le sujet traité par l'historien continue, ou non, à épuiser le sens de son présent, de ses valeurs, et de ses choix. Le thème de Clovis et des invasions franques était brûlant au XVIII*e siècle, parce que les historiens de l'époque y cherchaient la clé de la structure de la société de cette époque. Ils pensaient que les invasions franques étaient à l'origine de la division entre noblesse et roture, les conquérants étant la souche originelle des nobles, les conquis celle des roturiers. Aujourd'hui, les invasions franques ont perdu toute référence au présent puisque nous vivons dans une société où la noblesse n'existe plus comme principe social ; en cessant d'être le miroir imaginaire d'un monde, elles ont perdu l'éminence historiographique dont ce monde les avait revêtues, et sont passées du champ de la polémique sociale à celui de la discussion savante.*

C'est qu'à partir de 1789, la hantise des origines, dont est tissée toute histoire nationale, s'investit précisément sur la rupture révolutionnaire. Comme les grandes invasions avaient constitué le mythe de la société nobiliaire, le grand récit de ses origines, 1789 est la date de naissance, l'année zéro du monde nouveau, fondé sur l'égalité. La substitution d'un anniversaire à l'autre, donc la définition temporelle d'une nouvelle identité nationale, est probablement un des plus grands traits de génie de l'abbé

Sieyès[3], si l'on songe qu'il anticipe de plusieurs mois[4] l'événement fondateur, auquel pourtant il donne d'avance son plein sens : « …Le Tiers ne doit pas craindre de remonter dans les temps passés. Il se reportera à l'année qui a précédé la conquête ; et puisqu'il est aujourd'hui assez fort pour ne pas se laisser conquérir, sa résistance sans doute sera plus efficace. Pourquoi ne renverrait-il pas dans les forêts de la Franconie toutes ces familles qui conservent la folle prétention d'être issues de la race des conquérants et d'avoir succédé à leurs droits ? La nation, alors épurée, pourra se consoler, je pense, d'être réduite à ne se plus croire composée que des descendants des Gaulois et des Romains. »[5] Ces quelques lignes disent à la fois que les titres de propriété des nobles sur la nation sont fictifs, mais que, s'ils étaient réels, il suffirait au Tiers État de restaurer le contrat social d'avant la conquête, ou plutôt de le fonder par l'effacement des siècles d'usurpation violente. Dans les deux cas, il s'agit de reconstituer une origine « vraie » à la nation, en donnant une date de naissance légitime à l'égalité : tout 89 est là.

Or, l'histoire de la Révolution a pour fonction sociale d'entretenir ce récit des origines. Qu'on regarde par exemple le découpage académique des études historiques en France : l'histoire « moderne[6] » se termine en 1789, avec ce que la Révolution a baptisé l'« Ancien Régime », qui se trouve ainsi avoir, à défaut d'un acte de naissance clair, un constat de décès en bonne et due forme.

F. Furet, *Penser la Révolution française,* Éd. Gallimard, 1978, pp. 13-15.

---

1. Ce titre est de l'auteur.
2. Historien français contemporain.
3. Homme politique français, député du Tiers État en 1789 (1748-1836).
4. *Qu'est-ce que le Tiers État ?* a été rédigé à la fin de 1788 et publié en janvier 1789. (Note de l'auteur.)
5. *Qu'est-ce que le Tiers État ?* Paris, 1888, chap. II, p. 32. (Note de l'auteur.)
6. Les historiens ont l'habitude d'appeler « Temps modernes » la période qui va de 1453 (prise de Constantinople par les Turcs) à 1789.

Exercices

1. En vous appuyant sur le texte [4], montrez en quoi l'histoire se distingue d'un d'un roman.

2. Peut-on vivre l'histoire au présent ? Vous chercherez à répondre à cette question en vous appuyant — notamment — sur les textes [13] et [17].

3. Dans quelle mesure peut-on dire d'une chose qu'elle a une histoire ?

4. L'Histoire est-elle un récit ? N'est-elle qu'un récit ? Cherchez les différentes définitions du mot « récit » dans un dictionnaire, et appuyez-vous sur les textes [3] et [4].

5. « L'histoire n'est pas le lieu de la félicité. Les périodes de bonheur y sont des pages blanches. » Comment faut-il comprendre cette formule de Hegel ? (*La Raison dans l'histoire*, U.G.E., 10/18, p. 116.)

6. Qu'est-ce qu'un événement historique ? Y a-t-il des événements en dehors de l'histoire ? Distinguez l'événement et le fait divers.

7. Distinguez causes premières et causes secondes en histoire (texte [5] de Tocqueville).

8. Que signifie exactement cette formule de Sartre : « Si l'Histoire m'échappe, cela ne vient pas de ce que je ne la fais pas ; cela vient de ce que l'autre la fait aussi » ? (texte [9 B], ligne 18.)

Sujets de dissertation

1. Le journaliste peut-il décider qu'un événement est historique ?

2. L'histoire peut-elle se passer du récit ?

3. L'homme est-il le seul être à avoir une histoire ?

4. Y a-t-il une logique des événements historiques ?

5. L'histoire n'est-elle qu'une suite d'événements ?

6. L'examen de l'histoire nous permet-il d'affirmer l'existence du progrès ?

Corrélats

les passions - la mémoire - le temps - nature et culture - constitution d'une science de l'homme - le sens - la liberté.

POUR EN SAVOIR PLUS

Aron (R.), *Dimensions de la conscience historique,* Éd. Plon.
Bloch (M.), *Apologie pour l'histoire ou Métier d'historien,* Éd. A. Colin.
Hegel (G.W.F.), *la Raison dans l'histoire,* Éd. Hatier.
Védrine (H.), *les Philosophies de l'histoire,* Éd. Payot.
Veyne (P.), *Comment on écrit l'histoire,* Éd. du Seuil.

Faire de l'histoire, ouvrage publié sous la direction de J. Le Goff et P. Nora, Éd. Gallimard, 3 tomes.
Hegel (G.W.F.), *Leçons sur la philosophie de l'histoire,* Éd. Vrin.
Marrou (H.-I.), *De la connaissance historique,* Éd. du Seuil.
Marx (K.)-Engels (F.), *l'Idéologie allemande,* Éd. Sociales.
Nietzsche (F.), *Considérations inactuelles,* Éd. Aubier-Montaigne.

Braudel (F.), *Écrits sur l'histoire,* Éd. Flammarion.
Kant (E.), *la Philosophie de l'histoire,* Éd. Aubier.
Samaran (C.), *l'Histoire et ses méthodes,* Encyclopédie de la Pléiade, Éd. Gallimard.

(Détail)

13

Le langage

L'art de la conversation, Magritte, vers 1950. Collection privée, Bruxelles.

Introduction

« L'invention de l'art de communiquer nos idées dépend moins des organes qui nous servent à cette communication que d'une faculté propre à l'homme, qui lui fait employer ses organes à cet usage » : comme Rousseau l'expose clairement au début de son *Essai sur l'origine des langues,* le langage articulé est une fonction d'expression et de communication liée à la pensée, spécifiquement humaine. La possibilité de parler ne se réduit pas aux dispositifs neurobiologique et organique, qui en sont certes une condition ; elle manifeste en outre des aptitudes à tirer parti de ces dispositifs, qui sont justement ce qui fait du langage l'objet de multiples interrogations.

La pensée précède-t-elle le langage ?

Aussi anciennes que la philosophie elle-même, ces interrogations se sont d'abord et pour longtemps ancrées dans la certitude que le langage était essentiellement un véhicule de la pensée : ce qu'il y avait à comprendre, c'était donc pourquoi la pensée a besoin d'un tel intermédiaire, quels liens unissent ces deux pôles de l'intelligence humaine — dont l'un est perçu comme manifestement subordonné à l'autre —, quels sont, enfin, les divers usages du langage. Certains cherchaient en outre à comprendre comment avaient bien pu naître les toutes premières langues : faux problème sans doute, puisqu'il est vain d'espérer retrouver des traces de ces premières langues (à plus forte raison la trace des conditions de leur apparition) ; la question a au moins le mérite d'obliger à une réflexion sur la fonction du langage. Se demander, par exemple, quel type de besoins ont permis de satisfaire les premières manifestations du langage articulé, c'est en tout cas postuler que parler est pour l'homme, et dès l'origine, une nécessité. Or des travaux récents d'anthropologues et de biologistes (Leroi-Gourhan et Monod par exemple) ne viennent pas démentir, sur ce point au moins, les spéculations de Rousseau et de Lucrèce (textes [1] et [2]). Le langage a bien pour fonction primordiale de rendre possible une forme de communication indispensable à la survie.

La réflexion sur le langage commence donc par porter surtout sur ce moyen très particulier dont les hommes disposent pour manifester leur pensée et communiquer entre eux. Les analyses philosophiques et logiques développées jusqu'au XVIIIe siècle n'en font presque jamais un objet d'étude autonome ; c'est en s'efforçant de comprendre pourquoi et comment s'exerce la raison qu'elles rencontrent le langage : il est bien un moyen, au service d'une faculté autre et sans doute supérieure. Et si l'on sait, bien sûr, qu'il existe une multiplicité de langues différentes, ce n'est pas tant cette diversité qui importe, que l'universalité de la faculté qui la sous-tend. Cette diversité est même plutôt considérée comme gênante : si la raison humaine est universelle, comment expliquer cette multiplicité de ses manifestations ? Le seul fait dont l'universalité est évidente, c'est qu'on parle : mais qu'on parle des langues différentes est un accident de l'histoire et de la géographie, pas un fait majeur pour la philosophie. Et de façon très significative, lorsque les philosophes s'intéressent aux langues et plus seulement au langage, c'est soit, comme on l'a signalé, pour en chercher une origine, soit — Leibniz en est l'exemple le plus célèbre — pour tenter de penser une langue universelle, parfaite dans la mesure où elle serait à la fois totalement artificielle et naturellement commune à tous les hommes, puisque langage de la raison (texte [10]).

Une langue est un système de signes

Mais au début du XIXe siècle, à l'occasion en particulier de la découverte du sanskrit (et avec l'intérêt grandissant porté à l'histoire), on en vient à réfléchir sur l'histoire des langues et sur le fait que des langues très différentes ont des liens de parenté entre elles (par exemple, nos langues européennes et le sanskrit, ensemble des langues dites indo-européennes). D'où la deuxième grande source de problèmes soulevés par le langage : en quoi consistent et comment fonctionnent ces produits particuliers de la faculté du langage que sont les langues ? A ces questions, c'est une science particulière, la linguistique, qui répond : mais il est bien évident que les analyses développées pour répondre à ces questions rencontrent souvent celles des philosophes. Leibniz (texte 10) et ses recherches sur la « caractéristique universelle » en sont une preuve. Quand on étudie ce qu'un signe linguistique a de spécifique, et qu'on met en évidence les liens qui unissent le son et le sens, on n'est pas très loin du problème des relations entre langage et pensée. Cela dit, ce qui caractérise le point de vue des linguistes, c'est de faire de la nature propre des signes du langage l'objet même de leurs études. On verra donc, à la lecture de quelques textes des linguistes Saussure et Benvéniste (textes 3 et 4), dans quelle mesure ces signes sont arbitraires et conventionnels, comment ils permettent l'organisation d'un langage articulé, pourquoi l'union entre sons et sens est une condition de possibilité de la communication linguistique.

Langue et langage

Tout signe est un moyen actuellement perceptible de faire connaître ce qu'il représente, ce dont il prend la place ; un « signe linguistique » unit des sons et du sens, et il suffit d'articuler chacune des « combinaisons » possibles d'une langue donnée pour évoquer la part de réalité dont elle tient lieu. Les linguistes ne sont certes pas les seuls à penser comme des signes les éléments de la langue : déjà les discussions du *Cratyle* de Platon portent sur la question de savoir si les noms des choses sont inscrits dans leur nature (à la façon des onomatopées, dans lesquelles les sons évoquent immédiatement le sens) ou s'ils n'en sont que des signes conventionnels, institués pour rendre possible la communication. Mais quand Platon, Descartes ou Rousseau (textes 5 et 6) décrivent les mots comme des signes des choses ou des idées, ils n'attachent d'importance que secondairement, ou pas du tout, aux règles de fonctionnement de ces signes et à leur organisation systématique en langues. Pour les linguistes, en revanche, il est clair, d'emblée, que la langue « ne se confond pas avec le langage », comme l'écrit Saussure, qui la définit comme un « produit social de la faculté du langage et un ensemble de conventions nécessaires, adoptées par le corps social pour permettre l'exercice de cette faculté chez les individus »[1]. C'est donc à la structure des langues, et à la nature propre des signes linguistiques qu'il faut s'attacher, et ce changement de perspective contribue à modifier, dans le courant du XIXe siècle, la façon dont les philosophes eux-mêmes s'interrogent sur le langage. Dès l'instant où ce sont les signes qui importent, et plus seulement le langage comme fonction dérivée de la faculté de penser, il devient moins évident que celle-ci précède complètement celui-là, et cette question des rapports entre langage et pensée, entre autres, prend des sens nouveaux.

1. F. de Saussure, *Cours de linguistique générale,* Éd. Payot, 1969, p. 25.

La véritable question est donc plutôt celle de savoir comment et pourquoi langage et pensée sont subordonnés l'un à l'autre. En termes d'organisation neurobiologique, le problème ne semble pas définitivement résolu, et sa complexité va bien au-delà des limites de notre réflexion. Sa formulation philosophique, en revanche, est de notre ressort : peut-on affirmer, et pourquoi, qu'une pensée structurée suppose la maîtrise d'une langue ?

Langage et pensée, parole et écriture

Pour les uns, la nécessité de s'extérioriser par les voies du langage constitue pour la pensée une sorte de handicap ; en d'autres termes, les mots sont certes inévitables, mais ils figent abusivement les idées, ils déforment ou affaiblissent le sens propre et premier de la pensée. Pour d'autres, au contraire, il semble évident, non seulement que la pensée ne peut pas se passer du langage, que sans lui elle n'aurait aucun mode d'existence structurée, mais même que l'organisation des mots et celle des idées sont intimement et positivement liées, bref que l'ineffable n'est peut-être rien d'autre que du non-pensable, tout simplement (textes [7] et [8]). C'est un peu dans les mêmes termes qu'on formule parfois la question des rapports entre langage et écriture : l'écriture apparaît tantôt comme une fixation trop rigide du langage oral, dont il faut se méfier si l'on veut conserver au langage sa fluidité et son pouvoir indéfiniment créateur (la même phrase redite des milliers de fois n'est pas « récitée par cœur » mais chaque fois « réinventée » par celui qui l'énonce et « réinterprétée » par celui qui l'entend) ; tantôt comme un moyen précieux de donner au langage une stabilité qu'il ne possède pas naturellement, d'en étendre la portée dans l'espace, d'en fixer dans le temps la durée (textes [9]).

Mais le savoir contemporain d'une façon générale se caractérise par sa très grande diversification et sa très grande spécialisation : le savoir sur le langage en particulier n'échappe pas à la règle. Ainsi, par exemple, l'idée que les mots ont par eux-mêmes un pouvoir spécifique, parfois considérable — idée déjà présente chez Platon lorsqu'il analyse notamment les mécanismes du pouvoir des rhéteurs et des sophistes (texte [14]) — se trouve amplement exploitée dans des domaines aussi variés que la réflexion sur la culture, la sociologie ou les philosophies du langage anglo-saxonnes ; bref, dans beaucoup des domaines où les interrogations philosophiques rencontrent aujourd'hui celles des sciences dites humaines.

Maîtrise des mots, maîtrise des choses

Dans *la Traversée du miroir*, L. Carroll rapportait un dialogue entre Alice et un moustique, dans lequel le moustique faisait remarquer à Alice qu'il était inutile pour les insectes d'avoir des noms, puisqu'ils étaient incapables d'y répondre. A quoi Alice répondait : « A eux, ça ne sert à rien, mais j'imagine que cela a une utilité pour les gens qui les nomment. Autrement pourquoi les choses auraient-elles des noms ? » Si ce n'était pas justement à un insecte qu'elle avait affaire, Alice aurait sans doute pu expliquer à son interlocuteur que parler est le moyen premier et essentiel dont les hommes disposent pour maîtriser le monde : nommer les choses et les idées, c'est la première condition de possibilité du savoir, donc de la classification et de l'utilisation des connaissances à travers lesquelles on s'approprie symboliquement le monde.

Mais on peut aller plus loin : la maîtrise du monde, c'est en d'autres termes la culture (entendue dans son sens le plus large, comme l'ensemble des moyens dont les hommes disposent pour modifier la nature à leur avantage)[1]. Or des

1. Voir aussi le chapitre « Nature et Culture ».

analyses nombreuses et convergentes tendent à prouver que cette partie de la culture qu'est la langue occupe, au sein de l'ensemble, un statut tout à fait privilégié, puisque la façon dont une langue est organisée « coïncide » en quelque sorte avec l'organisation de l'ensemble de la culture correspondante. Les textes proposés à ce sujet montrent comment catégories de pensée et catégories linguistiques semblent interdépendantes (textes 11 à 13), comment, d'une façon plus générale, les multiples éléments constitutifs d'une culture semblent correspondre à la façon de nommer les choses dans le groupe porteur de cette culture. (Par exemple, les « découpages » de la suite des couleurs induisent des significations et des nombres variables de noms de couleurs.) Si la variété des langues ne reflétait que la diversité des « étiquettes » servant à désigner par ailleurs à peu près les mêmes choses, les traductions dites « mot à mot » seraient parfaitement claires — et l'on sait à quel point elles ne le sont pas, même entre langues parlées par des populations culturellement proches.

Les pouvoirs du langage

En ce sens, on peut donc affirmer que les mots ont un très grand pouvoir, puisque c'est à travers eux que se structure la perception de l'univers dans lequel nous vivons. Et ce pouvoir en induit bien d'autres : celui de manifester malgré soi des pensées ou des désirs pourtant inconscients, si l'on en croit la psychanalyse[1] ; celui de dominer politiquement ou socialement (texte 14). Ce pouvoir est particulièrement manifeste si l'on considère la forme écrite du langage : selon Lévi-Strauss, il conviendrait même d'associer l'apparition de l'écriture dans la préhistoire et les premières formes systématiques d'exploitation de l'homme[2]. Le pouvoir du langage se traduit enfin quotidiennement par les écarts qu'il creuse entre les individus comme entre les catégories sociales. De fait, au sein même de chaque société, tous ne maîtrisent pas le même « niveau » de langue et l'on sait bien que toutes les façons de s'exprimer ne se valent pas, au sens où les unes favorisent bien plus que d'autres l'accès à des positions et à des savoirs privilégiés[3].

Rappelons pour conclure les voies particulièrement significatives ouvertes par la philosophie analytique anglaise : lorsque J.-L. Austin[4] qualifie de « performatifs » (du verbe anglais *to perform*, accomplir) les énoncés du type « je baptise ce bateau le *Queen Elizabeth* » ou « je lègue ma montre à mon frère », il démontre bien qu'il est des cas où parler ce n'est pas seulement décrire ce que l'on est en train de faire, ou affirmer qu'on le fait — c'est le faire. Le langage n'est pas cela aussi, il est surtout cela : l'art d'agir sur les autres et sur le monde.

1. Voir aussi le chapitre « la Conscience et l'Inconscient ».
2. Apparue entre le Ve et le IVe millénaire avant notre ère, l'écriture accompagnerait fidèlement la formation des cités et des empires et la hiérarchisation de la société en classes et en castes (cf. Lévi-Strauss, *Tristes Tropiques*, Éd. Plon, 1955, p. 343).
3. Voir, par exemple, B. Bernstein, *Langage et classes sociales*, Éditions de Minuit.
4. J.-L. Austin, *Quand dire, c'est faire*, Éd. du Seuil. Voir aussi J.-R. Searle, *les Actes de langage*, Éd. Hermann.

Textes

I. POURQUOI ET COMMENT PARLONS-NOUS ?

Texte 1 A LUCRÈCE

Le langage est-il né des besoins ?

Quant aux divers sons du langage, c'est la nature qui poussa les hommes à les émettre, et c'est le besoin qui fit naître les noms des choses : à peu près comme nous voyons l'enfant amené par son incapacité même de s'exprimer avec la langue, à recourir au geste qui lui fait désigner du doigt les objets présents. Chaque être en effet a le sentiment de l'usage qu'il peut faire de ses facultés. Avant même que les cornes aient commencé à poindre sur son front, le veau irrité s'en sert pour menacer son adversaire et le poursuivre tête baissée. Les petits des panthères, les jeunes lionceaux se défendent avec leurs griffes, leurs pattes et leurs crocs, avant même que griffes et dents leur soient poussées. Quant aux oiseaux de toute espèce, nous les voyons se confier aussitôt aux plumes de leurs ailes, et leur demander une aide encore tremblante. Aussi penser qu'alors un homme ait pu donner à chaque chose son nom, et que les autres aient appris de lui les premiers éléments du langage, est vraiment folie. Si celui-là a pu désigner chaque objet par un nom, émettre les divers sons du langage, pourquoi supposer que d'autres n'auraient pu le faire en même temps que lui ? En outre, si les autres n'avaient pas également usé entre eux de la parole, d'où la notion de son utilité lui est-elle venue ? De qui a-t-il reçu le premier le privilège de savoir ce qu'il voulait faire et d'en avoir la claire vision ? De même un seul homme ne pouvait contraindre toute une multitude et, domptant sa résistance, la faire consentir à apprendre les noms de chaque objet ; et d'autre part trouver un moyen d'enseigner, de persuader à des sourds ce qu'il est besoin de faire, n'est pas non plus chose facile : jamais ils ne s'y fussent prêtés ; jamais ils n'auraient souffert plus d'un temps qu'on leur écorchât les oreilles des sons d'une voix inconnue.

Enfin qu'y a-t-il là-dedans de si étrange, que le genre humain, en possession de la voix et de la langue, ait désigné suivant ses impressions diverses les objets par des noms divers ? Les troupeaux privés de la parole, et même les espèces sauvages poussent bien des cris différents, suivant que la crainte, la douleur ou la joie les pénètre, comme il est aisé de s'en convaincre par des exemples familiers.

Lucrèce (Ier s. av. J.-C.), *De la Nature*, traduction d'A. Ernout, collection G. Budé, Éd. les Belles Lettres, 1967, V, pp. 88-89.

Texte 1 B **ROUSSEAU**

Les premières langues sont nées des passions

On ne commença pas par raisonner, mais par sentir. On prétend que les hommes inventèrent la parole pour exprimer leurs besoins ; cette opinion me paraît insoutenable. L'effet naturel des premiers besoins fut d'écarter les hommes et non de les rapprocher. Il le fallait ainsi pour que l'espèce vînt à s'étendre, et que la terre se peuplât promptement ; sans quoi le genre humain se fût entassé dans un coin du monde, et tout le reste fût demeuré désert.

De cela seul il suit que l'origine des langues n'est point due aux premiers besoins des hommes ; il serait absurde que de la cause qui les écarte vînt le moyen qui les unit. D'où peut donc venir cette origine ? Des besoins moraux, des passions. Toutes les passions rapprochent les hommes que la nécessité de chercher à vivre force à se fuir. Ce n'est ni la faim, ni la soif, mais l'amour, la haine, la pitié, la colère, qui leur ont arraché les premières voix. Les fruits ne se dérobent point à nos mains ; on peut s'en nourrir sans parler ; on poursuit en silence la proie dont on veut se repaître : mais pour émouvoir un jeune cœur, pour repousser un agresseur injuste, la nature dicte des accents, des cris, des plaintes. Voilà les plus anciens mots inventés, et voilà pourquoi les premières langues furent chantantes et passionnées avant d'être simples et méthodiques.

Rousseau, *Essai sur l'origine des langues* (1781), chapitre II
collection Profil Philosophie, Éd. Hatier, 1987, p. 51.

Texte 2 A **LEROI-GOURHAN**

Le « premier homme » savait parler

Station debout, face courte, main libre pendant la locomotion et possession d'outils amovibles sont vraiment les critères fondamentaux de l'humanité.

Le développement cérébral est en quelque sorte un critère secondaire. Il joue, lorsque l'humanité est acquise, un rôle décisif dans le développement des sociétés, mais il est certainement, sur le plan de l'évolution stricte, corrélatif de la station verticale et non pas, comme on l'a cru pendant longtemps, primordial. [...] Les conditions humaines de station verticale débouchent sur des conséquences de développement neuro-psychique qui font du développement du cerveau humain autre chose qu'une augmentation de volume. La relation de la face et de la main reste aussi étroite dans le développement cérébral qu'antérieurement : outil pour la main et langage pour la face sont deux pôles d'un même dispositif. [...]

Le langage du Néanderthalien[1] ne devait pas différer beaucoup du langage tel qu'il est connu chez les hommes actuels. Essentiellement lié à l'expression du concret, il devait assurer la communication au cours des actes, fonction primordiale où le langage est étroitement lié au comportement technique ; il devait aussi assurer la transmission différée des symboles de l'action, sous forme de récits. Cette seconde fonction a dû émerger progressivement chez les Archanthropiens[1] mais il est difficile d'en faire la démonstration. Enfin, au cours du développement des Paléanthropiens[1], apparaît une troisième fonction, celle dans laquelle le langage dépasse le concret et le reflet du concret pour exprimer des sentiments imprécis dont on sait à coup sûr qu'ils entrent pour une part dans la religiosité.

A. Leroi-Gourhan[2], *le Geste et la Parole,*
Éd. Albin Michel, 1964, tome I, pp. 33-34 et 165.

---

1. Néanderthalien, Archanthropien et Paléanthropien correspondent à trois stades d'évolution de l'*Homo Sapiens*, au Paléolithique moyen, entre 100 000 et 30 000 ans av. J.-C.
2. Ethnologue et préhistorien français contemporain (1911-1986).

Texte 2 B MONOD

Nécessité du langage

Le fait que, dans l'évolution de certains groupes, on observe une tendance générale, soutenue pendant des millions d'années, au développement apparemment orienté de certains organes, témoigne de ce que le choix initial d'un certain type de comportement (devant l'agression d'un prédateur par exemple) engage l'espèce dans la voie d'un perfectionnement continu des structures et performances qui sont le support de ce comportement. [...]

C'est dans ces termes qu'il faut envisager le problème des pressions de sélection qui ont orienté l'évolution de l'homme. [...]

On peut affirmer aujourd'hui que l'évolution de l'Homme, depuis ses plus lointains ancêtres connus, a porté avant tout sur le développement progressif de la boîte crânienne, donc du cerveau. Il a fallu à cela une pression de sélection orientée, continue, et soutenue depuis plus de deux millions d'années. Pression de sélection considérable, car cette durée est relativement courte, et *spécifique* car on n'observe rien de semblable dans aucune autre lignée : la capacité crânienne des singes anthropoïdes modernes n'est guère plus grande que celle de leurs ancêtres d'il y a quelques millions d'années.

Il est impossible de ne pas supposer qu'entre l'évolution privilégiée du système nerveux central de l'Homme et celle de la performance unique qui le caractérise, il n'y ait pas eu un couplage très étroit, qui aurait fait du langage non seulement le produit, mais l'une des conditions initiales de cette évolution.

L'hypothèse qui me paraît la plus vraisemblable est que, apparue très tôt dans notre lignée, la communication symbolique la plus rudimentaire, par les possibilités radicalement neuves qu'elle offrait, a constitué l'un de ces « choix » initiaux qui engagent l'avenir de l'espèce en créant une pression de sélection nouvelle ; cette sélection devait favoriser le développement de la performance linguistique elle-même et par conséquent celle de l'organe qui la sert, le cerveau.

J. Monod[1], *le Hasard et la Nécessité*, Éd. du Seuil, 1970, pp. 142-151.

1. Biologiste français (1910-1976). Prix Nobel 1965.

Texte 3 A SAUSSURE

Le signe linguistique est arbitraire

Ainsi l'idée de « sœur » n'est liée par aucun rapport intérieur avec la suite de sons *s—ö—r* qui lui sert de signifiant ; il pourrait être aussi bien représenté par n'importe quelle autre : à preuve les différences entre les langues et l'existence même de langues différentes : le signifié « bœuf » a pour signifiant *b—ö—f* d'un côté de la frontière, et *o—k—s* (*Ochs*) de l'autre. [...]

Le mot *arbitraire* appelle aussi une remarque. Il ne doit pas donner l'idée que le signifiant[1] dépend du libre choix du sujet parlant (on verra plus bas qu'il n'est pas au pouvoir de l'individu de rien changer à un signe une fois établi dans un groupe linguistique) ; nous voulons dire qu'il est *immotivé*, c'est-à-dire arbitraire par rapport au signifié[1], avec lequel il n'a aucune attache naturelle dans la réalité.

F. de Saussure[2], *Cours de linguistique générale* (1906-1911), Éd. Payot, 1969, pp. 100-101.

1. Sur le sens de ces termes, voir texte 4.
2. Linguiste suisse (1857-1913).

Texte 3 B BENVÉNISTE

Les liens entre mots et choses sont conventionnels

Ce qui est arbitraire, c'est que tel signe, et non tel autre, soit appliqué à tel élément de la réalité, et non à tel autre. En ce sens, et en ce sens seulement, il est permis de parler de contingence, et encore sera-ce moins pour donner au problème une solution que pour le signaler et en prendre provisoirement congé. Car ce problème n'est autre que le fameux *phusei* ou *thesei*[1] et ne peut être tranché que par décret. C'est en effet, transposé

1. En grec : « fait de nature ou institution ». Le problème est effectivement aussi ancien que « fameux » : c'est déjà celui que pose Platon dans le *Cratyle*, dialogue qui oppose Socrate et Hermogène sur la question de savoir si les noms des choses représentent leurs essences, ou si les liens entre mots et choses sont pour la plupart de pure convention.

en termes linguistiques, le problème métaphysique de l'accord entre l'esprit et le monde, problème que le linguiste sera peut-être un jour en mesure d'aborder avec fruit, mais qu'il fera mieux pour l'instant de délaisser. Poser la relation comme arbitraire est pour le linguiste une manière de se défendre contre cette question et aussi contre la solution que le sujet parlant y apporte instinctivement. Pour le sujet parlant, il y a entre la langue et la réalité adéquation complète : le signe recouvre et commande la réalité ; mieux, il *est* cette réalité ([...] tabous de parole, pouvoir magique du verbe, etc.). A vrai dire le point de vue du sujet et celui du linguiste sont si différents à cet égard que l'affirmation du linguiste quant à l'arbitraire des désignations ne réfute pas le sentiment contraire du sujet parlant. Mais, quoi qu'il en soit, la nature du signe linguistique n'y est en rien intéressée, si on le définit comme Saussure l'a fait, puisque le propre de cette définition est précisément de n'envisager que la relation du signifiant[1] au signifié[1]. Le domaine de l'arbitraire est ainsi relégué hors de la compréhension du signe linguistique.

É. Benvéniste[2], *Problèmes de linguistique générale*,
Éd. Gallimard, 1966, I, pp. 52-53.

1. Sur le sens de ces termes, voir texte 4.
2. Linguiste français (1902-1976).

Texte 4 SAUSSURE

La langue n'est pas une « copie » de la réalité

Pour certaines personnes la langue, ramenée à son principe essentiel, est une nomenclature, c'est-à-dire une liste de termes correspondant à autant de choses. Par exemple :

ARBOR 

 *EQUOS*

Cette conception est critiquable à bien des égards. Elle suppose des idées toutes faites préexistant aux mots [...] ; elle ne nous dit pas si le nom est de nature vocale ou psychique, car *arbor* peut être considéré sous l'un ou l'autre aspect ; enfin elle laisse supposer que le lien qui unit un nom à une chose est une opération toute simple, ce qui est bien loin d'être vrai. Cependant cette vue simpliste peut nous rapprocher de la vérité, en nous montrant que l'unité linguistique est une chose double, faite du rapprochement de deux termes. [...]

Le signe linguistique unit non une chose et un nom, mais un concept et une image acoustique. Cette dernière n'est pas le son matériel, chose purement physique, mais l'empreinte psychique de ce son, la représentation que nous en donne le témoignage de nos sens ; elle est sensorielle, et s'il nous arrive de l'appeler « matérielle », c'est seulement dans ce sens et par opposition à l'autre terme de l'association, le concept, généralement plus abstrait.

Le caractère psychique de nos images acoustiques apparaît bien quand nous observons notre propre langage. Sans remuer les lèvres ni la langue, nous pouvons nous parler à nous-mêmes ou nous réciter mentalement une pièce de vers. C'est parce que les mots de la langue sont pour nous des images acoustiques qu'il faut éviter de parler des « phonèmes[1] » dont ils sont composés. Ce terme, impliquant une idée d'action vocale, ne peut convenir qu'au mot parlé, à la réalisation de l'image intérieure dans le discours. En parlant des *sons* et des *syllabes* d'un mot, on évite ce malentendu, pourvu qu'on se souvienne qu'il s'agit de l'image acoustique. [...]

Nous appelons *signe* la combinaison du concept et de l'image acoustique : mais dans l'usage courant ce terme désigne généralement l'image acoustique seule, par exemple un mot (*arbor*, etc.). On oublie que si *arbor* est appelé signe, ce n'est qu'en tant qu'il porte le concept « arbre », de telle sorte que l'idée de la partie sensorielle implique celle du total.

L'ambiguïté disparaîtrait si l'on désignait les trois notions ici en présence par des noms qui s'appellent les uns les autres tout en s'opposant. Nous proposons de conserver le mot *signe* pour désigner le total, et de remplacer *concept* et *image acoustique* respectivement par *signifié* et *signifiant* ; ces derniers termes ont l'avantage de marquer l'opposition qui les sépare soit entre eux, soit du total dont ils font partie.

F. de Saussure, *Cours de linguistique générale* (1906-1911),
Éd. Payot, 1969, pp. 97-99.

1. Terme utilisé en linguistique pour désigner un élément phonique minimal (par exemple : eau-ô ; ait-è).

II. LANGAGE ET PENSÉE

Texte 5 DESCARTES

Le langage est le propre de l'homme

Enfin il n'y a aucune de nos actions extérieures, qui ne puisse assurer ceux qui les examinent, que notre corps n'est pas seulement une machine qui se remue de soi-même, mais qu'il y a aussi en lui une âme qui a des pensées, excepté les paroles, ou autres signes faits à propos des sujets qui se présentent, sans se rapporter à aucune passion. Je dis les paroles ou

autres signes, parce que les muets se servent de signes en même façon que nous de la voix ; et que ces signes soient à propos, pour exclure le parler des perroquets, sans exclure celui des fous, qui ne laisse pas d'être à propos des sujets qui se présentent, bien qu'il ne suive pas la raison ; et j'ajoute que ces paroles ou signes ne se doivent rapporter à aucune passion, pour exclure non seulement les cris de joie ou de tristesse, et semblables, mais aussi tout ce qui peut être enseigné par artifice aux animaux ; car si on apprend à une pie à dire bonjour à sa maîtresse, lorsqu'elle la voit arriver, ce ne peut être qu'en faisant que la prolation[1] de cette parole devienne le mouvement de quelqu'une de ses passions ; à savoir, ce sera un mouvement de l'espérance qu'elle a de manger, si l'on a toujours accoutumé de lui donner quelque friandise, lorsqu'elle l'a dit ; et ainsi toutes les choses qu'on fait faire aux chiens, aux chevaux et aux singes, ne sont que des mouvements de leur crainte, de leur espérance, ou de leur joie, en sorte qu'ils les peuvent faire sans aucune pensée. Or, il est, ce me semble, fort remarquable que la parole, étant ainsi définie, ne convient qu'à l'homme seul. Car, bien que Montaigne et Charon[2] aient dit qu'il y a plus de différence d'homme à homme, que d'homme à bête, il ne s'est toutefois jamais trouvé aucune bête si parfaite, qu'elle ait usé de quelque signe, pour faire entendre à d'autres animaux quelque chose qui n'eût point de rapport à ses passions ; et il n'y a point d'homme si imparfait, qu'il n'en use ; en sorte que ceux qui sont sourds et muets, inventent des signes particuliers, par lesquels ils expriment leurs pensées. Ce qui me semble un très fort argument pour prouver que ce qui fait que les bêtes ne parlent point comme nous, est qu'elles n'ont aucune pensée, et non point que les organes leur manquent. Et on ne peut dire qu'elles parlent entre elles ; mais que nous ne les entendons pas ; car, comme les chiens et quelques autres animaux nous expriment leurs passions, ils nous exprimeraient aussi bien leurs pensées, s'ils en avaient.

Descartes, « Lettre du 23 novembre 1646 au Marquis de Newcastle »,
in *Œuvres et Lettres*, Bibliothèque de la Pléiade, Éd. Gallimard, 1953, pp. 1255-1256.

1. Du verbe « proférer ». Synonyme d'« énonciation ».
2. Théologien et philosophe français, ami de Montaigne (1541-1603).

Texte 6 ROUSSEAU

Il faut parler pour avoir des idées générales

Chaque objet reçut d'abord un nom particulier, sans égard aux genres, et aux espèces, que ces premiers instituteurs n'étaient pas en état de distinguer ; et tous les individus se présentèrent isolés à leur esprit, comme ils le sont dans le tableau de la nature. Si un chêne s'appelait A, un autre chêne s'appelait B : de sorte que plus les connaissances étaient bornées, et plus le dictionnaire devint étendu. L'embarras de toute cette nomenclature ne put être levé facilement : car pour ranger les êtres sous des dénominations communes, et génériques, il en fallait connaître les propriétés et les différences ; il fallait des observations, et des définitions, c'est-à-dire, de l'histoire naturelle et de la métaphysique, beaucoup plus que les hommes de ce temps-là n'en pouvaient avoir.

D'ailleurs, les idées générales ne peuvent s'introduire dans l'esprit qu'à l'aide des mots, et l'entendement ne les saisit que par des propositions. C'est une des raisons pour quoi les animaux ne sauraient se former de telles idées, ni jamais acquérir la perfectibilité qui en dépend. Quand un singe va sans hésiter d'une noix à l'autre, pense-t-on qu'il ait l'idée générale de cette sorte de fruit, et qu'il compare son archétype à ces deux individus ? Non sans doute ; mais la vue de l'une de ces noix rappelle à sa mémoire les sensations qu'il a reçues de l'autre, et ses yeux, modifiés d'une certaine manière, annoncent à son goût la modification qu'il va recevoir. Toute idée générale est purement intellectuelle ; pour peu que l'imagination s'en mêle, l'idée devient aussitôt particulière. Essayez de vous tracer l'image d'un arbre en général, jamais vous n'en viendrez à bout, malgré vous il faudra le voir petit ou grand, rare ou touffu, clair ou foncé, et s'il dépendait de vous de n'y voir que ce qui se trouve en tout arbre, cette image ne ressemblerait plus à un arbre. Les êtres purement abstraits se voient de même, ou ne se conçoivent que par le discours. La définition seule du triangle vous en donne la véritable idée : sitôt que vous en figurez un dans votre esprit, c'est un tel triangle et non pas un autre, et vous ne pouvez éviter d'en rendre les lignes sensibles ou le plan coloré. Il faut donc énoncer des propositions, il faut donc parler pour avoir des idées générales ; car sitôt que l'imagination s'arrête, l'esprit ne marche plus qu'à l'aide du discours. Si donc les premiers inventeurs n'ont pu donner des noms qu'aux idées qu'ils avaient déjà, il s'ensuit que les premiers substantifs n'ont pu jamais être que des noms propres.

Rousseau, *Discours sur l'Origine et les Fondements de l'inégalité parmi les hommes* (1755),
Éd Garnier-Flammarion, 1971, pp. 191-192.

Texte 7 BERGSON

L'intelligence voudrait tout embrasser

Il est présumable que, sans le langage, l'intelligence aurait été rivée aux objets matériels qu'elle avait intérêt à considérer. Elle eût vécu dans un état de somnambulisme, extérieurement à elle-même, hypnotisée sur son travail. Le langage a beaucoup contribué à la libérer. Le mot, fait pour aller d'une chose à une autre, est, en effet, essentiellement, déplaçable et libre. Il pourra donc s'étendre, non seulement d'une chose perçue à une autre chose perçue, mais encore de la chose perçue au souvenir de cette chose, du souvenir précis à une image plus fuyante, d'une image fuyante, mais pourtant représentée encore, à la représentation de l'acte par lequel on se la représente, c'est-à-dire à l'idée. Ainsi va s'ouvrir aux yeux de l'intelligence, qui regardait dehors, tout un monde intérieur, le spectacle de ses propres opé-

rations. Elle n'attendait d'ailleurs que cette occasion. Elle profite de ce que le mot est lui-même une chose pour pénétrer, portée par lui, à l'intérieur de son propre travail. Son premier métier avait beau être de fabriquer des instruments ; cette fabrication n'est possible que par l'emploi de certains moyens qui ne sont pas taillés à la mesure exacte de leur objet, qui le dépassent, et qui permettent ainsi à l'intelligence un travail supplémentaire, c'est-à-dire désintéressé. Du jour où l'intelligence, réfléchissant sur ses démarches, s'aperçoit elle-même comme créatrice d'idées, comme faculté de représentation en général, il n'y a pas d'objet dont elle ne veuille avoir l'idée, fût-il sans rapport direct avec l'action pratique. Voilà pourquoi nous disions qu'il y a des choses que l'intelligence seule peut chercher. Seule en effet, elle s'inquiète de théorie. Et sa théorie voudrait tout embrasser, non seulement la matière brute, sur laquelle elle a naturellement prise, mais encore la vie et la pensée.

H. Bergson, *l'Évolution créatrice* (1907), Éd. P.U.F., 1963, p. 630.

Texte 8 A HEGEL

Pas de pensée sans langage

Nous n'avons conscience de nos pensées, nous n'avons des pensées déterminées et réelles que lorsque nous leur donnons la forme objective, que nous les différencions de notre intériorité, et que par suite nous les marquons de la forme externe, mais d'une forme qui contient aussi le caractère de l'activité interne la plus haute. C'est le son articulé, le mot, qui seul nous offre une existence où l'externe et l'interne sont si intimement unis. Par conséquent, vouloir penser sans les mots, c'est une tentative insensée. Mesmer[1] en fit l'essai, et, de son propre aveu, il en faillit perdre la raison. Et il est également absurde de considérer comme un désavantage et comme un défaut de la pensée cette nécessité qui lie celle-ci au mot. On croit ordinairement, il est vrai, que ce qu'il y a de plus haut c'est l'ineffable... Mais c'est là une opinion superficielle et sans fondement ; car en réalité l'ineffable c'est la pensée obscure, la pensée à l'état de fermentation, et qui ne devient claire que lorsqu'elle trouve le mot. Ainsi, le mot donne à la pensée son existence la plus haute et la plus vraie. Sans doute on peut se perdre dans un flux de mots sans saisir la chose. Mais la faute en est à la pensée imparfaite, indéterminée et vide, elle n'en est pas au mot. Si la vraie pensée est la chose même, le mot l'est aussi lorsqu'il est employé par la vraie pensée. Par conséquent, l'intelligence, en se remplissant de mots, se remplit aussi de la nature des choses.

Hegel, *Philosophie de l'esprit*[2], traduction de A. Vera,
Éd. Germer Baillère, 1897, § 463, Remarque, p. 914.

1. Mesmer (1734-1815) fut un médecin et un magnétiseur célèbre.
2. Publication posthume (1895) de cours professés de 1817 à 1836.

Texte 8 B **MERLEAU-PONTY**

Parole intérieure et parole extérieure

Si la parole présupposait la pensée, si parler c'était d'abord se joindre à l'objet par une intention de connaissance ou par une représentation, on ne comprendrait pas pourquoi la pensée tend vers l'expression comme vers son achèvement, pourquoi l'objet le plus familier nous paraît indéterminé tant que nous n'en avons pas retrouvé le nom, pourquoi le sujet pensant lui-même est dans une sorte d'ignorance de ses pensées tant qu'il ne les a pas formulées pour soi ou même dites et écrites, comme le montre l'exemple de tant d'écrivains qui commencent un livre sans savoir au juste ce qu'ils y mettront. Une pensée qui se contenterait d'exister pour soi, hors des gênes de la parole et de la communication, aussitôt apparue tomberait à l'inconscience, ce qui revient à dire qu'elle n'existerait pas même pour soi.

[...] C'est en effet une expérience de penser, en ce sens que nous nous donnons notre pensée par la parole intérieure ou extérieure. Elle progresse bien dans l'instant et comme par fulgurations, mais il nous reste ensuite à nous l'approprier et c'est par l'expression qu'elle devient nôtre. La dénomination des objets ne vient pas après la reconnaissance, elle est la reconnaissance même. Quand je fixe un objet dans la pénombre et que je dis : « C'est une brosse », il n'y a pas dans mon esprit un concept de la brosse, sous lequel je subsumerais l'objet et qui d'autre part se trouverait lié par une association fréquente avec le mot de « brosse », mais le mot porte le sens, et, en l'imposant à l'objet, j'ai conscience d'atteindre l'objet. Comme on l'a souvent dit, pour l'enfant, l'objet n'est connu que lorsqu'il est nommé[1], le nom est l'essence de l'objet et réside en lui au même titre que sa couleur et que sa forme.

M. Merleau-Ponty, *Phénoménologie de la perception* (1945), collection Tel, Éd. Gallimard, 1983, pp. 206-207.

1. Voir à ce sujet texte 12 A .

III. LANGAGE ET ÉCRITURE

Texte 9 A **PLATON**

L'écriture n'est qu'une illusion de mémoire

J'ai donc ouï dire qu'il y avait près de Naucratis en Égypte un des anciens dieux de ce pays à qui les Égyptiens ont dédié l'oiseau qu'ils appellent ibis ; ce démon porte le nom de Theuth ; c'est lui qui inventa la numération et le calcul, la géométrie et l'astronomie, le trictrac et les dés et enfin l'écri-

ture. Thamous régnait alors sur toute la contrée, dans la grande ville de la haute Égypte que les Grecs nomment Thèbes l'égyptienne, comme ils appellent Ammon le dieu-roi Thamous. Theuth vint trouver le roi ; il lui montra les arts qu'il avait inventés et lui dit qu'il fallait les répandre parmi les Égyptiens. Le roi demanda à quel usage chacun pouvait servir ; le dieu le lui expliqua et selon qu'il lui lui paraissait avoir tort ou raison, le roi le blâmait ou le louait. On dit que Thamous fit à Theuth beaucoup d'observations pour ou contre chaque art. Il serait trop long de les relever. Mais quand on en vint à l'écriture : « L'enseignement de l'écriture, ô roi, dit Theuth, accroîtra la science et la mémoire des Égyptiens ; car j'ai trouvé là le remède de l'oubli et de l'ignorance. » Le roi répondit : « Ingénieux Theuth, tel est capable de créer les arts, tel autre de juger dans quelle mesure ils porteront tort ou profit à ceux qui doivent les mettre en usage : c'est ainsi que toi, père de l'écriture, tu lui attribues bénévolement une efficacité contraire à celle dont elle est capable ; car elle produira l'oubli dans les âmes en leur faisant négliger la mémoire : confiants dans l'écriture, c'est du dehors, par des caractères étrangers, et non plus du dedans, du fond d'eux-mêmes qu'ils chercheront à susciter leurs souvenirs ; tu as trouvé le moyen, non pas de retenir, mais de renouveler le souvenir, et ce que tu vas procurer à tes disciples, c'est la présomption qu'ils ont la science, non la science elle-même ; car, quand ils auront beaucoup lu sans apprendre, ils se croiront très savants, et ils ne seront le plus souvent que des ignorants de commerce incommode, parce qu'ils se croiront savants sans l'être. »

Platon, *Phèdre*, (IVe siècle av. J.-C.), traduction de E. Chambry,
Éd. Garnier-Flammarion, 1966, 274d-275b, pp. 164-165.

Texte 9 B DESCARTES

L'écriture libère la mémoire et l'imagination

Au reste, comme nous avons dit que, parmi les innombrables dimensions qu'il est possible de nous représenter dans notre imagination, il ne faut pas en contempler plus de deux différentes par un seul et même regard ou par une seule et même intuition, il est important de retenir toutes les autres, de façon qu'elles se présentent facilement à nous chaque fois qu'il en est besoin : et c'est pour cette fin que la mémoire semble avoir été créée par la nature. Mais comme cette faculté est souvent instable, et qu'il ne faut pas que nous soyons forcés à employer une partie de notre attention à la raffermir, pendant que nous nous appliquons à d'autres pensées, l'usage de l'écriture a été inventé fort à propos. Grâce à cette ressource, nous ne confierons plus rien à la mémoire ; et, abandonnant notre imagination libre et entière aux idées présentes, nous tracerons sur le papier tout ce qu'il faudra retenir, et cela au moyen de signes très courts, afin qu'après avoir examiné chaque chose distinctement suivant la règle neuf[1], nous puissions, suivant la règle onze[1], les parcourir toutes d'un mouvement très rapide de pensée et avoir l'intuition du plus grand nombre possible d'entre elles en même temps.

Descartes, *Règles pour la direction de l'esprit,* (vers 1628), Bibliothèque de la Pléiade Éd. Gallimard, 1953, Règle XVI, pp. 107-108.

1. La règle 9 prescrit de s'attarder sur les choses les plus faciles, jusqu'à ce que l'on s'en soit bien pénétré. La règle 11 incite à acquérir une vue d'ensemble de propositions saisies isolément, dans un premier temps, par l'intuition.

Texte 10 LEIBNIZ

Projet d'une langue et d'une écriture universelles[1]

J'ai le projet d'une langue ou écriture nouvelle qui se pourrait apprendre en une semaine ou deux, qu'on ne saurait quasi oublier et qu'on pourrait même retrouver l'ayant oubliée, qui aurait bientôt cours dans le grand monde, lorsqu'elle serait connue et qu'elle aurait eu l'approbation de quelques grands personnages ; mais qui, outre l'usage du commerce et la communication des peuples divers (ce qui la pourrait même rendre plausible au vulgaire), aurait des avantages incomparablement plus grands : car elle donnerait moyen de raisonner sur les matières capables de raisonnement par une espèce de calcul infaillible pourvu qu'on y apportât la même exactitude qu'à chiffrer, et les erreurs ne seraient que des erreurs de calcul. [...]

Non seulement on trouverait là-dedans des voies infaillibles pour arriver à la solution des problèmes qui se peuvent résoudre par la seule force du raisonnement, mais lors même qu'il s'agit d'une question de fait, et qu'il reste encore des expériences à faire qui ne sont pas toujours dans le pouvoir des hommes, ce calcul serait suffisant pour nous conduire, en attendant, le mieux qu'il est possible de faire suivant la raison, sur les connaissances déjà données. Car par là nous pourrions estimer les degrés de probabilité, ce qui est une chose également importante et négligée dans la morale et dans les affaires ; nous pourrions même trouver quelles recherches ou expériences restent encore à faire afin de nous éclaircir[2] entièrement autant que cela se peut par la seule force de la raison. [...]

1. La Caractéristique universelle, dont Leibniz jugeait l'invention presque indispensable au progrès de la pensée, devait refléter la « décomposition » de celle-ci en tous ses éléments constitutifs. Les concepts seraient remplacés par des combinaisons de signes, les propositions par les symboles des relations entre les signes, et le raisonnement par une sorte de calcul, qui fournirait une méthode universelle et infaillible pour démontrer les propositions et en découvrir de nouvelles.
2. Aujourd'hui, on dirait plutôt « éclairer ».

Je crois donc que cette méthode revêtue de la forme d'une langue ou caractéristique est la plus importante chose que les hommes puissent jamais entreprendre pour l'avancement des sciences, parce qu'elle rendrait ce grand secret populaire et familier, et néanmoins les grands esprits iraient encore infiniment au-delà du vulgaire et auraient le moyen de faire paraître véritablement la force de leur génie, car l'éloquence et la sagesse n'étant alors qu'une même chose, ceux qui auraient plus de feu, plus de mémoire, et plus d'attention d'esprit feraient valoir véritablement et incontestablement les avantages de la nature. [...] Je crois qu'elle effacera toutes les autres méthodes, que ce sera un ouvrage qui passera jusqu'à la postérité et qui fera même des grands changements dans la manière de raisonner et dans la conduite des hommes, car nous voyons avec quelle facilité les hommes se servent des paroles qui leur naissent sans y penser.

Leibniz, *Œuvres choisies*, « Lettre à Jean-Frédéric » (février 1679), Éd. Garnier, 1978, p. 61.

IV. LA LANGUE ET SES POUVOIRS

Texte 11 BERGSON

Nommer, c'est classer

Les concepts sont inclus dans les mots. Ils ont, le plus souvent, été élaborés par l'organisme social en vue d'un objet qui n'a rien de métaphysique. Pour les former, la société a découpé le réel selon ses besoins. Pourquoi la philosophie accepterait-elle une division qui a toutes chances de ne pas correspondre aux articulations du réel ? Elle l'accepte pourtant d'ordinaire. Elle subit le problème tel qu'il est posé par le langage.

J'ouvre un traité élémentaire de philosophie. Un des premiers chapitres traite du plaisir et de la douleur. On y pose à l'élève une question telle que celle-ci : « Le plaisir est-il ou n'est-il pas le bonheur ? » Mais il faudrait d'abord savoir si plaisir et bonheur sont des genres correspondant à un sectionnement naturel des choses. A la rigueur, la phrase pourrait signifier simplement : « Vu le sens habituel des termes *plaisir* et *bonheur*, doit-on dire que le bonheur soit une suite de plaisirs ? » Alors, c'est une question de lexique qui se pose ; on ne la résoudra qu'en cherchant comment les mots « plaisir » et « bonheur » ont été employés par les écrivains qui ont le mieux manié la langue. On aura d'ailleurs travaillé utilement ; on aura mieux défini deux termes usuels, c'est-à-dire deux habitudes sociales. Mais si l'on prétend faire davantage, saisir des réalités et non pas mettre au point des conventions, pourquoi veut-on que des termes peut-être artificiels (on ne sait s'ils le sont ou s'ils ne le sont pas, puisqu'on n'a pas encore étudié l'objet) posent un problème qui concerne la nature même des choses ? Supposez qu'en examinant les états groupés sous le nom de plaisir on ne leur découvre rien de commun, sinon d'être des états que l'homme recherche : l'humanité aura classé ces choses très différentes dans un même genre, parce qu'elle leur trouvait à tous le même intérêt pratique et réagissait à tous de la même manière.

H. Bergson, *la Pensée et le Mouvant* (1939), Éd. du Centenaire, Éd. P.U.F. 1963, pp. 1292-1293.

Texte 12 A BENVÉNISTE

Coïncidences entre langue et culture

En posant l'homme dans sa relation avec la nature ou dans sa relation avec l'homme, par le truchement du langage, nous posons la société. Cela n'est pas coïncidence historique mais enchaînement nécessaire. Car le langage se réalise toujours dans une langue, dans une structure linguistique définie et particulière, inséparable d'une société définie et particulière. Langue et société ne se conçoivent pas l'une sans l'autre. L'une et l'autre sont données. Mais aussi l'une et l'autre sont apprises par l'être humain, qui n'en possède pas la connaissance innée. L'enfant naît et se développe dans la société des hommes. Ce sont des humains adultes, ses parents, qui lui inculquent l'usage de la parole. L'acquisition du langage est une expérience qui va de pair chez l'enfant avec la formation du symbole et la construction de l'objet. Il apprend les choses par leur nom ; il découvre que tout a un nom et que d'apprendre les noms lui donne la disposition des choses. Mais il découvre aussi qu'il a lui-même un nom et que par là il communique avec son entourage. Ainsi s'éveille en lui la conscience du milieu social où il baigne et qui façonnera peu à peu son esprit par l'intermédiaire du langage.

A mesure qu'il devient capable d'opérations intellectuelles plus complexes, il est intégré à la culture qui l'environne. J'appelle culture le milieu humain, tout ce qui, par-delà l'accomplissement des fonctions biologiques, donne à la vie et à l'activité humaine forme, sens et contenu. La culture est inhérente à la société des hommes, quel que soit le niveau de civilisation. Elle consiste en une foule de notions et de prescriptions, aussi en des interdits spécifiques ; ce qu'une culture interdit la caractérise au moins autant que ce qu'elle prescrit. Le monde animal ne connaît pas de prohibition. Or, ce phénomène humain, la culture, est un phénomène entièrement symbolique. La culture se définit comme un ensemble très complexe de représentations, organisées par un code de relations et de valeurs : traditions, religion, lois, politique, éthique, arts, tout cela dont l'homme, où qu'il naisse, sera imprégné dans sa conscience la plus profonde et qui dirigera son comportement

dans toutes les formes de son activité, qu'est-ce donc sinon un univers de symboles intégrés en une structure spécifique et que le langage manifeste et transmet ? Par la langue, l'homme assimile la culture, la perpétue ou la transforme. Or comme chaque langue, chaque culture met en œuvre un appareil spécifique de symboles en lequel s'identifie chaque société. La diversité des langues, la diversité des cultures, leurs changements, font apparaître la nature conventionnelle du symbolisme qui les articule. C'est en définitive le symbole qui noue ce lien vivant entre l'homme, la langue et la culture.

É. Benvéniste, *Problèmes de linguistique générale,*
Éd. Gallimard, 1966, tome I, pp. 29-30.

Texte 12 B — KLINEBERG

Variétés de neige et catégories de chameaux

Il est vraisemblable que l'intérêt porté à certaines questions ou à certains objets engendre un vocabulaire permettant de traiter de ces questions ou objets de façon adéquate ; mais il est également vraisemblable qu'un individu né dans un milieu d'une culture spécifique pensera dans des termes en usage dans sa société, et que, par conséquent, la nature de sa pensée en sera affectée. [...]

On dit que la langue arabe contient environ six mille mots se reportant plus ou moins directement au chameau, y compris les mots dérivés de chameau et les attributs qui lui sont associés — catégories de chameaux selon leurs fonctions, les noms de différentes races, états de grossesse, etc. Il est à peine nécessaire de rappeler que ceci reflète l'importance exceptionnelle du chameau dans la civilisation arabe. De même [...] il y a une grande variété de mots utilisés par les Esquimaux pour établir une différenciation entre les aspects multiples de la neige, ce qui pour nous constitue un phénomène unique. Exemple analogue, les Tchouktchees de la Sibérie du Nord-Est ont un grand choix de mots pour désigner le renne.

Cela veut-il dire que nous voyons le monde (dans ce cas les chameaux ou la neige) autrement que ceux qui parlent arabe ou esquimau ? Il faut répondre négativement à cette question, si nous la comprenons comme se rapportant à la capacité de voir. Nous, qui parlons toujours français ou anglais, pouvons apprendre à distinguer des variétés de neige ou des catégories de chameaux, si nous savons ce qu'il faut chercher comme critères de différenciation. Il paraît très probable, cependant, que nous pourrons plus facilement faire de telles distinctions si notre vocabulaire contient des termes spécifiques pour les nommer. [...]

A l'occasion des premières recherches sur ce problème, on a pensé que les différences de nomenclature pourraient justifier l'hypothèse de différences de perception sensorielle. Cette suggestion a été formulée, par exemple, en connexion avec la terminologie des couleurs. [...]
Nous savons maintenant que la terminologie des couleurs n'est pas indicative de la sensibilité aux couleurs. Notre propre classification, certes, n'est pas la même que celle d'autres langues, surtout non européennes. Parmi plusieurs tribus indiennes de l'Amérique du Nord le même mot est employé pour vert pâle et bleu pâle. Pour certains groupes d'Indiens d'Amérique du Sud, Lévi-Strauss (1955) a noté que le jaune et le rouge forment souvent une seule catégorie linguistique, et le bleu est assimilé au noir ou au vert. Il y a longtemps néanmoins, que le grand pathologue Virchow[1] (1878), au cours de son examen d'un groupe de Nubiens en Allemagne, a trouvé qu'ils pouvaient trier des laines et des papiers colorés, correctement, malgré leur emploi du même mot pour bleu, noir et d'autres couleurs foncées.

O. Klineberg[2], *Langage, pensée, culture, in Bulletin de Psychologie,* janvier 1966, pp. 656-657.

1. Médecin, anthropologue et homme politique prussien (1821-1902).
2. Psychologue américain contemporain.

Texte 13 FOUCAULT

Mots et choses sont entrecroisés

Sous sa forme première, quand il fut donné aux hommes par Dieu lui-même, le langage était un signe des choses absolument certain et transparent, parce qu'il leur ressemblait. Les noms étaient déposés sur ce qu'ils désignaient, comme la force est écrite dans le corps du lion, la royauté dans le regard de l'aigle, comme l'influence des planètes est marquée sur le front des hommes : par la forme de la similitude. Cette transparence fut détruite à Babel pour la punition des hommes. Les langues ne furent séparées les unes des autres et ne devinrent incompatibles que dans la mesure où fut effacée d'abord cette ressemblance aux choses qui avait été la première raison d'être du langage.[...]

Mais si le langage ne ressemble plus immédiatement aux choses qu'il nomme, il n'est pas pour autant séparé du monde ; il continue, sous une autre forme, à être le lieu des révélations et à faire partie de l'espace où la vérité, à la fois, se manifeste et s'énonce. Certes, il n'est plus la nature dans sa visibilité d'origine, mais il n'est pas non plus un instrument mystérieux dont quelques-uns seulement, privilégiés, connaîtraient les pouvoirs. Il est plutôt la figure d'un monde en train de se racheter et se mettant enfin à l'écoute de la vraie parole. [...]

Pour établir le grand tableau sans faille des espèces, des genres, et des classes, il a fallu que l'histoire naturelle utilise, critique, classe et finalement reconstitue à nouveaux frais un langage. [...] Les choses et les mots sont très rigoureusement entrecroisés : la nature ne se donne qu'à travers la grille des dénominations, et elle qui, sans de tels noms, resterait muette et invisible, scintille au loin derrière eux, continûment présente au-delà de ce quadrillage qui l'offre pourtant au savoir et ne la rend visible que toute traversée de langage.

M. Foucault, *les Mots et les Choses*, Éd. Gallimard, 1966, pp. 51, 53, 173.

Texte 14 PLATON

Parole et domination

SOCRATE

Eh bien, maintenant, Gorgias[1], à ton tour. La rhétorique est justement un des arts qui accomplissent et achèvent leur tâche uniquement au moyen de discours, n'est-il pas vrai ?

GORGIAS

C'est vrai.

SOCRATE

Dis-moi donc à présent sur quoi portent ces discours. Quelle est, entre toutes les choses de ce monde, celle dont traitent ces discours propres à la rhétorique ?

GORGIAS

Ce sont les plus grandes de toutes les affaires humaines, Socrate, et les meilleures.

SOCRATE

Mais, Gorgias, ce que tu dis là est sujet à discussion et n'offre encore aucune précision. Tu as sans doute entendu chanter dans les banquets cette chanson qui, dans l'énumération des biens, dit que le meilleur est la santé, que le second est la beauté et que le troisième est, selon l'expression de l'auteur de la chanson, la richesse acquise sans fraude.

GORGIAS

Je l'ai entendue en effet, mais où veux-tu en venir ?

SOCRATE

C'est que tu pourrais bien être assailli tout de suite par les artisans de ces biens vantés par l'auteur de la chanson, le médecin, le pédotribe[2] et le

1. Sophiste grec de grande notoriété ; auteur du traité *Du non-être ou de la nature.* Il est le premier interlocuteur de Socrate dans la dialogue du même nom.
2. Maître de gymnastique, il était aussi compétent sur l'hygiène du corps.

financier, et que le médecin le premier pourrait me dire : « Socrate, Gorgias te trompe. Ce n'est pas son art qui a pour objet le plus grand bien de l'humanité, c'est le mien. » Et si je lui demandais : « Qui es-tu, toi, pour parler de la sorte ? » il me répondrait sans doute qu'il est médecin. — « Que prétends-tu donc ? Que le produit de ton art est le plus grand des biens ? » il me répondrait sans doute : « Comment le contester, Socrate, puisque c'est la santé ? Y a-t-il pour les hommes un bien plus grand que la santé ? »

Et si, après le médecin, le pédotribe à son tour me disait : « Je serais, ma foi, bien surpris, moi aussi, Socrate, que Gorgias pût te montrer de son art un bien plus grand que moi du mien », je lui répondrais à lui aussi : « Qui es-tu aussi, l'ami, et quel est ton ouvrage ? — Je suis pédotribe, dirait-il, et mon ouvrage, c'est de rendre les hommes beaux et robustes de corps. »

Après le pédotribe, ce serait, je pense, le financier qui me dirait, avec un souverain mépris pour tous les autres : « Vois donc, Socrate, si tu peux découvrir un bien plus grand que la richesse, soit chez Gorgias, soit chez tout autre. — Quoi donc! lui dirions-nous. Es-tu, toi, fabricant de richesse ? — Oui. — En quelle qualité ? — En qualité de financier. — Et alors, dirions-nous, tu juges, toi, que la richesse est pour les hommes le plus grand des biens ? — Sans contredit, dirait-il. — Voici pourtant Gorgias, répondrions-nous, qui proteste que son art produit un plus grand bien que le tien. » Il est clair qu'après cela il demanderait : « Et quel est ce bien ? Que Gorgias s'explique ». Allons, Gorgias, figure-toi qu'eux et moi, nous te posons cette question. Dis-nous quelle est cette chose que tu prétends être pour les hommes le plus grand des biens et que tu te vantes de produire.

GORGIAS

C'est celle qui est réellement le bien suprême, Socrate, qui fait que les hommes sont libres eux-mêmes et en même temps qu'ils commandent aux autres dans leurs cités respectives.

SOCRATE

Que veux-tu donc dire par là ?

GORGIAS

Je veux dire le pouvoir de persuader par ses discours les juges au tribunal, les sénateurs dans le Conseil, les citoyens dans l'assemblée du peuple et dans toute autre réunion qui soit une réunion de citoyens. Avec ce pouvoir, tu feras ton esclave du médecin, ton esclave du pédotribe et, quant au fameux financier, on reconnaîtra que ce n'est pas pour lui qu'il amasse de l'argent, mais pour autrui, pour toi qui sais parler et persuader les foules.

Platon, *Gorgias*, Traduction d'É. Chambry,
Éd. Garnier - Flammarion, 451d-452, 1967.

1. Une forme singulière de maîtrise

Les mots peuvent-ils signifier ce que nous désirons qu'ils signifient ? L'interlocuteur d'Alice dans *la Traversée du miroir*, Humpty Dumpty, prétend qu'il a le pouvoir de se faire obéir des mots.

Je ne comprends pas ce que vous voulez dire par « gloire », dit Alice.

Humpty Dumpty sourit avec mépris.

« Bien sûr que vous ne comprenez pas… attendez que je vous explique. Cela signifie : « Voilà un bel argument écrasant ! »
— Mais « gloire » ne signifie pas « un bel argument écrasant », objecta Alice.
— Quand j'emploie un mot, dit Humpty Dumpty avec un certain mépris, il signifie ce que je veux qu'il signifie, ni plus ni moins.
— La question est de savoir, dit Alice, si VOUS pouvez faire que les mêmes mots signifient tant de choses différentes.
— La question est de savoir, dit Humpty Dumpty, qui est le maître, c'est tout. »

L. Carroll, *la Traversée du miroir*, Éd. Le Club Français du livre, 1949, pp. 86-87.

Illustration
de Sir John Tenniel.

2. La leçon d'écriture[1]

La « leçon d'écriture » est le récit d'un épisode vécu par Lévi-Strauss lors d'un séjour auprès des Indiens Nambikwara, une tribu d'Indiens nomades d'Amazonie. Le chef Nambikwara, qui se contente de mimer l'écriture, semble avoir saisi immédiatement que la finalité de celle-ci est politique avant d'être théorique. Cet incident révèle donc — si l'on en croit Lévi-Strauss — qu'il y a une violence fondamentale de l'écriture dont la fonction est ici d'accroître le prestige et l'autorité du chef.

On se doute que les Nambikwara ne savent pas écrire ; mais ils ne dessinent pas davantage, à l'exception de quelques pointillés ou zigzags sur leurs calebasses. Comme chez les Caduveo[2], je distribuai pourtant des feuilles de papier et des crayons dont ils ne firent rien au début ; puis un jour je les vis tous occupés à tracer sur le papier des lignes horizontales ondulées. Que voulaient-ils donc faire ? Je dus me rendre à l'évidence : ils écrivaient ou, plus exactement, cherchaient à faire de leur crayon le même usage que moi, le seul qu'ils pussent alors concevoir, car je n'avais pas encore essayé de les distraire par mes dessins. Pour la plupart, l'effort s'arrêtait là ; mais le chef de bande voyait plus loin. Seul, sans doute, il avait compris la fonction de l'écriture. Aussi m'a-t-il réclamé un bloc-notes et nous sommes pareillement équipés quand nous travaillons ensemble. Il ne me communique pas verbalement les informations que je lui demande, mais trace sur son papier des lignes sinueuses et me les présente, comme si je devais lire sa réponse. Lui-même est à moitié dupe de sa comédie ; chaque fois que sa main achève une ligne, il l'examine anxieusement comme si la signification devait en jaillir, et la même désillusion se peint sur son visage. Mais il n'en convient pas ; et il est tacitement entendu entre nous que son grimoire possède un sens que je feins de déchiffrer ; le commentaire verbal suit presque aussitôt et me dispense de réclamer les éclaircissements nécessaires.

Or, à peine avait-il rassemblé tout son monde qu'il tira d'une hotte un papier couvert de lignes tortillées qu'il fit semblant de lire et où il cherchait, avec une hésitation affectée, la liste des objets que je devais donner en retour des cadeaux offerts : à celui-ci, contre un arc et des flèches, un sabre d'abatis[3] ! à tel autre, des perles! pour ses colliers... Cette comédie se prolongea pendant deux heures. Qu'espérait-il ? Se tromper lui-même, peut-être ; mais plutôt étonner ses compagnons, les persuader que les marchandises passaient par son intermédiaire, qu'il avait obtenu l'alliance du blanc et qu'il participait à ses secrets. Nous étions en hâte de partir, le moment le plus redoutable étant évidemment celui où toutes les merveilles que j'avais apportées seraient réunies dans d'autres mains. Aussi je ne cherchai pas à approfondir l'incident et nous nous mîmes en route, toujours guidés par les Indiens.

C. Lévi-Strauss, *Tristes Tropiques*, Éd. Plon, 1955, pp. 339-340.

---

1. Cette leçon d'écriture a été commentée par J. Derrida, qui conteste à son propos les conclusions de Lévi-Strauss. Selon J. Derrida, l'écriture, qui constitue par elle-même une violence, ne correspond ni à un accident ni à une déchéance du langage ; il y a au contraire une violence originaire du langage qui est d'emblée, selon lui, écriture (*Cahiers pour l'analyse,* 4, Éd. du Seuil, 1966).
2. Groupe d'Indiens vivant sur la rive gauche du Rio Paraguay. Ils sont l'objet d'une étude dans *Tristes Tropiques*.
3. Ou abattis : dans un sens rare, désigne l'action d'abattre des arbres (Grand Robert). Il faudrait donc comprendre un sabre *destiné* à l'abattis.

Exercices

1. Quelle sorte de signes les mots sont-ils : indices ? signaux ? ou symboles ?

2. On croit souvent qu'on sait ce qu'on veut dire mais qu'on a du mal à « trouver ses mots » : le problème est-il bien celui-là ?

3. Quels sont les différents sens de l'affirmation : « Il s'exprime bien » ?

4. La traduction « mot à mot » d'un texte étranger en français a souvent peu de sens. Pourquoi ?

5. Pourquoi Molière en voulait-il tant aux médecins de son temps de parler en latin à leurs malades ?

6. Avoir le dernier mot : que signifie exactement cette expression ? A quels aspects du langage renvoie-t-elle ? Quelles en sont les implications ?

7. Pourriez-vous donner des exemples de situations dans lesquelles il apparaît qu'une bonne maîtrise de la langue donne un avantage ou même un pouvoir considérable ?

Sujets de dissertation

1. Les mots nous éloignent-ils des choses ?

2. Que signifie et que vaut la formule « parler pour ne rien dire » ?

3. En quels sens le langage est-il un moyen de maîtrise et de domination ?

4. Suffit-il de parler la même langue pour se comprendre ?

5. Dans quelle mesure le langage peut-il cacher la pensée ?

Corrélats

autrui - la mémoire - nature et culture - l'histoire - le jugement, l'idée - logique et mathématiques

POUR EN SAVOIR PLUS

Platon, *Cratyle*, Éd. Garnier-Flammarion.
Rousseau (J.-J.), *Essai sur l'origine des langues*, Éd. Hatier.
Rousseau (J.-J.), *Discours sur l'Origine et les Fondements de l'inégalité parmi les hommes*, Éd. Garnier-Flammarion.

Austin (J.), *Quand dire, c'est faire*, Éd. du Seuil.
Benvéniste (E.), *Problèmes de linguistique générale*, Éd. Gallimard.
Merleau-Ponty (M.), *Signes*, Éd. Gallimard.

Cassirer (E.), *Langage et mythe*, Éd. de Minuit.
Chomsky (N.), *Réflexions sur le langage*, Éd. Maspero.
Derrida (J.), *l'Écriture et la différence*, Éd. du Seuil.
Hagège (C.), *l'Homme de paroles*, Éd. Fayard.
Jakobson (R.), *Six leçons sur le son et le sens*, Éd. de Minuit.

DOCUMENTS

14

L'imagination

E.T., S. Spielberg, 1982.

Introduction

De l'image à l'idole

Le terme d'image, employé pour désigner une fonction de la pensée, est lui-même une image au sens littéraire du mot, ou plutôt une métaphore, transport d'un mot d'un domaine dans un autre (texte 1). Cet autre domaine, c'est l'imaginaire. La conscience a cette capacité, fondamentale, d'aller en pensée au-delà du réel donné vers l'absent, le passé, le possible, l'œuvre en projet, ou même ce qui fut ni ne sera jamais. Mais par quels moyens s'exerce ce pouvoir ?

Au départ, on trouve l'image matérielle, peinture, sculpture, photographie, aujourd'hui parfois simple jeu de points lumineux commandé par un ordinateur. Objets physiques bien réels, mais qui valent pour autre chose, qui évoquent, dit-on, suggèrent ou représentent des êtres absents ou irréels.

Le lien entre le portrait (ou simulacre) et l'être même dont il est le représentant a été d'abord ressenti sur le mode de la pensée magico-religieuse. L'image devint idole, manifestation du sacré. C'est pourquoi, lorsque la pensée religieuse en vient au monothéisme et au Dieu spirituel, elle interdit les images, ou du moins leur usage religieux ; interdiction stricte dans le Judaïsme et l'Islam et qui à plusieurs reprises a déchiré le Christianisme (Document 2). Les conduites par lesquelles on cherche à agir sur un être par l'intermédiaire de sa représentation (envoûtement) ont subsisté dans les marges de la pensée religieuse sous la forme à demi clandestine de la superstition. Elles expriment le vœu passionné d'agir efficacement par des signes.

De l'image à l'imaginaire

Mais notre pouvoir de penser à l'irréel dépasse de beaucoup l'usage de l'imagerie matérielle. C'est ici qu'intervient la métaphore : on en vient à penser que la conscience doit avoir *en elle* quelque chose de comparable à une image. C'est ce que Sartre dénonce comme une *métaphysique naïve*, faisant de l'image mentale une chose, mais une chose amoindrie, une quasi-chose (texte 2).

Avant Sartre, plus radicalement encore, mais par des voies différentes, Alain conteste l'existence de l'image mentale et réduit l'imagination à une croyance soutenue par un désordre corporel (texte 3). Il est certain qu'imaginer n'est pas quelque chose d'aussi simple que « d'avoir des images » dans l'esprit comme dans un album. Les mots « imaginer », « imagination » désignent plusieurs fonctions qui ont en commun un écart par rapport au réel, ou au vrai (textes 1 à 4).

L'imagination, maîtresse d'erreur ?

« Imaginations ! » dit un personnage de Corneille[1] et son interlocuteur croyant réplique : « Célestes vérités ! » Le poète moderne, sur un tout autre ton certes, emploie « imaginer » en un sens très voisin : « Si tu t'imagines, fillette, fillette, [...] ce que tu te goures ! »[2] L'imagination en vient à s'identifier à l'opinion, explicitement chez Pascal, opinion qui véhicule indifféremment le vrai et le faux, et par là dénature le vrai et laisse régner le faux (texte 5).

1. Pauline, dans *Polyeucte,* acte IV, scène 5.
2. R. Queneau, *l'Instant fatal,* (1948). « Si tu t'imagines », a été mis en musique par Joseph Kosma ; repris dans le recueil *Si tu t'imagines,* Éd. Gallimard, 1952.

ou reine des facultés ?

Pourtant l'imagination est aussi invention, dynamisme de la pensée qui puise en elle la force d'aller toujours plus loin. Si Pascal a résumé en elle la misère de l'homme, Baudelaire y a vu sa grandeur. Le poète a deviné ce que répétera l'épistémologie moderne : même pour connaître le réel, il faut d'abord l'inventer (texte 6).

Opinion qui fausse le réel, invention qui va au-delà du donné, ce sont deux aspects bien distincts de « cette fonction de l'irréel qui est psychiquement aussi utile que la fonction du réel ».[1] Ce que dénoncent Alain et Pascal, c'est une imagination qui se laisse aller aux impulsions de la peur ou de la vanité selon une interprétation trop facile des émotions corporelles. Il n'empêche que l'imagination par elle-même est une puissance positive de l'esprit. « Si l'esprit en imaginant présentes des choses qui n'existent pas, savait en même temps que ces choses n'existent pas réellement, il regarderait cette puissance d'imaginer comme une vertu de sa nature et non comme un vice. »[2] C'est que l'imagination qui dépasse la perception n'en est pas la simple reproduction. C'est cela même qui fait sa force. Mais est-elle vraiment une fonction de l'irréel ?

Reproductrice ou créatrice ?

Une tradition assez constante distingue une imagination reproductrice et une imagination créatrice. Il y a certes là deux concepts théoriques tout à fait distincts. La première serait une reproduction de la perception en l'absence de l'objet grâce à des traces laissées dans l'organisme. La métaphore de l'imagerie vient consolider cette idée (texte 7) ; aujourd'hui, par une métaphore voisine, on parle de mémoire photographique. La deuxième serait pure fantaisie, construction d'un objet fantastique. Cependant on montre facilement qu'il y a une part de construction même dans l'image que l'on veut fidèle au souvenir. Les études sur le témoignage le montrent abondamment : les témoins de bonne foi inventent selon ce qu'ils croient possible et croient ensuite ce qu'ils ont inventé (Document 3).

Par ailleurs on a pu soutenir également que l'imagination qui construit ne fait que disposer autrement les éléments empruntés au réel. Il n'en faut pas plus pour croire qu'on a expliqué la création en la réduisant. Autant nier le pouvoir d'invention d'un écrivain parce que les mots qu'il emploie sont dans le dictionnaire. L'imagination humaine n'est certes pas créatrice au sens où le Dieu de la Bible est créateur. Cela n'empêche pas que dans ses constructions il y ait constamment du nouveau tout autant que des emprunts au déjà vu.

Toujours constructrice

L'imagination en effet construit toujours, mais tantôt elle se donne pour but et pour règle la fidélité au réel, tantôt elle se permet d'être explicitement irréaliste. Le choix n'est d'ailleurs pas seulement entre refléter le réel ou le fuir. L'imagination permet aussi de maîtriser le réel. Mais cela peut s'entendre en deux sens. Affronter et supporter, ou bien modifier.

Un modèle de la maîtrise qui accepte nous est donné par un enfant, longuement observé par Freud qui était son grand-père (texte 11). Cet enfant supportait l'absence de sa mère en mimant avec ses jouets disparition et retour ; il remplaçait ainsi la passivité par une domination symbolique. Il y a une autre domination, non exclusive de celle-là, qui revient à changer le réel, non certes totalement, ce

1. G. Bachelard, *la Terre et les Rêveries de la volonté,* Introduction, Éd. José Corti, 1948.
2. Spinoza, *Éthique II,* scholie de la proposition 17.

qui serait un rêve fantastique, mais par l'utilisation même de ce réel. C'est l'imagination technique qui passe d'un problème à sa solution, (texte 9), d'un projet de machine, par exemple, au dispositif qui la réalisera.

Du rêve à l'œuvre

C'est encore en quoi l'imagination de l'artiste diffère du rêve ou du délire auxquels elle ressemble par certains côtés. Évasion hors du réel ? Sans doute, mais non seulement l'artiste connaît le chemin du retour, mais encore sa fiction prend place dans le réel en devenant une œuvre (textes 11 et 12). Cette œuvre peut s'insérer dans le monde des objets à la façon de l'architecture et des arts plastiques. Elle peut aussi vivre dans des paroles, plus malléables, dont on oublie plus facilement la réalité physique, et qui permettent de rêver avec les mots (texte 13).

Condition de la liberté

Ce n'est pas seulement fantaisie personnelle. Fonction fondamentale de la conscience, car en mettant le réel à distance, elle permet le doute et l'action, c'est-à-dire la liberté, l'imagination « n'est pas un pouvoir empirique et surajouté de la conscience, c'est la conscience tout entière en tant qu'elle réalise sa liberté. [...] S'il était possible de concevoir un instant une conscience qui n'imaginerait pas, il faudrait la concevoir comme totalement engluée dans l'existence et sans possibilité de saisir autre chose que l'existant. Mais, précisément, c'est ce qui n'est pas ni ne saurait être : tout existant dès qu'il est posé est dépassé par là-même. Mais encore faut-il qu'il soit dépassé *vers quelque chose.* L'imaginaire est en chaque cas le « quelque chose » concret vers quoi l'existant est dépassé ».[1] Les contenus de l'imaginaire varient certes avec l'histoire individuelle de chacun, mais par les œuvres ils se fixent dans la culture, fût-ce la culture d'abord orale des contes de fées. C'est pourquoi le psychiatre Bettelheim recommande aux parents un bon usage du fantastique (texte 12).

Aventureuse certes, et susceptible de nous égarer, l'imagination n'est donc pas en elle-même un accident de la pensée. Que ce soit par le conte, par le roman, par l'hypothèse scientifique ou par le mythe, elle donne à la personne la force de s'inventer de nouveaux modèles en même temps qu'elle revivifie les modèles culturels hérités du passé : héroïsme, noblesse, sainteté. Ces modèles donnent à chacun « une éducation fantastique à l'échelle de tous les fantasmes de l'humanité ».[2] Education non moins nécessaire que celle de la raison et qui en est le complément.

1. J.-P. Sartre, *l'Imaginaire*, Éd. Gallimard, pp. 236 et 237.
2. G. Durand, *les Structures anthropologiques de l'imaginaire,* 1969, Éd. Bordas.

Textes

Texte 1 BACHELARD

Non l'image, mais l'imaginaire

Comme beaucoup de problèmes psychologiques, les recherches sur l'imagination sont troublées par la fausse lumière de l'étymologie. On veut toujours que l'imagination soit la faculté de former des images. Or elle est plutôt la faculté de déformer les images fournies par la perception, elle est surtout la faculté de nous libérer des images premières, de changer les images. S'il n'y a pas changement d'images, union inattendue des images, il n'y a pas imagination, il n'y a pas d'action imaginante. Si une image présente ne fait pas penser à une image absente, si une image occasionnelle ne détermine pas une prodigalité d'images aberrantes, une explosion d'images, il n'y a pas imagination. Il y a perception, souvenir d'une perception, mémoire familière, habitude des couleurs et des formes. Le vocable fondamental qui correspond à l'imagination, ce n'est pas image, c'est imaginaire. La valeur d'une image se mesure à l'étendue de son auréole imaginaire. Grâce à l'imaginaire, l'imagination est essentiellement ouverte, évasive. Elle est dans le psychisme humain l'expérience même de l'ouverture, l'expérience même de la nouveauté. [...]

Inversement, une image qui quitte son principe imaginaire et qui se fixe dans une forme définitive prend peu à peu les caractères de la perception présente. Bientôt, au lieu de nous faire rêver et parler, elle nous fait agir. Autant dire qu'une image stable et achevée coupe les ailes à l'imagination. Elle nous fait déchoir de cette imagination rêveuse qui ne s'emprisonne dans aucune image et qu'on pourrait appeler pour cela une imagination sans images, dans le style où l'on reconnaît une pensée sans images. Sans doute, en sa vie prodigieuse, l'imaginaire dépose des images, mais il se présente toujours comme un au-delà de ses images, il est toujours un peu plus que ses images. Le poème est essentiellement une aspiration à des images nouvelles. Il correspond au besoin essentiel de nouveauté qui caractérise le psychisme humain.

G. Bachelard, *l'Air et les Songes* (1943), Éd. José Corti, pp. 7-8.

Texte 2 SARTRE

L'image n'est pas un simulacre

Quand je perçois une chaise, il serait absurde de dire que la chaise est *dans* ma perception. Ma perception est, selon la terminologie que nous avons adoptée, une certaine conscience et la chaise est l'objet *de* cette conscience. A présent, je ferme les yeux et je produis l'image de la chaise que je viens de percevoir. La chaise, en se donnant maintenant en image, ne saurait pas plus qu'auparavant entrer *dans* la conscience. Une image de chaise n'est pas, ne peut pas être une chaise. En réalité, que je perçoive ou que j'imagine cette chaise de paille sur laquelle je suis assis, elle demeure toujours hors de la conscience. Dans les deux cas elle est là, *dans* l'espace, dans cette pièce, face au bureau. Or, — c'est, avant tout, ce que nous apprend la réflexion, — que je perçoive ou que j'imagine cette chaise, l'objet de ma perception et celui de mon image sont identiques : c'est cette chaise de paille sur laquelle je suis assis. Simplement la conscience se *rapporte* à cette même chaise de deux manières différentes. Dans les deux cas elle vise la chaise dans son individualité concrète, dans sa corporéité. Seulement, dans un des cas, la chaise est « rencontrée » par la conscience ; dans l'autre, elle ne l'est pas. Mais la chaise n'est pas dans la conscience. Pas même en image. Il ne s'agit pas d'un simulacre de chaise qui aurait pénétré tout à coup dans la conscience et qui n'aurait qu'un rapport « extrinsèque »[1] avec la chaise existante ; il s'agit d'un certain type de conscience, c'est-à-dire d'une organisation synthétique se rapportant directement à la chaise existante et dont l'essence intime est précisément de se rapporter de telle et telle manière à la chaise existante. [...]

Le mot d'image ne saurait donc désigner que le rapport de la conscience à l'objet ; autrement dit, c'est une certaine façon qu'a l'objet de paraître à la conscience, ou, si l'on préfère, une certaine façon qu'a la conscience de se donner un objet. A vrai dire l'expression d'image mentale prête à confusion. Il vaudrait mieux dire, « conscience de Pierre-en-image » ou « conscience imageante de Pierre ». Comme le mot « image » a pour lui ses longs états de service, nous ne pouvons pas le rejeter complètement. Mais, pour éviter toute ambiguïté, nous rappelons ici qu'une image n'est rien d'autre qu'un rapport.

J.-P. Sartre, *l'Imaginaire*, Éd. Gallimard, 1940, p. 15.

1. Qui est extérieur à l'objet, n'appartient pas à son essence.

Texte 3 **ALAIN**

L'imaginaire réduit à l'émotion

Un homme qui a peur sent vivement et presque violemment la présence de ce qui lui fait peur ; mais il s'en faut de beaucoup que l'image qu'il se forme de cet objet soit bien déterminée. Souvent, pour ne pas dire toujours, car le monde ne cesse jamais de nous envelopper, c'est une chose perçue, une chose réelle, qui est tout l'objet de l'imagination. [...]

L'imaginaire n'est pas dans l'image, c'est-à-dire dans la connaissance que l'on a de l'objet, mais bien dans l'émotion, c'est-à-dire dans une énergique et confuse réaction de tout le corps soudain en alarme. Et si, au lieu d'interroger l'émotion, qui dicte si naturellement des descriptions fantastiques, on interroge l'objet lui-même, en cherchant si l'imagination y a produit quelque changement d'apparence, on ne trouve rien. [...]

Et n'oublions pas que celui qui croit avoir vu et qui s'est enfui est toujours éloquent, et souvent irrité si l'on contredit. Il vaut mieux considérer des images qui n'émeuvent guère et dont on est maître. Chacun sait bien découvrir, dans des feuillages ou dans les fentes du plâtre, un visage humain ou une forme animale ; on la perd, on la retrouve ; c'est un jeu de l'enfance, et, je crois, un jeu de tous les âges. Or je me demande ceci : quand je retrouve ou quand je trouve cette forme imaginaire, peut-on dire que ce que j'ai devant les yeux est autre qu'il n'était ? De souvenir, je répondrais oui ; mais devant l'objet même, et dans le moment que j'y vois la forme qui n'y est point, il faut que je réponde non. Non, la forme que je connais est ce qu'elle doit être ; c'est toujours feuillage ; c'est toujours fissure ou lézarde dans un mur. En suivant cette idée à travers vos expériences, peut-être arriverez-vous, comme j'ai fait, à conclure que ce monde-ci ne nous trompe jamais, même en ses apparences, et que, selon une forte expression de Hegel, il apparaît toujours comme il doit. Mais c'est ce que le passionné ne veut point croire. C'est qu'il sent en son corps une présence, et que cette présence émouvante le détourne de faire attention. Souvent il fuit, ou il se couvre les yeux ; c'est ainsi presque toujours que sont vus les apparitions et les spectres ; on ne fait ensuite qu'exprimer, par des discours éloquents, toute cette peur que l'on a réellement sentie.

Alain, *Vingt Leçons sur les Beaux-Arts* (1931),
in *les Arts et les Dieux*, Bibliothèque de la Pléiade,
Éd. Gallimard, 1958, p. 475.

Texte [4] SARTRE

De l'illustration à l'image mentale

L'image est un acte qui vise dans sa corporéité un objet absent ou inexistant, à travers un contenu physique ou psychique qui ne se donne pas en propre, mais à titre de « *représentant* analogique » de l'objet visé. Les spécifications se feront d'après la matière, puisque l'intention informatrice reste identique. Nous distinguerons donc les images dont la matière est empruntée au monde des choses (images d'illustration, photos caricatures, imitations d'acteurs, etc.) et celles dont la matière est empruntée au monde mental (conscience de mouvements, sentiments, etc.). Il existe des types intermédiaires qui nous présentent des synthèses d'éléments extérieurs et d'éléments psychiques, comme lorsqu'on voit un visage dans la flamme, dans les arabesques d'une tapisserie, ou dans le cas des images hypnagogiques[1] que l'on construit, nous le verrons, sur la base des lueurs entoptiques[2].

On ne saurait étudier à part l'image mentale. Il n'y a pas un monde des images et un monde des objets. Mais tout objet, qu'il soit présenté par la perception extérieure ou qu'il apparaisse au sens intime, est susceptible de fonctionner comme réalité présente ou comme image, selon le centre de référence qui a été choisi. Les deux mondes, l'imaginaire et le réel, sont constitués par les mêmes objets ; seuls le groupement et l'interprétation de ces objets varient. Ce qui définit le monde imaginaire comme l'univers réel, c'est une attitude de la conscience.

J.-P. Sartre, *l'Imaginaire,* Éd. Gallimard, 1940, p. 33.

1. Se dit des phénomènes qui accompagnent le moment où l'on s'endort. Étymologiquement : « Qui conduit au sommeil. »
2. Lueurs qui apparaissement lorsque l'on garde les paupières un moment fermées. Étymologiquement : « Intérieures à l'œil. »

Texte 5 PASCAL

L'imagination, cette maîtresse d'erreur

C'est cette partie dominante[1] dans l'homme, cette maîtresse d'erreur et de fausseté, et d'autant plus fourbe qu'elle ne l'est pas toujours, car elle serait règle infaillible de vérité, si elle l'était infaillible du mensonge.

Mais, étant le plus souvent fausse, elle ne donne aucune marque de sa qualité marquant du même caractère le vrai et le faux. Je ne parle pas des fous, je parle des plus sages, et c'est parmi eux que l'imagination a le grand droit de persuader les hommes. La raison a beau crier, elle ne peut mettre le prix aux choses.

Cette superbe puissance ennemie de la raison, qui se plaît à la contrôler et à la dominer, pour montrer combien elle peut en toutes choses, a établi dans l'homme une seconde nature. Elle a ses heureux, ses malheureux, ses sains, ses malades, ses riches, ses pauvres. Elle fait croire, douter, nier la raison. Elle suspend les sens, elle les fait sentir. [...] Qui dispense la réputation, qui donne le respect et la vénération aux personnes, aux ouvrages, aux lois, aux grands, sinon cette faculté imaginante ? Toutes les richesses de la terre [sont] insuffisantes sans son consentement. Ne diriez-vous pas que ce magistrat dont la vieillesse vénérable impose le respect à tout un peuple se gouverne par une raison pure et sublime et qu'il juge des choses par leur nature sans s'arrêter à ces vaines circonstances qui ne blessent que l'imagination des faibles. Voyez-le entrer dans un sermon où il apporte un zèle tout dévot renforçant la solidité de sa raison par l'ardeur de sa charité ; le voilà prêt à l'ouïr avec un respect exemplaire. Que le prédicateur vienne à paraître, si la nature lui a donné une voix enrouée et un tour de visage bizarre, que son barbier l'ait mal rasé, si le hasard l'a encore barbouillé de surcroît, quelque grandes vérités qu'il annonce, je parie la perte de la gravité de notre sénateur.

Le plus grand philosophe du monde sur une planche plus large qu'il ne faut, s'il y a au-dessous un précipice, quoique sa raison le convainque de sa sûreté, son imagination prévaudra. Plusieurs n'en sauraient soutenir la pensée sans pâlir et suer.

Je ne veux pas rapporter tous ses effets ; qui ne sait que la vue des chats, des rats, l'écrasement d'un charbon, etc, emportent la raison hors des gonds. Le ton de voix impose aux plus sages et change un discours et un poème de force. [...] Je voudrais de bon cœur voir le livre italien dont je ne connais que le titre, qui vaut lui seul bien des livres, *Dell'opinione regina del mondo*[2]. J'y souscris sans le connaître, sauf le mal s'il y en a.

Pascal, *Pensées*, (1670) Éd. Brunschvig, (fragment 82)
et Bibliothèque de la Pléiade, Éd. Gallimard, 1977, pp. 851-852.

1. D'autres éditeurs lisent ici « décevante ». Les deux lectures donnent un sens cohérent avec le contexte.
2. « De l'opinion reine du monde ».

Texte 6 BAUDELAIRE

La reine des facultés

Mystérieuse faculté que cette reine des facultés[1] ! Elles touche à toutes les autres ; elles les excite, elle les envoie au combat. Elle leur ressemble quelquefois au point de se confondre avec elles, et cependant elle est toujours bien elle-même, et les hommes qu'elle n'agite pas sont facilement reconnaissables à je ne sais quelle malédiction qui dessèche leurs productions comme le figuier de l'*Évangile*[2].

Elle est l'analyse, elle est la synthèse ; et cependant des hommes habiles dans l'analyse et suffisamment aptes à faire un résumé peuvent être privés d'imagination. Elle est cela et elle n'est pas tout à fait cela. Elle est la sensibilité et pourtant il y a des personnes très sensibles, trop sensibles peut-être, qui en sont privées. C'est l'imagination qui a enseigné à l'homme le sens moral de la couleur, du contour, du son et du parfum. Elle a créé, au commencement du monde, l'analogie et la métaphore. Elle décompose toute la création, et, avec des matériaux amassés et disposés suivant des règles dont on ne peut trouver l'origine que dans le plus profond de l'âme, elle crée un monde nouveau, elle produit la sensation du neuf. Comme elle a créé le monde (on peut bien dire cela, je crois, même dans un sens religieux), il est juste qu'elle le gouverne. Que dit-on d'un guerrier sans imagination ? Qu'il peut faire un excellent soldat, mais que, s'il commande des armées, il ne fera pas de conquêtes. Le cas peut se comparer à celui d'un poète ou d'un romancier qui enlèverait à l'imagination le commandement des facultés pour le donner, par exemple, à la connaissance de la langue ou à l'observation des faits. Que dit-on d'un diplomate sans imagination ? Qu'il peut bien connaître l'histoire des traités et des alliances dans le passé, mais qu'il ne devinera pas les traités et les alliances contenus dans l'avenir. D'un savant sans imagination ? Qu'il a appris tout ce qui, ayant été enseigné, pouvait être appris, mais qu'il ne trouvera pas les lois non encore devinées. L'imagination est la reine du vrai, et le possible est une des provinces du vrai. Elle est positivement apparentée avec l'infini.

Baudelaire, *Curiosités esthétiques, Salon de 1859,*
Éd. Garnier, 1962, III, p. 321.

---

1. Baudelaire dit avoir emprunté cette expression à Edgar Poe.
2. Évangile selon saint Luc, 13,6.

Texte 7 SARTRE

Imaginer et percevoir

On a souvent procédé comme si l'image était d'abord constituée sur le type de la perception et comme si quelque chose (réducteurs, savoir, etc.) intervenait ensuite pour la replacer à son rang d'image. L'objet en image serait donc constitué d'abord dans le monde des choses, pour être, *après coup,* chassé de ce monde. Mais cette thèse ne cadre pas avec les données de la description phénoménologique ; en outre, nous avons pu voir dans un autre ouvrage[1] que, si perception et image ne sont pas distinctes par nature, si leurs objets ne se donnent pas à la conscience comme *sui generis*[2], il ne nous restera aucun moyen pour distinguer ces deux façons de se donner les objets ; en un mot, nous avons constaté l'insuffisance des critères externes de l'image. Il faut donc — puisque nous pouvons parler d'images, puisque ce terme même a un sens pour nous, — il faut que l'image, prise en elle-même, renferme dans sa nature intime un élément de distinction radicale. Cet élément, une investigation réflexive va nous le faire trouver dans l'acte positionnel de la conscience imageante.

Toute conscience pose son objet mais chacune à sa manière. La perception, par exemple, pose son objet comme existant. L'image enferme, elle aussi, un acte de croyance ou acte positionnel. Cet acte peut prendre quatre formes et quatre seulement : il peut poser l'objet comme inexistant, ou comme absent, ou comme existant ailleurs ; il peut aussi se « neutraliser », c'est-à-dire ne pas poser son objet comme existant. Deux de ces actes sont des négations : le quatrième correspond à une suspension ou neutralisation de la thèse. Le troisième, qui est positif, suppose une négation implicite de l'existence actuelle et présente de l'objet. Ces actes positionnels — cette remarque est capitale — ne se surajoutent pas à l'image une fois qu'elle est constituée : l'acte positionnel est constitutif de la conscience d'image.

J.-P. Sartre, *l'Imaginaire,* Éd. Gallimard, 1940, p. 23.

1. Il s'agit de *l'Imagination* (1936), analyse critique des doctrines classiques de l'image.
2. D'un genre qui leur est propre.

Texte [8] DESCARTES

L'imagination diffère de la conception

Je remarque premièrement la différence qui est entre l'imagination, et la pure intellection, ou conception. Par exemple, lorsque j'imagine un triangle, je ne le conçois pas seulement comme une figure composée et comprise de trois lignes, mais outre cela je considère ces trois lignes comme présentes par la force et l'application intérieure de mon esprit ; et c'est proprement ce que j'appelle imaginer. Que si je veux penser à un chiliogone, je conçois bien à la vérité que c'est une figure composée de mille côtés, aussi facilement que je conçois qu'un triangle est une figure composée de trois côtés seulement, mais je ne puis pas imaginer les mille côtés d'un chiliogone, comme je fais les trois d'un triangle, ni pour ainsi dire, les regarder comme présents avec les yeux de mon esprit. Et quoique suivant la coutume que j'ai de me servir toujours de mon imagination, lorsque je pense aux choses corporelles, il arrive qu'en concevant un chiliogone, je me représente confusément quelque figure, toutefois il est très évident que cette figure n'est point un chiliogone, puisqu'elle ne diffère nullement de celle que je me représenterais, si je pensais à un myriogone[1], ou à quelque autre figure de beaucoup de côtés ; et qu'elle ne sert en aucune façon à découvrir les propriétés qui font la différence du chiliogone d'avec les autres polygones.

Que s'il est question de considérer un pentagone, il est bien vrai que je puis concevoir sa figure, aussi bien que celle d'un chiliogone, sans le secours de l'imagination ; mais je la puis aussi imaginer en appliquant l'attention de mon esprit à chacun de ses cinq côtés, et tout ensemble à l'aire, ou à l'espace qu'ils renferment. Ainsi je connais clairement que j'ai besoin d'une particulière contention d'esprit[2] pour imaginer, de laquelle je ne me sers point pour concevoir ; et cette particulière contention d'esprit montre évidemment la différence qui est entre l'imagination et l'intellection ou conception pure.

Descartes, *Méditations métaphysiques* (1641), Sixième Méditation, Bibliothèque de la Pléiade, Éd. Gallimard, 1953, pp. 318-319.

1. Figure à dix mille côtés.
2. Concentration.

Au texte précédent, Gassendi objecte que nous concevons le chiliogone tout aussi confusément que nous l'imaginons. Il refuse de distinguer intellection et imagination. Voici la réponse de Descartes.

Pour ce qui est de l'intellection d'un chiliogone, il n'est nullement vrai qu'elle soit confuse, car on en peut très clairement et très distinctement démontrer plusieurs choses, ce qui ne se pourrait aucunement faire si on ne le connaissait que confusément, ou, comme vous dites, si on n'en connaissait que le nom ; mais il est très certain que nous le concevons très clairement tout entier et tout à la fois, quoique nous ne le puissions pas ainsi clairement imaginer : d'où il est évident que les facultés d'entendre et d'imaginer ne diffèrent pas seulement selon le plus et le moins, mais comme deux manières d'agir totalement différentes. Car dans l'intellection l'esprit ne se sert que de soi-même, au lieu que dans l'imagination il contemple quelque forme corporelle.

Ibid, p. 504.

Texte 9 BERGSON

Du schéma[1] à l'image, le trajet de l'invention

L'effort intellectuel pour interpréter, comprendre, faire attention, est donc un mouvement du « schéma dynamique » dans la direction de l'image qui le développe. C'est une transformation continue de relations abstraites, suggérées par les objets perçus, en images concrètes, capables de recouvrir ces objets. Sans doute le sentiment de l'effort ne se produit pas toujours dans cette opération. On verra tout à l'heure à quelle condition particulière l'opération satisfait quand l'effort s'y joint. Mais c'est seulement au cours d'un développement de ce genre que nous avons conscience d'un effort intellectuel. *Le sentiment de l'effort d'intellection se produit sur le trajet du schéma à l'image.* [...]

On se transporte d'un bond au résultat complet, à la fin qu'il s'agit de réaliser : tout l'effort d'invention est alors une tentative pour combler l'intervalle par-dessus lequel on a sauté, et arriver de nouveau à cette même fin en suivant cette fois le fil continu des moyens qui la réaliseraient. Mais comment apercevoir ici la fin sans les moyens, le tout sans les parties ? Ce ne peut être sous forme d'image, puisqu'une image qui nous ferait voir l'effet s'accomplissant nous montrerait, intérieurs à cette image même, les moyens par lesquels l'effet s'accomplit. Force nous est donc bien d'admettre que le tout s'offre comme un schéma, et que l'invention consiste précisément à convertir le schéma en image.

1. Le terme grec *skèma* « figure » a été transcrit en allemand sous la forme *Schema*, par Kant notamment, qui ne lui donne pas le sens de « figure ». En français, le plus souvent, le mot « schéma » est réservée à un dessin, le mot « schème » désigne une opération de l'esprit ou une fonction mentale. Ce terme, adopté par les traducteurs de Kant, se retrouve chez Bergson qui emploie indifféremment « schème » et « schéma ».

L'inventeur qui veut construire une certaine machine se représente le travail à obtenir. La forme abstraite de ce travail évoque successivement dans son esprit, à force de tâtonnements et d'expériences, la forme concrète des divers mouvements composants qui réaliseraient le mouvement total, puis celles des pièces et des combinaisons de pièces capables de donner ces mouvements partiels. A ce moment précis l'invention a pris corps : la représentation schématique est devenue une représentation imagée. L'écrivain qui fait un roman, l'auteur dramatique qui crée des personnages et des situations, le musicien qui compose une ode, tous ont d'abord dans l'esprit quelque chose de simple et d'abstrait, je veux dire d'incorporel. C'est, pour le musicien ou le poète, une impression neuve qu'il s'agit de dérouler en sons ou en images. C'est, pour le romancier ou le dramaturge, une thèse à développer en événements, un sentiment, individuel ou social, à matérialiser en personnages vivants. On travaille sur un schéma du tout, et le résultat est obtenu quand on arrive à une image distincte des éléments.

É. Bergson, *l'Énergie spirituelle*[2], Éd. P.U.F. 1962, pp. 173-175.

2. Reprise d'un article de 1902.

Texte 10 FREUD

La satisfaction imaginaire

On reconnut que le royaume de l'imagination était une « réserve », organisée lors du passage douloureusement ressenti du principe du plaisir[1] au principe de réalité[1], afin de permettre un substitut à la satisfaction instinctive à laquelle il fallait renoncer dans la vie réelle. L'artiste, comme le névropathe, s'était retiré loin de la réalité insatisfaisante dans ce monde imaginaire, mais à l'inverse du névropathe il s'entendait à trouver le chemin du retour et à reprendre pied dans la réalité. Ses créations, les œuvres d'art, étaient les satisfactions imaginaires de désirs inconscients, tout comme les rêves, avec lesquels elles avaient d'ailleurs en commun le caractère d'être un compromis, car elles aussi devaient éviter le conflit à découvert avec les puissances de refoulement. Mais à l'inverse des productions asociales narcissiques du rêve, elles pouvaient compter sur la sympathie des autres hommes, étant capables d'éveiller et de satisfaire chez eux les mêmes inconscientes aspirations de désir. De plus elles se servaient, comme « prime de séduction », du plaisir attaché à la perception de la beauté de la forme.

S. Freud, *Ma vie et la Psychanalyse,* (1925), traduction de M. Bonaparte, Éd. Gallimard, 1928, p. 80.

1. Sur le sens de ces expressions, voir le chapitre « le Désir », tome I, p. 55.

Texte 11 FREUD

Un moyen d'accepter la dure réalité

Cet enfant âgé de dix-huit mois ne pleurait jamais pendant les absences de sa mère, absences qui duraient parfois des heures, bien qu'il lui fût très attaché. [...]

Cet excellent enfant avait cependant l'habitude d'envoyer tous les petits objets qui lui tombaient sous la main dans le coin d'une pièce, sous un lit, etc., et ce n'était pas un travail facile que de rechercher ensuite et de réunir tout cet attirail du jeu. En jetant loin de lui les objets, il prononçait, avec un air d'intérêt et de satisfaction, le son prolongé o-o-o-o qui, d'après les jugements concordants de la mère et de l'observateur, n'était nullement une interjection, mais signifiait le mot « Fort » (loin). Je me suis finalement aperçu que c'était là un jeu et que l'enfant n'utilisait ses jouets que pour « les jeter au loin ». Un jour je fis une observation qui confirma ma manière de voir. L'enfant avait une bobine de bois, entourée d'une ficelle. Pas une seule fois l'idée ne lui était venue de traîner cette bobine derrière lui, c'est-à-dire de jouer avec elle à la voiture ; mais tout en maintenant le fil, il lançait la bobine avec beaucoup d'adresse par-dessus le bord de son lit entouré d'un rideau, où elle disparaissait. Il prononçait alors son invariable o-o-o-o, retirait la bobine du lit et la saluait cette fois par un joyeux « Da ! » (« Voilà ! »).[...]

Le grand effort que l'enfant s'imposait avait la signification d'un renoncement à un penchant (à la satisfaction d'un penchant) et lui permettait de supporter sans protestation le départ et l'absence de sa mère. L'enfant se dédommageait pour ainsi dire de ce départ et de cette absence, en reproduisant, avec les objets qu'il avait sous la main, la scène de la disparition et de la réapparition. La valeur affective de ce jeu est naturellement indépendante du fait de savoir si l'enfant l'a inventé lui-même ou s'il lui a été suggéré par quelqu'un ou quelque chose. Ce qui nous intéresse, c'est un autre point. Il est certain que le départ de la mère n'était pas pour l'enfant un fait agréable ou, même, indifférent. Comment alors concilier avec le principe du plaisir[1] le fait qu'en jouant il reproduisait cet événement pour lui pénible ? [...]

Il se trouvait devant cet événement dans une attitude passive, le subissait pour ainsi dire et voilà qu'il assume un rôle actif en le reproduisant sous la forme d'un jeu.

S. Freud, *Essais de Psychanalyse,* « Au-delà du principe de plaisir » (1920), traduction de S. Jankélévitch, Éd. Payot, p. 16.

1. Sur le sens de cette expression, voir le chapitre « le Désir », tome I, p. 55.

Texte 12 BETTELHEIM

Le fantastique est une arme pour affronter la vie

L'inconscient est la source du matériel brut et la base sur laquelle le *moi* édifie notre personnalité. En poussant plus loin cette comparaison, on peut dire que nos fantasmes sont les ressources naturelles qui alimentent et modèlent ce matériel brut, ce qui les rend utiles au *moi* en train de construire la personnalité. Si nous sommes privés de ces ressources naturelles, notre vie reste limitée ; sans les fantasmes qui nous donnent de l'espoir, nous n'avons pas la force d'affronter les adversités de la vie. L'enfance est l'époque où ces fantasmes ont besoin d'être entretenus.

Nous ne manquons pas d'encourager les fantasmes de nos enfants ; nous leur disons de peindre ce qu'ils ont envie de peindre et d'inventer des histoires. Mais s'il n'est pas nourri par notre patrimoine imaginatif, le conte de fées folklorique, l'enfant est incapable d'inventer tout seul des histoires qui l'aideraient à résoudre les problèmes de la vie. Les histoires qu'il peut inventer ne sont que le reflet de ses désirs et de ses angoisses. S'il ne peut compter que sur ses propres ressources, l'enfant en est réduit à imaginer des élaborations à partir de ce qu'il est présentement, puisqu'il ne peut pas savoir où il a besoin d'aller et, à plus forte raison, n'en connaît pas le chemin. C'est ici que le conte de fées fournit à l'enfant ce dont il a le plus besoin : à son début, il prend l'enfant exactement où il en est sur le plan affectif, lui montre où il doit aller et comment il doit s'y prendre. Mais le conte de fées réalise cela par implication, sous forme d'un matériel imaginatif où l'enfant peut puiser ce qui lui convient le mieux et au moyen d'images qui lui permettent de saisir facilement tout ce qu'il doit nécessairement comprendre.

B. Bettelheim[1], *Psychanalyse des contes de fées*[2] (1976), traduction de T. Carlier, Éd. Robert Laffont, 1976, p. 215.

1. Psychiatre américain contemporain d'origine autrichienne.
2. Le titre américain de cet ouvrage serait mieux traduit par : *Le bon usage du fantastique.*

Texte 13 BACHELARD

Un rêveur de mots

Je suis un rêveur de mots, un rêveur de mots écrits. Je crois lire. Un mot m'arrête. Je quitte la page. Les syllabes du mot se mettent à s'agiter. Des accents toniques se mettent à s'inverser. Le mot abandonne son sens comme une surcharge trop lourde qui empêche de rêver. Les mots prennent alors d'autres significations comme s'ils avaient le droit d'être jeunes. Et les mots s'en vont cherchant, dans les fourrés du vocabulaire, de nouvelles compagnies, de mauvaises compagnies. Que de conflits mineurs ne faut-il pas résoudre quand, de la rêverie vagabonde, on revient au vocabulaire raisonnable.

Et c'est pis lorsqu'au lieu de lire je me mets à écrire. Sous la plume, l'anatomie des syllabes se déroule lentement. Le mot vit syllabe par syllabe, en danger de rêveries internes. Comment le maintenir en bloc en l'astreignant à ses habituelles servitudes dans la phrase ébauchée, une phrase qu'on va peut-être rayer du manuscrit ? La rêverie ne ramifie-t-elle pas la phrase commencée ? Le mot est un bourgeon qui tente une ramille. Comment ne pas rêver en écrivant. C'est la plume qui rêve. C'est la page blanche qui donne le droit de rêver. Si seulement on pouvait écrire pour soi seul. Qu'il est dur le destin d'un faiseur de livres ! Il faut tailler et recoudre pour avoir de la suite dans les idées. Mais, écrivant un livre sur la rêverie, le jour n'est-il pas venu de laisser courir la plume, de laisser parler la rêverie dans le temps même où l'on croit la transcrire ? Je suis — ai-je besoin de le dire ? — un ignorant en linguistique. Les mots, dans leur lointain passé, ont le passé de mes rêveries. Ils sont, pour un rêveur, pour un rêveur de mots, tout gonflés de vésanies[1]. D'ailleurs, que chacun y songe, qu'il « couve » un peu un mot familier entre tous. Alors, l'éclosion la plus inattendue, la plus rare, sort du mot qui dormait dans sa signification — inerte comme un fossile de significations. Oui, vraiment, les mots rêvent.

G. Bachelard, *la Poétique de la Rêverie*,
Éd. P.U.F., 1960, p. 15.

1. Folies.

Texte 14 SARTRE

Imagination et liberté

Que doit donc être une conscience pour qu'elle puisse successivement poser des objets *réels* et des objets *imagés* ? [...]
La condition pour qu'une conscience puisse imaginer est [...] double : il faut à la fois qu'elle puisse poser le monde dans sa totalité synthétique et, à la fois, qu'elle puisse poser l'objet imaginé comme hors d'atteinte par rapport à cet ensemble synthétique, c'est-à-dire poser le monde comme un néant par rapport à l'image. Il suit de là clairement que toute création d'imaginaire serait totalement impossible à une conscience dont la nature serait précisément d'être « au-milieu-du-monde ». Si nous supposons en effet une conscience placée au sein du monde comme un existant parmi d'autres, nous devons la concevoir, par hypothèse, comme soumise sans recours à l'action des diverses réalités – sans qu'elle puisse par ailleurs dépasser le détail de ces réalités par une intuition qui embrasserait leur totalité. Cette conscience ne pourrait donc contenir que des modifications réelles et toute imagination lui serait interdite, précisément dans la mesure où elle serait enlisée dans le réel. Cette conception d'une conscience embourbée dans le monde ne nous est pas inconnue car c'est précisément celle du déterminisme psychologique. Nous pouvons affirmer sans crainte que, si la conscience est une succession de faits psychiques déterminés, il est totalement impossible qu'elle produise jamais autre chose que du réel. Pour qu'une conscience puisse imaginer il faut qu'elle échappe au monde par sa nature même, il faut qu'elle puisse tirer d'elle-même une position de recul par rapport au monde. En un mot il faut qu'elle soit libre.

J.-P. Sartre, *l'Imaginaire*,
Éd. Gallimard, pp. 346-353.

DOCUMENTS

1. Un savant presque mort de peur

Ce récit — rapporté par Bachelard — nous montre un savant fort imaginatif littéralement hypnotisé par un crapaud.

La vue de certains objets, de certains êtres vivants, est chargée d'une telle masse d'affectivité qu'il est intéressant de surprendre les défaillances des esprits forts *qui se font gloire de les étudier. Voici un amusant récit de l'abbé Rousseau*[1] *: « Van Helmont dit que si on met un crapaud dans un vaisseau*[2] *assez profond pour qu'il ne puisse en sortir, et qu'on le regarde fixement, cet animal ayant fait tous ses efforts pour sauter hors du vaisseau et fuir, il se retourne, vous regarde fixement, et peu de moments après tombe mort. Van Helmont attribue cet effet à une idée de peur horrible que le crapaud conçoit à la vue de l'homme. Laquelle par l'attention assidue s'excite et s'exalte jusqu'au point que l'animal en est suffoqué. Je l'ai donc fait par quatre fois, et j'ai trouvé que Van Helmont avait dit la vérité. A l'occasion de quoi un Turc qui était présent en Égypte, où j'ai fait cette expérience pour la troisième fois, se récria que j'étais un saint d'avoir tué de ma vue une bête qu'ils croient être produite par le Diable... »*

Extrait du film *l'Ours,* de J.-J. Annaud.

1. Médecin du XVIIIe siècle ; n'a rien de commun avec J.-J. Rousseau.
2. Dans la langue classique, *récipient*.

Voilà le thaumaturge[1] *dans toute sa gloire ! Voyons maintenant la défaite qui va nous permettre de bien voir l'ambivalence exacte d'un courage si mal employé. « Mais ayant voulu faire pour la dernière fois la même chose à Lyon... bien loin que le crapaud mourût, j'en pensai mourir moi-même. Cet animal, après avoir tenté inutilement de sortir, se tourna vers moi ; et s'enflant extraordinairement et s'élevant sur les quatre pieds, il soufflait impétueusement sans remuer de sa place, et me regardant ainsi sans varier les yeux, que je voyais sensiblement rougir et s'enflammer ; il me prit à l'instant une faiblesse universelle, qui alla tout d'un coup jusqu'à l'évanouissement accompagné d'une sueur froide et d'un relâchement par les selles et les urines. De sorte qu'on me crut mort. Je n'avais rien pour lors de plus présent que du thériaque*[2] *et de la poudre de vipère, dont on me donna une grande dose qui me fit revenir ; et je continuai d'en prendre soir et matin pendant huit jours que la faiblesse me dura. Il ne m'est pas permis de révéler tous les effets insignes dont je sais que cet horrible animal est capable. »*

Cette page nous paraît donner un bel exemple de cette concrétisation *de la peur qui trouble tant de cultures préscientifiques.*

G. Bachelard, *la Formation de l'esprit scientifique*, Éd. Vrin, 1960, p. 208.

1. Faiseur de miracles.
2. Médicament composé de plusieurs drogues, auquel on attribuait une efficacité universelle.

2. « Tu ne te feras aucune image »[1]

Tu n'auras pas d'autres dieux devant moi. Tu ne te feras aucune image sculptée, rien qui ressemble à ce qui est dans les cieux là-haut ou sur la terre ici-bas, ou dans les eaux au-dessous de la terre. Tu ne te prosterneras pas devant ces dieux et tu ne les serviras pas.

La Bible, Exode, XX, 3 à 5, traduction de l'École biblique de Jérusalem.

1. Ce commandement est repris en *Deutéronome,* V, 7 à 9. Bien qu'il ne nomme que la sculpture, les religions qui l'appliquent strictement l'ont généralement étendu à la peinture. Les mêmes religions admettent le plus souvent l'usage profane des images et interdisent seulement l'image des formes humaines et animales, ce qui autorise l'usage décoratif du végétal.

Photo :Henri Cartier-Bresson.

3. Quand la croyance altère l'observation

Les nuages n'ont point changé de forme depuis le Moyen Age. Nous n'y apercevons plus cependant ni croix ni épée miraculeuses. La queue de la comète qu'observa le grand Ambroise Paré[1] n'était vraisemblablement guère différente de celles qui balaient parfois nos ciels. Il crut pourtant y découvrir toute une panoplie d'armes étrangères. L'obéissance au préjugé universel avait triomphé de l'habituelle exactitude de son regard ; et son témoignage, comme tant d'autres, renseigne, non sur ce qu'il vit en réalité, mais sur ce que, de son temps, on estimait naturel de voir.

M. Bloch, *Métier d'historien ou Apologie pour l'Histoire*, 1944, Éd. A. Colin, p. 94.

1. Chirurgien français (1509-1590).

Exercices

1. Pascal définit l'imagination : « Cette superbe puissance ennemie de la raison ». La raison pourrait-elle se passer entièrement de l'imagination ? Cherchez des éléments de réponse dans le texte 5.

2. Baudelaire dit de l'imagination : « elle est positivement apparentée avec l'infini » (texte 6) Pourquoi « positivement » ? Sens et valeur ici, de ce mot.

3. De quoi souffre un malade imaginaire ? Si vous avez l'occasion de voir le film de Woody Allen, *Hannah et ses sœurs*, comparez le personnage joué par W. A. et *le Malade imaginaire* de Molière.

4. Ce que nous imaginons peut-il être vrai ?

5. Cherchez dans les biographies d'écrivains des adultes dont la conduite ressemble à celle du petit garçon du texte 11. (On peut penser par exemple à Goethe écrivant *Werther* au lieu de se suicider.)

Sujets de dissertation

1. Imaginer, est-ce seulement nier la réalité ?
2. L'imagination est-elle refuge de la liberté ?
3. L'utopie est-elle utile ?
4. L'imagination a-t-elle un rôle dans la pensée scientifique ?

Corrélats

les passions - l'illusion - le jugement - l'idée - l'art - le fait religieux

POUR EN SAVOIR PLUS

I. ŒUVRES LITTÉRAIRES

La plupart des œuvres de fiction pourraient fournir des exemples. Nous citerons seulement :

Balzac (H. de), *la Peau de chagrin,* Éd. Folio.

Caroll (L.), *Alice au pays des merveilles,* « De l'autre côté du miroir », traduction de H. Parrizot, Éd. Garnier-Flammarion.

Nerval (G. de), *Aurélia,* Éd. Folio.

Swift (J.), *les Voyages de Gulliver,* traduction de E. Pons, Bibliothèque de la Pléiade, Éd. Gallimard.

II. ŒUVRES PHILOSOPHIQUES

Alain, *Préliminaires à la mythologie,* Éd. Gallimard.

Bettelheim (B.), *Psychanalyse des contes de fées,* traduction de T. Calier, Éd. R. Laffont et Livre de Poche.

Freud (S.), *Ma vie et la psychanalyse,* traduction de Marie Bonaparte, collection Idées, Éd. Gallimard.

Freud (S.), *Délire et rêve dans la Gradiva de Jensen,* collection Idées, Éd. Gallimard.

Bachelard (G.), *la Psychanalyse du feu,* collection Idées, Éd. Gallimard.

Bachelard (G.), *la Poétique de l'espace,* Éd. P.U.F.

Bachelard (G.), *l'Air et les Songes,* Éd. J. Corti.

Bachelard (G.), *la Poétique de la rêverie,* Éd. P.U.F.

Mannoni (O.), *Clefs pour l'imaginaire,* Éd. du Seuil.

Dagognet (F.), *Philosophie de l'image,* Ed. Vrin.

Durand (G.), *les Structures anthropologiques de l'imaginaire,* Éd. Dunod-Bordas.

Sartre (J.-P.), *l'Imaginaire,* Éd. Gallimard.

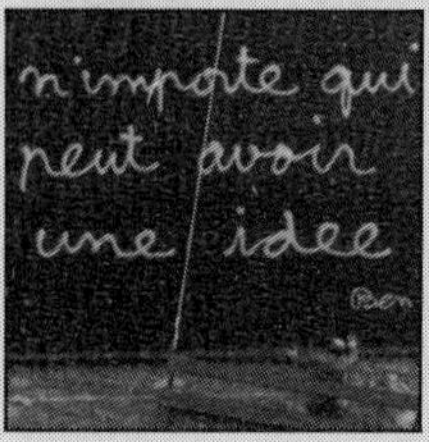

Photo : Christian Weiss.

15

Le jugement, l'idée

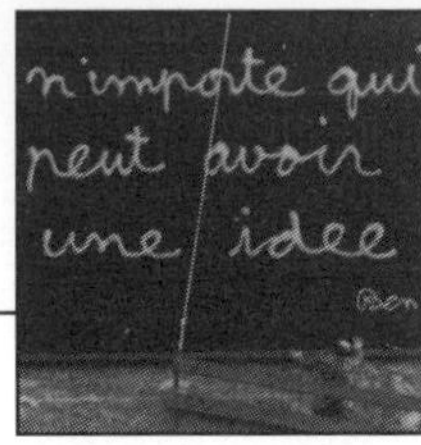

Introduction

On peut avoir « une idée d'introduction » pour sa dissertation, ou « des idées » sur ce que l'on aimerait faire aux prochaines vacances — il s'agit en fait de projets. Si l'on me reproche de « me faire des idées » sur les sentiments d'un tel à mon égard, on veut en fait me mettre en garde contre les excès de mon imagination ; et lorsqu'on s'intéresse aux idées de tel ou tel homme politique, par exemple, on pourrait tout aussi bien parler de ses thèses, ou de ses opinions.

Qu'est-ce qu'une idée ?

Dans la langue courante, le mot « idée » tient très souvent lieu de synonyme pour des termes dont il importe de le distinguer soigneusement, si l'on veut en saisir le sens propre, et comprendre pourquoi les philosophes se sont posé tant de problèmes à son sujet. D'autant que ces imprécisions de la langue ordinaire ne sont pas fortuites : à ce niveau déjà — et pas seulement pour les philosophes — la difficulté sous-jacente porte sur la nature des liens entre idée et jugement. L'énoncé des idées de tel ministre, ou de celles que l'on « se fait » sur les intentions de x ou y, est en fait la formulation d'un jugement, puisque dans tous ces cas on met en rapport deux ou plusieurs idées — on y reviendra.

« Avoir une idée » semble à première vue plus simple que « porter un jugement ». On verra qu'il s'agit peut-être là d'une impression fausse : elle justifie néanmoins une première interrogation sur le sens exact du mot « idée ». Dans tous les emplois de ce terme, on fait référence à l'action de l'esprit qui conçoit un objet quelconque, qui se l'approprie sous une nouvelle « forme » (en grec, puis en latin, *idéa* veut dire « forme ») : avec les idées, l'esprit se « re-présente » la réalité, sur un mode qu'il convient de distinguer et de la pure imagination[1] et de la perception[1], deux modes extrêmes et opposés du rapport à cette réalité.

Au sens propre (et philosophique) du terme, une idée est donc un objet de pensée en tant qu'il est pensé (textes 1 et 2). Elle n'est pas la chose sensible elle même ; pas non plus une pure image, ni une pure impression de type affectif. Mon idée de ce qu'est un chien me le représente (entre autres) susceptible d'aboyer : l'idée elle-même n'aboie pas — pas plus qu'en tant qu'idée elle ne peut me faire souffrir, alors que la morsure de tel chien me fera effectivement ressentir de la douleur ; pas plus qu'elle n'est de telle ou telle couleur, alors que je me représente un chien comme ayant une couleur. Et mon esprit est capable de former des idées de couleur : mais ces idées elles-mêmes ne sont pas colorées.

Abstraction et raison

Une idée est donc toujours et par nature abstraite. Mais abstrait ne veut dire ni « vague », ni « général », mais tiré de l'observation du concret, de sa manipulation. L'intérêt d'une idée ab-straite, c'est justement de pouvoir être comme « ré-injectée » dans le concret : c'est donc au contraire le concret qui est confus, dépourvu de sens, tant que les idées et le langage ne permettent pas de s'y orienter, de le maîtriser symboliquement.

L'idée peut être aussi générale, et correspondre à une collection d'individus — être la représentation d'un genre. On la nomme alors concept (texte 3). Le concept de chien, par exemple, englobe tous les caractères communs à tous les chiens (c'est la compréhension du concept), et le mot « chien » convient à la désignation de tous les animaux conformes au concept (c'est son extension). Un concept est, au fond, le sens d'un mot.

1. Voir les chapitres traitant de ces notions.

Les opérations intellectuelles permettant la production et l'utilisation des concepts ne sont donc pas simples. C'est qu'elles relèvent de cette aptitude spécifique, commune à tous les hommes, qu'est la raison : au sens large et courant du terme, la raison est la faculté d'organiser méthodiquement la pensée et l'action ; elle est également la condition de possibilité du discours sensé et de la recherche de la vérité. Le mot « entendement » est souvent employé dans le même sens.

La raison est donc une faculté tout à fait essentielle, mais son origine et ses pouvoirs restent un peu mystérieux : d'où les controverses qui divisent les philosophes, aux XVIIe et XVIIIe siècles en particulier, sur la nature et l'origine des idées, ces témoins majeurs de l'existence de la raison. Sont-elles, toutes ou en partie, innées, au même titre que la raison ? Quelle part nos perceptions sensibles prennent-elles à leur formation ? Peut-on distinguer plusieurs sortes d'idées ? plusieurs degrés de clarté[1] dans la représentation de la réalité ?

La solution de ces problèmes oppose, entre autres, les partisans de l'innéité comme Descartes à ceux qui pensent, comme Hume, que toute idée est une impression sensible affaiblie par l'éloignement de ses sources. Même les idées d'objets irréels, selon les empiristes, doivent avoir une source sensible (textes 4 et 5).

Mais si l'on change les termes des questions litigieuses, on échappe peut-être à ces controverses et à ces solutions contradictoires.

Idée et jugement sont indissociables

Dans le *Discours sur l'origine et les fondements de l'inégalité parmi les hommes,* lorsqu'il en vient à formuler des hypothèses sur l'origine des langues et des idées générales, Rousseau affirme que « pour ranger les êtres sous des dénominations communes, et génériques, il en fallait connaître les propriétés et les différences ». Il suggère ainsi l'existence de liens étroits entre le langage, la conception des idées, et cette autre manifestation de la raison qu'est la faculté d'analyser et de comparer entre elles les informations que nos perceptions sensibles nous fournissent sur la réalité. Il précise d'ailleurs que « l'entendement » ne peut « saisir » les idées générales « que par des propositions ». Or ces propositions qui énoncent « les propriétés et les différences », sont précisément le double produit du langage et de l'autre faculté qui nous intéresse dans ce chapitre : le jugement. Au sens logique du terme, un jugement est en effet l'opération de l'esprit qui consiste à établir un rapport entre deux ou plusieurs idées (texte 6).

Reprenons la formule de Rousseau à la lumière de cette définition, et « traduisons »-la : il prétend que la formation des idées, des concepts en particulier, présuppose une connaissance des réalités perçues et représentées par ces idées et concepts. Veut-il dire, par exemple, que mon idée de chien présuppose, entre autres, la possibilité de l'énoncé « tous les chiens sont des mammifères » ? Sans doute, et il a raison. Mais on a encore raison si l'on affirme que l'énoncé en question présuppose à son tour la maîtrise du concept de chien. Et l'on ne s'enferme pas pour autant dans un cercle vicieux : on est simplement passé de la description à l'analyse de la conception des idées, et celle-ci apparaît maintenant comme « un jugement antérieur au jugement ». Le jugement « un chien est un mammifère »

1. Leibniz, *Méditations sur la connaissance, la vérité et les idées* (1689).

n'est pas simplement l'énoncé d'un lien entre deux idées ; il contient d'autres jugements « en résumé » : jugements relatifs à la nature, à l'existence des êtres auxquels renvoient les idées de chien et de mammifère — jugements antérieurs à ces idées au sens où, sans eux, elles ne seraient ni formées, ni, à leur tour, éléments d'autres jugements.

Kant avait en partie résolu ce problème, puisque dans la *Critique de la Raison pure*, l'entendement est explicitement défini comme un pouvoir de juger (texte 8). L'argumentation de Kant peut être résumée ainsi : indissociable de la sensibilité — pouvoir d'être affecté par les objets —, l'entendement est le pouvoir de se représenter ces objets ; l'activité de l'entendement humain s'enracine donc dans l'interdépendance de l'intuition sensible et de la pensée, et consiste alors à organiser les représentations de la réalité, au moyen des concepts[1], et des jugements, qui en structurent les relations de différentes manières.

L'acte de la connaissance, c'est le jugement : l'affirmation de Lagneau prend maintenant tout son sens (texte 7) ; la formation des idées n'est possible, et n'a d'intérêt, qu'en étroite relation avec l'activité perceptive ainsi qu'avec cette autre condition de possibilité de la connaisance humaine qu'est le pouvoir de juger. Et ce pouvoir a d'autres effets majeurs, sur lesquels on va conclure ces réflexions.

Jugement et vérité

Si l'essentiel de notre activité intellectuelle ne prenait pas d'abord la forme de jugements, il n'y aurait pour ainsi dire ni pensée organisée, ni langage, ni, à plus forte raison, vérité ou erreur dans nos énoncés. Même dans ses manifestations les plus banales, notre raison lie entre elles des idées : « deux et deux font quatre », « Dieu existe », sont des jugements — mais « je suis malade » ou « il est tombé » en sont aussi. Et dans toutes les situations (fort nombreuses) où il importe de savoir si nos énoncés sont vrais ou faux, seule la possibilité de confronter des jugements (ou des énoncés réductibles à des jugements) à de la réalité connue permettra de donner sens et légitimité au problème de la vérité (texte 9 de Descartes).

La plupart des énoncés qui relient un ou plusieurs attributs à un ou plusieurs sujets ont donc toutes les apparences du jugement : peut-on pour autant confronter tous les énoncés de cette forme à une réalité connue ? Autrement dit, dispose-t-on, pour tous, d'un moyen de savoir s'ils sont vrais ou faux ? Non — et là réside toute la différence entre les véritables jugements et les énoncés qui ne font qu'en imiter la forme — les préjugés, les opinions et même les jugements de goût qui n'apportent jamais avec eux les moyens de prouver s'ils sont vrais ou faux. Et pourtant, beaucoup d'entre eux sont de si bonnes imitations qu'ils parviennent à convaincre qu'ils sont vrais. C'est que la réalité à laquelle renvoient une opinion, un préjugé ou un jugement de goût, à défaut d'être à proprement parler connue (pour la bonne raison que ce n'est tout simplement pas une réalité), est admise par un certain nombre de gens, qui « y croient » comme une évidence : pour ceux qui y adhèrent, les pseudo-connaissances sur lesquelles reposent leurs opinions ou leurs préjugés sont d'autant moins discutables qu'elles sont très utiles, ou très rassurantes, ou qu'elles ont la caution d'une autorité supérieure (politique, religieuse, scientifique, etc.). Ainsi peut-on être sincèrement convaincu que « les Noirs sont

1. On ne peut pas employer indifféremment, à propos de Kant, les mots « idée » et « concept ». « Idée » renvoie, dans sa philosophie, à un sens qui ne concerne qu'indirectement les problèmes abordés dans ce chapitre — Voir le texte 3 et les notes explicatives qui le complètent. Voir aussi tome II, le chapitre « la Métaphysique », p. 348 et le chapitre « la Justice », texte 2 .

moins intelligents que les Blancs » : on trouvera toujours un biologiste « respectable » pour affirmer qu'il s'agit d'une infériorité génétique, et une telle conviction peut fort à propos justifier après-coup les privilèges fondés sur des préjugés racistes.

Quant aux jugements de goût, leur subjectivité est certes indépassable : la certitude qu'un poème est beau, par exemple, ne peut évidemment pas donner lieu à une argumentation de type rationnel. Il y a cependant dans le jugement de goût, au sens strict du terme[1], une prétention à l'universalité.

Des certitudes subjectives

Un préjugé, une opinion, certains jugements de valeur ou de goût[2] ont donc pour particularité d'être énoncés comme s'il s'agissait de jugements au sens logique du terme, c'est-à-dire comme s'ils liaient entre eux de véritables concepts : alors que « moins intelligent » ou « beau » renvoient en réalité à des *évaluations subjectives*. Il ne saurait s'agir ici de connaissance, encore moins de rationalité ou de vérité (textes 10 et 11).

Sans doute peut-on étendre aussi loin que Nietzsche les limites du domaine où valeurs et subjectivité semblent présider à l'élaboration du savoir de l'homme (sur lui-même et sur son environnement). Mais alors les termes mêmes d'« idée », de « jugement » et de « vérité » perdent toute consistance : tout sens en est dilué dans la relativité de l'ensemble des savoirs, des convictions et des intérêts humains. La thèse est intéressante, peut-être juste : elle n'empêche pas que nous n'avons à ce jour aucun autre moyen que les idées et les jugements pour penser, et par là maîtriser, à notre manière, bon nombre des problèmes qu'il faut résoudre pour survivre.

Au fond, pour Nietzsche, « idée » et « jugement » sont synonymes d'« opinion » : telle est justement, nous l'avons vu, la confusion qu'il faut écarter, si l'on veut mener à bien une analyse philosophiquement pertinente des éléments fondamentaux de la connaissance humaine, des relations à travers lesquelles il se constituent, de leur rapport, enfin, à la question de la vérité.

On trouvera dans les chapitres sur « la Vérité », p. 460 et « la Métaphysique », p. 348, l'explication de ce qu'est une Idée platonicienne ; par ailleurs, l'Allégorie de la caverne (voir le chapitre « la Vérité », p. 465) expose clairement la distinction établie par Platon entre la faiblesse des préjugés et des opinions et la supériorité absolue du véritable Savoir.

---

1. Il convient de distinguer le goût en général — penchant sensible ou sensuel — du « bon goût » — faculté de juger intuitivement et sûrement des valeurs esthétiques.
2. Les jugements de goût sont des jugements réfléchissants, que Kant distingue des jugements déterminants : « Le jugement en général est la faculté de concevoir le particulier comme contenu dans le général ». Or cette mise en relation du particulier et du général peut s'effectuer de deux façons, selon que l'on part du particulier pour aller vers le général ou de la généralité pour déterminer le cas particulier. Dans ce dernier cas, il s'agit de jugements déterminants, qui appliquent une règle ou une loi qu'ils reçoivent du dehors : de l'entendement (faculté des règles) dans la connaissance, de la raison (faculté des principes) dans le jugement moral. Dans le premier cas au contraire, le jugement ne reçoit pas sa loi du dehors, mais va de lui-même vers le général. Or penser non par application d'une règle donnée mais en vue d'une règle à donner à l'objet c'est réfléchir : nous avons alors affaire à des jugements réfléchissants.

D'après Kant, *Critique de la faculté de juger* (1790), Éd. Vrin, 1968, p. 28.

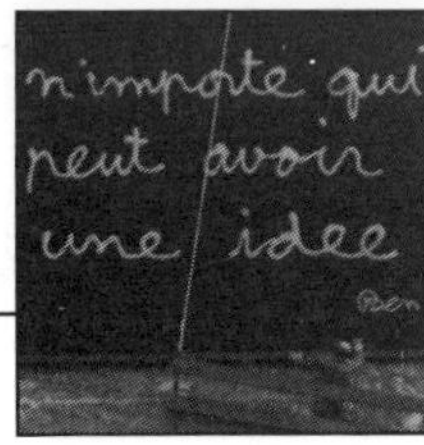

Textes

I. L'IDÉE ET LE CONCEPT

Texte 1 DESCARTES

L'idée est l'objet propre de la pensée

Il faut ici que je divise toutes mes pensées en certains genres, et que je considère dans lesquels de ces genres il y a proprement de la vérité ou de l'erreur.

Entre mes pensées, quelques-unes sont comme les images des choses, et c'est à celles-là seules que convient proprement le nom d'idée : comme lorsque je me représente un homme, ou une chimère, ou le ciel, ou un ange, ou Dieu même. D'autres, outre cela, ont quelques autres formes : comme, lorsque je veux, que je crains, que j'affirme ou que je nie, je conçois bien alors quelque chose comme le sujet de l'action de mon esprit, mais j'ajoute aussi quelque autre chose par cette action à l'idée que j'ai de cette chose-là ; et de ce genre de pensées, les unes sont appelées volontés ou affections, et les autres jugements.

Maintenant, pour ce qui concerne les idées, si on les considère seulement en elles-mêmes, et qu'on ne les rapporte point à quelque autre chose, elles ne peuvent, à proprement parler, être fausses ; car soit que j'imagine une chèvre ou une chimère, il n'est pas moins vrai que j'imagine l'une que l'autre.

Il ne faut pas craindre aussi qu'il se puisse rencontrer de la fausseté dans les affections ou volontés ; car encore que je puisse désirer des choses mauvaises, ou même qui ne furent jamais, toutefois il n'est pas pour cela moins vrai que je les désire.

Ainsi, il ne reste plus que les seuls jugements, dans lesquels je dois prendre garde soigneusement de ne me point tromper. Or la principale erreur et la plus ordinaire qui s'y puisse rencontrer, consiste en ce que je juge que les idées qui sont en moi sont semblables, ou conformes à des choses qui sont hors de moi ; car certainement, si je considérais seulement les idées comme de certains modes ou façons de ma pensée, sans les vouloir rapporter à quelque autre chose d'extérieur, à peine me pourraient-elles donner occasion de faillir.

Descartes, *Méditations métaphysiques* (1641), Méditation III, Bibliothèque de la Pléiade, Éd. Gallimard, 1953, pp. 286-287.

Texte 2 MALEBRANCHE

L'idée de montagne d'or existe

Je crois que tout le monde tombe d'accord que nous n'apercevons point les objets qui sont hors de nous par eux-mêmes. Nous voyons le soleil, les étoiles et une infinité d'objets hors de nous ; et il n'est pas vraisemblable que l'âme sorte du corps et qu'elle aille, pour ainsi dire, se promener dans les cieux pour y contempler tous ces objets. Elle ne les voit donc [point par eux-mêmes][1] ; et l'objet immédiat de notre esprit, lorsqu'il voit le soleil, [par exemple][1], n'est pas le soleil, mais quelque chose qui est intimement unie à notre âme, et c'est ce que j'appelle *idée*. Ainsi par ce mot *idée*, je n'entends ici autre chose que ce qui est l'objet immédiat, ou le plus proche de l'esprit quand il aperçoit quelque objet, [c'est-à-dire ce qui touche et modifie l'esprit de la perception qu'il a d'un objet][1].

Il faut bien remarquer qu'[afin que l'esprit aperçoive quelque objet][1], il est absolument nécessaire que l'idée de cet objet lui soit actuellement présente, il n'est pas possible d'en douter ; mais il n'est pas nécessaire qu'il y ait au dehors quelque chose de semblable à cette idée, car il arrive très souvent que l'on aperçoit des choses qui ne sont point, et qui même n'ont jamais été. Ainsi l'on a souvent dans l'esprit des idées réelles de choses qui ne furent jamais. Lorsqu'un homme, par exemple, imagine une montagne d'or, il est absolument nécessaire que l'idée de cette montagne soit réellement présente à son esprit. Lorsqu'un fou ou un homme qui a la fièvre chaude ou qui dort, voit devant ses yeux quelque animal, il est constant que l'idée de cet animal existe véritablement ; mais cette montagne d'or et cet animal ne furent jamais.

Malebranche, *De la recherche de la vérité* (1674),
Éd. Vrin, 1962, III, livre II, ch. 1, p. 234.

1. Crochets correspondant à deux états du texte original.

Texte 3 KANT

Concepts et idées

Je prie ceux qui ont à cœur la philosophie (et plus nombreux sont ceux qui le prétendent qu'on n'en rencontre d'ordinaire), dans le cas où ils se trouveront convaincus par ce que je viens de dire et par ce qui suivra, de prendre sous leur protection le mot idée dans son sens primitif, pour qu'on ne le confonde pas, dorénavant, avec les autres mots dont on se sert habituellement pour désigner toute espèce de représentations, sans aucun ordre précis et au grand préjudice de la science. Il ne nous manque pourtant pas de termes parfaitements appropriés à chaque espèce de représentations pour que nous n'ayons pas besoin d'empiéter sur la propriété d'un autre. En voici l'échelle graduée. Le terme générique est celui de *représentation* en général

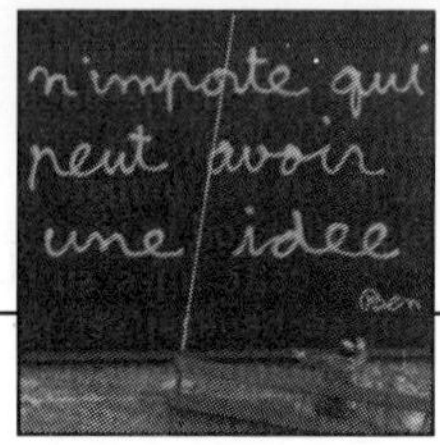

(repraesentatio), dont la représentation accompagnée de conscience *(perceptio)* est une espèce. Une *perception* qui se rapporte uniquement au sujet, comme modification de son état, est *sensation (sensatio)*, une perception objective est *connaissance (cognitio)*. Cette dernière est ou *intuition* ou *concept (intuitus vel conceptus)*. L'intuition se rapporte immédiatement à l'objet et est singulière ; le concept s'y rapporte médiatement, au moyen d'un signe qui peut être commun à plusieurs choses. Le concept est ou empirique ou pur, et le concept pur, en tant qu'il a uniquement son origine dans l'entendement (et non dans une image pure de la sensibilité), s'appelle *notion*. Un concept tiré de notions et qui dépasse la possibilité de l'expérience est l'*idée* ou concept rationnel. Une fois habitué à ces distinctions, on ne pourra plus supporter d'entendre appeler idée la représentation de la couleur rouge qu'il ne faut même pas appeler notion (concept de l'entendement). [...]

J'entends par idée[1] un concept rationnel nécessaire auquel nul objet qui lui corresponde ne peut être donné dans les sens. [...] Par exemple, les choses du monde doivent être comme si elles tenaient leur existence d'une intelligence suprême. De cette manière, l'idée n'est proprement qu'un concept heuristique[2] et non un concept ostensif[3] ; elle montre non pas comment est constitué un objet, mais comment, sous sa direction, nous devons *chercher* la nature et l'enchaînement des objets de l'expérience en général.

Kant, *Critique de la raison pure* (1781), traduction A. Tremesaygues et B. Pacaud, Éd. P.U.F., 1968, pp. 266-270-468.

1. Kant écrit ailleurs qu'il faut faire des idées un usage « régulateur » — tous ces qualificatifs indiquent que les idées sont, pour lui, des constructions purement intellectuelles destinées à guider la raison dans sa découverte de la réalité, des sortes d'hypothèses explicatives ; alors qu'au sens classique du terme, le concept est plutôt de l'ordre de la représentation descriptive.
2. Qui concerne la recherche, la découverte.
3. Qui montre, qui rend apparent : « Le concept est cette conscience *une* qui réunit en une représentation le divers perçu successivement et ensuite reproduit. » *Ibid.*, p. 116.

II. ENTENDEMENT ET SENSIBILITÉ : D'OÙ VIENNENT LES IDÉES ?

Texte 4 DESCARTES

Des différentes sortes d'idées

Or, de ces idées les unes me semblent être nées avec moi, les autres être étrangères et venir de dehors, et les autres être faites et inventées par moi-même. Car, que j'aie la faculté de concevoir ce que c'est qu'on nomme en général une chose, ou une vérité, ou une pensée, il me semble que je ne tiens point cela d'ailleurs que de ma nature propre ; mais si j'ouïs maintenant quelque bruit, si je vois le soleil, si je sens de la chaleur, jusqu'à cette heure j'ai jugé que ces sentiments procédaient de quelques choses qui existent hors de moi ; et enfin il me semble que les sirènes, les hippogriffes et toutes les autres semblables chimères sont des fictions et inventions de mon esprit. Mais aussi peut-être me puis-je persuadé que toutes ces idées sont du genre de celles que j'appelle étrangères, et qui viennent de dehors, ou bien qu'elles sont toutes nées avec moi, ou bien qu'elles ont toutes été faites pour moi ; car je n'ai point encore clairement découvert leur véritable origine. Et ce que j'ai principalement à faire en cet endroit, est de considérer, touchant celles qui me semblent venir de quelques objets qui sont hors de moi, quelles sont les raisons qui m'obligent à les croire semblables à ces objets.

La première de ces raisons est qu'il me semble que cela m'est enseigné par la nature ; et la seconde, que j'expérimente en moi-même que ces idées ne dépendent point de ma volonté ; car souvent elles se présentent à moi malgré moi, comme maintenant, soit que je le veuille, soit que je ne le veuille pas, je sens de la chaleur, et pour cette cause je me persuade que ce sentiment ou bien cette idée de la chaleur est produite en moi par une chose différente de moi, à savoir par la chaleur du feu auprès duquel je me rencontre. Et je ne vois rien qui me semble plus raisonnable, que de juger que cette chose étrangère envoie et imprime en moi sa ressemblance plutôt qu'aucune autre chose.

Descartes, *Méditations métaphysiques* (1641), Méditation III, Bibliothèque de la Pléiade, Éd. Gallimard, 1953, p. 287.

Texte 5 HUME

Toutes nos idées sont d'origine sensible

Ce qu'on n'a jamais vu, ce dont on n'a jamais entendu parler, on peut pourtant le concevoir ; et il n'y a rien au-dessus du pouvoir de la pensée, sauf ce qui implique une absolue contradiction.

Mais, bien que notre pensée semble posséder cette liberté, nous trouverons, à l'examiner de plus près, qu'elle est réellement resserrée en de très étroites limites et que tout ce pouvoir créateur de l'esprit ne monte à rien de plus qu'à la faculté de composer, de transposer, d'accroître ou de diminuer les matériaux que nous apportent les sens et l'expérience. Quand nous pensons à une montagne d'or, nous joignons seulement deux idées compatibles, *or* et *montagne,* que nous connaissions auparavant. Nous pouvons concevoir un cheval vertueux ; car le sentiment que nous avons de nous-mêmes nous permet de concevoir la vertu ; et nous pouvons unir celle-ci à la figure et à la forme d'un cheval, animal qui nous est familier. Bref, tous les matériaux de la pensée sont tirés de nos sens, externes ou internes ; c'est seulement leur mélange et leur composition qui dépendent de l'esprit et de

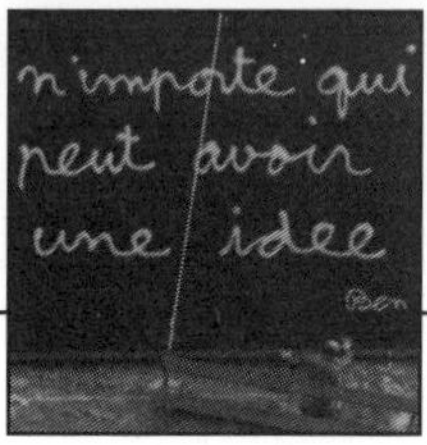

la volonté. Ou, pour m'exprimer en langage philosophique, toutes nos idées ou perceptions plus faibles sont des copies de nos impressions, ou perceptions plus vives. [...]

Même les idées qui, à première vue, semblent les plus éloignées de cette origine, on voit, à les examiner de plus près, qu'elles en dérivent. L'idée de Dieu, en tant qu'elle signifie un être infiniment intelligent, sage et bon, naît de la réflexion sur les opérations de notre propre esprit quand nous augmentons sans limites ces qualités de bonté et de sagesse. Nous pouvons poursuivre cette enquête aussi loin qu'il nous plaira ; nous trouverons toujours que chaque idée, que nous examinons, est copiée d'une impression semblable. Ceux qui affirmeraient que cette thèse n'est pas universellement vraie et qu'elle n'est pas sans exception n'ont qu'une seule méthode, et une méthode aisée, pour la réfuter : produire l'idée qui, à leur avis, ne procède pas de cette source. Il nous incomberait alors, si nous voulions maintenir notre doctrine, de produire l'impression, la perception vive qui y correspond. [...]

Un homme de mœurs douces ne peut former aucune idée d'une vengeance ou d'une cruauté obstinées ; un cœur égoïste ne peut aisément concevoir les sommets de l'amitié et de la générosité. Nous accordons aisément que d'autres êtres puissent posséder beaucoup de sens que nous ne pouvons en rien concevoir ; car les idées de ces sens n'ont jamais été introduites en nous de la seule manière dont une idée puisse accéder à l'esprit, à savoir par la conscience actuelle et la sensation.

Hume, *Enquête sur l'entendement humain* (1748),
traduction A. Leroy, Éd. Aubier-Montaigne, 1969, II, pp. 54-56.

III. INTERDÉPENDANCE DES IDÉES ET DES JUGEMENTS

Texte 6 ARNAULD et NICOLE

Un jugement relie des idées

Après avoir conçu les choses par nos idées, nous comparons ces idées ensemble ; et trouvant que les unes conviennent entr'elles, et que les autres ne conviennent pas, nous les lions ou délions, ce qui s'appelle *affirmer* ou *nier*, et généralement *juger*.

Ce jugement s'appelle aussi *proposition*, et il est aisé de voir qu'elle doit avoir deux termes : l'un, de qui l'on affirme, ou de qui l'on nie, lequel on appelle *sujet* ; et l'autre que l'on affirme, ou que l'on nie, lequel s'appelle *attribut* ou *praedicatum*. Et il ne suffit pas de concevoir ces deux termes ; mais il faut que l'esprit les lie ou les sépare. Et cette action de notre esprit est marquée, comme nous avons déjà dit dans le discours, par le verbe *est*, ou seul quand nous affirmons, ou avec une particule négative quand nous nions. Ainsi quand je dis, *Dieu est juste*, Dieu est le sujet de cette proposition, et juste en est l'attribut, et le mot *est* marque l'action de mon esprit qui affirme, c'est-à-dire, qui lie ensemble les deux idées de *Dieu* et de *juste* comme convenant l'une à l'autre. Que si je dis, *Dieu n'est pas injuste, est* étant joint avec les particules, *ne pas,* signifie l'action contraire à celle d'affirmer, savoir celle de nier, par laquelle je regarde ces idées comme répugnantes[1] l'une à l'autre, parce qu'il y a quelque chose d'enfermé dans l'idée *d'injuste*, qui est contraire à ce qui est enfermé dans l'idée de *Dieu.*

Mais quoique toute proposition enferme nécessairement ces trois choses, néanmoins comme l'on a dit dans le chapitre précédent, elle peut n'avoir que deux mots, ou même qu'un. Car les hommes, voulant abréger leurs discours, ont fait une infinité de mots qui signifient tous ensemble l'affirmation ; c'est-à-dire, ce qui est signifié par le verbe substantif[2], et de plus un certain attribut qui est affirmé. Tels sont tous les verbes hors celui qu'on appelle substantif, comme *Dieu existe,* c'est-à-dire, *est existant, Dieu aime les hommes,* c'est-à-dire, *Dieu est aimant les hommes.* Et le verbe substantif quand il est seul, comme quand je dis, *je pense : Donc je suis,* cesse d'être purement substantif, parce qu'alors on y joint le plus général des attributs qui est *l'être.* Car *je suis* veut dire, *je suis un être, je suis une chose.*

Arnauld et Nicole[3], *la Logique ou l'Art de penser* (1662), Éd. Flammarion, 1970, II, 3, pp. 156-157.

---

1. C'est-à-dire qu'elles sont incompatibles.
2. De « substance » : le verbe « être » énonce l'existence « substantielle » de son sujet, en même temps que l'appartenance des attributs au sujet.
3. Antoine Arnauld (1612-1694), théologien français, logicien et philosophe. Pierre Nicole (1625-1695), philosophe et moraliste français.

Texte 7 LAGNEAU

Toute idée est un « jugement résumé »

L'acte de la connaissance c'est le jugement. Connaître ce n'est pas se représenter, c'est affirmer ou nier (on affirme dans les deux cas). Quand je dis : la rose est odorante, je ne me borne pas à affirmer qu'il y a entre ces deux termes un rapport vrai ; je détermine ce rapport ; je dis qu'il est vrai que la rose est odorante. Il en est de même lorsque je dis que tout corps qui tombe dans le vide parcourt successivement des espaces proportionnels aux carrés des temps de sa chute. C'est comme si je disais qu'il existe un rapport vrai entre les espaces parcourus successivement et les temps pendant lesquels ces espaces ont été parcourus. Si je dis que dans une alternative il est nécessaire qu'on choisisse, par exemple qu'un Européen ne peut être que français, anglais, allemand, russe, etc., j'affirme qu'il est vrai que

si l'une de ces déterminations ne convient pas à l'Européen, une autre lui convient. Enfin si j'affirme qu'entre deux grandeurs il existe un rapport, j'affirme par là même que j'ai devant l'esprit des déterminations abstraites des choses entre lesquelles j'aperçois un rapport d'identité ou de non-identité, comme deux et deux font quatre, deux et deux ne font pas cinq. Il en est de même si je dis que Paris est la même ville que la capitale de la France. Tous ces exemples prouvent qu'au fond de tout jugement se trouve cette assertion : il est vrai que... Le jugement, acte de l'entendement, est donc l'acte par lequel nous affirmons quelque chose comme vrai, qu'il s'agisse d'affirmer qu'un objet possède une qualité ou qu'un fait se passe suivant une certaine loi, ou qu'une certaine idée ne peut être réalisée dans une chose en possédant deux déterminations contraires, et qu'elle possède nécessairement l'une des deux, ou enfin que le jugement consiste à affirmer que nous saisissons un rapport d'identité, d'égalité ou d'inégalité entre deux représentations, le jugement consiste toujours à affirmer quelque chose comme vrai. [...]

Chaque terme du jugement en acte exprime un jugement en puissance. Quand je dis que la rose est odorante, les deux termes expriment : l'un, que la rose est une réalité, l'autre, que l'odeur est une réalité. On peut donc dire que les jugements portent sur des jugements résumés.

LE JUGEMENT ET L'IDÉE — L'acte du jugement suppose donc avant lui l'acte de former des idées. Quand je dis que la rose est odorante, je ne conçois pas seulement le rapport des deux termes : rose et odorante, je conçois les idées de rose et d'odeur. Je juge que la rose et l'odeur existent, et je maintiens ces jugements sous le regard de mon esprit. [...]

Le jugement forme l'idée ; mais dans tout jugement se trouve impliquée une conception, sur laquelle porte ce jugement. L'idée est donc la représentation inférieure, abstraite, sur laquelle le jugement porte, et qu'il réalise en l'analysant.

Lagneau, *Célèbres leçons et fragments*
(première publication posthume, 1895-1898), Éd. P.U.F. 1950, pp. 187-189.

Texte 8 KANT

Connaître, c'est juger

Dans tout jugement il y a un concept qui est valable pour plusieurs concepts et qui parmi eux comprend aussi une représentation donnée, laquelle enfin se rapporte immédiatement à l'objet. Ainsi, par exemple, dans ce jugement : *tous les corps sont divisibles,* le concept du divisible s'applique à divers autres concepts parmi lesquels il se rapporte en particulier à celui de corps, celui-ci, à son tour, à certains phénomènes qui se présentent à nous. Ainsi ces objets sont représentés indirectement par le concept de la divisibilité. Tous les jugements sont, d'après cela, des fonctions de l'unité parmi nos représentations, puisqu'à une représentation immédiate, se substitue une représentation plus élevée qui contient la première ainsi que plusieurs autres et qui sert à la connaissance de l'objet, de sorte que beaucoup de connaissances possibles sont réunies en une seule. Mais nous pouvons ramener à des jugements tous les actes de l'entendement, de telle sorte que l'*entendement* en général peut être représenté comme un *pouvoir de juger*. En effet, d'après ce qui a été dit plus haut, il est un pouvoir de penser. Or, penser, c'est connaître par concepts ; et les concepts se rapportent, comme prédicats de jugements possibles, à quelque représentation d'un objet encore indéterminé. Ainsi, le concept de corps signifie quelque chose, par exemple, un métal, qui peut être connu par ce concept. Il n'est donc un concept qu'à la condition de contenir d'autres représentations au moyen desquelles il peut se rapporter à des objets. Il est donc le prédicat d'un jugement possible, par exemple de celui-ci : tout métal est un corps. [...]

Si nous faisons abstraction de tout le contenu d'un jugement en général et que nous n'y considérons que la simple forme de l'entendement, nous trouvons que la fonction de la pensée dans ce jugement peut se ramener à quatre titres dont chacun se compose de trois moments. Ils peuvent être commodément représentés dans la table suivante :

1
Quantité des jugements
Universels
Particuliers
Singuliers[1]

2
Qualité
Affirmatifs
Négatifs
Indéfinis[2]

3
Relation
Catégoriques[3]
Hypothétiques[4]
Disjonctifs[5]

4
Modalité
Problématiques[6]
Assertoriques[7]
Apodictiques[8]

Kant, *Critique de la raison pure* (1781), traduction A. Tremesaygues et B. Pacaud, Éd. P.U.F., 1968, pp. 87-88.

1. Le singulier est la synthèse de l'universel et du particulier ; le sujet d'un tel jugement est un individu (ex. : « Socrate est un homme »).
2. L'indéfini est la synthèse de l'affirmation et de la négation (ex. : « L'âme est non mortelle »).
3. Affirmation (ou négation) d'une relation simple entre le sujet et le prédicat (« Socrate est un homme » est un jugement à la fois particulier, affirmatif et catégorique).
4. Affirmation d'un rapport complexe entre deux jugements, dont l'un est l'hypothèse, et l'autre la conséquence (ex. : « Si les médicaments sont efficaces, la guérison interviendra »).
5. Les jugements disjonctifs énoncent des alternatives, dont la réunion constitue la totalité d'une connaissance possible (ex. : « Le monde est soit l'effet du hasard, soit le produit d'une nécessité interne, soit l'effet d'une cause extérieure »).
6. Les jugements problématiques expriment une possibilité (voir ex. de la note 4).
7. Les jugements assertoriques expriment simplement une vérité (voir ex. de la note 3).
8. Les jugements apodictiques expriment une nécessité, synthèse de la vérité et de la possibilité (cf. les vérités mathématiques, dont le contraire est faux parce qu'il est impossible).

Remarque
L'idée de classer ainsi les différentes sortes de jugements, et, d'une façon plus générale, tous les principes et catégories qui organisent la pensée, remonte à Aristote, et relève de la logique (voir le chapitre « Logique et mathématiques », p. 373).

IV. INCERTITUDES ET HÉSITATIONS DU JUGEMENT

Texte 9 DESCARTES

De la liberté de juger à l'erreur

D'où est-ce donc que naissent mes erreurs ? C'est à savoir, de cela seul que, la volonté étant beaucoup plus ample et plus étendue que l'entendement, je ne la contiens pas dans les mêmes limites, mais que je l'étends aussi aux choses que je n'entends pas ; auxquelles étant de soi indifférente, elle s'égare fort aisément, et choisit le mal pour le bien, ou le faux pour le vrai. Ce qui fait que je me trompe et que je pèche. [...]

Et cette indifférence ne s'étend pas seulement aux choses dont l'entendement n'a aucune connaissance, mais généralement aussi à toutes celles qu'il ne découvre pas avec une parfaite clarté, au moment que la volonté en délibère ; car pour probables que soient les conjectures qui me rendent enclin à juger quelque chose, la seule connaissance que j'ai que ce ne sont que des conjectures, et non des raisons certaines et indubitables, suffit pour me donner occasion de juger le contraire. Ce que j'ai suffisamment expérimenté ces jours passés[1], lorsque j'ai posé pour faux tout ce que j'avais tenu auparavant pour très véritable, pour cela seul que j'ai remarqué que l'on en pouvait douter en quelque sorte.

Or si je m'abstiens de donner mon jugement sur une chose, lorsque je ne la conçois pas avec assez de clarté et de distinction, il est évident que j'en use fort bien, et que je ne suis point trompé ; mais si je me détermine à la nier, ou assurer, alors je ne me sers plus comme je dois de mon libre arbitre ; et si j'assure ce qui n'est pas vrai, il est évident que je me trompe, même aussi, encore que je juge selon la vérité, cela n'arrive que par hasard, et je ne laisse pas de faillir, et d'user mal de mon libre arbitre ; car la lumière naturelle nous enseigne que la connaissance de l'entendement doit toujours précéder la détermination de la volonté. Et c'est dans ce mauvais usage du libre arbitre, que se rencontre la privation qui constitue la forme de l'erreur.

Descartes, *Méditations métaphysiques* (1641), Méditation IV,
Bibliothèque de la Pléiade, Éd. Gallimard, 1953, pp. 306-307.

---

1. Ce sont les jours que Descartes a passés à éprouver la solidité de ses connaissances acquises. Voir le début des *Méditations*.

Texte 10 ADORNO

Efficacité des illusions, force des opinions

Avoir une opinion, c'est affirmer, même de façon sommaire, la validité d'une conscience subjective limitée dans son contenu de vérité. La manière dont se présente une telle opinion peut être vraiment anodine. Lorsque quelqu'un dit qu'à son avis, le nouveau bâtiment de la faculté a sept étages, cela peut vouloir dire qu'il a appris cela d'un tiers, mais qu'il ne le sait pas exactement. Mais le sens est tout différent lorsque quelqu'un déclare qu'il est d'avis quant à lui que les Juifs sont une race inférieure de parasites, comme dans l'exemple éclairant cité par Sartre à propos de l'oncle Armand qui se sent quelqu'un parce qu'il exècre les Anglais. Dans ce cas, le « je suis d'avis » ne restreint pas le jugement hypothétique, mais le souligne. Lorsqu'un tel individu proclame comme sienne une opinion aussi rapide, sans pertinence, que n'étaye aucune expérience, ni aucune réflexion, il lui confère — même s'il la limite apparemment — et par le fait qu'il la réfère à lui-même en tant que sujet, une autorité qui est celle de la profession de foi. Et ce qui transparaît, c'est qu'il s'implique corps et âme ; il aurait donc le courage de ses opinions, le courage de dire des choses déplaisantes qui ne plaisent en vérité que trop. Inversement, quand on a affaire à un jugement fondé et pertinent mais qui dérange, et qu'on n'est pas en mesure de réfuter, la tendance est tout aussi répandue à le discréditer en le présentant comme une simple opinion. [...] L'opinion s'approprie ce que la connaissance ne peut atteindre pour s'y substituer. Elle élimine de façon trompeuse le fossé entre le sujet connaissant et la réalité qui lui échappe. Et l'aliénation se révèle d'elle-même dans cette inadéquation de la simple opinion. [...] C'est pourquoi il ne suffit ni à la connaissance ni à une pratique visant à la transformation sociale de souligner le non-sens d'opinions d'une banalité indicible, qui font que les hommes se soumettent à des études caractériologiques et à des pronostics qu'une astrologie standardisée et commercialement de nouveau rentable rattache aux signes du zodiaque. Les hommes ne se ressentent pas Taureau ou Vierge parce qu'ils sont bêtes au point d'obéir aux injonctions des journaux qui sous-entendent qu'il est tout naturel que cela signifie quelque chose, mais parce que ces clichés et les directives stupides pour un art de vivre qui se contentent de recommander ce qu'ils doivent faire de toute façon, leur facilitent — même si ce n'est qu'une apparence — les choix à faire et apaisent momentanément leur sentiment d'être étrangers à la vie, voire étrangers à leur propre vie. La force de résistance de l'opinion pure et simple s'explique par son fonctionnement psychique. Elle offre des explications grâce auxquelles on peut organiser sans contradictions la réalité contradictoire, sans faire de grands efforts. A cela s'ajoute la satisfaction narcissique que procure l'opinion passe-partout, en renforçant ses adeptes dans leur sentiment d'avoir toujours su de quoi il retourne et de faire partie de ceux qui savent.

T. Adorno, *Modèles critiques* (1963), « Opinion, illusion, société », traduction de M. Jimenez et E. Koufholz, Éd. Payot, 1984, pp. 114 à 119.

Texte 11 NIETZSCHE

La vérité, oubli des métaphores

Tout concept naît de l'identification du non-identique. Aussi certainement qu'une feuille n'est jamais tout à fait identique à une autre, aussi certainement le concept feuille a été formé grâce à l'abandon délibéré de ces différences individuelles, grâce à un oubli des caractéristiques, et il éveille alors la représentation, comme s'il y avait dans la nature, en dehors des feuilles, quelque chose qui serait « la feuille », une sorte de forme originelle selon laquelle toutes les feuilles seraient tissées, dessinées, cernées, colorées, crêpées, peintes, mais par des mains malhabiles au point qu'aucun exemplaire n'aurait été réussi correctement et sûrement comme la copie fidèle de la forme originelle. [...]

Si quelqu'un cache une chose derrière un buisson, la recherche à cet endroit précis et la trouve, il n'y a guère à louer dans cette recherche et cette découverte : il en va de même pourtant de la recherche et de la découverte de la « vérité » dans l'enceinte de la raison. Quand je donne la définition du mammifère et que je déclare, après avoir examiné un chameau, « voici un mammifère », une vérité a certes été mise au jour, mais elle est néanmoins de valeur limitée, je veux dire qu'elle est entièrement anthropomorphique et qu'elle ne contient pas un seul point qui soit « vrai en soi », réel et valable universellement, abstraction faite de l'homme. Celui qui cherche de telles vérités ne cherche au fond que la métamorphose du monde en les hommes, il aspire à une compréhension du monde en tant que chose humaine et obtient, dans le meilleur des cas, le sentiment d'une assimilation. Semblable à l'astrologue qui observait les étoiles au service des hommes et en connexité avec leur bonheur et leur malheur, un tel chercheur considère le monde entier comme lié aux hommes, comme l'écho infiniment brisé d'un son originel, celui de l'homme, comme la copie multipliée d'une image originelle, celle de l'homme. Sa méthode consiste à prendre l'homme comme mesure de toutes choses : mais de ce fait il part de l'erreur de croire qu'il aurait ces choses immédiatement devant lui, en tant que purs objets. Il oublie donc les métaphores originales de l'intuition en tant que métaphores et les prend pour les choses mêmes.

Nietzsche, *le Livre du philosophe* (1873), traduction de A.-K. Marietti, Éd. Aubier-Flammarion, 1969, pp. 181-187.

Exercices

1. L'exemple de la « montagne d'or », utilisé et par Malebranche et par Hume (textes 2 et 5) illustre des thèses opposées sur la nature des idées : lesquelles ?

2. Cherchez quelques exemples de jugements qui illustrent le sens de la dernière phrase du texte 7.

3. Donnez des exemples d'opinions qui justifient la thèse d'Adorno selon laquelle les opinions permettent d'« organiser sans contradictions la réalité contradictoire » (texte 10).

Sujets de dissertation

1. L'exercice de la pensée suppose-t-il toujours celui du pouvoir de juger ?

2. Que signifie et que vaut l'expression : « juger en connaissance de cause » ?

3. L'admiration exclut-elle le jugement ?

Corrélats

le langage – théorie et expérience – le sens et l'irrationnel – la vérité

POUR EN SAVOIR PLUS

Arnauld et Nicole, *Logique de Port-Royal,* Éd. Flammarion.
Descartes (R.), *Méditations métaphysiques,* Éd. P.U.F.
Lagneau (J.), *Célèbres leçons et fragments,* Éd. P.U.F.

Adorno (T.), *Modèles critiques,* « Opinion, illusion, société », Éd. Payot.
Nietzsche (F.), *le Livre du Philosophe,* Éd. Aubier-Flammarion.

Heidegger (M.), *Qu'appelle-t-on penser ?,* Éd. P.U.F.
Kant (E.), *Critique de la raison pure,* « Analytique transcendentale et Dialectique transcendentale », Éd. P.U.F.

16 La des concepts

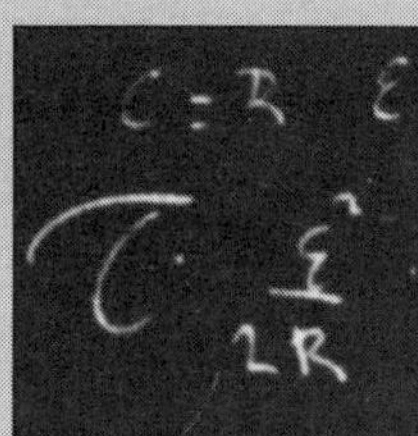

Photo : Heric Salomon.

formation scientifiques

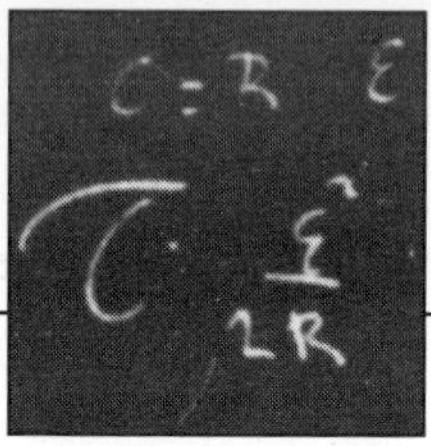

Introduction

Effet majeur des progrès de la raison humaine, la constitution d'un savoir sur l'univers a toujours été un objet de réflexion pour les philosophes ; certains d'entre eux, et non des moindres, y ont même activement participé (Aristote, Descartes, par exemple). La question particulière de la formation des concepts scientifiques, depuis le dix-neuvième siècle surtout[1], intéresse donc non seulement l'histoire des sciences, mais aussi l'analyse philosophique du fonctionnement de la raison et des conditions de la connaissance.

Un concept décisif dans l'histoire de la physique

Ce bref exposé voudrait montrer comment le concept physique de masse s'est progressivement constitué ; le choix de cet exemple tient à son rôle décisif dans le développement de la physique dont nous nous servons encore pour rendre compte des phénomènes naturels.

La masse d'un corps est la quantité de matière qui s'y trouve contenue : la définition peut sembler élémentaire ; il a pourtant fallu attendre le XVIIIe siècle pour que Newton en fasse, à proprement parler, un concept scientifique, c'est-à-dire une notion qui désigne à la fois un « objet » physique, et la façon d'atteindre et de mesurer cet « objet » — en mettant en évidence non seulement ce qu'était la masse, mais aussi le système complexe de relations physiques au sein duquel seul on peut comprendre et mesurer ce qu'est la masse d'un corps. Un même objet physique peut être pris dans des relations nombreuses et compliquées : il faut alors beaucoup de temps pour que, des notions vagues tirées de l'expérience ordinaire, on arrive à dégager des concepts distincts, correspondant aux différents aspects de l'objet — ce fut le cas de la masse, lontemps confondue avec le poids, dans les représentations plutôt confuses attachées à l'idée de « corps lourd ».

Les notions vagues et intuitives précèdent les concepts

Sous la mobilité des concepts physiques dont s'est progressivement détaché celui de masse, se retrouvent les deux moteurs complémentaires du progrès de la connaissance humaine : expliquer ce qu'il y a « derrière » les phénomènes observés (dans notre exemple : « derrière » les mouvements des corps pesants) ; d'autre part, pouvoir intervenir dans le cours de la nature, en exploiter les manifestations au profit des hommes (dans notre exemple : trouver les moyens les plus efficaces de déplacer de lourds fardeaux, d'assurer l'équilibre de masses importantes).

L'usage du levier, celui du plan incliné, étaient connus dès la plus haute Antiquité : le perfectionnement de ces connaissances pratiques était subordonné à leur rationalisation, à l'élaboration d'une véritable science des lois du mouvement, des rapports entre le poids des corps et leur vitesse de déplacement, etc. De la construction de cette science, et de la conceptualisation progressive de la notion de masse, on ne retiendra, bien sûr, que les principales étapes.

1. L'épistémologie, ou étude des conditions de la construction et du développement de la connaissance scientifique, devient alors une branche relativement indépendante de la philosophie.

Le lourd et le léger sont-ils des qualités inhérentes aux corps ?

Les philosophes-physiciens de l'Antiquité s'intéressent déjà à la question : Aristote (texte 1) décrit minutieusement les différences qu'il observe entre corps lourds et corps légers, et entre les mouvements des uns et des autres. Mais ses explications de ces phénomènes ne sont qu'une généralisation des conditions naïves de l'expérience banale ; « être lourd » ou « être léger » sont, pour lui, des qualités intrinsèques et spécifiques à chaque corps, et la façon dont les corps se rencontrent, se mélangent ou ne se mélangent pas, etc., tient à la nature et au degré de leurs caractéristiques. Sa physique est « substantialiste » (le lourd et le léger sont comme des substances), et « qualitative » (les mouvements des corps s'expliquent par leurs qualités propres).

A la simple observation, Galilée (texte 2) va substituer le raisonnement et l'expérimentation fondée sur des hypothèses. Le physicien doit chercher les lois qui commandent la production des phénomènes naturels, et recourir aux mathématiques pour formuler ces lois en termes de mesure : c'est le plus sûr moyen de vérifier avec précision la conformité de la réalité aux explications théoriques. Les hypothèses de Galilée, ses expériences comparatives sur les vitesses de chute de corps de poids différent, l'amènent à deux conclusions qui font de lui le véritable inventeur de la physique moderne.

Du qualitatif au quantitatif

La première est que c'est la plus ou moins grande résistance opposée aux corps par le milieu dans lequel ils tombent qui détermine la vitesse de leur chute ; la seconde est que, dans l'air, une force immanente à tous les corps les entraîne avec la même vitesse vers le centre de la terre. Galilée n'a pas entièrement raison, mais le progrès est décisif : avec lui la physique devient quantitative, et au lieu d'expliquer le mouvement par les seules qualités intrinsèques des corps (essentiellement : leur poids), il met en évidence le rôle joué par des forces extérieures — la résistance du milieu, et, déjà, quelque chose comme l'attraction terrestre.

Galilée semble avoir inventé le concept de « pesanteur », mais il attribue la pesanteur des corps à une force qui leur appartiendrait en propre, et là réside la limite de ses explications : l'intuition est juste, mais il ne va pas jusqu'à la distinction entre poids et masse (texte 3). C'est Newton qui, en conceptualisant cette distinction, fournit la première explication totalement rationnelle des lois du mouvement.

Masse et poids ne sont pas la même chose

Masse et poids, jusque-là confondus dans la référence au seul poids des corps, c'est-à-dire au fait que la matière dont ils sont formés pèse plus ou moins lourd, sont distingués par Newton en même temps que les concepts corrélatifs d'inertie, d'attraction et de gravitation (texte 4).Il établit en effet que les mouvements de tous les corps doivent être rapportés à l'attraction exercée par la masse de la terre (= la plus grande quantité de matière dans notre système) sur les masses des autres corps (= les autres quantités de matière, variables, plus petites, susceptibles de se mouvoir). La masse est donc pesante, au sens où elle représente une certaine quantité de matière (mesurable en kilogrammes : notons que, dans la langue courante, on continue à confondre masse et poids, puisque ce sont les poids que l'on prétend mesurer à l'aide des balances) ; cette quantité de matière ne varie jamais, selon Newton : c'est le poids d'un corps qui peut varier, nous allons voir pourquoi. La masse est aussi inerte : « Tout corps persévère dans l'état de repos ou de mouvement uniforme en ligne droite dans lequel il se trouve, à moins que quelque force n'agisse sur lui et ne le contraigne à changer d'état » — contre une intuition courante, Newton établit donc que l'inertie n'est pas la résistance à tout mouvement, mais la résistance à changer d'état (mouvement ou repos).

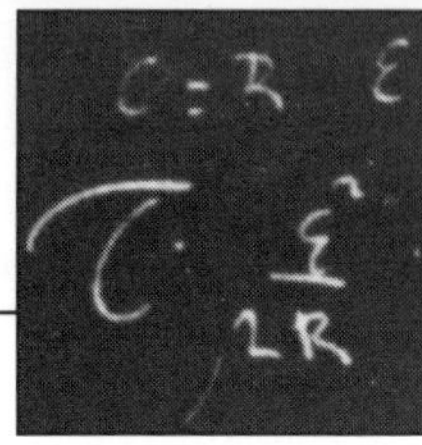

Notons que les premiers énoncés du principe d'inertie remontent à Descartes et Galilée : mais il leur manquait précisément un véritable concept scientifique de masse pour en tirer toutes les conclusions qu'en tira Newton. Celui-ci explique en effet aussi par l'inertie de la matière le phénomène suivant, conforme, lui, à l'intuition courante : plus la masse d'un corps est élevée, plus il est difficile de modifier sa trajectoire, ou de le mettre en mouvement si son état initial est le repos (et inversement).

La masse est invariable ; le poids varie

Revenons maintenant à la différence entre poids et masse : pour le physicien, le poids d'un corps est la force exercée sur ce corps par ce sur quoi il « pèse » (en ce qui nous concerne : la terre). Cette force est proportionnelle et à la masse du corps, et (à notre échelle), à la masse de la terre, et inversement proportionnelle au carré de la distance qui sépare le corps du centre de la terre. On comprend donc pourquoi c'est le poids (et non la masse) qui peut varier : le poids ne dépend pas seulement de « qualités » internes du corps, mais de sa position par rapport à la terre. Par exemple, un même corps est « plus lourd » aux pôles qu'à l'équateur parce que la terre est aplatie aux pôles : les corps y étant plus proches du centre de la terre, l'intensité de la « pesanteur » est plus forte.

La dernière découverte de Newton, enfin, confère à son explication du monde une totale cohérence : la force qui meut les étoiles est de même nature que celle qui donne leur pesanteur aux corps « terrestres ». Ainsi les rapports mesurables entre masse et poids suffisent-ils à rendre compte aussi bien de tous les mouvements possibles à proximité de la terre, que de la gravitation universelle[1] des corps dans l'univers.

Le concept de masse continue d'évoluer

A la fin de *l'Évolution des idées en physique,* Einstein (texte 5) écrivait que « La physique a commencé réellement par l'invention de la masse, de la force et d'un système d'inertie ». De fait, si la physique de Newton repose sur un petit nombre de concepts et de principes, elle fournit néanmoins une explication cohérente de l'ensemble des mouvements constatables dans notre univers. Certes Einstein lui-même remettra en cause le caractère absolu de la masse telle que Newton l'avait définie : la découverte de la structure atomique de la matière montre, en effet, que la décomposition d'un corps en plusieurs autres s'accompagne d'un dégagement d'énergie, et que la masse des produits de la décomposition n'est plus égale à celle du corps initial. Mais cette nouvelle étape de l'évolution du concept de masse manifeste simplement à quel point les progrès de ce concept sont indissociables de ceux de l'ensemble de la physique.

1. La gravitation universelle est la force attractive universelle (voir texte 4).

Textes

Texte 1 ARISTOTE

Le lourd et le léger

Les mouvements des quatre éléments (feu, air, eau et terre), selon le léger et le lourd, et des corps composés. Ce sont les différences des corps et les phénomènes qui se rattachent à ces corps dont nous avons maintenant à parler. Tout d'abord, suivant en cela la conviction unanime, nous avons à distinguer le lourd absolu, qui siège au bas de toutes choses, et le léger absolu, qui est à la surface de toutes choses. Je dis *absolu*, en m'attachant au genre même du lourd et du léger, et seulement pour les corps dans lesquels ne sont pas unies ces deux déterminations. Par exemple, il apparaît manifestement que le feu, quelle que soit sa quantité, se porte vers le haut, si aucun obstacle ne s'y oppose en fait, et la terre vers le bas. Le mouvement est le même, quoique plus rapide, si la quantité augmente. Il en est tout autrement du lourd et du léger envisagés dans les corps auxquels ces deux qualités appartiennent l'une et l'autre ; et, en effet, tandis qu'ils montent à la surface de certains corps, ils sont placés tout au fond d'autres. Ainsi en est-il de l'air et de l'eau : ni l'un ni l'autre n'est absolument léger, ni absolument lourd ; il sont tous deux plus légers que la terrre (car une de leurs parties, prise au hasard, monte à sa surface), et plus lourds que le feu (car une de leurs parties, quelle que soit sa quantité, repose au-dessous de lui) ; comparés l'un à l'autre, cependant, l'un est absolument lourd, et l'autre absolument léger, puisque l'air, quelle que soit sa quantité, monte à la surface de l'eau, et que l'eau, quelle que soit sa quantité, repose au-dessous de l'air.

Mais, puisque les autres corps possèdent, les uns la pesanteur, les autres la légèreté, il est évident que la présence en eux de ces déterminations réside dans la différence de leurs parties incomposées[1] : suivant que l'une ou l'autre se rencontre tantôt en quantité plus grande, tantôt en quantité plus petite, les corps seront respectivement légers et lourds. Par conséquent, c'est de ces parties que nous devons parler, puisque tout le reste ne fait qu'obéir à ces parties premières, et c'est là précisément ce que nous conseillons de faire à ceux qui définissent le lourd par le plein, et le léger par le vide. S'il arrive, dès lors, que les mêmes corps ne sont pas regardés comme étant partout lourds et partout légers, c'est en raison des propriétés différentes de leurs corps premiers. Je veux dire que, dans l'air, par exemple, un talent de bois sera plus lourd qu'une mine de plomb, alors que, dans l'eau, le bois

1. C'est-à-dire éléments qui les composent.

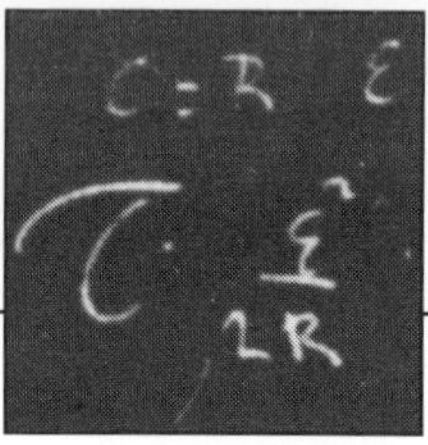

est plus léger.[1] La cause en est que tous les éléments, à l'exception du feu, ont poids, et que tous, à l'exception de la terre, ont légèreté. La terre, donc, et tous les corps où la terre est élément prédominant, est nécessairement partout pesante, tandis que l'eau est pesante partout, sauf dans la terre, et l'air est pesant quand il n'est pas dans l'eau ou dans la terre, car dans l'emplacement qui leur est propre, tous les corps sont pesants, à l'exception du feu, même l'air. Une preuve, c'est qu'une vessie une fois gonflée pèse davantage que vide. Par suite, un corps qui a plus d'air que de terre et d'eau, peut bien être plus léger, dans l'eau, qu'un autre corps, tout en étant plus lourd que lui, dans l'air, puisqu'il ne monte pas à la surface de l'air, alors qu'il monte à la surface de l'eau.

Aristote, *Du Ciel,* Livre IV, chapitre 4, 311a15 — b12,
traduction J. Tricot, Éd. Vrin, 1949.

---

1. Le talent attique, qui servait d'unité de mesure, pesait environ 35 kg, la mine environ 600 g.

Texte 2 GALILÉE

La chute des corps

SALV[1] – Mon intention, je le répète, est de montrer que les variations de vitesse qu'on observe entre mobiles de poids spécifiques différents n'ont pas pour cause ces poids spécifiques, mais dépendent de facteurs extérieurs, et notamment de la résistance du milieu, en sorte que celle-ci supprimée tous tomberaient avec les mêmes degrés de vitesse ; et je le déduis avant tout de ce fait que vous-même acceptez, et qui est tout à fait vrai, que les vitesses de mobiles très différents par le poids diffèrent elles-mêmes d'autant plus que les espaces traversés par ces mobiles sont de plus en plus grands, ce qu'on ne saurait mettre au compte des différences de gravité[2]. Car celles-ci demeurant constamment identiques, la proportion entre les espaces traversés devrait être toujours la même, alors que nous la voyons croître sans cesse avec la continuation du mouvement ; pour une chute d'une coudée, en effet, un mobile très lourd ne précédera pas un mobile très léger de la dixième partie de cette distance, mais sur douze coudées il le précédera du tiers, et sur cent coudées des 90/100, etc.

SIMP[1] – Fort bien ; mais d'après le même raisonnement, si la différence de poids pour des mobiles de poids spécifiques variables, ne peut provoquer

---

1. Le *Discours* se présente comme un dialogue, opposant entre autres Simplicio, représentant les « savants officiels » de l'époque, et Salviati, qui représente Galilée lui-même (dont il fut, dans la réalité, l'élève puis l'ami intime).
2. Selon Galilée, propriété des « graves » ou corps pesants.

de changement dans le rapport des vitesses, puisque ces poids restent les mêmes, le milieu, qui de son côté est supposé demeurer constant, ne pourra pas davantage altérer la proportion des vitesses.

SALV – Votre objection est pénétrante, et je dois la résoudre. Je dis donc qu'un corps pesant possède par nature un principe intrinsèque pour se mouvoir vers le centre commun des graves c'est-à-dire de notre globe terrestre, d'un mouvement continuellement et toujours également accéléré, c'est-à-dire qu'en des temps égaux viennent s'ajouter des moments et degrés égaux de vitesse *(momenti e gradi di velocità)*. Du moins doit-on comprendre qu'il en va bien ainsi chaque fois qu'auront été écartés tous les obstacles accidentels et extérieurs ; or il en est un que nous ne pouvons supprimer, à savoir le milieu plein que le mobile, en tombant, doit pénétrer et rejeter de côté : si fluide, si ténu et si tranquille que soit le milieu, il s'oppose en effet au mouvement qui le traverse avec une résistance dont la grandeur dépend directement de la rapidité avec laquelle il doit s'ouvrir pour céder le passage au mobile ; et comme celui-ci par nature va en accélérant continuellement, ainsi que je l'ai dit, il rencontre de la part du milieu une résistance sans cesse croissante, d'où résulte un ralentissement et une diminution dans l'acquisition de nouveaux degrés de vitesse, si bien qu'en fin de compte la vitesse d'une part, la résistance du milieu de l'autre, atteignent à une grandeur où, s'équilibrant l'une l'autre, toute accélération est empêchée, et le mobile réduit à un mouvement régulier et uniforme qu'il conserve constamment par la suite. Il y a donc accroissement dans la résistance du milieu, non parce que son essence changerait, mais parce qu'il y a variation dans la vitesse avec laquelle il doit s'ouvrir et s'écarter pour laisser le passage à un mobile dont le mouvement est continuellement accéléré.

Galilée, *Discours concernant deux sciences nouvelles, Première journée* (1633),
traduction de M. Clavelin, Éd. A. Colin, 1970, pp. 62-63.

Texte 3 KOYRÉ

Chez Galilée, poids et masse sont deux notions confondues

Galilée raisonne ici[1] *ex hypothesi*[2] que les corps sont « soumis à la gravité[3] », ce qui, après tout, est une supposition normale ; et [...] d'ailleurs, nous-mêmes, nous ne raisonnons pas autrement. Sans doute. Et c'est pourquoi le raisonnement galiléen nous paraît tellement « moderne » ; nous oublions que nous, nous expliquons la « pesanteur » — ne serait-ce qu'en

1. Voir texte précédent.
2. « Par hypothèses ».
3. C'est-à-dire à l'attraction de la terre, source du poids des corps ; au sens exact du terme, la gravité est donc le résultat de l'exercice d'une force, contrairement à l'intuition courante selon laquelle les corps « ont » un poids. (Voir aussi l'Introduction).

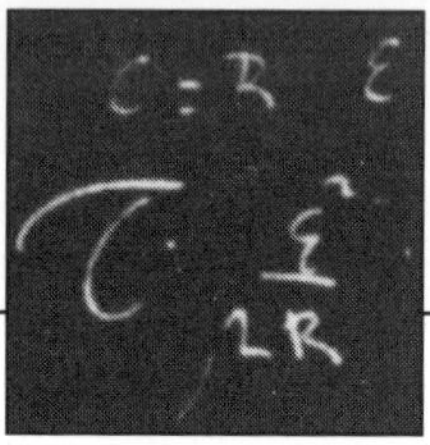

lui substituant l'attraction newtonienne des corps entre eux —, et que si nous pouvons nous représenter les corps comme soumis à la gravité, nous pouvons aussi nous les représenter comme ne l'étant pas. C'est ce que nous faisons, ou du moins, faisions, lorsque, distinguant la gravité de la masse, nous posions les premiers principes de notre physique. Or, c'est justement ce que Galilée ne fait pas. Et ne peut pas faire, parce que pour lui, — en termes modernes — la gravité et la masse se confondent. Et c'est pourquoi la gravité, pour lui, n'est pas une « force » qui *agit* sur le corps ; c'est quelque chose à quoi le corps est « soumis », quelque chose qui appartient au corps lui-même. Aussi ne subit-elle aucune variation ni dans le temps, ni dans l'espace. Un corps pèse ce qu'il pèse partout et toujours, et tombe avec la même vitesse, où qu'on le place : tout près du centre de la terre, ou, au contraire, dans les étoiles.

A. Koyré, *Études galiléennes,* Éd. Hermann, 1966, p. 275.

Texte 4 NEWTON

Poids et masse sont deux réalités distinctes

Tous les corps que nous connaissons étant mobiles, et doués d'une certaine force (que nous appelons force d'inertie) par laquelle ils persévèrent dans le mouvement ou dans le repos, nous concluons que tous les corps en général ont ces propriétés. L'extension, la dureté, l'impénétrabilité, la mobilité, et l'inertie du tout vient donc de l'extension, de la dureté, de l'impénétrabilité, de la mobilité, et de l'inertie des parties[1] : d'où nous concluons que toutes les petites parties de tous les corps sont étendues, dures, impénétrables, mobiles et douées de la force d'inertie. Et c'est là le fondement de toute la Physique. [...]

Enfin, puisqu'il est connu par les expériences et par les observations astronomiques, que tous les corps qui sont près de la surface de la Terre pèsent sur la Terre, selon la quantité de leur matière ; que la Lune pèse sur la Terre à raison de sa quantité de matière, que notre mer pèse à son tour sur la Lune, que toutes les planètes pèsent naturellement les unes sur les autres, que les comètes pèsent aussi sur le Soleil, on peut conclure, suivant cette troisième règle[2], que tous les corps gravitent mutuellement les uns vers les

1. Occuper une certaine quantité d'espace (« extension »), être dure et parfaitement compacte, être susceptible de mouvement, être inerte (voir l'Introduction) sont les caractères alors attribués à la matière. La masse d'un corps est la quantité de matière pourvue de ces qualités.
2. Règle III : « Les qualités des corps qui ne sont pas susceptibles ni d'augmentation ni de diminution, et qui appartiennent à tous les corps sur lesquels on peut faire des expériences, doivent être considérées comme appartenantes à tous les corps en général. »

autres. Et ce raisonnement en faveur de la gravité universelle[3] des corps, tiré des phénomènes, sera plus fort que celui par lequel on conclut leur impénétrabilité : car nous n'avons aucune expérience ni aucune observation qui nous assure que les corps célestes sont impénétrables. Cependant je n'affirme point que la gravité soit essentielle aux corps. Et je n'entends par la force qui réside dans le corps, que la seule force d'inertie, laquelle est immuable ; au lieu que la gravité diminue lorsqu'on s'éloigne de la Terre.

Newton, *Principes mathématiques de la philosophie naturelle*,
(1687), traduction de la Marquise du Châtelet, 1759, Livre III, tome II, pp. 2-5,
in R. Blanché, *la Méthode expérimentale et la philosophie de la physique*,
Éd. A. Colin, 1969, pp. 100-101.

---

3. Selon la loi *de la gravitation universelle,* deux corps s'attirent avec une force proportionnelle au produit de leur masse et inversement proportionnelle au carré de leur distance.

Texte 5 EINSTEIN et INFELD

La masse, un concept fondamental

Quand on débute dans l'étude de la mécanique on a l'impression que tout dans cette branche de la science est simple, fondamental et établi pour toujours. On soupçonnerait à peine l'existence d'une piste importante que, pendant trois siècles, personne n'a remarquée. Cette piste négligée est liée à un des concepts fondamentaux de la mécanique, celui de *masse.*

Reprenons la simple expérience idéalisée de la voiture placée sur une voie unie. Si elle est au repos et reçoit un choc, elle se mouvra ensuite avec une certaine vitesse. Supposons que l'action de la force puisse être répétée autant de fois qu'on le désire, le mécanisme du choc agissant de la même manière et exerçant la même force sur la même voiture. Si souvent qu'on répète l'expérience, la vitesse finale est toujours la même. Mais qu'arrivera-t-il si l'expérience est modifiée, par exemple, si la voiture, de vide qu'elle était, est maintenant chargée ? Sa vitesse finale sera, bien entendu, plus petite. D'où cette conclusion : si la même force agit sur deux corps différents, mais qui sont tous les deux au repos, les vitesses finales ne seront pas les mêmes. Nous disons que la vitesse dépend de la masse du corps, étant plus petite si la masse est plus grande.

Nous savons ainsi, du moins théoriquement, comment on peut déterminer la masse d'un corps, ou, pour parler plus exactement, combien de fois une masse est plus grande qu'une autre. Nous avons des forces identiques agissant sur des masses au repos.

A. Einstein et L. Infeld, *l'Évolution des idées en physique* (1936),
traduction M. Solovine, collection Champs, Éd. Flammarion, 1982, p. 35.

I. UNE RELATION COMPLEXE ENTRE DES SUJETS ET DES OBJETS

II. LA MÉTHODE EXPÉRIMENTALE ET LES FAITS

III. QUE POUVONS-NOUS CONNAÎTRE DE LA RÉALITÉ ?

IV. QU'EST-CE QU'UNE THÉORIE PHYSIQUE ?

DOCUMENT

17

Théorie et expérience

Photo : Erich Lessing.

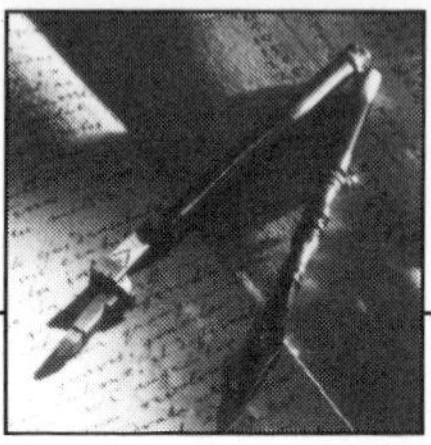

Introduction

Un usage approximatif mais très courant des termes confond volontiers la *théorie* et tout ce qui est *abstrait* d'un côté, et du côté opposé l'*expérience* et le *concret*. C'est souvent avec mépris qu'on qualifie de « théoriques » des propos ou des idées que l'on juge trop éloignés des faits, alors qu'on vantera la « solidité » de propos ou d'idées apparemment fondés sur l'« expérience » de leur auteur, ou sur des données « concrètes ». Bref, l'expérience serait, comme le concret, le signe du sérieux et du contrôlable ; la théorie, au contraire, comme l'abstrait, céderait aux tentations du vague et de l'invérifiable.

Sensibilité et entendement

S'interrogeant sur l'origine et sur les conditions de possibilité de la connaissance humaine, les philosophes ont traditionnellement opposé la sensibilité (faculté d'obtenir des sens des impressions sur ce qui existe en dehors de nous) et l'entendement (faculté de penser les objets de la connaissance, c'est-à-dire d'ordonner les données de l'expérience grâce aux concepts ou « catégories »). La théorie serait donc du côté de l'entendement : un ensemble de représentations et d'explications abstraites d'un domaine de la réalité ; l'expérience,[1] au contraire, comme la sensibilité, renverrait à l'idée de « contact direct » avec les choses. A première vue pleine de bon sens, « évidente » pour ainsi dire, cette dissociation ne résiste pourtant pas à l'examen. Il suffit même, pour en venir à bout, d'analyser une expérience tout à fait ordinaire.

Descartes (texte 1), dans une analyse fameuse, montre comment la même cire, d'abord morceau d'une certaine forme (dure, froide, etc.), n'a plus, une fois fondue, toutes les qualités que l'évidence sensible lui faisait attribuer au départ. Autrement dit, pour savoir ce qu'est la cire, il ne suffit pas de la voir (de la toucher...), il faut la « concevoir ». Car ce que les choses donnent à voir (à toucher, à sentir, etc.) d'elles-mêmes, n'est bien souvent qu'apparence, qualité sensible mais non propriété constitutive de l'objet.

Nos certitudes proviennent-elles exclusivement de l'expérience ?

Dans la querelle traditionnelle entre les empiristes et les rationalistes, Descartes se situerait donc du côté des seconds, pour lesquels tout ou partie de la connaissance procède de la raison, tandis que les empiristes tiennent la sensibilité et l'expérience pour les seules sources possibles de connaissance. Parmi ceux-ci, Hume, au XVIIIe siècle, pose l'une des questions clés de la philosophie de la connaissance : d'où vient la certitude que ce que nous apprenons de l'expérience correspond bien à la façon dont les choses se passent dans la réalité ? En d'autres termes : une telle certitude est-elle vraiment fondée ?

Sans doute la répétition des expériences tend-elle à nous faire croire qu'il y a, entre les faits, les événements, les phénomènes, des relations de cause à effet (texte 2). Cependant cette répétition constatée ne suffit pas à établir de façon indiscutable l'existence de lois causales dans la nature. Si nombreuses que soient les expériences concordantes, nous ne serons jamais assurés d'avoir étudié la totalité du champ des phénomènes concernés ; l'universalité et la nécessité des lois causales resteront donc problématiques. La connaissance scientifique tout entière ne reposerait-elle, en dernière instance, que sur une croyance ?

1. Tel est le sens premier du mot « expérience » : contact immédiat entre l'intuition sensible et le réel. Le terme sera défini un peu plus loin dans son sens scientifique.

Cette hypothèque très lourde que Hume fait peser sur notre savoir, Kant croit pouvoir la lever. Le concept de cause doit, selon lui, comprendre en lui-même l'idée de liaison nécessaire entre cause et effet : la théorie empiriste ne satisfait pas cette exigence. Une telle connaissance de l'idée de cause (texte 3) ne saurait être, on l'aura compris, tirée de l'expérience. Il faut donc affirmer qu'il existe des connaissances « a priori », c'est-à-dire entièrement et uniquement produites par la raison. Kant admet que ces connaissances sont les conditions de possibilité de toute expérience. Nous ne pourrions en effet rien appréhender de façon sensée si les données « brutes » n'étaient pas immédiatement reliées à des catégories mentales aptes à les structurer. Par exemple, c'est parce que nous avons « *a priori* » l'idée de causalité que la succession des nuages et de la pluie a, pour nous, un sens autre que celui, précisément, d'une simple succession.

Kant reconnaît donc à ces catégories mentales, qui existeraient *a priori* dans l'esprit humain, le pouvoir d'organiser nos représentations de la réalité. Il semble plus probable, aujourd'hui, que ces catégories sont culturelles et non innées[1], acquises au contact de façons de penser et de parler propres à la société dans laquelle on vit ; il n'en reste pas moins vrai que le contact direct, « sensible » avec la nature, est la condition nécessaire, mais non suffisante, de sa connaissance.

La nature est muette : il faut la forcer au dialogue

Réduite à elle-même, la nature est, en quelque sorte, muette : seule une curiosité humaine « bavarde » à son endroit peut la faire parler. Le vrai problème est donc de lui poser les bonnes questions : s'étonner devant les enseignements imprévus de telle ou telle observation, raisonner avant d'expérimenter, formuler des hypothèses pour pouvoir les vérifier. Le hasard, en matière d'explication scientifique, fait rarement seul les choses !

Un exemple : en 1643, un maître fontainier de Florence s'étonne de voir l'eau de ses fontaines « refuser » de s'élever dans une pompe aspirante à plus de 10,33 mètres au-dessus de la surface découverte du bassin. Le phénomène serait resté longtemps inexpliqué, si le physicien italien Torricelli n'avait pas eu la curiosité, pour en trouver la cause, de vérifier les hypothèses de Galilée concernant la possibilité du vide et l'existence de la pression atmosphérique (texte 4). Dans une page célèbre de la *Critique de la raison pure,* Kant rend hommage à ces « inventeurs » de la physique moderne, qui ont compris « que la raison ne voit que ce qu'elle produit elle-même », et qu'il faut « forcer » la nature à répondre aux questions qu'on lui pose (texte 5). C'est parce qu'ils ont vu la nécessité de nouveaux rapports entre la raison, la théorie et l'expérience, que Bacon, Galilée, Torricelli et Stahl font, pour Kant, figure de précurseurs.

Existe-t-il vraiment des « faits bruts » ?

Mais il faut aller plus loin : forcer la nature à répondre aux questions qu'on lui pose n'a d'intérêt que si l'on peut « préjuger », au moins en partie, de ses réponses. Autrement dit, un fait reste éternellement « brut » si l'on s'en tient à la simple constatation « objective ». Ce qu'il observe ne devient un fait scientifiquement intéressant pour le physicien que dans la mesure où ce qu'il sait déjà lui permet

1. Voir l'introduction du chapitre « le Langage », où la question des rapports entre pensée, langue et culture est traitée dans ce sens.

au moins de supposer qu'il y a bien quelque chose à comprendre (texte 6). La terre tournait autour du soleil bien avant que Copernic ne l'affirme : ce ne sont pas les faits qui ont changé au XVIe siècle, ce sont les concepts scientifiques[1] en voie d'élaboration pour rendre compte des mouvements respectifs des planètes et du soleil, qui ont alors permis de donner un sens nouveau aux phénomènes observés. Pour que la rotation de la terre devienne vraiment un fait, il lui avait d'abord fallu être une idée (texte 6). « Une marche vers l'objet n'est pas initialement objective », comme l'écrit Bachelard dans *la Formation de l'esprit scientifique* : en matière de connaissance scientique, l'objectif n'est pas ce qui est donné, mais ce que l'on doit construire (en raisonnant, en élaborant des concepts, en utilisant des instruments, en procédant à des vérifications expérimentales). L'« objet » scientifique est ce dont on se rapproche par élimination progressive, non pas du sujet (dont l'activité est nécessaire à cette construction), mais de la subjectivité — opinions, idées toutes faites sur la nature des choses, que Bachelard nomme « obstacles épistémologiques » parce qu'elles entravent, en son sein même, le progrès de la connaissance. Il suffit, pour trouver des exemples de ces obstacles au progrès de la connaissance scientifique, de lire Bachelard lui-même : le texte 6 montre comment l'idée « que la rosée tombe du ciel » a longtemps empêché l'élaboration de toute théorie scientifique sérieuse sur la formation de ce type de vapeur d'eau.

Qu'est-ce qu'une « méthode expérimentale ? »

« Galilée... nous a appris qu'il ne faut pas toujours se fier aux conclusions intuitives basées sur l'observation immédiate, car elles conduisent parfois à des fils conducteurs trompeurs » : pour Einstein[2] cette « découverte » marque « le début réel de la physique ». Ce n'est pas par hasard que le même siècle voit à la fois triompher le rationalisme de Descartes (texte 1) et naître, grâce à Descartes et Galilée, la mécanique classique (la Mécanique est la partie de la physique qui traite des lois du mouvement). La réflexion sur les conditions de possibilité de la connaissance conduit à affirmer le pouvoir et la relative autonomie de la raison ; il devient par ailleurs manifeste que la nature, quant à elle, obéit à des lois (ce point est développé un peu plus loin). Les hommes cessent donc de se percevoir comme des parties complètement intégrantes de la nature, totalement dominés par elle.

La nature est pensée comme autre : on peut alors définir les bases d'un dialogue constructif avec elle. Or, l'expression « méthode expérimentale » désigne précisément la marche à suivre pour rendre ce dialogue efficace.

Claude Bernard écrira au XIXe siècle que cette méthode repose sur un « trépied » : le « sentiment » (qu'il y a quelque chose à comprendre dans un phénomène observé mais encore inexpliqué) ; « la raison » (qui permet d'inventer des hypothèses explicatives) ; « l'expérience »[3] enfin, dispositif élaboré en vue d'infirmer ou de vérifier les hypothèses. Comme l'écrit le mathématicien René Thom, commentant le texte de Claude Bernard, *« l'expérimentation... ne dispense pas de penser »* (texte 7).

Pour éclairer l'importance de ce passage à l'idée d'une nature entièrement déterminée par des lois qui en règlent toutes les manifestations, des précisions s'imposent. Au XVIIe siècle, le concept même de loi commence à changer de

1. Voir le chapitre « la Formation des concepts scientifiques ».
2. A. Einstein, *l'Évolution des idées en physique,* collection Champs, Éd. Flammarion.
3. La définition qui suit est donc celle du deuxième sens du mot « expérience ».

contenu : à l'idée de loi impénétrable conçue à l'image des commandements divins, se substitue, progressivement, l'idée d'une règle constante exprimant les rapports entre des êtres ou des phénomènes.

Mécanisme et déterminisme : lois et causes

Les conditions de possibilité d'une investigation rationnelle de l'univers sont alors données : la nature apparaît comme une grande machine dont le fonctionnement dépend exclusivement de la façon dont les différentes parties ont été assemblées lors de sa construction, et qui est entièrement déterminée par les lois gouvernant toutes ses manifestations et en garantissant la régularité. Nous venons de définir le mécanisme et le déterminisme (texte 8 où Heisenberg commente l'énoncé par Laplace de cette croyance au déterminisme) ; il faudra attendre le XXe siècle pour que ces représentations mécaniste et déterministe de la réalité soient en partie remises en cause, en particulier par les découvertes relatives à la façon dont sont réglés les rapports entre les atomes.

Paradoxalement, ces représentations avaient été, jusque-là, les conditions sans lesquelles la physique n'aurait pas progressé. Dès lors, les causes changent elles aussi de statut. Ce n'est plus dans une quelconque « nature cachée » des choses qu'il faut chercher les explications des phénomènes : ce sont les liens unissant entre eux ces phénomènes qui régissent « les circonstances de leur production » (A. Comte). Par exemple, la cause du mouvement des corps à la surface de la terre ne se trouve pas dans la nature même de ces corps, mais dans l'attraction exercée sur eux par la terre[1]. En fait, la cause se confond avec la loi (textes 8 et 9). Au XIXe siècle, Auguste Comte va jusqu'à considérer tous les phénomènes (y compris, par exemple, les faits sociaux[2]) comme « assujettis à des lois » (texte 11)[3].

Théories physiques, mathématiques et connaissance de la réalité

Telles sont donc les bases sur lesquelles s'est progressivement mise en place l'investigation à la fois expérimentale et rationnelle de la réalité. A chacune de ses étapes importantes, cette investigation se concrétise par l'élaboration de nouveaux concepts et de nouvelles théories : demandons-nous, pour terminer, ce que sont ces théories, à quelles exigences elles doivent se soumettre, et quels problèmes soulève la satisfaction de ces exigences. Une constante, d'abord : les concepts et les théories physiques sont des créations de l'esprit humain, non de simples « copies » de la réalité. Descartes le sait déjà — mais trois siècles plus tard, Einstein et Infeld le pensent toujours (textes 10). La même image inspire les trois auteurs : le physicien se trouve, face au monde, dans la position de l'homme « qui essaie de comprendre le mécanisme d'une montre fermée » ; grâce à ses hypothèses, ses calculs, au recours à des instruments de plus en plus perfectionnés, aux vérifications expérimentales, etc., il peut proposer, pour représenter l'intérieur de cette grande horloge à laquelle la réalité peut être comparée, un système d'explications de plus en plus satisfaisantes — il ne rendra pour autant jamais visible l'intérieur même de l'horloge. Une théorie n'est donc pas directement descriptive ou explicative : elle constitue plutôt un modèle abstrait dont on déduira des descriptions ou des explications correctes de la réalité (textes 12 et 13). Par exemple, si les théories de Newton ont longtemps été jugées satis-

1. Voir le chapitre sur « la Formation des concepts scientifiques ».
2. Voir chapitre « la Sociologie ».
3. On appelle « positivisme » la théorie d'Auguste Comte d'après laquelle connaître ne signifie pas établir les causes premières ou finales des choses, mais seulement étudier les relations invariables qui constituent les lois effectives de tous les éléments observables.

faisantes, c'est qu'à partir d'un petit nombre de principes (concernant l'attraction terrestre, la gravitation et l'inertie), elles permettaient de calculer les mouvements des corps terrestres et célestes de notre univers, en partant de la connaissance de leur état de mouvement à un moment donné (texte 9).

La supériorité des théories de la relativité d'Einstein vient non de ce qu'elles seraient « vraies », et rendraient complètement « faux » les principes newtoniens, mais de ce qu'on peut en déduire un plus grand nombre d'explications cohérentes d'un plus grand nombre de phénomènes. Pour mesurer le degré de pertinence des théories physiques, il faut donc ajouter au critère de la confirmation expérimentale (qui reste toujours, bien sûr, l'objectif à atteindre) des critères de rigueur et de cohérence interne. Et ce d'autant plus que les recherches contemporaines sur les structures les plus complexes de la matière ou de l'univers portent la physique à un niveau d'abstraction très élevé : l'élaboration mathématique des concepts et des théories précède de plus en plus souvent la certitude expérimentale (texte 13). La construction mathématique est souvent même une condition nécessaire de la découverte : au siècle dernier déjà, l'astronome Le Verrier en donnait un exemple, en établissant l'existence de la planète Neptune par le calcul, bien avant que les observations de ses successeurs ne viennent lui donner raison.

Même les sciences expérimentales ont une histoire

Faut-il en conclure que le débat entre empiristes et rationalistes n'a plus aujourd'hui aucune raison d'être ? Oui, dans la mesure où depuis plus d'un siècle maintenant, la physique ne progresse qu'au prix d'une activité de plus en plus élaborée de la raison des physiciens, et d'emprunts de plus en plus nombreux aux mathématiques. Mais cela veut-il dire que la théorie peut désormais se passer complètement de l'expérience ? Non, et si c'était le cas, le rapport de la physique à la réalité, déjà très distendu par la complexité et l'abstraction croissantes des théories contemporaines, serait bientôt perdu. Toutefois, les positivistes eux-mêmes accordent un nouveau statut aux exigences de la vérification expérimentale : pour Karl Popper, vérifier une théorie, c'est tester sa résistance aux contrôles « négatifs » — à ceux dont le succès aboutirait à sa falsification (texte 14).

Même expérimentalement établie, *la vérité scientifique n'est jamais définitive : les théories ont une histoire,* comme le langage dans lequel elles parlent de la nature. Si l'on peut supposer que l'ordre de l'univers change peu, sa connaissance, en revanche, n'est qu'une succession d'erreurs corrigées et de vérités provisoires.

Textes

I. UNE RELATION COMPLEXE ENTRE DES SUJETS ET DES OBJETS

Texte 1 **DESCARTES**

Le morceau de cire

Commençons par la considération des choses les plus communes, et que nous croyons comprendre le plus distinctement, à savoir les corps que nous touchons et que nous voyons. Je n'entends pas parler des corps en général, car ces notions générales sont d'ordinaire plus confuses, mais de quelqu'un en particulier. Prenons pour exemple ce morceau de cire qui vient d'être tiré de la ruche : il n'a pas encore perdu la douceur du miel qu'il contenait, il retient encore quelque chose de l'odeur des fleurs dont il a été recueilli ; sa couleur, sa figure, sa grandeur, sont apparentes ; il est dur, il est froid, on le touche, et si vous le frappez, il rendra quelque son. Enfin, toutes les choses qui peuvent distinctement faire connaître un corps se rencontrent en celui-ci.

Mais voici que, cependant que je parle, on l'approche du feu : ce qui y restait de sa saveur s'exhale, l'odeur s'évanouit, sa couleur se change, sa figure se perd, sa grandeur augmente, il devient liquide, il s'échauffe, à peine le peut-on toucher, et quoiqu'on le frappe, il ne rendra plus aucun son. La même cire demeure-t-elle après ce changement ? Il faut avouer qu'elle demeure et personne ne le peut nier. Qu'est-ce donc que l'on connaissait en ce morceau de cire avec tant de distinction ? Certes ce ne peut être rien de tout ce que j'y ai remarqué par l'entremise des sens, puisque toutes les choses qui tombaient sous le goût, ou l'odorat, ou la vue, ou l'attouchement ou l'ouïe, se trouvent changées, et cependant la même cire demeure. Peut-être était-ce ce que je pense maintenant, à savoir que la cire n'était pas ni cette douceur de miel, ni cette agréable odeur de fleurs, ni cette blancheur, ni cette figure, ni ce son, mais seulement un corps qui un peu auparavant me paraissait sous ces formes, et qui maintenant se fait remarquer sous d'autres. Mais qu'est-ce, précisément parlant, que j'imagine, lorsque je la conçois en cette sorte ? Considérons-la attentivement, et éloignant toutes les choses qui n'appartiennent point à la cire, voyons ce qui reste. Certes il ne demeure rien que quelque chose d'étendu, de flexible et de muable. Or, qu'est-ce que cela : flexible et muable ? N'est-ce pas que j'imagine que cette cire, étant ronde, est capable de devenir carrée, et de passer du carré en une figure triangulaire ? Non certes, ce n'est pas cela, puisque je la conçois capable

de recevoir une infinité de semblables changements et je ne saurais néanmoins parcourir cette infinité par mon imagination, et par conséquent cette conception que j'ai de la cire ne s'accomplit pas par la faculté d'imaginer.

Qu'est-ce maintenant que cette extension ? N'est-elle pas aussi inconnue, puisque dans la cire qui se fond elle augmente, et se trouve encore plus grande quand elle est entièrement fondue, et beaucoup plus encore quand la chaleur augmente davantage ? Et je ne concevrais pas clairement et selon la vérité ce que c'est que la cire, si je ne pensais qu'elle est capable de recevoir plus de variétés selon l'extension, que je n'en ai jamais imaginé. Il faut donc que je tombe d'accord, que je ne saurais pas même concevoir par l'imagination ce que c'est que cette cire, et qu'il n'y a que mon entendement seul qui le conçoive ; je dis ce morceau de cire en particulier, car pour la cire en général, il est encore plus évident. Or quelle est cette cire qui ne peut être conçue que par l'entendement ou l'esprit ? Certes c'est la même que je vois, que je touche, que j'imagine, et la même que je connaissais dès le commencement. Mais ce qui est à remarquer, sa perception, ou bien l'action par laquelle on l'aperçoit n'est point une vision, ni un attouchement, ni une imagination, et ne l'a jamais été, quoiqu'il semblât ainsi auparavant, mais seulement une inspection de l'esprit, laquelle peut être imparfaite et confuse, comme elle était auparavant, ou bien claire et distincte, comme elle est à présent, selon que mon attention se porte plus ou moins aux choses qui sont en elle et dont elle est composée.

Descartes, *Méditations,* II (1641), Bibliothèque de la Pléiade, Éd. Gallimard, 1953, pp. 279-281.

Texte 2 HUME

Le soleil se lèvera-t-il demain ?

Le soleil ne se lèvera pas demain, cette proposition n'est pas moins intelligible et elle n'implique pas plus contradiction que l'affirmation : *il se lèvera.* Nous tenterions donc en vain d'en démontrer la fausseté. Si elle était démonstrativement fausse, elle impliquerait contradiction et l'esprit ne pourrait jamais la concevoir distinctement.

C'est donc peut-être un sujet digne d'éveiller la curiosité que de rechercher quelle est la nature de cette évidence qui nous assure de la réalité d'une existence et d'un fait au-delà du témoignage actuel des sens ou des rapports de notre mémoire. [...]

Tous les raisonnements sur les faits paraissent se fonder sur la relation de *la cause à l'effet.* C'est au moyen de cette seule relation que nous dépassons l'évidence de notre mémoire et de nos sens. Si vous demandiez à quelqu'un pourquoi il croit à la réalité d'un fait qu'il ne constate pas effectivement, par exemple que son ami est à la campagne ou en France, il vous donnerait une raison ; cette raison serait un autre fait : une lettre qu'il a reçue ou la connaissance de ses résolutions antérieures et de ses promesses. Un homme qui trouverait une montre ou une autre machine dans une île déserte conclurait qu'il y a eu précédemment des hommes sur cette île. Tous nos raisonnements sur les faits sont de même nature. On y suppose constamment qu'il y a une connexion entre le fait présent et ce qu'on en infère. [...]

Si donc nous désirons nous satisfaire au sujet de la nature de l'évidence qui nous donne la certitude des faits, il faut que nous recherchions comment nous arrivons à la connaissance de la cause et de l'effet.

J'oserai affirmer, comme une proposition générale qui n'admet pas d'exception, que la connaissance de cette relation ne s'obstient, en aucun cas, par des raisonnements *a priori* ; mais qu'elle naît entièrement de l'expérience quand nous trouvons que des objets particuliers sont en conjonction constante l'un avec l'autre. Qu'on présente un objet à un homme dont la raison et les aptitudes soient, par nature, aussi fortes que possible ; si cet objet lui est entièrement nouveau, il sera incapable, à examiner avec la plus grande précision ses qualités sensibles, de découvrir l'une de ses causes ou l'un de ses effets.

D. Hume, *Enquête sur l'entendement humain*, Section IV (1748), traduction de A. Leroy, Éd. Aubier-Montaigne, 1969, pp. 70-72.

Texte 3 KANT

Expérience et raison

Que toute notre connaissance commence avec l'expérience, cela ne soulève aucun doute. En effet, par quoi notre pouvoir de connaître pourrait-il être éveillé et mis en action, si ce n'est par des objets qui frappent nos sens et qui, d'une part, produisent par eux-mêmes des représentations et d'autre part, mettent en mouvement notre faculté intellectuelle, afin qu'elle compare, lie ou sépare ces représentations, et travaille ainsi la matière brute des impressions sensibles pour en tirer une connaissance des objets, celle qu'on nomme l'expérience ? Ainsi, *chronologiquement*, aucune connaissance ne précède en nous l'expérience et c'est avec elle que toutes commencent.

Mais si toute notre connaissance débute avec l'expérience, cela ne prouve pas qu'elle dérive toute de l'expérience, car il se pourrait bien que même notre connaissance par expérience fût un composé de ce que nous recevons des impressions sensibles et de ce que notre propre pouvoir de connaître (simplement excité par des impressions sensibles) produit de lui-même : addition que nous ne distinguons pas de la matière première jusqu'à ce que notre attention y ait été portée par un long exercice qui nous ait appris à l'en séparer.

C'est donc au moins une question qui exige encore un examen plus approfondi et que l'on ne saurait résoudre du premier coup d'œil, que celle de

savoir s'il y a une connaissance de ce genre, indépendante de l'expérience et même de toutes les impressions des sens. De telles *connaissances* sont appelées *a priori* et on les distingue des *empiriques* qui ont leur source *a posteriori*, à savoir dans l'expérience. [...]

Si l'on veut un exemple pris dans les sciences, on n'a qu'à parcourir des yeux toutes les propositions de la mathématique ; et si on en veut un tiré de l'usage plus ordinaire de l'entendement, on peut prendre la proposition : tout changement doit avoir une cause. Qui plus est, dans cette dernière, le concept même d'une cause renferme manifestement le concept d'une liaison nécessaire avec un effet et celui de la stricte universalité de la règle, si bien que ce concept de cause serait entièrement perdu, si on devait le dériver, comme le fait Hume, d'une association fréquente de ce qui arrive avec ce qui précède et d'une habitude qui en résulte (d'une nécessité, par conséquent, simplement subjective) de lier des représentations. On pourrait aussi, sans qu'il fût besoin de pareils exemples pour prouver la réalité des principes purs *a priori* dans notre connaissance, montrer que ces principes sont indispensables pour que l'expérience même soit possible, et en exposer, par suite, la nécessité *a priori*. D'où l'expérience, en effet, pourrait-elle tirer sa certitude, si toutes les règles, suivant lesquelles elle procède, n'étaient jamais qu'empiriques, et par là même contingentes ?

Kant, *Critique de la raison pure*, Introduction, Seconde Édition (1787), traduction A. Tremesaygues et B. Pacaud, Éd. P.U.F., 1968, pp. 31-33.

Texte 4 PASCAL

L'expérience de Torricelli

Mon cher lecteur, quelques considérations m'empêchant de donner à présent un *Traité* entier où j'ai rapporté quantité d'expériences nouvelles que j'ai faites touchant le vide, et les conséquences que j'en ai tirées, j'ai voulu faire un récit des principales dans cet abrégé où vous verrez par avance le dessein de tout l'ouvrage.

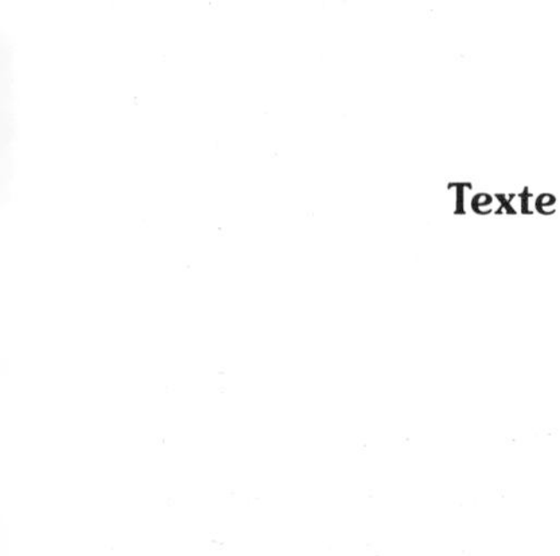

L'occasion de ces expériences est telle : Il y a environ quatre ans qu'en Italie on éprouva qu'un tuyau de verre de quatre pieds, dont un bout est ouvert et l'autre est scellé hermétiquement, étant rempli de vif-argent[1], puis l'ouverture bouchée avec le doigt ou autrement, et le tuyau disposé perpendiculairement à l'horizon, l'ouverture bouchée étant vers le bas, et plongée deux ou trois doigts dans d'autre vif-argent, contenu en un vaisseau[2] moitié plein de vif-argent, et l'autre moitié d'eau ; si on débouche l'ouverture demeurant toujours enfoncée dans le vif-argent du vaisseau, le vif-argent du tuyau descend en partie, laissant au haut du tuyau un espace vide en apparence, le bas du même tuyau demeurant plein du même vif-argent jusqu'à

1. Mercure.
2. Récipient.

une certaine hauteur. Et si on hausse un peu le tuyau jusqu'à ce que son ouverture, qui trempait auparavant dans le vif-argent du vaisseau, sortant de ce vif-argent, arrive à la région de l'eau, le vif-argent du tuyau monte jusqu'en haut, avec l'eau ; et ces deux liqueurs se brouillent dans le tuyau ; mais enfin tout le vif-argent tombe, et le tuyau se trouve tout plein d'eau. [...]

Depuis, faisant réflexion en moi-même sur les conséquences de ces expériences, elle me confirma dans la pensée où j'avais toujours été que le vide[1] n'était pas une chose impossible dans la nature, et qu'elle ne le fuyait pas avec tant d'horreur que plusieurs se l'imaginent.

Pascal, *Expériences nouvelles touchant le vide*, 1647, Bibliothèque de la Pléiade, Éd. Gallimard, 1950, pp. 135-136.

1. Au XVIIe siècle encore, la plupart des gens pensaient que le vide ne pouvait exister.

Texte 5 KANT

Poser les bonnes questions à la nature

Le premier qui démontra le triangle isocèle (qu'il s'appelât Thalès[1] ou comme l'on voudra) eut une révélation ; car il trouva qu'il ne devait pas suivre pas à pas ce qu'il voyait dans la figure, ni s'attacher au simple concept de cette figure comme si cela devait lui en apprendre les propriétés, mais qu'il lui fallait réaliser (ou construire) cette figure, au moyen de ce qu'il y pensait et s'y représentait lui-même *a priori* par concepts (c'est-à-dire par construction), et que, pour savoir sûrement quoi que ce soit *a priori*, il ne devait attribuer aux choses que ce qui résulterait nécessairement de ce que lui-même y avait mis, conformément à son concept.

La Physique arriva bien plus lentement à trouver la grande voie de la science ; il n'y a guère plus d'un siècle et demi en effet que l'essai magistral de l'ingénieux Bacon de Verulam[2] en partie provoqua et en partie, car on était déjà sur sa trace, ne fit que stimuler cette découverte qui, tout comme la précédente, ne peut s'expliquer que par une révolution subite dans la manière de penser. Je ne veux considérer ici la Physique qu'en tant qu'elle est fondée sur des principes empiriques.

Quand Galilée fit rouler ses sphères sur un plan incliné avec un degré d'accélération dû à la pesanteur déterminé selon sa volonté, quand Torricelli fit supporter à l'air un poids qu'il savait lui-même d'avance être égal à celui d'une colonne d'eau à lui connue, ou quand, plus tard, Stahl[3] transforma les métaux en chaux et la chaux en métal, en leur ôtant ou en lui restituant quelque chose, ce fut une révélation lumineuse pour tous les

1. Mathématicien grec (VIIe -VIe siècles av. J.-C.).
2. Philosophe anglais (1561-1626).
3. Chimiste allemand (1660-1734), qui expliqua le phénomène de la combustion par l'« évaporation » d'une sorte de fluide, alors nommé « phlogistique ».

physiciens. Ils comprirent que la raison ne voit que ce qu'elle produit elle-même d'après ses propres plans et qu'elle doit prendre les devants avec les principes qui déterminent ses jugements, suivant des lois immuables, qu'elle doit obliger la nature à répondre à ses questions et ne pas se laisser conduire pour ainsi dire en laisse par elle ; car autrement, faites au hasard et sans aucun plan tracé d'avance, nos observations ne se rattacheraient point à une loi nécessaire, chose que la raison demande et dont elle a besoin. Il faut donc que la raison se présente à la nature tenant, d'une main, ses principes qui seuls peuvent donner aux phénomènes concordant entre eux l'autorité de lois, et de l'autre, l'expérimentation qu'elle a imaginée d'après ces principes, pour être instruite par elle, il est vrai, mais non pas comme un écolier qui se laisse dire tout ce qu'il plaît au maître, mais, au contraire, comme un juge en fonctions qui force les témoins à répondre aux questions qu'il leur pose.

Kant, *Critique de la raison pure* (1787), Préface,
traduction A. Tremesaygues et B. Pacaud, Éd. P.U.F., 1968, p. 17.

II. LA MÉTHODE EXPÉRIMENTALE ET LES FAITS

Texte 6 BACHELARD

Les « faits bruts » n'existent pas

Affirmé dogmatiquement par un empirisme qui s'enferre dans sa constatation, un *fait* s'inféode à des types de compréhension sans rapport avec la science actuelle. D'où des erreurs que la cité scientifique n'a pas de peine à juger. Qui a compris, par exemple, la théorie scientifique du *point de rosée* a conscience d'apporter une preuve définitive qui clôt une ancienne controverse. La technique d'un hygromètre[1] comme ceux de Daniell[2] ou de Regnault[3] — pour ne citer que des appareils connus au milieu du XIXe siècle — donne une garantie d'objectivité moins facile à obtenir d'une simple observation « naturelle ». Une fois qu'on a reçu cette leçon d'objectivité, on ne peut guère commettre l'erreur d'un Renan qui croit pouvoir rectifier le sens commun en ces termes : « Le vulgaire aussi se figure que la rosée tombe du ciel et croit à peine le savant qui l'assure qu'elle sort des plantes. » Les deux affirmations sont également fausses ; elles portent toutes deux la

1. Appareil permettant de mesurer le degré d'humidité de l'air.
2. John Frederic Daniell, physicien anglais (1790-1878).
3. Victor Regnault, physicien français (1810-1845).

marque d'un empirisme sans organisation de lois. Si la rosée tombait du ciel ou si elle sortait des plantes, elle ne susciterait qu'une bien courte problématique. Le phénomène de la rosée est rationalisé par la loi fondamentale de l'hygrométrie liant la tension de vapeur à la température. Appuyé sur la rationalité d'une telle loi, on peut, sans contestation possible, résoudre le problème de la rosée. [...]

Ainsi les faits s'enchaînent d'autant plus solidement qu'ils sont impliqués dans un réseau de *raisons*. C'est par l'enchaînement, conçu rationnellement, que les faits hétéroclites reçoivent leur statut de *faits scientifiques*. Que la Terre tourne, c'est donc là une *idée* avant d'être un *fait*. Ce fait n'a primitivement aucun trait empirique. Il faut le mettre à sa place dans un *domaine rationnel d'idées* pour oser l'affirmer. Il faut le comprendre pour l'appréhender. Si Foucault[1] cherche, avec le pendule du Panthéon, une preuve *terrestre* de ce fait *astronomique,* c'est parce qu'un long préambule de pensées scientifiques lui a donné l'idée de cette expérience. Et quand Poincaré dit que sur une terre couverte de nuages cachant les étoiles, les hommes auraient pu découvrir la rotation de la Terre par l'expérience de Foucault, il ne fait que donner un exemple de *rationalisme récurrent* répondant à la formule : on *aurait pu*, on *aurait dû* prévoir, ce qui revient à définir la pensée rationnelle comme une prescience.

G. Bachelard, *le Rationalisme appliqué*, Éd. P.U.F., 1949, pp. 52 et 123.

1. Léon Foucault, physicien français (1819-1868).

Texte 7 THOM

L'expérience scientifique est d'abord mentale

L'expérimentation à elle seule est incapable de découvrir la (ou les) causes d'un phénomène. Dans tous les cas, il faut prolonger le réel par l'imaginaire, et éprouver ensuite ce halo d'imaginaire qui complète le réel. Ce saut dans l'imaginaire est fondamentalement une opération « mentale », un *Gedankenexperiment*, et aucun appareil ne peut y suppléer. Claude Bernard[1], fort lucidement, avait bien vu cet aspect, et dans son schéma : Observation-Idée-Expérimentation, le processus psychologique créant l'idée

1. « L'expérience, c'est-à-dire l'étude des phénomènes naturels, apprit à l'homme que les vérités du monde extérieur ne se trouvent formulées de prime abord ni dans le sentiment ni dans la raison. Ce sont seulement nos guides indispensables ; mais, pour obtenir ces vérités, il faut nécessairement descendre dans la réalité objective des choses où elles se trouvent cachées avec leur forme phénoménale. C'est ainsi qu'apparut, par le progrès naturel des choses, la méthode expérimentale qui résume tout et qui, comme nous le verrons bientôt, s'appuie successivement sur les trois branches de ce trépied immuable : le *sentiment,* la *raison* et l'*expérience.* Dans la recherche de la vérité, au moyen de cette méthode, le sentiment a toujours l'initiative, il engendre l'idée *a priori* ou l'intuition ; la raison ou le raisonnement développe ensuite l'idée et déduit ses conséquences logiques. Mais si le sentiment doit être éclairé par les lumières de la raison, la raison à son tour doit être guidée par l'expérience. » C. Bernard, *Introduction à l'étude de la médecine expérimentale*, II, I, II, 1865. Physiologiste français (1813-1878).

est laissé dans une totale obscurité, mais il insiste sur sa nécessité (contre Bacon qui prétendait que l'expérience répétée pouvait fournir — par induction — l'idée de la loi). Autrement dit, l'expérimentation, pour être scientifiquement significative, ne dispense pas de penser. [...]

Il est sans doute exact que certains des plus brillants résultats expérimentaux de notre siècle ont été l'effet d'erreurs, d'actes manqués, voire de simples hasards, comme la contamination accidentelle de colonies bactériennes par le *Penicillium notatum*. Mais on serait bien en peine de justifier socialement le maintien du formidable appareil expérimental qui caractérise notre époque par le bricolage ou l'erreur féconde, et en tout cas ces arguments seraient difficilement compatibles avec l'expression « méthode expérimentale ». [...]

Concluons : l'expérience est guidée soit par un besoin technologique immédiat (par exemple : tester les propriétés de tel ou tel matériau sous telle ou telle condition) ou par une hypothèse, fruit d'une expérience mentale *(Gedankenexperiment)* qui la précède et dont on veut éprouver l'adéquation au réel. C'est dire que toute expérience est réponse à une question, et si la question est stupide, il y a peu de chances que la réponse le soit moins.

R. Thom[1], *la Philosophie des sciences aujourd'hui*,
« La méthode expérimentale : un mythe des épistémologues (et des savants ?) »,
Éd. Bordas Gauthier-Villars, 1986, pp. 12-17.

1. Mathématicien français contemporain, inventeur de la célèbre « théorie des catastrophes ».

III. QUE POUVONS-NOUS CONNAÎTRE DE LA RÉALITÉ ?

Texte 8 HEISENBERG

La nature est-elle complètement déterminée ?

La transformation du concept de *causa* dans le concept actuel de cause s'est produite au cours des siècles, en liaison interne avec la transformation de la réalité entière, telle que les hommes la conçoivent, et avec la naissance des sciences de la nature au début de l'ère moderne. Dans la mesure où le processus matériel gagnait en réalité, le terme *causa* s'appliquait au processus matériel particulier qui précédait l'événement à expliquer et, en quelque sorte, le provoquait. C'est pourquoi Kant qui, sur beaucoup de points, tire les conséquences du développement des sciences de la nature depuis Newton, emploie déjà le terme de causalité dans l'acception habituelle au XIXe siècle : « Lorsque nous apprenons qu'une chose arrive, nous présupposons toujours qu'une chose a précédé dont la première découle selon une règle. » C'est ainsi que la formule de la causalité fut limitée et s'identifia finalement au fait de supposer que les événements de la nature sont rigoureusement déterminés. Par conséquent, la connaissance exacte de la nature ou de l'une de ses parties suffirait, du moins en principe, à prévoir l'avenir. La physique de Newton était ainsi conçue qu'on pouvait calculer à l'avance, à partir de l'état d'un système, à un moment déterminé, le mouvement futur du système. Que cela soit un principe de la nature, Laplace[1] l'a formulé de la façon la plus générale et la plus compréhensible : il a forgé la fiction d'un démon qui, à un moment donné, connaîtrait la position et le mouvement de tous les atomes et serait alors en mesure de calculer d'avance l'avenir total de l'univers. Si l'on veut prendre le terme de causalité au sens restreint, on parle aussi de « déterminisme » et on entend par là qu'il y a des lois naturelles fixes qui déterminent rigoureusement l'état futur d'un système d'après l'état actuel.

W. Heisenberg[2], *la Nature dans la physique contemporaine*, traduction de A.-E. Leroy, collection Idées, Éd. Gallimard, 1970, pp. 40-41.

---

1. « Les événements actuels ont avec les précédents une liaison fondée sur le principe évident qu'une chose ne peut pas commencer d'être sans une cause qui la produise. [...] Nous devons donc envisager l'état présent de l'univers comme l'effet de son état antérieur et comme la cause de celui qui va suivre. Une intelligence qui, pour un instant donné, connaîtrait toutes les forces dont la nature est animée et la situation respective des êtres qui la composent, si d'ailleurs elle était assez vaste pour soumettre ces données à l'analyse, embrasserait dans la même formule les mouvements des plus grands corps de l'univers et ceux du plus léger atome ; rien ne serait incertain pour elle, et l'avenir, comme le passé, serait présent à ses yeux. »
P. Laplace, Œuvres (1814), Éd. Gauthier-Villars, vol. 7, I, pp. VI-VII.

2. Physicien allemand (1901-1976). Auteur de travaux sur les atomes et la mécanique quantique. Prix Nobel 1933.

Texte 9 NEWTON

Des « causes cachées » aux lois de la nature

Ce que j'appelle ici *attraction* peut être produit par impulsion, ou par d'autres moyens qui me sont inconnus. Je n'emploie ici ce mot que pour signifier en général une force quelconque par laquelle les corps tendent réciproquement les uns vers les autres, quelle qu'en soit la cause. Car c'est des phénomènes de la nature que nous devons apprendre quels corps s'attirent réciproquement, et quelles sont les lois et les propriétés de cette attraction, avant que de rechercher quelle est la cause qui produit l'attraction. [...]

Je ne considère pas ces principes comme des qualités occultes, qui seraient supposées résulter de la forme spécifique des choses, mais comme des lois générales de la nature par lesquelles les choses mêmes sont formées ; la vérité de ces lois se montrant à nous par les phénomènes, ces qualités

sont manifestes, et il n'y a que leurs causes qui soient occultes. Les aristotéliciens[1] n'ont pas donné le nom de *qualités occultes* à des qualités manifestes, mais à des qualités qu'ils supposaient cachées dans les corps, et être causes inconnues d'effets manifestes, telles que seraient les causes de la pesanteur, des attractions magnétiques et électriques, et des fermentations, si nous supposions que ces forces ou actions procédassent de qualités qui nous fussent inconnues, et qui ne pussent jamais être découvertes. Ces sortes de qualités occultes arrêtent le progrès de la philosophie naturelle, et c'est pour cela qu'elles ont été rejetées dans ces derniers temps. Nous dire que chaque espèce de choses est douée d'une qualité occulte spécifique par laquelle elle agit et produit des effets sensibles, c'est ne nous rien dire du tout ; mais déduire des phénomènes de la nature deux ou trois principes généraux de mouvement, et nous expliquer ensuite comment les propriétés et les actions de toutes les choses corporelles découlent de ces principes manifestes, ce serait faire un progrès très considérable dans la philosophie, quoique les causes de ces principes ne fussent point encore découvertes. Sur ce fondement je ne fais pas difficulté de proposer les principes de mouvement mentionnés ci-dessus, puisqu'ils sont d'une étendue fort générale, et je laisse à d'autres le soin d'en découvrir les causes.

Newton, « Traité d'optique (1704), Questions finales » (1706), traduction de P. Coste, in R. Blanché, *la Méthode expérimentale et la philosophie de la physique*, Éd. A. Colin, 1968, pp. 103-104.

1. Pour Aristote, l'existence d'un être ou d'une chose dépend de quatre causes :
1) la matière dont ils sont faits ;
2) la forme qu'ils doivent avoir ;
3) ce qui les a produits, naturellement ou artificiellement ;
4) le but vers lequel tend leur existence.

Texte 10 A — DESCARTES

Qu'y a-t-il à l'intérieur de la montre ?

Que touchant les choses que nos sens n'aperçoivent point, il suffit d'expliquer comment elles peuvent être ; et que c'est tout ce qu'Aristote a tâché de faire.

On répliquera encore à ceci que, bien que j'aie peut-être imaginé des causes qui pourraient produire des effets semblables à ceux que nous voyons, nous ne devons pas pour cela conclure que ceux que nous voyons sont produits par elles. Parce que, comme un horloger industrieux peut faire deux montres qui marquent les heures en même façon, et entre lesquelles il n'y ait aucune différence en ce qui paraît à l'extérieur, qui n'aient toutefois rien de semblable en la composition de leurs roues : ainsi il est certain que Dieu a une infinité de divers moyens, par chacun desquels il peut avoir fait que toutes les choses de ce monde apparaissent telles que maintenant elles paraissent, sans qu'il soit possible à l'esprit humain de connaître lequel de tous ces moyens il a voulu employer à les faire. Ce que je ne fais aucune difficulté d'accorder. Et je croirai avoir assez fait, si les causes que j'ai expliquées sont telles que tous les effets qu'elles peuvent produire se trouvent semblables à ceux que nous voyons dans le monde, sans m'enquérir si c'est par elles ou par d'autres qu'ils sont produits.

R. Descartes, *les Principes de la philosophie* (1644),
Bibliothèque de la Pléiade,
Éd. Gallimard, 1953, IV, 204, p. 667.

Texte 10 B EINSTEIN et INFELD

Un mécanisme qu'il faut imaginer

Les concepts physiques sont des créations libres de l'esprit humain et ne sont pas, comme on pourrait le croire, uniquement déterminés par le monde extérieur. Dans l'effort que nous faisons pour comprendre le monde, nous ressemblons quelque peu à l'homme qui essaie de comprendre le mécanisme d'une montre fermée. Il voit le cadran et les aiguilles en mouvement, il entend le tic-tac, mais il n'a aucun moyen d'ouvrir le boîtier. S'il est ingénieux, il pourra se former quelque image du mécanisme, qu'il rendra responsable de tout ce qu'il observe, mais il ne sera jamais sûr que son image soit la seule capable d'expliquer ses observations. Il ne sera jamais en état de comparer son image avec le mécanisme réel, et il ne peut même pas se représenter la possibilité ou la signification d'une telle comparaison. Mais le chercheur croit certainement qu'à mesure que ses connaissances s'accroîtront, son image de la réalité deviendra de plus en plus simple et expliquera des domaines de plus en plus étendus de ses impressions sensibles. Il pourra aussi croire à l'existence d'une limite idéale de la connaissance que l'esprit humain peut atteindre. Il pourra appeler cette limite idéale la vérité objective.

A. Einstein et L. Infeld,
l'Évolution des idées en physique, collection Champs,
Éd. Flammarion, 1982, pp. 34-35.

Texte 11 COMTE

Définition de la « philosophie positive »

Le caractère fondamental de la philosophie positive est de regarder tous les phénomènes comme assujettis à des *lois* naturelles variables, dont la découverte précise et la réduction au moindre nombre possible sont le but de tous nos efforts, en considérant comme absolument inaccessible et

vide de sens pour nous la recherche de ce qu'on appelle les *causes*, soit premières, soit finales. Il est inutile d'insister beaucoup sur un principe devenu maintenant aussi familier à tous ceux qui ont fait une étude un peu approfondie des sciences d'observation. Chacun sait, en effet, que, dans nos explications positives, même les plus parfaites, nous n'avons nullement la prétention d'exposer les *causes* génératrices des phénomènes, puisque nous ne ferions jamais alors que reculer la difficulté, mais seulement d'analyser avec exactitude les circonstances de leur production, et de les rattacher les unes aux autres par des relations normales de succession et de similitude.

A. Comte, *Cours de philosophie positive, Première leçon*, (1830-1842), collection Profil Formation, Éd. Hatier, 1982, pp. 70.

IV. QU'EST-CE QU'UNE THÉORIE PHYSIQUE ?

Texte 12 DUHEM

Relier les principes aux lois expérimentales

Une théorie physique n'est pas une explication. C'est un système de propositions mathématiques, déduites d'un petit nombre de principes, qui ont pour but de représenter aussi simplement, aussi complètement et aussi exactement que possible, un ensemble de lois expérimentales. [...]

Ainsi, une théorie *vraie*, ce n'est pas une théorie qui donne, des apparences physiques, une explication conforme à la réalité ; c'est une théorie qui représente d'une manière satisfaisante un ensemble de lois expérimentales ; une théorie *fausse*, ce n'est pas une tentative d'explication fondée sur des suppositions contraires à la réalité ; c'est un ensemble de propositions qui ne concordent pas avec les lois expérimentales. *L'accord avec l'expérience est, pour une théorie physique, l'unique criterium de vérité.* [...]..

La physique expérimentale nous fournit les lois toutes ensemble et, pour ainsi dire, sur un même plan, sans les répartir en groupes de lois qu'unisse entre elles une sorte de parenté. Bien souvent, ce sont des causes tout accidentelles, des analogies toutes superficielles, qui ont conduit les observateurs à rapprocher, dans leurs recherches, une loi d'une autre loi. [...]

La théorie au contraire, en développant les ramifications nombreuses du raisonnement déductif qui relie les principes aux lois expérimentales, établit, parmi celles-ci, un ordre et une classification. [...]

Ces connaissances classées sont des connaissances d'un emploi commode et d'un usage sûr. Dans ces cases méthodiques où gisent, côte à côte, les outils qui ont un même objet, dont les cloisons séparent rigoureusement les instruments qui ne s'accommodent pas à la même besogne, la main de l'ouvrier saisit rapidement, sans tâtonnements, sans méprise, l'outil qu'il faut. Grâce à la théorie, le physicien trouve avec certitude, sans rien omettre d'utile, sans rien employer de superflu, les lois qui lui peuvent servir à résoudre un problème donné.

R. Duhem[1], *la Théorie physique, son objet et sa structure* (1906), Éd. M. Rivière, 1914, I, ch. I, §§ 1-3, pp. 23-31.

1. Physicien, historien des sciences et épistémologue français (1861-1916).

Texte 13 EINSTEIN

Physique et mathématiques

Mais si l'expérience est le commencement et la fin de toute notre connaissance au sujet de la réalité, quel rôle est laissé, dans la science, à la raison ? La raison donne au système sa structure ; les données de l'expérience et leurs relations mutuelles doivent correspondre exactement aux conséquences de la théorie. C'est uniquement sur la possibilité d'une telle correspondance que reposent la valeur et la justification de l'ensemble du système, et spécialement de ses concepts fondamentaux et de ses lois de base. Sinon, ceux-ci ne seraient que de libres inventions de l'esprit humain n'ayant aucune justification *a priori*, ni par la nature de l'esprit humain ni de quelque autre manière que ce soit.

Les concepts et lois de base dont on ne peut pousser plus loin la réduction logique constituent, dans une théorie, la partie indispensable et qui ne peut plus être rationnellement déduite. On ne peut guère nier que le but suprême de toute théorie est de rendre ces éléments irréductibles de base aussi simples et aussi peu nombreux qu'il est possible sans avoir à renoncer à la représentation adéquate d'une seule donnée de l'expérience. [...]

La construction purement mathématique nous permet de découvrir les concepts et les lois qui les relient, lesquels nous donnent la clef pour comprendre les phénomènes de la nature. L'expérience peut, bien entendu, nous guider dans notre choix des concepts mathématiques à utiliser ; mais il n'est pas possible qu'elle soit la source d'où ils découlent. Si elle demeure, assurément, l'unique critère de l'utilité, pour la physique, d'une construction mathématique, c'est dans les mathématiques que réside le principe vraiment créateur. En un certain sens, donc, je tiens pour vrai que la pensée pure est compétente pour comprendre le réel, ainsi que les Anciens l'avaient rêvé.

A. Einstein, « Sur la méthode de la physique théorique », 1933, in R. Blanché, *la Méthode expérimentale et la philosophie de la physique*, Éd. A. Colin, 1968, pp. 271-274.

Texte 14 POPPER

« Falsifier »[1] pour confirmer

Nous pouvons si nous le voulons distinguer quatre étapes différentes au cours desquelles pourrait être réalisée la mise à l'épreuve d'une théorie. Il y a, tout d'abord, la comparaison logique des conclusions entre elles par laquelle on éprouve la *cohérence interne* du système. En deuxième lieu s'effectue la recherche de la *forme logique* de la théorie, qui a pour objet de déterminer si elle constituerait un *progrès* scientifique au cas où elle survivrait à nos divers tests. Enfin, la théorie est mise à l'épreuve en procédant à des *applications empiriques* des conclusions qui peuvent en être tirées.

Le but de cette dernière espèce de test est de découvrir jusqu'à quel point les conséquences nouvelles de la théorie — quelle que puisse être la nouveauté de ses assertions — font face aux exigences de la pratique, surgies d'expérimentations purement scientifiques ou d'applications techniques concrètes. Ici encore, la procédure consistant à mettre à l'épreuve est déductive. A l'aide d'autres énoncés préalablement acceptés, l'on déduit de la théorie certains énoncés singuliers que nous pouvons appeler « prédictions » et en particulier des prévisions que nous pouvons facilement contrôler ou réaliser. Parmi ces énoncés l'on choisit ceux qui sont en contradiction avec elle. Nous essayons ensuite de prendre une décision en faveur (ou à l'encontre) de ces énoncés déduits en les comparant aux résultats des applications pratiques et des expérimentations. Si cette décision est positive, c'est-à-dire si les conclusions singulières se révèlent acceptables, ou *vérifiées*, la théorie a provisoirement réussi son test : nous n'avons pas trouvé de raisons de l'écarter. Mais si la décision est négative ou, en d'autres termes, si les conclusions ont été *falsifiées*, cette falsification falsifie également la théorie dont elle était logiquement déduite.

Il faudrait noter ici qu'une décision ne peut soutenir la théorie que pour un temps car des décisions négatives peuvent toujours l'éliminer ultérieurement. Tant qu'une théorie résiste à des tests systématiques et rigoureux et qu'une autre ne la remplace pas avantageusement dans le cours de la progression scientifique, nous pouvons dire que cette théorie a « fait ses preuves » ou qu'elle est « corroborée ».

K. Popper, *la Logique de la découverte scientifique* (1934), traduction de N. Thyssen-Rutten et P. Devaux, Éd. Payot, 1973, pp. 29-30.

1. Dans tout ce texte, « falsifier » signifie « rendre manifeste la fausseté de ». Si une tentative pour falsifier une hypothèse échoue, cette hypothèse est corroborée.

DOCUMENT

Où il est prouvé que le sang « tourne en rond »

Le médecin anglais Harvey (1578-1657) expose le raisonnement qui l'a conduit à supposer puis à vérifier comment le sang circule dans les différentes parties du corps.

Pour n'être pas accusé de verbalisme et de forger des assertions spécieuses, et d'innover sans fondement, j'avance trois hypothèses dont la confirmation éventuelle fera conclure nécessairement à la vérité et rendra manifeste la chose même.

Premièrement, le sang arrive sous l'impulsion du cœur, en telle abondance, d'une manière si continue et sans solution de continuité de la veine cave dans les artères, qu'il ne peut être fourni par les aliments ingérés, et de telle sorte qu'il passerait tout entier dans un temps très bref.

Deuxièmement, le sang continuellement et uniformément poussé par les artères dans les membres et les parties du corps, y pénètre en quantité beaucoup plus grande qu'il n'est requis pour leur nutrition ou que la masse entière ne la pourrait fournir.

Enfin et semblablement, le sang est continuellement ramené par les veines de chaque membre vers le cœur.

Cela établi, il sera manifeste, je pense, que le sang tourne en rond, fait une révolution, est chassé et coule du cœur vers les extrémités, et de là, à nouveau, vers le cœur, et qu'ainsi il accomplit un mouvement de nature circulaire.

Posons, soit par raisonnement, soit d'après l'expérience, la quantité de sang que contient le ventricule gauche dilaté, quand il est plein : ou deux, ou trois ou quatre onces de sang. Pour ma part, sur le cadavre, j'ai trouvé un peu plus de deux onces. Posons, semblablement, de combien cette quantité se trouve diminuée dans la contraction, c'est-à-dire en quelle proportion se contracte le cœur et de combien est réduite la capacité du ventricule dans la contraction même, et donc quelle est la quantité de sang qui, du fait des contractions, est projetée dans la grande artère (l'aorte). [...] *Ainsi, chez l'homme, nous pouvons admettre que le cœur projette, à chaque pulsation, une demi-once de sang, ou trois drachmes, ou une drachme, qui ne peut pas refluer dans le cœur en raison du barrage des valvules.*

Or le cœur bat plus de mille fois en une demi-heure, et dans certains cas davantage, deux, trois ou quatre mille. [...]

Mais si l'on se donne non seulement une demi-heure, mais une heure, ou bien un jour entier, alors il devient encore plus éclatant que le cœur, par ses pulsations, transmet continuellement une quantité de sang plus grande que n'en pourraient fournir les aliments, ou que les veines n'en pourraient contenir.

Harvey, Considérations anatomiques sur le mouvement du cœur et du sang
chez les animaux (1628), traduction de G. Canguilhem,
in *Introduction à l'histoire des sciences,* tome 1, Éd. Hachette, 1970, pp. 149-151.

Exercices

1. Si l'on suit jusqu'au bout le raisonnement de Hume, à quelles conclusions arrive-t-on concernant l'existence des phénomènes naturels que nous sommes habitués à voir se produire (texte [2]) ?

2. En vous aidant du texte [6], cherchez des exemples de « faits » qui prouvent qu'un « fait brut » ne peut pas, tel quel, permettre une explication scientifique.

3. Comment comprenez-vous l'exemple de la montre cité dans les textes [10] ?

4. Dans le texte [14], que veut dire exactement « falsifier » ? Une théorie qu'on n'a pas réussi à falsifier est-elle définitivement vraie ?

Sujets de dissertation

1. Peut-on penser contre l'expérience ?

2. Ne doit-on tenir un énoncé pour vrai que s'il est contrôlable par l'expérience ?

3. Nos connaissances viennent-elles entièrement de l'expérience ?

4. Est-il contradictoire de dire d'une connaissance scientifique qu'elle est à la fois vraie et provisoire ?

Corrélats

le langage - l'imagination - le jugement, l'idée - la formation des concepts scientifiques - logique et mathématiques - le sens - la vérité

POUR EN SAVOIR PLUS

Bachelard (G.), *Épistémologie*, « Textes choisis », Éd. P.U.F.

Bernard (C.), *Introduction à l'étude de la médecine expérimentale*, Éd. Garnier-Flammarion.

Descartes (R.), *Discours de la méthode*, collection 10-18, Éd. U.G.E.

Bachelard (G.), *le Nouvel Esprit scientifique*, Éd. P.U.F.

Blanché (R.), *la Méthode expérimentale et la philosophie de la physique*, collection U2, Éd. A. Colin.

Kant (E.), *Critique de la raison pure*, « Préface à la seconde édition », collection SUP, Éd. P.U.F.

Kuhn (T.), *La structure des révolutions scientifiques*, Éd. Flammarion.

Einstein (A.) et Infeld (L.), *l'Évolution des idées en physique*, collection Champs, Éd. Flammarion.

Hempel (G.) *Éléments d'épistémologie*, collection U2, Éd. A. Colin.

Koyré (A.), *Études d'histoire de la pensée scientifique*, Éd. P.U.F.

Prigogine (I.) et Stengers (I.), *la Nouvelle Alliance*, collection Folio-essais, Éd. Gallimard.

(Détail)

18

Logique et mathématiques

L'architecte, Rohner, Paris.

Introduction

Lorsqu'ils se livrent à une réflexion historique et critique sur leurs disciplines respectives, le mathématicien et le logicien occupent une position différente de celle des autres chercheurs scientifiques. Les questions que le physicien ou le biologiste, par exemple, peuvent se poser sur leurs sciences, relèvent de l'histoire des sciences ou de l'épistémologie ; ce ne sont pas, à proprement parler, des problèmes internes à la physique ou à la biologie. Au contraire, les mathématiciens et les logiciens, depuis un siècle en tout cas, lorsqu'ils cherchent à préciser la nature et les fondements de leurs sciences, rencontrent de véritables problèmes de mathématiques ou de logique. Pour être plus précis : la question du fondement des mathématiques est devenue non seulement une question interne à la recherche mathématique elle-même, mais aussi le lieu privilégié d'une interrogation commune à la logique et aux mathématiques, au point qu'il faut pour ainsi dire, aujourd'hui, considérer la logique comme une partie des mathématiques.

Logique, mathématiques et philosophie

Rappelons tout d'abord que notre logique et nos mathématiques ont connu un développement décisif au même moment que la philosophie, en Grèce, à partir du VIe siècle avant Jésus-Christ. Coïncidence dans le temps, mais aussi concordance des raisons : l'effort d'explication rationnelle du monde triomphe ; philosophie, logique et mathématiques sont ses trois manifestations majeures. Le terme grec *logos* désigne en effet à la fois la raison, le discours, et le calcul ; il est par ailleurs facile de reconnaître dans le mot « logique » son dérivé le plus direct. D'autre part, notre tradition scolaire a longtemps classé sous la rubrique « logique » tout ce qui concerne la réflexion sur la connaissance ; notons enfin qu'en français, l'usage rend souvent synonymes les adjectifs « logique » et « rationnel ». Mais c'est très tôt une science à part entière qui, sous le nom de « logique », prend son essor en Grèce. Prolongeant les recherches de ses prédécesseurs sur la pratique de la discussion publique (sur les meilleures façons d'argumenter devant les tribunaux ou les assemblées de citoyens), Aristote pose les premiers principes d'une véritable science des formes du raisonnement. La « forme » d'une opération de l'entendement[1], c'est la nature du rapport qui relie entre eux les termes auxquels cette opération s'applique, abstraction faite de ce que sont ces termes en eux-mêmes, comme de ce à quoi ils renvoient dans la réalité. Aristote s'attache donc en priorité à la première forme de raisonnement « productif » du point de vue de la connaissance : le syllogisme, enchaînement de trois propositions qui permet, grâce à un « moyen terme », de tirer une conclusion de deux propositions « prémisses » (textes [1]). Très vite, Aristote admet que la logique, pour remplir pleinement sa fonction normative, c'est-à-dire pour fournir des critères de validité du raisonnement, doit être formelle : aux propositions « concrètes », il substitue des schémas formels, où des lettres à valeur purement symbolique remplacent les termes pourvus d'une signification dans la langue ordinaire (« l'homme est mortel » devient « B appartient à A »).

1. Voir aussi le chapitre « le Jugement, l'idée », p. 321.

L'objet de la logique n'est donc pas la vérité « matérielle » des propositions qui composent les raisonnements étudiés : elle établit les conditions de la validité des enchaînements de propositions (texte 2). Son propos, par exemple, n'est pas de savoir s'il est ou non vrai que « tout homme est mortel », mais d'établir à quelles conditions une conclusion vraie pourrait être déduite de toute proposition de cette forme.

Aristote et ses successeurs n'aperçurent pas d'emblée, semble-t-il, l'extraordinaire portée de cette entreprise de formalisation. Au XVIIe siècle, certains philosophes vont jusqu'à juger dangereuse l'idée même qu'une science prétende imposer ses normes à l'art de penser : Locke, par exemple, souligne le risque de privilégier « l'art de disputer », au détriment de la saine recherche de la vérité elle-même (texte 3). Seul Leibniz anticipe alors sur les progrès ultérieurs de la logique formelle puis mathématique, en défendant le principe d'une véritable théorie « infaillible » de la démonstration (texte 4). L'idée de réduire le raisonnement à un calcul, qui domine les recherches logiques de Leibniz, inaugure l'évolution vers ce qu'on appellera le formalisme. Formaliser complètement la logique, tel sera l'objectif poursuivi par un certain nombre de chercheurs du XIXe siècle et du début du XXe, Frege et Russell en particulier.

De la formalisation au formalisme

Pour devenir un outil parfaitement rigoureux et puissant, la logique devait devenir un système de signes absolument univoques donc distincts de ceux des langues naturelles : les opérations de la logique moderne sont ainsi ramenées à des enchaînements de calculs dépouillés de tout appel à l'intuition. « Une bonne notation possède une subtilité et un pouvoir de suggestion qui, parfois, la fait ressembler à un maître vivant..., une notation parfaite serait un substitut de la pensée », écrit Russell. En outre, à la même époque, les mathématiques traversent une crise due, précisément, aux limites de leur formalisation. Seul un langage complètement artificiel, parfaitement contrôlable, permet de fonder rigoureusement la validité de toutes les opérations effectuées à partir des signes qui le constituent. Or, le langage mathématique, au XIXe siècle, ne remplit pas complètement ces conditions : l'intuition peut jouer un rôle dans la définition des « objets » mathématiques, certains énoncés sont absolument nécessaires mais indémontrables, un certain nombre de termes ou d'opérations ne peuvent être définis que les uns par rapport aux autres, etc. L'idée s'impose alors que la solution au problème du fondement des mathématiques pourrait venir de la logique : les mathématiciens ne devraient-ils pas emprunter à celle-ci ses procédures parfaitement codifiées ?

Les objets mathématiques existent-ils ?

Parmi les nombreuses difficultés auxquelles se sont régulièrement heurtés les mathématiciens soucieux d'asseoir leur discipline sur des fondements rigoureux, la principale a longtemps été celle de la nature même des « objets » mathématiques. Elle peut néanmoins être résumée assez simplement. La question est en effet de savoir si les mathématiques ont un enracinement décisif dans le réel, ou si leurs constructions sont au contraire complètement abstraites. Comme le fait remarquer le mathématicien contemporain Dieudonné, il est évident que compter, mesurer, etc., sont des opérations qui permettent de résoudre « des problèmes d'ordre pratique ».

Cependant, les « êtres » mathématiques — les nombres, les figures géométriques... — n'existent pas à proprement parler dans la réalité. Compter trois arbres, traverser un lac de forme ronde, etc., ce n'est pas « rencontrer » le chiffre 3 ou un cercle. Les figures géométriques « en soi » sont les modèles abstraits de celles que l'on dessine, celles-ci ne faisant que leur « ressembler », pour reprendre les termes de Platon ; ou, comme l'écrira Husserl, « le géomètre explore.. des possibilités idéales » (textes 5 et 6).

L'interrogation sur la nature des objets mathématiques renvoie à une interrogation plus fondamentale : celle de leur construction. En d'autres termes : d'où viennent ces « outils », à la fois complètement abstraits, et étonnamment utiles dans la réalité ?

Un savoir hypothético-déductif

Ce ne sont pas tant, on vient de le voir, les objets mathématiques eux-mêmes qui constituent un problème, que la nature des opérations qui les produisent, ou que l'on effectue avec eux. Rappelons d'abord que les mathématiques sont ce qu'on appelle une science hypothético-déductive, c'est-à-dire un domaine du savoir dans lequel tout ce qui est établi procède d'enchaînements déductifs. « Ces longues chaînes de raisons » (Descartes) ont pour caractéristique à la fois de s'enraciner dans des vérités posées par hypothèse[1], et de constituer, dans la plupart des cas, la vérification de ces hypothèses. D'où leur appellation de « sciences exactes » : dès l'instant où toutes les bases, comme toutes les règles utiles à une démonstration, sont définies *a priori*, elles le sont en stricte adéquation avec les exigences de celle-ci. Les conditions de possibilités d'un raisonnement parfaitement rigoureux sont ainsi acquises d'avance, et, avec elles, l'assurance de trouver au moins « quelques raisons certaines et évidentes ». Descartes fondait cette évidence sur l'idée qu'un certain nombre de vérités mathématiques sont tellement « simples » que nul ne peut se tromper à leur sujet : leur connaissance relève de l'intuition immédiate, et beaucoup de déductions sont elles-mêmes intuitives, l'explicitation des « anneaux intermédiaires » n'étant requise que dans les cas les plus complexes. Si la méthode des mathématiques, pour Descartes, peut et doit servir de modèle à la recherche de la vérité en général, c'est précisément parce qu'elle offre les garanties de sûreté et de rigueur décrites plus haut comme caractéristiques de la logique (textes 7).

Les mathématiques progressent-elles ?

Le recours à « l'évidence » ou à « l'intuition » laisse cependant irrésolus deux problèmes essentiels et liés : celui du fondement des mathématiques, et celui de la nature de leur progrès. Si le constant enrichissement des sciences expérimentales s'explique facilement, à la fois par la nécessité et par la possibilité de comprendre toujours mieux le réel, la raison et le moteur de l'évolution de sciences « abstraites », comme la logique et les mathématiques, sont forcément d'un autre ordre : il faut donc comprendre comment elles peuvent progresser pour ainsi dire

1. Ces vérités « hypothétiques » sont les postulats et les axiomes dont il est question dans la suite. A la base de tout édifice mathématique, il y a par ailleurs des définitions : le texte 8 d'Euclide en donne des exemples.

Rappelons par ailleurs qu'un théorème est une proposition dont la démonstration est possible par déductions successives, en se fondant sur les axiomes ou sur d'autres théorèmes, déjà démontrés.

Une démonstration mathématique consiste donc à réduire progressivement le non encore connu à du déjà connu, c'est-à-dire, en partant des définitions, des postulats, des axiomes, des théorèmes déjà démontrés, à vérifier ou à produire de nouveaux théorèmes.

« de l'intérieur », et au prix de quelles transformations. L'explication est relativement simple pour toutes les « découvertes » qui précèdent la grande crise du XIXe siècle : les mathématiciens se donnent (« inventent ») de nouveaux objets chaque fois que l'état de leurs recherches les confronte à des problèmes insolubles à l'aide des seuls outils existant au moment où ces problèmes apparaissent. Un seul exemple : dès l'Antiquité, alors que les seuls nombres connus étaient les entiers, pairs ou impairs, et les fractions (quotients d'entiers naturels : 1/3, 2/3, 13/8...), les mathématiciens se heurtent à l'impossibilité de mesurer par un entier ou une fraction la diagonale de carrés dont le côté est pourtant, lui, mesurable par un entier. La crise se résoudra avec la découverte qu'un nombre peut n'être ni entier ni fractionnaire, mais « irrationnel »[1].

Tout au long de leur histoire, les mathématiques,en quelque sorte, « s'autoproduisent », l'invention de nouveaux enchaînements démonstratifs entraînant régulièrement la construction de nouveaux objets, l'effectuation de nouvelles opérations. C'est pourquoi la forme que prend au XIXe siècle la question des fondements est décisive : il apparaît alors que ce qu'il faut garantir, c'est la validité même des enchaînements démonstratifs dont découlent les mathématiques effectivement produites. De cette exigence va naître ce qu'on appelle l'axiomatisation des principales branches des mathématiques, entreprise dans laquelle la logique joue un rôle essentiel.

Les géométries non euclidiennes

Un problème se pose alors dans le domaine de la géométrie, dont la solution va se révéler décisive. Dès le IIIe siècle avant Jésus-Christ, le mathématicien grec Euclide a donné à la géométrie la forme d'une théorie déductive fondée sur des « principes premiers » explicitement formulés : définitions, « notions communes » ou axiomes, postulats ou « demandes » (texte 8). Ces postulats sont des propositions évidentes, servent de points de départ aux démonstrations des théorèmes, mais sont eux-mêmes indémontrables. Mais ne pourrait-on pas, pour assurer plus de rigueur aux bases de l'édifice, se passer de certains de ces postulats, ou plutôt les déduire des autres ? L'idée des successeurs d'Euclide est donc qu'un postulat peut n'être qu'une conjecture qu'on ne sait pas encore démontrer. Pourtant toutes les tentatives de preuve du fameux postulat[2] des parallèles restent vouées à l'échec, au moins jusqu'au XVIIe siècle. Certains essaient alors de le démontrer par l'absurde, c'est-à-dire de montrer qu'en remplaçant ce postulat par une affirmation qui le contredit, on aboutirait à des absurdités. Lobatchevski, puis Riemann constatent alors qu'il est possible, en partant de ces postulats « contradictoires », d'élaborer de nouveaux systèmes de géométrie parfaitement cohérents. Certes, à la différence de celui d'Euclide, ces systèmes ne semblent pas correspondre à « notre » réalité : il faut pourtant savoir qu'Einstein n'a pu construire sa théorie de la relativité générale que dans le cadre d'une géométrie qui généralise celle de Riemann. Si la géométrie d'Euclide n'est pas « fausse » puisqu'elle reste valide pour l'espace immédiatement accessible à la perception ordinaire, elle ne peut plus être tenue pour un modèle unique de représentation de la réalité. D'une façon générale, un énoncé mathématique ne peut plus être fondé « en soi » : il ne peut être fondé que dans le cadre du système d'axiomes[3]

1. Aux sens à la fois d'« incalculable » et d'« impensable ».
2. Voir texte 8 note 1.
3. Le terme « postulat » n'est plus employé. On nomme aujourd'hui « axiomes » tous les énoncés de ce type : « évidents » (pour le mathématicien en tout cas !), nécessaires aux démonstrations, mais eux-mêmes indémontrables.

Un parfaite cohérence interne

que le mathématicien s'est fixé, et ce n'est que dans ce cadre qu'il acquiert sens et fonction opératoire. Pas plus que d'autres, la vérité mathématique ne peut prétendre à l'universalité : il faut lui substituer, à l'intérieur de chaque système, l'exigence d'une parfaite cohérence interne (texte 9). Par exemple, l'affirmation selon laquelle « le tout est plus grand que la partie »[1] est un axiome, mais ne peut certainement pas figurer à la base de n'importe quel système mathématique : l'ensemble des entiers naturels (N) peut *a priori* sembler « deux fois plus grand » que l'ensemble des entiers pairs (P), alors qu'ils ont en un certain sens autant d'éléments l'un que l'autre, puisque la suite des nombres entiers est infinie, et qu'à chaque élément de N, on pourra donc toujours faire correspondre un élément de P. Pas plus qu'en logique, le critère de la vérité ne peut être l'adéquation à un quelconque contenu de réalité : « La mathématique apparaît en somme comme un réservoir de formes abstraites » (Bourbaki texte 10), c'est-à-dire un domaine du savoir entièrement construit conformément aux normes de la logique.

Des mathématiques à la réalité

Resterait à expliquer par quelle sorte de « miracle » ces mathématiques complètement abstraites permettent malgré tout de rendre compte de certains aspects de la réalité expérimentale. Il y a à cela deux raisons au moins. La première est que l'intuition guide indéniablement une partie au moins des recherches (textes 6 et 10) : les progrès de notre connaissance du réel dépendent de plus en plus de notre aptitude à subordonner observation et expérimentation à l'anticipation par le calcul[2]. Pour atteindre l'infiniment grand et l'infiniment petit, il faut les « mathématiser ». Or cette mathématisation du réel — c'est la deuxième raison — est paradoxalement d'autant plus féconde que les structures mathématiques sont vidées de tout contenu intuitif. Produit de la rencontre entre la logique et les mathématiques, ces outils complètement formels semblent désormais indispensables à l'organisation la plus fine de notre savoir sur le réel.

1. Voir texte 8 d'Euclide, neuvième « notion commune » (comme nous l'avons signalé : cette expression désigne ce qu'on appelle aujourd'hui un axiome).
2. Voir le chapitre « Théorie et expérience », p. 349.

Textes

I. QU'EST-CE QUE LA LOGIQUE ?

Texte 1 A ARISTOTE

Le syllogisme

Le syllogisme est un discours dans lequel, certaines choses étant posées, quelque chose d'autre que ces données en résulte nécessairement par le seul fait de ces données. *Par le seul fait de ces données :* je veux dire que c'est par elles que la conséquence est obtenue ; à son tour, l'expression *c'est par elles que la conséquence est obtenue* signifie qu'aucun terme étranger n'est en plus requis pour produire la conséquence nécessaire.

Aristote (384-322 av. J.-C.), *Organon,* Livre III, « les Premiers analytiques », traduction de J. Tricot, Éd. Vrin, 1971, pp. 4-5.

Texte 1 B BLANCHÉ

De la vérité matérielle à la validité formelle

Considérons le syllogisme traditionnel :

Tout homme est mortel
Socrate est homme (1)
Donc Socrate est mortel

Il est clair d'abord que la validité d'un tel raisonnement n'est nullement liée au personnage sur qui il porte : si ce raisonnement est valable pour Socrate, il le serait aussi bien pour Platon, pour Alcibiade, ou pour n'importe qui. Nous pouvons donc y remplacer le nom de Socrate par une lettre x jouant le rôle d'une variable indéterminée, et marquant seulement la place pour le nom d'un homme quelconque. Et même, il n'est pas nécessaire que ce soit un nom d'homme : car si j'écris « Bucéphale » ou « l'Himalaya », ma mineure assurément sera une proposition fausse et ma conclusion risquera donc de le devenir aussi, mais mon raisonnement n'en demeurera pas moins valable, en ce sens que *si* les deux prémisses étaient vraies, *nécessairement* la conclusion le serait aussi. Cette variable x, qui représente un individu quelconque, nous l'appellerons une *variable individuelle.*. Nous pouvons donc écrire notre raisonnement sous cette forme plus schématique :

Tout homme est mortel
x est homme (2)
Donc x est mortel

Faisons un second pas. La validité de ce raisonnement ne dépend pas non plus des concepts qui y figurent : homme, mortel. Il est donc permis de les remplacer par d'autres sans faire perdre de sa force au raisonnement. Pour marquer cette possibilité, je substituerai, là aussi, aux mots qui les désignent, des lettres symboliques, *f*, *g*, aptes à représenter des concepts quelconques : ce sont des *variables conceptuelles*. D'où cette nouvelle présentation :

Tout *f* est *g*
x est *f* (3)
Donc *x* est *g*

[...] Nous n'avons plus affaire qu'à un schéma de raisonnement ou, si l'on veut, à un moule à raisonnements, qui donnera un raisonnement lorsqu'on y coulera une matière. Seulement, quelle que soit cette matière, le raisonnement sera bon, parce que sa validité ne dépend que de la forme du moule, qui demeure invariante.

On voit en quel sens on peut parler de la forme d'un raisonnement. Mais on voit aussi qu'avec cette forme, la notion de vérité semble avoir disparu. D'une part, notre schéma de raisonnement n'est pas plus susceptible de vérité que ne l'était le raisonnement initial, il est seulement, comme lui, susceptible de validité : la vérité et la fausseté ne peuvent convenir qu'aux propositions elles-mêmes, non à la manière de les organiser. [...]

Pour retrouver la notion de vérité, il faut passer de la forme *inférentielle* du raisonnement à l'*implication* qui lui correspond [...] :

Si tout *f* est *g* et si *x* est *f*, alors *x* est *g*

Cette formule peut-elle être encore qualifiée de vraie ? [...]

Oui [...] en ce sens que, contrairement aux trois schémas propositionnels précédents, celui-ci donnera une proposition vraie *quelles que soient les valeurs qu'on assigne à ses variables.* Cela ne fait qu'exprimer, en langage d'implication, ce que nous exprimions tantôt en langage d'inférence quand nous disions que la validité d'une inférence est indépendante de son contenu. On dira, par abréviation, qu'une telle formule est *toujours vraie.* C'est ce genre de vérité, qu'on appelle *tautologique,* qui constitue la vérité formelle ou, comme on peut aussi la qualifier, la vérité logique.

R. Blanché, *Introduction à la logique contemporaine,* Éd. A. Colin, 1968, pp. 10-13.

Texte 2 KANT

Distinguer la forme du contenu de la connaissance

Un critère universel de la vérité serait celui qu'on pourrait appliquer à toutes les connaissances sans distinction de leurs objets. Mais il est clair — puisqu'on fait abstraction en lui de tout le contenu de la connaissance (du rapport à son objet) et que la vérité vise précisément ce contenu — qu'il est tout à fait impossible et absurde de demander un caractère de la vérité de ce contenu des connaissances, et que, par conséquent, une marque suffisante et en même temps universelle de la vérité ne peut être donnée. Comme nous avons appelé le contenu d'une connaissance sa matière, on devra dire qu'on ne peut désirer aucun critère universel de la vérité de la connaissance quant à sa matière, parce que c'est contradictoire en soi.

Mais pour ce qui regarde la connaissance, quant à sa forme simplement (abstraction faite de tout contenu), il est également clair qu'une logique, en tant qu'elle traite des règles générales et nécessaires de l'entendement, doit exposer, dans ces règles mêmes, les critères de la vérité. Car ce qui les contredit est faux, puisque l'entendement s'y met en contradiction avec les règles générales de sa pensée et, par suite, avec lui-même. Mais ces critères ne concernent que la forme de la vérité, c'est-à-dire de la pensée en général et, s'ils sont, à ce titre, très justes, ils sont pourtant insuffisants. Car une connaissance peut fort bien être complètement conforme à la forme logique, c'est-à-dire ne pas se contredire elle-même, et cependant être en contradiction avec l'objet. Donc le critère simplement logique de la vérité, c'est-à-dire l'accord d'une connaissance avec les lois générales et formelles de l'entendement et de la raison, est, il est vrai, la *condition sine qua non* et, par suite, la condition négative de toute vérité ; mais la logique ne peut pas aller plus loin ; aucune pierre de touche ne lui permet de découvrir l'erreur qui atteint non la forme, mais le contenu.

Kant, *Critique de la raison pure* (1781),
traduction de A. Tremesaygues et B. Pacaud, Éd. P.U.F., 1968, p. 81.

Texte 3 LOCKE

Faut-il dénoncer les abus de la logique ?

Il n'y a rien qui ait plus contribué à mettre en vogue le dangereux abus du langage qui consiste à confondre la signification des termes, que la logique et les sciences telles qu'on les a maniées dans les Écoles[1]; l'art de disputer, qui a été en si grande admiration, a aussi beaucoup augmenté les imperfections naturelles du langage, tandis qu'on l'a fait servir à embrouiller la signification des mots plutôt qu'à découvrir la nature et la vérité des choses. En effet, qu'on jette les yeux sur les savants écrits de cette espèce, et l'on verra que les mots y ont un sens plus obscur, plus incertain et plus indéterminé que dans la conversation ordinaire.

Cela doit être nécessairement ainsi, partout où l'on juge de l'esprit et du savoir des hommes par l'adresse qu'ils ont à disputer. Et lorsque la réputation et les récompenses sont attachées à ces sortes de conquêtes, qui dépendent le plus souvent de la subtilité des mots, ce n'est pas merveille que l'esprit de l'homme étant tourné de ce côté-là, confonde, embrouille, et

1. C'est-à-dire dans les facultés où l'on enseignait principalement la scolastique inspirée de la philosophie d'Aristote.

subtilise la signification des sons, en sorte qu'il lui reste toujours quelque chose à dire pour combattre ou pour défendre quelque question que ce soit, la victoire étant adjugée non à celui qui a la vérité de son côté, mais à celui qui parle le dernier dans la dispute.

Locke, *Essai philosophique concernant l'entendement humain* (1690), Traduction de P. Coste, Éd. Vrin, 1972, III,X, §§ 6 et 7, p. 400.

Texte 4 LEIBNIZ

La logique comme « Art d'infaillibilité »

PHILALÈTHE. Il est vrai que les syllogismes peuvent servir à découvrir une fausseté cachée sous l'éclat brillant d'un ornement emprunté de la rhétorique[1], et j'avais cru autrefois que le syllogisme[2] était nécessaire, au moins pour se garder des sophismes[3] déguisés sous des discours fleuris ; mais après un plus sévère examen, j'ai trouvé qu'on n'a qu'à démêler les idées dont dépend la conséquence de celles qui sont superflues, et les ranger dans un ordre naturel pour en montrer l'incohérence. J'ai connu un homme, à qui les règles du syllogisme étaient entièrement inconnues, qui apercevait d'abord la faiblesse et les faux raisonnements d'un long discours artificieux et plausible, auquel d'autres gens exercés à toute la finesse de la logique se sont laissés attraper. [...]

THÉOPHILE. Votre raisonnement sur le peu d'usage des syllogismes est plein de quantité de remarques solides et belles. [...] Et cependant, le croiriez-vous ? je tiens que l'invention de la forme des syllogismes est une des plus belles de l'esprit humain, et même des plus considérables. C'est une espèce de *mathématique universelle* dont l'importance n'est pas assez connue ; et l'on peut dire qu'un *art d'infaillibilité* y est contenu, pourvu qu'on sache et qu'on puisse s'en servir, ce qui n'est pas toujours permis. Or il faut savoir que par les *arguments en forme*, je n'entends pas seulement cette manière scolastique d'argumenter dont on se sert dans les collèges, mais tout raisonnement qui conclut par la force de la forme, et où l'on n'a pas besoin de suppléer aucun article, de sorte qu'un *sorite*[4], un autre tissu de syllogisme qui évite la répétition, même un compte bien dressé, un calcul d'algèbre, une analyse des infinitésimales me seront à peu près des arguments en forme, parce que leur forme de raisonner a été prédémontrée, en sorte qu'on est sûr de ne s'y point tromper.

Leibniz, *Nouveaux essais sur l'entendement humain*, Éd. Garnier-Flammarion, 1966, IV, XVII, pp. 424-425.

1. Art du discours vraisemblable et efficace.
2. Ce terme est défini dans le texte 1.
3. Raisonnement faux malgré une apparence de rigueur et de vérité.
4. Suite de propositions telles que l'attribut de chacune devient le sujet de la suivante.

II. LES « ÊTRES » MATHÉMATIQUES EXISTENT-ILS ?

Texte 5 A **PLATON**

Du carré « en soi » au carré dessiné

Tu n'ignores pas, je pense, que ceux qui s'occupent de géométrie, d'arithmétique et autres sciences du même genre, supposent le pair et l'impair, les figures, trois espèces d'angles et d'autres choses analogues suivant l'objet de leur recherche : qu'ils les traitent comme choses connues, et que, quand ils en ont fait des hypothèses, ils estiment qu'ils n'ont plus à en rendre aucun compte ni à eux-mêmes ni aux autres, attendu qu'elles sont évidentes à tous les esprits ; qu'enfin, partant de ces hypothèses et passant par tous les échelons, ils aboutissent par voie de conséquences à la démonstration qu'ils s'étaient mis en tête de chercher.

– Oui, dit-il, cela, je le sais.

– Par conséquent, tu sais aussi qu'ils se servent de figures visibles et qu'ils raisonnent sur ces figures, quoique ce ne soit point à elles qu'ils pensent, mais à d'autres auxquelles celles-ci ressemblent. Par exemple, c'est du carré en soi, de la diagonale en soi qu'ils raisonnent, et non de la diagonale telle qu'ils la tracent, et il faut en dire autant de toutes les autres figures. Toutes ces figures qu'ils modèlent ou dessinent, qui portent des ombres et produisent des images dans l'eau, ils les emploient comme si c'était aussi des images, pour arriver à voir ces objets supérieurs qu'on n'aperçoit que par la pensée.

Platon, *la République* (IVe siècle av. J.-C.), traduction de É. Chambry, collection Budé, Éd. les Belles Lettres, 1932, L. VI, 510 b-e.

Texte 5 B **HUSSERL**

L'intuition des essences

Il y a des sciences pures de l'essence, telles que la logique pure, la mathématique pure. [...] Dans aucune de leurs démarches, elles ne posent des faits ; ou, ce qui revient au même, aucune expérience en tant qu'expérience [...] n'y joue un rôle de fondement. Quand l'expérience y intervient, ce n'est pas en tant qu'expérience. Le géomètre, lorsqu'il trace au tableau des figures, forme des traits qui existent en fait sur le tableau qui existe en fait. Mais pas plus que le geste physique de dessiner, l'expérience de la figure dessinée, en tant qu'expérience, ne fonde aucunement l'intuition et la pensée qui portent sur l'essence géométrique. C'est pourquoi il importe peu qu'en traçant ces figures il soit ou non halluciné et qu'au lieu de dessiner

réellement il projette ses lignes et ses constructions dans un monde imaginaire. Il en est autrement du savant dans les sciences de la nature. Il observe et expérimente ; autrement dit, il constate par expérience une existence ; pour lui, l'expérience est l'acte sur lequel tout le reste se fonde et que la simple fiction ne peut jamais remplacer. C'est précisément pourquoi sciences du fait et sciences de l'expérience sont des concepts équivalents. Mais pour le géomètre qui explore non des réalités mais des « possibilités idéales », non des états de choses propres à la réalité mais des états de choses propres aux essences, l'intuition des essences est, à la place de l'expérience, l'acte qui fournit les ultimes fondements.

E. Husserl, *Idées directrices pour une phénoménologie* (1913),
traduction de P. Ricœur, Éd. Gallimard, 1950, Paris, pp. 31-33.

Texte 6 DESANTI

« Les mathématiques ne sont ni du ciel ni de la terre »

« Les mathématiques ne sont pas du Ciel. » Cela veut dire qu'il n'existe nulle part un univers d'êtres mathématiques, un en-soi mathématique auquel les mathématiques pratiquées par les hommes donneraient accès. — Le réalisme des structures me paraît absurde — et, en dernier ressort, ne pouvoir se soutenir que d'une théologie.

« Les mathématiques ne sont pas de la Terre. » Cela veut dire que les opérations mathématiques introduisent une rupture par rapport aux formes d'organisation offertes dans le champ de perception, et par rapport aux espèces d'activité (si tant est qu'il en existe) qui se régleraient selon les seules exigences de ce champ. Ce qui me conduit à écarter d'emblée deux formes (pourtant traditionnelles) de « philosophie des mathématiques » : l'une qui consiste à prendre les choses « par le haut » et à déterminer les structures idéales et éternelles dont les « mathématiques historiques » seraient la manifestation incarnée ; l'autre qui se résigne à les prendre « par le bas » et à chercher dans le vécu d'un paysage primordial la racine de « ce dont il est effectivement question » dans les énoncés de la mathématique élaborée.

En énonçant que les mathématiques « ne sont pas de la Terre », je n'ai jamais voulu dire que les structures qu'on y définit ne sont qu'un échafaudage artificiel sans rapport avec la nature des choses. J'ai voulu dire (ce qui me paraît compatible avec le peu que je sais de l'histoire des sciences) que si l'on veut définir les « bonnes structures », celles qui rendent compte de la « nature des choses », il importe de briser avec la première apparence dans laquelle ces choses se font connaître, et que j'ai appelée métaphoriquement « la Terre ».

Je ne dirai donc pas de Margot qu'elle a « *rencontré trois* capitaines ». Non ! elle a rencontré *des* capitaines. Elle les a comptés. Ils étaient *trois*. Il n'y a pas plus de raison de *rencontrer trois* capitaines que de rencontrer un anneau de Boole.[1]

La seule différence est que nous savons compter depuis très longtemps et que, pour ce qui est des petits nombres entiers, nous nous imaginons les voir dans les objets qu'ils dénombrent. Et pour peu que le langage s'en mêle, nous voici en pleine confusion.

Quant à la question de savoir quel est ce lieu « entre Ciel et Terre » et comment le désigner, elle n'a pas plus d'intérêt que celle qui consisterait à se demander « où diable est passée la grammaire du français quand je parle anglais ? ». Vous pouvez la situer où vous voulez : dans les livres, sur le bout de la langue, dans le gosier, ou dans les doigts. Vous pouvez même inventer un « inconscient » *ad hoc*[2] si ça vous chante. [...]

Tout ceci pour dire qu'il importe d'apprendre à penser comme *réels,* bien qu'ils ne le soient pas à la manière des clous ou des hiboux, ces sortes d'objets qui n'ont de statut que relationnel et ne sont *accessibles* que dans le système des possibilités réglées ouvertes par les relations qui les définissent.

J.-T. Desanti, *la Philosophie silencieuse,* Éd. du Seuil, 1975, pp. 225-226.

---

1. Structure mathématique qui a conservé le nom de son inventeur, le mathématicien britannique Boole (1815-1864).
2. Pour la circonstance, approprié.

III. LE PROBLÈME DU FONDEMENT LOGIQUE DES MATHÉMATIQUES ET L'AXIOMATISATION

Texte 7 A — DESCARTES

Ordre et rigueur exemplaires des mathématiques

Ces longues chaînes de raisons, toutes simples et faciles, dont les géomètres ont coutume de se servir pour parvenir à leurs plus difficiles démonstrations, m'avaient donné occasion de m'imaginer que toutes les choses, qui peuvent tomber sous la connaissance des hommes, s'entre-suivent en même façon, et que, pourvu seulement qu'on s'abstienne d'en recevoir aucune pour vraie qui ne le soit, et qu'on garde toujours l'ordre qu'il faut pour les déduire les unes des autres, il n'y en peut avoir de si éloignées auxquelles enfin on ne parvienne, ni de si cachées qu'on ne découvre. Et je ne fus pas beaucoup en peine de chercher par lesquelles il était

besoin de commencer : car je savais déjà que c'était par les plus simples et les plus aisées à connaître ; et considérant qu'entre tous ceux qui ont ci-devant recherché la vérité dans les sciences, il n'y a eu que les seuls mathématiciens qui ont pu trouver quelques démonstrations, c'est-à-dire quelques raisons certaines et évidentes, je ne doutais point que ce ne fût par les mêmes qu'ils ont examinées ; bien que je n'en espérasse aucune autre utilité, sinon qu'elles accoutumeraient mon esprit à se repaître de vérités et ne se contenter point de fausses raisons. [...]

Chaque vérité que je trouvais étant une règle qui me servait après à en trouver d'autres, non seulement je vins à bout de plusieurs que j'avais jugées autrefois très difficiles, mais il me sembla aussi, vers la fin, que je pouvais déterminer, en celles même que j'ignorais, par quels moyens et jusques où, il était possible de les résoudre. En quoi je ne vous paraîtrai peut-être pas être fort vain, si vous considérez que, n'y ayant qu'une vérité de chaque chose, quiconque la trouve en sait autant qu'on en peut savoir ; et que, par exemple, un enfant instruit en l'arithmétique, ayant fait une addition suivant ses règles, se peut assurer d'avoir trouvé, touchant la somme qu'il examinait, tout ce que l'esprit humain saurait trouver. Car enfin la méthode qui enseigne à suivre le vrai ordre, et à dénombrer exactement toutes les circonstances de ce qu'on cherche, contient tout ce qui donne de la certitude aux règles d'arithmétique.

Mais ce qui me contentait le plus de cette méthode, était que, par elle, j'étais assuré d'user en tout de ma raison, sinon parfaitement, au moins le mieux qui fût en mon pouvoir : outre que je sentais, en la pratiquant, que mon esprit s'accoutumait peu à peu à concevoir plus nettement et plus distinctement ses objets, et que, ne l'ayant point assujettie à aucune matière particulière, je me promettais de l'appliquer aussi utilement aux difficultés des autres sciences que j'avais fait à celles de l'algèbre.

Descartes, *Discours de la méthode* (1637), Deuxième partie,
Bibliothèque de la Pléiade, Éd. Gallimard, 1953, pp. 138-140.

Texte 7 B DESCARTES

Rigueur des déductions, certitude des conclusions

Pour le moment, ayant dit un peu plus haut que parmi les sciences déjà connues seules l'arithmétique et la géométrie sont exemptes de fausseté et d'incertitude, il nous faut examiner avec plus de soin pourquoi il en est ainsi, et, à cet égard, il nous faut noter que nous parvenons à la connaissance des choses par deux chemins, à savoir, par l'expérience ou par la déduction. Il faut noter, en outre, que les expériences sont souvent trompeuses, mais que la déduction, ou la simple inférence d'une chose à partir d'une autre, peut sans doute être omise si on ne l'aperçoit pas, mais ne saurait être mal faite même par l'entendement le moins capable de raisonner. Mais, pour y réussir, je trouve d'une médiocre utilité ces chaînes, par lesquelles les dialecticiens pensent gouverner la raison humaine, bien que je ne nie pas qu'elles soient excellentes pour d'autres usages. En effet, toutes les erreurs où peuvent tomber les hommes (et non les bêtes, bien entendu) ne proviennent jamais d'une mauvaise inférence, mais seulement de ce qu'on admet certaines expériences peu comprises ou qu'on porte des jugements à la légère et sans fondement.

Par là on voit clairement pourquoi l'arithmétique et la géométrie sont beaucoup plus certaines que les autres sciences : c'est que seules elles traitent d'un objet assez pur et simple pour n'admettre absolument rien que l'expérience ait rendu incertain, et qu'elles consistent tout entières en une suite de conséquences déduites par raisonnement. Elles sont donc les plus faciles et les plus claires de toutes. [...]

De tout cela on doit conclure, non pas, en vérité, qu'il ne faut apprendre que l'arithmétique et la géométrie, mais seulement que ceux qui cherchent le droit chemin de la vérité ne doivent s'occuper d'aucun objet, dont ils ne puissent avoir une certitude égale à celle des démonstrations de l'arithmétique et de la géométrie.

Descartes, *Règles pour la direction de l'esprit* (1628), règle II, Bibliothèque de la Pléiade, Éd. Gallimard, 1953, pp. 41-42.

Texte 8 EUCLIDE

Première construction rigoureuse de la géométrie

Définitions[1]

1. Le point est ce qui n'a pas de parties.
2. Une ligne est une longueur sans largeur.
3. Les extrémités d'une ligne sont des points.
4. La ligne droite est celle qui est interposée également entre ses points.
5. Une surface est ce qui a seulement longueur et largeur. [...]

35. Les parallèles sont des droites, qui, étant situées dans un même plan, et étant prolongées à l'infini de part et d'autre, ne se rencontrent ni d'un côté ni de l'autre.

1. A la différence des définitions « empiriques », qui décrivent des états de fait existant avant elles, les définitions mathématiques, en quelque sorte, « créent » leurs objets, puisqu'elles consistent la plupart du temps à énoncer les règles de leur construction. Par exemple, poser que « la suite des nombres est infinie », c'est implicitement donner la loi de formation des entiers naturels, à savoir l'acte même d'additionner, chaque élément de la suite étant « le précédent + 1 ».

Demandes

1. Conduire une droite d'un point quelconque à un point quelconque.
2. Prolonger indéfiniment, selon sa direction, une droite finie.
3. D'un point quelconque et avec un intervalle quelconque, décrire une circonférence de cercle.
4. Tous les angles droits sont égaux entre eux.
5. Si une droite, tombant sur deux droites, fait les angles intérieurs du même côté plus petits que deux droits, ces droites prolongées à l'infini se rencontrent du côté où les angles sont plus petits que deux droits[1].
6. Deux droites ne renferment point un espace.

Notions communes

1. Les grandeurs égales à une même grandeur sont égales entre elles.
2. Si à des grandeurs égales on ajoute des grandeurs égales, les touts seront égaux.
3. Si de grandeurs égales on retranche des grandeurs égales, les restes seront égaux.
4. Si à des grandeurs inégales on ajoute des grandeurs égales, les touts seront inégaux.
5. Si de grandeurs inégales on retranche des grandeurs égales, les restes seront inégaux.
6. Les grandeurs qui sont doubles d'une même grandeur sont égales entre elles.
7. Les grandeurs qui sont moitiés d'une même grandeur sont égales entre elles
8. Les grandeurs qui s'adaptent entre elles sont égales entre elles.
9. Le tout est plus grand que la partie.

Euclide, *Éléments* (IIIe s. av.J.-C.),
traduction de Pérard (1809), Éd. Blanchard, 1966.

1. Cette cinquième *demande* est le célèbre « postulat des parallèles ». Le mathématicien J. Playfair a en effet montré, dès le XVIIIe siècle, que la formulation d'Euclide équivaut à celle que nous connaissons, à savoir « par un point donné, on ne peut mener qu'une seule parallèle à une droite donnée ».

Texte 9 BLANCHÉ

L'axiomatisation des mathématiques[1]

La première chose qui ait tourmenté les lecteurs d'Euclide amis de la rigueur, c'est l'intervention des postulats. Ce qui a d'abord gêné, ce n'étaient pas proprement les trois postulats qui figurent en tête des *Éléments*[2], à côté des définitions et des axiomes, et qui ont un caractère opératoire très général, visant seulement à annoncer qu'on se permettra des constructions avec la règle et le compas. Mais, après avoir commencé la chaîne de ses déductions, il arrive à deux reprises à Euclide d'invoquer, dans le cours même d'une démonstration et pour les besoins de celle-ci, une proposition très particulière qu'il demande qu'on lui accorde, sans pouvoir la justifier autrement que par une sorte d'appel à l'évidence intuitive. C'est ainsi que, pour démontrer sa 29e proposition, il lui faut admettre que, par un point hors d'une droite, ne passe qu'une seule parallèle à cette droite.[3] La symétrie apparente entre la proposition énonçant que par un point passe au moins une parallèle, proposition qui est établie par une démonstration (théorème d'existence), et celle qui énonce qu'il en passe une au plus (postulat d'unicité), rendait plus scandaleuse encore la dissymétrie des justifications. Le postulat des parallèles survenait ainsi comme un maillon étranger au système, comme un expédient destiné à combler une lacune dans l'enchaînement logique. Aux yeux des géomètres, il faisait figure de théorème empirique, dont la vérité n'était pas mise en question, mais dont la démonstration restait à découvrir. Les savants alexandrins, arabes et modernes s'y employèrent successivement, mais il se révélait toujours à l'analyse que les prétendues démonstrations se fondaient sur quelque autre supposition, demeurée le plus souvent implicite : on n'avait fait que changer de postulat. On sait comment l'échec des démonstrations directes suggéra l'idée d'une démonstration par l'absurde, et comment à son tour l'échec des démonstrations par l'absurde aboutit bientôt, par un renversement du point de vue, à la constitution des premières géométries dites non euclidiennes. [...]

L'idée ainsi apparue à l'occasion de la théorie des parallèles doit naturellement s'étendre à l'ensemble des postulats. On voit alors se dissocier les deux aspects de la vérité géométrique, jusque-là intimement mêlés dans une union étonnante. Un théorème de géométrie était à la fois un renseignement sur

1. Dans un *système axiomatique*, tous les termes dont on a besoin sont explicités, et les propositions non démontrées sont posées comme de simples hypothèses (les axiomes, précisément), à partir desquelles toutes les propositions du système peuvent se construire selon des règles parfaitement fixées. Le système d'axiomes sur lequel repose une théorie mathématique doit être *complet* (nécessaire et suffisant), et *consistant* (cohérent ou non contradictoire).
Par ailleurs, pour qu'une axiomatique soit *formelle*, il faut qu'une « langue » rigoureusement définie fixe les règles de construction de ses énoncés, ainsi que les règles de déduction qui régissent les procédures démonstratives internes au système considéré.

2. Voir texte 8, demandes 1, 2 et 3.

3. Voir le texte 8 d'Euclide : cinquième demande et note 1.

les choses et une construction de l'esprit, une loi de physique et une pièce d'un système logique, une vérité de fait et une vérité de raison. De ces couples paradoxaux, la géométrie théorique laisse maintenant décidément tomber le premier élément, qu'elle renvoie à la géométrie appliquée. Il n'y a plus, pour les théorèmes, de vérité séparée et pour ainsi dire atomique : leur vérité, c'est seulement leur intégration au système, et c'est pourquoi des théorèmes incompatibles entre eux peuvent également être vrais, pourvu qu'on les rapporte à des systèmes différents. Quant aux systèmes eux-mêmes, il n'est plus question pour eux de vérité ou de fausseté, sinon au sens logique de la cohérence ou de la contradiction interne. Les principes qui les commandent sont de simples hypothèses, dans l'acception mathématique de ce terme : ils sont seulement posés, et non affirmés ; non pas douteux, comme les conjectures du physicien, mais situés par-delà le vrai et le faux, comme une décision ou une convention. La vérité mathématique prend ainsi un caractère global : c'est celle d'une vaste implication, où la conjonction de tous les principes constitue l'antécédent, et celle de tous les théorèmes le conséquent.

R. Blanché, *l'Axiomatique,* Éd. P.U.F., 1967, pp. 4-6.

Texte 10 BOURBAKI

De l'abstraction mathématique à l'interprétation de la réalité

De même que la méthode expérimentale part de la croyance *a priori* en la permanence des lois naturelles, la méthode axiomatique trouve son point d'appui dans la conviction que, si les mathématiques ne sont pas un enchaînement de syllogismes se déroulant au hasard, elles ne sont pas davantage une collection d'artifices plus ou moins « astucieux », faits de rapprochements fortuits où triomphe la pure habileté technique. Là où l'observateur superficiel ne voit que deux ou plusieurs théories en apparence très distinctes, se prêtant, par l'entremise d'un mathématicien de génie, un « secours inattendu », la méthode axiomatique enseigne à rechercher les raisons profondes de cette découverte, à trouver les idées communes enfouies sous l'appareil extérieur des détails propres à chacune des théories considérées, à dégager ces idées et à les mettre en lumière. [...]

On peut maintenant faire comprendre ce qu'il faut entendre, d'une façon générale, par une *structure mathématique.* Le trait commun des diverses notions désignées sous ce nom générique, est qu'elles s'appliquent à des ensembles d'éléments dont la nature *n'est pas spécifiée* ; pour définir une structure, on se donne une ou plusieurs relations, où interviennent ces éléments ; on postule ensuite que la ou les relations données satisfont à certaines conditions (qu'on énumère) et qui sont les *axiomes* de la structure envisagée. Faire la théorie axiomatique d'une structure donnée, c'est déduire les conséquences logiques des axiomes de la structure, *en s'interdisant toute autre hypothèse* sur les éléments considérés (en particulier, toute hypothèse sur leur « nature » propre). [...]

Les structures ne sont immuables ni dans leur nombre ni dans leur essence ; il est très possible que le développement ultérieur des mathématiques augmente le nombre des structures fondamentales, en révélant la fécondité de nouveaux axiomes, ou de nouvelles combinaisons d'axiomes, et on peut d'avance escompter des progrès décisifs de ces *inventions* de structures, si l'on en juge d'après ceux qu'ont apportés les structures actuellement connues ; d'autre part, ces dernières ne sont en aucune manière des édifices achevés, et il serait très surprenant que tout le suc de leurs principes fût d'ores et déjà épuisé.

Ainsi, avec ces indispensables correctifs, peut-on mieux prendre conscience de la vie interne de la mathématique, de ce qui fait à la fois son unité et sa diversité ; telle une grande cité, dont les faubourgs ne cessent de progresser, de façon quelque peu chaotique, sur le terrain environnant, tandis que le centre se reconstruit périodiquement, chaque fois suivant un plan plus clair et une ordonnance plus majestueuse ; jetant à bas les vieux quartiers et leurs dédales de ruelles, pour lancer vers la périphérie des avenues toujours plus directes, plus larges et plus commodes. [...]

Dans la conception axiomatique, la mathématique apparaît en somme comme un réservoir de *formes* abstraites — les structures mathématiques ; et il se trouve — sans qu'on sache bien pourquoi — que certains aspects de la réalité expérimentale viennent se mouler en certaines de ces formes, comme par une sorte de préadaptation. Il n'est pas niable, bien entendu, que la plupart de ces formes avaient à l'origine un contenu intuitif bien déterminé ; mais c'est précisément en les vidant volontairement de ce contenu qu'on a su leur donner toute l'efficacité qu'elles portaient en puissance, et qu'on les a rendues susceptibles de recevoir des interprétations nouvelles, et de remplir pleinement leur rôle élaborateur.

N. Bourbaki[1], *l'Architecture des mathématiques,*
in *les Grands Courants de la pensée mathématique,*
Éd. Cahiers du Sud, Paris, 1948, pp. 37-47.

1. Nicolas Bourbaki, pseudonyme collectif désignant un groupe de mathématiciens contemporains.

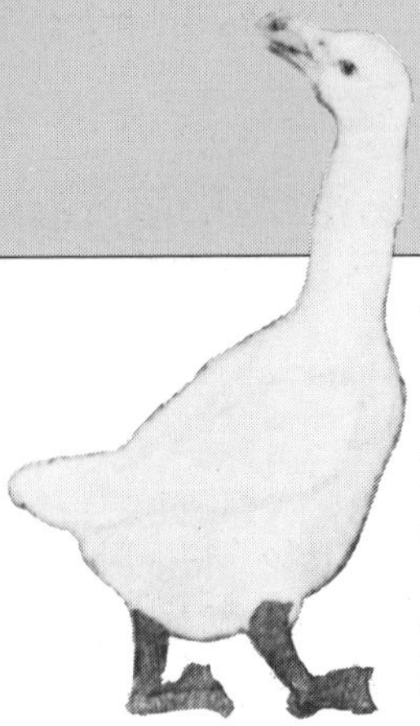

DOCUMENT

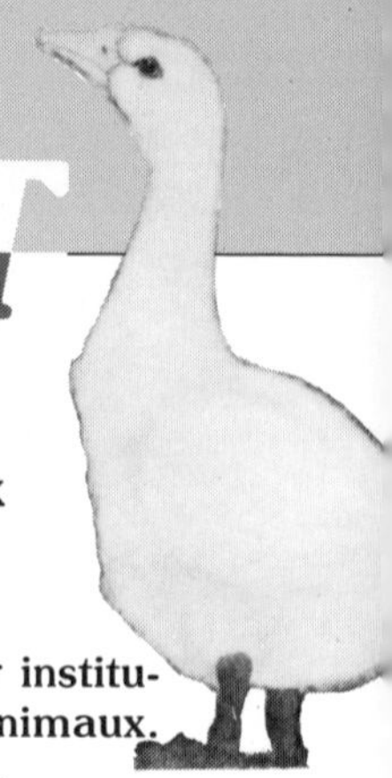

Les arbres qu'il faut compter ne sont pas ceux qu'on voit...

Pour résoudre le problème de mathématiques posé par leur institutrice, Delphine et Marinette se sont fait aider par leurs amis animaux. Ceux-ci les accompagnent à l'école le jour de la correction.

— Est-ce qu'il est vaiment si difficile, ce problème ?

— S'il est difficile ! soupira Marinette. C'est bien simple. On n'y comprend rien.

— Si je savais de quoi il s'agit, dit le chien, j'aurais peut-être une idée.

— Je vais te lire l'énoncé, proposa Delphine. « Les bois de la commune ont une étendue de seize hectares. Sachant qu'un are est planté de trois chênes, de deux hêtres et d'un bouleau, combien les bois de la commune contiennent-ils d'arbres de chaque espèce ? »

— Je suis de votre avis, dit le chien, ce n'est pas un problème facile. [...]

— C'est très simple, répondit la petite poule blanche, et je m'étonne que personne n'y ait pensé. Les bois de la commune sont tout près d'ici. Le seul moyen de savoir combien il y a de chênes, de hêtres et de bouleaux, c'est d'aller les compter. A nous tous, je suis sûre qu'il ne nous faudra pas plus d'une heure pour en venir à bout. [...]

[La maîtresse :] Nous allons voir comment vous vous êtes tirées du problème des bois de la commune. Quelles sont celles d'entre vous qui l'ont fait ?

Delphine et Marinette furent seules à lever la main. Ayant jeté un coup d'œil sur leurs cahiers, la maîtresse eut une moue qui les inquiéta un peu. Elle paraissait douter que leur solution fût exacte.

— Voyons, dit-elle en passant au tableau, reprenons l'énoncé. Les bois de la commune ont une étendue de seize hectares...

Ayant expliqué aux élèves comment il fallait raisonner, elle fit les opérations au tableau et déclara :

— Les bois de la commune contiennent donc quatre mille huit cents chênes, trois mille deux cents hêtres et seize cents bouleaux. Par conséquent, Delphine et Marinette se sont trompées. Elles auront une mauvaise note.

— Permettez, dit la petite poule blanche. J'en suis fâchée pour vous, mais c'est vous qui vous êtes trompée. Les bois de la commune contiennent trois mille neuf cent dix-huit chênes, douze cent quatorze hêtres et treize cent deux bouleaux. C'est ce que trouvent les petites.

— C'est absurde, protesta la maîtresse. Il ne peut y avoir plus de bouleaux que de hêtres. Reprenons le raisonnement...

— Il n'y a pas de raisonnement qui tienne. Les bois de la commune contiennent bien treize cent deux bouleaux. Nous avons passé l'après-midi d'hier à les compter. Est-ce vrai, vous autres ?

— C'est vrai, affirmèrent le chien, le cheval et le cochon.

— J'étais là, dit le sanglier. Les arbres ont été comptés deux fois.

La maîtresse essaya de faire comprendre aux bêtes que les bois de la commune, dont il était question dans l'énoncé, ne correspondaient à rien de réel, mais la petite poule blanche se fâcha et ses compagnons commençaient à être de mauvaise humeur. « Si l'on ne pouvait se fier à l'énoncé, disaient-ils, le problème lui-même n'avait plus aucun sens. » La maîtresse leur déclara qu'ils étaient stupides.

M. Aymé, *les Contes rouges du chat perché,*
« Le problème », collection Folio junior, Éd. Gallimard, 1979.

Illustration par E. Schmid pour *Les contes rouges du chat perché* de M. Aymé, Éd. Gallimard.

Exercices

1. Citez des exemples d'expressions ou de phrases dans lesquelles vous n'hésiteriez pas à employer l'adjectif « logique » : par quels synonymes pourriez-vous le remplacer ?

2. Confrontez vos réponses à l'exercice précédent avec le sens strict, scientifique du terme « logique » : quels liens peut-on établir entre ces différents usages du même terme ?

3. Expliquez la différence entre « être valide » et « être vrai ».

4. En vous aidant du texte [2], choisissez un exemple de syllogisme obéissant au même schéma formel que l'exemple de l'auteur : comment peut-on caractériser le type d'information fourni par tous les raisonnements de cette forme ?

5. On dit parfois qu'en géométrie, on peut raisonner juste sur des figures fausses : pourquoi ?

6. Pourquoi Desanti (texte [6]) écrit-il que mathématiquement parlant, il est faux de dire que « Margot a rencontré trois capitaines » ?

7. D'après le texte [9], quels sont les caractères de la vérité mathématique ? En quoi permettent-ils de la différencier d'autres formes de vérité ?

8. Vous êtes-vous déjà trouvé dans une situation comparable à celle des protagonistes du Document ? Cette situation vous semble-t-elle refléter une cause fréquente de l'échec en mathématique ? Quelle que soit votre réponse, justifiez-la aussi précisément que possible.

Sujets de dissertation

1. Peut-on dire que tout ce qui est logique est vrai ?

2. Que veut-on dire en affirmant banalement : C'est mathématique ?

3. En quel sens peut-on dire que les mathématiques sont un langage ? Ne sont-elles que cela ?

4. La vérité mathématique peut-elle servir de modèle à toute vérité ?

5. Dans quelle mesure peut-on comparer les mathématiques à un jeu ?

Corrélats

le langage - le jugement, l'idée - théorie et expérience - la vérité

POUR EN SAVOIR PLUS

Descartes (R.), *Discours de la méthode*, 2e partie, collection 10/18, Éd. U.G.E. ou Éd. Garnier-Flammarion.

Descartes (R.), *Règles pour la direction de l'esprit*, Éd. Vrin.

Platon, *la République*, Livres VI et VII, Éd. Garnier-Flammarion.

Blanché (R.), *Introduction à la logique contemporaine*, collection U, Éd. A. Colin.

Lloyd, *les Débuts de la science grecque*, Éd. Maspero.

Blanché (R.), *la Logique et son histoire*, collection U, Éd. A. Colin.

Thom (R.), *Paraboles et catastrophes*, Éd. Flammarion.

Penser les mathématiques (ouvrage collectif), collection Points, Éd. du Seuil.

Mathématiques au fil des âges (ouvrage collectif), Éd. Gauthier-Villars.

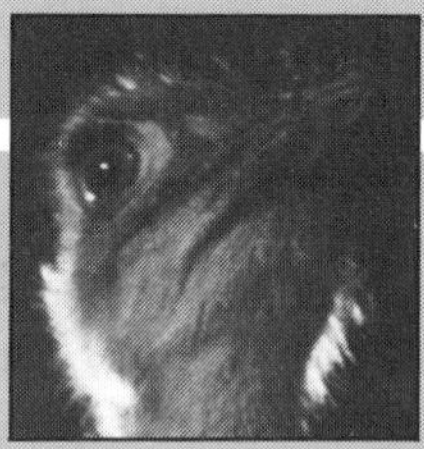

La

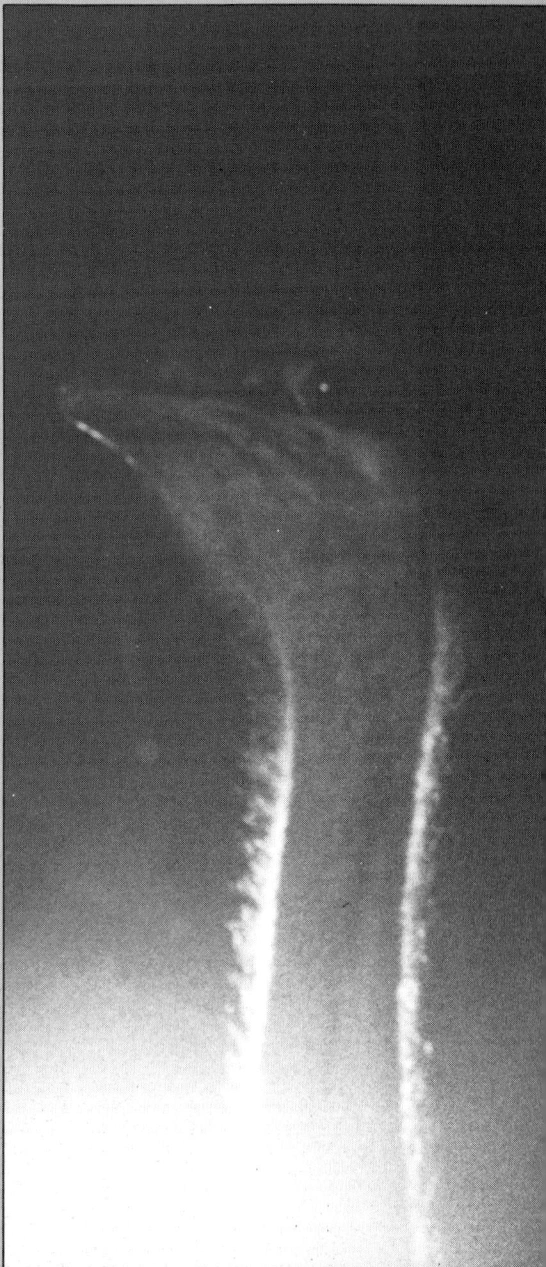

Photo : Eve Arnold.

19

connaissance du vivant

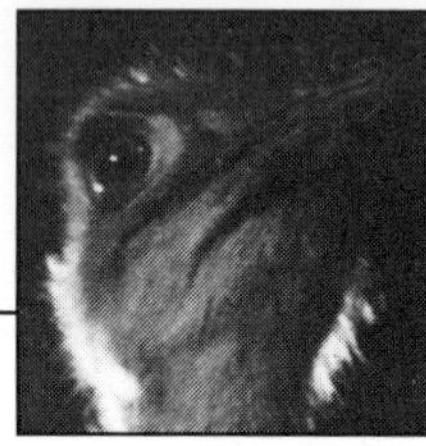

Introduction

Pourquoi parler de « connaissance du vivant », plutôt que de « connaissance de la vie », ou, plus simplement encore, de biologie ? Loin d'être mineure, la question du titre de ce chapitre résume à elle seule une part importante des problèmes dont l'analyse s'impose. A la différence des mots « physique » ou « mathématique », très tôt employés pour désigner des secteurs clairement délimités de la connaissance scientifique, le terme « biologie » n'est créé, et utilisé pour la première fois, qu'au début du XIXe siècle, par Lamarck en France, et Treviranus en Allemagne. « L'unique et vaste objet de la biologie, écrit Lamarck, c'est tout ce qui est généralement commun aux végétaux et aux animaux, comme toutes les facultés qui sont propres à chacun de ces êtres sans exception » ; or ce qu'ont en commun ces « deux sortes d'êtres », c'est d'être « tous essentiellement des corps vivants ».

De la connaissance du vivant à la biologie

Reformulons alors la question : pourquoi a-t-il fallu attendre le siècle dernier pour que l'étude des êtres vivants — dont l'Antiquité déjà offre des exemples — reçoive enfin un nom ? Ou encore, pourquoi la biologie a-t-elle mis plus de vingt siècles à se constituer comme science ? Un domaine du savoir ne devient une science à part entière qu'à deux conditions au moins : son objet doit être clairement cerné et défini ; il faut disposer de méthodes rigoureusement adaptées à l'investigation de cet objet. Telles sont, précisément, les deux exigences auxquelles la connaissance du vivant s'est si longtemps trouvée dans l'impossibilité de satisfaire. Mettre en évidence les raisons de cette longue impossibilité, c'est sans doute le meilleur moyen de comprendre la complexe spécificité du phénomène de la vie et de son étude.

Le « mystère » de la vie n'est, aujourd'hui encore, pas totalement élucidé. A plus forte raison dans les siècles passés, la description souvent plus poétique que scientifique des manifestations de la vie prend facilement le pas sur l'analyse objective. Diderot en donne un bel exemple, dans un texte où la rêverie sert de guide au récit des transformations successives de l'œuf en être vivant (Document). Michel Foucault estime que « jusqu'à la fin du XVIIIe siècle... la vie n'existe pas... mais seulement les êtres vivants », que l'on sait observer, décrire, classer, mais dont la spécificité interne échappe encore aux savants (texte 1). De fait, « la vie n'existe pas », comme objet d'une investigation complètement scientifique, tant qu'elle n'est qu'un mot pour désigner la différence entre l'inerte et l'animé : parler de la vie en biologiste, c'est rendre compte des phénomènes dont la *conjonction* produit cette différence.

Reproduction et échanges avec le milieu

Tous les êtres vivants ont en commun — et sont seuls à posséder — deux aptitudes essentielles : ils sont en relation constante avec un *milieu extérieur* grâce auquel ils se nourrissent et se développent ; ils sont capables de *se reproduire* entre eux (selon des mécanismes propres à chaque espèce). Ces deux caractères sont, d'autre part, les conditions absolument nécessaires, non seulement de l'existence, mais aussi de la permanence de la vie.

Pour être plus précis : les êtres vivants sont des organismes[1] aptes à l'auto-construction, l'auto-conservation, l'auto-régulation et (en partie au moins) l'auto-

1. Un organisme est un système existant par soi, dont tous les éléments ou organes sont interdépendants.

réparation (textes [2]). Telles sont les principales fonctions qui, lorsqu'elles sont remplies, font qu'un être est vivant ; d'où la célèbre formule de Bichat[1], qui, en 1800, définissait la vie comme « l'ensemble des fonctions qui résistent à la mort ». Et tout le problème est là : comment étudier un phénomène par nature inséparable des fonctions à travers lesquelles il se manifeste ? un phénomène que l'observation ne peut jamais isoler complètement ? Et que vaut, dans ce cas, la méthode expérimentale, puisque, très vite, elle se heurte au risque de faire disparaître l'objet même de l'expérimentation — d'aboutir à la mort et non pas à la vie ? Explicitement formulés par quelques-uns, rencontrés par tous, ce sont ces problèmes qui ont longtemps entravé le progrès de la connaissance du vivant. Et si l'expérimentation fait malgré tout, et très utilement, avancer la biologie, c'est au triple prix d'un paradoxe, d'un renoncement, et de l'affrontement à des problèmes éthiques de plus en plus complexes. Paradoxe du « vivant séparé de la vie par la science et s'essayant à rejoindre la vie à travers la science » (Canguilhem) ; renoncement à expliquer « la vie » elle-même, sous peine d'en perdre les caractères propres (texte [3]) ; problèmes éthiques liés non seulement aux conditions de l'étude (on n'a pas le droit de faire subir n'importe quel traitement à un être vivant), mais aussi aux conclusions non scientifiques qu'il est toujours possible d'en tirer (nous reviendrons sur ce point en conclusion).

Comme en prélude à cette formulation contemporaine des enjeux et des limites de la biologie, les efforts pour connaître et comprendre le phénomène de la vie ont alterné, dès l'origine, avec les interprétations métaphysiques ou religieuses, chaque fois que la démarche scientifique était jugée impuissante à résoudre seule les problèmes rencontrés. L'histoire de la connaissance du vivant ne se résume donc pas à la succession des « grandes découvertes » qui en ont jalonné le progrès : l'oscillation des attitudes philosophiques face aux phénomènes observés (ou supposés) constitue elle aussi cette histoire, et ce d'autant plus que les mêmes acteurs, le plus souvent, sont partie prenante dans les deux processus. Il ne suffirait donc pas de connaître ces attitudes, il faut aussi comprendre dans quelle mesure elles ont, selon les cas, favorisé ou entravé la connaissance scientifique elle-même.

Le finalisme

Premier chronologiquement (texte [4 A]), le finalisme, aujourd'hui encore, est un problème central pour la biologie. Proposer, comme Aristote, une interprétation finaliste des manifestations de la vie, c'est considérer qu'aucune d'entre elles n'est due au hasard, mais existe et se poursuit conformément au but qui lui a été d'avance fixé. La Nature dans son ensemble obéirait à un plan qui expliquerait, entre autres, sa structure hiérarchique : de la pierre à l'homme, on peut classer tous les êtres selon le degré de complexité de leur organisation, celui-ci étant mesuré à sa plus ou moins grande proximité avec l'organisme le plus proche de la perfection — l'homme « fin » de la nature. Chaque organisme peut, à son tour, être décrit de façon finaliste : l'harmonie est telle, par exemple, entre les différentes parties d'un être vivant et ses besoins vitaux, qu'il est tentant de justifier l'existence des organes par la nécessité des fonctions à remplir, et non l'inverse.

La tentation du finalisme est donc d'autant plus forte, que la simple observation des faits le rend presque aussi logique que crédible (texte [5]) : même des biologistes extrêmement sérieux s'en réclament ouvertement (Claude Bernard au siècle dernier — texte [4 B] ; d'autres aujourd'hui — nous y reviendrons à propos des théories de l'Évolution).

1. Médecin anatomiste et physiologiste français (1771-1802).

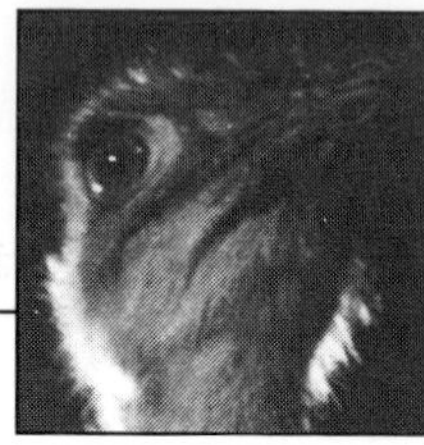

Considérer les manifestations de la vie comme des effets dont il faut chercher et comprendre les causes, c'est, incontestablement, s'engager dans une démarche scientifique (on l'a vu à propos de la physique, la croyance au déterminisme[1] est comme une condition de possibilité du désir d'expliquer les phénomènes naturels) ; être finaliste, c'est ajouter à cette attitude une dimension non scientifique, en postulant que la nécessité des effets permet de rendre compte des causes.

Le mécanisme

Le choix philosophique apparemment inverse est celui du mécanisme, qui consiste à se représenter la nature comme une grande machine, dont le fonctionnement découle strictement de l'agencement des différentes parties. Le triomphe de cette attitude est lié à la naissance de la mécanique classique[1] (Descartes, texte 6 A), en est le plus éminent représentant) : dans la *Logique du vivant*, le biologiste François Jacob attribue cette convergence au fait que « l'univers devient soumis à une certaine régularité, à certaines lois ou groupes de lois que nul, même Dieu, ne peut changer et dont la logique s'articule en un ordre de la nature ». C'est par exemple à cette époque que le biologiste anglais Harvey, inspiré par le modèle mécanique du fonctionnement des pompes, met en évidence le rôle exact du cœur dans la circulation sanguine[2]; ce n'est pas un hasard non plus si Descartes consacre à cette découverte un très long passage de son *Discours de la méthode*. Partiellement fructueux, le mécanisme constitue pourtant une sorte d'obstacle épistémologique à la connaissance de la vie : se représenter la nature dans son ensemble, comme chacune de ses parties, sur le modèle de la machine, c'est faire bien peu de cas de ce qu'un organisme vivant a de spécifique, d'irréductible aux caractères de la matière inerte. D'autre part, le mécanisme laisse sans réponses deux questions d'importance : qui a construit la machine ? comment son « moteur » a-t-il été mis en marche ? Descartes répond que c'est Dieu qui a voulu, construit et mis en marche la machine : ce faisant, il réintroduit à la fois l'irrationnel[3] au cœur même du rationalisme triomphant, et la finalité au sein du mécanisme, « parce qu'il la rassemble tout entière au point de départ », selon la formule de Georges Canguilhem. Mécanisme et finalisme ne sont donc contradictoires qu'en apparence ; ils ne le sont pas pour Kant (texte 6 B), qui reprend le modèle cartésien de la montre, mais rappelle que, pas plus que les montres ne peuvent se reproduire entre elles, une explication strictement mécaniste ne peut suffire à rendre compte de l'existence des êtres organisés complexes. Ceux-ci témoignent, selon lui, de la « réalité objective » des fins de la nature.

Le vitalisme

L'autre solution apportée par le XVIIIe siècle aux insuffisances du mécanisme est le retour au vitalisme, hérité des médecins hippocratiques[4] de l'Antiquité. Pour les médecins de l'École de Montpellier (texte 7) comme Barthez, c'est l'action en son sein d'une espèce de « force vitale » (de nature mystérieuse, ils l'avouent eux-mêmes) qui explique l'irréductible spécificité de tout être vivant. Les effets du vitalisme sur la constitution d'une biologie scientifique sont paradoxaux. L'intérêt porté à ce qui caractérise en propre le phénomène de la vie stimule

---

1. Voir le chapitre « Théorie et expérience », pp. 352-353.
2. Voir le Document p. 369.
3. Voir le chapitre « le Sens et l'irrationnel », p. 439.
4. *Hippocratique*, de Hippocrate, médecin grec (460-377 av. J.-C.), auteur de nombreux traités et du serment du même nom.

incontestablement la recherche : c'est l'époque des premières grandes découvertes sur le fonctionnement et le rôle du cerveau, d'observations importantes sur la reproduction dans le monde animal, etc. Mais l'interprétation des résultats est souvent plus métaphysique que scientifique : et surtout, à force de ne s'attacher qu'à ce que le vivant a de plus spécifique, on finit par en faire un être complètement à part, étranger au milieu dans lequel il vit. Là est la limite du vitalisme : s'il y a bien, dans la vie, quelque chose de rebelle à sa mécanisation, l'attribution de ce « quelque chose » à l'action d'une force mystérieuse ne constitue pas, pour autant, la solution du problème de la vie.

Trois découvertes décisives

C'est donc au XIXe siècle seulement que la biologie devient une science à part entière. Quel que soit encore le poids des interprétations philosophiques, l'avancement de la recherche, le perfectionnement des moyens d'observation et d'expérimentation, etc., conduisent malgré tout aux trois découvertes les plus décisives. L'élaboration par étapes de la Théorie cellulaire consacre l'existence d'un constituant ultime commun à tous les êtres vivants, et améliore la connaissance des relations d'échange qui unissent tout vivant à son milieu. La mise en évidence des lois de la Génétique permet de comprendre les mécanismes de la transmission héréditaire, et contribue à la maîtrise du phénomène de la reproduction. Les premières théories de l'Évolution, enfin, éclairent le devenir des différentes espèces vivantes, et augmentent notre connaissance de l'« histoire » des relations entre les différentes parties de la nature.

En affirmant que les espèces vivantes ont une « histoire », Lamarck, puis surtout Darwin (textes 8) imposent à la connaissance du vivant un tournant qui, aujourd'hui encore, influe sur l'activité des biologistes. Ils commencent par ruiner les thèses selon lesquelles Dieu aurait tout créé une fois pour toutes, sous des formes fixes dès l'origine (croyances au créationnisme et au fixisme). Bien plus, si incomplète et parfois fausse soit-elle, la théorie darwinienne de l'évolution rend possible l'unification de savoirs jusque-là hétérogènes. Après Darwin, les lois de l'hérédité (seuls les caractères inscrits dans le code génétique d'un individu sont transmissibles à ses descendants) seront reliées à une meilleure connaissance des mécanismes et conditions de la reproduction, comme de la nature et de l'importance des échanges entre le vivant et son milieu, etc. : or c'est précisément de la réunion de ces caractéristiques que le phénomène de la vie tire sa spécificité. C'est aussi cela qu'il fallait comprendre pour que la biologie, enfin dotée d'un objet propre, puisse se constituer comme science.

Hasard et nécessité

Toutefois, si nul ne conteste plus la réalité de l'évolution des espèces vivantes, deux problèmes au moins, aujourd'hui encore, sont sujets à controverses : quel est le moteur essentiel de cette évolution et a-t-elle ou non un sens ? Sur le premier point, la question est de savoir si les mutations génétiques brusques suffisent à expliquer les changements irréversibles ; beaucoup de biologistes admettent la thèse contenue dans le titre même du livre le plus célèbre de Jacques Monod, *le Hasard et la Nécessité.* Dès l'instant où une modification génétique aurait fini par entraîner des changements décisifs dans la totalité d'une espèce, celle-ci serait soumise à une « pression de sélection »[1] qui subordonnerait sa survie à la

1. Voir aussi le chapitre « le Langage », texte de J. Monod, p. 276.

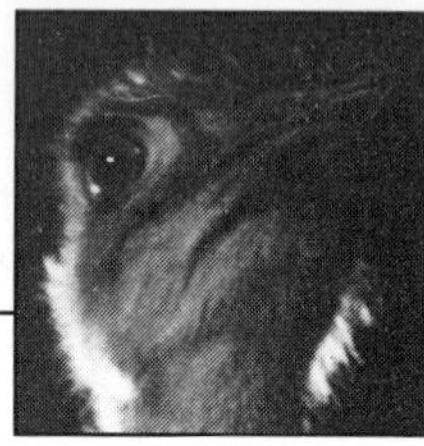

poursuite de son évolution. Mais certains apports de la paléontologie[1], en particulier, conduisent d'autres biologistes à juger cette explication insuffisante.

L'autre problème revient, au fond, à un aveu d'impuissance : la vieille question du finalisme n'est toujours pas tranchée. Elle ne l'est pas pour les philosophes : pour Bergson, par exemple (texte [9]), l'émergence du vivant à partir de la matière brute est la marque d'une sorte d'« élan » créateur libre au sein de la nature. Mais surtout, elle ne l'est pas non plus pour les biologistes eux-mêmes : des spécialistes aussi peu contestés que François Jacob et Pierre-Paul Grassé divergent encore sur la question de savoir si l'évolution poursuit ou non un projet (textes [10]).

Biologie et éthique

Difficile, pour conclure, d'évoquer la totalité des problèmes dont la solution relève de choix autant philosophiques que scientifiques. Des progrès de la recherche en biologie, il est en effet impossible de savoir aujourd'hui s'ils conduiront plus tard au meilleur ou au pire. C'est de la vie qu'il est question : les enjeux sont plus graves encore que lorsque les physiciens poursuivent leurs recherches sur la matière. Limitons-nous à deux exemples. Les généticiens pourraient être bientôt capables de modifier le patrimoine génétique d'un individu, au point de donner à l'humanité la maîtrise de certains choix décisifs : toute la question est de savoir qui aurait alors le pouvoir de choisir — qui, par exemple, devrait assumer la responsabilité de favoriser la naissance de tel type d'enfants, d'éviter le développement de telle catégorie d'individus. Un autre débat contemporain nous semble refléter la dimension profondément éthique des choix majeurs qui peuvent s'imposer aux biologistes : c'est celui qui est né du désir de savoir quelles sont les parts respectives, chez un être humain, de l'inné et de l'acquis (texte [11]). Dans l'impossibilité d'isoler tous les effets du déterminisme génétique (puisque tous les hommes sont, dès le départ et par nécessité vitale, pris dans un processus éducatif), la biologie ne peut prétendre en mesurer précisément l'impact. Il se trouve pourtant des savants pour nier cette impossibilité, affirmer la toute-puissance du déterminisme génétique, et fournir une caution « scientifique » à ceux qui auraient les moyens de mettre en place une organisation sociale calquée sur une soi-disant inégalité biologique des individus.

Le plus grand pouvoir des biologistes est sans doute celui qu'ils sont seuls à détenir : celui de poursuivre ou non certaines de leurs recherches, celui de fournir ou non à d'autres les moyens de leur action, les fondements de leur politique[2].

---

1. La paléontologie étudie les fossiles découverts dans les couches géologiques, c'est-à-dire les restes d'espèces biologiques disparues, ou de formes anciennes d'espèces vivantes. Elle permet de reconstituer des filiations qui confirment l'hypothèse de l'évolution des espèces. Mais le caractère lacunaire des découvertes, la discontinuité de certaines formes retrouvées, etc., montrent que le processus selon lequel l'évolution s'est opérée, est loin d'être éclairci. Voir aussi texte [10] [A] p. 412.

2. On peut lire à ce sujet, entre autres, de P. Thuillier, *les Biologistes vont-ils prendre le pouvoir ?* Éd. Complexe, et de J. Testart, *l'Œuf transparent*, collection Champs, Éd. Flammarion.

Textes

I. OBJET ET MÉTHODE DE LA CONNAISSANCE DU VIVANT

Texte 1 FOUCAULT

Quand la vie n'existait pas...

L'histoire naturelle, à l'époque classique, ne peut pas se constituer comme biologie. Jusqu'à la fin du XVIIIe siècle, en effet, la vie n'existe pas. Mais seulement des êtres vivants. Ceux-ci forment une, ou plutôt plusieurs classes dans la série de toutes les choses du monde : et si on peut parler de la vie, c'est seulement comme d'un caractère — au sens taxinomique[1] du mot — dans l'universelle distribution des êtres. On a l'habitude de répartir les choses de la nature en trois classes : les minéraux, auxquels on reconnaît la croissance, mais sans mouvement ni sensibilité ; les végétaux qui peuvent croître et qui sont susceptibles de sensation ; les animaux qui se déplacent spontanément. Quant à la vie et au seuil qu'elle instaure, on peut, selon les critères qu'on adopte, les faire glisser tout au long de cette échelle. Si, avec Maupertuis[2], on la définit par la mobilité et les relations d'affinités qui attirent les éléments les uns vers les autres et les maintiennent attachés, il faut loger la vie dans les particules les plus simples de la matière. On est obligé de la situer beaucoup plus haut dans la série si on la définit par un caractère chargé et complexe, comme le faisait Linné[3] quand il lui fixait comme critères la naissance (par semence ou bourgeon), la nutrition (par intussusception[4]), le vieillissement, le mouvement extérieur, la propulsion interne des liqueurs, les maladies, la mort, la présence de vaisseaux, de glandes, d'épidermes et d'utricules[5]. La vie ne constitue pas un seuil manifeste à partir duquel des formes entièrement nouvelles du savoir sont requises. Elle est une catégorie de classement, relative comme toutes les autres aux critères qu'on se fixe. Et comme toutes les autres, soumise à certaines imprécisions dès qu'il s'agit d'en fixer les frontières.

M. Foucault, *les Mots et les Choses*,
Éd. Gallimard, 1972, pp. 173-174.

1. Une taxinomie est un système de classification.
2. Mathématicien français (1698-1759), qui s'est aussi intéressé à l'étude des êtres vivants.
3. Naturaliste suédois (1707-1778), auteur d'une classification des plantes, et de nombreuses descriptions d'espèces végétales et animales.
4. Synonyme d'« absorption ».
5. Petites cavités dans un organisme.

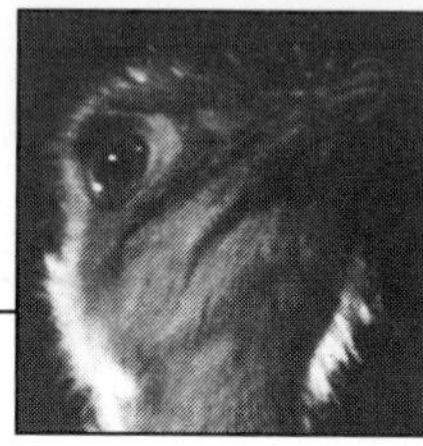

Texte 2 A COMTE

Un être vivant est un organisme

L'idée de vie suppose constamment la corrélation nécessaire de deux éléments indispensables, un organisme approprié et un milieu convenable. C'est de l'action réciproque de ces deux éléments que résultent inévitablement tous les divers phénomènes vitaux, non seulement animaux, comme on le pense d'ordinaire, mais aussi organiques. Il s'ensuit aussitôt que le grand problème permanent de la biologie positive doit consister à établir, pour tous les cas, d'après le moindre nombre possible de lois invariables, une exacte harmonie scientifique entre ces deux inséparables puissances du conflit vital et l'acte même qui le constitue, préalablement analysé ; en un mot, à lier constamment, d'une manière non seulement générale, mais aussi spéciale, la double idée d'*organe* et de *milieu* avec l'idée de *fonction*. Au fond, cette seconde idée n'est pas moins double que la première ; car, d'après la loi universelle de l'équivalence nécessaire entre la réaction et l'action, le système ambiant ne saurait modifier l'organisme sans que celui-ci n'exerce à son tour sur lui une influence correspondante. La notion de *fonction* ou d'*acte* doit comprendre, en réalité, les deux résultats du conflit, mais avec cette distinction essentielle que, la modification organique étant, par sa nature, la seule vraiment importante en biologie, on néglige le plus souvent la réaction sur le milieu, d'où est résultée habituellement l'acception moins étendue du mot *fonction*, affecté seulement aux actes organiques, indépendamment de leurs conséquences externes.

A. Comte, *Cours de philosophie positive* (1830-1842),
« Quarantième leçon », Éd. Schleicher frères, 1907, p. 158.

Texte 2 B SCHROEDINGER

Organisme et échanges avec le milieu

Quel est le trait caractéristique de la vie ? Quand dit-on qu'une portion de matière est vivante ? Quand elle ne cesse de « faire quelque chose », de se mouvoir, d'échanger des matériaux avec le milieu environnant et ainsi de suite, et cela pendant une période beaucoup plus longue que nous supposerions une substance inanimée capable de se maintenir en état de mouvement dans des circonstances analogues. Quand un système non vivant est isolé ou placé dans un milieu uniforme, tout mouvement cesse en général assez vite en conséquence de diverses espèces de frictions… En fin de compte, le système tout entier se réduit à une portion de matière inerte, morte. Un état permanent est atteint où l'on n'observe plus aucun événement. […]

C'est en évitant la décomposition rapide vers un état inerte d'équilibre qu'un organisme apparaît si énigmatique ; à tel point que depuis les temps les plus lointains de la pensée humaine on a prétendu qu'une force spéciale non physique, surnaturelle (*vis viva, entéléchie*[1]), opérait sur l'organisme. Comment l'organisme vivant retarde-t-il la décadence? La réponse est évidente : en mangeant, buvant, respirant et (dans le cas des plantes) en assimilant. Le terme technique est *métabolisme*.

E. Schroedinger[2], *Qu'est ce que la vie ?*
traduction de L. Keffler, Éd. de la Paix, 1952.

1. Du grec *entelekheia*, « énergie agissante et efficace ».
2. Physicien autrichien (1887-1961), prix Nobel 1933.

Texte 3 CANGUILHEM

Le savant « trace des routes » dans le monde du vivant

Un rationalisme raisonnable doit savoir reconnaître ses limites et intégrer ses conditions d'exercice. L'intelligence ne peut s'appliquer à la vie qu'en reconnaissant l'originalité de la vie. La pensée du vivant doit tenir du vivant l'idée du vivant. [...]

Dans l'*Électre*, de Jean Giraudoux, le mendiant, l'homme du trimard qui heurte du pied sur la route les hérissons écrasés, médite sur cette faute originelle du hérisson qui le pousse à la traversée des routes. Si cette question a un sens philosophique, car elle pose le problème du destin et de la mort, elle a en revanche beaucoup moins de sens biologique. Une route c'est un produit de la technique humaine, un des éléments du milieu humain, mais cela n'a aucune valeur biologique pour un hérisson. Les hérissons, en tant que tels, ne traversent pas les routes. Ils explorent à leur façon de hérisson leur milieu de hérisson, en fonction de leurs impulsions alimentaires et sexuelles. En revanche, ce sont les routes de l'homme qui traversent le milieu du hérisson, son terrain de chasse et le théâtre de ses amours, comme elles traversent le milieu du lapin, du lion ou de la libellule. Or, la méthode expérimentale — comme l'indique l'étymologie du mot méthode — c'est aussi une sorte de route que l'homme biologiste trace dans le monde du hérisson, de la grenouille, de la drosophile, de la paramécie et du streptocoque. Il est donc à la fois inévitable et artificiel d'utiliser pour l'intelligence de l'expérience qu'est pour l'organisme sa vie propre des concepts, des outils intellectuels, forgés par ce vivant savant qu'est le biologiste. On n'en conclura pas que l'expérimentation en biologie est inutile ou impossible, mais, retenant la formule de Claude Bernard : la vie c'est la création, on dira que la connaissance de la vie doit s'accomplir par conversions imprévisibles, s'efforçant de saisir un devenir dont le sens ne se révèle jamais si nettement à notre entendement que lorsqu'il le déconcerte.

G. Canguilhem, *la Connaissance de la vie*,
Éd. Vrin, 1965, pp. 12-13, 39.

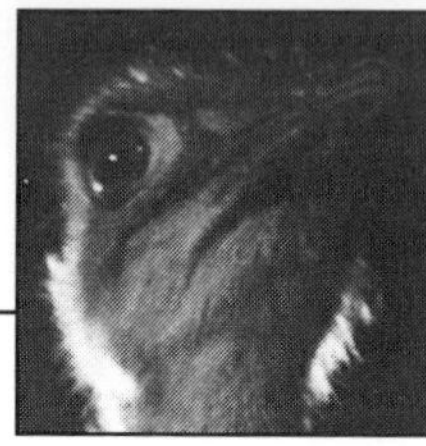

II. THÉORIES PHILOSOPHIQUES DE LA VIE

Texte 4 A ARISTOTE

Les êtres vivants obéissent à des fins

En toutes les parties de la Nature il y a des merveilles ; on dit qu'Héraclite[1], à des visiteurs étrangers qui, l'ayant trouvé se chauffant au feu de sa cuisine, hésitaient à entrer, fit cette remarque : « Entrez, il y a des dieux aussi dans la cuisine. » Eh bien, de même, entrons sans dégoût dans l'étude de chaque espèce animale : en chacune, il y a de la nature et de la beauté. Ce n'est pas le hasard, mais la finalité qui règne dans les œuvres de la nature, et à un haut degré ; or, la finalité qui régit la constitution ou la production d'un être est précisément ce qui donne lieu à la beauté.

Et si quelqu'un trouvait méprisable l'étude des autres animaux, il lui faudrait aussi se mépriser lui-même, car ce n'est pas sans avoir à vaincre une grande répugnance qu'on peut saisir de quoi se compose le genre Homme, sang, chair, os, veines, et autres parties comme celles-là.

De même, quand on traite d'une partie ou d'un organe quelconques, il faut garder dans l'esprit qu'on ne doit pas seulement faire mention de la matière et voir là le but de la recherche, mais qu'on doit s'attacher à la forme totale ; ainsi considère-t-on une maison tout entière et non pas seulement les briques, le mortier, les bois. Pareillement, dans l'étude de la Nature, c'est la synthèse, la substance intégrale qui importent, et non des éléments qui ne se rencontrent pas séparés de ce qui fait leur substance.

Aristote, *Traité sur les parties des animaux*,
traduction de J.-M. Le Blond, Éd. Aubier - Montaigne, 1945, livre I, 645 a, pp. 119-121.

1. Philosophe grec présocratique (VIe siècle av.J.-C.).

Texte 4 B BERNARD

« Intelligence intentionnelle » des phénomènes naturels

Quand nous voyons, dans les phénomènes naturels, l'enchaînement qui existe de telle façon que les choses semblent faites dans des buts de prévision, comme l'œil, l'estomac, etc., qui se forment en vue d'aliments, de lumières futurs, etc., nous ne pouvons nous empêcher de supposer que ces choses sont faites intentionnellement, dans un but déterminé. Parce qu'en effet, quand nous faisons nous-mêmes les choses de cette manière, nous disons que nous les faisons avec intention et nous ne pourrions admettre que c'est le hasard qui a tout fait. Eh bien ! il paraîtrait que si, quand nous faisons les choses de manière à ce qu'elles concordent pour un but déterminé, nous disons qu'il y a une intelligence intentionnelle de notre part ; nous devons reconnaître dans l'ensemble des phénomènes naturels et leurs rapports déterminés pour des buts déterminés une grande intelligence intentionnelle.

C. Bernard, *Cahiers de notes,* « le Cahier rouge » (1850-1860), Éd. Gallimard, 1965, pp. 58-59.

Texte 5 MONOD

Être ou non finaliste, voilà la question

La pierre angulaire de la méthode scientifique est le postulat de l'objectivité de la Nature. C'est-à-dire le refus *systématique* de considérer comme pouvant conduire à une connaissance « vraie » toute interprétation des phénomènes donnée en termes de causes finales, c'est-à-dire de « projet ». [...]

Postulat pur, à jamais indémontrable, car il est évidemment impossible d'imaginer une expérience qui pourrait prouver la *non-existence* d'un projet, d'un but poursuivi, où que ce soit dans la nature.

Mais le postulat d'objectivité est consubstantiel à la science, il a guidé tout son prodigieux développement depuis trois siècles. Il est impossible de s'en défaire, fût-ce provisoirement, ou dans un domaine limité, sans sortir de celui de la science elle-même.

L'objectivité cependant nous oblige à reconnaître le caractère téléonomique[1] des êtres vivants, à admettre que dans leurs structures et performances, ils réalisent et poursuivent un projet. Il y a donc là, au moins en apparence, une contradiction épistémologique profonde. Le problème central de la biologie, c'est cette contradiction elle-même, qu'il s'agit de résoudre si elle n'est qu'apparente, ou de prouver radicalement insoluble si en vérité il en est bien ainsi.

J. Monod, *le Hasard et la Nécessité,* Éd. du Seuil, 1970, pp. 32-33.

1. Du grec *telos,* « la fin, le but », et *nomos,* « la loi » : un phénomène est téléonomique si son déroulement semble conforme à des lois qui l'orientent vers une fin déterminée.

Texte 6 A DESCARTES

Un vivant est comme une machine

Nous devons croire que toute la chaleur et tous les mouvements qui sont en nous, en tant qu'ils ne déclenchent point de la pensée, n'appartiennent qu'au corps.

Au moyen de quoi nous éviterons une erreur très considérable en laquelle plusieurs sont tombés, en sorte que j'estime qu'elle est la première cause

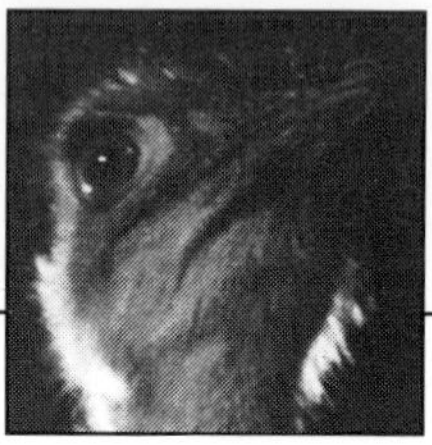

qui a empêché qu'on n'ait pu bien expliquer jusques ici les passions et les autres choses qui appartiennent à l'âme. Elle consiste en ce que, voyant que tous les corps morts sont privés de chaleur et ensuite de mouvement, on s'est imaginé que c'était l'absence de l'âme qui faisait cesser ces mouvements et cette chaleur. Et ainsi on a cru sans raison que notre chaleur naturelle et tous les mouvements de nos corps dépendent de l'âme, au lieu qu'on devait penser au contraire que l'âme ne s'absente, lorsqu'on meurt, qu'à cause que cette chaleur cesse, et que les organes qui servent à mouvoir le corps se corrompent.

Afin donc que nous évitions cette erreur, considérons que la mort n'arrive jamais par la faute de l'âme, mais seulement parce que quelqu'une des principales parties du corps se corrompt ; et jugeons que le corps d'un homme vivant diffère autant de celui d'un homme mort que fait une montre, ou autre automate (c'est-à-dire autre machine qui se meut de soi-même), lorsqu'elle est montée et qu'elle a en soi le principe corporel des mouvements pour lesquels elle est instituée, avec tout ce qui est requis pour son action, et la même montre, ou autre machine, lorsqu'elle est rompue et que le principe de son mouvement cesse d'agir.

Descartes, *les Passions de l'âme* (1649), Articles 4 à 6,
Bibliothèque de la Pléiade, Éd. Gallimard, 1953, pp. 696-697.

Texte 6 B KANT

Des machines pas comme les autres

Dans une montre une partie est l'instrument du mouvement des autres, mais un rouage n'est pas la cause efficiente de la production d'un autre rouage ; certes une partie existe pour une autre, mais ce n'est pas par cette autre partie qu'elle existe. C'est pourquoi la cause productrice de celles-ci et de leur forme n'est pas contenue dans la nature (de cette matière), mais en dehors d'elle dans un être, qui d'après des Idées peut réaliser un tout possible par sa causalité. C'est pourquoi aussi dans une montre un rouage ne peut en produire un autre et encore moins une montre d'autres montres, en sorte qu'à cet effet elle utiliserait (elle organiserait) d'autres matières ; c'est pourquoi elle ne remplace pas d'elle-même les parties, qui lui ont été ôtées, ni ne corrige leurs défauts dans la première formation par l'intervention des autres parties, ou se répare elle-même, lorsqu'elle est déréglée : or tout cela nous pouvons en revanche l'attendre de la nature organisée. — Ainsi un être organisé n'est pas simplement machine, car la machine possède uniquement une *force motrice* ; mais l'être organisé possède en soi une *force formatrice* qu'il communique aux matériaux, qui ne la possèdent pas (il les organise) : il s'agit ainsi d'une force formatrice qui se propage et qui ne peut pas être expliquée par la seule faculté de mouvoir (le mécanisme). [...]

Dans la nature les êtres organisés sont ainsi les seuls, qui, lorsqu'on les considère en eux-mêmes et sans rapport à d'autres choses, doivent être pensés comme possibles seulement en tant que fins de la nature et ce sont ces êtres qui procurent tout d'abord une réalité objective au concept d'une *fin*, qui n'est pas une fin pratique, mais une fin de la *nature*, et qui, ce faisant, donnent à la science de la nature le fondement d'une téléologie[1], c'est-à-dire une manière de juger ses objets d'après un principe particulier, que l'on ne serait autrement pas du tout autorisé à introduire dans cette science (parce que l'on ne peut nullement apercevoir *a priori* la possibilité d'une telle forme de causalité).

Kant, *Critique de la faculté de juger* (1790), traduction de A. Philonenko, Éd. Vrin, 1960, pp. 193-194.

1. Une explication téléologique (de *télos* « la fin, le but » et *logos* « le savoir ») est une explication qui suppose la finalité. Chez Kant, la téléologie est une méthode de recherche.

Texte 7 BARTHEZ

L'être vivant est animé par un « principe vital »

Une erreur très répandue est celle qui ramène les causes de la vie aux lois de mouvement établies dans les corps dont une force nécessaire peut, seule, modifier l'état. Les mouvements vitaux dépendent-ils de l'influx du principe spirituel de l'homme ? Stahl[1] le croyait, osant résister à la propre voix de sa conscience, qui nie avoir la puissance de diriger les mouvements du cœur. Notre tâche, c'est d'écarter les inventions que se sont créées les médecins de toutes les écoles, et d'arriver aux phénomènes par l'investigation directe des lois d'après lesquelles le Principe Vital de l'homme s'exerce habituellement. L'essence de ce principe doit être recherchée, mais elle est très obscure, car il faut rejeter l'opinion de ceux qui en ont fait un intermédiaire entre l'âme et le corps. Comment, en effet, entre des êtres qui s'excluent mutuellement peut-il exister un être intermédiaire ? D'où il suit que ce principe ne peut s'offrir à notre intelligence ni sous l'aspect d'une image matérielle, ni sous celui d'une idée spirituelle. Il faut reconnaître que, au-delà des évagations de l'intelligence qui ne pose que matière et esprit, l'étude de la nature nous offre une voie immense et non fréquentée ; la meilleure manière de philosopher consiste à émettre l'essence des choses et à débattre les liens et les rapports des phénomènes. L'observation découvre les facultés du Principe Vital. [...]

Les forces du Principe Vital agitent les libres mobiles et les liquides du corps animé, ou donnent la faculté de sentir. Les générations et les transformations des humeurs dans le corps vivant ne peuvent être conçues sans l'afflux immédiat du Principe Vital. La crase[2] spécifique des humeurs est maintenue dans un état constant par le Principe Vital.

Barthez , *Discours académique sur le Principe Vital de l'homme* (31 octobre 1772).

1. Médecin et chimiste allemand (1660-1734). Partisan de l'animisme, doctrine selon laquelle l'âme est le principe de la vie organique comme de la pensée.
2. Juste mélange des parties constituantes des liquides dans un corps animal.

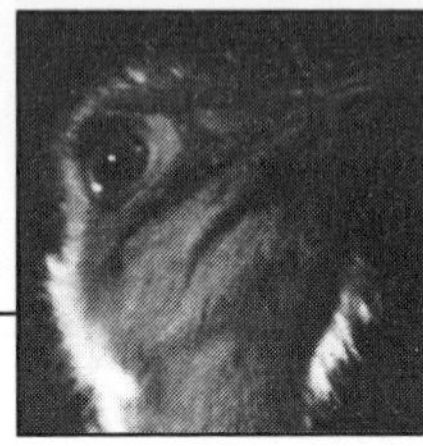

III. DIMENSIONS MÉTAPHYSIQUE ET ÉTHIQUE DE LA BIOLOGIE

Texte 8 A LAMARCK

Évolution et adaptation au milieu

Première loi

Dans tout animal qui n'a point dépassé le terme de ses développements, l'emploi plus fréquent et soutenu d'un organe quelconque fortifie peu à peu cet organe, le développe, l'agrandit, et lui donne une puissance proportionnée à la durée de cet emploi ; tandis que le défaut constant d'usage de tel organe l'affaiblit insensiblement, le détériore, diminue progressivement ses facultés, et finit par le faire disparaître.

Deuxième loi

Tout ce que la nature a fait acquérir ou perdre aux individus par l'influence des circonstances où leur race se trouve depuis longtemps exposée, et par conséquent, par l'influence de l'emploi prédominant de tel organe, ou par celle d'un défaut constant d'usage de telle partie, elle le conserve par la génération aux nouveaux individus qui en proviennent, pourvu que les changements acquis soient communs aux deux sexes, ou à ceux qui ont produit ces nouveaux individus.

Lamarck, *Philosophie zoologique* (1809), collection 10-18, Éd. U.G.E., 1968, chapitre VII, pp. 203-204.

Texte 8 B DARWIN

Évolution et sélection des plus aptes[1]

Comment, demandera-t-on encore, les variétés ou espèces naissantes, comme je les appelle, finissent-elles par se convertir en espèces distinctes qui, dans la plupart des cas, diffèrent évidemment plus entre elles que ne le font les variétés d'une même espèce ? Comment surgissent ces groupes d'espèces qui constituent ce que nous nommons des genres distincts, et qui diffèrent entre eux plus que ne le font les espèces du même genre ? Tous ces résultats, comme nous le verrons plus amplement dans le prochain chapitre, sont la conséquence de la lutte pour l'existence. C'est grâce à cette lutte que les variations, si minimes qu'elles soient d'ailleurs, et quelle qu'en soit la cause déterminante, tendent à assurer la conservation des individus qui les présentent, et les transmettent à leurs descendants, pour peu qu'elles soient à quelque degré utiles et avantageuses à ces membres de l'espèce, dans leurs rapports si complexes avec les autres êtres organisés, et les conditions physiques dans lesquelles ils se trouvent. Leur descendance aura ainsi plus de chances de réussite ; car, sur la quantité d'individus d'une espèce quelconque qui naissent périodiquement, il n'en est qu'un petit nombre qui puissent survivre.

J'ai donné à ce principe, en vertu duquel toute variation avantageuse tend à être conservée, le nom de *sélection naturelle*, pour indiquer ses rapports avec la sélection appliquée par l'homme.

Darwin, *l'Origine des espèces* (1859), traduction de J.-J. Moulinié, Éd. Marabout - Université, 1973, pp. 73-74.

1. Pour Lamarck, l'influence du milieu et la nécessité de s'y adapter sont les principaux moteurs de l'évolution des espèces ; pour Darwin, c'est la lutte pour la survie qui explique l'évolution et la sélection naturelle des plus aptes. Tous deux ignoraient les lois de la Génétique.

Texte 9 BERGSON

Émergence du vivant et « élan » créateur

Imaginons donc un récipient plein de vapeur à une haute tension, et, çà et là, dans les parois du vase, une fissure par où la vapeur s'échappe en jet. La vapeur lancée en l'air se condense presque tout entière en gouttelettes qui retombent, et cette condensation et cette chute représentent simplement la perte de quelque chose, une interruption, un déficit. Mais une faible partie du jet de vapeur subsiste, non condensée, pendant quelques instants ; celle-là fait effort pour relever les gouttes qui tombent ; elle arrive, tout au plus, à en ralentir la chute. Ainsi, d'un immense réservoir de vie doivent s'élancer sans cesse des jets, dont chacun, retombant, est un monde. L'évolution des espèces vivantes à l'intérieur de ce monde représente ce qui subsiste de la direction primitive du jet originel, et d'une impulsion qui se continue en sens inverse de la matérialité. Mais ne nous attachons pas trop à cette comparaison. Elle ne nous donnerait de la réalité qu'une image affaiblie et même trompeuse, car la fissure, le jet de vapeur, le soulèvement des gouttelettes sont déterminés nécessairement, au lieu que la création d'un monde est un acte libre et que la vie, à l'intérieur du monde matériel, participe de cette liberté. Pensons donc plutôt à un geste comme celui du bras qu'on lève ; puis supposons que le bras, abandonné à lui-même, retombe, et que pourtant subsiste en lui, s'efforçant de le relever, quelque chose du vouloir qui l'anima : avec cette image d'un *geste créateur qui se défait* nous aurons déjà une représentation plus exacte de la matière. Et nous verrons alors, dans l'activité vitale, ce qui subsiste du mouvement direct dans le mouvement inverti, *une réalité qui se fait à travers celle qui se défait.*

H. Bergson, *l'Évolution créatrice*, Éd. P.U.F., 1907, p. 248.

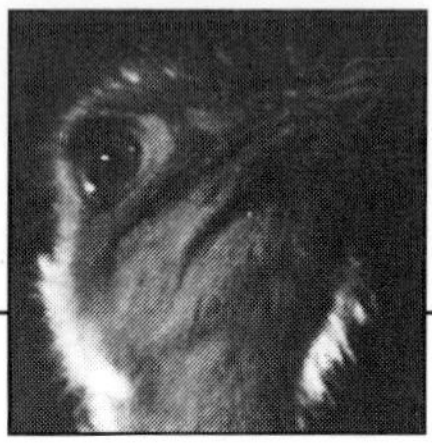

Texte 10 A GRASSÉ

L'évolution obéit-elle à un projet ?

Si les orientations n'existaient pas, si l'évolution n'était qu'un chaos de formes, la paléontologie ne serait pas une science, mais l'art de classer les fossiles, à la façon du philatéliste procédant au rangement thématique de ses timbres-poste. Si les lignées n'étaient pas orientées, les paléontologistes n'auraient pas la possibilité de dire qu'un descendant manque dans la génération de tel ou tel animal. Et découvrant un squelette, ils ne pourraient lui assigner la place qui lui revient dans la systématique et dans l'arbre généalogique du groupe auquel on l'attribue. La thèse de l'évolution chaotique verse dans l'absurde. [...]

En fait, d'où vient la vie ? Selon nous, d'une mise en ordre de structures qui isolées ou laissées dans le chaos ne seraient rien. Il ne saurait y avoir une trace d'anarchie dans les phénomènes vitaux, puisque lorsqu'un déséquilibre, même de faible amplitude, se produit, la mort survient. Cela peut plaire ou ne pas plaire, mais qu'importe puisque cela est ; l'attitude scientifique consiste à accepter le réel.

P.-P. Grassé, in *le Darwinisme aujourd'hui*, collection Points, Éd. du Seuil, 1979, pp. 138-141.

Texte 10 B JACOB

Évolution, hasard et nécessité

Le monde de l'évolution que nous connaissons, le monde vivant que nous voyons autour de nous, est tout sauf le seul monde possible. L'évolution est une nécessité dans la mesure où les organismes vivent, interagissent avec le milieu, se reproduisent, entrent en compétition les uns avec les autres, donc changent. En revanche, ce qui n'est pas une nécessité, c'est la direction que se trouve prendre le changement, les voies où s'engage l'évolution. Les modifications ne peuvent survenir pour former des organismes nouveaux qu'en fonction de la structure génétique qu'avaient les organismes existant à ce moment-là. Autrement dit, l'évolution résulte d'une interaction entre une série de conjonctures disons physiques, écologiques, climatiques, ce qu'on pourrait appeler une grande conjoncture historique, avec l'autre série que forment les conjonctures génétiques des organismes. C'est l'interaction de ces deux types de conjonctures qui a donné aux êtres vivants la direction qu'elle a aujourd'hui. Mais il est vraisemblable que nous aurions pu ressembler à quelque chose de complètement différent, et que nous aurions pu ne pas ressembler du tout à ce que nous sommes et surtout que nous pourrions ne pas être là, que le monde vivant pourrait être complètement différent de ce qu'il est. [...]

Nous pourrions parfaitement ressembler à quelque chose d'autre qui défie totalement notre imagination. C'est évidemment très difficile de réaliser que le monde vivant tel qu'il existe pourrait être complètement différent, pourrait même ne pas exister du tout. C'est pourtant ce qu'il faut bien admettre.

F. Jacob, *Ibid.*, pp. 161-163.

Texte 11 JACQUARD

Des prédictions qui ne sont génétiques qu'en apparence

Pour mettre mieux en évidence la difficulté de l'interprétation des études généalogiques, imaginons un Martien, très au courant des diverses techniques de la génétique des populations, mais incapable de distinguer une peau noire d'une peau blanche. Débarquant en Afrique du Sud, il décide d'étudier un caractère qui lui paraît très important pour le sort des individus, le fait d'être chômeur. Une première observation lui montre une très nette liaison entre les générations successives d'une même famille : dans certaines généalogies, les individus sont tous indemnes, dans d'autres ils sont presque systématiquement touchés par le chômage ; il en conclut que, très probablement, ce trait est gouverné par le patrimoine génétique. Il étend et précise ses observations, imagine des modèles génétiques et s'efforce de dégager le « meilleur » modèle grâce, par exemple, aux techniques de maximisation de la vraisemblance. Il y a gros à parier qu'il en conclura que le caractère « chômeur » est facilement explicable par la présence en trois ou en quatre locus d'un certain gène *c*. Le chômage serait-il un caractère « génétique » dans l'espèce humaine ?

En fait, ses recherches lui auront fait découvrir les gènes *c* qui donnent aux individus une peau plus ou moins foncée, selon leur nombre dans la dotation génétique (on sait que les individus dépourvus du gène *c* sont blancs et que la couleur noire est d'autant plus marquée que ces gènes sont plus nombreux). Or, la couleur, dans la société étudiée, est fortement corrélée avec le risque de chômage ; les conclusions de notre Martien sont donc parfaitement exactes ; elles permettent une prédiction correcte, elles sont efficaces. Mais elles ne donnent aucune indication sur le mécanisme en œuvre. Il suffit de changer les règles sociales pour que le lien observé disparaisse totalement.

L'erreur logique consiste ici, une fois de plus, à étudier un phénomène qui résulte d'interactions complexes, en isolant artificiellement et arbitrairement un des facteurs. Notre esprit est mal entraîné à penser en termes d'interactions et s'efforce de remplacer la réalité par des modèles où les diverses causes agissent indépendamment. Toutes les questions concernant l'« inné et l'acquis » sont typiques de cette démarche ; elles ne méritent aucune réponse, puisqu'elles nient la réalité qu'elles prétendent étudier.

A. Jacquard, *Au péril de la science ?* Éd. du Seuil, 1982, pp. 101-102.

DOCUMENT

Métamorphoses d'un œuf

La sensibilité est-elle une propriété générale de la matière ? Elle doit l'être, selon Diderot, qui décrit ici avec un certain lyrisme l'éveil de la vie à travers les métamorphoses d'un œuf.

Voyez-vous cet œuf ? c'est avec cela qu'on renverse toutes les écoles de théologie et tous les temples de la terre. Qu'est-ce que cet œuf ? une masse insensible avant que le germe y soit introduit ; et après que le germe y est introduit, qu'est-ce encore ? un masse insensible, car ce germe n'est lui-même qu'un fluide inerte et grossier. Comment cette masse passera-t-elle à une autre organisation, à la sensibilité, à la vie ? par la chaleur. Qu'y produira la chaleur ? le mouvement. Quels seront les effets successifs du mouvement ? Au lieu de me répondre, asseyez-vous, et suivons-les de l'œil de moment en moment. D'abord c'est un point qui oscille, un filet qui s'étend et qui se colore ; de la chair qui se forme ; un bec, des bouts d'ailes, des yeux, des pattes qui paraissent ; une matière jaunâtre qui se dévide et produit des intestins ; c'est un animal. Cet animal se meut, s'agite, crie ; j'entends ses cris à travers la coque ; il se couvre de duvet ; il voit. La pesanteur de sa tête, qui oscille, porte sans cesse son bec contre la paroi intérieure de sa prison ; la voilà brisée ; il en sort, il marche, il vole, il s'irrite, il fuit, il approche, il se plaint, il souffre, il aime, il désire, il jouit ; il a toutes vos affections ; toutes vos actions, il les fait. Prétendrez-vous, avec Descartes, que c'est une pure machine imitative ? Mais les petits enfants se moqueront de vous, et les philosophes vous répliqueront que si c'est là une machine, vous en êtes une autre. [...]

Il ne vous reste qu'un de ces deux partis à prendre ; c'est d'imaginer dans la masse inerte de l'œuf un élément caché qui en attendait le développement pour manifester sa présence, ou de supposer que cet élément imperceptible s'y est insinué à travers la coque dans un instant déterminé du développement. Mais qu'est-ce que cet élément ? Occupait-il de l'espace, ou n'en occupait-il point ? Comment est-il venu, ou s'est-il échappé, sans se mouvoir ? Où était-il ? Que faisait-il là ou ailleurs ? A-t-il été créé à l'instant du besoin ? Existait-il ? Attendait-il un domicile ? Homogène, il était matériel ; hétérogène, on ne conçoit ni son inertie avant le développement, ni son énergie dans l'animal développé. Écoutez-vous, et vous aurez pitié de vous-même ; vous sentirez que, pour ne pas admettre une supposition simple qui explique tout, la sensibilité, propriété générale de la matière, ou produit de l'organisation, vous renoncez au sens commun, et vous précipitez dans un abîme de mystères, de contradictions et d'absurdités.

Diderot, *Entretien entre d'Alembert et Diderot* (1769),
Éd. Garnier-Flammarion, 1965, pp. 51-53.

Exercices

1. A l'aide des textes [2] et [6], expliquez les différences entre un organisme et une machine.

2. Pourquoi les textes [6] recourent-ils à la même métaphore de la montre alors qu'ils développent deux thèses différentes sur la nature des êtres vivants ?

3. A partir des textes [8] et [10] énumérez les principaux sens du terme « évolution ».

4. Le texte [11] analyse un problème soulevé par la biologie, mais qui a des répercussions en dehors d'elle : lesquelles ? Donnez d'autres exemples de problèmes du même type.

5. Pourquoi rencontre-t-on les notions de « finalisme » et de « mécanisme » à la fois dans ce chapitre et dans « Théorie et expérience » ?

Sujets de dissertation

1. Comment peut-on définir un être vivant ?

2. En quoi la connaissance des êtres vivants est-elle plus difficile que la connaissance des choses inanimées ?

3. Existe-t-il des limites à la connaissance scientifique des êtres vivants ?

Corrélats

théorie et expérience - le sens et l'irrationnel - la métaphysique

POUR EN SAVOIR PLUS

Bernard (C.), *Introduction à l'étude de la médecine expérimentale,* Éd. Garnier-Flammarion.

Jacob (F.), *le Jeu des possibles,* Éd. A. Fayard.

Jacquard (A.), *Éloge de la différence,* Éd. du Seuil.

Le Darwinisme aujourd'hui, (ouvrage collectif), collection Points, Éd. du Seuil.

Jacquard (A.), *Au péril de la science,* Éd. du Seuil.

Testart (J.), *l'Œuf transparent,* collection Champs, Éd. Flammarion.

Thuillier (P.), *les Biologistes vont-ils prendre le pouvoir ?,* Éd. Complexe.

Canguilhem (G.), *la Connaissance de la vie,* Éd. Vrin.

Jacob (F.), *la Logique du vivant,* Éd. Gallimard.

Jay-Gould (S.), *la Mal-mesure de l'homme,* Éd. Livre de poche.

Monod (J.), *le Hasard et la Nécessité,* Éd. du Seuil.

I. NATURE ET OBJET DE LA SOCIOLOGIE

II. LA SOCIOLOGIE EST-ELLE UNE SCIENCE ?

III. SOCIOLOGIE ET PHILOSOPHIE

DOCUMENT

20

La sociologie

Photo : Jean-Louis Beaudequin.

Introduction

L'homme peut-il être à la fois objet et sujet ?

Il ne suffit pas de dire que l'homme est un objet d'étude différent des autres : ce n'est pas un objet du tout, au sens où il n'a pas d'existence séparée de son être comme sujet. Une plante, le mouvement d'une planète, peuvent être constitués comme objets de science parce qu'ils n'ont, de toute façon, pas d'autre existence qu'objective : ils ne peuvent pas prendre à leur propre égard la distance qui permet de « se savoir » là. D'autres prennent cette distance et font, par exemple, de la science.

D'autres, c'est-à-dire, justement, les hommes. Mais faut-il en déduire que l'homme, sujet de la science, ne peut pas se choisir comme objet de science ? La question est ancienne, et toujours en débat : sa difficulté n'a cependant pas empêché, à partir du XIXe siècle, la constitution effective d'un certain nombre de « sciences de l'homme »[1] qui représentent même aujourd'hui une part importante de notre production intellectuelle. Mieux vaut donc, plutôt que les ignorer sous prétexte que ce ne sont peut-être pas vraiment des sciences, ou qu'elles s'approprieraient abusivement un champ de réflexion auparavant réservé à la seule philosophie, se donner les moyens de comprendre, éventuellement ceux de juger : quelle forme de savoir visent les sciences de l'homme ? Quels problèmes soulèvent leur constitution, leur développement, leurs applications ? L'exemple de la sociologie servira de fondement et d'illustration à nos analyses.

Définition de l'objet de la sociologie

Visant la compréhension des phénomènes sociaux, la sociologie est bien une « science de l'homme » : ce qu'il faut découvrir et expliquer, ce sont les mécanismes et déterminations multiples qui gouvernent les comportements des hommes vivant en société. Un groupe humain n'est manifestement pas réductible à une somme d'individus juxtaposés ; son existence et sa persistance sont plutôt le produit d'interactions complexes, dont la mise en évidence constitue l'un des objets majeurs de la sociologie. S'interroger sur la nature et les conditions de la vie sociale des hommes n'est toutefois pas le privilège des seuls sociologues : ce fut même très tôt, et fort longtemps, l'un des thèmes essentiels de la réflexion philosophique[2]. Et il nous faudra y revenir, étant donné la complexité des liens entre la philosophie et les sciences de l'homme : pour que la confrontation entre ces deux approches de la condition humaine soit aussi pertinente que possible — et puisque l'approche philosophique est traitée ailleurs — il nous faut surtout tenter de mettre en évidence la spécificité des sciences de l'homme, à travers l'analyse de celle qui nous sert d'exemple, la sociologie.

En 1885, Émile Durkheim publie *les Règles de la méthode sociologique*. S'il n'est pas le premier à employer le terme « sociologie », ni même à faire œuvre de sociologue[3], son rôle de « père fondateur » est décisif, en revanche, pour la définition de l'objet, des principes, des méthodes, etc., propres à cette discipline

1. On classe généralement sous cette « rubrique » : la psychologie, la sociologie, l'anthropologie, l'ethnologie, souvent l'histoire, l'économie, etc.
2. Voir le chapitre « la Société, l'État, le Pouvoir ».
3. La suite du texte nous fournira l'occasion de quelques remarques au moins sur le cas d'Auguste Comte et sur celui de Karl Marx.

(textes 1 et 2). L'analyse sociologique porte sur des « objets » auxquels d'autres s'intéressent également : aussi faut-il se demander ce qui permet de la différencier précisément de l'histoire et de la psychologie en particulier. Les travaux des historiens fournissent aux sociologues une partie de leurs documents, facilitant ainsi les possibilités du recours à l'analyse comparative. Mais s'il est certain que la connaissance de l'histoire contribue à la compréhension du présent, l'objet spécifique de l'histoire est le passé ; en revanche, s'il est tout aussi certain que le sociologue ne peut ignorer totalement le passé, c'est d'abord et avant tout sur l'état présent d'une société que portent ses investigations. Il lui faut « déterminer la nature et le mode de composition » des « forces » dont la combinaison produit cet état (texte 1).

La spécificité de la réalité sociale

Quant au partage des tâches entre le sociologue et le psychologue, Durkheim nous semble en fixer clairement la condition, lorsqu'il demande de « considérer les phénomènes sociaux en eux-mêmes, détachés des sujets conscients qui se les représentent » (texte 2). Certes, comme le psychologue, le sociologue vise, entre autres, l'explication des conduites individuelles : mais les mécanismes qu'il lui faut en priorité reconstituer ne sont précisément pas le seul fait des consciences individuelles ; l'ordre social est constitué par un ensemble de règles, d'institutions, de comportements individuels et collectifs, sous-tendus par une multitude de représentations (idées, valeurs morales, croyances, etc.), individuelles au sens où elles font partie de la mentalité de chaque individu, mais surtout collectives parce que produits du groupe social lui-même. L'organisation d'une société ne résulte pas — ne peut pas résulter — d'une simple addition ou juxtaposition d'idées et de conduites particulières : le fait même de vivre en société donne naissance à des idées et à des conduites « collectives », et les impose aux individus.

Telle est la spécificité de l'analyse sociologique : sans nier l'influence des facteurs psychologiques et historiques sur la vie des hommes en société, elle vise plutôt à mettre en évidence la nature propre des interactions complexes d'où résultent les faits sociaux. Pour illustrer le type d'explication causale auquel on peut ainsi aboutir, nous proposons un extrait de la célèbre étude publiée en 1920 par le sociologue allemand Max Weber, sur les liens qui semblent unir, dans les sociétés occidentales, la prédominance du protestantisme au développement du capitalisme moderne (texte 3), et le commentaire de la méthode de Weber par Raymond Aron (texte 4).

Il ne s'agit que d'un exemple : d'autres, très différents, auraient sans doute aussi bien fait l'affaire. Mais comme l'écrit le sociologue contemporain Raymond Boudon, « un accord fondamental » semble possible « sur la nature et les principes de la sociologie » dans son ensemble : quels qu'ils soient, les phénomènes intéressant le sociologue doivent être expliqués par la structure complexe du système social dans lequel ils sont pris ; il faut comprendre dans quelle mesure et de quelle façon les propriétés de ce système déterminent les actions des individus qui en font partie, sans tenter de réduire ni la complexité du système lui-même, ni celle des motivations individuelles (texte 5).

Peut-on véritablement parler de « sciences » de l'homme ?

Le problème est de savoir à quelle forme et à quel degré de scientificité peuvent prétendre les moyens dont le sociologue dispose pour tenter cette compréhension. Si ce qui précède permet de tenir pour à peu près acquise la spécificité de l'objet de la recherche, il nous reste en revanche à établir dans quelle mesure les méthodes et les résultats de la sociologie relèvent de l'activité scientifique. Le

recours aux enquêtes, aux documents écrits de diverse nature, voire même à certaines « expériences »[1], offre assez facilement les garanties de rigueur et de fiabilité requises — ce n'est pas en tout cas, nous semble-t-il, un problème, ici, à approfondir. Beaucoup plus décisive, pour nous, est la question de savoir si l'investigation sociologique — comme celle de n'importe quelle autre science dite « de l'homme » — ne se heurte pas « naturellement » à des obstacles très particuliers, qui en hypothèqueraient d'avance et nécessairement le caractère scientifique. Apparemment tranchée par les professions de foi résolument positivistes d'Auguste Comte au siècle dernier, la question n'en mérite pas moins d'être examinée de près : avant le terme « sociologie », Comte emploie l'expression « physique sociale » (texte 6), référée à son étymologie (du grec *phusis*, « la nature »). Autrement dit, il y a pour lui continuité entre la nature, au sens banal du terme, et la société : les deux se prêteraient à des investigations scientifiques parfaitement comparables. L'analogie peut être présupposée : elle résiste mal à une analyse plus approfondie. Non seulement, comme les développements qui précèdent ont tenté de le montrer, la réalité sociale présente des caractères tout à fait spécifiques, qui en font un système de relations beaucoup moins rigoureusement réglé que la nature ; mais il est clair aujourd'hui que même dans les sciences les plus « exactes », la forme d'objectivité revendiquée par le positivisme est davantage un mythe qu'un idéal à atteindre.

La sociologie « construit » les faits qu'elle étudie

Les textes 7, 8 et 9 des sociologues contemporains Mendras et Boudon mettent précisément l'accent sur des problèmes épistémologiques très proches de ceux rencontrés au cours des chapitres sur la connaissance scientifique. Sur quatre points au moins, la comparaison s'impose. D'abord, pas plus que les autres, les sciences « de l'homme » n'ont pour objet une réalité entièrement « donnée » : un « fait social », par exemple, ne devient tel qu'à partir du moment où un corps d'hypothèses et de théories déjà constituées permet de l'identifier, de l'isoler, pour les besoins de l'analyse, au sein du système de relations dont dépend son existence réelle. Le fait social n'est pas donné, mais « construit » : les relations au sein d'une entreprise, étudiées par la sociologie du travail, ne sont ni plus ni moins une réalité « objective » que la chute des corps étudiée en physique. D'où la deuxième « vérité », énoncée dans le texte 7 : le progrès des sciences de l'homme dépend lui aussi de la constance et de la rigueur du dialogue entre les hypothèses, les théories, et les « faits ».

La réalité sociale obéit-elle à des lois ?

Faut-il en déduire que le débat sur le degré de scientificité des disciplines comme la sociologie est vain, sa mesure se heurtant aux mêmes difficultés que pour les autres sciences ? Ce serait faire trop peu de cas des deux derniers problèmes. L'un concerne les résultats : même si l'on ne néglige aucune des précautions à prendre avant de l'utiliser, l'expression « lois de la nature » permet de cerner assez explicitement la légitimité des ambitions de la physique par exemple : la régularité des phénomènes naturels reflète bien la constance de lois dont la mise en évidence constitue un objectif majeur des sciences expérimentales. La sociologie peut-elle, de la même façon, accorder le statut de lois aux relations de causalité qui semblent se répéter au sein de la réalité sociale ? Il semble que non.

1. On peut, par exemple, « créer » en partie artificiellement une situation susceptible de vérifier ou d'infirmer une hypothèse.

Elle peut prévoir le plus probable : mais toute la différence entre la matière inerte ou le vivant non conscient, et les acteurs sociaux, est que ceux-ci participent à leur devenir de façon telle que, même aux prises avec l'inconscient ou l'irrationnel, ils ont le pouvoir d'infléchir le cours le plus attendu des événements.

Dernier problème enfin : dans toute science de l'homme, la communauté de nature entre l'observateur et l'observé, bien loin de la réduire, accroît la part de l'interprétation « subjective ». Non contradictoire avec le respect des exigences communes aux autres sciences — raisonnement rigoureux, démonstration, etc. (texte 9) — la reconnaissance de cette dimension interprétative n'en constitue pas moins une spécificité majeure des sciences de l'homme, et une limite à leur prétention au statut de sciences à part entière : c'est aussi — paradoxalement, on va le voir pour conclure — le lieu le plus conflictuel de leur relation à la philosophie.

Philosophie et sciences de l'homme : une « guerre froide » ?

A la fin du XIXe siècle, les sciences de l'homme prennent naissance à la fois *de* la philosophie, et *contre* elle. S'il ne peut être question de refuser aux êtres humains la qualité de sujet qui les caractérise essentiellement, l'idée est tout de même que l'approche philosophique de la condition humaine sous toutes ses formes empêche l'analyse véritablement objective de ce qui, de l'homme, peut être « objectivé » — ses productions, les effets de ses conduites, les institutions sociales, etc. La raison en est qu'au-delà de la description et de l'analyse des faits, la philosophie semble toujours poursuivre au moins deux objectifs : l'interprétation donc le jugement de valeur, et la définition normative de ce que pourrait ou devrait être la condition humaine. Or telles sont précisément les ambitions que les sociologues, par exemple, au nom de la scientificité de leur discipline, prétendent généralement s'interdire[1]. D'où les relations souvent tendues entre les tenants de la philosophie et ceux des sciences de l'homme, que nous semble assez bien résumer la confrontation entre les textes 10 à 12 du sociologue Pierre Bourdieu et du philosophe Maurice Merleau-Ponty. Les sociologues reprochent couramment aux philosophes leurs ambitions « totalitaires ». Merleau-Ponty répond que la philosophie a mieux à faire que clore définitivement le champ du savoir sur l'homme, en prétendant apporter des solutions sans appel aux problèmes qu'elle soulève : mieux à faire — certainement pas renoncer à la façon dont elle pose ces problèmes[2]. Les idées et les faits ne s'opposent pas, bien au contraire : seul le va-et-vient des uns aux autres donne à ceux-ci un sens, à celles-là, une raison d'être. Même lorsqu'elle ne se veut plus systématique, la philosophie peut se prétendre recherche de la vérité : elle peut même « produire » des vérités ; cette idée, philosophique, que la pensée et le réel ne sont pas séparables, en est une. Notons aussi que lorsque Bourdieu (texte 11) décrit l'effet potentiellement libérateur de la connaissance sociologique, son texte en évoque bien d'autres, philosophiques ceux-là, de Spinoza par exemple, écrits plus de trois siècles plus tôt.

Quant aux ambitions totalitaires, il n'est jamais vain d'en rappeler les risques[3] ; ils conduisent à la perte du sens critique et de la conscience historique (texte 12) — mais de tels risques ne menacent-ils pas également le philosophe et le sociologue ?

1. C'est précisément parce qu'il ne se les est pas interdites qu'un penseur comme Marx, malgré la précision et la pertinence de beaucoup de ses analyses économiques et sociologiques, ne peut être tenu pour un sociologue à part entière.
2. Voir le chapitre « la Philosophie ».
3. Voir aussi sur ce point le chapitre « la Vérité », p. 462.

Textes

I. NATURE ET OBJET DE LA SOCIOLOGIE

Texte 1 DURKHEIM

Une méthode spécifique

La méthode pour les étudier [les phénomènes sociaux] ne doit donc être le décalque d'aucune autre méthode scientifique. *Elle doit être strictement sociologique.*

Mais, pour cela même, elle doit être objective. Les faits sociaux doivent être étudiés du dehors comme les autres phénomènes de la nature. *Le point de vue anthropocentrique n'est pas plus fondé en sociologie que dans les autres sciences naturelles.* Quand on croyait que l'évolution sociale n'était que la réalisation progressive de certaines notions que chaque homme porte en lui-même (notion de l'humanité, comme le pensait Comte, notion de la coopération, comme dit Spencer[1]), pour faire la science, il n'y avait qu'à se replier sur soi-même, à prendre conscience de ce concept fondamental et à en tirer par déduction tout ce qu'il contenait. La considération des faits n'avait, de ce point de vue, qu'une importance secondaire ; ils pouvaient servir à illustrer le raisonnement, mais n'étaient pas l'essentiel de la preuve. Mais si les phénomènes sociaux ne sont pas l'œuvre de l'individu isolé, s'ils résultent de combinaisons, auxquelles il participe sans doute, mais dans lesquelles il entre bien d'autres choses que lui-même, pour savoir en quoi consistent ces synthèses et quels en sont les effets, c'est en dehors de lui que le savant doit regarder, puisque c'est en dehors de lui qu'elles ont lieu. Il doit se mettre en face de ces choses dans le même état d'esprit que celui où sont le physicien et le chimiste en face des phénomènes physico-chimiques ; c'est-à-dire qu'il doit y voir, non l'expression d'idées ou de sentiments individuels, mais le produit de forces inconnues, dont il s'agit précisément de déterminer la nature et le mode de composition.

É. Durkheim[2], « la Sociologie en France au XIXe siècle ».
In *Revue bleue*, 1900, tome XIII, 21, pp. 648-649.

1. Philosophe anglais (1820-1903). Auteur de *Principes de Sociologie*, très influencé par l'évolutionnisme de Darwin, il prônait la réconciliation entre la coopération sociale et la liberté individuelle.
2. Principal fondateur de la sociologie en France (1858-1917). Auteur des *Règles de la méthode sociologique* et de célèbres études sur le suicide, la religion, etc.

Texte 2 DURKHEIM

Les faits sociaux sont « comme des choses »

La première règle et la plus fondamentale est de *considérer les faits sociaux comme des choses.* [...]

Il est possible que la vie ne soit que le développement de certaines notions ; mais, à supposer que cela soit, ces notions ne sont pas données immédiatement. On ne peut donc les atteindre directement, mais seulement à travers la réalité phénoménale qui les exprime. Nous ne savons pas *a priori* quelles idées sont à l'origine des divers courants entre lesquels se partage la vie sociale ni s'il y en a ; c'est seulement après les avoir remontés jusqu'à leurs sources que nous saurons d'où ils proviennent.

Il nous faut donc considérer les phénomènes sociaux en eux-mêmes, détachés des sujets conscients qui se les représentent ; il faut les étudier du dehors comme des choses extérieures ; car c'est en cette qualité qu'ils se présentent à nous. Si cette extériorité n'est qu'apparente, l'illusion se dissipera à mesure que la science avancera et l'on verra, pour ainsi dire, le dehors rentrer dans le dedans. Mais la solution ne peut être préjugée et, alors même que, finalement, ils n'auraient pas tous les caractères intrinsèques de la chose, on doit d'abord les traiter comme s'ils les avaient. Cette règle s'applique donc à la réalité sociale tout entière, sans qu'il y ait lieu de faire aucune exception. Même les phénomènes qui paraissent le plus consister en arrangements artificiels doivent être considérés de ce point de vue. *Le caractère conventionnel d'une pratique ou d'une institution ne doit jamais être présumé.* Si, d'ailleurs, il nous est permis d'invoquer notre expérience personnelle, nous croyons pouvoir assurer que, en procédant de cette manière, on aura souvent la satisfaction de voir les faits en apparence les plus arbitraires présenter ensuite à une observation plus attentive des caractères de constance et de régularité, symptômes de leur objectivité.

É. Durkheim, *les Règles de la méthode sociologique* (1895), chapitre II, Éd. P.U.F., 1963, pp. 15 et 28.

Texte 3 WEBER

Un exemple d'explication sociologique

Sur le terrain de la production des biens privés, l'ascétisme[1] combattait à la fois la malhonnêteté et l'avidité purement instinctive. Il condamnait [...] la poursuite de la richesse pour elle-même. Car, en elle-même, la richesse est tentation. Mais ici l'ascétisme était la force qui « toujours veut le bien et toujours crée le mal » (Goethe, *Faust*), ce mal qui, pour lui,

1. Max Weber évoque ici plus particulièrement l'idéal ascétique calviniste.

était représenté par la richesse et ses tentations. En effet, en accord avec l'Ancien Testament et par analogie avec l'évaluation éthique des bonnes œuvres, l'ascétisme voyait le *summum* du répréhensible dans la poursuite de la richesse en tant que *fin* en elle-même, et en même temps il tenait pour un signe de la bénédiction divine la richesse comme *fruit* du travail professionnel. Plus important encore, l'évaluation religieuse du travail sans relâche, continu, systématique, dans une profession séculière, comme moyen ascétique le plus élevé et à la fois preuve la plus sûre, la plus évidente de régénération et de foi authentique, a pu constituer le plus puissant levier qui se puisse imaginer de l'expansion de cette conception de la vie que nous avons appelée, ici, l'esprit du capitalisme. [...]

L'un des éléments fondamentaux de l'esprit du capitalisme moderne, et non seulement de celui-ci, mais de la civilisation moderne elle-même, à savoir : la conduite rationnelle fondée sur l'idée de *Beruf*[1], est né de l'esprit de l'ascétisme chrétien. [...]

Le puritain *voulait* être un homme besogneux — et nous sommes *forcés* de l'être. Car lorsque l'ascétisme se trouva transféré de la cellule des moines dans la vie professionnelle et qu'il commença à dominer la moralité séculière, ce fut pour participer à l'édification du cosmos prodigieux, de l'ordre économique moderne. Ordre lié aux conditions techniques et économiques de la production mécanique et machiniste qui détermine, avec une force irrésistible, le style de vie de l'ensemble des individus nés dans ce mécanisme — et pas seulement de ceux que concerne directement l'acquisition économique. Peut-être le déterminera-t-il jusqu'à ce que la dernière tonne de carburant fossile ait achevé de se consumer. [...]

En même temps que l'ascétisme entreprenait de transformer le monde et d'y déployer toute son influence, les biens de ce monde acquéraient sur les hommes une puissance croissante et inéluctable, puissance telle qu'on n'en avait jamais connue auparavant. [...]

Le capitalisme vainqueur n'a plus besoin de ce soutien depuis qu'il repose sur une base mécanique. Il n'est pas jusqu'à l'humeur de la philosophie des Lumières, la riante héritière de cet esprit, qui ne semble définitivement s'altérer ; et l'idée d'accomplir son « devoir » à travers une besogne[1] hante désormais notre vie, tel le spectre de croyances religieuses disparues. Lorsque l'« accomplissement » [du devoir] professionnel ne peut être directement rattaché aux valeurs spirituelles et culturelles les plus élevées — ou bien, inversement, lorsqu'il ne peut plus être ressenti comme une simple contrainte économique — l'individu renonce, en général, à le justifier. [...]

Nous nous sommes bornés à tenter, sur un point essentiel certes, de ramener à leurs causes le fait lui-même et les modalités de son influence.

1. Le terme allemand *Beruf* signifie à la fois « devoir » et « profession » ; l'idée principale est en fait celle de « mission à accomplir ».

Resterait à élucider la façon dont l'ascétisme protestant a été à son tour influencé, dans son caractère et son devenir, par l'ensemble des conditions sociales, en particulier par les conditions *économiques*. Fût-il pétri de bonne volonté, l'homme moderne est incapable d'accorder aux idées religieuses l'importance qu'elles méritent pour les conduites, la culture et le caractère national. Est-il nécessaire de protester que notre dessein n'est nullement de substituer à une interprétation causale exclusivement « matérialiste », une interprétation spiritualiste de la civilisation et de l'histoire qui ne serait pas moins unilatérale ? *Toutes deux* appartiennent au domaine du *possible* ; il n'en demeure pas moins que, dans la mesure où elles ne se bornent pas au rôle de travail préparatoire, mais prétendent apporter des conclusions, l'une et l'autre servent aussi mal à la vérité historique.

M. Weber[1], *l'Éthique protestante et l'Esprit du capitalisme* (1920), traduction J. Chavy, Éd. Plon, 1985, pp. 210-211, 222-227.

1. Économiste et sociologue allemand (1864-1920).

Texte 4 ARON

Réalité et « type idéal »[1]

De la tradition kantienne[2], Weber retient la résignation à une connaissance strictement empirique : mise en ordre de l'expérience, système de relations causales, la science moderne ne va pas plus loin. Nous avons perdu l'illusion que la connaissance atteindrait à la substance même des choses, à l'être vrai, au-delà des apparences, aux lois de Dieu ou de la Nature. De même, dans le domaine de la culture, les essences, comme *Volksgeist* (esprit d'un peuple), les concepts « totalitaires » appliqués aux réalités, auxquelles nous sommes tentés de prêter unité et existence transcendante (comme l'État ou l'Église), doivent disparaître. Ils dépassent la portée du savoir scientifique et ils arrêtent les démarches explicatives.

Une fois écartées les substances métaphysiques, l'homme est libre de son action dans le monde de l'expérience immanente. De même la science, libre de préjugés d'essence, peut construire de tout individu historique une multiplicité de concepts idéaux selon la direction de notre curiosité et les besoins de la recherche. Nous ignorons sans doute l'âme du capitalisme. En revanche, nous créons librement des types idéaux du capitalisme : économie

1. Plusieurs fois reprise dans ce commentaire de R. Aron, l'expression « type idéal » désigne chez Max Weber un concept, construit à partir de l'expérience, qui isole et accentue certains traits caractéristiques d'un phénomène.
2. Rappelons que, selon Kant, « aucune connaissance ne précède en nous l'expérience, et que c'est avec elle que toutes commencent » (chapitre 17, p. 357).

animée par la recherche du profit individuel, ou bien économie rationalisée où l'entreprise, séparée de la vie familiale, organisée selon des règles strictes, en vue de l'échange, utilise le travail libre. Il n'y a pas de définition vraie ou fausse, il y a des définitions plus ou moins fécondes.

Ces types idéaux délivrent du préjugé naturaliste en même temps que des illusions métaphysiques. Le positiviste est tenté de considérer comme essentiels les caractères les plus généraux : la religion serait définie *essentiellement* par les caractères présents dans toutes les religions. Par suite, il aspire à *la* définition valable : au point de départ de la recherche, il choisira le caractère le plus visible ou le plus fréquent, il comptera atteindre au terme *la* définition complète (à supposer qu'il ne tienne pas progressivement sa définition initiale pour suffisante). Au contraire, dans la pratique de Weber encore plus que dans la théorie, le type idéal sert à atteindre l'*aspect original* de chaque phénomène historique. La définition qu'il donne du capitalisme est obtenue en détachant les faits propres à la civilisation occidentale ou du moins particulièrement développés dans notre civilisation. Dans la mesure où il s'applique à des individualités historiques, le type idéal a pour fonction, contre l'idée générale de la logique et du positivisme, de dégager ce qui individualise, non ce qui rapproche, les traits uniques, non les caractères généraux. Un tel type idéal peut servir aussi bien à la position du problème (comment est né le capitalisme considéré comme la réalisation de telle ou telle organisation du travail qu'on ne trouve qu'en Occident ?), qu'à l'exposé des résultats ou à la recherche (quel est le décalage entre le type idéal et le réel ?).

Ainsi, par cette double opposition à l'essence et au général, se précise le type idéal, expression de la liberté du savant dans la détermination de l'objet, instrument de la science du singulier.

R. Aron, *la Sociologie allemande contemporaine*,
Éd. P.U.F., 1966, pp. 88-89.

Texte 5 BOUDON

Unité de la sociologie

Malgré les différences évidentes qui distinguent par exemple la « sociologie de Durkheim »[1], la « sociologie de Pareto[2] » ou la « sociologie de Weber[3] », on peut faire apparaître entre ces auteurs et bien d'autres, comme en filigrane, un accord fondamental sur la nature et les principes de la *sociologie* tout court. Je décrirai les bases de cet accord sous la forme d'une suite de trois propositions.

1. Voir textes 1 et 2.
2. Sociologue et économiste italien (1848-1923).
3. Voir textes 3 et 4 .

Proposition 1. Malgré la diversité de ses thèmes, la sociologie ne couvre pas pour autant des activités d'une irrémédiable hétérogénéité. Que le sociologue étudie des faits singuliers, des régularités statistiques ou qu'il cherche à mettre en évidence des relations générales, son analyse tend très généralement à mettre en évidence les propriétés du système d'interaction responsable des faits singuliers, régularités ou relations observées. En d'autres termes, les *phénomènes* auxquels le sociologue s'intéresse sont conçus comme explicables par la *structure du système d'interaction* à l'intérieur duquel ces phénomènes émergent.

Proposition 2. L'atome logique de l'analyse sociologique est donc l'acteur individuel[1]. Bien entendu, cet acteur n'agit pas dans un vide institutionnel et social. Mais le fait que son action se déroule dans un contexte de *contraintes*, c'est-à-dire d'éléments qu'il doit accepter comme des *données* qui s'imposent à lui, ne signifie pas qu'on puisse faire de son comportement la conséquence exclusive de ces contraintes. Les contraintes ne sont qu'un élément permettant de comprendre l'action individuelle. Plusieurs des analyses précédentes suggèrent que la compréhension des relations de causalité que le sociologue décèle entre les propriétés des systèmes d'interaction et le comportement des individus n'est généralement possible que si ces comportements sont conçus comme des *actions* dotées de finalité.

Proposition 3. Comme le suggère la distinction parétienne[2] entre actions logiques et actions non logiques, la sociologie doit, dans de nombreux cas, utiliser les schémas d'analyse de l'action individuelle plus complexes que ceux qu'utilisent par exemple les économistes. Pour l'économiste classique, l'âne de Buridan[3] était condamné à mourir de faim. Pour l'économiste moderne, la maximisation de sa satisfaction inclut la minimisation de ses coûts de décision : il se jettera donc, au hasard, sur un des deux sacs. Pour le sociologue, il cherchera peut-être à distinguer entre les deux sacs en s'appuyant sur des *shadow-motivations*[4] (prééminence de la main droite par exemple) à moins qu'il ne s'en remette à l'autorité du paysan qui a suspendu les deux sacs.

R. Boudon[5], *la Logique du social,* Éd. Hachette, 1983, pp. 51-52.

---

1. Les acteurs individuels peuvent être non seulement des personnes mais toute unité collective pour autant qu'elle se trouve munie d'un pouvoir d'action collective (firme, nation). (Note de l'auteur.)
2. De Pareto, voir note 2, p. 426.
3. Jean Buridan, philosophe scolastique français du XIVe siècle. On lui attribue l'histoire de l'âne (« de Buridan ») qui, également assoiffé et affamé, peut mourir de son incapacité à choisir entre une botte de foin et un seau d'eau.
4. Motivations obscures, sans lien logique explicite avec l'action à accomplir.
5. Sociologue français contemporain.

II. LA SOCIOLOGIE EST-ELLE UNE SCIENCE ?

Texte 6 COMTE

Le projet positiviste de « physique sociale »

Voilà donc la grande, mais évidemment la seule lacune qu'il s'agit de combler pour achever de constituer la philosophie positive. Maintenant que l'esprit humain a fondé la physique céleste, la physique terrestre, soit mécanique, soit chimique, la physique organique, soit végétale, soit animale, il lui reste à terminer le système des sciences d'observation en fondant la *physique sociale*. Tel est aujourd'hui, sous plusieurs rapports capitaux, le plus grand et le plus pressant besoin de notre intelligence : tel est, j'ose le dire, le premier but de ce cours, son but spécial.

Les conceptions que je tenterai de présenter relativement à l'étude des phénomènes sociaux, et dont j'espère que ce discours laisse déjà entrevoir le germe, ne sauraient avoir pour objet de donner immédiatement à la physique sociale le même degré de perfection qu'aux branches antérieures de la philosophie naturelle, ce qui serait évidemment chimérique, puisque celles-ci offrent déjà entre elles à cet égard une extrême inégalité, d'ailleurs inévitable. Mais elles seront destinées à imprimer à cette dernière classe de nos connaissances ce caractère positif déjà pris par toutes les autres. Si cette condition est une fois réellement remplie, le système philosophique des modernes sera enfin fondé dans son ensemble ; car aucun phénomène observable ne saurait évidemment manquer de rentrer dans quelqu'une des cinq grandes catégories dès lors établies des phénomènes astronomiques, physiques, chimiques, physiologiques et sociaux.

Comte, *Cours de philosophie positive*,
Première leçon (1830-1842), Éd. Hatier, 1982, pp. 75-76.

Texte 7 MENDRAS

Hypothèses, théories et faits

Il n'y a pas d'observation de la réalité sociale sans un minimum de théorie au départ. On ne regarde pas ce qui se passe dans la société sans avoir quelques idées préconçues, que ce soient des idées ou des hypothèses de bon sens, ou que ce soient des hypothèses issues d'autres recherches sociologiques. La sociologie, comme toutes les sciences contemporaines, constitue son objet à partir de la réalité en fonction de son corps d'hypothèses et de théories. Une science positive doit regarder les faits sociaux comme des choses, disait Durkheim, avec le même œil qu'un homme de science applique aux phénomènes biologiques, physiques ou chimiques. Les faits sociaux deviennent objet de recherche seulement lorsqu'ils sont analysés en termes sociologiques.

C'est la différence fondamentale entre une science sociale positive et les sciences normatives que sont, par exemple, la morale ou le droit. Le physicien n'a pas besoin de longs développements pour expliquer qu'il fait une science positive, parce qu'il n'y a guère de morale en physique. En revanche, toute la vie sociale est organisée, commandée, par la morale et par les lois. La science morale et la science du droit se proposent la connaissance des règles morales et des règles juridiques et une réflexion sur ces règles et leurs fondements : sciences normatives qui partent des normes pour en déduire des règles pratiques de conduite. Une science positive, au contraire, part des conduites, les décrit et les interprète pour les comprendre sans porter aucun jugement sur le bien ou sur le mal. Pour le sociologue une conduite répréhensible est une conduite aussi normale qu'une conduite acceptée par une société. Construire une théorie qui rende compte de la réalité n'est pas porter un jugement sur cette réalité.

H. Mendras[1], *Éléments de sociologie*, Collection U, Éd. A. Colin, 1978, p. 11.

1. Sociologue français contemporain.

Texte 8 MENDRAS

Peut-on parler de « lois sociales » ?

Reste le problème fondamental suivant : cette science des sociétés peut-elle aboutir à des lois ? Toute science, dit-on, doit formuler un jour des lois. A la fin du siècle dernier, dans l'euphorie des premières découvertes et sûrs de leur foi au progrès de l'humanité, beaucoup de sociologues ont dit qu'il y avait des lois sociales. Aujourd'hui il convient d'être plus modeste. Probablement y a-t-il des lois sociales, mais ne cherchons pas à les formuler trop rapidement, contentons-nous de découvrir des régularités, de constater que si A se rencontre toujours, dans notre expérience, avec B, cela ne veut pas dire que A soit la cause de B, ni même que A soit indissociable de B. L'étude de ces régularités permet dans une certaine mesure de faire des prévisions ; de dire par exemple que si vous voulez A, vous aurez probablement aussi B. La différence essentielle entre prévision et prophétie se trouve par-là évoquée.

Prenons un exemple. Le développement rapide de la société industrielle suppose une grande mobilité géographique et sociale des hommes. Pour établir rapidement une usine en tel point du territoire, parce qu'elle y sera rentable, il faut pouvoir mobiliser très rapidement les techniciens et la

main-d'œuvre. D'autre part, la grande consommation de techniciens que fait l'industrie moderne suppose que l'on puisse rapidement choisir et former des individus de talent. Il en résulte que la famille patriarcale traditionnelle, dans laquelle le jeune ménage reste près des parents et le fils a la même condition sociale que le père, est incompatible avec une industrie en développement rapide. D'autre part, pour faire éclater la famille patriarcale, il suffit que les individus ne se marient pas en fonction des intérêts de leur famille de naissance et qu'ils puissent choisir leur conjoint en fonction de leurs exigences personnelles ; et la plus individuelle est évidemment le penchant sentimental, qui devient le mobile essentiel du mariage. S'ils se marient par amour et s'ils choisissent un métier qu'ils apprennent à l'école, les jeunes époux n'ont plus besoin de rester dans la maison des parents, ni dans la même condition sociale. Si le mari n'est bon à rien, la famille perdra de son prestige social ; si le mari est sorti premier de Polytechnique, elle montera dans l'échelle sociale. Il y a donc, semble-t-il, une liaison fonctionnelle entre deux phénomènes aussi distants en apparence : le mythe romantique du coup de foudre et le développement économique d'une société industrielle.

Mais cette liaison n'a pas la force d'une loi, ni d'un rapport de causalité. On pourrait imaginer une société industrielle qui ne ferait pas la place que nous faisons en Occident, mais aussi en Russie et au Japon, à l'amour romantique. En outre, comment dire quelle est la cause et quel est l'effet ? La causalité sociale est presque toujours circulaire, les phénomènes s'entraînant mutuellement.

H. Mendras, *Éléments de sociologie,* collection U, Éd. A. Colin, 1978, p. 13.

Texte 9 BOUDON

Qu'est-ce qu'« interpréter » en sociologie ?

Nous pouvons [réduire] à sa juste place la querelle du *positivisme* en sociologie. Le sociologue est-il soumis aux mêmes règles que le physicien ou le chimiste, ou doit-il se soumettre à une éthique scientifique spécifique ?

La réponse à cette question est double. Dans la mesure où l'analyse sociologique d'un phénomène Y consiste toujours (dans l'idéal) à en faire la conséquence d'actions individuelles, le sociologue a affaire à une catégorie de phénomènes, les *actions*, qui ne se présentent jamais dans le champ d'observation du physicien ou du chimiste. Par essence, la notion d'action implique le phénomène fondamental de l'*empathie*[1] entre l'observateur et l'observé. En conséquence, le travail du sociologue comporte toujours une dimension interprétative qui n'a pas d'équivalent dans les sciences de la nature.

1. L'empathie est la capacité de se mettre à la place de l'autre, qui permet de ressentir les choses de la même façon que lui.

D'un autre côté, l'existence de cette dimension interprétative n'entraîne pas que la sociologie soit une discipline irrémédiablement entachée de subjectivisme. En effet, lorsqu'une interprétation a été proposée, elle entraîne certaines conséquences. [...]

Ou ces conséquences (et les diverses autres conséquences qu'on peut tirer du modèle de décision) sont compatibles avec les structures observées, ou elles ne le sont pas. Dans le second cas, le modèle serait infirmé. Dans le premier, il peut être tenu pour provisoirement satisfaisant jusqu'à ce que des recherches nouvelles démontrent éventuellement que telle ou telle de ses conséquences est prise en défaut par la réalité.

En d'autres termes, l'existence en sociologie d'une dimension *interprétative* n'est en aucune façon contradictoire avec le fait incontestable que le sociologue ne peut espérer entraîner la conviction de ses pairs qu'en se soumettant à des principes de démonstration analogues à ceux auxquels obéissent les sciences de la nature.

R. Boudon, *la Logique du social,* Éd. Hachette, 1983, pp. 259-260.

III. SOCIOLOGIE ET PHILOSOPHIE

Texte 10 BOURDIEU

Occuper le terrain de la philosophie ?

Je pense aussi que certaines questions traditionnelles de la philosophie peuvent être reposées en termes scientifiques (c'est ce que j'ai essayé de faire dans *La distinction*)[1]. La sociologie telle que je la conçois consiste à transformer des problèmes métaphysiques en problèmes susceptibles d'êtres traités scientifiquement, donc politiquement. Cela dit, la sociologie, comme toutes les sciences, se construit contre l'ambition totale qui est celle de la philosophie, ou, mieux, des prophéties, discours qui, comme l'indique Weber[2], prétendent offrir des réponses totales à des questions totales, et en particulier sur « les questions de vie ou de mort ». Autrement dit, la sociologie s'est constituée avec l'ambition de voler à la philosophie certains de

1. Cet ouvrage, qui analyse les différentes façons dont les « goûts » individuels sont déterminés, fait partie des nombreuses études de l'auteur sur les liens entre le devenir, les pratiques, etc., des individus, et leurs origines socioculturelles, leurs conditions d'existence, etc.
2. Voir texte 3.

ses problèmes, mais en abandonnant le projet prophétique qui était souvent le sien. Elle a rompu avec la philosophie sociale, et toutes les questions ultimes dans lesquelles celle-ci se complaisait, comme les questions du sens de l'histoire, du progrès et de la décadence, du rôle des grands hommes dans l'histoire, etc. Il reste que ces problèmes-là, les sociologues les rencontrent dans les opérations les plus élémentaires de la pratique, à travers la façon de poser une question, en supposant, dans la forme et le contenu même de leur interrogation, que les pratiques sont déterminées par les conditions d'existence immédiates ou par toute l'histoire antérieure, etc. C'est à condition d'en avoir conscience, et d'orienter leur pratique en conséquence, qu'ils peuvent éviter d'entrer dans la philosophie de l'histoire à leur insu.

P. Bourdieu[1], *Questions de sociologie,* Éd. de Minuit, 1980, pp. 49 - 50.

1. Sociologue français contemporain.

Texte 11 BOURDIEU

La connaissance sociologique est libératrice

Le propre des réalités historiques est que l'on peut toujours établir qu'il aurait pu en être autrement, qu'il en va autrement ailleurs, dans d'autres conditions. Ce qui veut dire que, en historicisant, la sociologie dénaturalise, défatalise. Mais on lui reproche alors d'encourager un désenchantement cynique. Évitant ainsi de poser, sur un terrain où elle aurait quelque chance d'être résolue, la question de savoir si ce que le sociologue donne comme un constat et non comme une thèse, à savoir par exemple que les consommations alimentaires ou les usages du corps varient selon la position occupée dans l'espace social, est vrai ou faux et comment on peut rendre raison de ces variations. Mais, par ailleurs, faisant le désespoir de ceux qu'il faut bien appeler les absolutistes, éclairés ou non, qui dénoncent son relativisme désenchanteur, le sociologue découvre la nécessité, la contrainte des conditions et des conditionnements sociaux, jusqu'au cœur du « sujet », sous la forme de ce que j'appelle l'habitus[1]. Bref, il porte le désespoir de l'humaniste absolutiste à son comble en faisant voir la nécessité dans la contingence, en révélant le système des conditions sociales qui ont rendu possible une manière particulière d'être ou de faire, ainsi nécessitée sans être pour autant nécessaire. Misère de l'homme sans Dieu ni destin d'élection, que le sociologue ne fait que révéler, porter au jour, et dont on le rend responsable, comme tous les prophètes de malheur. Mais on peut tuer le messager, ce qu'il annonce reste dit, et entendu.

Cela étant, comment ne pas voir qu'en énonçant les déterminants sociaux des pratiques, des pratiques intellectuelles notamment, le sociologue donne

1. Terme latin, utilisé ici pour désigner les mœurs et le type de comportement propres à une catégorie sociale.

les chances d'une certaine liberté par rapport à ces déterminants ? C'est à travers l'illusion de la liberté à l'égard des déterminations sociales (illusion dont j'ai dit cent fois qu'elle est la détermination spécifique des intellectuels) que liberté est donnée aux déterminations sociales de s'exercer. [...] Ainsi, paradoxalement, la sociologie libère en libérant de l'illusion de la liberté, ou, plus exactement, de la croyance mal placée dans des libertés illusoires.

P. Bourdieu, *Choses dites*, Éd. de Minuit, 1987, pp. 25 - 26.

Texte 12 MERLEAU-PONTY

Qui parle, et d'où ?

Les mêmes dépendances historiques qui interdisent au philosophe de s'arroger un accès immédiat à l'universel ou à l'éternel interdisent au sociologue de se substituer à lui dans cette fonction, et de donner valeur d'ontologie à l'objectivation scientifique du social. Le sens le plus profond du concept d'histoire n'est pas d'enfermer en un point du temps et de l'espace le sujet pensant : il ne peut apparaître ainsi qu'au regard d'une pensée elle-même capable de sortir de toute localité et de toute temporalité pour le voir en son lieu et en son temps. Or, c'est justement le préjugé d'une pensée absolue que le sens historique discrédite. Il n'est pas question, comme le fait l'historicisme, de transférer simplement à la science le magistère qu'on refuse à la philosophie systématique. Vous croyez penser pour toujours et pour tout le monde, dit le sociologue au philosophe, et, en cela même, vous ne faites qu'exprimer les préjugés ou les prétentions de votre culture. C'est vrai, mais ce n'est pas moins vrai du sociologue dogmatique que du philosophe . Lui-même, qui parle ainsi, *d'où parle-t-il* ? Cette idée d'un temps historique qui contiendrait les philosophes comme une boîte contient un objet, le sociologue ne peut la former qu'en se plaçant à son tour hors de l'histoire et en revendiquant le privilège du spectateur absolu. En réalité, c'est la conception même des rapports de l'esprit et de son objet que la conscience historique nous invite à remanier. Justement, l'inhérence de ma pensée à une certaine situation historique sienne et, à travers elle, à d'autres situations historiques qui l'intéressent, — puisqu'elle est originaire par rapport aux relations objectives dont la science nous entretient, — fait de la connaissance du social une connaissance de moi-même, appelle et autorise une *vue de l'intersubjectivité comme mienne* que la science oublie tout en l'utilisant, et qui est le propre de la philosophie. Si l'histoire nous enveloppe tous, c'est à nous de comprendre que ce que nous pouvons avoir de vérité ne s'obtient pas contre l'inhérence historique, mais par elle. Superficiellement pensée, elle détruit toute vérité ; pensée radicalement, elle fonde une nouvelle idée de la vérité.

M. Merleau-Ponty, *Signes* (1960), Éd. Gallimard, 1985, pp. 136-137.

DOCUMENT

Les paysans à la plage

Les paysans, [par contre], semblent être là « en visiteurs ». Ne venant que pour la journée, et cela cinq ou six fois dans l'année seulement, ils n'ont pas eu la possibilité d'acquérir les techniques d'utilisation de la plage qui peuvent s'apprendre, au moins partiellement, par familiarisation, lors de séjours prolongés : ils viennent souvent tout habillés sur la plage et se contenteront d'enlever un chandail, une chemise ou leurs chaussures ; la plupart d'entre eux ne savent pas nager et iront simplement se mouiller les pieds. De vieux couples de paysans, revêtus de leur costume et de leur robe gris foncé du dimanche, ceux qu'ils mettent pour aller à la messe ou pour se rendre à la ville, passent le temps en reconstituant sur place leurs occupations habituelles : assis sur une pierre au bord de la plage ou sur une chaise pliante au milieu des parkings, ils lisent le journal, tricotent ou raccommodent comme ils le feraient sur le pas de leur porte. Nombreux sont les paysans qui restent assis sur la plage, sans rien faire d'autre pendant de longues heures que regarder en spectateurs involontaires les vacanciers ; ils semblent attendre patiemment le moment du retour.

L'hétérogénéité des groupes sociaux qui se trouvent ainsi rassemblés en ce lieu impose la comparaison entre les classes et crée une situation propre à susciter notamment un sentiment de honte culturelle chez les paysans, peu familiarisés avec les techniques dominantes d'utilisation de la plage importées par les membres des classes moyennes et avec les techniques corporelles qui leur sont liées. Les vêtements qu'ils portent, composés d'éléments de vêtements de « tous les jours » (maillot de corps), de vêtements « de sorties » (pantalon de ville, casquette) et de vêtement qui « font » vacances (short de couleur beige, pieds nus, quelquefois en chaussettes ou même pieds nus dans des chaussures de ville) contrastent avec ceux que portent les citadins qui symbolisent différentiellement selon les classes sociales et les classes d'âge le statut de « vacancier » : chemisette ou tee-shirt, short blanc ou maillot de bain, chapeau de paille ou casquette de marin, espadrilles ou « nu-pieds », lunettes de soleil, etc. Les membres des classes supérieures évitent le vêtement de plage, trop « commun », au profit de tenues qui

Photo : Jean Gaumy.

manifestent la pratique d'activités estivales souvent coûteuses et donc sélectives comme le tennis ou la voile par exemple. La rupture avec les contraintes temporelles de la vie quotidienne et notamment avec les horaires stricts du travail salarié que représente, pour les membres des classes populaires et des classes moyennes, le moment des vacances s'exprime dans leurs gestes peu hâtifs et dans leur démarche traînante ou posée qui marquent, par l'accumulation de signes ostentatoires de gaspillage du temps, la recherche de l'inaction pour elle-même. La symbolique corporelle de ces classes traduit en outre, dans ce lieu où le corps est objet de spectacle, la valorisation de « l'esthétique corporelle » qui suppose la maîtrise de techniques

*spécifiques du corps acquises par l'éducation et entretenues par la pratique de sports, par l'usage de produits de beauté et par l'observation de régimes alimentaires : ils sont allongés, décontractés, tantôt sur le ventre, tantôt sur le dos pour obtenir un bronzage intense et régulier sur l'ensemble du corps ; les mouvements, rapides et précis ou décomposés en gestes simples effectués successivement sur un rythme égal, donnent une impression de « légèreté » et de « souplesse » spécifiques obtenues par des techniques corporelles qui ne doivent pratiquement rien à celles de la vie quotidienne. L'*hexis *corporelle*[1] *des paysans trahit plus directement leurs conditions matérielles d'existence et de travail : démarche rendue « pesante » par l'usage permanent des bottes et des sabots, bronzage inégal du corps laissant voir les marques des vêtements de travail, forte corpulence et bras ballants, légèrement écartés par rapport au corps, destinés à donner une impression de puissance et de force physique, vertu traditionnelle qui définit selon le système de valeurs paysan le « bon travailleur », etc. Ils sont assis, les jambes allongées et un peu écartées, le corps parfois appuyé sur un bras, à la recherche d'une position stable.*

Les adolescents, plus scolarisés et plus familiarisés avec la pratique des sports, se distinguent très peu dans leurs comportements, de ceux des classes populaires urbaines ; à peine reconnaît-on, dans les jeux brutaux et les démonstrations de puissance des garçons, la persistance de la valorisation de la force physique. C'est sans doute sur les femmes, plus préparées que les hommes à être attentives à tout ce qui relève de la « tenue » au sens large, que s'exerce le plus fortement la domination des modèles culturels imposés et produits par les membres des classes moyennes. La raideur, l'hésitation dans les gestes, la maladresse des mouvements trahissent le sentiment de gêne que nombre d'entre elles éprouvent à s'exposer publiquement aux regards, et aussi aux jugements des « citadins ». Beaucoup restent habillées et celles qui se déshabillent le font par étapes, avec de longues pauses, comme pour retarder le moment où elles seront en maillot de bain. Elles passeront la plus grande partie de la journée, assises, discrètes, presque immobiles pour ne pas se faire remarquer.

Dernier groupe social à accéder à la pratique des vacances, la paysannerie est sans doute aussi celui sur lequel se voit le mieux l'effet d'imposition de la pratique. « On sort comme ça pour rien, uniquement pour sortir, dit un paysan. C'est juste histoire de dire qu'on est sorti. » Ne disposant pas du capital culturel et économique nécessaire à l'appropriation réelle d'une pratique qu'ils perçoivent comme prestigieuse et qui peut accroître leur propre prestige, les paysans sont amenés à se l'approprier au moins nominalement en en adoptant les traits les plus immédiats et les plus extérieurs. Les lieux de vacances constituent des lieux supplémentaires où les paysans entrent en interaction avec les autres classes sociales qu'ils doivent affronter seuls, ou si l'on veut, en ordre dispersé, c'est-à-dire sans la possibilité de résistance collective et active que le groupe villageois comme groupe réel peut (ou pouvait) opposer aux modes de comportements des autres classes sociales.

P. Champagne,« les Paysans à la plage »,
in *Actes de la Recherche en sciences sociales,* mai 1975, n° 2,
cité in *les Classes sociales*, Éd. Hatier, 1983, pp. 117-119.

1. L'auteur désigne par cette expression les postures, les gestes, bref l'apparence physique observable.

Exercices

1. Quel sens faut-il donner au mot « chose » dans le texte 2 ?

2. Pourquoi Henri Mendras (texte 7) affirme-t-il que « pour le sociologue une conduite répréhensible est une conduite aussi normale qu'une conduite acceptée par une société » ?

3. Quelle différence le texte 8 établit-il entre « prévision » et « prophétie » ? Pourquoi cette différence est-elle fondamentale dans les sciences de l'homme ?

4. Pourriez-vous formuler des « problèmes traditionnels de la philosophie » susceptibles d'être repris par les sociologues (texte 10) ?

Sujets de dissertation

1. Les sciences de l'homme peuvent-elles s'inspirer des méthodes utilisées dans les sciences de la nature ?

2. Que faut-il entendre par « objectivité » dans le domaine des sciences de l'homme ?

3. Les sciences de l'homme donnent-elles un pouvoir sur l'homme ?

Corrélats

l'histoire - la société - l'état - le pouvoir - l'anthropologie - la philosophie

POUR EN SAVOIR PLUS

Boudon (R.), *les Méthodes en sociologie*, collection Que sais-je ?, Éd. P.U.F.

Briand (E.) et Chapoulie (J.-M.), *les Classes sociales : principes d'analyse et données empiriques*, collection Profil société, Éd. Hatier.

Durkheim (É.), *les Règles de la méthode sociologique*, Éd. P.U.F.

Boudon (R.), *la Logique du social*, collection Pluriel, Éd. Hachette.

Bourdieu (P.), *Questions de sociologie*, Éd. de Minuit.

Durkheim (É.), *Sociologie et philosophie*, collection SUP, Éd. P.U.F.

Mendras (H), *Éléments de sociologie*, collection U, Éd. Armand Colin.

Boudon (R), *l'Idéologie*, Éd. A. Fayard.

Bourdieu (P.), *Choses dites*, Éd. de Minuit.

Merleau-Ponty (M.), « le Philosophe et le Sociologue », in *Signes*, Éd. Gallimard.

(Détail)

I. DE L'INTENTION AU SENS

II. DU SENS À L'INTERPRÉTATION

III. LE SENS ET SON AUTRE : L'IRRATIONNEL

21

Le sens et l'irrationnel

le Pharmacien de l'Ampurdan ne cherchant rien du tout, Dali, 1936. Essen, Musée Folkwang (30 × 52 cm).

Introduction

« Cette ligne qui va là, au milieu, le corps de la flèche, tu vois... Je sens une odeur, comme si on venait à peine de la tracer avec un poinçon... Elle se détache du reste. Elle n'y était pas hier, je l'aurais remarquée. Elle est dans la même direction que l'autre, dans la salle à manger.» Je ne bougeai pas. « Si c'est une flèche, elle signale quelque chose. » Je répondis : « Et si ce n'est pas une flèche, elle ne signale rien. »

Le sens n'est pas dans les choses

Toute l'histoire racontée dans *Cosmos* par Gombrowicz repose sur la décision des deux protagonistes d'attribuer un sens à des éléments de leur environnement qui n'existent même pas pour les autres personnages du roman. La première remarque qui s'impose à propos du sens (pris ici comme synonyme de signification), c'est que le sens n'est pas dans les choses elles-mêmes, mais dans notre façon de les percevoir. Tout est dit, ou presque, dans ce bref dialogue de faux roman policier. Mais le mot « sens » a, en français, bien d'autres « sens » : voyons d'abord dans quelle mesure ils peuvent ou non nous ramener à cette première remarque.

Nous avons tous cinq sens : ils nous informent sur l'état de notre corps et sur celui du monde extérieur ; ils sont notre intermédiaire obligé entre nous et nous-même, entre nous et tout ce qui constitue notre extériorité. Comme la précédente, cette nouvelle acception du mot « sens » situe d'emblée la question dans la sphère de la médiation (par opposition à celle de l'immédiateté des choses). Autrement dit, même la connaissance sensible — notre mode de contact le plus direct avec la réalité — est médiatisée de telle sorte qu'« il n'y a aucunes images qui doivent en tout ressembler aux objets qu'elles représentent : car autrement il n'y aurait point de distinction entre l'objet et son image »[1]. Les sens nous donnent non pas les choses, mais leurs signes (texte 1).

Nous ne pouvons nous « approprier » le monde que si nous le maîtrisons symboliquement. Pour un être conscient, la véritable existence des choses est à la mesure de son aptitude à les identifier, à les distinguer, à les nommer — à leur trouver une place dans un système de représentations au sein duquel chacune devient un signe pourvu d'un sens (texte 2)[2]. Le détour par l'analyse cartésienne nous a donc ramenés à notre première acception du mot « sens », et c'est dans l'ordre du langage qu'il faut maintenant poser la question du sens comme signification.

1. Descartes, *Dioptrique*, IV.
2. Voir les chapitres « Nature et culture », « la Technique » et « le Langage ». Voir aussi, sur un thème voisin, le texte de Lévi-Strauss cité dans le chapitre « la Mémoire », p. 160.

Le sens des mots

A quelles conditions un mot, une phrase, un discours ont-ils un sens ? Comme éléments plus ou moins complexes d'un système de signes, il faut que leur construction et leur emploi soient conformes aux exigences de ce système : c'est d'abord à l'intérieur d'une langue donnée qu'un signe linguistique signifie ou non quelque chose, remplit ou non une fonction déterminée. Mais par nature un signe tient lieu d'autre chose : le deuxième critère du sens est la coïncidence entre le signe et ce qu'il signifie — ce sont alors l'usage et le contexte qui permettent de décider de la conformité d'un mot, d'une phrase ou d'un discours à une référence extérieure. Cette deuxième condition permet de considérer comme dépourvus de sens des énoncés corrects au regard de la première exigence : comme le fait remarquer Carnap, « César est un nombre premier » n'est pas faux, mais dépourvu de sens, car il « ressemble à un énoncé sans en être un, ne dit rien et n'exprime aucun état de choses, ni existant ni inexistant »[1]. Si certains énoncés poétiques dérogent à cette règle (« La terre est bleue comme une orange »[2]), c'est précisément parce qu'ils ne prétendent pas « exprimer » des états de choses possibles, mais en créer de toutes pièces par les seules vertus du langage. On peut donc bien admettre que dans tous les usages du langage la présence d'un sens est toujours liée à une intention de signifier (texte 3).

Ce rappel concernant la dimension linguistique de la notion de sens permet de mettre en évidence des caractéristiques du sens qui valent autant pour les autres aspects majeurs de la question.

Il n'y a de sens que pour une conscience

Toute action sensée doit être, comme la parole signifiante, intentionnelle : l'action et la parole sensées sont le fait d'un être conscient, et comme le montre Husserl, il n'y a pas d'un côté une conscience vide, comme « en attente » d'être « remplie » par ce dont il y a à prendre conscience, et d'un autre côté des objets de conscience potentiels — par essence, « toute conscience est conscience de quelque chose »[3]. C'est donc la conscience elle-même qui est intentionnelle et une intention ne peut pas ne rien viser : il en va de même de l'intention de signifier — il n'y a pas priorité de l'un sur l'autre, mais « recouvrement mutuel » du sens et de l'acte conscient qui à la fois vise et « produit » le sens (textes 4). On rencontre ici une troisième acception du mot « sens » : l'idée de direction, de fin vers laquelle tend un processus orienté. Un texte, une situation, une action... « ont un sens » non seulement parce qu'ils ont un auteur qui en a « orienté » la réalisation, mais aussi parce qu'ils peuvent avoir un « lecteur » : quelqu'un d'autre que l'auteur peut se mettre en position de « destinataire » de cette production intentionnelle, en chercher le sens. (C'est toute la question du « sens de l'histoire », traitée au chapitre correspondant.) Mais l'« auteur » est à l'origine et à l'intérieur du processus, le « lecteur » au terme et à l'extérieur : l'espace ouvert par cette distance entre les deux points de vue est celui qui rend nécessaire l'interprétation.

Sans cette « distance », la question du sens ne se poserait pas : s'interroger sur le sens de quelque chose, c'est postuler que la réalité n'est compréhensible que rapportée à autre chose qu'elle-même. Par exemple, si la vie au sens biologique du terme n'a pas de sens, c'est parce qu'elle n'a pas d'autre but qu'elle-même :

---

1. Rudolf Carnap, « le Dépassement de la métaphysique par l'analyse logique du langage » (1931), in *Manifeste du cercle de Vienne et autres écrits* (P.U.F.).
2. P. Éluard.
3. Chapitre « la Conscience », texte 14, p. 29.

la spécificité du vivant, c'est son aptitude à la reproduction de lui-même[1]. Seul le vivant pensant trouve le moyen d'assigner à la vie des fins « extérieures » (assurer la fortune de ses enfants, mériter le royaume de Dieu, etc.). Pour qui se contente de « prendre acte » de l'existence de l'homme, la question du sens de la vie n'a... pas de sens (texte 5).

Sens et interprétation

Le sens est donc par nature toujours « à donner », « à chercher » — toujours le terme d'une interprétation. Et la multiplicité des médiations (paroles, écriture, actes) qui s'interposent entre le fait ou l'intention de signifier, et le désir de comprendre, ruine d'avance toute aspiration à la lisibilité immédiate d'un sens unique et comme originairement « donné ». Le sens est, à la fois, toujours « déjà là », où quelqu'un l'a « mis » (parce qu'il est comme « en creux » dans ce qui peut recevoir un sens) (texte 2), et encore absent : semblable à une quête dont dépendrait l'existence même de son objet, l'interprétation rend présent ce sens provisoirement absent. Le lecteur d'un texte écrit, par exemple, est certes le destinataire d'une intention de signifier : mais l'auteur lui-même est désormais « absent de son texte » (texte 6) ; la subjectivité à l'œuvre dans l'acte de lire devient à son tour constitutive du sens de ce texte pourtant déjà écrit. Le double usage du terme « interprétation » n'est ici pas indifférent : acte d'expliquer et de comprendre, l'interprétation est aussi le « produit » de ces deux actes. Or la façon d'interpréter au piano une sonate de Beethoven, par exemple, dépend étroitement du sens donné à l'œuvre par celui qui la joue. Et chacun sait qu'une même sonate de Beethoven peut donner lieu à plusieurs interprétations, très différentes l'une de l'autre[2]. Suffit-il alors d'invoquer la richesse exceptionnelle de l'œuvre ? Se contenter de cette justification en forme d'hommage mérité rendu aux grands auteurs, reviendrait à simplifier à bien peu de frais une question fort complexe, et dont les enjeux sont peut-être majeurs.

Est-il possible, dans la plupart des domaines où se posent des problèmes d'interprétation, d'élaborer une sorte de « science de l'interprétation » ? Telle semble bien être l'interrogation sous-jacente aux réflexions qui précèdent. Telle est, en tout cas, la prétention d'un certain nombre de « spécialistes ». La légitimité d'une telle « science » semble fondée sur la satisfaction de deux exigences au moins : justifier son ambition de traiter comme pourvus de sens des « objets » auxquels cette qualité n'est pas ordinairement ou pas facilement reconnue ; proposer des normes d'interprétation cohérentes et pertinentes pour l'ensemble des objets du domaine concerné. L'exégèse par exemple, science de l'interprétation des textes sacrés, semble remplir ces deux conditions (textes 7 et 8) : les récits bibliques ont une cohérence interne (linguistique, « historique », etc.) qui autorise à leur supposer du sens même en dehors de toute référence au problème de l'existence de Dieu ; par ailleurs ce sens n'est pas immédiatement lisible : « Dieu est un feu » n'a guère de sens dans la langue ordinaire (texte 7) ; mais l'exégèse a précisément permis de mettre en évidence les règles qui commandent le travestissement du sens « caché ».

La raison peut-elle donner du sens à tout ?

Mais pourquoi faudrait-il interpréter ces textes qui resteront, pour beaucoup de gens, de l'ordre du délire totalement dépourvu de sens ? Pourquoi, d'une façon comparable, Freud prétend-il interpréter ces rêves que la plupart de leurs auteurs sont les premiers à juger sans intérêt, tant ils semblent ne rien « vouloir dire »

1. Voir le chapitre « la Connaissance du vivant », p. 397.
2. Voir à ce propos le Document du chapitre « le Devoir », tome II, p. 259.

(texte 9) ? Un rêve, un texte, un comportement, etc., sont interprétés dès lors qu'une explication en est proposée qui semble « rendre raison » de leur existence, de leur fonction, de leurs effets, etc. : ils n'ont de sens que pour qui leur reconnaît une « raison d'être ». Notre question initiale en dissimule donc une autre : n'y a-t-il pas, de fait, des phénomènes, des objets de pensée, dont la raison ne peut tout simplement pas « rendre raison » ? En d'autres termes : ne faut-il pas qualifier d'« irrationnel » tout ce qui se situe au-delà ou en-deçà du sens ?

Répondre positivement à la question reviendrait à désigner avec certitude les limites du champ d'action de la raison humaine[1] : une telle assurance ne va pas, pour le moins, sans soulever quelques problèmes, que notre conclusion va s'efforcer de préciser.

Nos moyens de connaître sont multiples, complexes, sans doute en constant progrès : il est aussi difficile de fixer des bornes définitives au pouvoir de la raison, que de circonscrire l'irrationnel une fois pour toutes et en toutes circonstances. Dire que l'irrationnel, c'est tout ce qui échappe à la raison, ce n'est donc même pas le définir. Une brève réflexion sur les attitudes possibles à l'égard de ce qui est perçu comme irrationnel se révèle très vite beaucoup plus éclairante. La superstition, les croyances à la magie, à l'existence de phénomènes surnaturels, témoignent d'un constat d'impuissance de la raison : ceux qui les partagent admettent comme possibles, voire pourvus de sens, des phénomènes dont ni la raison ni l'expérience humaines ne semblent, de prime abord, pouvoir à elles seules rendre compte (textes 10).

La raison devant l'irrationnel

L'attitude symétrique est beaucoup moins naïve : elle postule la rationalité de faits apparemment irrationnels, et vise à démontrer qu'ils ne sont qu'en apparence dépourvus de sens. Freud va chercher dans les profondeurs de l'inconscient l'explication « rationnelle » des rêves, des comportements délirants, etc. (texte 11). Gramsci montre comment l'oubli des changements historiques peut faire passer pour irrationnels des faits facilement compréhensibles en leur temps (texte 12). La leçon à tirer de ces deux exemples nous semble plus encourageante que les inquiétudes de Boxel sur l'existence des fantômes (texte 10 A) : si la raison n'a pas tous les pouvoirs, elle semble au moins disposer de celui, non négligeable, d'élargir son propre champ, de s'approprier cette part de l'irrationnel qui ne serait donc que provisoirement son autre.

Devant ce qui n'a pas immédiatement de sens, la raison humaine se trouve donc devant un choix : se laisser dominer par « l'inquiétante étrangeté »[2] de l'irrationnel, ou bien y reconnaître l'une des figures de sa nécessaire altérité. L'intérêt de la seconde position est de ne conduire ni à la soumission ni à la négation, mais, peut-être, à un surcroît de compréhension : ouverture de la raison sur son « autre soi » (par exemple l'inconscient), et sur l'autre que soi, l'étranger, celui qui « distribue » le sens autrement (texte 13).

1. Pour plus de précisions sur cette question, voir le chapitre « la Métaphysique », en particulier l'analyse de la position kantienne.
2. Nous empruntons l'expression à Freud, qui qualifie ainsi, dans l'un de ses *Essais de psychanalyse appliquée*, le sentiment éprouvé dans certaines situations à la fois familières et un peu effrayantes. Voir *l'Inquiétante Étrangeté*, Éd. Hatier, 1987.

Textes

I. DE L'INTENTION AU SENS

Texte 1 DESCARTES

Sens et signes

Me proposant de traiter ici de la lumière, la première chose dont je veux vous avertir est qu'il peut y avoir de la différence entre le sentiment que nous en avons, c'est-à-dire l'idée qui s'en forme en notre imagination par l'entremise de nos yeux, et ce qui est dans les objets qui produit en nous ce sentiment, c'est-à-dire ce qui est dans la flamme ou dans le Soleil, qui s'appelle du nom de Lumière. Car encore que chacun se persuade communément que les idées que nous avons en notre pensée sont entièrement semblables aux objets dont elles procèdent, je ne vois point toutefois de raison qui nous assure que cela soit ; mais je remarque, au contraire, plusieurs expériences qui nous en doivent faire douter.

Vous savez bien que les paroles, n'ayant aucune ressemblance avec les choses qu'elles signifient, ne laissent pas de nous les faire concevoir, et souvent même sans que nous prenions garde au son des mots, ni à leurs syllabes ; en sorte qu'il peut arriver qu'après avoir ouï un discours, dont nous aurons fort bien compris le sens, nous ne pourrons pas dire en quelle langue il aura été prononcé. Or, si ces mots, qui ne signifient rien que par l'institution des hommes, suffisent pour nous faire concevoir des choses avec lesquelles ils n'ont aucune ressemblance, pourquoi la Nature ne pourra-t-elle pas aussi avoir établi certain signe, qui nous fasse avoir le sentiment de la lumière, bien que ce signe n'ait en soi rien qui soit semblable à ce sentiment ? Et n'est-ce pas ainsi qu'elle a établi les ris et les larmes, pour nous faire lire la joie et la tristesse sur le visage des hommes ?

Descartes, « le Monde », 1, X1, 3-4 (1629-1633), in G. Rodis-Lewis, *Descartes,* collection Textes et débats, Éd. Le Livre de poche, 1984, pp. 457-458.

Texte 2 LÉVI-STRAUSS

C'est nous qui « donnons un sens » à l'univers

Quels qu'aient été le moment et les circonstances de son apparition dans l'échelle de la vie animale, le langage n'a pu naître que tout d'un coup. Les choses n'ont pas pu se mettre à signifier progressivement. A la suite d'une transformation dont l'étude ne relève pas des sciences sociales, mais de la biologie et de la psychologie, un passage s'est effectué, d'un stade où rien n'avait un sens, à un autre où tout en possédait. Or, cette remarque, en apparence banale, est importante, parce que ce changement radical est sans contrepartie dans le domaine de la connaissance qui, elle, s'élabore lentement et progressivement. Autrement dit, au moment où l'Univers entier, d'un seul coup, est devenu *significatif*, il n'en a pas été pour autant mieux *connu*, même s'il est vrai que l'apparition du langage devait précipiter le rythme du développement de la connaissance. Il y a donc une opposition fondamentale, dans l'histoire de l'esprit humain, entre le symbolisme, qui offre un caractère de discontinuité, et la connaissance, marquée de continuité. Qu'en résulte-t-il ? C'est que les deux catégories du signifiant et du signifié[1] se sont constituées simultanément et solidairement, comme deux blocs complémentaires ; mais que la connaissance, c'est-à-dire le processus intellectuel qui permet d'identifier les uns par rapport aux autres certains aspects du signifiant et certains aspects du signifié — on pourrait même dire de choisir, dans l'ensemble du signifiant et dans l'ensemble du signifié, les parties qui présentent entre elles les rapports les plus satisfaisants de convenance mutuelle — ne s'est mise en route que fort lentement. Tout s'est passé comme si l'humanité avait acquis d'un seul coup un immense domaine et son plan détaillé, avec la notion de leur relation réciproque, mais avait passé des millénaires à apprendre quels symboles déterminés du plan représentaient les différents aspects du domaine. L'Univers a signifié bien avant qu'on ne commence à savoir ce qu'il signifiait ; cela va sans doute de soi. Mais, de l'analyse précédente, il résulte aussi qu'il a signifié, dès le début, la totalité de ce que l'humanité peut s'attendre à en connaître. Ce qu'on appelle le progrès de l'esprit humain et, en tout cas, le progrès de la connaissance scientifique, n'a pu et ne pourra jamais consister qu'à rectifier des découpages, procéder à des regroupements, définir des appartenances et découvrir des ressources neuves, au sein d'une totalité fermée et complémentaire avec elle-même.

C. Lévi-Strauss, in M. Mauss,
Sociologie et Anthropologie, Introduction,
Éd. P.U.F., 1968, pp. XLVII-XLVIII.

1. Sur le sens de ces termes, voir p. 278.

Texte 3 **BOUVERESSE**

Sens, convention et usage

Si nous nous demandons ce qu'on explique lorsqu'on « explique la signification », nous pourrons répondre que c'est l'usage et expliquer l'usage d'un nom propre, par exemple, consiste, entre autres choses, mais en fait jamais uniquement, à indiquer par une définition ostensive[1] le porteur de ce nom. [...]. Le *critère* de la compréhension n'est pas l'occurrence d'un événement mental caractéristique, mais l'usage correct.

Wittgenstein entend toujours implicitement par « usage » l'usage *normal*, entendons l'usage qui est fait dans le langage en tant qu'institution, et non pas l'usage plus ou moins libre qui peut être fait *du* langage, dans la création littéraire par exemple. Le comportement linguistique est un comportement social gouverné par des règles, et suivre une règle n'est pas quelque chose qui peut être fait une seule fois par un individu ; le vouloir-dire et la compréhension linguistiques ne peuvent se concevoir indépendamment d'un certain état de choses institutionnel. « Comprendre une phrase, dit Wittgenstein, signifie comprendre un langage. Comprendre un langage signifie maîtriser une technique. »[2]. Ce disant, il récuse nettement deux théories extrêmes sur la nature de la signification, le réalisme objectiviste : « La question est de savoir ce que le mot signifie *réellement* », et ce que l'on peut appeler l'« humpty-dumptyisme » : « La question est de savoir qui sera le maître. »[3]

Selon la première, les mots veulent dire exactement ce qu'ils disent en fait (pour peu que nous le sachions), et selon la seconde, ils veulent dire exactement ce que chacun veut leur faire dire. Pour Wittgenstein, les mots ne signifient ni par eux-mêmes ni par une sorte de décret individuel ou collectif : ils signifient parce qu'ils font partie d'un langage, et celui-ci d'une forme de vie. [...]

Le réalisme et l'humpty-dumptyisme sont deux manières différentes de dire que nous avons raison ou des raisons d'utiliser les mots comme nous le faisons, la raison du savant ou la raison du plus fort. La réponse de Wittgenstein est : c'est ainsi que nous agissons ; et croire que nous agissons à *notre guise* est, en la matière, aussi absurde que de croire que nous agissons *comme il faut*. C'est en un sens nous qui sommes les maîtres parce que, comme le répète Wittgenstein, nous pouvons jouer ou ne pas jouer le jeu.

J. Bouveresse[4], *la Parole malheureuse*, Éd. de Minuit, 1971, pp. 338-341.

1. Qui a pour fonction de montrer, de désigner.
2. *Investigations philosophiques*, § 199.
3. Voir le texte de L. Carroll dans le chapitre « le Langage ».
4. Philosophe contemporain. Spécialiste, entre autres, de Wittgenstein, sur lequel porte ce texte. L. Wittgenstein (1889-1951), logicien britannique d'origine autrichienne, a écrit de nombreux ouvrages dans lesquels il traite des liens entre langage et réalité.

Texte 4 A MERLEAU-PONTY

Qu'est-ce que « vouloir dire » ?

La signification sans aucun signe, la chose même, — ce comble de clarté serait l'évanouissement de toute clarté, et ce que nous pouvons avoir de clarté n'est pas au début du langage, comme un âge d'or, mais au bout de son effort. [...] Le sens est impliqué par l'édifice des mots plutôt qu'il n'est désigné par eux. [...]

[Le langage] n'est pas au service du sens et ne gouverne pourtant pas le sens. Il n'y a pas de subordination entre eux. Ici personne ne commande et personne n'obéit. Ce que nous *voulons dire* n'est pas devant nous, hors de toute parole, comme une pure signification. Ce n'est que l'excès de ce que nous vivons sur ce qui a été déjà dit. Nous nous installons, avec notre appareil d'expression, dans une situation à laquelle il est sensible, nous le confrontons avec elle, et nos énoncés ne sont que le bilan final de ces échanges.

M. Merleau-Ponty, *Signes* (1960), Éd. Gallimard, 1985, pp. 103-104.

Texte 4 B RICŒUR

Signification et intention

Dans le discours [...] la phrase désigne son locuteur par divers indicateurs de subjectivité et de personnalité. Dans le discours oral, ce renvoi du discours au sujet parlant présente un caractère d'immédiateté qu'on peut expliquer de la façon suivante. L'intention subjective du sujet parlant et la signification de son discours se recouvrent mutuellement, de telle façon que c'est la même chose de comprendre ce que le locuteur veut dire et ce que son discours veut dire. L'ambiguïté de l'expression française de *vouloir dire*, correspondant à l'allemand *meinen* et à l'anglais *to mean*, témoigne de cet empiètement. C'est presque la même chose de demander : « Que voulez-vous dire ? », et : « Qu'est-ce que cela veut dire ? » Avec le discours écrit, l'intention de l'auteur et l'intention du texte cessent de coïncider. Cette dissociation de la signification verbale du texte et de l'intention mentale constitue l'enjeu véritable de l'inscription du discours.

Ce n'est pas que nous puissions concevoir un texte sans auteur ; le lien entre le locuteur et le discours n'est pas aboli, mais distendu et compliqué. La dissociation de la signification et de l'intention reste une aventure du renvoi du discours au sujet parlant. Mais la carrière du texte échappe à l'horizon fini vécu par son auteur. Ce que dit le texte importe davantage que ce que l'auteur a voulu dire ; désormais toute exégèse déploie ses procédures au sein de la circonscription de signification qui a rompu ses amarres avec la psychologie de son auteur.

P. Ricœur, *Du texte à l'action*, Éd. du Seuil, 1986, p. 187.

II. DU SENS A L'INTERPRÉTATION

Texte 5 **NIETZSCHE**

La question du « sens de la vie » a-t-elle un sens ?

Que serait pour *nous* le sens de la vie tout entière, si ce n'est qu'en nous cette volonté de vérité arrive à prendre conscience d'elle-même *en tant que problème* ?... La volonté de vérité, une fois consciente d'elle-même, ce sera — la chose ne fait aucun doute — *la mort* de la morale. [...] Si l'on fait abstraction de l'idéal ascétique, on constatera que l'homme, l'*animal*-homme, n'a eu jusqu'à présent aucun sens. Son existence sur la terre était sans but ; « pourquoi l'homme existe-t-il ? » — c'était là une question sans réponse ; la *volonté* de l'homme et de la terre manquait ; derrière chaque puissante destinée humaine retentissait plus puissamment encore le refrain désolé : « En vain ! » Et voilà le sens de tout idéal ascétique : il voulait dire que quelque chose *manquait*, qu'une immense *lacune* environnait l'homme, — il ne savait pas se justifier soi-même, s'interpréter, s'affirmer, il *souffrait* devant le problème du sens de la vie. Il souffrait d'ailleurs de bien des manières, il était avant tout un animal *maladif* : mais son problème n'était pas la souffrance en elle-même, c'était qu'il n'avait pas de réponse à cette question angoissée : « *Pourquoi* souffrir ? » L'homme, le plus vaillant, le plus apte à la souffrance de tous les animaux, ne rejette pas la souffrance en soi : il la cherche même, pourvu qu'on lui montre la raison d'être, le *pourquoi* de cette souffrance. Le non-sens de la douleur, et *non* la douleur elle-même est la malédiction qui a jusqu'à présent pesé sur l'humanité, — *or, l'idéal ascétique lui donnait un sens !* C'était jusqu'à présent le seul sens qu'on lui eût donné ; n'importe quel sens vaut mieux que pas de sens du tout ; l'idéal ascétique n'était à tous les points de vue que le *« faute de mieux » par excellence*, l'unique pis-aller qu'il y eût. Grâce à lui la souffrance se trouvait expliquée ; le vide immense semblait comblé, la porte se refermait devant toute espèce de nihilisme, de désir d'anéantissement. L'interprétation que l'on donnait à la vie amenait indéniablement une souffrance nouvelle, plus profonde, plus intime, plus empoisonnée, plus meurtrière : elle fit voir toute souffrance comme le châtiment d'une *faute*... Mais malgré tout — elle apporta à l'homme le *salut*, l'homme avait un *sens*, il n'était plus désormais la feuille chassée par le vent, le jouet du hasard inintelligent, du « non-sens », il pouvait *vouloir* désormais quelque chose, — qu'importait d'abord ce qu'il voulait, pourquoi, comment plutôt telle chose qu'une autre : *la volonté elle-même était du moins sauvée.*

Nietzsche, *la Généalogie de la morale* (1887),
traduction de H. Albert, collection Idées,
Éd. Gallimard, 1969, troisième dissertation, pp. 244-246.

Texte 6 **RICŒUR**

Lire, c'est toujours « interpréter »

Grâce à l'écriture, le discours acquiert une triple autonomie sémantique[1] : par rapport à l'intention du locuteur, à la réception par l'auditoire primitif, aux circonstances économiques, sociales, culturelles de sa production. C'est en ce sens que l'écrit s'arrache aux limites du dialogue face à face et devient la condition du *devenir-texte* du discours. Il revient à l'herméneutique[2] d'explorer les implications de ce devenir-texte pour le travail de l'interprétation. [...]

L'intention de l'auteur n'est plus immédiatement donnée comme veut l'être celle du locuteur dans une parole sincère et directe. Elle doit être reconstruite en même temps que la signification du texte lui-même, comme le nom propre donné au style singulier de l'œuvre. Il n'est donc plus question de définir l'herméneutique par la coïncidence entre le génie du lecteur et le génie de l'auteur. L'intention de l'auteur, absent de son texte, est elle-même devenue une question herméneutique. Quant à l'autre subjectivité, celle du lecteur, elle est autant l'œuvre de la lecture et le don du texte qu'elle est le porteur des attentes avec lesquelles ce lecteur aborde et reçoit le texte. Il n'est donc pas question non plus de définir l'herméneutique par le primat de la subjectivité lisante sur le texte, donc par une esthétique de la réception. [...]

Se comprendre, c'est se comprendre *devant le texte* et recevoir de lui les conditions d'un soi autre que le moi qui vient à la lecture. Aucune des deux subjectivités, ni celle de l'auteur, ni celle du lecteur, n'est donc première au sens d'une présence originaire de soi à soi-même.

Une foi affranchie du primat de la subjectivité, quelle peut être la tâche première de l'herméneutique ? Elle est, selon moi, de chercher dans le texte lui-même, d'une part la dynamique interne qui préside à la structuration de l'œuvre, d'autre part la puissance de l'œuvre de se projeter hors d'elle-même et d'engendrer un monde qui serait véritablement la « chose » du texte [...]

Une philosophie herméneutique est une philosophie qui assume toutes les exigences de ce long détour et qui renonce au rêve d'une médiation totale, au terme de laquelle la réflexion s'égalerait à nouveau à l'intuition intellectuelle dans la transparence à soi d'un sujet absolu.

P. Ricœur, *Du texte à l'action*, Éd. du Seuil, 1986, pp. 31-32.

1. « Autonomie sémantique » désigne ici la possibilité, pour le texte écrit, d'avoir une signification qui ne dépend pas strictement des trois types de contrainte évoqués dans la suite de la phrase. La sémantique est la partie de la linguistique qui s'occupe de la signification des mots et de l'évolution de leur sens.
2. L'herméneutique est l'art d'interpréter tout texte dont la compréhension suppose un travail d'explication préalable.

Texte 7 SPINOZA

Comment interpréter un texte sacré ?

De même que la Nature, l'Écriture ne nous donne pas de définitions des choses dont elle parle. De même donc qu'il faut conclure les définitions des choses naturelles des diverses actions de la Nature, de même ces définitions que ne donne pas l'Écriture devront être tirées des divers récits qui se rencontrent dans l'Écriture au sujet de chaque objet. [...]

J'appelle ici une énonciation claire ou obscure suivant que le sens en est facilement ou difficilement perçu par la Raison en s'aidant du contexte ; car nous nous occupons ici du sens des textes et non de leur vérité. Il faut même avant tout prendre garde, quand nous cherchons le sens de l'Écriture, à ne pas avoir l'esprit préoccupé de raisonnements fondés sur les principes de la connaissance naturelle (pour ne rien dire des préjugés) ; afin de ne pas confondre le sens d'un discours avec la vérité des choses, il faudra s'attacher à trouver le sens en s'appuyant uniquement sur l'usage de la langue ou sur des raisonnements ayant leur seul fondement dans l'Écriture. Je vais illustrer ces distinctions par un exemple pour les faire plus clairement connaître. Ces paroles de Moïse comme *Dieu est un feu,* ou *Dieu est jaloux*, sont les plus claires du monde aussi longtemps qu'on a égard à la seule signification des mots ; je les range donc parmi les énonciations claires, bien qu'à l'égard de la Raison et de la Vérité, elles soient très obscures. [...]

Si ces paroles se trouvaient par leur interprétation littérale contredire aux principes tirés de l'Écriture, encore bien qu'elles s'accordassent le mieux du monde avec la Raison, il faudrait admettre une autre interprétation (je veux dire une interprétation métaphorique). Pour savoir donc si Moïse a cru véritablement que Dieu était un feu ou s'il ne l'a pas cru, il ne faudra pas tirer de conclusion de ce que cette opinion s'accorde avec la Raison ou lui contredit, mais seulement des autres paroles de Moïse. Puis donc que Moïse, en beaucoup d'endroits, enseigne très clairement que Dieu n'a aucune ressemblance avec les choses visibles qui sont dans les cieux, sur la terre ou dans l'eau, nous devons conclure que cette parole en particulier ou toutes celles du même genre doivent être entendues comme des métaphores. Mais comme il faut s'écarter aussi peu que possible du sens littéral, il faudra en premier lieu chercher si cette unique parole : *Dieu est un feu* admet un sens autre que le littéral, c'est-à-dire si le mot *feu* signifie autre chose que le feu naturel. Comme le mot feu se prend aussi pour colère et jalousie (voir Job, ch. XXXI, *v.* 12), il est facile de concilier entre elles les phrases de Moïse, et nous arrivons légitimement à cette conclusion que ces propositions *Dieu est un feu, Dieu est jaloux*, ne sont qu'une seule et même énonciation.

Spinoza, *Traité théologico-politique* (1670), traduction de C. Appuhn, Éd. Garnier - Flammarion, pp. 140-141

Texte 8 RICŒUR

De la polysémie au sens

La polysémie, à savoir le fait que nos mots ont plusieurs significations, est le problème central de toute sémantique[1] ; nulle herméneutique[1] ne peut plus l'ignorer. Or il appartient à une linguistique de la parole d'établir que la polysémie, ou fonction du sens multiple, n'est pas une maladie du langage, ne relève d'aucune pathologie, mais remplit une fonction bien précise dans l'économie du langage. Aristote savait déjà que le mot « être » lui-même se dit en plusieurs acceptions[2]. Or le fonctionnement de la polysémie est étroitement lié à celui de la phrase. En effet, tous nos mots pris séparément sont polysémiques ; et cela, pour une raison qui est apparue plus haut, à savoir le processus cumulatif que constitue le mot lui-même. Ce pouvoir du mot d'acquérir un sens nouveau sans perdre son sens ancien est à la base de la métaphore, c'est-à-dire du transfert de sens ; mais, si tous nos mots sont ainsi polysémiques, tous nos discours ne le sont pas. La polysémie, en effet, n'est efficace que dans certaines conditions qui appartiennent à la structure de la phrase, à la constitution du discours. [...]

Seule la structure contextuelle de la phrase fait de la polysémie une polysémie réglée ; seule celle-ci est signifiante. Une théologie biblique ne saurait donc s'édifier sans une bonne linguistique du mot, et de la polysémie au centre de cette sémantique. La théologie biblique, en effet, repose sur des mots clés qui doivent sans cesse être interprétés et réinterprétés avec les ressources de l'intelligence culturelle d'une époque ; des mots tels que : péché, grâce, se réfèrent à une situation et à une communauté d'interprétation qu'il s'agit de restituer pour en établir le sens ; la métaphore n'est elle-même qu'un mode de référence indirecte parmi d'autres grâce auxquels s'exerce la compréhension de l'existence dans une communauté d'interprétation particulière. La pointe de ce phénomène, c'est le mot Dieu lui-même ; en un sens, le mot Dieu est un mot clé du vocabulaire théologique : « Il est, pour ainsi dire, celui qui organise et coordonne les autres à l'intérieur d'un cadre de significations. »[3]

P. Ricœur, in *Exégèse et Herméneutique*,
Éd. du Seuil, 1971, pp. 313-314.

---

1. Ces termes sont définis dans les notes qui suivent le texte 6.
2. Dans *Problèmes de linguistique générale*, Émile Benvéniste a consacré un article à cette question (catégories de langue et catégories de pensée).
3. Mc Quarrie, *God-talk*, Londres, 1967, p. 99.

III. LE SENS ET SON AUTRE : L'IRRATIONNEL

Texte 9 FREUD

Un rêve est un rébus

Les pensées du rêve et le contenu du rêve nous apparaissent comme deux exposés des mêmes faits en deux langues différentes ; ou mieux, le contenu du rêve nous apparaît comme une transcription des pensées du rêve, dans un autre mode d'expression, dont nous ne pourrons connaître les signes et les règles que quand nous aurons comparé la traduction et l'original. Nous comprenons les pensées du rêve d'une manière immédiate dès qu'elles nous apparaissent. Le contenu du rêve nous est donné sous forme d'hiéroglyphes, dont les signes doivent être successivement traduits dans la langue des pensées du rêve. On se trompera évidemment si on veut lire ces signes comme des images et non selon leur signification conventionnelle. Supposons que je regarde un rébus : il représente une maison sur le toit de laquelle on voit un canot, puis une lettre isolée, un personnage sans tête qui court, etc. Je pourrais déclarer que ni cet ensemble, ni ses diverses parties n'ont de sens. Un canot ne doit pas se trouver sur le toit d'une maison et une personne qui n'a pas de tête ne peut pas courir. Je ne jugerai exactement le rébus que lorsque je renoncerai à apprécier ainsi le tout et les parties, mais m'efforcerai de remplacer chaque image par une syllabe ou par un mot qui, pour une raison quelconque, peut être représenté par cette image. Ainsi réunis, les mots ne seront plus dépourvus de sens, mais pourront former quelque belle et profonde parole. Le rêve est un rébus, nos prédécesseurs ont commis la faute de vouloir l'interpréter en tant que dessin. C'est pourquoi il leur a paru absurde et sans valeur.

S. Freud, *l'Interprétation des rêves* (1900),
traduction de Y. Meyerson, Éd. P.U.F., 1967, pp. 241-242.

Texte 10 A BOXEL

Des raisons de croire à l'existence des esprits

Monsieur,

Je vous écris par désir de connaître votre opinion sur les apparitions, les spectres ou les esprits. Croyez-vous à leur existence ? Combien de temps vous paraît-il qu'elle dure ? Les uns en effet les croient immortels, d'autres mortels. Il me serait pénible de continuer à ne pas savoir ce que vous en pensez. Une chose est certaine : les Anciens y ont cru. Les théologiens et les philosophes modernes admettent jusqu'à présent l'existence de créatures de cette sorte, bien qu'ils ne s'entendent pas sur leur essence. Les uns les composent d'une matière très ténue et les autres prétendent que ce sont des êtres spirituels. Mais peut-être (comme j'ai commencé à le dire) sommes-nous en grand désaccord, car je ne sais si vous admettez l'existence de ces êtres. Vous n'ignorez pas cependant qu'on trouve dans toute l'Antiquité tant d'exemples, tant d'histoires qu'il serait vraiment difficile de les nier ou de les révoquer en doute. [...]

Voici donc pour quelle cause je crois qu'il y a des spectres. D'abord parce qu'il importe à la beauté et à la perfection de l'univers qu'il y en ait. En deuxième lieu parce qu'il est vraisemblable que le créateur a créé ces êtres qui lui ressemblent plus que les êtres corporels. En troisième lieu parce qu'aussi bien qu'un corps sans âme, il existe une âme sans corps. En quatrième lieu enfin, parce que je crois que dans les plus hautes régions de l'atmosphère, dans le lieu ou l'espace le plus élevé, il n'y a pas de corps caché qui n'ait ses habitants et conséquemment que l'espace immense compris entre nous et les astres n'est pas vide mais rempli d'habitants spirituels. Peut-être ceux qui sont le plus haut et le plus loin sont les vrais esprits, ceux qui sont plus bas, dans la région inférieure de l'air, des créatures d'une matière très subtile et très ténue, et en outre invisible. Je pense donc qu'il y a des esprits de tout genre, sauf peut-être du sexe féminin.

Ce raisonnement ne convaincra pas ceux qui croient légèrement que le monde a été créé au hasard. L'expérience quotidienne montre, en sus des raisons précédentes, qu'il y a des spectres sur lesquels nos possédons beaucoup d'histoires aussi bien modernes qu'anciennes.

Hugo Boxel, Lettres LI et LIII, « au très profond philosophe B. de Spinoza », septembre 1674, in Spinoza, *Lettres*, traduction de C. Appuhn, Éd. Garnier-Flammarion, 1966, pp. 284-288.

Texte 10 B **SPINOZA**

Impossibilité de l'existence des spectres

Votre première raison est que l'existence des spectres importe à la beauté et à la perfection de l'univers. La beauté, Monsieur, n'est pas tant une qualité de l'objet considéré qu'un effet se produisant en celui qui le considère. Si nos yeux étaient plus forts ou plus faibles, si la complexion de notre corps était autre, les choses qui nous semblent belles nous paraîtraient laides et celles qui nous semblent laides deviendraient belles. [...]

Certes le monde eût été plus achevé si Dieu l'avait disposé au gré de notre fantaisie et orné de tout ce qu'invente sans peine une imagination en délire, mais que l'entendement ne peut concevoir !

Votre deuxième raison est que les esprits, plus que les autres créatures corporelles, exprimant une image de Dieu, il est vraisemblable que Dieu les a créés. Tout d'abord j'avoue ignorer en quoi les esprits expriment Dieu plus que les autres créatures. Ce que je sais c'est qu'entre le fini et l'infini il n'y

a aucune proportion de telle sorte que la différence entre la créature la plus grande et la plus éminente et Dieu n'est pas autre que la différence entre Dieu et la moindre créature. L'argument n'a donc pas de valeur. [...]

Votre troisième raison (qu'il doit y avoir une âme sans corps comme il y a un corps sans âme) ne me paraît pas moins absurde. Dites-moi, je vous prie, s'il n'est pas vraisemblable également qu'il y ait une mémoire, une ouïe, et une vision sans corps puisqu'on trouve des corps sans mémoire, sans ouïe, sans vision ? Ou même une sphère sans cercle puisqu'il y a un cercle sans sphère ?

Votre quatrième et dernière raison est la même que la première et je me réfère à la réponse que j'y ai faite. Je noterai seulement ici que je ne sais pas quels peuvent être ces êtres supérieurs et inférieurs que vous concevez dans l'espace infini, à moins que vous ne pensiez que la terre est le centre de l'univers. Si en effet le soleil ou Saturne étaient le centre, c'est le soleil ou c'est Saturne, non la terre qui serait en bas. [...]

Quant aux histoires, j'ai déjà dit dans ma première lettre que ce ne sont pas les faits eux-mêmes que je nie entièrement, mais la conclusion qu'on en tire. J'ajoute que je ne tiens pas ces récits pour dignes de foi au point que je ne doute de beaucoup de circonstances ajoutées souvent plutôt en manière d'ornement que par zèle pour la vérité historique ou pour établir plus solidement ce qu'ils veulent conclure de leur récit.

Spinoza, *Lettres, LIV* « à Monsieur Hugo Boxel »,
traduction de C. Appuhn, Éd. Garnier - Flammarion, 1966, pp. 291-298.

Texte 11 FREUD

A propos de superstition

Ce qui me distingue d'un homme superstitieux, c'est donc ceci : je ne crois pas qu'un événement à la production duquel ma vie psychique n'a pas pris part soit capable de m'apprendre des choses cachées concernant l'état à venir de la réalité ; mais je crois qu'une manifestation non intentionnelle de ma propre activité psychique me révèle quelque chose de caché qui, à son tour, n'appartient qu'à ma vie psychique ; je crois au hasard extérieur (réel) ; mais je ne crois pas au hasard intérieur (psychique). C'est le contraire du superstitieux : il ne sait rien de la motivation de ses actes accidentels et actes manqués, il croit par conséquent au hasard psychique ; en revanche, il est porté [...] à voir dans le hasard un moyen par lequel s'expriment certaines choses extérieures qui lui sont cachées. Il y a donc deux différences entre l'homme superstitieux et moi : en premier lieu, il projette à l'extérieur une motivation que je cherche à l'intérieur ; en deuxième lieu, il interprète par un événement le hasard que je ramène à une idée. Ce qu'il considère comme caché correspond chez moi à ce qui est inconscient, et nous avons en commun la tendance à ne pas laisser subsister le hasard comme tel, mais à l'interpréter.

J'admets donc que ce sont cette ignorance consciente et cette connaissance inconsciente de la motivation des hasards psychiques qui forment une des racines psychiques de la superstition. C'est *parce que* le superstitieux ne sait rien de la motivation de ses propres actes accidentels et *parce que* cette motivation cherche à s'imposer à sa connaissance, qu'il est obligé de la déplacer en la situant dans le monde extérieur.

S. Freud, *la Psychopathologie de la vie quotidienne* (1901), traduction de S. Jankélévitch, collection Petite Bibliothèque, Éd. Payot, 1981, pp. 275-276.

Texte 12 GRAMSCI

Historicité de l'irrationnel

Une vérité que l'on oublie : ce qui existe a eu sa raison d'exister, a servi, a été rationnel, a « facilité » le « développement historique » et la vie. Qu'à partir d'un certain point cela n'ait plus eu lieu, que de modalités du progrès qu'elles étaient telles formes de vie soient devenues un empêchement et un obstacle, c'est vrai, mais n'est pas vrai « sur toute la ligne » : c'est vrai là où c'est vrai, c'est-à-dire dans les formes de vie les plus hautes, celles qui sont décisives, celles qui marquent la pointe du progrès, etc. Mais la vie ne se développe pas de façon homogène, elle se développe au contraire par des avancées partielles, de pointe, elle se développe pour ainsi dire par croissance « pyramidale ». De tout mode de vie il importe donc d'étudier l'histoire, c'est-à-dire l'originaire « rationalité » puis, celle-ci reconnue, se poser la question pour chaque cas pris à part : cette rationalité existe-t-elle encore, pour autant qu'existent encore les conditions sur lesquelles cette rationalité se fondait ? Le fait auquel, au contraire, on ne prête pas assez attention est le suivant : les modes de vie apparaissent à qui les vit comme absolus, « comme naturels », comme on dit, et c'est déjà énorme d'en montrer l'« historicité », de démontrer qu'ils sont justifiés dans la mesure où existent telles conditions, mais qu'une fois changées ces conditions ils ne sont plus justifiés mais « irrationnels ». [...]

Si l'on y regarde de près, on voit que dans tout fait existent deux aspects : l'un « rationnel », c'est-à-dire conforme au but ou « économique », et l'autre relevant de la « mode », qui est une façon d'être déterminée du premier aspect rationnel. Porter des chaussures est rationnel, mais la forme déterminée de la chaussure est due à la mode. Porter le faux col est rationnel, parce que cela permet de changer souvent cette partie du vêtement « chemise » qui se salit plus facilement, mais la forme du faux col dépend de la mode, etc.

A. Gramsci[1], « Passé et présent » (1932-33), in *Gramsci dans le texte*, traduction de G. Moget et A. Monjo, Éd. sociales, 1977, pp. 717-718.

1. Homme politique italien (1891-1937) ayant participé à la fondation du parti communiste italien. Auteur de nombreux textes philosophiques qu'il écrivit pour la plupart en prison, où il mourut après une dizaine d'années de relégation.

Texte 13 LÉVI-STRAUSS

Une raison élargie ?

Il n'est pas étonnant que Mauss[1], pénétré de la nécessité d'une étroite collaboration entre sociologie et psychologie, ait constamment fait appel à l'inconscient comme fournissant le caractère commun et spécifique des faits sociaux : « En magie comme en religion comme en linguistique, ce sont les idées inconscientes qui agissent. » Et dans ce même mémoire sur la magie, d'où la citation précédente est extraite, on assiste à un effort, sans doute encore indécis, pour formuler les problèmes ethnologiques autrement qu'à l'aide des « catégories rigides et abstraites de notre langage et de notre raison », en termes d'une « psychologie non intellectualiste » étrangère à nos « entendements d'adultes européens ».

L'inconscient serait ainsi le terme médiateur entre moi et autrui. En approfondissant ses données, nous ne nous prolongeons pas, si l'on peut dire, dans le sens de nous-mêmes : nous rejoignons un plan qui ne nous paraît pas étranger parce qu'il recèle notre moi le plus secret ; mais (beaucoup plus normalement) parce que, sans nous faire sortir de nous-même, il nous met en coïncidence avec des formes d'activité qui sont à la fois *nôtres* et *autres*, conditions de toutes les vies mentales de tous les hommes et de tous les temps. Ainsi, l'appréhension (qui ne peut être qu'objective) des formes inconscientes de l'activité de l'esprit conduit tout de même à la subjectivation ; puisqu'en définitive, c'est une opération du même type qui, dans la psychanalyse, permet de reconquérir à nous-même notre moi le plus étranger, et, dans l'enquête ethnologique, nous fait accéder au plus étranger des autrui comme à un autre nous[2]. Dans les deux cas, c'est le même problème qui se pose, celui d'une communication cherchée, tantôt entre un *moi* subjectif et un *moi* objectivant, tantôt entre un *moi* objectif et un *autre* subjectivé.

C. Lévi-Strauss, *in* M. Mauss, *Sociologie et Anthropologie*, Introduction, Éd. de Minuit, 1968, pp. XXX-XXXI.

---

1. Marcel Mauss (1872-1950) est l'un des premiers et principaux théoriciens français de l'anthropologie.

2. La même thèse est développée dans le court texte suivant :
« La mission d'une raison élargie est de comprendre l'irrationnel ; lequel s'offre à nous principalement sous deux espèces : parmi nous, le fou (qui « excède la raison ») et hors de chez nous le sauvage (qui la « précède »). D'où l'attention privilégiée dont bénéficient la psychanalyse (qui, avec son concept d'inconscient, a installé la déraison chez ceux qui se croyaient sains d'esprit) et l'anthropologie sociale (qui étudie les comportements archaïques des « primitifs »). Si ces sciences peuvent nous faire comprendre l'irrationnel du rêve, du délire, de la magie ou du tabou, la raison du mâle adulte occidental subit une défaite, mais c'est au profit d'une raison plus universelle. »

V. Descombes, *le Même et l'Autre*, Éd. de Minuit, 1986, pp. 124-125.

Exercices

1. Qu'y a-t-il de commun, d'après le texte 1 de Descartes, entre les signes naturels et les signes conventionnels ?

2. Que veut dire, dans le texte 2, la phrase : « L'Univers entier, d'un seul coup, est devenu significatif » ?

3. Quelles différences y a-t-il entre un énoncé faux et un énoncé dépourvu de sens ? Donnez des exemples.

Sujets de dissertation

1. Peut-on donner un sens à tout ?
2. Qu'est-ce qu'interpréter ?
3. Pourquoi se pose-t-on la question du sens de la vie ?
4. La raison a-t-elle à s'occuper de l'irrationnel ?

Corrélats

la conscience et l'inconscient - la perception - l'existence - le langage - le jugement - l'art - le fait religieux - l'anthropologie

POUR EN SAVOIR PLUS

Freud (S.), *l'Inquiétante étrangeté*, Éd. Hatier.
Hume (D.), *Enquête sur l'entendement humain*, Section X, Éd. Aubier.
Spinoza (B. de), *Traité théologico-politique*, « Préface », Éd. Garnier-Flammarion.
Spinoza (B. de), *Lettres* LI à LVI, Éd. Garnier-Flammarion.

Lévi-Strauss (C.), *Anthropologie structurale*, Éd. Plon.
Merleau-Ponty (M.), *Éloge de la philosophie*, « Einstein et la crise de la raison », collection Idées, Éd. Gallimard.
Nietzsche (F.), *la Généalogie de la morale*, collection Idées, Éd. Gallimard.

Deleuze (G.), *Logique du sens*, collection 10-18, Éd. U.G.E.
Foucault (M.), *Histoire de la folie*, collection 10-18, Éd. U.G.E.
Voir aussi les bibliographies des chapitres « le Langage », p. 295 et « la Vérité », p. 475.

I. VÉRITÉ ET RÉALITÉ

II. VÉRITÉ ET RAISON

III. VÉRITÉ ET QUÊTE DE L'UNITÉ

22

La vérité

Portrait de femme, Picasso. Musée Picasso, Paris, huile sur toile (65 × ,65 cm).

Introduction

Dans la langue courante, on qualifie de « vrais » ou de « faux » aussi bien des énoncés que des choses, des événements, des situations, etc. Dans tous les cas, ces qualifications renvoient aux idées de concordance et de non-concordance, d'adéquation et de non-adéquation, de conformité et de non-conformité (texte 1).

Seul un jugement peut être vrai

Pourtant, ce n'est pas de la même façon qu'un énoncé et une chose (un événement, etc.) peuvent ou non être vrais : l'énoncé « la terre tourne autour du soleil » est vrai parce que conforme à ce que l'on sait de la réalité ; si l'on parle de vraies perles, c'est pour insister sur le fait qu'elles ne sont pas de plastique par exemple, que ce ne sont pas des imitations. Cela dit, fussent-elles de plastique, les perles n'en resteraient pas moins des objets dont la réalité n'est pas en cause — en revanche, dans l'état actuel de nos connaissances, l'hypothèse selon laquelle la terre ne tournerait pas autour du soleil est pour le moins improbable.

Ce qui sépare les deux usages du mot « vrai » est en fait assez simple : « vraies » ou « fausses » les perles existent de la même façon — ce qui change, c'est le jugement qu'on porte sur leur nature. On précise si les perles dont on parle sont ou non conformes à ce que doivent être des perles. De fait, à proprement parler, seul un énoncé, un jugement, peut être vrai ou faux (texte 2).

La qualification des choses comme vraies ou fausses rejoint en fait la définition philosophique traditionnelle de la vérité comme *adaequatio rei et intellectus*, « adéquation de l'esprit (de la connaissance) et de la chose ».

On peut aller plus loin : beaucoup de philosophes, pour rendre compte du décalage entre la façon dont la réalité apparaît et ce qu'elle est véritablement, semblent confondre, à l'instar du sens commun, vérité et réalité[1].

Être et paraître

A l'origine de notre conception du monde et de nos façons de penser, la philosophie grecque pose le logos (terme que nous traduisons à la fois par « discours » et par « raison »), comme étant aussi bien le discours vrai que l'être révélé par ce discours. Le récit et l'interprétation de l'Allégorie de la caverne (texte 3) montrent bien comment et pourquoi un philosophe comme Platon identifie, à sa façon, la Vérité et la Réalité : le réel sensible dans lequel nous vivons est souvent trompeur (notons que la première illusion d'optique venue donne raison à Platon). La connaissance sensible est donc limitée aux apparences, et on ne saurait la qualifier de vraie ; il n'y a alors de vérité qu'au-delà des apparences, dans ce qui ne change pas au rythme des fluctuations de la condition humaine. Pour Platon, comme pour tous ceux qui, sous des formes variées (en particulier théologique), se fondent sur la distinction de l'Être et du paraître, il existe deux ordres de réalité : l'un tient lieu de modèle et l'autre d'infidèle copie. Ou encore, en d'autres termes, l'Être est la vérité, tandis que les apparences sont source d'erreurs et d'illusions.

A l'appui d'une telle conception des rapports entre vérité et réalité, les constats ne manquent pas : non seulement, par exemple, nous savons bien que la distance réelle du soleil à la terre est infiniment supérieure à celle dont la vue nous

1. Le terme « réalité » désigne ce qui existe à un titre quelconque – ce qui s'impose par les sens (le monde sensible) ou par l'esprit (les idées mathématiques, par exemple).

« informe » ; mais par ailleurs nul ne peut nier que, dans l'ordre du discours, seul l'énoncé conforme à cette distance réelle (et en aucun cas celui conforme à la distance perçue) dit la vérité (textes 4 A et 4 B). Bref, n'avons-nous pas d'excellentes raisons de « confondre », en quelque sorte, la vérité et la réalité, surtout lorsque nous prenons la peine de formuler explicitement le problème de la vérité au double plan de l'Être et du langage ?

Au dix-septième siècle encore, Descartes, Malebranche, Spinoza, Leibniz... fondent la possibilité de représentations vraies de la réalité sur l'existence d'une réalité divine, vraie en elle-même, qui « garantit » en quelque sorte la vérité du lien établi par la connaissance humaine entre les apparences et ce qui est véritablement. Selon ces philosophes, le critère le moins discutable de la vérité est son évidence : « Elle se présente si distinctement et si clairement à l'esprit qu'on ne peut la mettre en doute », dit Descartes, ou encore « elle est à elle-même son propre critère », comme l'écrit Spinoza (texte 6). Si ce siècle est aussi celui des premières conquêtes de la science moderne, c'est que par ailleurs on prend au sérieux le « décalage » entre l'être et le paraître : on l'analyse[1], on pose en termes de méthode le problème des conditions de la recherche de la vérité (textes 5). On a beau continuer de croire à l'origine divine de l'ordre du monde, la possibilité d'une science humaine valide n'en est pas moins explicitement admise et théorisée.

Une nouvelle révolution copernicienne

Avec Kant s'opère ce que lui-même a nommé la révolution copernicienne en matière de théorie de la connaissance : Copernic avait « inversé » les positions respectives de la terre et du soleil dans l'Univers ; dans l'univers de la connaissance, il faut, de la même façon, changer de centre, faire du sujet et non plus de l'objet la véritable origine du savoir. Reconnaître à la raison humaine la capacité d'élaborer des connaissances vraies par ses propres moyens, c'était ouvrir une brèche dans l'identification classique de la Vérité à la Réalité : la relation entre vérité et réalité peut être complètement repensée dès l'instant où la nature des liens entre l'*objet* et le *sujet* de la connaissance est elle-même analysée dans des termes radicalement différents.

La critique kantienne est à la source de deux ruptures décisives :

1. Le problème des conditions de possibilité de la découverte de la vérité se situe désormais sur fond d'analyse des moyens et limites de la raison.

2. A supposer qu'existe effectivement l'*Être en soi*, d'un ordre de réalité absolument supérieur, sa saisie, elle aussi, est « d'un autre ordre », radicalement distincte, en tout cas, de la saisie rationnelle de la réalité accessible dans la sphère de l'expérience humaine.

Construire la vérité

Le fait est que le sens commun, qui nous a permis de comprendre pourquoi on peut « confondre » vérité et réalité, nous autorise maintenant — pour d'autres raisons, bien sûr — à admettre le point de vue de Kant et de ses « héritiers » : quand nous parlons du réel, c'est bien à l'immédiat directement accessible à notre expérience que nous pensons. Quelle que soit sa « vraie nature » — que sa matérialité, par exemple, soit jugée effective ou illusoire — le réel est ce que nous subissons, ce qui nous résiste, ce avec quoi il faut compter. La réalité, c'est donc l'ensemble des « objets » qui s'offrent à la connaissance d'un sujet, sous

1. Voir le chapitre « Théorie et expérience », en particulier, le texte de Descartes sur le morceau de cire.

des apparences qu'il faut « rectifier » pour trouver la vérité — on aurait pu écrire : pour construire la vérité, au fur et à mesure des approximations et des vérifications.

Ainsi peut-on substituer à l'idée platonicienne selon laquelle la Vérité est une et absolue, la conception d'une vérité plurielle et relative : la recherche de la vérité obéit à des règles spécifiques à chaque champ d'investigation ; la vérité se constitue au travers des différentes relations qui unissent à la réalité les sujets qui travaillent à l'énoncer. Il faut, sur ces bases, modifier radicalement et la formulation, et la solution de trois problèmes essentiels.

1. Si la vérité n'est pas une et absolue[1], le critère de sa reconnaissance ne peut pas être celui de son évidence — il ne peut y avoir *aucun critère universel de la vérité ;* seuls peuvent être élaborés des critères de la validité formelle des énoncés susceptibles d'être vrais[2].

2. Puisque ce n'est pas telle qu'elle « se donne » que la réalité peut faire l'objet d'une connaissance vraie, mais à condition d'être « reconstruite » par la raison, la notion d'objectivité est à repenser : loin d'être « copie conforme » de la réalité, la connaissance objective est au contraire le produit d'une *approche réfléchie, critique* de ses objets (textes 6, 7 et 8).

3. Les « contraires » de la vérité, l'erreur et l'illusion, ne sont pas la même chose (c'est-à-dire simples marques de l'inadéquation des moyens humains à l'infinité absolue de la Vérité), mais ont chacune leurs caractères propres et acquièrent une positivité, comme étapes nécessaires de la conquête de la vérité (textes 8 de Bachelard et 9 de Hegel).

Le rêve de l'unité de la vérité

Cela dit, l'aspiration à découvrir un jour *la* Vérité n'est pas morte, et on comprend bien pourquoi : pour donner un sens à l'existence, malgré les incertitudes, voire l'absurdité, de la condition humaine, on voudrait croire à la possibilité d'*une* Science, d'*une* Morale, d'*un* Art... universels. L'universalité rassure : Nietzsche (texte 10) va jusqu'à faire de l'idée même de vérité une invention née de ce besoin de sécurité, de l'accumulation d'« illusions dont on a oublié qu'elles le sont ».

Peut-on conclure, comme le philosophe contemporain Paul Ricœur, que la « passion de l'unité » de la vérité[3] est paradoxalement source de mensonges dangereux ? Oui : le double exemple des passions religieuse et politique l'illustre trop bien ; toute entreprise visant à imposer une vérité au nom de sa présumée absolue supériorité ne recule devant aucun moyen — aucun mensonge, et le « faux pas du total au totalitaire » est facilement franchi (texte 11). Le remède n'est certainement pas la revendication opposée d'un quelconque et systématique « à chacun sa vérité » : la vérité est relative aux possibilités et exigences de la raison, dans certains cas peut-être à des croyances — mais celles-ci perdraient précisément leur qualité de croyances[4] si on prétendait pouvoir en démontrer la vérité. Dans bien peu de cas seulement, la vérité n'est relative qu'aux « goûts et couleurs » dont « on ne discute pas ».

---

1. L'Absolu est ce qui a en soi-même sa raison d'être et qui n'a besoin d'aucune autre chose ni pour exister ni pour être conçu.
2. Voir chapitre « Logique et mathématiques », textes 1 et 2 de Blanché et Kant.
3. Les problèmes spécifiques à la recherche de la vérité et de l'objectivité en histoire, et à la nature des vérités mathématiques, sont traités aux chapitres « Histoire » et « Logique et mathématiques ».
4. On peut nommer « croyance » toute attitude de l'esprit qui affirme, selon des degrés plus ou moins grands de probabilité, la vérité ou la réalité d'une chose, sans pouvoir en administrer la preuve.

Textes

I. VÉRITÉ ET RÉALITÉ

Texte 1 **HEIDEGGER**

L'or faux est-il irréel ?

Qu'est-ce qu'être vrai ? Nous disons par exemple : « c'est une vraie joie de collaborer à la réussite de cette entreprise ». Nous voulons dire par là qu'il s'agit d'une joie pure, réelle. Le vrai est donc le réel. Nous parlons en ce sens de l'or véritable en le distinguant de l'or faux. L'or faux n'est pas réellement ce qu'il paraît être. Il n'est qu'une « apparence », il est, pour cette raison, irréel. L'irréel passe pour le contraire du réel. Mais le cuivre doré est tout de même quelque chose de réel. C'est pourquoi nous dirons plus clairement : l'or réel est l'or authentique. Mais « réels » ils le sont l'un et l'autre, l'or authentique ne l'est ni plus ni moins que le cuivre doré. La vérité de l'or authentique ne peut donc être garantie par sa simple réalité. La question renaît : que signifie ici être authentique et être « vrai » ? L'or authentique est ce réel dont la réalité se trouve en accord avec ce que, d'emblée et toujours, nous avons « proprement » en vue lorsque nous pensons à de l'or. Inversement nous dirons, dès que nous soupçonnons avoir affaire à du cuivre doré : « quelque chose ici ne « colle » pas ». Au contraire, nous remarquons à propos de ce qui est « comme il convient » : cela « colle ». La *chose* est en accord avec ce qu'elle est estimée être.

Mais nous n'appelons pas seulement vraie une joie réelle, l'or authentique et tout étant de ce genre, mais, encore et avant tout, nommons-nous vraies ou fausses nos énonciations relatives à l'étant, lequel, lui-même, peut être, selon sa nature, authentique ou faux, tel ou tel dans sa réalité. Un énoncé est vrai lorsque ce qu'il signifie et exprime, se trouve en accord avec la chose dont il juge. Ici aussi nous disons : cela « colle ». A présent, ce n'est pas la chose qui est en accord mais le *jugement*.

Le vrai, que ce soit une chose vraie ou un jugement vrai, est ce qui est en accord, ce qui concorde. Être vrai et vérité signifient ici : s'accorder, et ce d'une double manière : d'abord, comme accord entre la chose et ce qui est présumé d'elle et, ensuite, comme concordance entre ce qui est signifié par l'énoncé et la chose.

M. Heidegger, *Questions I* (1943), « L'essence de la vérité »,
traduit par A. de Waelhens et W. Biemel, Éd. Gallimard, 1968, pp. 163-164.

Texte 2 SPINOZA

« Vrai » ne veut pas dire « réel »

La première signification donc de *Vrai* et de *Faux* semble avoir tiré son origine des récits ; et l'on a dit vrai un récit quand le fait raconté était réellement arrivé ; faux, quand le fait raconté n'était arrivé nulle part. Plus tard les Philosophes ont employé le mot pour désigner l'accord ou le non-accord d'une idée avec son objet ; ainsi, l'on appelle idée vraie celle qui montre une chose comme elle est en elle-même ; fausse celle qui montre une chose autrement qu'elle n'est en réalité. Les idées ne sont pas autre chose en effet que des récits ou des histoires de la nature dans l'esprit. Et de là on en est venu à désigner de même par métaphore des choses inertes ; ainsi quand nous disons de l'or vrai ou de l'or faux, comme si l'or qui nous est présenté racontait quelque chose sur lui-même, ce qui est ou n'est pas en lui.

Le Vrai n'est pas un terme transcendantal[1]. — Ceux-là se sont donc trompés entièrement qui ont jugé le *Vrai* un terme transcendantal ou une affection de l'Être. Car il ne peut s'appliquer aux choses elles-mêmes qu'improprement ou, si l'on préfère, en vue de l'effet oratoire.

Comment diffèrent la vérité et l'idée vraie ? — Si l'on demande maintenant ce qu'est la vérité en dehors de l'idée vraie, que l'on demande ce qu'est la blancheur en dehors du corps blanc ; car la relation est la même entre ces choses. [...]

Quelles sont les propriétés de la vérité ? La certitude n'est pas dans les choses. — Les propriétés de la vérité ou de l'idée vraie sont :
1° Qu'elle est claire et distincte.
2° Qu'elle lève tout doute, ou, d'un mot, qu'elle est certaine. Ceux qui cherchent la certitude dans les choses elles-mêmes se trompent de la même manière que lorsqu'ils y cherchent la vérité ; et, quand nous disons qu'*une chose est incertaine*, nous prenons, à la façon des orateurs, l'objet pour l'idée, de même que quand nous parlons d'une *chose douteuse*, à moins que peut-être nous n'entendions par incertitude la contingence, ou la chose qui fait naître en nous l'incertitude ou le doute.

Spinoza, *Pensées métaphysiques* (1663),
Éd. Garnier-Flammarion, 1964, pp. 352-353.

---

1. Dans la langue scolastique, se dit de certains attributs qui conviennent à tous les êtres.

Texte 3 **PLATON**

Du monde visible au monde intelligible

(L'Allégorie de la caverne)

Figure-toi des hommes dans une demeure souterraine en forme de caverne, dont l'entrée, ouverte à la lumière, s'étend sur toute la longueur de la façade ; ils sont là depuis leur enfance, les jambes et le cou pris dans des chaînes, en sorte qu'ils ne peuvent bouger de place, ni voir ailleurs que devant eux ; car les liens les empêchent de tourner la tête ; la lumière d'un feu allumé au loin sur une hauteur brille derrière eux ; entre le feu et les prisonniers il y a une route élevée ; le long de cette route figure-toi un petit mur, pareil aux cloisons que les montreurs de marionnettes dressent entre eux et le public et au-dessus desquelles ils font voir leurs prestiges.

– Je vois cela, dit-il.

– Figure-toi maintenant le long de ce petit mur des hommes portant des ustensiles de toute sorte, qui dépassent la hauteur du mur, et des figures d'hommes et d'animaux, en pierre, en bois, de toutes sortes de formes ; et naturellement parmi ces porteurs qui défilent, les uns parlent, les autres ne disent rien.

– Voilà, dit-il, un étrange tableau et d'étranges prisonniers.

– Ils nous ressemblent, répondis-je. Et d'abord penses-tu que dans cette situation ils aient vu d'eux-mêmes et de leurs voisins autre chose que les ombres projetées par le feu sur la partie de la caverne qui leur fait face ?

– Peut-il en être autrement, dit-il, s'ils sont contraints toute leur vie de rester la tête immobile ?

– Et des objets qui défilent, n'en est-il pas de même ?

– Sans contredit.

– Dès lors, s'ils pouvaient s'entretenir entre eux, ne penses-tu pas qu'ils croiraient nommer les objets réels eux-mêmes, en nommant les ombres qu'ils verraient ?

– Nécessairement.

– Et s'il y avait aussi un écho qui renvoyât les sons du fond de la prison, toutes les fois qu'un des passants viendrait à parler, crois-tu qu'ils ne prendraient pas sa voix pour celle de l'ombre qui défilerait ?

– Si, par Zeus, dit-il.

– Il est indubitable, repris-je, qu'aux yeux de ces gens-là la réalité ne saurait être autre chose que les ombres des objets confectionnés.

– C'est de toute nécessité, dit-il.

– Examine maintenant comment ils réagiraient, si on les délivrait de leurs chaînes et qu'on les guérît de leur ignorance, et si les choses se passaient

naturellement comme il suit. Qu'on détache un de ces prisonniers, qu'on le force à se dresser soudain, à tourner le cou, à marcher, à lever les yeux vers la lumière, tous ces mouvements le feront souffrir, et l'éblouissement l'empêchera de regarder les objets dont il voyait les ombres tout à l'heure. Je te demande ce qu'il pourra répondre, si on lui dit que tout à l'heure il ne voyait que des riens sans consistance, mais que maintenant plus près de la réalité et tourné vers des objets plus réels, il voit plus juste ; si enfin, lui faisant voir chacun des objets qui défilent devant lui, on l'oblige à force de questions à dire ce que c'est : ne crois-tu pas qu'il sera embarrassé et que les objets qu'il voyait tout à l'heure lui paraîtront plus véritables que ceux qu'on lui montre à présent ?

– Beaucoup plus véritables, dit-il.

– Et si on le forçait à regarder la lumière même, ne crois-tu pas que les yeux lui feraient mal et qu'il se déroberait et retournerait aux choses qu'il peut regarder, et qu'il les croirait réellement plus distinctes que celles qu'on lui montre ?

– Je le crois, fit-il.

– Et si, repris-je, on le tirait de là par force, qu'on lui fît gravir la montée rude et escarpée, et qu'on ne le lâchât pas avant de l'avoir traîné dehors à la lumière du soleil, ne penses-tu pas qu'il souffrirait et se révolterait d'être ainsi traîné, et qu'une fois arrivé à la lumière, il aurait les yeux éblouis de son éclat, et ne pourrait voir aucun des objets que nous appelons à présent véritables ?

– Il ne le pourrait pas, dit-il, du moins tout d'abord.

– Il devrait en effet, repris-je, s'y habituer, s'il voulait voir le monde supérieur. Tout d'abord ce qu'il regarderait le plus facilement, ce sont les ombres, puis les images des hommes et des autres objets reflétés dans les eaux, puis les objets eux-mêmes ; puis élevant ses regards vers la lumière des astres et de la lune, il contemplerait pendant la nuit les constellations et le firmament lui-même plus facilement qu'il ne ferait pendant le jour le soleil et l'éclat du soleil.

– Sans doute.

– A la fin, je pense, ce serait le soleil, non dans les eaux, ni ses images reflétées sur quelque autre point, mais le soleil lui-même dans son propre séjour qu'il pourrait regarder et contempler tel qu'il est.

– Nécessairement, dit-il.

– Après cela, il en viendrait à conclure au sujet du soleil, que c'est lui qui produit les saisons et les années, qu'il gouverne tout dans le monde visible et qu'il est en quelque manière la cause de toutes ces choses que lui et ses compagnons voyaient dans la caverne.

– Il est évident, dit-il, que c'est là qu'il en viendrait après ces diverses expériences.

– Si ensuite il venait à penser à sa première demeure et à la science qu'on y possède, et aux compagnons de sa captivité, ne crois-tu pas qu'il se féliciterait du changement et qu'il les prendrait en pitié ?

– Certes si.

– [...] Ne préférerait-il pas cent fois n'être qu'un valet de charrue au service d'un pauvre laboureur et supporter tous les maux possibles plutôt que de revenir à ses anciennes illusions et de vivre comme il vivait ?

– Je suis de ton avis, dit-il : il préférerait tout souffrir plutôt que de revivre cette vie-là. [...]

– Il faut assimiler le monde visible au séjour de la prison, et la lumière du feu dont elle est éclairée à l'effet du soleil ; quant à la montée dans le monde supérieur et à la contemplation de ses merveilles, vois-y la montée de l'âme dans le monde intelligible, et tu ne te tromperas pas sur ma pensée, puisque tu désires la connaître. Dieu sait si elle est vraie ; en tout cas, c'est mon opinion, qu'aux dernières limites du monde intelligible est l'idée du bien, qu'on aperçoit avec peine, mais qu'on ne peut apercevoir sans conclure qu'elle est la cause universelle de tout ce qu'il y a de bien et de beau ; que dans le monde visible, c'est elle qui a créé la lumière et le dispensateur de la lumière ; et que dans le monde intelligible, c'est elle qui dispense et procure la vérité et l'intelligence, et qu'il faut la voir pour se conduire avec sagesse soit dans la vie privée, soit dans la vie publique.

Platon, *la République* (IVe siècle av. J.-C.), Livre VII,
Éd. les Belles Lettres, 1949, 514 b-517 c.
texte établi et traduit par E. Chambry.

Texte 4 A ARISTOTE

Sens des énoncés, vérité des jugements

La même expression peut sembler à la fois vraie et fausse : si, par exemple, le jugement *tel homme est assis* est vrai, l'homme une fois debout, ce même jugement sera faux. [...]

Le jugement *tel homme est assis* demeure identique, et c'est suivant le changement de l'objet qu'il est tantôt vrai et tantôt faux. [...]

C'est, en effet, la réalité ou la non-réalité de la chose qui rend le jugement vrai ou faux, et non pas l'aptitude du jugement lui-même à recevoir les contraires.

Aristote (IVe s. av. J.-C.), *Organon I*, Catégories,
traduction de J. Tricot, Éd. Vrin, 1977, 4 a-b.

Texte 4 B **WITTGENSTEIN**

Une proposition fausse peut avoir un sens

4.021 — La proposition est une image de la réalité : car je connais l'état des choses qu'elle représente, si je comprends la proposition. Et je comprends la proposition sans que son sens m'ait été expliqué.

4.022 — La proposition *montre* son sens.
La proposition montre ce qu'il en est, *quand* elle est vraie. Et elle *dit qu*'il en est ainsi.

4.023 — La réalité doit être déterminée par la proposition soit par « oui », soit par « non ».

Pour cela il faut qu'elle soit intégralement décrite par la proposition.

La proposition est la description d'un état de choses.

Tel on décrit un objet d'après ses propriétés externes, tel la proposition décrit la réalité d'après ses propriétés internes.

La proposition construit un monde à l'aide d'un échafaudage logique et c'est pourquoi on peut reconnaître à la proposition comment se comporte tout ce qui est logique, quand elle est vraie. On peut *tirer des conclusions* d'une proposition fausse.

4.024 — Comprendre une proposition, c'est savoir ce qui arrive, quand elle est vraie.

(On peut donc la comprendre sans savoir si elle est vraie.)

On la comprend quand on comprend ses parties consécutives.

L. Wittgenstein, *Tractatus Logico-Philosophicus* (1921),
traduction de P. Klossowski,
Éd. Gallimard, 1961.

II. VÉRITÉ ET RAISON

Texte 5 A **DESCARTES**

Méthode et recherche de la vérité

Les mortels sont possédés d'une si aveugle curiosité que souvent ils conduisent leur esprit par des voies inconnues, sans aucun motif d'espérance, mais seulement pour voir si ce qu'ils cherchent n'y serait pas, comme quelqu'un qui brûlerait d'une envie si folle de découvrir un trésor, qu'il parcourrait sans cesse les chemins, cherchant si par hasard il ne trouverait pas quelque chose qui aurait été perdu par un voyageur. [...]

Il est pourtant bien préférable de ne jamais chercher la vérité sur aucune chose, plutôt que de le faire sans méthode : car il est très certain que ces études désordonnées et ces méditations obscures troublent la lumière naturelle et aveuglent l'esprit ; et tous ceux qui ont ainsi coutume de marcher dans les ténèbres diminuent tellement l'acuité de leur regard qu'ensuite ils ne peuvent plus supporter la pleine lumière. [...]

Or, par méthode j'entends des règles certaines et faciles, grâce auxquelles tous ceux qui les observent exactement ne supposeront jamais vrai ce qui est faux, et parviendront, sans se fatiguer en efforts inutiles mais en accroissant progressivement leur science, à la connaissance vraie de tout ce qu'ils peuvent atteindre.

Descartes, *Règles pour la direction de l'esprit* (vers 1628), règle IV,
Bibliothèque de la Pléiade, Éd. Gallimard, 1953, p. 46.

Texte 5 B DESCARTES

Quatre règles pour une méthode

Au lieu de ce grand nombre de préceptes dont la logique est composée, je crus que j'aurais assez des quatre suivants, pourvu que je prisse une ferme et constante résolution de ne manquer pas une seule fois à les observer.

Le premier était de ne recevoir jamais aucune chose pour vraie que je ne la connusse évidemment être telle ; c'est-à-dire d'éviter soigneusement la précipitation et la prévention ; et de ne comprendre rien de plus en mes jugements que ce qui se présenterait si clairement et si distinctement à mon esprit que je n'eusse aucune occasion de le mettre en doute.

Le second, de diviser chacune des difficultés que j'examinerais en autant de parcelles qu'il se pourrait et qu'il serait requis pour les mieux résoudre.

Le troisième, de conduire par ordre mes pensées, en commençant par les objets les plus simples et les plus aisés à connaître, pour monter peu à peu, comme par degrés, jusques à la connaissance des plus composés ; et supposant même de l'ordre entre ceux qui ne se précèdent point naturellement les uns les autres.

Et le dernier, de faire partout des dénombrements si entiers, et des revues si générales, que je fusse assuré de ne rien omettre.

Descartes, *Discours de la méthode* (1637),
Deuxième partie, Bibliothèque de la Pléiade,
Éd. Gallimard, 1953, pp. 137-138.

Texte 6 **SPINOZA**

La vérité est-elle « norme d'elle-même » ?

Qui a une idée vraie sait en même temps qu'il a une idée vraie et ne peut douter de la vérité de sa connaissance. [...]

Car nul, ayant une idée vraie, n'ignore que l'idée vraie enveloppe la plus haute certitude ; avoir une idée vraie, en effet, ne signifie rien, sinon connaître une chose parfaitement ou le mieux possible ; et certes personne ne peut en douter, à moins de croire que l'idée est quelque chose de muet comme une peinture sur un panneau et non un mode de penser, savoir l'acte même de connaître ; et, je le demande, qui peut savoir qu'il connaît une chose, s'il ne connaît auparavant la chose ? c'est-à-dire qui peut savoir qu'il est certain d'une chose, s'il n'est auparavant certain de cette chose ? D'autre part, que peut-il y avoir de plus clair et de plus certain que l'idée vraie, qui soit norme de vérité[1] ? Certes, comme la lumière se fait connaître elle-même et fait connaître les ténèbres, la vérité est norme d'elle-même et du faux. Par là je crois avoir répondu aux questions suivantes, savoir : si une idée vraie, en tant qu'elle est dite seulement s'accorder avec ce dont elle est l'idée, se distingue d'une fausse ; une idée vraie ne contient donc aucune réalité ou perfection de plus qu'une fausse (puisqu'elles se distinguent seulement par une dénomination extrinsèque), et conséquemment un homme qui a des idées vraies ne l'emporte en rien sur celui qui en a seulement de fausses ? Puis d'où vient que les hommes ont des idées fausses ? Et, enfin, d'où quelqu'un peut-il savoir avec certitude qu'il a des idées qui conviennent à leurs objets ? A ces questions, dis-je, je pense avoir déjà répondu. Quant à la différence, en effet, qui est entre l'idée vraie et la fausse, il est établi par la Proposition 35 qu'il y a entre elles deux la même relation qu'entre l'être et le non-être. [...][2]

Par là apparaît aussi quelle différence est entre un homme qui a des idées vraies et un homme qui n'en a que de fausses. Quant à la dernière question enfin : d'où un homme peut savoir qu'il a une idée qui convient avec son objet, je viens de montrer suffisamment et surabondamment que cela provient uniquement de ce qu'il a une idée qui convient avec son objet, c'est-à-dire de ce que la vérité est norme d'elle-même. Ajoutez que notre Âme, en tant qu'elle perçoit les choses vraiment, est une partie de l'entendement infini de Dieu [...] et qu'il est donc aussi nécessaire que les idées claires et distinctes de l'Âme soient vraies, que cela est nécessaire des idées de Dieu.

Spinoza, *Éthique (1677)*, Éd. Garnier - Flammarion, 1965,
Deuxième partie, proposition XLIII, traduction de C. Appuhn, pp. 117-118.

1. Spinoza fait de l'évidence un critère de la vérité. Est « évident », au sens propre (cf. le latin *videre* = « voir »), ce qui ne peut pas ne pas être vu, ce qui s'impose par sa totale clarté.
2. « La fausseté consiste dans une privation de connaissance qu'enveloppent les idées inadéquates, c'est-à-dire mutilées et confuses. »

Texte 7 ADORNO

« Objectif » et « subjectif » : des termes bien ambigus

C'est celui qui le dit qui y est ! — Ce qui est objectivement la vérité est déjà bien difficile à déterminer — mais, dans nos rapports avec les autres, il ne faut pas s'en laisser imposer le terrorisme. Et il existe là certains critères, qui suffisent dans un premier temps. Ainsi, et c'est un signe qui ne trompe pas, quand on vient vous objecter que ce que vous dites est « trop subjectif ». Quand on fait valoir cet argument, qui plus est avec l'indignation où vibre l'unanimité rageuse des gens raisonnables, on a toute raison d'être content de soi l'espace d'un instant. En effet, les concepts de « subjectif » et d'« objectif » sont en l'occurrence complètement inversés. Ce qu'ils appellent objectif, c'est le jour incontesté sous lequel apparaissent les choses, leur empreinte prise telle quelle et non remise en question, la façade des faits classifiés : en somme, ce qui est subjectif. Et ce qu'ils nomment « subjectif », c'est ce qui déjoue ces apparences, qui s'engage dans une expérience spécifique de la chose, se débarrasse des idées reçues la concernant et préfère la relation à l'objet lui-même au lieu de s'en tenir à l'avis de la majorité, de ceux qui ne regardent même pas et *a fortiori* ne pensent pas ledit objet : en somme, l'objectif.

W. Adorno[1], *Minima Moralia*,
« Réflexions sur la vie mutilée » (1944-1947),
traduction de J.-R. Ladmiral, Éd. Payot, 1980, p. 67.

1. Theodor W. Adorno (1903-1969), philosophe allemand lié à l'École de Francfort.

Texte 8 BACHELARD

La science contre l'opinion

La connaissance du réel est une lumière qui projette toujours quelque part des ombres. Elle n'est jamais immédiate et pleine. Les révélations du réel sont toujours récurrentes. Le réel n'est jamais « ce qu'on pourrait croire » mais il est toujours ce qu'on aurait dû penser. La pensée empirique est claire, *après coup*, quand l'appareil des raisons a été mis au point. En revenant sur un passé d'erreurs, on trouve la vérité en un véritable repentir intellectuel. En fait, on connaît *contre* une connaissance antérieure, en détruisant des connaissances mal faites, en surmontant ce qui, dans l'esprit même, fait obstacle à la spiritualisation. [...]

La science, dans son besoin d'achèvement comme dans son principe, s'oppose absolument à l'opinion. S'il lui arrive, sur un point particulier, de légitimer l'opinion, c'est pour d'autres raisons que celles qui fondent l'opinion ; de sorte que l'opinion a, en droit, toujours tort.

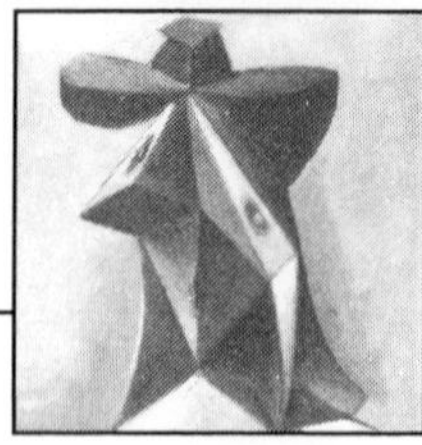

L'opinion *pense* mal ; elle ne *pense* pas : elle *traduit* des besoins en connaissances. En désignant les objets par leur utilité, elle s'interdit de les connaître. On ne peut rien fonder sur l'opinion : il faut d'abord la détruire. Elle est le premier obstacle à surmonter. Il ne suffirait pas, par exemple, de la rectifier sur des points particuliers, en maintenant, comme une sorte de morale provisoire, une connaissance vulgaire provisoire. L'esprit scientifique nous interdit d'avoir une opinion sur des questions que nous ne comprenons pas, sur des questions que nous ne savons pas formuler clairement. Avant tout, il faut savoir poser des problèmes. Et quoi qu'on dise, dans la vie scientifique, les problèmes ne se posent pas d'eux-mêmes. C'est précisément ce *sens du problème* qui donne la marque du véritable esprit scientifique. Pour un esprit scientifique, toute connaissance est une réponse à une question. S'il n'y a pas eu de question, il ne peut y avoir connaissance scientifique. Rien ne va de soi. Rien n'est donné. Tout est construit.

G. Bachelard, *la Formation de l'esprit scientifique* (1938), Éd. Vrin, 1970, pp. 13-14.

Texte 9 HEGEL

L'erreur a « la puissance prodigieuse du négatif »

La vérité n'est pas une monnaie frappée qui, telle quelle, est prête à être dépensée et encaissée. *Il y a* aussi peu un faux qu'il y a un mal. Le mal et le faux ne sont sans doute pas aussi mauvais que le diable, car, comme le diable, on va jusqu'à en faire des *sujets* particuliers ; en tant que faux et mal, ils sont seulement des *universels* ; ils ont pourtant une essence propre l'un à l'égard de l'autre. — Le faux (car il ne s'agit ici que de lui) serait l'Autre, le négatif de la substance, substance qui, comme contenu du savoir, est le vrai[1]. [...]

Savoir quelque chose d'une façon fausse signifie que le savoir est dans un état d'inégalité avec sa substance. Mais cette inégalité est justement l'acte de distinguer en général qui est moment essentiel. De cette distinction dérive bien ensuite l'égalité des termes distingués, et cette égalité devenue est la vérité. Mais elle n'est pas la vérité dans un sens qui impliquerait l'élimination de l'inégalité, comme les scories par exemple sont expulsées du pur métal ; ou encore la vérité n'est pas comme le produit dans lequel on ne trouve plus trace de l'outil ; mais l'inégalité est encore immédiatement présente dans le vrai comme tel, elle y est présente comme le négatif. [...]

---

1. Pour tenter d'éclairer ce texte difficile, rappelons la formule utilisée quelques pages plus haut par Hegel : « Le vrai [doit être compris] non comme *substance* mais précisément aussi comme *sujet* ». Le savoir sera totalement rationnel (absolument vrai) lorqu'il y aura parfaite identité entre son sujet (l'esprit cherchant à connaître) et son objet (la « substance »). Il faut donc se représenter le savoir — et donc le vrai — comme un *processus* et non comme un *donné*. Et, selon Hegel, ce processus est nécessairement « dialectique », c'est-à-dire que la conquête de cette *identité* suppose qu'il y ait au départ des termes *séparés*. L'existence du faux est, comme il l'écrit, l'Autre « nécessaire à la constitution progressive du Moi ».

On ne peut cependant pas dire pour cela que le *faux* constitue un moment ou, certes, une partie de la vérité. Dans la locution « dans tout ce qui est faux, il y a quelque chose de vrai », les deux termes sont pris comme l'huile et l'eau, qui sans se mélanger sont assemblées seulement extérieurement l'une avec l'autre. Précisément par égard pour la signification, pour désigner le moment de *l'être-autre complet*, ces termes de vrai et de faux ne doivent plus être utilisés là où leur être-autre est supprimé.

Hegel, *la Phénoménologie de l'esprit* (1806),
Préface, traduction de J. Hyppolite,
Éd. Aubier-Montaigne, 1939-1941, pp. 34 et 35.

III. VÉRITÉ ET QUÊTE DE L'UNITÉ

Texte 10 NIETZSCHE

Les vérités figées rassurent

En tant qu'il est un moyen de conservation pour l'individu, l'intellect développe ses forces principales dans la dissimulation ; celle-ci est en effet le moyen par lequel les individus plus faibles, moins robustes, subsistent en tant que ceux à qui il est refusé de mener une lutte pour l'existence avec des cornes ou avec la mâchoire aiguë d'une bête de proie. Chez l'homme cet art de la dissimulation atteint son sommet : l'illusion, la flatterie, le mensonge et la tromperie, les commérages, les airs d'importance, le lustre d'emprunt, le port du masque, le voile de la convention, la comédie pour les autres et pour soi-même, bref le cirque perpétuel de la flatterie pour une flambée de vanité, y sont tellement la règle et la loi que presque rien n'est plus inconcevable que l'avènement d'un honnête et pur instinct de vérité parmi les hommes. Ils sont profondément plongés dans les illusions et les songes, leur œil ne fait que glisser à la surface des choses, il y voit des « formes », leur sensation ne conduit nulle part à la vérité, elle se contente seulement de recevoir des excitations et de jouer comme sur un clavier sur le dos des choses. [...]

C'est seulement grâce à sa capacité d'oubli que l'homme peut parvenir à croire qu'il possède une « vérité » au degré que nous venons d'indiquer. S'il ne veut pas se contenter de la vérité dans la forme de la tautologie, c'est-à-dire se contenter des cosses vides, il échangera éternellement des illusions contre des vérités. [...]

Qu'est-ce donc que la vérité ? Une multitude mouvante de métaphores, de métonymies, d'anthropomorphismes, bref, une somme de relations humaines qui ont été poétiquement et rhétoriquement haussées, transposées,

ornées, et qui, après un long usage, semblent à un peuple fermes, canoniales et contraignantes : les vérités sont des illusions dont on a oublié qu'elles le sont, des métaphores qui ont été usées et qui ont perdu leur force sensible, des pièces de monnaie qui ont perdu leur empreinte et qui entrent dès lors en considération, non plus comme pièces de monnaie, mais comme métal.

Nietzsche, *le Livre du philosophe* (1873),
traduction de A.-K. Marietti, Éd. Aubier-Flammarion, 1969, pp. 173-183.

Texte 11 RICŒUR

Vérité et mensonge

Tant que nous restons à un plan banal de la vérité — à l'énoncé paresseux des propositions coutumières (du style : « il pleut »), — le problème du mensonge concerne seulement le *dire* (je dis faussement cela même que je sais ou crois ne pas être vrai ; je ne dis pas ce que je sais ou crois être vrai). Ce mensonge, qui suppose donc la vérité connue, a pour contraire la véracité, tandis que la vérité a pour contraire l'erreur. Les deux couples de contraires - mensonge-véracité, erreur-vérité - paraissent alors sans rapport.

A mesure, pourtant, que nous nous élevons vers des vérités qu'il faut former, travailler, la vérité entre dans le champ des *œuvres*, principalement des œuvres de civilisation. Alors le mensonge peut concerner de très près l'œuvre de la vérité cherchée ; le mensonge vraiment « dissimulé » n'est pas celui qui concerne le dire de la vérité connue, mais celui qui pervertit la recherche de la vérité. Il m'a semblé avoir touché un point où l'esprit de mensonge — qui est antérieur aux mensonges — est le plus contigu à l'esprit de vérité, antérieur lui-même aux vérités formées ; ce point, c'est celui où la question de la vérité culmine dans le problème de l'unité totale des vérités et des plans de vérité. L'esprit de mensonge contamine la recherche de la vérité par le cœur, c'est-à-dire par son exigence unitaire ; *il est le faux pas du total au totalitaire*. Ce glissement se produit historiquement quand un *pouvoir* sociologique incline et réussit plus ou moins complètement à regrouper tous les ordres de vérité et à ployer les hommes à la violence de l'unité. Ce pouvoir sociologique a deux figures typiques : le pouvoir clérical[1] et le pouvoir politique. Il se trouve en effet que l'un et l'autre ont une fonction authentique de regroupement ; la totalité religieuse et la totalité politique sont des totalisations réelles de notre existence ; c'est bien pourquoi elles sont les deux plus grandes tentations pour l'esprit de mensonge, pour la chute du total au totalitaire.

P. Ricœur, « Vérité et Mensonge », in *Histoire et Vérité* (1951),
Éd. du Seuil, 1964, pp. 190-191.

1. « Clérical » = qui concerne le clergé (les prêtres) ; est pris dans un sens péjoratif, en ce qu'il renvoie ici au pouvoir d'une « caste », et s'oppose à « ecclésial » (= qui concerne l'Église, en tant que communauté des chrétiens).

Exercices

1. Quels sont les caractères du vrai, du vraisemblable, du certain et du probable ?

2. Cherchez plusieurs exemples d'expressions dans lesquelles « vrai » pourrait être remplacé par « réel » sans que le sens en soit changé.

3. Quelles sont les différentes propriétés du soleil qui justifient sa « comparaison » avec la vérité dans l'Allégorie de la caverne (texte 3) ?

4. Pourquoi peut-on « tirer des conclusions vraies d'une proposition fausse » ? Donnez un exemple (texte 4 B et chapitre « la Logique »).

5. Le psychanalyste Jacques Lacan, dans un texte où il « met en scène » la vérité, lui fait dire : « Moi la vérité, je parle. » En quels sens peut-on comprendre une telle affirmation ?

Sujets de dissertation

1. Que signifie et que vaut la formule : « A chacun sa vérité » ?

2. L'accord de la majorité sur une opinion ou sur un énoncé est-il un critère suffisant de sa vérité ?

3. Peut-on et faut-il imposer la vérité par tous les moyens ?

4. L'évidence est-elle un critère de vérité ?

Corrélats

l'illusion - le langage - le jugement - logique et mathématiques

Descartes (R.), *Discours de la méthode*, Éd. Garnier-Flammarion.
Russell (B.), *Problèmes de philosophie*, Éd. Payot.

Freud (S.), *l'Avenir d'une illusion*, Éd. P.U.F.
Nietzsche (F.), *le Livre du philosophe*, Éd. Aubier-Flammarion.

Hegel (G.W.F.), *Phénoménologie de l'Esprit*, Préface, Éd. Aubier-Montaigne.
Heidegger (M.), « De l'essence de la vérité », in *Questions I*, Éd. Gallimard.
Kant (E.), *Critique de la raison pure*, Éd. P.U.F.
Ricœur (P.), *Histoire et Vérité*, Éd. du Seuil.

A

B

C

D

E

O

P

R

S

T

V

Achevé d'imprimer en France par Pollina, 85400 Luçon - n° 11532
Dépôt légal n° 11370 - août 1989